Teilzeit- und Befristungsgesetz
Basiskommentar zum TzBfG

W0233149

Joachim Holwe/Michael Kossens/
Cornelia Pielenz/Evelyn Räder

Teilzeit- und Befristungsgesetz

Basiskommentar zum TzBfG

6., überarbeitete und aktualisierte Auflage

BUND
VERLAG

Bibliografische Information der Deutschen Nationalbibliothek
Die Deutsche Nationalbibliothek verzeichnet diese Publikation in der
Deutschen Nationalbibliografie; detaillierte bibliografische Daten sind im
Internet über *http://dnb.d-nb.de* abrufbar.

6., überarbeitete und aktualisierte Auflage 2019
© 2004 by Bund-Verlag GmbH, Frankfurt am Main
Herstellung: Kerstin Wilke
Umschlag: Ute Weber, Geretsried
Satz: Dörlemann Satz, Lemförde
Druck: CPI books GmbH, Leck
Printed in Germany 2019
ISBN 978-3-7663-6872-0

www.bund-verlag.de

Inhaltsverzeichnis

Inhaltsverzeichnis

Literaturverzeichnis

Absenger, Arbeit auf Abruf – Noch nicht flexibel genug? AuR 2016, Nr. 1, 1

Absenger/Priebe, Sabbaticals, AiB 2015, Nr. 4, 38

Dies., Arbeiten mit Verfallsdatum, AiB 2015, Nr. 7/8, 22

Aligbe, Die Einstellungsuntersuchung als auflösende Bedingung im Arbeitsrecht, ArbR 2015, 542

Altunkas, Der Wunsch nach Teilzeit in der jüngeren Rechtsprechung, AiB 2009, 698

Annuß/Thüsing, Teilzeit- und Befristungsgesetz, Kommentar, 3. Aufl. 2012

Arnold/Gräfl/Imping, Teilzeit- und Befristungsgesetz, Kommentar, 4. Aufl. 2016

Ars/Teslau, Der Ausschluss befristet beschäftigter Arbeitnehmer aus der betrieblichen Altersversorgung, NZA 2006, 297

Ascheid/Preis/Schmidt, Kündigungsschutzrecht, 5. Aufl. 2017

Backhaus, Das neue Befristungsrecht, Sonderbeilage zu NZA Heft 24/2001, 8

Bader, Die neuere Rechtsprechung zum Befristungsrecht, NZA-RR 2018, 169

Ders., Die Befristung von Arbeitsverträgen zur Vertretung und Rechtsmissbrauch, NJW 2017, 989

Bader/Hohmann, Befristungen im Bereich der Entwicklungshilfe – Sonderrecht für projektbezogene Befristungen? NZA 2017, 761

Bader/Jörchel, Das Befristungsrecht weiter in Bewegung, NZA 2016, 1105

Bahnsen, Schriftform nach § 14 IV TzBfG – die neue Befristungsfalle für Arbeitgeber, NZA 2005, 676

Ballauf, Die Kraft der Vorbilder, AiB 4/2015, 46

Barthel/Müller, Grenzen der Befristungsgestaltung – Missbrauchsampel, DB 2017, 1329

Bauer, Neue Spielregeln für Teilzeitarbeit und befristete Arbeitsverträge, NZA 2000, 1039

Ders., Befristete Arbeitsverträge unter neuen Vorzeichen, BB 2001, 2473

Ders., Sachgrundlose Altersbefristung nach den »Hartz-Gesetzen«, NZA 2003, 30

Ders., Ein Stück aus dem Tollhaus: Altersbefristung und der EuGH, NZA 2005, 800

Ders, Tückisches Befristungsrecht, NZA 2011, 241

Literaturverzeichnis

Ders., Arbeitsrechtliche Baustellen des Gesetzgebers – insbesondere im Befristungsrecht, NZA 2014, 889

Ders., Zeitlich begrenzte Teilzeitarbeit, AuA 2017, 280

Bauer/Brauneisen, Institutioneller Rechtsmissbrauch bei Kettenbefristungen mit Sachgrund, SAE 2017, 80

Bauer/Günther, Heute lang, morgen kurz – Arbeitszeit nach Maß!, DB 2006, 950

Bauer/von Medem, Missbrauchskontrolle bei Kettenbefristungen mit Sachgrund, SAE 2012, 25

Dies., Altersgrenzen zur Beendigung von Arbeitsverhältnissen – Was geht, was geht nicht?, NZA 2012, 945

Baumgarten, Der Widerspruch nach § 15 Abs. 5 TzBfG – Schaffung von Klarheit nicht Arbeit, BB 2014, 2165

Ders., Klarheit bei Kettenbefristungen, PersR 2017, Nr. 9, 35

Ders., Die arbeitsgerichtliche Figur des verständig befristetenden Arbeitgebers – Teil 1, BB 2016, 885

Ders., Die arbeitsgerichtliche Figur des verständig befristetenden Arbeitgebers – Teil 2, BB 2016, 949

Bauschke, Befristete Arbeitsverhältnisse – Rechtpolitische und rechtswissenschaftliche Aspekte und Analyse ausgewählter Entscheidungen des BGA, öAT 2017, 162

Bayreuther, Die Neufassung des § 14 Abs. 3 TzBfG – diesmal europarechtskonform?, BB 2007, 1113

Ders., Entwurf eines Gesetzes zur Brückenteilzeit, NZA 2018, 566

Ders., Das BVerfG und die sachgrundlose Befristung – Neues aus dem Arbeitsverfassungsrecht, NZA 2018, 905

Becker/Danne/Lang, Gemeinschaftskommentar zum Teilzeitarbeitsrecht, 1987

Beckmann/Beck, Endspiel in Erfurt? Das »Fall Müller« geht in die nächste Runde, SpuRt 2016, 156

Beckschulte, Die Durchsetzbarkeit des Teilzeitanspruchs in der betrieblichen Praxis, DB 2000, 2598

Berg, Höchstrichterliche Schranken für Kettenbefristungen, PersR 2012, 431

Berger-Delhey, Aktuelle Fragen zum Anspruch auf Teilzeitarbeit, ZTR 2001, 453

Berrisch, Bereits zuvor ist jemals zuvor oder doch nicht? FA 2018, 220

Besgen, Die Befristung von Arbeitsverhältnissen mit Rentnern, jM 2016, 409

Bezani/Müller, Das Gesetz über Teilzeitarbeit und befristete Arbeitsverträge, DStR 2001, 188

Bissels/Haag, Das Anschlussverbot nach § 14 II 2 TzBfG, ArbR 2011, 261

Blanke, Der Gesetzentwurf der Bundesregierung über Teilzeitarbeit und befristete Arbeitsverträge, AiB 2000, 728

Blattner, Keine rechtmäßige Befristung durch einen nach § 278 Abs. 6 Satz 1 Alt. 1 ZPO zustande gekommenen Vergleich, DB 2017, 2039

Bleck, Atypische Beschäftigungsverhältnisse in Frankreich und in Belgien am Beispiel des Teilzeit- und Befristungsrechts und des Rechts der Arbeitnehmerüberlassung, RdA 2015, 416

Boecken/Joussen, Teilzeit- und Befristungsgesetz, Handkommentar, 5. Aufl. 2018

Boecken/Hackenbroich, Zur (geplanten) Einführung eines Anspruchs auf zeitlich begrenzte Verringerung der Arbeitszeit, DB 2018, 956

Böhm, Rahmenvereinbarung für befristete Arbeitsverhältnisse, ArbRB 2011, 123

Dies., Das unterschätzte Verbot der Diskriminierung von Teilzeitbeschäftigten, ArbRB 2015, 240

Boemke/Jäger, Befristung wegen der Eigenart der Arbeitsleistung – unter besonderer Berücksichtigung des Profisports, RdA 2017, 20

Boewer, Teilzeit- und Befristungsgesetz, Kommentar für die Praxis, 2002

Bohlen, Der Vergleich – Noch ein praxistaugliches Mittel zur arbeitsvertraglichen Befristung? NZA-RR 2015, 449

Braun, Das Gesetz über Teilzeit und befristete Arbeitsverträge (TzBfG), RdA 2001, 12

Ders., Reichweite des Anspruchs auf bevorzugte Berücksichtigung von befristet Beschäftigten auf Dauerarbeitsplätze gemäß § 30 Abs. 2 TVöD/TV-L, ZTR 2009, 517 ff.

Ders., Änderung der Rechtsprechung zur sachgrundlosen Befristung bei »Zuvorbeschäftigung« nach § 14 Abs. 2 TzBfdG, RiA 2011, 204

Brose, Die Missbrauchskontrolle bei Kettenbefristungen an Hochschulen, EuZA 2017, 256

Bruns, BB-Rechtsprechungsreport zu den prozessualen Besonderheiten des arbeitsrechtlichen Teilzeit- und Befristungsrechts, BB 2010, 1151

Ders., BB-Rechtsprechungsreport zur Teilzeitarbeit, BB 2010, 956

Ders., Aktuelle Rechtsprechung zu befristeten Arbeitsverhältnissen, NZA-RR 2010, 113

Buck-Heeb, Der Dichter Dr. jur. Franz Kafka, in: Kilian (Hrsg.), Jenseits von Bologna – Jurisprudentia literarisch, 2006, S. 223

Busch, Aus für die Arbeit auf Abruf?, NZA 2001, 593

Ders., Rahmenvereinbarung mit Tagelöhnern – Abrufarbeitsverhältnis, AuR 2003, 308

Buschmann, Europäischer Kündigungsschutz, AuR 2013, 388

Buschmann/Dieball/Stevens-Bartol, TZA – Das Recht der Teilzeitarbeit, Kommentar für die Praxis, 2. Aufl. 2001

Busemann, Die Darlegungs- und Beweislast zur Befristungskontrolle bei Sachgrundbefristung, MDR 2015, 314

Callies/Ruffert, EUV/AEUV, 4. Aufl. 2011

Chaudhry, Doppelbefristungen in Vertretungsfällen und Befristungsdauer, NZA 2018, 484

Clasvorbeck, Der Anspruch auf Verlängerung der Arbeitszeit, ArbuR 2018, 116

Conze, Zur Zulässigkeit tarifvertraglicher Altersgrenzen im öffentlichen Dienst – am Beispiel von § 33 Ia TVöD/TV-L, öAT 2011, 75

Czuratis/Schubert/Ulbrich, Befristung: ein Fall für den Betriebsrat, AiB 2016, Nr. 1, 49

Dies., Betriebsrat und Befristungen, AiB 2015, Nr. 11, 48

Dach, Befristung von Arbeitsverträgen mit Fraktionsmitarbeitern, NZA 1999, 627

Däubler, Das geplante Teilzeit- und Befristungsgesetz, ZIP 2000, 1961

Ders., Das neue Teilzeit- und Befristungsgesetz, ZIP 2001, 217

Däubler/Deinert/Zwanziger, Kündigungsschutzrecht, Kommentar für die Praxis, 11. Aufl. 2017

Däubler/Hjort/Schubert/Wolmerath, Arbeitsrecht, Individualarbeitsrecht mit kollektivrechtlichen Bezügen, Handkommentar, 4. Aufl. 2017

Däubler/Kittner/Klebe/Wedde, Betriebsverfassungsgesetz mit Wahlordnung, Kommentar für die Praxis, 16. Aufl. 2018

Däubler/Klebe, Crowdwork: Die neue Form der Arbeit – Arbeitgeber auf der Flucht? NZA 2015, 1032

Däubler/Stoye, Sachgrundlose Befristung, AiB 2012, 14

Dassau, Das Gesetz über Teilzeitarbeit und befristete Arbeitsverträge, ZTR 2001, 64

Deakin, The Standard Employment Relationship in Europe – Recent Developments and Future Prognosis, Soziales Recht 2014, 89

Decruppe/Utess, Arbeitszeitpolitik durch die Judikatur?, AuR 2006, 347

Dieterich, Die Befristung von Trainerverträgen im Spitzensport, NZA 2000, 857

Dieterich/Preis, Befristete Arbeitsverhältnisse in Wissenschaft und Forschung (Rechtsgutachten), 2001

Dies., Das Hochschularbeitsrecht in der Verfassungsfalle?, NZA 2004, 1241

Diller, Der Teilzeitwunsch im Prozess – Maßgeblicher Beurteilungszeitpunkt, insbesondere bei nachfolgenden Tarifverträgen nach § 4 Satz 3 TzBfG, NZA 2001, 589

Dörner, Die Befristung von Arbeitsverträgen nach § 620 BGB und § 1 BeschFG 1996: Rückblick und Ausblick, ZTR 2001, 485

Ders., Neues aus dem Befristungsrecht, NZA 2007, 57

Ders., Der befristete Arbeitsvertrag, 2. Aufl. 2011

Drosdeck/Bitsch, Zulässigkeit von Kettenbefristungen, NJW 2012, 977

Dütz/Thüsing, Arbeitsrecht, 23. Aufl. 2018

Dzida, Die Befristung einzelner Arbeitsbedingungen, ArbRB 2012, 286

Ders., Serie; Arbeitsrecht 4.0 Null-Stunden-Verträge, ArbRB 2016, 19

Ehler, Unterlassene Ausschreibung als Teilzeitarbeitsplatz, BB 2001, 1146

Eisemann, Befristung und virtuelle Dauervertretung, NZA 2009, 113

Enderlein, Die Reichweite des Arbeitnehmerschutzes im Fall des auflösend bedingten Arbeitsvertrages, RdA 1998, 90 ff.

Engels, Fortentwicklung des Betriebsverfassungsrechts außerhalb des Betriebsverfassungsgesetzes, Teil II, AuR 2009, 65

Ennemann, Der Streitwert des neuen Teilzeitanspruchs, NZA 2001, 1190

Etzel/Bader/Fischermeier, Gemeinschaftskommentar zum Kündigungsschutzgesetz, 11. Aufl. 2016

Eufinger, Missbrauchskontrolle bei »ettenbefristungen« de lege lata und de lege ferenda, ArbuR 2016, 224

Evermann, Koalitionsvertrag 2018 – Das Schicksal der Befristungen im Arbeitsrecht, FA 2018, 150

Faber, Befristete Arbeitsverhältnisse im öffentlichen Dienst – materiellrechtliche Grundlagen, PersV 2015, 52

Falder, Befristung und vorzeitige Beendigung einer Auslandsentsendung, NZA 2016, 401

Feldhoff, Der Teilzeitanspruch nach dem Teilzeit- und Befristungsgesetz, AiB 2003, 84

Fenn, Einmal Bundestrainer – immer Bundestrainer Oder: Hat sich der Verschleißtatbestand im Sport verschlissen?, JZ 2000, 347 ff.

Fieberg, Neues zur Doppelbefristung? ZTR 2016, 78

Fischer, Verletzung der Ausschreibungspflicht nach § 7 Abs. 1 TzBfG und Zustimmungsverweigerung nach § 99 Abs. 2 BetrVG, AuR 2001, 325

Ders., Zustimmungsverweigerung wegen unterbliebener Ausschreibung in Teilzeit, AuR 2005, 255

Fischinger/Reiter, K.O. für den Befristungsschutz in der Fußball-Bundesliga? NZA 2016, 661

Fleddermann, Die Befristung einzelner Arbeitsbedingungen (Teil 1), ArbR 2015, 367

Ders., Die Befristung einzelner Arbeitsbedingungen (Teil 2), ArbR 2015, 392

Francken, Die Tarifdispositivität des § 14 II 3 TzBfG als win/win-Regelung in der Beschäftigungskrise, NZA 2010, 305

Franzen/Gallner/Oetker, Kommentar zum Europäischen Arbeitsrecht, 2. Aufl. 2018

Frik, Die Befristung von Leiharbeitsverträgen nach dem Teilzeit- und Befristungsgesetz, NZA 2005, 386

Fröhlich, Die Befristung wegen ständigen Vertretungsbedarfs auf dem Prüfstand, ArbRB 2011, 347

Fröhlich/Fröhlich, Die Angst des Tormanns vor der Befristung, CaS 2016, 153

Fuhlrott, Rechtsmissbrauch bei Kettenbefristungen: Aktuelle Rechtsprechung nach der »Kücük«-Entscheidung des EuGH, GWR 2012, 530

Ders., Anforderungen an die Befristung einzelner Arbeitsbedingungen, NZA 2016, 1000

Fuhlrott/Oltmanns, Elternzeit und Teilzeit in Elternzeit, AuA 2015, 404

Gaenslen/Heilemann, Neue Grundsätze für Befristungen in der kommunalen Verwaltung, KommJur 2012, 81

Gastell, Arbeit auf Abruf, AuA 2008, 200

Ders., Treueprämie in Sozialplan ist keine Sozialplanleistung – Kein Ausschluss befristet Beschäftigter, DB 2015, 1050 f.

Gaul/Wisskirchen, Änderung des Bundeserziehungsgeldgesetzes, BB 2000, 2466 ff.

Gehlhaar, Gesetzliche Wartezeitregelungen bei der Übernahme von Auszubildenden, DB 2011, 590

Gerecke, Befristet beschäftigt, AiB 2017, Nr. 3, 39

Gerken/Rieble/Roth/Stein/Streinz, »Mangold« als ausbrechender Rechtsakt, 2009

Giesen, Befristete Arbeitsverhältnisse im Rentenalter – zum neuen § 41 Satz 3 SGB VI, ZfA 2014, 217

Gotthardt, Teilzeitanspruch und einstweiliger Rechtsschutz, NZA 2001, 1183

Grambow, Vorbeschäftigungsverbot ist verfassungsgemäß, 3-Jahre-Rechtsprechung des BAG dagegen nicht, DB 2018, 1532

Gravenhorst, Sachgrundlose Befristung trotz »Zuvor-Beschäftigung«? FA 2018, 78

Graue/Mandalka/, Bundeselterngeld- und Elternzeitgesetz, Basiskommentar, 6. Aufl. 2018

Greiner, Methodenfragen des Befristungsrechts, NZA Beilage 2011, Nr. 3, 117

Ders., Befristungskontrolle im gemeinschaftsbetrieb mehrerer Unternehmen – die »Jobcenter-Falle«, DB 2014, 1987

Ders., Das Recht der befristeten Arbeitsverhältnisse im Umbruch, ZESAR 2014, 357

Ders., Das »Hinausschieben« von Altersgrenzen und seine Vereinbarkeit mit europäischem Befristungs- und Antidiskriminierungsrecht, RdA 2018, 65

Görg/Guth, Tarifvertrag für den öffentlichen Dienst, Basiskommentar, 7. Aufl. 2017

Griese, Neue Spielregeln bei der Befristung von Arbeitsverträgen: die Missbrauchsampel, AA 2017, 68

Grimm, Die Verlängerung des Arbeitsverhältnisses über die Regelaltersgrenze hinaus, ArbRB 2015, 92

Grobys, Auswirkungen einer nachträglichen Arbeitszeitreduzierung auf das Arbeitsentgelt und andere Vertragsbestandteile, DB 2001, 758

Ders., Besondere arbeitsrechtliche Rechtsquellen, NJW-Spezial 2006, 321

Grobys/Bram, Die prozessuale Durchsetzung des Teilzeitanspruchs, NZA 2001, 1178

Gronemeyer, Die verfassungsrechtliche Zulässigkeit landesrechtlicher Befristungsregelungen für angestellte Hochschulprofessoren, RdA 2016, 24

Guth, Führung auf Probe als Befristungsgrund, PersR 2015, Nr. 5, 31

Haag/Spahn, Sachgrundlose Befristung für neue Unternehmen – Eine Zwischenbilanz zu § 14 Abs. 2a TzBfG, AuA 2005/6, S. 348

Hamann, Die Verlängerung der Arbeitszeit nach § 9 TzBfG in der Rechtsprechung des Neunten Senats des Bundesarbeitsgerichts, Recht – Politik – Geschichte 2011, 131

Hanau, Offene Fragen zum Teilzeitgesetz, NZA 2001, 1168

Ders., Was ist wirklich neu in der Befristungsrichtlinie?, NZA 2000, 1045

Ders., Die »betrieblichen Gründe« des § 8 Abs. 4 Satz 1 TzBfG im Lichte aktueller Entscheidungen des BAG – Zum erforderlichen Gewicht der Ablehnungsgründe des Arbeitgebers gegenüber dem Teilzeitverlangen eines Arbeitnehmers, RdA 2005, 301

Hartwig, Aktuelles zur Teilzeitarbeit, FA 2001, 34

Hauser, Arbeitsrecht: Befristete Arbeitsverträge und Abgeltung von Urlaubsansprüchen, KH 2012, 243

Heidl, Probleme bei der sachgrundlosen Befristung von Arbeitsverhältnissen nach § 14 Abs. 2 Satz 1, 2 TzBfG, RdA 2009, 297

Heinz, »65 Jahre + x« und arbeitswillig – Rechtliche Möglichkeiten der befristeten (Weiter-)Beschäftigung von Rentnern, BB 2016, 2037

Helm/Bell/Windirsch, Der Entfristungsanspruch des befristet beschäftigten Betriebsratsmitglieds, AuR 2012, 293

Helm/Steinicken, Das unionsrechtliche Klarstellungsgebot im Befristungsrecht, ArbR 2015, 41

Henkel/Illes, Arbeitsrecht im Profifußball, AuA 2015, 649

Heuschmid, Die sachgrundlose Befristung im Lichte des Verfassungs- und Unionsrechts, AuR 2014, 221

Hohenstatt, Sozialplanansprüche befristet Beschäftigter aus Gleichbehandlung?, NZA 2016, 1446–1449

Holwe/Kerschbaumer, Alter – Kein Freibrief für Diskriminierung, AiB 2006, 198

Hopfner, Formelle Wirksamkeitserfordernisse des Antrags des Arbeitnehmers auf Teilzeitarbeit, DB 2001, 2144

Ders., Verlängerung befristeter Arbeitsverhältnisse aus dem Geltungsbereich des § 1 Beschäftigungsförderungsgesetz, DB 2001, 200

Hohenhaus, Zum Abschluss befristeter Arbeitsverträge, P&P 2018, 152

Hohenstatt,, Sozialplanansprüche befristet Beschäftigter aus Gleichbehandlung? NZA 2016, 1446

Hoppe, Rentnerbeschäftigung, AuA 2014, 392

Holthausen, Befristeter Arbeitsvertrag: Haftungsfallen und Checklisten zur Fehlervermeidung, ZAP 2017, 1055

Howald, Vorbeschäftigungszeiten im öffentlichen Dienst, öAT 2012, 51

Hromadka, Das neue Teilzeit- und Befristungsgesetz, NJW 2001, 400

Ders., Befristete und bedingte Arbeitsverhältnisse neu geregelt, BB 2001, 621 und 674

Huber, Das Bundeserziehungsgeld nach neuem Recht – Rechtslage ab 2001, NZA 2000, 1319 ff.

Huber/Schuber/Ögüt, Die Absicherung befristet beschäftigter Betriebsratsmitglieder, AuR 2012, 429

Hümmerich/Holthausen, Der Arbeitnehmer als Verbraucher, NZA 2002, 173

Hund/Holzbauer, Starre Grenzen bei der Befristung einer Arbeitszeiterhöhung? DB 2018, 2310

Hunold, Aktuelle Fragen des Befristungsrechts unter Berücksichtigung von §§ 14, 16 TzBfG, NZA 2002, 255

Ders., Die neue Rechtsprechung zu § 8 TzBfG, NZA-RR 2004, 225

Ders., Bedarfsgerechter Personaleinsatz: Aktuelle Probleme bei sog. Pool-Lösungen und Arbeit auf Abruf, NZA 2003, 896

Ders., Befristungen im öffentlichen Dienst, NZA-RR 2005, 449

Ders., Sachgrundlose Befristung nach Ende der Berufsausbildung, NZA 2012, 431

Ders., Mehrfachbefristungen, AuA 2015, 572

Ihlenfeld/Klies, Teilzeitarbeit und befristete Arbeitsverhältnisse, 2001

Jesgarzewski, Missbrauchskontrolle bei Kettenbefristungen, ArbuR 2018, 353

Joch/Klichowski, Die Vereinbarung auflösender Bedingungen in Darstellerverträgen – Kunstfreiheit als Sachgrund, NZA 2004, 302

Jordan/Falter/Meyer-Michaelis, Kundennähe als Grund für die Ablehnung eines Teilzeitbegehrens im Außendienst, BB 2016, 1205

Joussen, Die arbeitsrechtliche Behandlung im Ausland tätiger Freiwilliger, NZA 2003, 1176

Ders., Die Anwendbarkeit von § 14 Abs. 1 Satz 2 Nr. 7 TzBfG im kirchlichen Bereich, RdA 2010, 65

Ders., Auswirkungen der Rechtsprechung des EuGH auf das deutsche Arbeitsrecht, RdA 2015, 305

Ders., Befristung, ZMV 2017, 227

Ders., Teilzeitanspruch, ZMV 2017, 288

Ders., Aktuelle Fragen des Befristungsrechts, RdA 2017, 250

Junker, Grundkurs Arbeitsrecht, 17. Aufl. 2018

Kahl, Probleme bei der Verlängerung sachgrundloser Befristung, ArbR 2009, 129

Kamanabrou, Das Recht der Kettenbefristung in ausgewählten EU-Mitgliedstaaten, NZA 2016, 385

Kamppeter, Vereitelung des Anspruchs auf Arbeitszeitaufstockung gem. § 9 TzBfG möglich? DB 2017, 2998

Kania/Gilberg, Befristete Arbeitsverträge, 2000

Karlshaus/Kaehler, Instrument der Frauenförderung – Teilzeitführung, AuA 2017, 456, 460

Kelber/Zeißig, Das Schicksal der Gegenleistung bei der Reduzierung der Leistung nach dem Teilzeit- und Befristungsgesetz, NZA 2001, 577

Keller/Seifert, Atypisch beschäftigt im öffentlichen Dienst, PersR 2016, Nr. 4, 8

Kerschbaumer/Kossens, Arbeitnehmer in Teilzeit, 2001

Kerwer, Finger weg von der befristeten Einstellung älterer Arbeitnehmer?, NZA 2002, 1316

Keine, Arbeit auf Abruf i. S. d. § 12 Absatz 1 Satz 1 TzBfG, Dissertation 2010

Kiel, Einstellung auf Zeit, NZA Beilage 2016, Nr. 2, 72

Kiel/Lunk/Oetker, Münchener Handbuch zum Arbeitsrecht, 4 Aufl. 2018

Kirschner, Recht auf befristete Teilzeit erschwert Personalplanung, PersF 2017, Heft 5, 70

Kittner/Zwanziger/Deinert/Heuschmid, Arbeitsrecht, Handbuch für die Praxis, 9. Aufl. 2017

Klein, Der Wunsch nach mehr Arbeitszeit, PersR 2018, Nr. 4, 43

Klein, Thomas, Die geplante Neuregelung des Befristungsrechts, DB 2018, 1018

Kleinebrink, Urlaubsdauer bei Teilzeitbeschäftigung und flexible Arbeitszeit, ArbRB 2015, 22

Ders., § 15 FAO Selbststudium – Zeitliche Befristung von Arbeitsverhältnissen ohne Sachgrund als Flexibilisierungsinstrument, ArbRB 2018, 61

Ders., Geplante TzBfG-Reformen: Auswirkungen auf die arbeitsrechtlichen Gestaltungsmöglichkeiten, DB 2018, 1147

Kleinsorge, Teilzeitarbeit und befristete Arbeitsverträge – ein Überblick über die Neuregelung, MDR 2001, 181

Klenter, Befristungskontrolle und Missbrauchskontrolle, PersR 2014, 193

Klette/Backfisch, Teilzeitarbeit und befristete Arbeitsverträge nach dem Teilzeit- und Befristungsgesetz, DStR 2002, 593

Kliemt, Der neue Teilzeitanspruch, NZA 2001, 63

Ders., Das neue Befristungsrecht, NZA 2001, 296

Koberski, Befristete Arbeitsverträge älterer Arbeitnehmer im Einklang mit Gemeinschaftsrecht, NZA 2005, 79

Koch, Die Rechtsprechung des BAG zur Zulässigkeit befristeter Arbeitsverhältnisse, NZA 1992, 158

Ders., Teilzeitregelungen in Führungspositionen für Beschäftigte mit Kindern, APuZ 7/2007, 21

von Koppelfels, Rechtsfolgen formunwirksamer Befristungsabreden, AuR 2001, 201

Korf, Sportrechtliche Besonderheiten bei arbeitsrechtlichen Befristungen, CaS 2018, 263

Korinth, Befristung eines Arbeitsverhältnisses – Kommentar, AuA 1999, 472 f.

Ders., Rechtliche und taktische Probleme bei Teilzeitverlangen, ArbR 2010, 129

Kortstock, Auswirkungen des BVerfG-Urteils zur Juniorprofessur auf die Befristung von Arbeitsverträgen nach dem Hochschulrahmengesetz, ZTR 2004, 558

Literaturverzeichnis

Kossakowski, Sachgrundlose Befristung im Anschluss an ein Heimarbeitsverhältnis, DB 2017, 612

Kossens, Sachgrundlose Befristung der Arbeitsverträge älterer Beschäftigter, AiB 2006, 646

Ders., Aktuelle Rechtsprechung zum Befristungsrecht nach dem TzBfG, NZA-RR 2009, 233

Ders., Durchblick im Befristungsdschungel, AiB 2014, Nr. 2, 18

Körner, Neue Betriebsratsrechte bei atypischer Beschäftigung, NZA 2006, 573

Kramer/Kiene, Arbeit auf Abruf – Spielräume bei der vertraglichen Gestaltung, ArbR 2010, 233

Krebber, Die unionsrechtlichen Vorgaben zur Zulässigkeit der Befristung von Arbeitsverhältnissen, EuZA 2017, 3

Kreuzer/Möller, Die Befristung des Arbeitsvertrags bei Vertretung – Voraussetzungen und Vorschriften, AA 2010, 145

Kröll, Neuregelung der Teilzeitarbeit und Befristung – auch ein Handlungsfeld für Personalräte, PersR 2001, 179

Kroll, Rechtliche Wege der (Weiter-)Beschäftigung von Altersrentnern, ZTR 2016, 179

Küttner, Personalbuch 2083, 25. Aufl. 2018

Lakies, Das neue Befristungsrecht an Hochschulen und Forschungseinrichtungen (§§ 57a bis 57f HRG n. F.), ZTR 2002, 250 ff.

Ders., Die Neuregelung zur Teilzeitarbeit und zu den befristeten Arbeitsverhältnissen, NJ 2001, 70

Ders, Die Bedeutung des Haushaltsrechts für die Beendigung von Arbeitsverhältnissen im öffentlichen Recht, NZA 1997, 745

Ders., EuGH zu Vertretungsbefristungen: Grundsätzlich zulässig, aber Einzelfallabwägung erforderlich, ArbR 2012, 55

Ders., Befristungen zu Vertretungen im öffentlichen Dienst, PersR 2012, 59

Ders., Sachgrundlose Befristung im öffentlichen Dienst, PersR 2012, 285

Laskawy, Der Wandel des Befristungsrechts – Diese Gestaltungsmöglichkeiten sollten Sie kennen! AA 2012, 122

Laskay/Martin, Heilung einer formunabhängigen Befristung durch nachträgliche Befristungsabrede, DB 2017, 2614

Laux/Schlachter, Teilzeit- und Befristungsgesetz, Kommentar, 2. Aufl. 2011

Laws, Vertretungsbefristung, AuA 2016, 267

Leinemann/Linck, Urlaubsrecht, Kommentar, 2. Aufl. 2001

Lembke, Die sachgrundlose Befristung von Arbeitsverträgen in der Praxis, NJW 2006, 325

Lembke/Tegel, Das Anschlussverbot des § 14 II 2 TzBfG – erneute Rechtsprechungswende in Sicht? NZA-RR 2018, 175

Leßmann, Der Anspruch auf Verringerung der Arbeitszeit im neuen Bundeserziehungsgeldgesetz, DB 2001, 94

Lindemann/Simon, Neue Regelungen zur Teilzeit, BB 2001, 146

Lingemann, Strenge Schriftform für Arbeitsverhältnisse durch die Hintertür! NZA 2018, 889

Linsenmaier, Zur Methodik der Rechtsfindung – warum in § 14 Abs. 2 Satz 2 TzBfG »bereits zuvor« nicht »jemals zuvor« bedeutet, Arbeitsgerichtsbarkeit und Wissenschaft 2012, 373

Ders., Befristung und Bedingung, RdA 2012, 193

Lipke, Die Sachgrundprognose zur Befristung des Arbeitsverhältnisses – Verstoß gegen das Unionsrecht?, Festschrift für Gerhard Etzel zum 75. Geburtstag 2012, 255

Lorenz-Schmidt/Schmidt, Die BAG-Rechtsprechung zu Erwerbsminderungsrenten und Weiterbeschäftigung nach dem TVöD/TV-L, ZTR 2018, 564

Löw, Job-Sharing – Flexibilisierungsmodell mit Zukunft?, AuA 2004, 592

Löwisch, Die Befristung nach dem Beschäftigungsförderungsgesetz kann weiterleben!, NZA 2000, 1044

Ders., »Zuvor« bedeutet nicht: »In aller Vergangenheit«, BB 2001, 254f.

Ders., Befristungen im Hochschulbereich – Rechtslage nach dem Urteil des BVerfG zur Juniorprofessur, NZA 2004, 1065

Ders., Die gesetzliche Reparatur des Hochschulbefristungsrechts, NZA 2005, 321

Löwisch/Neumann, Befristung aufgrund gerichtlichen Vergleichs im Hochschulbereich, NJW 2002, 951

Lüthke, Reform des Teilzeitrechts: kommt es doch, das echte Rückkehrrecht?, P&P 2018, 133

Lunk/Leder, Der Arbeitsvertrag – Befristung und Teilzeit, NJW 2016, 1705

Maaß, Die Befristung des Arbeitsvertrages aufgrund »gedanklicher« Vertretung, ArbR 2010, 187

Madler/Wegmann, Der Befristungsgrund gem. § 14 Abs. 2 TzBfG im Anwendungsbereich des WissZeitVG, OdW 2018, 201

Marquardt, Weiterbeschäftigung ohne schriftlicher Befristungsabrede, DB 2016, 1700

Maschmann, Die Befristung einzelner Arbeitsbedingungen, RdA 2005, 212

Ders., Weiterbeschäftigungsverhältnisse während eines Kündigungsschutzverfahrens, NZA 2005, 277

Maschmann/Konertz, Das Hochschulbefristungsrecht in der Reform: Die Novelle des Wissenschaftszeitvertragsgesetzes, NZA 2016, 257

Medla/Hoß, Das Nachweisgesetz – Zahnloser Papiertiger oder sanktionsbewehrtes Regelwerk?, ArbRB 2002, 336

Meinel/Heyn/Herms, Teilzeit- und Befristungsgesetz, Kommentar, 5. Aufl. 2015

Merath, Eine unwirksame Befristungsabrede führt zu einen unbefristeten Arbeitsverhältnis, DB 2017, 2107

Meyer, Die haushaltsrechtlichen Befristungsgründe nach dem Teilzeit- und Befristungsgesetz, AuR 2006, 86

Literaturverzeichnis

Mittag, Arbeitszeitreduzierung und Urlaub, AiB 2011, 66

Moderegger, Voraussetzungen der sachgrundlosen Befristung, ArbRB 2011, 180

Ders., Die Beschäftigung von Rentners über die Altersgrenze hinaus, ArbRB 2018, 109

Möller, Befristung von Arbeitsverhältnissen, AuA 2011, 406

Morgenroth, Qua vadis Vertretungsbefristung? – zur Weichenstellung nach Kücük, DÖD 2016, 184

Mosch, Aktuelle Entscheidungen zum Recht der befristeten Arbeitsverträge, NJW-Spezial 2012, 562

Ders., Verträge für Fußballprofis auf dem arbeitsrechtlichen Prüfstand, NJW-Spezial 2015, 370

Müller-Röhrig, Befristungen von Arbeitsverträgen nur mit Sachgrund oder nach ethischer Abwägung, ZMV 2016, 317

Müller-Glöge/Preis/Schmidt, Erfurter Kommentar zum Arbeitsrecht, 19. Aufl. 2019

Nadler, Formnichtigkeit einer Befristungsabrede im Arbeitsvertrag – ein nicht zu korrigierender Fehler?, NZA 2005, 1214

Nehls, Die Fortsetzung des beendeten Dienst- oder Arbeitsverhältnisses nach § 625 BGB, § 15 Abs. 5 TzBfG, DB 2001, 2718

Nicolai, Rechtssicherheit für die Arbeit auf Abruf?, DB 2004, 2812

Nielebock, Die neuen gesetzlichen Regelungen zur befristeten Beschäftigung, AiB 2001, 75

Oberthür, Die neue Brückenteilzeit, ArbRB 2018, 239

Dies., Die neue Rechtsprechung zum Rechtsmissbrauch bei Kettenbefristungen, ArbRB 2017, 79

Oelkers, Anspruch auf Teilzeitarbeit, NJW-Spezial 2010, 562

Oetker/Preis, Europäisches Arbeits- und Sozialrecht (Loseblattsammlung)

Opolony, Der Federstrich des Gesetzgebers – § 623 BGB und das Bühnenarbeitsrecht, NJW 2000, 2171

Osnabrügge, Die sachgrundlose Befristung von Arbeitsverhältnissen nach § 14 II TzBfG, NZA 2003, 639

Ostermaier/Zehrer, Zulässigkeit einer sachgrundlosen Verlängerung der Sachgrundbefristung, FA 2015, 34

Paschke, Zeitsouveränität durch Anpassung der Arbeitszeitlage an die persönlichen Bedürfnisse, AuR 2012, 11

Paul, Auswirkungen mehrerer befristeter Arbeitsverhältnisse bei demselben Arbeitgeber auf die Stufenlaufzeit nach dem TV-L, öAT 2017, 67

Pauly/Osnabrügge, Teilzeitarbeit und geringfügige Beschäftigung, 2. Aufl. 2007

Peifer, Die Teilzeitbeschäftigung in der neueren Rechtsprechung des BAG, ZfA 1999, 271

Persch, Missbrauchskontrolle bei Kettenarbeitsverhältnissen: Die Kücük-Entscheidung des EuGH zu Vertretungsbefristungen nach § 14 Abs. 1 S. 2 Nr. 3 TzBfG, ZTR 2012, 268

Ders., Kehrtwende in der BAG-Rechtsprechung zum Vorbeschäftigungsverbot bei sachgrundloser Befristung nach § 14 Abs. 2 S. 2 TzBfG, ZTR 2011, 404

Ders., Der Prüfungsgegenstand der Entfristungskontrolle im Lichte der Befristungsrichtlinie 1999/70/EG, NZA 2011, 1068

Peters-Lange/Rolf, Reformbedarf und Reformgesetzgebung im Mutterschutz- und Erziehungsgeldrecht, NZA 2000, 682, 684 ff.

Petrovicki, Projektbefristung von Arbeitsverhältnissen, NZA 2006, 8

Pfeffer/Schulze, Ohne Grund befristet, AiB 2018, Nr. 4, 25

Pfeufer, Zur sachgrundlosen Befristung von Arbeitsverträgen nicht tarifgebundener Betriebe, DB 2018, 2181

Pielenz, Teilzeitmöglichkeiten im öffentlichen Dienst, PersR 2010, 228

Dies., Der Wunsch nach längerer Arbeitszeit, PersR 2016, Nr. 4, 36

Pöltl, Befristete Arbeitsverträge nach dem Gesetz über Teilzeitarbeit und befristete Arbeitsverträge im Geltungsbereich des BAT, NZA 2001, 582

Preis, Flexibilität und Rigorismus im Befristungsrecht, NZA 2005, 714

Ders., Flexicurity und Abrufarbeit, RdA 2015, 244

Ders., Verbot der Altersdiskriminierung als Gemeinschaftsrecht – Der Fall »Mangold« und die Folgen, NZA 2006, 401

Preis/Bender, Die Befristung einzelner Arbeitsbedingungen – Kontrolle durch Gesetz oder Richterrecht?, NZA-RR 2005, 337

Preis/Gotthardt, Neuregelung der Teilzeit und befristeten Arbeitsverhältnisse – zum Regierungsentwurf, DB 2000, 2065

Dies., Das Teilzeit- und Befristungsgesetz, DB 2001, 145

Dies., Schriftformerfordernis für Kündigungen, Aufhebungsverträge und Befristungen nach § 623 BGB, NZA 2000, 348 ff.

Preis/Greiner, Befristungsrecht – Quo vadis?, RdA 2010, 148

Preis/Hausch, Die Neuordnung der befristeten Beschäftigungsverhältnisse im Hochschulbereich, NJW 2002, 927

Preis/Sagan, Europäisches Arbeitsrecht, 2015

Preiss, KAPOVAZ, Beurteilung nach österreichischem Recht und Vorlage an den EuGH, AuR 2003, 281

Priebe/Absenger, Sabbaticals im öffentlichen Dienst, PersR 2015, Nr. 11, 38

Räder/Steinheimer, Das neue Wissenschaftszeitvertragsgesetz, Der Personalrat 2007, 328 ff.

Reinartz, Tarifvertraglicher Teilzeitanspruch im öffentlichen Dienst, öAT 2012, 6

Reinert, Missbrauchskontrolle befristeter Kettenarbeitsverträge, ArbuR 2017, 93

Literaturverzeichnis

Reinhardt/Domni, Vorbeschäftigungsverbot nach § 14 Abs. 2 Satz 2 TzBfG: drei Jahre oder lebenslang?, DB 2017, 133

Reinhardt/Domni, Die formellen Anforderungen an die Befristung von Arbeitsverträgen nach der Rechtsprechung des BAG, BB 2017, 1339

Richardi, Formzwang im Arbeitsverhältnis, NZA 2001, 57

Ders., Gesetzliche Neuregelung von Teilzeitarbeit und Befristung, BB 2001, 2201

Richardi/Annuß, Der neue § 623 BGB – Eine Falle im Arbeitsrecht?, NJW 2000, 1231 ff.

Richter/Wilke, Die Veränderung von Vertragsinhalten bei der Verlängerung sachgrundlos befristeter Arbeitsverträge, RdA 2011, 305

Rieble/Gutzeit, Teilzeitanspruch nach § 8 TzBfG und Arbeitszeitmitbestimmung, NZA 2002, 7

Ring, Gesetz über Teilzeitarbeit und befristete Arbeitsverträge, Kommentar, 2001

Riesenhuber, Keine Rettung der formnichtigen Befristungsabrede, NJW 2005, 2268

Rolfs, Das neue Recht der Teilzeitarbeit, RdA 2001, 129

Ders., Teilzeit- und Befristungsgesetz, Kommentar, 2001

Roßbruch, Teilzeitarbeit – Verteilung der reduzierten Arbeitszeit, PflR 2015, 589

Rudolf, Die sachgrundlose Befristung von Arbeitsverträgen im Wandel der Zeit, BB 2011, 2808

Ders., Was bedeutet »Vorbeschäftigung« bei der sachgrundlosen Beschäftigung?, AA 2014, 160

Rudolf/Rudolf, Zum Verhältnis der Teilzeitansprüche nach § 15 BErzGG, § 8 TzBfG, NZA 2002, 602 ff.

Rudolph, Umfang des Unterrichtungsanspruchs des Betriebsrats bei befristeter Einstellung, AiB 2012, 131

Ders., Widerstand gegen BAG-Urteile zur Vorbeschäftigung im sachgrundlos befristeten Arbeitsverhältnis, AA 2017, 211

Runkel, Die »Eigenart« des Profifußballs – eine kritische Auseinandersetzung mit der Rechtsprechung und der Literaturmeinung, BB 2017, 1209

Rzadkowski/Reners, Das Gesetz über Teilzeitarbeit und befristete Arbeitsverträge: Auswirkungen auf den Tarifbereich des öffentlichen Dienstes, PersR 2001, 51

Schaub, Arbeitsrechts-Handbuch, 17. Aufl. 2017

Ders., Flexibilisierung im Arbeits- und Mitbestimmungsrecht, in: Festschrift für Reinhard Richardi zum 70. Geburtstag, 2007, S. 735

Schiefer, Teilzeitarbeit, Düsseldorfer Schriftenreihe, 2001

Ders., Entwurf eines Gesetzes über Teilzeitarbeit und Befristete Arbeitsverhältnisse und zur Änderung und Aufhebung arbeitsrechtlicher Bestimmungen, DB 2000, 2118

Ders., Gesetzentwurf über Teilzeitarbeit und befristete Arbeitsverhältnisse, DB 2000, 2118

Ders., Befristete Arbeitsverträge: Hindernisse und Fallstricke – Die aktuelle Rechtsprechung (Teil II), DB 2011, 1220

Ders., Erleichterte Befristung gem. § 14 Abs. 2 TzBfG – Vorbeschäftigungsverbot, P&P 2018, 147

Schiefer/Köster/Borchard/Korte, Koalitionsvertrag: Die geplante arbeits- und sozialrechtliche Gesetzgebung, DB 2018, 1341

Schiek, Das Teilzeit- und Befristungsgesetz: neue Paradigmen der Regulierung so genannter atypischer Beschäftigung?, KJ 2002, 18

Schlachter, Befristete Einstellung nach Abschluss der Ausbildung – Sachgrund erforderlich?, NZA 2003, 1180

Dies., Casebook Europäisches Arbeitsrecht, 2005

Dies., Gemeinschaftliche Grenzen der Altersbefristung, RdA 2004, 352

Schlachter/Heinig, Europäisches Arbeits- und Sozialrecht, 2015

Schlegel, Teilzeit und Aufstockung, AiB 2011, 465

Schlichting, Die Zeiten ändern sich!, AiB 2007, 15

Schloßer, Stellenausschreibung auch als Teilzeitarbeitsplatz – ein Gebot ohne Sanktion, BB 2001, 411

Schmalenberg, Die richtige Umsetzung der Befristungsrichtlinie der EG – Konsequenzen für den Gesetzgeber, NZA 2000, 1043

Ders., Kann mit einer einschränkenden Auslegung jede unsinnige Norm korrigiert werden?, NZA 2001, 938f.

Schmitt, Kettenbefristung im Vertretungsfall – ein neuer Maßstab für die Missbrauchskontrolle, ZESAR 2012, 369

Schmitt-Rolfes, Verlängerung des Arbeitsvertrages über die Altersgrenze hinaus, AuA 2015, 7

Ders., Angriff auf die Probebefristung, AuA 2018, 209

Ders., Die Schriftformfalle, AuA 2018, 511

Schmitz, Zulässigkeit einer Rahmenvereinbarung über den Abschluss befristeter Arbeitsverträge, ZVM 2015, 67

Schneider, Schriftform der Befristungsabrede bei tarifvertraglich überlagerten Arbeitsverhältnissen, RdA 2015, 263

Schöder, Voraussetzungen einer Sachgrundbefristung bei fremdbestimmten Vertretungsbedarf, DB 2017, 536

Schönefeldt, Teilzeit und Jobsharing – (k)ein Thema für Führungskräfte, PersF 12/2006, 30

Schomaker, Sachgrundlose Befristung – zeitliche Beschränkung des Vorbeschäftigungsverbots in § 14 Abs. 2 S. 2 TzBfG, AiB 2012, 63

Schröder, Altersgrenzen und Befristungsrecht – eine explosive Mischung, ArbR 2018, 91

Schüren, Die Mitbestimmung des Betriebsrats bei der Änderung der Arbeitszeit nach dem TzBfG, AuR 2001, 321

Schulte, Neues zur Befristung wegen der Eigenart der Arbeitsleistung gem. § 14 Absatz 1 Satz 2 Nr. 4 TzBfG, ArbRB 2018, 93

Schulz, Sachgrundlose Befristung – Quoten sind keine Lösung! ArbR 2018, 170

Ders., Eigenart der Arbeitsleistung und Befristung im Profifußball, NZA-RR 2016, 460

Schulze/Weitz, Befristete Beschäftigungsverhältnisse als Nagelprobe für eine erfolgreiche Betriebsratsarbeit, ArbR 2012, 186

Schwarze, Verfassungsmäßigkeit des Vorbeschäftigungsverbots, JA 2018, 787., Der Missbrauchstatbestand bei der befristungsrechtlichen Missbrauchskontrolle, RdA 2017, 302

Schwarz-Seeberger, Das befristete Arbeitsverhältnis – aktuelle Rechtsprechung zum Befristungsrecht, ZMV 2012, 74

Seel, Gesetzlicher Anspruch auf Teilzeitarbeit – Was sind die Rechtsgrundlagen und Voraussetzungen?, JA 2011, 608

Ders., Arbeitsbedingungen – Voraussetzungen wirksamer Befristungen, öAT 2017, 247

Seibel/Wilhelm, Kontrolle der Rechtmäßigkeit von Befristungen einzelner Arbeitsbedingungen sowie ganzer Arbeitsverträge – BAG, NJW 2004, 3138, und BAG, NZA 2005, 218 –, JuS 2005, 209

Seiwerth, Grenzen der tarifvertraglichen Ausweitung sachgrundloser Befristung, RdA 2016, 214

Sievers, Kommentar zum Teilzeit- und Befristungsgesetz, 6. Aufl. 2018

Ders., Befristungsrecht, RdA 2004, 291

Sittard/Ulbrich, Die Prozessbeschäftigung und das TzBfG, RdA 2006, 218

Sowka, Befristete Arbeitsverträge ohne Sachgrund nach neuem Recht – offene Fragen, DB 2000, 2427

Ders., Der Erziehungsurlaub nach neuem Recht – Rechtslage ab 1. 1. 2001, NZA 2000, 1185 ff.

Spelge, Gut gemeint, aber schlecht gemacht? Zur Gefahr von Diskriminierungen durch Besitzstandsregelungen in den Tarifverträgen des öffentlichen Dienstes – Teil 2, ZTR 2017, 335

Sprenger, Die befristete Beschäftigung von Rentenanwärtern und Rentnern, BB 2016, 757

Steenfatt, Befristete Arbeitsverträge, AuA 2009, 154

Steiner, Zehn Irrtümer in Sachen Arbeitszeit, AiB 2018, Nr. 2, 22

Steinau-Steinbrück/Burmann, »Zurück auf Los« im Befristungsrecht, NJW-Spezial 2018, 498

Stenslik/Heine, Sachgrundlose Befristung trotz Vorbeschäftigung, DStR 2011, 2202,

Stoppkotte/Stiel, Mitarbeiter auf Stand-by, AiB 2011, 432

Strake, Befristete Verträge im Profifußball und Verlängerungsoption, RdA 2018, 46

Straub, Erste Erfahrungen mit dem Teilzeit- und Befristungsgesetz, NZA 2001, 919

Strathmann, Schutz des befristet beschäftigten Arbeitnehmers im BetrVG, PersF 12/2003, 62

Stubbing, Befristung mit Altersrentnern, PersR 2018, Nr. 6, 45

Tamm, Sachgrundbefristung im öffentlichen Dienst nach § 14 Abs. 1 Nr. 1–4 TzBfG im Spiegel aktueller Judikate, PersV 2017, 84

Dies., Sachgrundbefristung im öffentlichen Dienst nach § 14 Abs. 1 Nr. 5–8 TzBfG im Spiegel aktueller Judikate, PersV 2017, 129

Dies., Sachgrundbefristung im öffentlichen Dienst nach § 14 Abs. 1 Nr. 2–3 TzBfG im Spiegel aktueller Judikate, PersV 2017, 211

Tempelmann/Stenslik, Altersgrenzenregelungen im Arbeitsrecht, DStR 2011, 577

Tepe/Kaiser, Jobsharing auf höchster Ebene, AuA 2017, 168, 169

Thannheiser, Befristung ohne sachlichen Grund in neuem Licht, AiB 2011, 427

Ders., Mal weniger, mal mehr – Teilzeitarbeit, AiB 2011, 735

Thiese, Aktuelle Rechtsprechung zum Befristungsrecht – verfassungs- und europarechtliche Einflüsse auf § 14 TzBfG, öAT 2011, 174

Thönißen, Sachgrundbefristung auf Wunsch des Arbeitnehmers, DB 2017, 1912

Thüsing, Befristungsrecht in neuer Balance, BB 2014, Heft 15, 1

Ders., Brückenteilzeit & Co: Vorschläge, es besser zu machen, BB 2018, 1076

Thüsing/Lambrich, Umsetzungsdefizite in § 14 TzBfG, BB 2002, 829

Thüsing/Fütterer/Thieken, Prognosesicherheit und Befristung, ZfA 2014, 3

Tilch, »Ich habe Vertrag« – Befristungen im Sportrecht, NJW-Spezial 2017, 114

Tilch/Vennewald, Update: Sachgrundlose Befristung, NJW-Spezial 2011, 690

Todisco, Befristung – vorübergehender Bedarf an der Arbeitsleistung, P&P 2018, 14

Urban-Crell, Profifußball und Arbeitsrecht – zwei Welten prallen aufeinander, DB 2015, 2396

Vielmeier, Tückische Falle bei Teilzeit, AuA 2016, 264

Viethen, Teilzeitarbeit, Paradigmenwechsel im Arbeitsrecht, BArbl. 2/2001, 5

Ders., Das neue Recht der Teilzeitarbeit, Sonderbeilage zu NZA Heft 24/2001, 3

Vogel, Kündigungsschutz leitender Angestellter, NZA 2002, 318

von Medem, Aktuelle Entwicklungen beim Abschlussverbot nach § 14 II 2 TzBfG, ArbR 2014, 425

Waas, Gesetzlicher Anspruch auf Teilzeitarbeit in den Niederlanden, NZA 2000, 583

Walker, Die nachträgliche Altersbefristung auf einen Zeitpunkt vor Erreichen der Regelaltersgrenze, NZA 2017, 1417

Literaturverzeichnis

Ders., Braucht der Sport ein eigenes Arbeitsrecht, ZfA 2016, 567

Wank, Diskriminierung in Europa – Die Umsetzung der europäischen Anti-diskriminierungsrichtlinien aus deutscher Sicht, NZA 2004, Sonderbeilage zu Heft 22, 16

Wank/Börgmann, Der Vorschlag für eine Richtlinie des Rates über befristete Arbeitsverträge, RdA 1999, 383

Wegmann, Erhöhung oder Verringerung der Arbeitszeit im Geltungsbereich des WissZeitVG, OdW 2018, 23

Werthebach, Die Befristung von Leiharbeitsverträgen nach dem Teilzeit- und Befristungsgesetz, NZA 2005, 1044

Wiehmann, Befristung des Arbeitsverhältnisses eines Betriebsratsmitglieds

Wiesner, Arbeit nach Maß?: Teilzeitarbeit und befristete Arbeitsverträge, RdA 2001, 116

Winter, Bestätigung der Grundsätze zur Abordnungsvertretung, DB 2017, 2425

Winzer/Abend/Fischels, Projektbefristung am Maßstab von § 14 I 2 Nr. 1 TzBfG – Wenn die Zusatzaufgabe keine Daueraufgabe ist., NZA 2018, 1025

Wirlitsch/Hablitzel, Außerhalb des BetrVG geregelte Informationsansprüche des Betriebsrats, ArbR 2009, 228 ff.

Wisskirchen, Erleichterte Zulassung befristeter Arbeitsverträge nach dem BeschFG 1976, DB 1998, 72

Wolter, Hindernisse bei der Durchsetzung von Entfristungsansprüchen – ein Praxisbericht, AuR 2011, 382

Worzalla, Teilzeitarbeit: Ausschreibungs- und Informationspflichten, P&P 2018, 9

Ders., Arbeit auf Abruf – Einschränkende Neuregelung notwendig? P&P 2018, 101

Ders., Befristung von Arbeitsverhältnissen – Schriftformerfordernis nach § 14 Abs. 4 TzBfG, P&P 2018, 123

Ders., Verbot der Diskriminierung »wegen Teilzeitarbeit«, P&P 2017, 229

Wroblewski/Hinrichs/Bauer, Schritte in die Teilzeit, AiB 2016, Nr. 3, 39

Zimmermann/Völkerding, Kettenbefristungen bei Serienschauspielern sind zulässig, DB 2018, 1349

Zwanziger/Altmann/Schneppendahl, Kündigungsschutzgesetz mit Nebengesetzen, Basiskommentar, 5. Aufl. 2018

Zwanziger/Winkelmann, Teilzeitarbeit. Ein Leitfaden für die Praxis, 2007

Abkürzungsverzeichnis

a. A.	andere(r) Ansicht
a. a. O.	am angegebenen Ort
ABl.	Amtsblatt
ABlEG	Amtsblatt der Europäischen Gemeinschaften
ABlEU	Amtsblatt der Europäischen Union
ABM	Arbeitsbeschaffungsmaßnahme
Abs.	Absatz
Abschn.	Abschnitt
a. E.	am Ende
ÄArbVtrG	Gesetz über befristete Arbeitsverträge mit Ärzten in der Weiterbildung
AGB	Allgemeine Geschäftsbedingungen
Änd.	Änderung
ÄndG	Änderungsgesetz
AEUV	Vertrag über die Arbeitsweise der Europäischen Union
a. F.	alte Fassung
AiB	Arbeitsrecht im Betrieb (Zeitschrift)
AGG	Allgemeines Gleichbehandlungsgesetz
Alt.	Alternative
AlV	Arbeitslosenversicherung
Anm.	Anmerkung
AP	Arbeitsrechtliche Praxis (Nachschlagewerk des Bundesarbeitsgerichts)
APS-Bearbeiter	Ascheid/Preis/Schmidt, Kündigungsrecht, Großkommentar
APuZ	Aus Politik und Zeitgeschichte (Zeitschrift)
ArbG	Arbeitsgericht
ArbGG	Arbeitsgerichtsgesetz
AR-Blattei	Arbeitsrechts-Blattei (Loseblattsammlung)
ArbPlSchG	Arbeitsplatzschutzgesetz
ArbR	Arbeitsrecht Aktuell (Zeitschrift)
ArbRB	Der Arbeits-Rechts-Berater (Zeitschrift)

Abkürzungsverzeichnis

ArbSchG	Arbeitsschutzgesetz
ArbZG	Arbeitszeitgesetz
Art.	Artikel
ASiG	Gesetz über die Betriebsärzte, Sicherheitsingenieure und andere Fachkräfte für Arbeitssicherheit (Arbeitssicherheitsgesetz)
ATG	Altersteilzeitgesetz
AuA	Arbeit und Arbeitsrecht (Zeitschrift)
AÜG	Arbeitnehmerüberlassungsgesetz
AuR	Arbeit und Recht (Zeitschrift)
Ausschuss-Drs.	Ausschuss-Drucksache
Az	Aktenzeichen
BA	Bundesanstalt für Arbeit
BAG	Bundesarbeitsgericht
BAT	Bundes-Angestelltentarifvertrag
Bay	Bayern
BB	Betriebs-Berater (Zeitschrift)
BBG	Bundesbeamtengesetz
BBiG	Berufsbildungsgesetz
Bd.	Band
BDA	Bundesvereinigung der Deutschen Arbeitgeberverbände
BEEG	Bundeselterngeld- und Elternzeitgesetz
BErzGG	Bundeserziehungsgeldgesetz
BeschFG	Beschäftigungsförderungsgesetz
BetrAV	Betriebliche Altersversorgung (Zeitschrift)
BetrAVG	Gesetz zur Verbesserung der betrieblichen Altersversorgung
BetrVG	Betriebsverfassungsgesetz
BezBüSchG	Bezirksbühnenschiedsgericht
BGB	Bürgerliches Gesetzbuch
BGBl.	Bundesgesetzblatt
BLV	Bundeslaufbahnverordnung
BPersVG	Bundespersonalvertretungsgesetz
BR-Drs.	Bundesratsdrucksache
BRRG	Beamtenrechtsrahmengesetz
BSG	Bundessozialgericht
BT-Ausschuss	Bundestagsausschuss
BT-Drs.	Bundestagsdrucksache
Buchst.	Buchstabe
BUrlG	Bundesurlaubsgesetz
BVerfG	Bundesverfassungsgericht

BVerfGE	Sammlung der Entscheidungen des Bundesverfassungsgerichts
BVerwG	Bundesverwaltungsgericht
bzgl.	bezüglich
bzw.	beziehungsweise
CEEP	Europäischer Zentralverband der öffentlichen Wirtschaft
DB	Der Betrieb (Zeitschrift)
ders.	derselbe
DGB	Deutscher Gewerkschaftsbund
d. h.	das heißt
dies.	dieselbe(n)
DKKW-Bearbeiter	Däubler/Kittner/Klebe/Wedde (Hrsg.), Betriebsverfassungsgesetz mit Wahlordnung, Kommentar für die Praxis
DÖD	Der Öffentliche Dienst (Zeitschrift)
DStR	Deutsches Steuerrecht (Zeitschrift)
EFZG	Entgeltfortzahlungsgesetz
EG	Europäische Gemeinschaft
EGB	Europäischer Gewerkschaftsbund
EGV	Vertrag zur Gründung der Europäischen Gemeinschaft
Einl.	Einleitung
ErfKo/Bearbeiter	Müller-Glöge/Preis/Schmidt (Hrsg.), Erfurter Kommentar zum Arbeitsrecht
EStG	Einkommensteuergesetz
EU	Europäische Union
EuGH	Gerichtshof der Europäischen Union (bis 30. 11. 2009: Gerichtshof der Europäischen Gemeinschaften)
EU-GRCharta	Charta der Grundrechte der Europäischen Union
evtl.	eventuell
EzA	Entscheidungssammlung zum Arbeitsrecht
FA	Fachanwalt Arbeitsrecht (Zeitschrift)
f./ff.	folgende
FFG	Gesetz zur Förderung von Frauen und der Vereinbarkeit von Familie und Beruf in der Bundesverwaltung und den Gerichten des Bundes
FlexAZ	Tarifvertrag der flexiblen Arbeitszeitregelung

Abkürzungsverzeichnis

Fn.	Fußnote
FPZG	Familienpflegezeitgesetz
FS	Festschrift
GBl.	Gesetzblatt(Länder)
GdB	Grad der Behinderung
gem.	gemäß
GewO	Gewerbeordnung
GG	Grundgesetz
ggf.	gegebenenfalls
GleichstellungG	Gleichstellungsgesetz
GVBl.	Gesetz- und Verordnungsblatt
Halbs.	Halbsatz
HDE	Handelsverband Deutschland
Hess.	Hessen
HGB	Handelsgesetzbuch
Hk-ArbR	Däubler/Hjort/Schubert/Wolmerath, Arbeits- recht, Individualarbeitsrecht mit kollektivrechtli- chen Bezügen, Handkommentar
h. M.	herrschende Meinung
HRG	Hochschulrahmengesetz
Hrsg.	Herausgeber
IAB	Institut für Arbeitsmarkt- und Berufsforschung der Bundesanstalt für Arbeit
i. d. R.	in der Regel
InsO	Insolvenzordnung
i. S. d.	im Sinne des
i. S. v.	im Sinne von
i. V. m.	in Verbindung mit
KAPOVAZ	Kapazitätsorientierte Arbeitszeit
KJ	Kritische Justiz (Zeitschrift)
KR-Bearbeiter	Gemeinschaftskommentar zum Kündigungs- schutzgesetz
KSchG	Kündigungsschutzgesetz
KV	Krankenversicherung
KVdR	Krankenversicherung der Rentner
LAG	Landesarbeitsgericht
LAGE	Entscheidungen der Landesarbeitsgerichte
LG	Landgericht

MDR	Monatsschrift für Deutsches Recht (Zeitschrift)
MDK	Medizinischer Dienst der Krankenversicherung
MiLoG	Mindestlohngesetz
MTarb	Manteltarifvertrag für Arbeiterinnen und Arbeiter des Bundes und der Länder
MTV	Manteltarifvertrag
MünchArbR-Bearbeiter	Kiel/Lunk/Oetker (Hrsg.), Münchener Handbuch zum Arbeitsrecht
MuSchG	Mutterschutzgesetz
m. w. N.	mit weiteren Nachweisen
NachwG	Nachweisgesetz
Nds.	Niedersachsen
n. F.	neue Fassung
NJ	Neue Justiz (Zeitschrift)
NJW	Neue Juristische Wochenschrift (Zeitschrift)
NJW-Spezial	Neue Juristische Wochenzeitschrift Spezial (Zeitschrift)
Nr.	Nummer
NRW	Nordrhein-Westfalen
n. v.	nicht veröffentlicht
NZA	Neue Zeitschrift für Arbeitsrecht
NZA-RR	NZA-Rechtsprechungsreport (Zeitschrift)
NZS	Neue Zeitschrift für Sozialrecht
o. Ä.	oder Ähnliches
OLG	Oberlandesgericht
PerF	Personalführung (Zeitschrift)
PersR	Der Personalrat (Zeitschrift)
PflegeZG	Pflegezeitgesetz
PflV	Pflegeversicherung
RdA	Recht der Arbeit (Zeitschrift)
RL	Richtlinie
Rn.	Randnummer
Rs.	Rechtssache
Rspr.	Rechtsprechung
RV	Rentenversicherung
s.	siehe
S.	Seite

SGB II	Sozialgesetzbuch II – Grundsicherung für Arbeitsuchende
SGB III	Sozialgesetzbuch III – Arbeitsförderungsrecht
SGB IV	Sozialgesetzbuch IV – Gemeinsame Vorschriften für die Sozialversicherung
SGB V	Sozialgesetzbuch V – Krankenversicherung
SGB VI	Sozialgesetzbuch VI – Rentenversicherung
SGB IX	Sozialgesetzbuch IX – Rehabilitation und Teilhabe behinderter Menschen
SGB XI	Sozialgesetzbuch XI – Pflegeversicherung
Slg.	Sammlung
s. o.	siehe oben
sog.	so genannte/r
SozR	Sozialrecht, Entscheidungssammlung
SprAUG	Gesetz über Sprecherausschüsse der leitenden Angestellten (Sprecherausschussgesetz)
SR 2y BAT	Sonderregelung für Zeitangestellte, Angestellte für Aufgaben von begrenzter Dauer und für Aushilfsangestellte
st.	ständig
Std.	Stunde
TV-L	Tarifvertrag für den öffentlichen Dienst der Länder
TVöD	Tarifvertrag für den öffentlichen Dienst
TVG	Tarifvertragsgesetz
TzBfG	Gesetz über Teilzeitarbeit und befristete Arbeitsverträge (Teilzeit- und Befristungsgesetz)
u. a.	unter anderem
UA	Unterabschnitt
ULA	United Leaders Association; Union der Leitenden Angestellten
UNICE	Union der Industrie- und Arbeitgeberverbände Europas
Urt.	Urteil
u. U.	unter Umständen
UV	Unfallversicherung
v.	vom
VDK	Sozialverband VdK Deutschland
VO	Verordnung
Vorbem.	Vorbemerkungen

WissZeitVG	Gesetz zur Änderung arbeitsrechtlicher Vorschriften in der Wissenschaft
z. B.	zum Beispiel
ZDH	Zentralverband des Deutschen Handwerks
ZESAR	Zeitschrift für europäisches Sozial- und Arbeitsrecht
ZfA	Zeitschrift für Arbeitsrecht
Ziff.	Ziffer
ZIP	Zeitschrift für Wirtschaftsrecht und Insolvenzpraxis
ZPO	Zivilprozessordnung
z. T.	zum Teil
ZTR	Zeitschrift für Tarif-, Arbeits- und Sozialrecht des öffentlichen Dienstes

Kommentierung zum Gesetz über Teilzeitarbeit und befristete Arbeitsverträge (Teilzeit- und Befristungsgesetz – TzBfG)

vom 21. Dezember 2000 (BGBl. I 1966), zuletzt geändert durch Art. 1 G v. 11. Dezember 2018 (BGBl. I 2384)

Erster Abschnitt
Allgemeine Vorschriften

§ 1   Zielsetzung

Ziel des Gesetzes ist, Teilzeitarbeit zu fördern, die Voraussetzungen für die Zulässigkeit befristeter Arbeitsverträge festzulegen und die Diskriminierung von teilzeitbeschäftigten und befristet beschäftigten Arbeitnehmern zu verhindern.

Funktion des § 1

§ 1 erläutert die Ziele, die der Gesetzgeber mit dem Gesetz über Teilzeitarbeit **1** und befristete Arbeitsverträge (kurz: Teilzeit- und Befristungsgesetz oder noch kürzer: TzBfG) verfolgt. Die Vorschrift enthält keine einklagbaren Rechte oder Pflichten. Sie ist jedoch bei der Auslegung der anderen Vorschriften des TzBfG heranzuziehen.[1]

---

1 Meinel/Heyn/Herms, § 1 TzBfG Rn. 9 ff.; Boecken/Joussen, § 1 TzBfG Rn. 4.

Sozialpolitische Bedeutung von Teilzeitarbeit und befristeten
Arbeitsverträgen

2   Das TzBfG regelt – wie sein Name schon sagt – die beiden wichtigsten For-
    men der sog. atypischen[2] oder prekären Arbeitsverhältnisse: Teilzeitarbeits-
    verhältnisse und befristete Arbeitsverhältnisse.[3]
3   2017 hatten in Deutschland 27% der abhängig Beschäftigten ein Teilzeitar-
    beitsverhältnis,[4] 7,6% ein befristetes Arbeitsverhältnis.[5]
4   Während Teilzeitarbeitsverhältnisse (auch) im Interesse der Beschäftigten
    liegen können – etwa weil ein Arbeitnehmer Familienpflichten hat, die keine
    Vollzeitbeschäftigung erlauben, oder er sich neben der Arbeit fortbilden
    möchte –, sind befristete Arbeitsverhältnisse allein im Arbeitgeberinteresse:
    Bei einem unbefristeten Arbeitsverhältnis brauchen Beschäftigte lediglich
    die Kündigungsfrist einzuhalten, aber keinen Kündigungsgrund, um sich
    von einem Beschäftigungsverhältnis zu lösen. Arbeitgeber hingegen müssen
    nicht nur die Kündigungsfrist einhalten, sondern brauchen nach § 1 i. V. m.
    § 23 KSchG in Betrieben mit mehr als fünf Beschäftigten nach mehr als
    sechsmonatigem Bestand des Arbeitsverhältnisses auch einen Grund, der
    die Kündigung sozial rechtfertigt, um sich von dem Arbeitnehmer zu tren-
    nen. Bei einem befristeten Arbeitsvertrag entfällt dieser Kündigungsschutz.
    Das Beschäftigungsverhältnis endet automatisch mit Ablauf der Befristung.

---

2   Im Gegensatz zum sog. Normalarbeitsverhältnis, d. h. einem unbefristeten Voll-
    zeitarbeitsverhältnis, vgl. Bleck, RdA 2015, Fn. 2; zur Entwicklung des Normalar-
    beitsverhältnisses in Europa s. auch Deakin, Soziales Recht 2014, 89.
3   Vgl. Schlachter/Heinig-Kamanabrou, § 15 Rn. 1, die als weitere Formen des aty-
    pischen Arbeitsverhältnisses das Leiharbeitsverhältnis, die Heimarbeit und die
    Telearbeit nennt.
4   Rund 11 Millionen Menschen. Von den weiblichen Beschäftigten arbeiteten rund
    46 % in Teilzeit, von den männlichen nur 10 %; vgl. Statistisches Bundesamt, Sta-
    tistikbrief Oktober 2018, Teilzeitarbeit in Deutschland.
    Im EU-Durchschnitt betrug die Teilzeitquote 2016 19,6 % – bei Frauen rund 30 %
    und bei Männern knapp 10 % (höchster Wert: Niederlande mit 46,6 %, wo ¾ aller
    Arbeitnehmerinnen in Teilzeit arbeiten; niedrigster Wert: Bulgarien mit 1,9 %).
    Quelle: Europäische Kommission, Eurostat: http://ec.europa.eu/eurostat/statis-
    tics-explained/index.php/Employment-statistics/de – (Stand: November 2018).
5   Rund 2,6 Millionen Beschäftigte, darunter jeweils rund 1,3 Millionen Männer
    (7,4 % aller männlichen Beschäftigten) und Frauen (7,9 % aller weiblichen Be-
    schäftigten), haben einen befristeten Arbeitsvertrag; vgl. Statistisches Bundesamt,
    Statistisches Jahrbuch 2018, S. 362.
    Im EU-Durchschnitt betrug die Befristungsquote 2016 14,2 % (höchster Wert:
    Polen mit 27,6 %; niedrigster Wert: Rumänien mit 1,4 %). Quelle: Europäische
    Kommission, Eurostat: http://ec.europa.eu/eurostat/statistics-explained/in-
    dex.php/Employment-statistics/de – (Stand: November 2018).

Geltungsbereich

Das TzBfG gilt für alle Arbeitsverhältnisse bei privaten und öffentlichen Arbeitgebern.[6] Es gilt grundsätzlich auch für Berufsausbildungsverhältnisse, gem. § 10 Abs. 2 BBiG allerdings nur soweit seine Regelungen mit dem Sinn und Zweck eines Ausbildungsverhältnisses vereinbar sind.[7] Daher haben Auszubildende keinen Anspruch auf Verringerung der Arbeitszeit nach § 8.[8] Keine Anwendung findet das TzBfG auf freie Mitarbeiter. Arbeitnehmerähnliche Personen i. S. v. § 12a TVG fallen ebenso wenig unter den Geltungsbereich des TzBfG[9] wie sog. »Ein-Euro-Jobber« nach § 16d Satz 2 SGB II.[10]

5

Gesetzgebungsgeschichte

Das TzBfG ist als Artikel 1 des Gesetzes über Teilzeitarbeit und befristete Arbeitsverträge und zur Aufhebung arbeitsrechtlicher Bestimmungen verkündet worden[11] und gem. Art. 4 dieses Gesetzes am 1. Januar 2001 in Kraft getreten.

6

Die **Möglichkeit zum Abschluss befristeter Arbeitsverträge** – als ein Unterfall der Dienstverträge – war schon durch das zum 1. 1. 1900 in Kraft getretene BGB in dessen § 620 BGB (der bis heute unverändert gilt) vorgesehen. § 620 BGB ließ den Abschluss befristeter Arbeitsverträge uneingeschränkt zu. Die Lage änderte sich erst mit dem Inkrafttreten des KSchG im Jahre 1951. Das KSchG enthielt und enthält zwar keine Bestimmungen zu befristeten Verträgen. Die Rechtsprechung erkannte aber zutreffend, dass Kündigungsschutz für Arbeitnehmer nur gewährleistet werden kann, wenn er sich nicht einfach durch den Abschluss befristeter Verträge umgehen lässt, und entschied deshalb, dass die Befristung von Arbeitsverhältnissen grundsätzlich nur wirksam war, wenn es für die Befristung einen sachlichen Grund gab.[12] Mit dem Beschäftigungsförderungsgesetz 1985 (BeschFG 1985)[13] wurde das Erfordernis eines sachlichen Grundes gelockert und in dessen § 1 die Möglichkeit einer sachgrundlosen Befristung bei Neueinstellungen und bei Übernahme aus der Ausbildung vorgesehen. Mit dem arbeitsrechtlichen Beschäftigungsförderungsgesetz vom 25. 10. 1996[14] wurde § 1 BeschFG 1985

6a

---

6 BT-Drs. 14/4374.
7 Annuß/Thüsing-Annuß, § 1 TzBfG Rn. 2; Meinel/Heyn/Herms, § 1 TzBfG Rn. 5 ff.
8 Siehe hierzu § 8 Rn. 6.
9 Annuß/Thüsing-Annuß, § 1 TzBfG Rn. 2; Meinel/Heyn/Herms, § 1 TzBfG Rn. 4.
10 Vgl. BAG 8. 11. 2006 – 5 AZB 36/06, AuR 2007, 50.
11 BGBl. 2000 I S. 1966.
12 Vgl. BAG 21. 10. 1954 – 2 AZR 25/53, BAGE 1, 128, und BAG 12. 10. 1960 – GS 1/59, BAGE 10, 65.
13 BGBl. 1985 I S. 10.
14 BGBl. 1986 I S. 1496.

geändert und eine sachgrundlose Befristung für bis zu zwei Jahre generell
erlaubt, sofern kein enger sachlicher Zusammenhang mit einem vorherigen
Arbeitsverhältnis bestand.

6b **Teilzeitbeschäftigung** führte lange Zeit ein Schattendasein im Arbeitsrecht,
obwohl es sie in der Praxis wohl schon immer gegeben hat.[15] In den Fokus
des Gesetzgebers geriet die Teilzeitarbeit erstmals mit dem BeschFG 1985,
mit dem ausweislich der Gesetzesbegründung[16] sowohl im Interesse der Arbeitgeber als auch im Interesse der Beschäftigten, insbesondere weiblicher
Beschäftigter, die Schaffung von Teilzeitarbeitsplätzen gefördert werden
sollte. Das BeschFG 1985 sah ausdrücklich das Verbot der Diskriminierung
Teilzeitbeschäftigter (§ 2 BeschFG 1985; heute § 4 Abs. 1 TzBfG), die Informationspflicht des Arbeitgebers gegenüber Beschäftigten, die eine Änderung ihrer Arbeitszeit wünschten (§ 3 BeschFG 1985; heute § 7 Abs. 3
TzBfG) und die Möglichkeit der Arbeitsplatzteilung (»Job-Sharing«) (§ 5
BeschFG 1985; heute § 13 TzBfG) vor und räumte den Arbeitgebern die für
sie günstige und für die Beschäftigten ungünstige Möglichkeit der Abrufarbeit ein (§ 4 BeschFG 1985; heute § 12 TzBfG).

6c Das TzBfG ist mit Wirkung vom 1. Januar 2001 an die Stelle des BeschFG
1985 getreten[17] Das TzBfG hat die Regelungen des BeschFG im Wesentlichen – wenn auch teilweise mit gewissen Änderungen – übernommen. Insbesondere wurde die Möglichkeit der sachgrundlosen Befristung wieder
leicht eingeschränkt. Darüber hinaus enthält es Regelungen, die im BeschFG
1985 nicht enthalten waren[18] – insbesondere die Regelung, mit der Beschäftigten erstmals ein Rechtsanspruch auf Verringerung der Arbeitszeit eingeräumt worden ist (§ 8).

7 Das TzBfG diente außerdem der Umsetzung von zwei **Richtlinien der Europäischen Union,**[19] nämlich

---

15 Wenn z. B. Franz Kafka seit 1908 bei der Arbeiter-Versicherungs-Anstalt eine tägliche Arbeitszeit von sechs Stunden hatte (vgl. Buck-Heeb, Der Dichter Dr. jur.
Franz Kafka, S. 229, 231), lässt sich durchaus davon sprechen, dass er Teilzeit arbeitete, vor allem in Anbetracht dessen, dass die tägliche Arbeitszeit in der Industrie damals bis zu elf Stunden betrug (vgl. http://www.dasrotewien.at/seite/acht-
stundentag).
16 BT-Drs. 10/2102, S. 16.
17 Vgl. Art. 3 des Gesetzes über Teilzeitarbeit und befristete Arbeitsverträge und zur
Aufhebung arbeitsrechtlicher Bestimmungen, BGBl. 2000 I, S. 1966, 1969.
18 Vgl. die Synopsen bei Buschmann/Dieball/Stevens-Bartol, Vorbemerkungen zum
TzBfG Rn. 3; Rolfs, TzBfG, Einführung Rn. 15.
19 Die Europäische Union ist mit Inkrafttreten des EU-Reformvertrags (»Lissabon-
Vertrag«) zum 1.12.2009 an die Stelle der Europäischen Gemeinschaft getreten
und wurde deren Rechtsnachfolgerin; s. Art. 1 Abs. 3 des Vertrags über die Europäische Union (EUV) (konsolidierte Fassung: ABlEU C 202 v. 7.6.2016, S. 13).

- der Richtlinie 97/81/EG des Rates zu der von UNICE, CEEP und EGB geschlossenen Rahmenvereinbarung über Teilzeitarbeit vom 15. Dezember 1997 (»Teilzeit[arbeit]-Richtlinie«)[20] sowie
- der Richtlinie 1999/70/EG des Rates zu der EGB-UNICE-CEEP-Rahmenvereinbarung über befristete Arbeitsverträge vom 28. Juni 1999/70/EG (»Befristungsrichtlinie«).[21]

Der Gesetzgeber hat das TzBfG seit seinem Inkrafttreten fünfmal geändert – vier Änderungen betrafen den § 14 und damit Befristungen. Eine Änderung trug allerdings lediglich dem Umstand Rechnung, das sich die Nummer einer Vorschrift im SGB III, auf die in § 14 Abs. 3 verwiesen wird, änderte.[22] Mit zwei weiteren Änderungen wurden die Möglichkeiten der sachgrundlosen Befristung von Arbeitsverträgen mit älteren Arbeitnehmern[23] bzw. bei Unternehmensneugründungen[24] erweitert. Die vierte Änderung[25] beruhte auf keiner Eigeninitiative des Gesetzgebers, sondern diente der Umsetzung eines Urteils des EuGH, mit dem dieses eine Bestimmung des § 14 in seiner damaligen Fassung für unanwendbar erklärt hatte.[26] **7a**

Mit dem Gesetz zur Weiterentwicklung des Teilzeitrechts vom 11.12 2018[27] schließlich hat der Gesetzgeber – in Umsetzung der Koalitionsvereinbarung zwischen CDU, CSU und SPD für die 19. Legislaturperiode des Deutschen Bundestages[28] – den Anspruch auf unbefristete Teilzeit nach § 8 durch einen Anspruch auf befristete Teilzeit gem. dem neu geschaffenen § 9a – die sogenannte Brückenteilzeit – ergänzt. Neben der Einführung der Brückenteilzeit sieht dieses Gesetz eine Änderung der Darlegungs- und Beweislast zugunsten der Beschäftigten vor, die einen Anspruch auf Verlängerung ihrer Arbeitszeit nach § 9 geltend machen. In § 7 verankert es außerdem einen Anspruch für Beschäftigte, die ihre Arbeitszeit verändern möchten, dass ihr Arbeitgeber diesen Veränderungswunsch mit ihnen erörtert, und verpflichtet den Arbeitgeber, die Arbeitnehmervertretung über solche Änderungswün- **7b**

---

20 ABlEG L 14 v. 20.1.1998, S. 9, berichtigt ABlEG L 128 v. 30.4.1998, S. 71.
21 ABlEG L 175 10.7.1999, S. 43.
22 Art. 23 des Gesetzes zur Verbesserung der Eingliederungschancen am Arbeitsmarkt (EinglVerbG) vom 20.12.2011, BGBl. I S. 2854.
23 Art. 7 des Ersten Gesetzes über moderne Dienstleistungen am Arbeitsmarkt vom 23.12.2002, BGBl. I S. 4607.
24 Art. 2 des Gesetzes zu Reformen am Arbeitsmarkt vom 24.1.2003, BGBl. I, S. 3002.
25 Art. 1 des Gesetzes zur Verbesserung der Beschäftigungschancen älterer Menschen (AltBeschVerbG) vom 19.4.2007, BGBl. I, S. 538.
26 Siehe hierzu unten Rn. 15.
27 BGBl. 2018 I, S. 2384.
28 Ein neuer Aufbruch für Europa. Eine neue Dynamik für Deutschland. Ein neuer Zusammenhalt für unser Land. Koalitionsvertrag zwischen. CDU, CSU und SPD, Zeilen 382–384.

sche zu informieren. Außerdem nimmt es in § 12 bei der Arbeit auf Abruf einige Präzisierungen mit dem erklärten Ziel vor, Abrufbeschäftigten mehr »Planungs- und Einkommenssicherheit« zu geben.[29]

7c Obwohl gleichfalls im Koalitionsvertrag für die 19. Legislaturperiode vereinbart,[30] hat der Gesetzgeber mit dem Gesetz vom 11.12.2018 nicht »*Möglichkeiten der befristeten Beschäftigung reduziert*« und weder »*sachgrundlose Befristungen … wieder zur Ausnahme*« gemacht noch »*endlose Kettenbefristungen abgeschafft*«. Dass sich das Gesetz vom 11.12.2018 nicht mit der Problematik der Befristungen befasst, ist auch deshalb bedauerlich, weil das BVerfG noch während des Gesetzgebungsverfahrens seinen Beschluss vom 6.6.2018[31] verkündet hat, wonach § 14 Abs. 2 Satz »*nach Maßgabe der Gründe*« dieses Beschlusses mit dem Grundgesetz vereinbar ist,[32] und es aus Gründen der Rechtsklarheit wünschenswert gewesen wäre, wenn der Gesetzgeber diese Gründe in den Text des § 14 selbst übernommen hätte.

Europarechtlicher Rahmen

8 Mit dem TzBfG hat der deutsche Gesetzgeber auch seine Pflicht zur Umsetzung von zwei Richtlinien der Europäischen Union erfüllt, nämlich der »Teilzeit[arbeit]-Richtlinie« und der »Befristungsrichtlinie«.[33] Nach **Art. 288 Abs. 3 des Vertrags über die Arbeitsweise der Europäischen Union (AEUV)**[34] sind nämlich Richtlinien, die von den zuständigen Organen der Europäischen Union[35] erlassen worden sind, für deren Mitgliedstaaten hinsichtlich des zu erreichenden Zieles verbindlich, überlassen jedoch den innerstaatlichen Stellen die Wahl der Form und der Mittel zur Zielerreichung. Der deutsche Gesetzgeber war daher verpflichtet, die Vorgaben der Teilzeit-Richtlinie und der Befristungsrichtlinie in deutsches Recht umzusetzen.[36]

---

29 BT-Drs. 19/3452, S. 2.
30 Ein neuer Aufbruch für Europa. Eine neue Dynamik für Deutschland. Ein neuer Zusammenhalt für unser Land. Koalitionsvertrag zwischen. CDU, CSU und SPD, Zeilen 377–381.
31 BVerfG 6.6.2018 – 1 BvL 7/14, 1 BvL1375/14, NZA 2018, 774; siehe hierzu auch die Kommentierung zu § 14
32 So die im BGBl. I vom 22.6.2018, S. 882, veröffentlichte Entscheidungsformel des BVerfG-Beschlusses.
33 Zu diesen beiden Richtlinien siehe oben Rn. 7.
34 Art. 288 AEUV (konsolidierte Fassung: ABlEU C 202 v. 7.6.2016, S. 47) ist mit Inkrafttreten des EU-Reformvertrags (»Lissabon-Vertrag«) zum 1.12.2009 an die Stelle des wortlautgleichen Art. 249 Abs. 3 EGV getreten.
35 Bis zum 30.11.2009 Europäische Gemeinschaft; s.a. Fn. 19.
36 Mit der Umsetzung der Befristungsrichtlinie in Bezug auf Kettenbefristungen in vierzehn EU-Mitgliedstaaten, darunter Deutschland, beschäftigt sich Kamanabrou, NZA 2016, 385.

Der deutsche Gesetzgeber bezweckte mit dem Erlass des TzBfG deshalb auch, dieser europarechtlichen Verpflichtung nachzukommen.[37]

Beide Richtlinien wiederum beruhen jeweils – wie schon aus ihrem Titel **9** hervorgeht[38] – auf einer **Rahmenvereinbarung der europäischen Sozialpartner**, an der jeweils auf Arbeitgeberseite die Union der Industrie- und Arbeitgeberverbände Europas (UNICE) sowie der Europäische Zentralverband der öffentlichen Wirtschaft (CEEP) und auf Arbeitnehmerseite der Europäische Gewerkschaftsbund (EGB – ETUC – CES) beteiligt waren.[39]

Die Vorschriften des TzBfG müssen sich daher nicht nur an den Vorgaben **10** des GG (Art. 20 Abs. 3 GG), sondern – jedenfalls soweit mit ihnen die beiden vorgenannten Richtlinien bzw. Rahmenvereinbarungen umgesetzt werden[40] – auch an denen des Europarechts messen lassen. Maßstab sind insoweit nicht nur die beiden vorgenannten Richtlinien, sondern das gesamte Recht der Europäischen Union, vor allem deren arbeitsrechtliche Vorschriften[41] sowie die **Charta der Grundrechte der Europäischen Union (EU-GRCharta)**,[42] die immer zu beachten ist, wenn eine nationale Rechtsvorschrift in den Geltungsbereich des Unionsrechts fällt.[43]

Im Zusammenhang mit dem TzBfG sind von besonderer Bedeutung die das **11** Arbeitsrecht berührenden Grundrechte der Charta, vor allem die Berufsfreiheit und das Recht zu arbeiten (Art. 15 EU-GRCharta), das Recht auf Unterrichtung und Anhörung der Arbeitnehmerinnen und Arbeitnehmer im Unternehmen (Art. 27 EU-GRCharta), das Recht auf Kollektivverhandlungen und Kollektivmaßnahmen (Art. 28 EU-GRCharta), den Schutz bei ungerechtfertigter Entlassung (Art. 30 EU-GRCharta)[44] und (das Recht auf) gerechte und angemessene Arbeitsbedingungen (Art. 31 EU-GRCharta).

---

37 Siehe BT-Drs. 14/4374, S. 2.

38 Siehe o. Rn. 4.

39 Zur Entstehungsgeschichte der europäischen Sozialpartnervereinbarungen s. Annuß/Thüsing-Annuß, TzBfG, Einführung Rn. 9 ff.; zur Rechtssetzungskompetenz der europäischen Sozialpartner allgemein s. Sagan in Preis/Sagan, § 1 Rn. 71; Lörcher, NZA 2003, 184, 190 ff.

40 Vgl. EuGH 22. 11. 2005 – C-144/04 »Mangold«, NJW 2005, 3695, 3698, Rn. 75.

41 Die Rechtsvorschriften der EU, einschließlich der Teilzeit-Richtlinie und der Befristungsrichtlinie, sind auf dem Portal EUR-Lex (http://eur-lex.europa.eu) in allen 24 EU-Amtssprachen kostenlos abrufbar. Dort findet sich auch ein Überblick über die arbeitsrechtlichen Vorschriften der EU auf der Website der Generaldirektion Beschäftigung und Soziales der Europäischen Kommission (http://eur-lex.europa.eu/summary/chapter/employment-and-social-policy.html?root-default=SUM-1-CODED=17).

42 ABlEU C 202 v. 7. 6. 2016, S. 391.

43 EuGH 26. 2. 2013 – C 149/10 »Åkerberg Fransson«, Rn. 21.

44 Zur europarechtlichen Garantie des Kündigungsschutzes s. auch Buschmann, AuR 2013, 388, sowie Heuschmid, AuR 2014, 221, 222.

Die Rolle des EuGH bei der Auslegung des Europarechts …

12   Innerhalb des Rahmens, den das Europarecht auch dem TzBfG gezogen hat,
kommt dem Gerichtshof der Europäischen Union (EuGH) eine besondere
Rolle zu.[45] Der EuGH hat ein Auslegungsmonopol hinsichtlich der Vorschriften des Rechts der Europäischen Union. Soweit das TzBfG in den Geltungsbereich des EU-Rechts fällt – vor allem soweit der deutsche Gesetzgeber mit ihm die in Rn. 8 genannten Richtlinien umgesetzt hat –, ist auch für
die Auslegung der Vorschriften des TzBfG die Auslegung der ihr zugrunde
liegenden Richtlinien durch den EuGH maßgeblich. Die Vorschriften des
TzBfG sind daher so weit wie möglich im Einklang mit dem Unionsrecht,
vor allem anhand des Wortlauts und des Zwecks der genannten Richtlinien –
und deren Interpretation durch den EuGH – auszulegen.[46]

13   Stellt sich in einem vor einem deutschen Arbeitsgericht anhängigen Rechtsstreit die Frage, wie eine Bestimmung des TzBfG, die ihrerseits auf einer der
Richtlinien beruht, auszulegen ist, ist das deutsche Gericht, sofern gegen
seine Entscheidung kein Rechtsmittel mehr gegeben ist, – also u. a. das BAG –
nach Art. 267 AEUV[47] verpflichtet, das bei ihm anhängige Verfahren aus-
zusetzen und die Frage dem EuGH zur Vorabentscheidung vorzulegen. Der
EuGH ist insoweit gesetzlicher Richter i. S. v. Art. 101 GG. Die Nichtvor-
lage an den EuGH kann daher ggf. mit einer Verfassungsbeschwerde an das
BVerfG angefochten werden.[48] Gerichte, gegen deren Entscheidung noch ein
Rechtsmittel möglich ist (also in der Regel die Arbeitsgerichte sowie die Landesarbeitsgerichte, sofern gegen ihre Entscheidungen noch eine Berufung
bzw. die Revision oder eine Beschwerde möglich sind), sind zur Vorlage an
den EuGH nicht verpflichtet, können aber ein Vorabentscheidungsersuchen an diesen richten, sofern sich im Rahmen eines bei ihnen anhängigen
Rechtsstreits die Frage stellt, wie eine Bestimmung des TzBfG, die auf einer
der Richtlinien beruht, auszulegen ist.[49]

14   Der EuGH entscheidet dann allerdings nicht den gesamten Rechtsstreit,
sondern nur über die ihm vorgelegte Frage. Anschließend obliegt es dem nationalen (deutschen) Gericht, den Rechtsstreit zu entscheiden. Hierbei ist
das Gericht an die Antwort des EuGH gebunden. Zudem legt der EuGH nur
das EU-Recht aus, nicht aber das nationale Recht. Die Auslegung des natio-

---

45 Die Entscheidungen des EuGH können sowohl auf der Website des EuGH
(www.curia.europa.eu) als auch auf dem Portal EUR-Lex (http://eur-lex.euro-
pa.eu) abgerufen werden.

46 EuGH 26. 2. 2013 – C 149/10 »Åkerberg Fransson«, Rn. 75 und Tenor; 10. 3. 2011 –
C-109/09 »Deutsche Lufthansa«, Rn. 52.

47 Art. 267 AEUV hat mit Wirkung zum 1. 12. 2009 den wortlautgleichen Art. 234
EG ersetzt.

48 Vgl. BVerfG 25. 2. 2010 – 1 BvR 230/09, NZA 2010, 439.

49 Vgl. zum Ganzen Schlachter, Casebook Europäisches Arbeitsrecht, S. 31 ff.

nalen Rechts (also auch des TzBfG) ist allein Sache des nationalen Gerichts. Dieses muss die nationalen Bestimmungen, so weit wie möglich, im Einklang mit dem Unionsrecht (und dessen Auslegung durch den EuGH) auslegen (**unionsrechtskonforme Auslegung**).[50] Mit anderen Worten: Das nationale Gericht muss die Vorschriften des EU-Rechts (wie sie vom EuGH ausgelegt wurden) in die nationalen Rechtsvorschriften »hineinlesen«. Ist eine unionsrechtskonforme Auslegung der nationalen Rechtsvorschrift nicht möglich, darf die unionsrechtswidrige nationale Rechtsvorschrift nicht angewendet werden.[51]

… und sein Einfluss auf das TzBfG

Eine solche unanwendbare Vorschrift war auch § 14 Abs. 3 in der bis zum **15** 30. April 2007 geltenden Fassung, der bei Arbeitnehmern ab dem 52. Lebensjahr die unbeschränkte sachgrundlose Befristung von Arbeitsverhältnissen erlaubte. Mit seinem Urteil vom 22. 11. 2005 in der Rechtssache »Mangold«[52] hatte der EuGH die Vorschrift des § 14 Abs. 3 Satz 2 TzBfG a. F. für europarechtswidrig und demzufolge für unanwendbar erklärt[53] – allerdings nicht, wie von vielen erwartet,[54] wegen Verstoßes gegen die Befristungsrichtlinie, sondern wegen Verstoßes gegen die Richtlinie 2000/78/EG des Rates vom 27. 11. 2000 zur Festlegung eines allgemeinen Rahmens für die Verwirklichung der Gleichbehandlung in Beschäftigung und Beruf (»Beschäftigungsrahmenrichtlinie«)[55] und das gemeinschaftsrechtliche Verbot der Altersdiskriminierung. Dieses Urteil des EuGH war – teilweise heftiger – Kritik[56] ausgesetzt gewesen. Dem EuGH wurde vor allem vorgeworfen, damit seine Kompetenzen überschritten zu haben.[57] Das BVerfG hat jedoch

---

50 EuGH 19. 4. 2016 – C-441/14 »DI«, Rn. 31 ff. und 42; zur unionsrechtskonformen Auslegung von Richtlinien Franzen/Gallner/Oetker-Höpfner, Art. 288 AEUV Rn. 37 ff.

51 EuGH 19. 1. 2010, »Kücükdeveci«, Rn. 54, EuGH 19. 4. 2016 – C-441/14 »DI«, Rn. 42; zum Anwendungsvorrang des EU-Rechts s. Sagan in Preis/Sagan, § 1 Rn. 31 ff.

52 EuGH 22. 11. 2005 – C-144/04, NJW 2005, 3695, 3698, Rn. 75.

53 Zum EuGH-Urteil in der Rechtssache Mangold und seinen Auswirkungen s. Holwe/Kerschbaumer, AiB 2006, 198; Kossens, AiB 2006, 646.

54 Zur Diskussion über die (Un-)Vereinbarkeit von § 14 Abs. 3 a. F. mit dem Europarecht s. die erste Auflage dieses Kommentars, § 14 Rn. 123 f., sowie Däubler, ZIP 2001, 217; Koberski NZA 2005, 79.

55 ABlEG Nr. L 303 v. 2. 12. 2000, S. 16.

56 Kritisch insoweit auch Generalanwalt Mazák in seinen Schlussanträgen v. 15. 2. 2007 in der Rechtssache C-411/05 »Palacios«.

57 Vgl. vor allem Gerken/Rieble/Roth/Stein/Streinz, »Mangold« als ausbrechender Rechtsakt.

mit Urteil vom 6. Juli 2010[58] entschieden, dass das Mangold-Urteil keine aus Sicht des deutschen Verfassungsrechts zu beanstandende Kompetenzüberschreitung darstellt. Der deutsche Gesetzgeber hatte bereits mit Art. 1 des Gesetzes zur Verbesserung der Beschäftigungschancen älterer Menschen vom 19. April 2007[59] auf das Mangold-Urteil reagiert und den gesamten Abs. 3 des § 14 mit Wirkung zum 1. Mai 2007 neu gefasst.[60]

16 Es ist nicht unumstritten, ob § 14 Abs. 3 mit dieser Neufassung nunmehr gemäß den Vorgaben des EuGH europarechtskonform ausgestaltet ist.[61] Das BAG hält allerdings die Regelungen in § 14 Abs. 3 Sätze 1 und 2 in der ab 1. 5. 2007 geltenden Fassung, soweit es um deren erstmalige Anwendung zwischen denselben Arbeitsvertragsparteien geht, für mit Unionsrecht (und nationalem Verfassungsrecht) vereinbar.[62] Für den Fall einer wiederholten Anwendung dieser Regelungen zwischen denselben Arbeitsvertragsparteien hat es jedoch Bedenken hinsichtlich ihrer Vereinbarkeit mit der Beschäftigungsrahmenrichtlinie geäußert.[63]

17 Auch was die Missbrauchskontrolle bei Kettenbefristungen betrifft, hat die Rechtsprechung des EuGH mit den Urteilen in den Rechtssachen »Küküc«,[64] »Márquez Samohano«,[65] »Fiamingo«[66] und »Mascolo«[67] der deutschen Rechtspraxis, vor allem dem BAG,[68] wichtige Impulse gegeben.[69]

18 Bei der Auslegung und Anwendung des TzBfG gilt es daher nicht nur, die deutsche Rechtsprechung zu beachten, sondern auch, die Entwicklung des Europarechts und vor allem die Entwicklung der Rechtsprechung des EuGH im Auge zu behalten. Das gilt nicht für Entscheidungen des EuGH, denen

---

58 BVerfG 6. 7. 2010 – 2 BvR 2661/06, mit abweichender Meinung des Richters Landau, NZA 2010, 995.
59 BGBl. I S. 538.
60 Siehe hierzu § 14 Rn. 135 ff.
61 Dies bejaht Sievers, § 14 TzBfG Rn. 441; verneinend hingegen Däubler/Deinert/Zwanziger, KSchR, § 14 TzBfG Rn. 179 ff.; zweifelnd Bayreuther, BB 2007, 1113, 1115; kritisch auch Heuschmid, AuR 2014, 221, 223. Vgl. im Übrigen die Kommentierung zu § 14 Rn. 35 ff.
62 BAG 28. 5. 2014 – 7 AZR 360/12, BAGE 148, 193.
63 Das BAG musste jedoch in seinem Urteil 28. 5. 2014 – 7 AZR 360/12, BAGE 148, 193, diesen Bedenken nicht weiter nachgehen, weil es in dem von ihm entschiedenen Fall nicht um die wiederholte, sondern um die erstmalige Anwendung von § 14 in der seit 1. 5. 2007 geltenden Fassung ging.
64 EuGH 26. 1. 2012 – C-586/10 »Kücük«, NJW 2012, 989.
65 EuGH 13. 3. 2014 – C-190/13 »Márquez Samohano«, NZA 2014, 475.
66 EuGH 3. 7. 2014 – C-586/13 »Fiamingo«.
67 EuGH 26. 11. 2014 – C-586/10 »Mascolo«, NZA 2015, 153.
68 Zu Kettenarbeitsverträgen und zur diesbezüglichen Rechtsprechung des BAG s. auch § 14 Rn. 21 ff.
69 Siehe hierzu auch Joussen, RdA 2015, 305, 313 ff.; vergleichend zum Recht der Kettenbefristung in vierzehn EU-Mitgliedstaaten Kamanabrou, NZA 2016, 385.

ein Vorabentscheidungsersuchen eines deutschen Gerichts zugrunde liegt, sondern auch für die anderen Entscheidung des EuGH mit Bezug zum Arbeitsrecht – selbst wenn aufgrund der Unterschiede zwischen den Arbeitsrechtssystemen der EU-Mitgliedstaaten nicht jede arbeitsrechtliche Entscheidung des EuGH für das deutsche Arbeitsrecht von Bedeutung ist.

§ 2 Begriff des teilzeitbeschäftigten Arbeitnehmers

(1) Teilzeitbeschäftigt ist ein Arbeitnehmer, dessen regelmäßige Wochenarbeitszeit kürzer ist als die eines vergleichbaren vollzeitbeschäftigten Arbeitnehmers. Ist eine regelmäßige Wochenarbeitszeit nicht vereinbart, so ist ein Arbeitnehmer teilzeitbeschäftigt, wenn seine regelmäßige Arbeitszeit im Durchschnitt eines bis zu einem Jahr reichenden Beschäftigungszeitraums unter der eines vergleichbaren vollzeitbeschäftigten Arbeitnehmers liegt. Vergleichbar ist ein vollzeitbeschäftigter Arbeitnehmer des Betriebes mit derselben Art des Arbeitsverhältnisses und der gleichen oder einer ähnlichen Tätigkeit. Gibt es im Betrieb keinen vergleichbaren vollzeitbeschäftigten Arbeitnehmer, so ist der vergleichbare vollzeitbeschäftigte Arbeitnehmer aufgrund des anwendbaren Tarifvertrags zu bestimmen; in allen anderen Fällen ist darauf abzustellen, wer im jeweiligen Wirtschaftszweig üblicherweise als vergleichbarer vollzeitbeschäftigter Arbeitnehmer anzusehen ist.

(2) Teilzeitbeschäftigt ist auch ein Arbeitnehmer, der eine geringfügige Beschäftigung nach § 8 Abs. 1 Nr. 1 des Vierten Buches Sozialgesetzbuch ausübt.

Überblick

§ 2 definiert in seinem ersten Absatz den Begriff des teilzeitbeschäftigten Arbeitnehmers und stellt in seinem zweiten Absatz klar, dass auch geringfügig Beschäftigte Arbeitnehmer mit allen Rechten und Pflichten sind – was eigentlich selbstverständlich ist, aber in der betrieblichen Praxis oft nicht beachtet wird. 1

Definition des Begriffs teilzeitbeschäftigte Arbeitnehmer

2   Die Definition des Begriffs teilzeitbeschäftigter Arbeitnehmer in Abs. 1 beruht auf § 3 der Europäischen Rahmenvereinbarung über Teilzeitarbeit.[1] Der deutsche Gesetzgeber hat in Abs. 1 die Regelungen des § 3 der Europäischen Rahmenvereinbarung zwar nicht wortlautgetreu, aber inhaltlich in vollem Umfang übernommen.

3   Die Definition des § 2 Abs. 1 ist immer dort von Bedeutung, wo das Gesetz an anderer Stelle den Begriff »teilzeitbeschäftigter Arbeitnehmer« verwendet. Als Tatbestandsmerkmal taucht der Begriff »teilzeitbeschäftigter Arbeitnehmer« in § 4 Abs. 1 sowie in dem speziell der Teilzeitarbeit gewidmeten zweiten Abschnitt des Gesetzes in den §§ 9 und 10 wieder auf. Die anderen Vorschriften des TzBfG kommen ohne den Begriff des teilzeitbeschäftigten Arbeitnehmers aus. Darüber hinaus kann auf die Definition des § 2 Abs. 1 auch dann zurückgegriffen werden, wenn in einem (nach Inkrafttreten des TzBfG geschlossenen) Tarifvertrag Regelungen über Teilzeitbeschäftigte enthalten sind, der Tarifvertrag aber den Begriff der Teilzeitbeschäftigung nicht definiert.[2]

4   Ein Arbeitnehmer ist teilzeitbeschäftigt im Sinne des Abs. 1, wenn seine Arbeitszeit geringer ist als die eines vergleichbaren vollzeitbeschäftigten Arbeitnehmers. Diese an sich selbstverständliche Feststellung, die in den ersten beiden Sätzen des Abs. 1 enthalten ist, setzt allerdings zweierlei voraus: zum einen, dass die Arbeitszeit des Arbeitnehmers, bei dem zu prüfen ist, ob er als teilzeitbeschäftigt im Sinne des § 2 Abs. 1 anzusehen ist, ermittelt wird; zum anderen, dass festgelegt wird, welcher andere Arbeitnehmer als vergleichbarer Vollzeitbeschäftigter anzusehen ist, mit anderen Worten: welcher andere Arbeitnehmer als Vergleichsmaßstab dient.

5   Die Frage, wie die Arbeitszeit desjenigen Arbeitnehmers zu ermitteln ist, bei dem sich die Frage stellt, ob er teilzeitbeschäftigt ist oder nicht, beantwortet sich anhand der in § 2 Abs. 1 Satz 1 und 2 genannten Kriterien. Die Festlegung, welcher andere Arbeitnehmer als vergleichbarer Vollzeitbeschäftigter anzusehen und dessen Arbeitszeit daher als Vergleichsmaßstab heranzuziehen ist, hat nach den in den Sätzen 3 und 4 des § 2 Abs. 1 aufgestellten Kriterien zu erfolgen.

Regelmäßige Arbeitszeit des Teilzeitbeschäftigten

6   Die im Rahmen des Abs. 1 maßgebliche Arbeitszeit desjenigen Arbeitnehmers, bei dem zu prüfen ist, ob er teilzeitbeschäftigt ist oder nicht, ist – wie aus dem Wortlaut der Sätze 1 und 2 des Abs. 1 hervorgeht – dessen »regel-

---

1 Vgl. BT-Drs. 14/4374, S. 15.
2 Vgl. Sächsisches LAG 31.7.2002 – 2 Sa 983/01.

mäßige Arbeitszeit«. Vorübergehende Erhöhungen der Arbeitszeit, wie beispielsweise in Folge von Überstunden, bleiben daher ebenso außer Betracht wie vorübergehende Verringerungen der Arbeitszeit, beispielsweise in Folge von Kurzarbeit (§§ 95 ff. SGB III). Maßgeblich ist grundsätzlich die im Arbeitsvertrag des betreffenden Arbeitnehmers vereinbarte regelmäßige Arbeitszeit.

Eine Regelung im Arbeitsvertrag, die den Arbeitnehmer lediglich verpflichtet, monatlich eine Durchschnittsstundenzahl zu erbringen, ohne mit dieser Pflicht auch einen Anspruch auf eine bestimmte Mindestarbeitszeit und damit einhergehender Bezahlung zu verbinden, ist gem. § 307 Abs. 1 BGB intransparent und damit rechtsunwirksam.[3] Entfällt die Regelung wegen Unwirksamkeit oder fehlt eine Vereinbarung im Arbeitsvertrag über Teilzeitarbeit, ist im Zweifel ein Vollzeitarbeitsverhältnis begründet.[4] **6a**

Existiert kein schriftlicher Arbeitsvertrag (was in der Praxis durchaus vorkommen kann, da der Gesetzgeber zwar für die Vereinbarung einer Befristung sowie für eine Kündigung oder einen Aufhebungsvertrag, nicht aber für den Arbeitsvertrag als solchen Schriftform vorschreibt) oder enthält der schriftliche Arbeitsvertrag keine Festlegung über die regelmäßige Arbeitszeit, ist der Arbeitgeber nach § 2 NachwG verpflichtet, dem Arbeitnehmer innerhalb eines Monats nach Beginn des Arbeitsverhältnisses die wesentlichen Vertragsbedingungen, darunter auch die »vereinbarte Arbeitszeit« (§ 2 Abs. 1 Satz 2 Nr. 7 NachwG) schriftlich mitzuteilen. Die schriftliche Mitteilung hat zwar rechtlich nicht denselben Wert wie ein von beiden Parteien geschlossener Arbeitsvertrag, da sie nur einseitig durch den Arbeitgeber erstellt worden ist und daher nicht garantiert, dass die von beiden Parteien mündlich getroffenen Abreden auch korrekt wiedergegeben werden. Existieren jedoch keine konkreten Anhaltspunkte, dass die schriftliche Mitteilung des Arbeitgebers nach § 2 NachwG inhaltlich falsch ist, ist – mangels eines von beiden Parteien unterzeichneten Arbeitsvertrags – die in dieser Mitteilung als vereinbart angegebene Arbeitszeit als regelmäßige Arbeitszeit im Sinne des § 2 Abs. 1 anzusehen. Existiert weder ein schriftlicher Arbeitsvertrag noch eine schriftliche Mitteilung des Arbeitgebers im Sinne des § 2 NachwG (was nicht selten der Fall ist, weil das NachwG die Nichterfüllung der Verpflichtung durch den Arbeitgeber nicht sanktioniert[5]), ist auf die tatsächliche Durchführung des Arbeitsverhältnisses durch die Arbeitsvertragsparteien abzustellen. Die tatsächliche Durchführung ist darüber hinaus auch dann maßgebend, wenn zwar ein schriftlicher Arbeitsvertrag oder eine Mitteilung nach § 2 NachwG existiert, die tatsächliche Durchführung jedoch nachweisbar von dem schriftlich Niedergelegten abweicht. **6b**

---

3 BAG 19.6.2012 – 9 AZR 736/10.
4 BAG 21.6.2011 – 9 AZR 236/10, AP Nr. 7 zu § 9 TzBfG.
5 Vgl. Medla/Hoß, ArbRB 2002, 337.

7   Maßgeblich ist nach § 2 Abs. 1 Satz 1 in erster Linie die regelmäßige Wochenarbeitszeit des betreffenden Arbeitnehmers. Nur dann, wenn sich eine regelmäßige Wochenarbeitszeit nicht ermitteln lässt, kommt die Regelung des Abs. 1 Satz 2 zum Tragen. Dann ist – hilfsweise mangels einer ermittelbaren regelmäßigen Wochenarbeitszeit – auf die durchschnittliche regelmäßige Arbeitszeit innerhalb eines bis zu einem Jahr reichenden Beschäftigungszeitraums abzustellen. Abs. 1 Satz 2 trägt vor allem dem Umstand Rechnung, dass es vor allem in saison- und witterungsbedingten Branchen eine regelmäßige Wochenarbeitszeit (und teilweise auch eine regelmäßige Monatsarbeitszeit) nicht gibt, sondern die Arbeitszeit im Jahresverlauf stark schwanken kann.[6] Der verlängerte Referenzzeitraum, auf den gem. Abs. 1 Satz 2 in Ermangelung einer regelmäßigen Wochenarbeitszeit abzustellen ist, ist maximal ein Jahr, kann aber auch kürzer sein und beispielsweise ein halbes Jahr, ein Quartal oder einen Monat betragen, sofern sich innerhalb dieses unterjährigen Zeitraums eine regelmäßige Arbeitszeit feststellen lässt.[7] Wird auf einen Jahreszeitraum abgestellt, so muss es sich nicht zwangsläufig um ein Kalenderjahr handeln.

Vergleichbare Tätigkeit

8   Nachdem die regelmäßige Arbeitszeit desjenigen Arbeitnehmers, bei dem sich die Frage stellt, ob er als teilzeitbeschäftigt im Sinne des Gesetzes anzusehen ist oder nicht, ermittelt worden ist, ist als nächstes festzustellen, welcher andere Arbeitnehmer als vergleichbarer Vollzeitbeschäftigter im Sinne des Abs. 1 Satz 1 und 2 anzusehen ist. Der zum Vergleich herangezogene Arbeitnehmer muss sowohl vergleichbar als auch vollzeitbeschäftigt sein. Vergleichbar ist in diesem Zusammenhang gem. der Legaldefinition des § 2 Abs. 1 Satz 3 ein Arbeitnehmer »mit derselben Art des Arbeitsverhältnisses und der gleichen oder einer ähnlichen Tätigkeit«.

9   Was mit dem Tatbestandsmerkmal »mit derselben Art des Arbeitsverhältnisses« gemeint ist, bleibt weitgehend unklar.[8]

10   Die Begründung des Gesetzentwurfs zum TzBfG nennt als Beispiel hierfür ein »befristetes oder unbefristetes Arbeitsverhältnis«.[9] Nimmt man die Gesetzesbegründung wörtlich, so würde dies bedeuten, dass im Rahmen des § 2 Abs. 1 beispielsweise ein befristet eingestellter teilzeitbeschäftigter Kundendienstmonteur nicht mit einem vollzeitbeschäftigten Kundendienstmonteur mit unbefristetem Arbeitsvertrag vergleichbar wäre, selbst wenn beide im

---

6 Rolfs, § 2 TzBfG Rn. 2a. E.
7 Ebenso Arnold/Gräfl-Imping, § 2 Rn. 13.
8 Nach Meinel/Heyn/Herms, § 2 TzBfG Rn. 10, ist dieses »Definitionsmerkmal … wenig hilfreich«.
9 BT-Drs. 14/4374, S. 15.

selben Betrieb mit den gleichen Tätigkeiten betraut sind. Im Rahmen des § 3 Abs. 2 Satz 1 hingegen, demzufolge ein befristet beschäftigter Arbeitnehmer mit einem unbefristeten Arbeitnehmer vergleichbar ist, wenn beide Arbeitnehmer in demselben Betrieb die gleiche oder eine ähnliche Tätigkeit ausüben und der auf das Tatbestandsmerkmal »mit derselben Art des Arbeitsverhältnisses« verzichtet, wären die beiden Kundendienstmonteure vergleichbar. Es ist mehr als fraglich, ob der Gesetzgeber wirklich eine solche »hinkende« Vergleichbarkeit gewollt hat. Ob ein Vollzeitbeschäftigter im Rahmen des Abs. 1 mit einem Teilzeitbeschäftigten vergleichbar ist, kann daher nicht davon abhängen, ob beide gleichermaßen befristet oder gleichermaßen unbefristet beschäftigt sind.[10]

Ebenso wenig meint das Tatbestandsmerkmal »mit derselben Art des Arbeitsverhältnisses« die Unterscheidung zwischen Arbeitern und Angestellten.[11] Denn zum einen hat die klassische Unterscheidung zwischen Arbeitern und Angestellten arbeitsrechtlich immer mehr an Bedeutung verloren, zum anderen ist das klassische Abgrenzungsmerkmal, anhand dessen sich beurteilt, ob ein Arbeitnehmer als Arbeiter oder Angestellter anzusehen ist, die Art der ausgeübten Tätigkeit. Dieser Unterschied wird jedoch bereits durch das zweite in § 2 Abs. 1 Satz 3 enthaltene Tatbestandsmerkmal »mit der gleichen oder einer ähnlichen Tätigkeit« erfasst, so dass es auch insoweit nicht notwendig ist, auf das Tatbestandsmerkmal »mit derselben Art des Arbeitsverhältnisses« zurückzugreifen. **11**

Das in Abs. 1 enthaltene Tatbestandsmerkmal »mit derselben Art des Arbeitsverhältnisses« muss vor dem Hintergrund der Europäischen Rahmenvereinbarung über Teilzeitarbeit[12] gesehen werden. Dieses Tatbestandsmerkmal entspricht im Wesentlichen dem Tatbestandsmerkmal »mit derselben Art des Arbeitsvertrags oder Beschäftigungsverhältnisses« in § 3 Abs. 1 Nr. 2 der Europäischen Rahmenvereinbarung, den der deutsche Gesetzgeber – ausweislich der Gesetzesbegründung[13] – mit § 2 Abs. 1 TzBfG ins deutsche Recht umsetzen wollte. **12**

Auf gesamteuropäischer Ebene macht das Tatbestandsmerkmal »mit derselben Art des Arbeitsvertrags oder Beschäftigungsverhältnisses« durchaus Sinn.[14] Denn die Rahmenvereinbarung und die zu ihr erlassene Richtlinie der Kommission richten sich an alle Mitgliedstaaten der EU. Die einzelnen EU-Staaten verfügen jedoch über sehr unterschiedliche Arbeitsrechtssys- **13**

---

10 Im Ergebnis ebenso Meinel/Heyn/Herms, § 11 TzBfG Rn. 10; a. A. Annuß/Thüsing-Annuß, § 11 Rn. 5; Arnold/Gräfl-Imping, § 2 Rn. 15.
11 Däubler/Deinert/Zwanziger, KSchR, § 2 TzBfG Rn. 7; Meinel/Heyn/Herms, § 2 TzBfG Rn. 11.
12 Siehe hierzu § 1 Rn. 7 und 9.
13 BT-Drs. 14/4374, S. 15.
14 Zustimmend Boecken/Joussen, § 2 TzBfG Rn. 29.

teme. Deren jeweilige Besonderheiten mussten daher in der Rahmenvereinbarung berücksichtigt werden, wenn das von der Rahmenvereinbarung und der Richtlinie verfolgte Ziel erreicht werden soll, die Arbeitsbedingungen europaweit anzugleichen, ohne dabei die jeweiligen nationalen Rechtssysteme als solche anzutasten.[15] Im Rahmen des deutschen Rechts wird man daher das Tatbestandsmerkmal »mit derselben Art des Arbeitsverhältnisses« beispielsweise dann verneinen können, wenn eines der beiden Arbeitsverhältnisse – etwa im Rahmen des Arbeitsförderungsrechts nach SGB III – mit öffentlichen Mitteln finanziell gefördert wird[16] (wobei in einem solchen Fall vorab die Frage zu klären ist, ob das betreffende Beschäftigungsverhältnis überhaupt ein privatrechtliches Arbeitsverhältnis und der betreffende Beschäftigte somit überhaupt ein Arbeitnehmer i. S. v. § 1 ist[17]).

14 Nach der Rechtsprechung scheidet eine Vergleichbarkeit mit Vollzeitbeschäftigten mangels derselben Art des Arbeitsverhältnisses auch bei Beschäftigten aus, die aufgrund einer sog. Rahmenvereinbarung bzw. eines sog. Rahmendienstvertrags[18] tätig werden. In einer solchen Rahmenvereinbarung werden nur die Bedingungen der später abzuschließenden Verträge geregelt, selbst aber noch keine Verpflichtung zur Arbeitsleistung begründet. Der konkrete Arbeitseinsatz hingegen wird jeweils im Einzelfall zwischen den Vertragsparteien vereinbart, sodass die Rahmenvereinbarung als solche weder eine Pflicht des Arbeitgebers zum Abruf des Arbeitnehmers und zur Zahlung einer Vergütung noch eine Verpflichtung des Arbeitnehmers zur Arbeitsleistung begründet. Nach der Rechtsprechung des BAG stellt eine solche Rahmenvereinbarung keinen Arbeitsvertrag dar; ein solcher wird dem BAG zufolge erst bei jedem konkret vereinbarten Arbeitseinsatz geschlossen.[19] Der EuGH hingegen qualifiziert eine solche Rahmenvereinbarung zwar als Arbeitsvertrag, sieht diesen aber nicht als von derselben Art an wie den eines Vollzeitarbeitnehmers, weil die Rahmenvereinbarung im Gegensatz zum Arbeitsvertrag eines Vollzeitarbeitnehmers keine Arbeitsverpflichtung begründe und sich die beiden Verträge ihrem Gegenstand und Rechtsgrund nach unterschieden.[20]

---

15 Vgl. besonders die Erwägungsgründe 1, 14 und 16 der Richtlinie 97/81/EG vom 15. 12. 1997.

16 A. A. Boecken/Joussen, § 2 TzBfG Rn. 30.

17 Vgl. auch BAG 8. 11. 2006 – 5 AZB 36/06, AuR 2007, 50, wonach das Beschäftigungsverhältnis zwischen einem »Ein-Euro-Jobber« und einer privatrechtlichen Einrichtung nach § 16 Abs. 3 Satz 2 SGB II kein Arbeitsverhältnis, sondern ein öffentlich-rechtliches Beschäftigungsverhältnis ist.

18 Siehe hierzu auch § 12 Rn. 7 und 11–13.

19 BAG 31. 7. 2002 – 7 AZR 181/01, DB 2003, 96; BAG 16. 4. 2003 – 7 AZR 187/02, DB 2003, 2391.

20 EuGH 12. 10. 2004 – C-313/02 »Wippel«, NZA 2004, 1325; kritisch zu der vom EuGH vorgenommenen Abgrenzung Meinel/Heyn/Herms, § 2 TzBfG Rn 11 so-

Das Tatbestandsmerkmal »mit derselben Art des Arbeitsverhältnisses« in **15** Abs. 1 Satz 3 hat somit nur ausnahmsweise praktische Bedeutung und sein Vorliegen wird daher – außer in den in den vorstehenden Randnummern genannten Sonderfällen – in der Regel anzunehmen sein. Die Frage, ob Vergleichbarkeit im Sinne dieser Vorschrift gegeben ist oder nicht, beantwortet sich folglich in der Regel ausschließlich danach, ob die inhaltliche Tätigkeit der zu vergleichenden Arbeitnehmer gleich oder zumindest ähnlich ist.[21] Da Abs. 1 Satz 3 ausdrücklich auch eine ähnliche Tätigkeit für die Vergleichbarkeit ausreichen lässt, ist eine völlige Identität der Tätigkeiten nicht erforderlich.

Bei der Prüfung, ob die Tätigkeiten von zwei Arbeitnehmern gleich oder **16** ähnlich sind, sind alle für die Tätigkeit charakteristischen Merkmale in die Betrachtung mit einzubeziehen.[22] Indizien für die Gleichartigkeit und damit die Vergleichbarkeit von Tätigkeiten im Sinne des § 2 sind u. a. die Gleichartigkeit der Stellen- oder Arbeitsplatzbeschreibung sowie die Eingruppierung in dieselbe tarifvertragliche Vergütungsgruppe.[23] Umgekehrt indiziert allerdings eine Eingruppierung in unterschiedliche tarifvertragliche Vergütungsgruppen nicht zwingend, dass Vergleichbarkeit ausscheidet. Denn würde man allein die unterschiedliche Eingruppierung durch den Arbeitgeber ausreichen lassen, um die Vergleichbarkeit auszuschließen, ließe sich das in § 4 Abs. 1 Satz 2 enthaltene Verbot der Entgeltdiskriminierung von Teilzeitbeschäftigten gegenüber vergleichbaren Vollzeitbeschäftigten einfach dadurch umgehen, dass der Arbeitgeber Arbeitnehmer mit unterschiedlicher Arbeitszeit, aber gleicher Tätigkeit in unterschiedliche Vergütungsgruppen eingruppiert.

Vollarbeitszeit

Der vergleichbare Arbeitnehmer muss vollzeitbeschäftigt sein. Der Begriff **17** Vollzeitbeschäftigung wird weder in § 2 TzBfG noch an anderer Stelle gesetzlich definiert. Denn das deutsche Arbeitsrecht kennt – anders als beispielsweise das französische Arbeitsrecht[24] – keine gesetzliche Regelarbeitszeit. Das Arbeitszeitgesetz (ArbZG) regelt lediglich die gesetzlich zulässige werktägliche Höchstarbeitszeit, die – außer in den vom ArbZG vorgesehenen

---

wie Schlachter/Heinig-Ulber, § 14 Rn. 48 und 67, der durch das Urteil des EuGH das Diskriminierungsverbot »faktisch entwertet« sieht.

21 Vgl. EuGH 1. 3. 2012 – C-393/10 – »O'Brien«, Rn. 61.

22 Vgl. Meinel/Heyn/Herms, § 2 TzBfG Rn. 12: »alle wesentlichen Umstände der unmittelbaren Leistungserbringung«.

23 Meinel/Heyn/Herms, § 2 TzBfG, a. a. O.

24 Nach Art. L212–1 des Code du travail (Arbeitsgesetzbuch) beträgt die gesetzliche Arbeitszeit für Arbeitnehmerinnen und Arbeitnehmer in Frankreich 35 Stunden je Kalenderwoche.

Ausnahmefällen – auch durch Überstunden nicht überschritten werden darf. Die normalerweise unterhalb der gesetzlich zulässigen Höchstarbeitszeit liegende Regelarbeitszeit eines Vollzeitbeschäftigten wird nicht durch Gesetz, sondern durch Tarifvertrag bzw. durch betriebliche Übung oder Branchenüblichkeit definiert.[25]

18　Gemäß § 2 Abs. 1 Satz 3 ist zunächst zu prüfen, ob im Betrieb mindestens ein vergleichbarer Arbeitnehmer vorhanden ist, der als vollzeitbeschäftigt anzusehen ist.

19　Ob ein vergleichbarer Arbeitnehmer im Betrieb i. S. d. Abs. 1 Satz 3 vollzeitbeschäftigt ist, bestimmt sich nach den betrieblichen Verhältnissen. Es ist also zu ermitteln, ab welcher Dauer der Arbeitszeit ein Arbeitnehmer nach den im Betrieb üblichen Anschauungen als Vollzeitbeschäftigter angesehen wird. Allerdings ist Vollzeitbeschäftigung i. S. d. Abs. 1 Satz 3 nicht unbedingt mit der allgemeinen betrieblichen Regelarbeitszeit gleichzusetzen. Vergleichsmaßstab ist ausweislich des Wortlauts dieser Vorschrift in erster Linie, welches Arbeitszeitvolumen bezogen auf die gleiche oder eine ähnliche Tätigkeit als Vollzeit anzusehen ist. Es ist daher möglich, dass der Begriff »vollzeitbeschäftigt« innerhalb ein und desselben Betriebs für Arbeitnehmer mit unterschiedlichen Tätigkeiten unterschiedlich definiert ist und von zwei im Betrieb beschäftigten Arbeitnehmern mit derselben Arbeitszeit, aber unterschiedlichen Tätigkeiten der eine als vollzeitbeschäftigt, der andere hingegen als teilzeitbeschäftigt anzusehen ist.[26] Trotz der »gesetzlichen Fixierung auf vergleichbare Tätigkeiten«[27] sollte jedoch im Zweifel die allgemeine betriebliche Regelarbeitszeit zugrunde gelegt werden. Denn eines der wesentlichen Ziele des TzBfG ist – wie besonders aus seinen §§ 1, 4 und 10 hervorgeht –, die Diskriminierung von Teilzeitbeschäftigten im Vergleich zu anderen Arbeitnehmern generell zu verhindern. Das Erreichen dieses gesetzlich vorgegebenen Zieles wäre jedoch gefährdet, wenn man einen zu engen Vergleichsmaßstab anlegt.[28]

25　Die Definition von »Vollzeit« im Urteil des BAG 15. 3. 2015 – 5 AZR 602/13, wonach der durchschnittliche Arbeitnehmer »in Vollzeit« so verstehen darf, dass die regelmäßige Dauer der Arbeitszeit – unter Zugrundelegung einer Fünf-Tage-Woche und der in § 3 Satz 1 ArbZG vorgesehenen acht Stunden arbeitstäglich – 40 Wochenstunden nicht übersteigt, lässt sich nicht auf den Begriff der Vollzeitbeschäftigung i. S. d. § 2 anwenden. Denn in diesem Urteil ging es darum, ab wie viel Wochenstunden ein Arbeitnehmer, der laut Arbeitsvertrag »in Vollzeit beschäftigt« war, ohne dass der Arbeitsvertrag weitere Anhaltspunkte zur wöchentlichen Arbeitszeit enthielt, Überstunden leistete und damit zusätzlich zu seinem normalen Entgelt Überstundenvergütung verlangen konnte.

26　Rolfs, § 2 TzBfG Rn. 3.

27　Rolfs, a. a. O.

28　Vgl. auch EuGH 1. 3. 2012 – C-393/10 »O'Brien«, Rn. 34 f. wonach die Mitgliedstaaten – und damit auch die Bundesrepublik Deutschland – bestimmte Begriffe,

Wird im Betrieb ein Tarifvertrag angewandt, so kann im Zweifel hilfsweise **20** auf die dort normierte Regelarbeitszeit abgestellt werden.[29] Weil Abs. 1 Satz 3 aber nicht auf den einschlägigen Tarifvertrag, sondern auf die Verhältnisse im konkreten Betrieb (nicht aber des Unternehmens) abstellt, ist die tarifvertragliche Regelarbeitszeit allerdings dann nicht maßgeblich, wenn die betriebsübliche Regelarbeitszeit von der tarifvertraglichen Regelarbeitszeit abweicht.[30]

Für die Zwecke der Ermittlung der betriebsüblichen Regelarbeitszeit kann – **21** im Sinne einer »Faustformel« – als betriebsüblich die Regelarbeitszeit angenommen werden, die für die Mehrheit der im Betrieb beschäftigten (vergleichbaren) Arbeitnehmer gilt.[31] Diese »Faustformel« versagt jedoch dann, wenn im Betrieb keine oder nur wenige Arbeitnehmer mit identischer Arbeitszeitdauer beschäftigt werden und sich deshalb eine einheitliche Regelarbeitszeit für eine repräsentative Anzahl von Arbeitnehmern nicht ermitteln lässt. Zudem können nach einem Betriebsübergang in einem Betrieb Vollzeitarbeitsarbeitsverhältnisse mit unterschiedlicher Dauer der Arbeitszeit bestehen.[32]

§ 23 Abs. 1 Satz 4 KSchG sieht Arbeitnehmer als teilzeitbeschäftigt an, wenn **22** deren regelmäßige wöchentliche Arbeitszeit nicht mehr als 30 Stunden beträgt. Auch wenn diese Vorschrift unmittelbar nur für das Kündigungsschutzgesetz gilt, lässt sich ihr doch die gesetzgeberische Wertung entnehmen, dass bei einer Arbeitszeit von maximal 30 Stunden in der Woche im Zweifel keine Vollzeitbeschäftigung anzunehmen ist, selbst wenn es sich hierbei um die betriebsübliche Regelarbeitszeit handelt. Eine wöchentliche Regelarbeitszeit von nicht mehr als 30 Stunden kann daher nur ausnahmsweise als Vollzeitbeschäftigung i. S. d. Abs. 1 Satz 3 gewertet werden; nämlich dann, wenn diese – wie dies beispielsweise im Fall der 28,8-Stunden-Woche

---

die in der dem TzBfG zugrunde liegenden Rahmenvereinbarung über Teilzeitarbeit verwendet werden, so definieren müssen, dass die Verwirklichung der Ziele, die mit der Richtlinie 97/81/EG und der in ihr enthaltenen Rahmenvereinbarung verfolgt werden, nicht gefährdet und die praktische Wirksamkeit dieser Richtlinie und der allgemeinen Grundsätze des Unionsrechts gewahrt wird.

29 Boecken/Joussen, § 2 TzBfG Rn. 28.

30 Meinel/Heyn/Herms, a. a. O. Rn. 15. Die bis zur 3. Auflage des vorliegenden Kommentars insoweit geltend gemachten Einschränkungen werden nicht aufrechterhalten.

31 Boecken/Joussen, § 2 TzBfG Rn. 26.

32 BAG 14. 3. 2007 – 5 AZR 420/06, NZA 2007, wo für den Kläger, dessen Arbeitsverhältnis im Wege des Betriebsübergangs auf das beklagte Unternehmen übergegangen war, wegen § 613a Abs. 1 Satz 2 BGB eine Wochenarbeitszeit von 35 Stunden galt, während diese für die anderen Arbeitnehmer 38 Stunden betrug.

bei VW der Fall war – auch von den Tarifvertragsparteien als Regelarbeitszeit angesehen wird.[33]

Betriebe ohne Vollzeitbeschäftigte

23   Es kann vorkommen, dass es im Betrieb keine vergleichbaren Vollzeitbeschäftigten gibt, weil die Arbeitszeitdauer bei allen Arbeitnehmern mit der gleichen oder einer ähnlichen Tätigkeit nicht mehr als Vollzeitbeschäftigung gewertet werden kann – was bei bestimmten Tätigkeiten (z. B. Zeitungszusteller) bzw. Branchen (z. B. Reinigungsgewerbe) regelmäßig der Fall sein wird.[34]

24   Ist dies der Fall, so ist nach § 2 Abs. 1 Satz 4 zunächst zu prüfen, ob ein »anwendbarer Tarifvertrag« existiert. Der deutsche Gesetzgeber wollte mit dieser Vorschrift[35] die Vorgaben der europäischen Sozialpartner aus § 3 Abs. 2 der Rahmenvereinbarung über Teilzeitarbeit ins deutsche Recht umsetzen.[36]

25   Die Anwendbarkeit im Sinne von § 2 Abs. 1 Satz 4 erfordert nicht, dass der Tarifvertrag tatsächlich anwendbar ist; die hypothetische Anwendbarkeit reicht aus.[37] Dass die Arbeitsvertragsparteien tarifgebunden sind,[38] die Geltung des Tarifvertrags im Arbeitsvertrag vereinbart wurde oder der Tarifvertrag für allgemeinverbindlich erklärt wurde, ist daher hier nicht erforderlich. Denn es geht in diesem Zusammenhang nicht um die konkrete Anwendung der Tarifvertragsvorschriften auf das betreffende Arbeitsverhältnis, sondern um die Ermittlung eines geeigneten Vergleichsmaßstabs für die Beantwortung der Frage, ob dieses Arbeitsverhältnis ein Teilzeitarbeitsverhältnis ist.

25a   Im Rahmen von § 2 Abs. 1 Satz 4 ist daher zunächst zu prüfen, ob die Tätigkeit des Arbeitnehmers, bei dem sich die Frage stellt, ob er als teilzeitbeschäftigt anzusehen ist oder nicht, vom räumlichen, zeitlichen, sachlichen und persönlichen Anwendungsbereich eines Tarifvertrags erfasst wird. Lässt sich im Rahmen dieser Prüfung kein anwendbarer Tarifvertrag ermitteln, ist ggf. zu prüfen, ob zumindest der Betrieb, in dem der betreffende Arbeitnehmer tätig ist, in den räumlichen, zeitlichen und sachlichen Anwendungsbe-

---

33 Zustimmend Arnold/Gräfl-Imping, § 2 TzBfG Rn. 17; a. A. Boecken/Joussen, § 2 TzBfG Rn. 26, wonach »als Vollzeit die Regelarbeitszeit angenommen werden kann, die für die Mehrheit der in der entscheidenden Vergleichsgruppe beschäftigten Arbeitnehmer gilt«, diese »Faustformel« jedoch »nur ein Bestandteil der wertenden Beurteilung« sein soll.

34 Vgl. Meinel/Heyn/Herms, § 2 TzBfG Rn. 15.

35 Vgl. BT-Drs. 14/4374, S. 15.

36 Vgl. BT-Drs. 14/4374, S. 15.

37 Laux/Schlachter, § 2 TzBfG, Rn. 46; a. A. noch die Vorauflagen dieses Kommentars (bis zur 3. Auflage).

38 Zum Begriff der Tarifbindung s. auch die Kommentierung zu § 22 Rn. 3.

reich eines Tarifvertrags fällt, und – falls auch diese Prüfung kein Ergebnis bringt –, ob ein Tarifvertrag für die Branche, der der Betrieb zuzurechnen, ist existiert.

Kommen mehrere Tarifverträge als anwendbar infrage, so ist danach zu unterscheiden, ob ein Fall der Tarifkonkurrenz oder ein Fall der Tarifpluralität vorliegt.[39] Im Fall der Tarifkonkurrenz ist auf den sachnäheren Tarifvertrag abzustellen. Bei Tarifpluralität ist zunächst zu prüfen, ob § 4a TVG angewendet werden kann, wonach grundsätzlich der Tarifvertrag der Mehrheitsgewerkschaft im Betrieb anwendbar ist. Ist § 4a TVG nicht einschlägig,[40] lässt sich im Rahmen des § 2 Abs. 1 Satz 4 bei Tarifpluralität kein »anwendbarer Tarifvertrag« bestimmen; die in Frage kommenden Tarifverträge »neutralisieren« sich gegenseitig. **25b**

Lässt sich nach den voranstehenden Kriterien ein anwendbarer Tarifvertrag bestimmen, so ist von einer Teilzeitbeschäftigung im Sinne des § 2 Abs. 1 auszugehen, wenn die gem. Satz 1 bzw. 2 zu ermittelnde regelmäßige Arbeitszeit des betreffenden Arbeitnehmers kürzer ist als die Arbeitszeit, welche dieser Tarifvertrag als Regelarbeitszeit festlegt. **26**

Gibt es keinen »anwendbaren Tarifvertrag«, der als Maßstab dienen könnte, so ist § 2 Abs. 1 Satz 4 zweiter Halbsatz einschlägig: Es ist darauf abzustellen, mit welcher Arbeitszeit ein Arbeitnehmer nach den in der betreffenden Branche herrschenden Anschauungen normalerweise als vollzeitbeschäftigt anzusehen ist.[41] **27**

Gegenüberstellung der Arbeitszeiten

Ist **28**

- sowohl die regelmäßige Arbeitszeit desjenigen Arbeitnehmers, bei dem sich die Frage stellt, ob er im Sinne des § 2 teilzeitbeschäftigt ist,
- als auch die regelmäßige Arbeitszeit eines vergleichbaren Vollzeitbeschäftigten

ermittelt, so sind die beiden Arbeitszeiten einander gegenüberzustellen.

Soweit die jeweiligen regelmäßigen Arbeitszeiten unterschiedliche Bezugszeiträume (Woche, Monat, Jahr) haben, ist eine Umrechnung erforderlich. Bei dieser Umrechnung muss man ggf. zwangsläufig eine (geringfügige) Rundungsdifferenz in Kauf nehmen: Denn zwar ist die Zahl der Tage pro Kalenderwoche sowie der Monate pro Kalenderjahr in allen Wochen bzw. Jahren identisch. Die Anzahl der Tage und damit auch der Wochen jedoch ist je **29**

---

39 Zur Unterscheidung zwischen Tarifkonkurrenz und Tarifpluralität s. ErfKo-Franzen, § 4a TVG, Rn. 29 und 34.

40 Was u. a. bei der oben in Rn. 25 angesprochenen Konstellation der Fall ist, wenn die Tarifverträge nur hypothetisch anwendbar sind.

41 Meinel/Heyn/Herms, § 2 TzBfG Rn. 18; Kliemt, NZA 2001, 63, 64.

nach Kalendermonat unterschiedlich und auch die Jahre weisen in Folge der Schaltjahre keine gleichbleibende Tageszahl auf. Soweit ein Tarifvertrag anwendbar ist bzw. als Maßstab herangezogen wird und der einschlägige Tarifvertrag Umrechnungsfaktoren für die unterschiedlichen Zeiteinheiten vorsieht, sind die tarifvertraglichen Umrechnungsfaktoren heranzuziehen. Ansonsten kann für die Umrechnung von der Woche auf den Monat oder umgekehrt ein Umrechnungsfaktor von 4,3 sowie für die Umrechnung von der Woche auf ein Jahr oder umgekehrt ein Umrechnungsfaktor von 52 herangezogen werden.[42]

> **Beispiel:**
> Arbeitet ein Beschäftigter mit unregelmäßigen wöchentlichen und monatlichen Arbeitszeiten innerhalb eines Jahres insgesamt 1196 Stunden, während die Arbeitszeit eines vergleichbaren Vollzeitbeschäftigten 38 Stunden/Woche beträgt, sind folgende Rechenschritte erforderlich: Zunächst ist für den Vollzeitbeschäftigten die Zahl der Arbeitswochen pro Jahr zu ermitteln. Dazu muss zunächst die Anzahl der Urlaubswochen pro Jahr ermittelt und von der Gesamtzahl der Wochen abgezogen werden. Arbeitet der vergleichbare Vollzeitbeschäftigte beispielsweise an fünf Tagen pro Woche und stehen ihm laut Tarifvertrag insgesamt 30 Tage Urlaub pro Jahr zu, so sind von den 52 Wochen im Jahr sechs Urlaubswochen abzuziehen (30 Urlaubstage/Jahr: 5 Arbeitstage/Woche = 6 Urlaubswochen/Jahr). Die verbleibenden 46 Arbeitswochen sind mit der Wochenarbeitszeit von 38 Stunden zu multiplizieren. Hieraus ergibt sich eine Jahresarbeitszeit von 1748 Stunden für einen vergleichbaren Vollzeitbeschäftigten. Der betreffende Arbeitnehmer mit einer tatsächlichen Jahresarbeitszeit von 1196 Stunden ist also als teilzeitbeschäftigt anzusehen.

Geringfügig Beschäftigte

30   **Abs. 2:** Mit dieser Regelung wollte der Gesetzgeber einen weit verbreiteten Irrtum klarstellen: Auch geringfügig Beschäftigte gem. § 8 Abs. 1 Nr. 1 SGB IV sind teilzeitbeschäftigte Arbeitnehmer im Sinne des Gesetzes.[43] In arbeitsrechtlicher Hinsicht haben damit geringfügig Beschäftigte die gleiche Stellung wie alle anderen Teilzeitbeschäftigten und dürfen nicht anders behandelt werden als Vollzeitbeschäftigte.[44]

31   Die Versicherungsfreiheit in der Sozialversicherung ist kein sachlicher Grund, der eine Ungleichbehandlung im Arbeitsverhältnis bzgl. Arbeitsentgelt (auch Sonderzuwendungen) und sonstiger geldwerter Vorteile rechtfertigt.[45]

---

42   Zustimmend Arnold/Gräfl-Imping, § 2 Rn. 21.
43   BT-Drs. 14/4374, S. 26.
44   EuGH 8. 4. 1976 – 43/75 »Defrenne II«, Slg. 1976, 455.
45   EuGH 9. 9. 1999 – C-281/97 »Krüger«, Slg. 1999, I-5127 = AP Nr. 11 zu Art. 119 EWG-Vertrag; BAG 7. 3. 1995 – 3 AZR 282/94, AP Nr. 26 zu § 1 BetrAVG – Gleichbehandlung; BAG 28. 3. 1996 – 6 AZR 501/95, AP Nr. 49 zu § 2 BeschFG.

Von § 2 Abs. 2 darf gem. § 22 Abs. 1 nicht zuungunsten der Arbeitnehmer **32** abgewichen werden (vgl. § 22 Rn. 1). Arbeitsvertragliche, betriebliche oder tarifvertragliche Regelungen, die einen Ausschluss geringfügig Beschäftigter enthalten, sind daher wegen Verstoßes gegen § 22 Abs. 1 i. V. m. § 2 Abs. 2, § 134 BGB nichtig. Aus der rechtlichen Gleichstellung mit Vollzeitbeschäftigten folgen für geringfügig Beschäftigte die gleichen arbeitsrechtlichen Ansprüche.

Gemäß § 1 i. V. m. § 2 NachwG haben geringfügig Beschäftigte, die länger als **33** einen Monat beschäftigt sind, einen Anspruch auf eine schriftliche Darstellung der wesentlichen Vertragsbedingungen. Die Niederschrift (vgl. § 2 Rn. 6b) muss gem. § 2 NachwG mindestens beinhalten: Name und Anschrift der Vertragsparteien, Zeitpunkt des Beginns des Arbeitsverhältnisses, bei befristeten Arbeitsverhältnissen die vorgesehene Dauer, Arbeitsort, kurze Tätigkeitsbeschreibung, Zusammensetzung und Höhe des Gehalts einschließlich der Zuschläge, Zulagen, Prämien und Sonderzahlungen und deren Fälligkeit, Arbeitszeit, Urlaub und Kündigungsfristen, ggf. Hinweis auf den anzuwendenden Tarifvertrag, Betriebs- und Dienstvereinbarungen.

Darüber hinaus wird auch ein Hinweis notwendig sein, dass geringfügig Be- **34** schäftigte durch einen Verzicht auf die Versicherungsfreiheit in der Rentenversicherung Rentenansprüche erwerben.[46] Es besteht ein anteiliger Anspruch auf tariflichen Urlaub oder – wenn kein Tarifvertrag besteht – auf den gesetzlichen Mindesturlaub.

Seit dem 1. 1. 2015 gilt das Mindestlohngesetz (MiLoG). Auch geringfügig **34a** Beschäftigte haben einen Anspruch auf den Mindestlohn. Ab dem 1. 1. 2019 in Höhe von € 9,19 und ab dem 1. 1. 2020 in Höhe von € 9,35.[47] Sofern ein Befreiungsantrag für die Rentenversicherung gestellt ist (vgl. Rn. 36) wird dieser Betrag brutto für netto ausgezahlt.

Gemäß § 2 EFZG besteht Anspruch auf Feiertagsbezahlung, wenn die regel- **35** mäßige Arbeitszeit auf Wochentage verteilt ist und diese auf einen Feiertag fallen. Gemäß § 3 EFZG besteht im Krankheitsfall oder bei einer medizinisch verordneten Rehabilitationsmaßnahme (Kur) und gem. § 3a EFZG bei Organspenden ein Anspruch auf Entgeltfortzahlung bis zu sechs Wochen. Einen Krankengeldanspruch ab der siebten Woche haben geringfügig Beschäftigte, die familienversichert sind, gem. § 44 Abs. 2 Ziff. 1 i. V. m. § 10 SGB V allerdings nicht.

Ebenso gilt das Kündigungsschutzgesetz, wenn die Beschäftigung länger als **36** sechs Monate andauert (§ 1 Abs. 1 KSchG) und mehr als fünf Arbeitnehmer (§ 23 Abs. 1 Satz 2 KSchG) bzw. bei Neueinstellungen nach dem 31. 12. 2003 mehr als zehn Arbeitnehmer (§ 23 Abs. 1 Satz 3 KSchG) regelmäßig beschäf-

---

46 Vgl. BAG 17. 10. 2000 – 3 AZR 605/99, AP Nr. 116 zu § 611 BGB – Fürsorgepflicht.
47 Gemäß § 22 Abs. 1 MiLoG gibt es eine Ausnahme für Langzeitarbeitslose in den ersten sechs Monaten der Beschäftigung.

tigt sind. Bei der Feststellung der Zahl der beschäftigten Arbeitnehmer zählen gem. § 23 Abs. 1 Satz 4 KSchG Teilzeitbeschäftigte mit einer wöchentlichen Arbeitszeit von nicht mehr als 20 Stunden mit 0,5 und von nicht mehr als 30 Stunden mit 0,75.

Für geringfügig Beschäftigte gelten folgende sozial- und steuerrechtliche Regelungen:

- Die Entgeltgrenze für alle geringfügig entlohnten Beschäftigungen und geringfügig selbstständig Tätigen beträgt 450 € (§ 8 Abs. 1 Nr. 1 SGB IV).[48]
- Gemäß § 8 Abs. 1 Nr. 2 SGB IV sind kurzfristig Beschäftigte, die innerhalb eines Zeitrahmens von einem Kalenderjahr maximal zwei Monate oder 50 Arbeitstage tätig sind, sozialversicherungsfrei und damit geringfügig beschäftigt.
- Beim Zusammenrechnen von geringfügig und nicht geringfügig entlohnter Beschäftigung (Haupt- und Nebenjob) bleibt **eine** geringfügig entlohnte Beschäftigung ohne Anrechnung, d. h. versicherungsfrei. Jede weitere geringfügige Beschäftigung wird in der Renten-, Kranken- und Pflegeversicherung versicherungspflichtig (§ 8 Abs. 2 SGB IV). Für die Arbeitslosenversicherung gilt § 27 Abs. 2 Satz 1 Halbsatz 2 SGB III.
- Das Arbeitsentgelt aus geringfügigen Beschäftigungen ist stets steuerpflichtig. Die Lohnsteuer vom Arbeitsentgelt geringfügig Beschäftigter i. S. d. SGB IV ist damit pauschal oder nach den Merkmalen der Lohnsteuerkarte zu erheben. Der Arbeitgeber trägt 30 % vom Lohn für Steuern und Versicherungen, das sind für die Rentenversicherung 15 %, für die Krankenversicherung 13 % (§ 249b Satz 1 SGB V) und als pauschale Lohnsteuer 2 %, einschl. Kirchensteuer und Solidaritätszuschlag (§ 40a Abs. 2 EStG). Hinzu kommen noch 0,9 % für die Lohnfortzahlung im Krankheitsfall (sog. Umlage U 1), 0,24 % für die Lohnfortzahlung im Mutterschutz (sog. Umlage U 2) und ggf. 0,06 % als Insolvenzzulage (ausgenommen sind Arbeitgeber des öffentlichen Dienstes und private Haushalte). Bei einem Verdienst von 450 € sind das max. 156,60 €.[49]
- Bislang zahlten geringfügig Beschäftigte keine Beiträge in die Sozialversicherungen. Es bestand allerdings die Möglichkeit, auf Antrag in die Rentenversicherung einzuzahlen. Dies ist zum 1. 1. 2013 dahingehende geändert worden, dass nun geringfügig Beschäftige in der Rentenversicherung pflichtversichert sind.

Durch einen schriftlichen Antrag beim Arbeitgeber können sich geringfügig Beschäftigte von der Versicherungspflicht in der Gesetzlichen Rentenversicherung befreien lassen (§ 6 Abs. 1b Satz 2 SGB VI). Dieser Antrag kann nur für die Zukunft gestellt werden und ist für die Dauer der Beschäftigungen bindend.

---

48 BGBl. I 2474.
49 Stand 1. 1. 2018.

Die Beitragspflicht zur Rentenversicherung beträgt 18,7% seit dem 1.1.2015; davon zahlt der Arbeitgeber weiterhin pauschal 15%, während der Arbeitnehmer 3,7% bezahlt, was 16,65 € von seinem monatlichen 450 € ausmacht (§§ 168ff. SGB VI). Damit erlangt der geringfügig Beschäftigte nach Ablauf der Wartezeit einen eigenen Rentenanspruch bzw. vermeidet Lücken in der Versichertenbiographie und erwirbt auch Ansprüche auf Leistungen zur Rehabilitation, Erwerbsminderungsrente und auf Riester-Förderung.

Gemäß § 40 Abs. 3 EStG ist der Arbeitgeber Schuldner der pauschalen Lohnsteuer. Er kann diese aber vom Arbeitnehmer zurückfordern, wenn eine Bruttovergütung vereinbart wurde.[50]

- Für geringfügig Beschäftigte in privaten Haushalten (haushaltsnahe Dienstleistungen) beträgt die Pauschalabgabe nur insgesamt 14,74%, davon 5% für die Rentenversicherung (§ 172 Abs. 3a SBG VI), 5% für die Krankenversicherung (§ 249b Satz 2 SGB V) und als pauschale Lohnsteuer 2% (einschl. Kirchensteuer und Solidaritätszuschlag, § 40a Abs. 2 EStG). Hinzu kommen noch 1,6% für die Unfallversicherung und 1,14% für die sog. Umlage 1 und Umlage 2, max. € 34,83.[51]
- Für geringfügig Beschäftigte in Privathaushalten (§ 8a SGB IV) verringert sich auf Antrag des steuerpflichtigen privaten Arbeitgebers die Einkommenssteuer um 10% (maximal 510 Euro) der Aufwendungen, § 35a EStG.
- Die Deutsche Rentenversicherung Knappschaft Bahn-See ist bundesweit Einzugsstelle für sämtliche geringfügig Beschäftigten (§ 28i SGB IV). Gemäß § 35a EStG ist sie auch für die Erhebung der Pauschalsteuer zuständig.

Pflegeunterstützungsgeld auch für geringfügig Beschäftigte

Seit dem 1.1.2015 zahlen die Pflegekassen gem. § § 2 PflegeZG das sog. **37** Pflegeunterstützungsgeld. Damit haben Beschäftigte die Möglichkeit, bis zu zehn Tagen der Arbeit fernzubleiben, wenn für einen nahen Angehörigen eine akute Pflegesituation eintritt. Das Pflegeunterstützungsgeld wird auf Antrag gewährt und beträgt ca. 90% des ausgefallenen Nettoarbeitsentgelts.

§ 3   Begriff des befristet beschäftigten Arbeitnehmers

(1) Befristet beschäftigt ist ein Arbeitnehmer mit einem auf bestimmte Zeit geschlossenen Arbeitsvertrag. Ein auf bestimmte Zeit geschlossener Arbeitsvertrag (befristeter Arbeitsvertrag) liegt vor, wenn seine Dauer kalendermäßig bestimmt ist (kalendermäßig befristeter Arbeitsvertrag)

---

50 BAG 1.2.2006 – 5 AZR 628/04, AP Nr. 4 zu § 40 EStG.
51 Stand 1.1.2018.

oder sich aus der Art, Zweck oder Beschaffenheit der Arbeitsleistung ergibt (zweckbefristeter Arbeitsvertrag).

(2) Vergleichbar ist ein unbefristet beschäftigter Arbeitnehmer des Betriebes mit der gleichen oder einer ähnlichen Tätigkeit. Gibt es im Betrieb
keinen vergleichbaren unbefristet beschäftigten Arbeitnehmer, so ist der
vergleichbare unbefristet beschäftigte Arbeitnehmer aufgrund des anwendbaren Tarifvertrages zu bestimmen; in allen übrigen Fällen ist darauf abzustellen, wer im jeweiligen Wirtschaftszweig üblicherweise als
vergleichbarer unbefristet beschäftigter Arbeitnehmer anzusehen ist.

1   Die Vorschrift bestimmt den Begriff des befristet beschäftigten Arbeitnehmers und damit zugleich den Anwendungsbereich des Gesetzes. In Abs. 1
wurde die Definition in § 2 der Rahmenvereinbarung über befristete Arbeitsverträge übernommen und in Übereinstimmung mit § 620 BGB gestaltet.[1] Abs. 1 Satz 2 bestimmt, wann ein befristeter Arbeitsvertrag vorliegt. Die
Definition in § 3 Abs. 1 entspricht der unionsrechtlichen Definition.[2]

2   Der Anwendungsbereich der Norm ist auf Arbeitsverhältnisse beschränkt.
Rechtsverhältnisse arbeitnehmerähnlicher Personen oder freier Mitarbeiter
unterfallen dagegen nicht § 3.[3] Abs. 1 Satz 1 enthält eine Legaldefinition des
befristet beschäftigten Arbeitnehmers. Abs. 1 Satz 2 unterscheidet zwei Arten von befristeten Arbeitsverträgen: den zeitbefristeten und den zweckbefristeten Arbeitsvertrag. Die Unterscheidung ist von praktischer Bedeutung,
da bestimmte Vorschriften nicht für beide Befristungsarten Anwendung finden. Dabei ist auf § 14 Abs. 2 (der nur die kalendermäßige Befristung betrifft) und auf § 15 Abs. 2 (der nur die Zweckbefristung betrifft) hinzuweisen.

3   Mit dem Begriff des befristeten Arbeitsvertrags ist kein quantitatives Mini-
mum an Arbeitsleistung verbunden. Auch Ein-Tages-Befristungen oder die
sog. kurzfristige Beschäftigung nach § 8 Abs. 1 Nr. 2 SGB IV werden umfasst.

4   Nach der Gesetzesbegründung ist ein Arbeitsvertrag kalendermäßig befristet, wenn entweder ein bestimmtes Datum als letzter Tag des Arbeitsverhältnisses vereinbart worden ist oder wenn der Tag des Endes des Arbeitsverhältnisses durch die Angabe des Tages des Beginns und der genauen Dauer des
Arbeitsverhältnisses bestimmbar ist.[4] Eine feste Vertragsdauer kann sowohl
bei Abschluss des Vertrags als auch durch eine spätere Vertragsänderung vereinbart werden.

---

1 So BT-Drs. 14/4374, S. 15; kritisch hierzu MünchArbR/Wank, § 116 Rn. 41.
2 Hessisches LAG 18.3.2013 – 17 Sa 1156/12.
3 Erfko/Müller-Glöge, § 3 TzBfG Rn. 2.
4 BT-Drs. 14/4374, S. 15.

Ein befristetes Arbeitsverhältnis liegt nicht vor, wenn die Arbeitsvertrags- **5** parteien vereinbaren, dass das Arbeitsverhältnis mit Ablauf einer bestimmten Zeit enden soll, wenn eine Kündigung erfolgt. Eine solche Vereinbarung ist vielmehr ein unbefristetes Arbeitsverhältnis verbunden mit einem befristeten Ausschluss der ordentlichen Kündigung.[5] Aus Gründen der Rechtssicherheit und Rechtsklarheit setzt die Befristung eines Arbeitsvertrags nach Abs. 1 eine klare und verständliche Vereinbarung der Parteien über die Beendigung des Arbeitsverhältnisses bei Fristablauf oder – im Fall der Zweckbefristung – über die Beendigung des Arbeitsverhältnisses bei Zweckerreichung voraus.[6] Für eine derartige Rechtsklarheit reicht es nicht aus, wenn in dem Arbeitsvertrag lediglich die Beurlaubung bei dem vorherigen Arbeitgeber bis zu einem bestimmten Termin genannt wird.

Ein zweckbefristeter Arbeitsvertrag liegt vor, wenn sich seine Dauer aus der **6** Art, dem Zweck oder der Beschaffenheit der Arbeitsleistung ergibt.[7] Das Arbeitsverhältnis soll mit einem bestimmten Ereignis enden.[8] Bei der Zweckbefristung soll das Arbeitsverhältnis mit einem von den Parteien als gewiss angesehenen, aber zeitlich nicht konkret bestimmbaren Ergebnis enden. Die Begründung eines zweckbefristeten Arbeitsvertrages setzt voraus, dass eine Einigung vorliegt, dass das Arbeitsverhältnis mit dem Eintritt eines bestimmten Ereignisses enden soll. Allein die Zuweisung eines begrenzten Aufgabenbereichs stellt keinen (konkludenten) Abschluss eines zweckbefristeten Arbeitsvertrages dar.[9] An die Vereinbarung einer Zweckbefristung sind strenge Anforderungen zu stellen. Der Zweck, mit dessen Erreichung das Arbeitsverhältnis enden soll, muss so genau bezeichnet sein, dass hieraus das Ereignis zweifelsfrei feststellbar ist, mit dessen Eintritt das Arbeitsverhältnis enden soll.[10] Das Ereignis muss objektiv und ohne langwierige Ermittlungen bestimmbar sein. Der Zeitpunkt, wann das Ereignis eintritt, darf daher zwischen den Parteien nicht im Unklaren sein.[11]

Eine Zweckbefristung kann mit einer Zeitbefristung kombiniert werden.[12] **7** Eine solche Kombination liegt z. B. vor, wenn es heißt: »… für die Zeit der Verhinderung des Arbeitnehmers A, längstens jedoch bis zum …«). Die

5 ErfKo/Müller-Glöge, § 3 TzBfG Rn. 8.
6 BAG 15.2.2017 – 7 AZR 291/15 m.w.N.; BAG 15.5.2012 – 7 AZR 35/11.
7 BT-Drs. 14/4374, S. 15.
8 BAG 27.6.2001 – 7 AZR 157/00, EzA § 620 BGB Nr. 179.
9 BAG 16.3.2000 – 2 AZR 196/99.
10 Vgl. BAG 21.12.2005 – 7 AZR 541/04, AP Nr. 18 zu § 14 TzBfG; BAG RzK I 9i Nr. 72; LAG Sachsen-Anhalt 19.9.2013 – 6 Sa 327/12.
11 LAG München 10.12.2008 – 10 Sa 765/08, LAGE § 3 TzBfG Nr. 1.
12 BAG 4.5.2011 – 7 AZR 252/10, NZA 2011, 1178; BAG 19.2.2014, NZA-RR 2014, 408; BAG 21.4.1993 – 7 AZR 388/92, AP Nr. 148 zu § 620 BGB – Befristeter Arbeitsvertrag; BAG 27.6.2001 – 7 AZR 157/00, EzA § 620 BGB Nr. 179; Sowka, DB 2002, 1158; Bedenken hiergegen bei ErfKo/Müller-Glöge, § 3 TzBfG Rn. 18.

Wirksamkeit der Zweck- und der Zeitbefristung ist rechtlich gesondert voneinander zu beurteilen.[13] Bei einer kombinierten Befristungsabrede endet das Arbeitsverhältnis mit der zeitlich früheren Befristung. Ist diese unwirksam oder haben die Arbeitsvertragsparteien das Arbeitsverhältnis darüber hinaus fortgeführt, so kommt es auf die Wirksamkeit der Befristung zum zweiten Befristungsendtermin an.[14]

8   Zu beachten ist § 2 Abs. 1 Nr. 3 NachwG. Danach hat der Arbeitgeber dem befristet eingestellten Arbeitnehmer spätestens einen Monat nach dem vereinbarten Vertragsbeginn die vorhersehbare Dauer des Arbeitsverhältnisses schriftlich mitzuteilen. Im Falle einer Zweckbefristung ist der Zweck oder das die Befristung beendende Ereignis schriftlich festzuhalten.[15] Die Befristung des Arbeitsvertrags bedarf nach § 14 Abs. 4 TzBfG der Schriftform. Dies gilt auch für die Zweckbefristung gem. § 3 Abs. 1 Satz 2 2. Alt TzBfG. Da die Vertragsdauer bei der Zweckbefristung von dem Vertragszweck abhängt, muss der Vertragszweck schriftlich vereinbart sein.[16]

9   Entsprechend § 3 Nr. 2 der Rahmenvereinbarung über befristete Arbeitsverträge wird der mit einem befristet beschäftigten Arbeitnehmer vergleichbare unbefristet beschäftigte Arbeitnehmer bestimmt. Abs. 2 hat Bedeutung für das in § 4 geregelte Diskriminierungsverbot. Der Vergleich bezieht sich auf einen unbefristet beschäftigten Arbeitnehmer mit gleicher oder ähnlicher Tätigkeit und ist auf Betriebsebene oder, wenn hier ein vergleichbarer unbefristeter Beschäftigter nicht vorhanden ist, anhand des anwendbaren Tarifvertrags oder schließlich auf der Ebene des betreffenden Wirtschaftszweiges vorzunehmen.[17] Fehlen entsprechende Tarifverträge, können z. B. über Auskünfte bei den Kammern Erkenntnisse über die Arbeitsbedingungen in Erfahrung gebracht werden. Möglich ist auch – vergleichbar dem Mietpreisrecht –, auf mindestens drei vergleichbare Fälle abzustellen.[18]

10   Eine gleiche Tätigkeit wird ausgeübt, wenn die zu vergleichenden Personen identische oder unter Berücksichtigung von Qualifikation, Belastung, Verantwortung sowie sonstiger Arbeitsbedingungen weitgehend gleichartige

---

13   BAG 4. 5. 2011 – 7 AZR 252/10, NZA 2011, 1178; BAG 15. 8. 2001 – 7 AZR 263/00, NZA 2002, 85.

14   BAG 14. 6. 2017 – 7 AZR 608/15, NZA 2018, 385; BAG 21. 4. 1993 – 7 AZR 388/92, NZA 1994, 167; a. A. APS/Backhaus, § 15 TzBfG Rn. 33 ff., der wegen der Fiktionswirkung von § 15 von einem unbefristeten Arbeitsverhältnis ausgeht, die durch eine zuvor vereinbarte kalendermäßige Befristung nicht mehr beseitigt werden kann.

15   ErfKo/Müller-Glöge, § 3 TzBfG Rn. 16.

16   BAG 21. 12. 2005 – 7 AZR 541/04, NZA 2006, 321.

17   BT-Drs. 14/4374, S. 15.

18   So Däubler/Deinert/Zwanziger, KSchR, § 3 TzBfG Rn. 20.

Tätigkeiten ausführen, sodass sie einander jederzeit ohne Einarbeitungszeit ersetzen können.[19]

§ 4   Verbot der Diskriminierung

(1) Ein teilzeitbeschäftigter Arbeitnehmer darf wegen der Teilzeitarbeit nicht schlechter behandelt werden als ein vergleichbarer vollzeitbeschäftigter Arbeitnehmer, es sei denn, dass sachliche Gründe eine unterschiedliche Behandlung rechtfertigen. Einem teilzeitbeschäftigten Arbeitnehmer ist Arbeitsentgelt oder eine andere teilbare geldwerte Leistung mindestens in dem Umfang zu gewähren, der dem Anteil seiner Arbeitszeit an der Arbeitszeit eines vergleichbaren vollzeitbeschäftigten Arbeitnehmers entspricht.

(2) Ein befristet beschäftigter Arbeitnehmer darf wegen der Befristung des Arbeitsvertrags nicht schlechter behandelt werden als ein vergleichbarer unbefristet beschäftigter Arbeitnehmer, es sei denn, dass sachliche Gründe eine unterschiedliche Behandlung rechtfertigen. Einem befristet beschäftigten Arbeitnehmer ist Arbeitsentgelt oder eine andere teilbare geldwerte Leistung, die für einen bestimmten Bemessungszeitraum gewährt wird, mindestens in dem Umfang zu gewähren, der dem Anteil seiner Beschäftigungsdauer am Bemessungszeitraum entspricht. Sind bestimmte Beschäftigungsbedingungen von der Dauer des Bestehens des Arbeitsverhältnisses in demselben Betrieb oder Unternehmen abhängig, so sind für befristet beschäftigte Arbeitnehmer dieselben Zeiten zu berücksichtigen wie für unbefristet beschäftigte Arbeitnehmer, es sei denn, dass eine unterschiedliche Berücksichtigung aus sachlichen Gründen gerechtfertigt ist.

---

19 ErfKo/Müller-Glöge, § 3 TzBfG Rn. 26.

Hintergrund/Historie

1   Bis Ende der 90er Jahre entwarfen EG-Richtliniengeber und Bundesgesetzge-
    ber einen Regulierungsrahmen für atypische Beschäftigungsverhältnisse.[1] Mit
    der Verabschiedung der Charta der sozialen Grundrechte für Arbeitnehmer
    (auch Sozialcharta genannt) im Jahre 1989 sollte die soziale Dimension des
    europäischen Binnenmarktes gestärkt werden.[2] Nummer 7 der Sozialcharta
    sieht unter anderem vor, dass die Verwirklichung des Binnenmarktes zu einer
    Verbesserung der Lebens- und Arbeitsbedingungen der Arbeitnehmer in der
    Europäischen Gemeinschaft führen müsse. Dieser Prozess erfolge durch eine
    Angleichung dieser Bedingungen auf dem Wege des Fortschritts und betreffe
    namentlich andere Arbeitsformen als das unbefristete Arbeitsverhältnis, wie
    das befristete Arbeitsverhältnis, Teilzeitarbeit, Leiharbeit und Saisonarbeit.
    Die Sozialpartner haben 1997 auf der Sondertagung in Luxemburg eine euro-
    päische Beschäftigungsstrategie vereinbart. In diesem Kontext waren die Rah-
    menvereinbarungen über Teilzeitarbeit und befristete Arbeitsverhältnisse, die
    in Richtlinien zu diesen Sachverhalten mündeten,[3] bedeutende Beiträge auf
    dem Weg zu einem besseren Gleichgewicht zwischen Flexibilität der Arbeits-
    zeit und Sicherheit der Arbeitnehmer. Gleichwohl verlor die verbindliche
    Rechtsetzung seit Ende der 1990er Jahre durch die Einführung der unverbind-
    lich Offenen Methode der Koordinierung stark an Bedeutung.

2   Mit **Abs. 1** wird § 4 der Rahmenvereinbarung im Anhang der Richtlinie des
    Rates zur Teilzeitarbeit 97/81 EG umgesetzt. Das Gesetz unterscheidet nach
    »sonstigen Leistungen und Maßnahmen« (§ 4 Abs. 1 Satz 1) und zwischen
    »Arbeitsentgelt oder eine andere teilbare geldwerte Leistung« (§ 4 Abs. 1
    Satz 2). Damit wird im Satz 1 ein allgemeines Diskriminierungsverbot und
    im Satz 2 ein besonderes Diskriminierungsverbot festgelegt.[4]

---

1   Zum Begriff und zu Deregulierungstendenzen: Evelyn Räder, To highlight the im-
    portance of social dialogue in the European social policy in: Interaction of social
    dialogues in Europe within the framework of the lisbon strategy, S. 193, 195 f.
2   Gemeinschaftscharta der Sozialen Grundrechte der Arbeitnehmer vom
    9. 12. 1989 (KOM (89) 248 endg.).
3   Richtlinie 97/81/EG des Rates vom 15. 12. 1997 zu der von UNICE, CEEP and
    EGB geschlossenen Rahmenvereinigung über Teilzeitarbeit; Richtlinie
    1999/70/EG des Rates vom 28. 6. 1999 zu der EGB-UN-ICE-CEEP-Rahmenver-
    einbarung über befristete Arbeitsverträge.
4   Hartwig, FA 2001, 35.

In der alten Regelung des § 2 BeschFG wurde jede unterschiedliche Behand- **3**
lung zwischen Voll- und Teilzeitbeschäftigten und nicht nur eine benachteiligende Behandlung ohne sachlichen Grund ausgeschlossen. Eine Besserstellung der Teilzeitbeschäftigten z. B. aus arbeitsmarktpolitischen Gründen ist
nach der Richtlinie nicht ausgeschlossen, sofern dadurch nicht gegen den
allgemeinen arbeitsrechtlichen Gleichbehandlungsgrundsatz oder andere
Gleichbehandlungsvorschriften verstoßen wird.[5]

Abs. 2 setzt § 4 der Rahmenvereinbarung im Anhang der Richtlinie des Rates **4**
vom 28. Juni 1999 um. Zunächst verpflichtete die EGB-UNICE-CEEP-Rahmenvereinbarung über befristete Arbeitsverträge vom 18. März 1999[6] die
Mitgliedsstaaten, den Missbrauch durch Befristung auszuschließen.[7] Am
28. Juni 1999 hat der Rat der Europäischen Union die Richtlinie 1999/70/EG
über befristete Arbeitsverträge verabschiedet, mit der die Rahmenvereinbarung von EGB, UNICE und CEEP umgesetzt wird. Die Richtlinie enthält einen umfassenden Diskriminierungsschutz befristet Beschäftigter. Sie trifft
Regelungen zur Verhinderung der Diskriminierung befristet beschäftigter
Arbeitnehmer, zur Verbesserung der Chancen auf einen Dauerarbeitsplatz
und zur Beschränkung aufeinanderfolgender befristeter Arbeitsverträge. § 4
Abs. 2 übernimmt weitgehend die Regelung des § 4 Ziff. 1, 2 und 4 der Rahmenvereinbarung über befristete Arbeitsverträge. Auch im Übrigen fußt das
TzBfG weitgehend auf den Vorgaben der Sozialpartnervereinbarungen. Das
Diskriminierungsverbot garantiert befristet Beschäftigten, dass sie nicht
schlechter als vergleichbare Dauerbeschäftigte behandelt werden.[8]

Das BeschFG sah kein Verbot der Diskriminierung von befristet Beschäftig- **5**
ten vor. Das Verbot der Diskriminierung befristet Beschäftigter ergab sich
bis zum Inkrafttreten des TzBfG aus dem allgemeinen arbeitsrechtlichen
Gleichbehandlungsgrundsatz. § 4 Abs. 2 konkretisiert den aus Art. 3 Abs. 1
GG abgeleiteten allgemeinen arbeitsrechtlichen Gleichbehandlungsgrundsatz.[9] Somit wird in aller Regel bei einem Verstoß gegen die Diskriminierungsverbote in § 4 zugleich auch ein Verstoß gegen den allgemeinen ar-

---

5 Viethen, Sonderbeilage zu NZA, Heft 24/2001, 7; Lindemann/Simon, BB 2001,
   147; vgl. zum arbeitsrechtlichen Gleichbehandlungsgrundsatz und weiteren
   Gleichbehandlungsvorschriften, Boewer, § 4 TzBfG Rn. 48 ff.
6 Abl. Nr. L 175/43.
7 Weiter dazu Schiek, KJ 2002, 18 ff.
8 Zum Ganzen: Wank, NZA 2004, Sonderbeilage zu Heft 22, 16–26.
9 BT-Drs. 14/4374 S. 13; BAG 11. 12. 2003 – 6 AZR 64/03; Dörner Rn. 85 m. w. N.;
   weitergehend LAG Bremen 5. 1. 2002 – 1 Sa 100/02, nach dem § 4 Abs. 2 an den
   Normadressaten strengere Anforderungen stellen sollte als Art. 3 Abs. 1 GG, indem er sämtlichen Erwägungen, die regelmäßig typisch für eine Befristung sind,
   wie die fehlende Perspektive zur Dauerbeschäftigung, die regelmäßig kürzere Betriebszugehörigkeit und die geringere soziale Bindung an den Betrieb, die Anerkennung als sachlichen Grund für die Anerkennung versage.

beitsrechtlichen Gleichbehandlungsgrundsatz vorliegen, den § 4 als speziellere Regelung verdrängt.[10]

6 Verhältnis zu anderen Gleichbehandlungsgeboten: Gem. § 2 Abs. 3 Satz 1 des am 1. August 2006 in Kraft getretenen AGG wird die Geltung sonstiger Benachteiligungsverbote oder Gebote der Gleichbehandlung durch das AGG nicht berührt. § 1 AGG zählt die Merkmale, die nicht zu einer Benachteiligung führen dürfen, abschließend auf. Es sind dies Rasse, ethnische Herkunft, Geschlecht, Religion, Weltanschauung, Behinderung, Alter oder sexuelle Identität. Als spezialgesetzliche Regelung ist § 4 insoweit vorrangig zu prüfen, als die spezifische Ungleichbehandlung von Teilzeitbeschäftigten und befristet Beschäftigten in Rede steht.[11] In bestimmten Fällen liegt die Verletzung der Gleichbehandlungsgebote aus beiden Gesetzen nah. So kann z. B. eine mittelbare Altersdiskriminierung nach § 4 Abs. 2 und § 1 i. V. m. § 2 Abs. 1 Ziff. 1, 2 und 4 AGG vorliegen, wenn eine bestimmte Altersgruppe vom Ausschluss vorteilhafter Regelungen überproportional betroffen ist.[12] Seit 2006 wird häufig aus beiden Gesetzen heraus gegen Diskriminierungen geklagt.[13] Ebenso aber wie das AGG kann das Diskriminierungsverbot für Teilzeitbeschäftigte und befristet Beschäftigte auch ein Beitrag zur Verhinderung geschlechtsspezifischer Benachteiligungen leisten, da Frauen überproportional bei diesen atypischen Beschäftigungsformen vertreten sind.

Gleichbehandlung teilzeitbeschäftigter – vollzeitbeschäftigter Arbeitnehmer

7 Nach Abs. 1 Satz 1 darf ein teilzeitbeschäftigter Arbeitnehmer weder durch den Arbeitsvertrag, eine Betriebsvereinbarung oder einen Tarifvertrag ohne sachlichen Grund wegen der Teilzeit schlechter behandelt werden als ein vergleichbarer vollzeitbeschäftigter Arbeitnehmer. In Teilzeit Beschäftigte werden dabei vor einer unmittelbaren ebenso wie vor einer mittelbaren Benachteiligung geschützt.[14]

Diese Regelung konkretisiert den allgemeinen Geleichbehandlungsgrundsatz und entspricht den Regelungen des alten § 2 BeschFG. Daher kann auf die Rechtsprechung und Literatur zu § 2 BeschFG verwiesen werden.

Neu ins Gesetz wurde der Pro-rata-temporis-Grundsatz in § 4 Abs. 1 Satz 2 aufgenommen. Damit wurde zum einen die bestehende Rechtsprechung ko-

---

10 Dazu: Boeckken/Joussen-Joussen, § 4 Rn. 12.
11 Zu den anderen Gleichbehandlungsgeboten: ErfKo/Preis, § 4 TzBfG Rn. 18.
12 Hessisches LAG 23. 10. 2009 – 3/5 Sa 228/09.
13 BAG 24. 9. 2008 – 10 AZR 638/07 und 10 AZR 639/07, ZTR 09, 20; zum Lohnwucher: BAG 22. 4. 2009 – 5 AZR 436/08, AP Nr. 64 zu § 138 BGB.
14 BAG 20. 8. 2018 – 9 AZR 486/17, Rn. 13, NZA 2018, 851 ff.

difiziert.[15] Zum anderen aber auch § 4 Lit. 2 im Anhang der Rahmenvereinbarung der Richtlinie des Rates zur Teilzeitarbeit 97/81 EG umgesetzt.

Demnach darf der Arbeitgeber das Arbeitsentgelt oder andere teilbare geldwerte Leistungen für Teilzeitbeschäftigte regelmäßig nur entsprechend ihrer
gegenüber vergleichbaren Vollzeitbeschäftigten geringeren Arbeitsleistung
anteilig kürzen (pro rata temporis).[16]

Gem. § 22 Abs. 1 darf nicht zuungunsten des Arbeitnehmers von diesem
Diskriminierungsschutz abgewichen werden.[17]

Entsprechende arbeitsvertragliche, betriebliche oder tarifvertragliche Regelungen, die gegen § 4 Abs. 1 verstoßen, sind daher gem. § 134 BGB nichtig.
Das führt zur uneingeschränkten Wirksamkeit der begünstigenden Regel. Es
erfolgt eine »Anpassung nach oben«.[18]

Der diskriminierte Arbeitnehmer hat dann einen Anspruch auf Gleichbehandlung, den er im Wege der arbeitsgerichtlichen Klage geltend machen
kann.

Ein Tarifvertrag darf aus dem Geltungsbereich nicht eine Personengruppe
ausnehmen, nur weil sie teilzeitbeschäftigt ist.[19]

Prüfungsschema

Das Gebot der Gleichbehandlung von Teilzeit- gegenüber Vollzeitbeschäf- **8**
tigten entspricht dem allgemeinen Gleichheitsgebot und ist folgendermaßen
zu prüfen:

1. Liegt eine Ungleichbehandlung vor, die an das Kriterium der geringeren
    Arbeitszeit anknüpft?[20]
2. Ist die Diskriminierung ursächlich nur auf die Teilzeitbeschäftigung
    (Kausalität) zurück zu führen?
3. Gibt einen sachlichen Grund, der die Diskriminierung rechtfertigen
    könnte?

Personenkreis

§ 4 Abs. 1 Satz 1 betrifft nach dem Wortlaut in erster Linie das Verhältnis von **9**
teilzeit- zu vollzeitbeschäftigten Arbeitnehmern. Das Diskriminierungsverbot gilt aber auch, wenn eine Gruppe von Teilzeitbeschäftigten wie Vollzeit-

---

15 ErfKo/Preis, § 4 TzBfG Rn. 8, 11.
16 Zum Begriff des Arbeitsentgelts sowie der anderen teilbaren geldwerten Leistung
    s. Meinel/Heyn/Herms, § 4 TzBfG Rn. 41.
17 Vgl. § 22 Rn. 1; BAG 24. 9. 2003 – 10 AZR 675/02, AP Nr. 4 zu § 4 TzBfG.
18 BAG 24. 9. 2003 – 10 AZR 675/02, AP Nr. 4 zu § 4 TzBfG.
19 Vgl. BAG 15. 10. 2003 – 4 AZR 606/02, AP Nr. 87 zu § 2 BeschFG 1985.
20 BAG 24. 9. 2003 – 10 AZR 675/02, AP Nr. 4 zu § 4 TzBfG.

beschäftigte behandelt und eine andere Gruppe teilzeitbeschäftigter Arbeitnehmer von einzelnen Leistungen ausgeschlossen werden.[21]

Eine Definition des vergleichbaren vollzeitbeschäftigten Arbeitnehmers ergibt sich aus § 2 Abs. 1 Satz 3 und 4. Vergleichbar ist demnach ein vollzeitbeschäftigter Arbeitnehmer des Betriebes mit derselben Art des Arbeitsverhältnisses und der gleichen oder einer ähnlichen Tätigkeit. Gibt es im Betrieb keinen vergleichbaren vollzeitbeschäftigten Arbeitnehmer, so ist der vergleichbare vollzeitbeschäftigte Arbeitnehmer aufgrund des anwendbaren Tarifvertrags zu bestimmen; in allen anderen Fällen ist darauf abzustellen, wer im jeweiligen Wirtschaftszweig üblicherweise als vergleichbarer vollzeitbeschäftigter Arbeitnehmer anzusehen ist (vgl. § 2 Rn. 8 ff.).

Geringfügig Beschäftigte sind gem. § 2 Abs. 2 in gleicher Weise wie sonstige teilzeitbeschäftigte Arbeitnehmer vom Diskriminierungsverbot des § 4 TzBfG erfasst (vgl. § 2 Rn. 30). Die Unterschreitung des Tariflohns lässt sich gerade nicht damit rechtfertigen, dass der Arbeitgeber für geringfügig Beschäftigte regelmäßig einen Pauschalbetrag zur Sozialversicherung abzuführen hat. Der Wert der Arbeitsleistung ändert sich nicht dadurch, dass jemand nur geringfügig beschäftigt ist.[22]

Ungleichbehandlung

10   Eine Ungleichbehandlung wegen der Teilzeit liegt immer dann vor, wenn die Dauer der Arbeitszeit das einzige Kriterium ist, an das die unterschiedliche Behandlung von Voll- zu Teilzeitbeschäftigten anknüpft.[23] Auf eine Diskriminierungsabsicht kommt es nicht an.[24]

11   Auch eine mittelbare Benachteiligung in der Form, dass die jeweilige Regelung zwar sowohl für Vollzeit- als auch für Teilzeitbeschäftigte gilt, aber nur an Voraussetzungen anknüpft, die lediglich von Vollzeitkräften erfüllt werden können, sind in diesem Sinne eine Ungleichbehandlung.[25] Das Verbot der Diskriminierung verlangt nicht nur, dass gleiche Sachverhalte nicht ungleich behandelt werden, sondern auch, dass ungleiche Sachverhalte nicht

---

21 BAG 22. 9. 2009 – 1 AZR 316/08, AP Nr. 204 zu § 112 BetrVG 1972, m. w. N.

22 ArbG Bocholt 13. 6. 2003 – 4 Ca 1598/02, AuR 2004, 167.

23 BAG 10. 2. 2015 – 9 AZR 53/14 (F), AP Nr. 6 zu § 26 TVöD; BAG 24. 9. 2003 – 10 AZR 675/02, AP Nr. 4 zu § 4 TzBfG; BAG 29. 1. 1992 – 5 AZR 518/90, AP Nr. 18 zu § 2 BeschFG 1985; BAG 12. 6. 1996 – 5 AZR 960/94, NZA 1997, 191; BAG 25. 4. 2001 – 5 AZR 368/99, BB 2001, 1908; BAG 10. 2. 2015 – 9 AZR 53/14 (F); BAG 20. 3. 2018 – 9 AZR 486/17, NZA 2018, 851 ff.

24 Boewer, § 4 TzBfG Rn. 24.

25 BAG 10. 2. 2015 – 9 AZR 53/14 (F), AP Nr. 6 zu § 26 TVöD; LAG Rheinland-Pfalz 13. 1. 2015 – 6 Sa 484/14; BAG 10. 2. 2015 – 9 AZR 53/14 (F); BAG v. 20. 3. 2018 – 9 AZR 486/17, NZA 2018, 851 ff.; siehe hierzu Beispiele in MüKo TzBfG – Müller-Glöge, § 4, Rn. 22; Boewer, § 4 TzBfG Rn. 16, 24.

gleich behandelt werden. Eine Ungleichbehandlung kann daher auch darin liegen, dass aufgrund unterschiedlicher Vertragsgestaltungen der Teilzeitbeschäftigte Nachteile erleidet, die ein Vollzeitbeschäftigter nicht hat.[26] Zwischen der Teilzeitbeschäftigung und der Ungleichbehandlung muss ein **Kausalzusammenhang** bestehen, d.h., dass sich die Ungleichbehandlung aus der Dauer der Arbeitszeit begründet.

Sachliche Rechtfertigung

Eine unterschiedliche Behandlung von Teilzeit- zu Vollzeitbeschäftigten ist durch einen sachlichen Grund gerechtfertigt, der einem wirklichen Bedürfnis des Arbeitgebers dient und zur Erreichung dieses Zieles geeignet und erforderlich ist und nicht an die Dauer der Arbeitszeit anknüpft.[27] **12**

Bei der Gewährung von Leistungen ist zunächst der Leistungszweck zu bestimmen. Eine unterschiedliche Behandlung von Teilzeitbeschäftigten kann nur gerechtfertigt sein, wenn sich der Grund aus dem Verhältnis von Leistungszweck und Umfang der Teilzeitarbeit herleiten lässt.[28] **13**

Eine Ungleichbehandlung ist daher nur gerechtfertigt, wenn ohne die diskriminierende Maßnahme der angestrebte Zweck nicht zu erreichen ist. Allerdings ist die Maßnahme auch nur dann erforderlich, wenn sie das mildeste Mittel zur Erreichung des Ziels ist, d.h. kein anderes, gleich wirksames Mittel zur Verfügung steht, welches den Arbeitnehmer gar nicht oder zumindest weniger belastet.[29]

Eine sachliche Rechtfertigung zur Differenzierung von Voll- zu Teilzeit-Arbeitnehmern ergibt sich nicht daraus, dass Teilzeit-Kräfte nicht der Belastung einer vollen Schicht ausgesetzt sind. Ebenso wenig dadurch, dass in Teilzeit Beschäftigte die Möglichkeit haben, die Arbeitszeit nach persönlichen Bedürfnissen zu gestalten.[30] **14**

Eine Teilzeitbeschäftigung, die nur **nebenberuflich** ausgeübt wird, ist kein Grund zur unterschiedlichen Behandlung gegenüber Vollzeitbeschäftigten.[31]

Die unterschiedliche Belastung von Voll- und Teilzeitarbeitnehmern sowie die Möglichkeit von Teilzeitbeschäftigten, die **Arbeitszeit nach persönli-**

26 LAG Niedersachsen 29.10.2014 – 17 Sa 392/14.
27 EuGH 31.3.1981 – C-96/80 »Jenkins«, Slg. 1981, 911 = AP Nr. 2 zu Art. 119 EWG-Vertrag; EuGH 13.5.1986 – C-170/84 »Bilka«, Slg. 1986, 1607 = AP Nr. 10 zu § 119 EWG-Vertrag; EuGH 1.3.2012 – C-393/10 »O'Brien«.
28 BAG 24.9.2003 – 10 AZR 675/02, AP Nr. 4 zu § 4 TzBfG; BAG 20.6.1995 – 3 AZR 684/93, NZA 1996, 600; LAG Rheinland-Pfalz 13.1.2015 – 6 Sa 484/14, viele Beispiele finden sich bei Boewer, § 4 TzBfG Rn. 30; Rolfs, § 4 TzBfG Rn. 4f.
29 ErfKo/Preis, § 4 TzBfG Rn. 41.
30 BAG 24.9.2003 – 10 AZR 675/02, AP Nr. 4 zu § 4 TzBfG.
31 Hartwig, FA 2001, 35.

chen Bedürfnissen zu gestalten, rechtfertigt keine unterschiedliche Behandlung.[32]

Das **unterschiedliche Arbeitspensum rechtfertigt** nicht eine unterschiedliche Behandlung von Voll- und Teilzeitkräften.[33]

Ebenso wenig kann eine Diskriminierung damit gerechtfertigt werden, dass der Teilzeitbeschäftigte die Benachteiligung durch eigenes Tun hätte verhindern können, in dem er beispielsweise seinen Urlaub beantragt (vgl. § 4 Rn. 17). Die Diskriminierung von Teilzeitbeschäftigten setzt kein Verschulden des Benachteiligten voraus. Es gibt daher auch kein (Mit-) Verschulden des Teilzeitbeschäftigten an seiner ungünstigeren Behandlung, welches berücksichtigt werden könnte.[34]

Pro-rata-temporis-Grundsatz

15 In Abs. 1 Satz 2 ist der Pro-rata-temporis-Grundsatz gesetzlich normiert worden.

Danach ist einem teilzeitbeschäftigten Arbeitnehmer Arbeitsentgelt oder eine andere teilbare Leistung mindestens in dem Umfang zu gewähren, der dem Anteil seiner Arbeitszeit an der Arbeitszeit eines vergleichbaren Vollzeitbeschäftigten entspricht.[35]

Teilzeitarbeit unterscheidet sich von der Vollzeitarbeit nur in quantitativer und nicht in qualitativer Hinsicht. Eine geringere Arbeitszeit ist daher grundsätzlich auch nur quantitativ, nicht aber qualitativ anders abzugelten.

Damit wird aber die anteilige Kürzung von Arbeitsentgelt oder anderen teilbaren geldwerten Leistungen für Teilzeitbeschäftigte entsprechend ihrer gegenüber Vollzeitbeschäftigten verringerten Arbeitsleistung erlaubt. Dieser Grundsatz findet sich in vielen Tarifverträgen und Betriebsvereinbarungen und entspricht dem allgemeinen Prinzip, dass die Höhe des Entgelts bei Teilzeitbeschäftigten quantitativ vom Umfang der Beschäftigung abhängt.[36]

Daraus folgt, dass das Arbeitsentgelt für die gleiche Arbeit in gleicher zeitlicher Lage für Vollzeitarbeitnehmer nicht höher sein darf als für Teilzeitbeschäftigte.[37]

Eine Gleichbehandlung Teilzeitbeschäftigter bei der Vergütung entsprechend dem Pro-rata-temporis-Grundsatz schließt eine sonstige Benachteili-

---

32 BAG 24. 9. 2003 – 10 AZR 675/02, AP Nr. 4 zu § 4 TzBfG.
33 BAG 22. 10. 2008 – 10 AZR 734/07, AP Nr. 31 zu §§ 22,23 BAT ZuwendungsTV.
34 BAG 10. 2. 2015 – 9 AZR 53/14 (F), AP Nr. 6 zu § 26 TVöD.
35 Ständige Rechtsprechung BAG 25. 9. 2013 – 10 AZR 4/12, AP Nr. 24 zu § 4 TzBfG.; BAG 28. 5. 2013 – 3 AZR 266/11, AP 17 zu § 1 BetrAVG Teilzeit.
36 BAG 24. 9. 2008 – 10 AZR 634/07, AP Nr. 1 zu § 24 TVÖD.
37 BAG 24. 9. 2003 – 10 AZR 675/02, AP Nr. 4 zu § 4 TzBfG.

gung nicht aus. Eine schlechtere Behandlung i. S. d. Abs. 1 Satz 1 kann auch darin liegen, dass aufgrund unterschiedlicher Vertragsgestaltung der teilzeitbeschäftigte Arbeitnehmer Nachteile erleidet, die ein Vollzeitbeschäftigter nicht hat. Droht dem Teilzeitbeschäftigten im Laufe des Vertragsverhältnisses eine schlechtere Behandlung, die durch Änderungen der Arbeitsbedingungen entsteht, ist der Arbeitgeber verpflichtet, den Teilzeitbeschäftigten so zu stellen, dass eine schlechtere Behandlung unterbleibt.[38] In dem konkreten, vom BAG entschiedenen Fall wurde die Pflichtstundenzahl für vollzeitbeschäftigte Lehrkräfte erhöht. Für Teilzeitbeschäftigte mit einer vertraglich fest vereinbarten Stundenverpflichtung führte dies zu einer Verringerung des Einkommens, wenn der Arbeitgeber nicht verpflichtet wäre, die Erhöhung der Pflichtstundenzahl anzubieten.[39]

Der Wortlaut des Abs. 1 Satz 2 enthält anders als Satz 1 keine Einschränkung des Pro-rata-temporis-Grundsatzes.

Trotzdem hatte das BAG zunächst in einem **obiter dictum** (lat.»nebenbei   **16** Gesagtes«) erklärt, dass Abs. 1 Satz kein absolutes Benachteiligungsverbot beim Entgelt oder vergleichbaren teilbaren Leistungen enthalte.[40] Mittlerweile hat das BAG festgestellt, dass der Pro-rata-temporis-Grundsatz nur eine relative Gleichbehandlung verlangt.[41] Eine Schlechterstellung von Teilzeitbeschäftigten sei bei Vorliegen eines sachlichen Grundes zulässig. Allerdings rechtfertige das unterschiedliche Arbeitspensum nicht eine unterschiedliche Behandlung von Voll- und Teilzeitkräften. Gesetzlich zulässige Rechtfertigungsgründe müssen anderer Art sein.[42]

Ohne dass es für die Entscheidung notwendig gewesen wäre, hat das BAG damit den Meinungsstreit, ob auch in den Fällen des Abs. 1 Satz 2 eine Differenzierungsmöglichkeit aus sachlichem Grund bestehe, entschieden.[43]

Völlig unklar ist allerdings, welche sachlichen Gründe eine nach Auffassung des BAG die qualitative Schlechterstellung von Teilzeit- gegenüber Vollzeitbeschäftigten nach dem Pro-rata-temporis-Grundsatz begründen können.

Urlaubsansprüche bei Veränderungen im Arbeitszeitvolumen

Der EuGH hat zu der Frage, wie die Berechnung des **Umfangs des Jahresur-**   **17** **laubs** und des Urlaubsentgelts beim Wechsel von Voll- zur Teilzeit während des Urlaubsjahres erfolgt, wesentliche Entscheidungen getroffen: Demnach widerspricht es dem Unionsrecht, wenn nationale Bestimmungen dazu füh-

---

38 BAG 14. 12. 2011 – 5 AZR 457/10, NZA 2012, 663–666.
39 BAG 14. 12. 2011 – 5 AZR 457/10, AuR 2012, 265.
40 BAG 22. 10. 2008 – 10 AZR 734/07, AP Nr. 31 zu §§ 22, 23 BAT ZuwendungsTV.
41 BAG 28. 5. 2013 – 3 AZR 266/11, AP 17 zu § 1 BetrAVG Teilzeit.
42 BAG 22. 10. 2008 – 10 AZR 734/07, AP Nr. 31 zu §§ 22, 23 BAT ZuwendungsTV.
43 Vgl. zum Meinungsstreit ErfKo/Preis – § 4 TzBfG Rn. 12.

ren, dass die Zahl der Tage bezahlten Jahresurlaubs, die ein vollzeitbeschäftigter Arbeitnehmer im Bezugszeitraum nicht nehmen konnte (z. b. wegen Mutterschutz), aufgrund des Übergangs zu einer Teilzeitbeschäftigung entsprechend anteilig gekürzt wird.[44]

Zunächst hat der Gerichtshof festgestellt, dass der Pro-rata-temporis-Grundsatz nur auf den Zeitraum der Teilzeitbeschäftigung anzuwenden ist. Sofern während des Urlaubsjahres sich der Beschäftigungsumfang von Vollzeit auf Teilzeit ändert, verliert der Beschäftigte nicht seinen bereits in Vollzeit erworbenen Urlaubsanspruch. Dieser Grundsatz kann nicht nachträglich auf einen Anspruch auf Jahresurlaub angewendet werden, der in einer Zeit der Vollzeitbeschäftigung erworben wurde. Demnach muss bei Änderung des Beschäftigungsumfangs das Ausmaß des noch nicht verbrauchten Urlaubs so angepasst werden, dass der Anspruch eines Arbeitnehmers, der von einer Vollzeit- zu einer Teilzeitbeschäftigung übergeht, in der Weise angepasst wird, dass der in der Zeit der Vollzeitbeschäftigung erworbene Anspruch auf Urlaub nicht gemindert wird.[45]

Nach der Rechtsprechung des EuGH gilt der Grundsatz, dass die Inanspruchnahme des Jahresurlaubs zu einer späteren Zeit, als dem Zeitraum, in dem er entstanden ist, nicht im Zusammenhang steht mit der erbrachten Arbeitszeit in dem Zeitraum des später genommen Urlaubs.[46] Bei einem Wechsel von Voll- zu Teilzeit oder auch umgekehrt, sind daher für den Urlaubsumfang und den -entgeltanspruch der jeweilige Zeitabschnitt zu betrachten, in dem der Urlaubsanspruch entstanden ist.

18   Vor dem Hintergrund dieser Rechtsprechung des EuGH hat das BAG seine bisherige Rechtsprechung aufgegeben, nach der die Urlaubstage grundsätzlich umzurechnen waren, wenn sich die Anzahl der mit Arbeitspflicht belegten Tage verringerte.[47]

Der Entscheidung lag folgender Sachverhalt zugrunde: Auf das Arbeitsverhältnis wurde der Tarifvertrag für den öffentlichen Dienst (TVöD) angewendet. Der Kläger wechselte Mitte des Jahres in eine Teilzeittätigkeit und arbeitete nicht mehr an fünf, sondern nur noch an vier Tagen in der Woche. Während seiner Vollzeittätigkeit im ersten halben Jahr hatte er keinen Urlaub. Der Arbeitgeber hatte ihm den Jahresurlaub mit der Begründung ge-

---

44 EuGH 22. 4. 2010 – C-486/08 »Zentralbetriebsrat der Landeskrankenhäuser Tirol«, AP Nr. 1 zu Richtlinie 97/81/EG; EuGH 13. 6. 2013 – C-415/12 »Brandes« – AP Nr. 12 zu Richtlinie 2003/88/EG.

45 EuGH 22. 4. 2010 – C-486/08 »Zentralbetriebsrat der Landeskrankenhäuser Tirol«, AP Nr. 1 zu Richtlinie 97/81/EG, Rn. 30–35; EuGH 13. 6. 2013 – C-415/12 – Brandes – AP Nr. 12 zu Richtlinie 2003/88/EG.

46 EuGH 11. 11. 2015 – Rechtssache C – 219/14, Greenfield.

47 BAG 10. 2. 2015 – 9 AZR 53/14 (F), AP Nr. 6 zu § 26 TVöD, Rn. 19.

kürzt, dass er auch mit der Kürzung weiterhin den tariflichen Urlaub von sechs Wochen hat.

Zunächst stellte das BAG noch mal klar, dass nach der Rechtsprechung des EuGH die Zahl der Tage des bezahlten Jahresurlaubs wegen des Übergangs eines vollzeitbeschäftigten Arbeitnehmers in eine Teilzeitbeschäftigung nicht verhältnismäßig gekürzt werden darf, wenn er vor seinem Wechsel in eine Teilzeittätigkeit mit weniger Wochenarbeitstagen den Urlaub nicht nehmen konnte. Das Argument, der erworbene Anspruch auf bezahlten Jahresurlaub werde bei einer solchen Kürzung nicht vermindert, weil der Urlaub in Urlaubswochen ausgedrückt unverändert bleibt, verwirft das BAG unter Hinweis auf die Rechtsprechung des EuGH wegen des Verbots der Diskriminierung Teilzeitbeschäftigter.[48]

Weiterhin stellte das BAG dann aber auch noch für den tariflichen Urlaubsanspruch fest, dass der § 26 Abs. 1 TVöD, nachdem sich der für die Fünftagewoche festgelegte Erholungsurlaub nach einer Verteilung der wöchentlichen Arbeitszeit auf weniger als fünf Tage in der Woche vermindert, wegen Verstoß gegen das Verbot der Diskriminierung von Teilzeitkräften unwirksam ist, soweit sie die Zahl der während der Vollzeittätigkeit erworbenen Urlaubstage mindert.[49]

Es ist dem Tarifvertrag auch nicht zu entnehmen und wäre auch ebenso diskriminierend, dass eine Kürzung des Urlaubsanspruchs erfolgen soll, wenn der Beschäftigte die Möglichkeit hatte, seinen Urlaub noch während der Vollzeittätigkeit zu nehmen. Eine derartige Verpflichtung des Beschäftigten vor dem Eintritt in die Teilzeit, eine Verringerung des Urlaubanspruchs zu verhindern gibt es nicht. Es gibt kein Mitverschulden des Teilzeitbeschäftigten an einer diskriminierenden Behandlung, da diese grundsätzlich kein Verschulden des Betroffenen voraussetzt.[50]

Ebenso darf die Verringerung des Beschäftigungsumfangs nicht dazu führen, dass der von einem Beschäftigten in Vollzeit erworbene und erst nach der Verringerung angetretene Jahresurlaub mit einem reduzierten Urlaubsentgelt vergütet wird.[51]

---

48 BAG 10. 2. 2015 – 9 AZR 53/14 (F), AP Nr. 6 zu § 26 TVöD, Rn. 21 ff.
49 BAG 10. 2. 2015 – 9 AZR 53/14 (F), AP Nr. 6 zu § 26 TVöD, Rn. 13, 15.
50 BAG 10. 2. 2015 – 9 AZR 53/14 (F), AP Nr. 6 zu § 26 TVöD, Rn. 26, 31.
51 BAG 20. 3. 2018 – 9 AZR 486/17.

Einzelfälle/Rechtsprechung zu Abs. 1[52]

19   **Tarifvertragliche Spätarbeitszuschläge**, die als Zuschläge für die Tätigkeit zu ungünstigen Zeiten gezahlt werden, stehen Teilzeit- ebenso wie Vollzeitbeschäftigten zu.[53]

Tarifvertragliche Funktionszuschläge, die für die Ausübung einer bestimmten Tätigkeit gezahlt werden, stehen Teilzeitbeschäftigten in gleicher Weise zu wie Vollzeitbeschäftigten.[54]

Tarifvertragliche Zuschläge für Mehrarbeit, die erst gezahlt werden, wenn die regelmäßige tarifliche Wochenarbeitszeit überschritten wird, stellen keine Ungleichbehandlung von Teilzeit- gegenüber Vollzeitbeschäftigten da.[55]

Wechselschicht- und Schichtzulage werden nur anteilig bezahlt, wenn Teilzeitbeschäftigte aufgrund der verringerten Arbeitszeit eine verringerte Anzahl von Nachtarbeitsstunden erbringen müssen.[56]

Sozialpläne können bestimmen, dass sich die Abfindungshöhe nach der zuletzt bezogenen Monatsvergütung richtet. Da Sozialpläne eine zukunftsbezogene Ausgleichs- und Überbrückungsfunktion haben, stellen sie kein Entgelt für die in der Vergangenheit erbrachten Dienste da.[57]

Eine **Versorgungszusage**, die für Teilzeitbeschäftigte für den Berechnungsfaktor Beschäftigungszeit die gleiche Dauer der Beschäftigungszeit wie bei Vollzeitbeschäftigten zugrunde legt, ist zulässig.[58]

Für teilzeitbeschäftigte Mitglieder von Mitarbeitervertretungen besteht ein Freizeitausgleich bei Schulungen, die die für ihre Tätigkeit erforderlichen Kenntnisse vermitteln. Teilzeitbeschäftigte müssen hierfür regelmäßig ein höheres Freizeitopfer erbringen als Vollzeitbeschäftigte.[59]

Die **Freistellung an Brückentagen** durch eine Gesamtbetriebsvereinbarung benachteiligt Teilzeitbeschäftigte nicht, wenn sie wegen ihrer Lage der Arbeitszeit – immer freitags frei – von der Freistellung ausgenommen ist.[60]

Bei der Berechnung der **betrieblichen Altersversorgung** stellt die Berücksichtigung der im Berufsleben tatsächlich geleisteten Arbeit von Teilzeitbeschäftigten im Vergleich zu Vollzeitbeschäftigten ein objektives Kriterium

---

52 Vgl. hierzu ErfKo/Preis, § 4 TzBfG Rn. 59 ff.
53 BAG 24. 9. 2003 – 10 AZR 675/02, AP Nr. 4 zu § 4 TzBfG.
54 BAG 18. 3. 2009 – 10 AZR 338/08, AP Nr. 20 zu § 4 TzBfG.
55 BAG 5. 11. 2003 – 5 AZR 8/03, AP Nr. 6 zu § 4 TzBfG; BAG 26. 4. 2017 – 10 AZR 589/15, AP Nr. 26 zu § 4 TzBfG.
56 BAG 25. 9. 2013 – 10 AZR 4/12, AP Nr. 24 zu § 4 TzBfG.
57 BAG 22. 9. 2009 – 1 AZR 316/08, AP Nr. 204 zu § 112 BetrVG.
58 BAG 28. 5. 2013 – 3 AZR 266/11, AP 17 zu § 1 BetrAVG Teilzeit.
59 LAG Niedersachsen 29. 10. 2014 – 17 Sa 392/14.
60 LAG Rheinland-Pfalz 13. 1. 2015 – 6 Sa 484/14.

da, das eine anteilige Kürzung der betrieblichen Altersvorsorge nach dem Pro-rata-temporis-Grundsatz zulässt.[61]

Gleichbehandlung befristet – unbefristet beschäftigte Arbeitnehmer

Abs. 2: Die Regelung stellt die Gleichbehandlung von befristet beschäftigten **20** gegenüber unbefristet beschäftigten Arbeitnehmern sicher. Mit ihr wurde erstmals ein umfassender Schutz vor Diskriminierungen von befristet Beschäftigten und mit auflösend bedingtem Arbeitsvertrag Beschäftigten (§ 21) geregelt. Die unterschiedliche Behandlung muss durch sachliche Gründe gerechtfertigt sein. Vom Diskriminierungsverbot als **zwingendes Recht** kann nicht durch Vereinbarungen zuungunsten des befristet Beschäftigten abgewichen werden (§ 22 Abs. 1).

§ 4 Abs. 2 Satz 1 regelt den **allgemeinen Grundsatz** des Verbots der sach- **21** grundlosen Schlechterstellung befristet beschäftigter Arbeitnehmer gegenüber vergleichbaren unbefristet Beschäftigten. **§ 4 Abs. 2 Satz 2** regelt das **Gebot des zeitanteiligen Entgelts** (Pro-rata-temporis-Grundsatz) ohne ausdrücklichen Vorbehalt der Rechtfertigung durch einen sachlichen Grund (vgl. Rn. 27). **§ 4 Abs. 2 Satz 3** regelt das **Gebot der gleichmäßigen Berücksichtigung von Betriebszugehörigkeitszeiten**, wobei die Möglichkeit der Rechtfertigung durch einen sachlichen Grund ausdrücklich vorgesehen ist.

Was unter einem **befristet Beschäftigten** zu verstehen ist, regelt **§ 3 Abs. 1** **22** (vgl. § 3 Rn. 2 ff.), der die Zeitbefristung und die Zweckbefristung definiert. Das Diskriminierungsverbot gilt für alle befristeten Arbeitsverhältnisse, also nicht nur für diejenigen nach § 14 Abs. 1 bis 3, sondern auch für die nach anderen Vorschriften befristeten Arbeitsverhältnisse.[62] Die Anwendung des Diskriminierungsverbotes setzt voraus, dass das Arbeitsverhältnis bereits begründet wurde, d. h. der Arbeitsvertrag zustande gekommen ist.[63]

Ein Verstoß gegen das spezielle Diskriminierungsverbot des § 4 Abs. 2 setzt **23** die Schlechterstellung eines befristet beschäftigten Arbeitnehmers im Verhältnis zu einem **vergleichbaren unbefristet beschäftigten Arbeitnehmer** voraus. Zum Begriff des vergleichbaren Arbeitnehmers siehe **Legaldefinition in § 3 Abs. 2**. Danach ist vergleichbar ein unbefristet beschäftigter Arbeitnehmer des Betriebes mit gleichen oder ähnlichen Tätigkeiten. Gibt es im Betrieb keinen vergleichbaren unbefristet beschäftigten Arbeitnehmer, ist der vergleichbare unbefristet beschäftigte Arbeitnehmer aufgrund des anwendbaren Tarifvertrags zu bestimmen. In allen übrigen Fällen ist darauf abzustellen, wer im jeweiligen Wirtschaftszweig üblicherweise als vergleich-

---

61 BAG v. 19. 8. 2016 – 3 AZR 526/14.
62 Sievers, § 4 Rn. 55.
63 Meinel/Heyn/Herms, § 4 TzBfG Rn. 122.

barer unbefristet beschäftigter Arbeitnehmer anzusehen ist (zur Ermittlung vgl. § 3 Rn. 9 f.).

Regelmäßig spricht die Gleichartigkeit der Tätigkeit für die Vergleichbarkeit i. S. d. § 3 Abs. 2. In bestimmten Fällen müssen jedoch auch Abweichungen z. B. bei der Qualifikation und Erfahrung im Rahmen der Prüfung der Vergleichbarkeit und nicht nur bei der Rechtfertigung durch einen Sachgrund berücksichtigt werden.[64] In Zweifelsfällen ist die Vergleichbarkeit zu bejahen.[65]

24 Ungleichbehandlungen zwischen befristet Beschäftigten untereinander sowie die Bevorzugung von befristet gegenüber unbefristet Beschäftigten können nur auf eine Verletzung des allgemeinen arbeitsrechtlichen Gleichbehandlungsgrundsatzes oder ggf. spezieller Benachteiligungsverbote gestützt werden.

25 Eine **Schlechterstellung** des befristet beschäftigten gegenüber einem unbefristet beschäftigten Arbeitnehmer liegt vor, wenn dem befristet Beschäftigten nicht dieselben Arbeitsbedingungen gewährt werden.

26 Zwischen der Befristung und der Ungleichbehandlung muss ein **Kausalzusammenhang** bestehen. Die Befristung darf nicht wegzudenken sein, ohne dass nicht auch die Ungleichbehandlung entfiele.

27 Die **Ungleichbehandlung** kann **durch sachliche Gründe gerechtfertigt** sein. Da die Schlechterstellung befristet Beschäftigter regelmäßig unzulässig ist, sind an die Rechtfertigungsgründe hohe Anforderungen zu stellen. Aufgrund des Regel-Ausnahme-Verhältnisses sind an die sachlichen Gründe ähnlich strenge Voraussetzungen zu knüpfen wie bei Teilzeitbeschäftigten (vgl. Rn. 12 ff.). Die unterschiedliche Behandlung von befristet beschäftigten Arbeitnehmern und Dauerbeschäftigten kann nicht damit gerechtfertigt werden kann, dass sie in einer allgemeinen und abstrakten Regelung vorgesehen ist. Vielmehr muss diese Ungleichbehandlung einem echten Bedarf des Unternehmens entsprechen und zur Erreichung des verfolgten Ziels geeignet und erforderlich sein.[66] Für die Rechtfertigung einer Schlechterstellung müssen genau bezeichnete, konkrete Umstände bzw. objektive Gründe vorliegen.

28 Das vom Unternehmen verfolgte Bedürfnis ergibt sich aus dem Zweck der Maßnahme, im Rahmen derer die Ungleichbehandlung erfolgt.[67] Die sachlichen Gründe müssen zum Zeitpunkt der Maßnahme bzw. Differenzierung objektiv vorliegen und subjektiv das Motiv des Arbeitgebers gewesen sein. Ob der Arbeitgeber mit Diskriminierungsabsicht gehandelt hat oder nicht, ist nicht relevant.

---

64 Sievers, § 3 Rn. 23.
65 Meinel/Heyn/Herms, § 4 TzBfG Rn. 126.
66 EuGH 20. 4. 2010 – C-486/08.
67 Meinel/Heyn/Herms, § 4 TzBfG Rn. 128.

Abs. 2 Satz 1 betrifft in Abgrenzung zu Abs. 2 Satz 2 neben anderen Inhal- 29
ten des Arbeitsverhältnisses wie Dauer, Lage und Verteilung der Arbeitszeit,
Aufstellung von Urlaubsgrundsätzen, Teilnahme an Aus- und Weiterbildung
u. a. auch Fälle der Gewährung eines geringeren Arbeitsentgelts oder einer
geringeren anderen geldwerten Leistung an befristet beschäftigte Arbeitnehmer, die unabhängig von einem bestimmten Bemessungszeitraum ist.[68]
Diese Auffassung wird durch die Gesetzesbegründung zu § 4 Abs. 2 Satz 1
bestätigt, in der es heißt, der Arbeitgeber dürfe einen befristet beschäftigten
Arbeitnehmer wegen der Art der Beschäftigung weder geringer entlohnen
noch hinsichtlich anderer Beschäftigungsbedingungen benachteiligen.[69] Die
Rechtsprechung und Teile der Literatur[70] grenzen die Tatbestände nicht
scharf voneinander ab.

Abs. 2 Satz 2: Abs. 2 Satz 2 regelt in Konkretisierung des Abs. 2 Satz 1 für Ar- 30
beitsentgelt oder andere teilbare Leistungen, die für einen bestimmten Bemessungszeitraum gewährt werden (z. B. Deputate, Personalrabatte) ausdrücklich, dass diese dem befristet beschäftigten Arbeitnehmer mindestens
entsprechend dem Anteil seiner Beschäftigungsdauer am Bemessungszeitraum zustehen. Damit wird dem Pro-rata-temporis-Grundsatz in § 4 Ziffer
2 Richtlinie 1999/70/EG entsprochen (s. oben Rn. 1 und 4 sowie 15 ff.).

Die Vorschrift des § 4 Abs. 2 Satz 2 lässt, anders als § 4 Abs. 2 Satz 1 und 31
Satz 3, Ausnahmen auch bei Vorliegen sachlicher, eine unterschiedliche Behandlung rechtfertigender Gründe nicht ausdrücklich zu. Dennoch ist nach
der Rechtsprechung des BAG eine Schlechterstellung von befristet Beschäftigten bei Vorliegen eines sachlichen Grundes auch im Entgeltbereich zulässig.[71] Das BAG wendet sich gegen ein ausnahmsloses Verbot einer Ungleichbehandlung zwischen befristet und unbefristet beschäftigten Arbeitnehmern im Bereich des Arbeitsentgelts oder einer anderen teilbaren geldwerten
Leistung. Der systematische Zusammenhang zwischen § 4 Abs. 2 Satz 1 und
§ 4 Abs. 2 Satz 2 spreche für ein einheitliches Verbot einer sachlich nicht ge-
rechtfertigten unterschiedlichen Behandlung. § 4 Abs. 2 Satz 2 konkretisiere
lediglich das allgemeine Diskriminierungsverbot des § 4 Abs. 2 Satz 1 für
den Bereich des Arbeitsentgelts oder einer anderen teilbaren geldwerten
Leistung, ohne eine nach § 4 Abs. 2 Satz 1 bei Vorliegen sachlicher Gründe
erlaubte unterschiedliche Behandlung auszuschließen. Das bestätige auch
die Entstehungsgeschichte der Norm. § 4 Abs. 2 Satz 2 setze § 4 Ziffer 2 der

---

68 Dörner, Rn. 88 f., der als Beispiel die Zahlung eines geringeren Stundenlohnes an
   den befristet beschäftigten Arbeitnehmer nennt, in der schon ein Verstoß gegen
   § 4 Abs. 2 Satz 1 liege.
69 BT-Drs. 14/4374 S. 16.
70 Däubler/Deinert/Zwanziger, KSchR, § 14 TzBfG Rn. 33; Annuß/Thüsing-Thü-
   sing, § 4 Rn. 67 ff.
71 BAG 11. 12. 2003 – 6 AZR 19/03; BAG 15. 7. 2004 – 6 AZR 25/03.

Rahmenvereinbarung im Anhang zur Richtlinie 1999/70/EG um, wonach der Pro-rata-temporis-Grundsatz nur gilt, wo dies angemessen ist. Das zwinge nicht zur Regelung eines absoluten Differenzierungsverbots im Bereich der zeitanteiligen Vergütung. Ein solches entspreche auch nicht der Gesetzesbegründung.[72]

In der Begründung zum Regierungsentwurf nennt der Gesetzgeber als Beispiel für eine zulässige Ungleichbehandlung den Fall, dass bei einem nur kurzzeitigen Arbeitsverhältnis die anteilige Gewährung von bestimmten Zusatzleistungen nur zu sehr geringen Beträgen führt, die in keinem angemessenen Verhältnis zur Leistung stehen.[73] Dies zeigt, dass die Ungleichbehandlung von befristet beschäftigten Arbeitnehmern im auf einen Bemessungszeitraum bezogenen Entgeltbereich zwar nicht grundsätzlich ausgeschlossen ist, diese aber nur in eng begrenzten Ausnahmefällen sachlich gerechtfertigt sein können.

32 Auch **Abs. 2 Satz 3** konkretisiert das grundsätzliche Diskriminierungsverbot in Satz 1 hinsichtlich der Berücksichtigung von Betriebszugehörigkeitszeiten. Mit der Regelung wird § 4 Ziffer 4 der Rahmenvereinbarung im Anhang zur Richtlinie 1999/70/EG umgesetzt. Es wird klargestellt, dass bei Beschäftigungsbedingungen, deren Gewährung von einer bestimmten Dauer des Arbeitsverhältnisses abhängt, für befristet beschäftigte dieselben Zeiten wie für unbefristet beschäftigte Arbeitnehmer zu berücksichtigen sind. Im Rahmen von Beschäftigungsbedingungen, für die die Dauer des Beschäftigungsverhältnisses in demselben Betrieb oder Unternehmen entscheidend ist, sind dieselben Zeiten der Betriebszugehörigkeit bei befristet beschäftigten wie bei unbefristet beschäftigten Arbeitnehmern zugrunde zu legen. Hiervon kann nur abgewichen werden, soweit dies aus sachlichen Gründen gerechtfertigt ist.

In der Begründung zum Regierungsentwurf werden als Beispiele der Anspruch auf vollen Jahresurlaub nach Erfüllung der Wartezeit und die Abhängigkeit von tarifvertraglichen Entgelt- oder Urlaubsansprüchen von zurückgelegten Beschäftigungszeiten genannt.[74]

Vereinbarkeit mit tarifvertraglichen Regelungen

33 **Tarifliche Regelungen** müssen mit § 4 vereinbar sein, der eine spezialgesetzliche Regelung zu Art. 3 GG darstellt. Nach der Rechtsprechung des BVerfG und des BAG haben die Tarifvertragsparteien bei der tariflichen Normsetzung den Gleichheitssatz des Art. 3 Abs. 1 GG zu beachten.[75] Als Vereinigun-

---

72 BAG 11.12.2003 – 6 AZR 19/03.
73 BT-Drs. 14/4374, S. 16.
74 BT-Drs. 14/4374, S. 16.
75 BAG 24.6.2004 – 6 AZR 389/03, ZTR 2005, 41–43.

gen des privaten Rechts sind sie zwar keine Grundrechtsadressaten im Sinne des Art. 1 Abs. 3 GG und damit nicht unmittelbar an Art. 3 Abs. 1 GG gebunden. Vielmehr folgt ihre Grundrechtsbindung aus der Schutzfunktion der Grundrechte, die Gesetzgebung und Rechtsprechung dazu verpflichtet, die Regelungskompetenz der Tarifvertragsparteien in einer Weise zu begrenzen, dass sachwidrige oder diskriminierende Differenzierungen nicht wirksam werden können.[76] Der Gleichheitssatz wird durch eine Tarifnorm verletzt, wenn die Tarifvertragsparteien es versäumt haben, tatsächliche Gleichheiten oder Ungleichheiten der zu ordnenden Lebensverhältnisse zu berücksichtigen, die so bedeutsam sind, dass sie bei einer am Gerechtigkeitsgedanken orientierten Betrachtungsweise beachtet werden müssen. Die Tarifvertragsparteien haben hiernach eine weitgehende Gestaltungsfreiheit. Sie brauchen nicht die zweckmäßigste, vernünftigste und gerechteste Lösung zu wählen. Es genügt vielmehr, wenn sich für die getroffene Regelung ein sachlich vertretbarer Grund ergibt.[77] Diese Grenzen sind insbesondere überschritten, wenn eine Gruppe von Normadressaten im Vergleich zu anderen Normadressaten anders behandelt wird, obwohl zwischen beiden Gruppen keine Unterschiede von solcher Art und solchem Gewicht bestehen, dass sie die Ungleichbehandlung rechtfertigen könnten.[78] Nach ständiger Rechtsprechung des EuGH kann eine unterschiedliche Behandlung von befristet beschäftigten Arbeitnehmern und Dauerbeschäftigten nicht damit gerechtfertigt werden, dass sie in einer allgemeinen und abstrakten Regelung wie einem Gesetz oder eben einem Tarifvertrag vorgesehen ist.[79] Nach § 22 Abs. 1 stehen die Diskriminierungsverbote nicht zur Disposition, auch nicht den Tarifvertragsparteien, auch wenn diese grundsätzlich einen weiten Gestaltungsspielraum haben.[80]

Zum **Ausschluss** von befristet Beschäftigten **aus einem Tarifvertrag** hat das **34** BAG entschieden, dass die Tarifvertragsparteien hinsichtlich der Regelung des persönlichen Geltungsbereiches keiner unmittelbaren Bindung an den allgemeinen Gleichheitssatz des Art. 3 Abs. 1 unterliegen, sondern wegen ihres insoweit vorrangigen Grundrechts der Koalitionsfreiheit nach Art. 9 Abs. 3 Satz 1 GG bis zur Grenze der Willkür frei sind, in eigener Selbstbestimmung den persönlichen Geltungsbereich ihrer Tarifregelungen festzulegen; die Grenze der Willkür ist erst überschritten, wenn die Differenzierung

---

76 BAG 27.5.2004 – 6 AZR 129/03, NZA 2004, 1399–1404.
77 BVerfG 15.10.1985 – 2 BvL 4/83; BAG 30.7.1992 – 6 AZR 11/92.
78 BVerfG 2.12.1992 – 1 BvR 296/88; BVerfG 11.1.1995 – 1 BvR 892/88.
79 EuGH 13.9.2007 – C-307/05; EuGH 22.12.2010 – C-444/09; EuGH 23.11.2009 – C-456/09; EuGH 18.3.2011 – C-273/10; EuGH 9.2.2012 – C-556/11
80 BAG 18.1.2012 – 6 AZR 496/10; BAG 11.12.2003 – 6 AZR 64/03, NZA 2004, 723–727; BAG 11.12.2003 – 6 AZR 19/03; s. im Übrigen Rn. 31.

im persönlichen Geltungsbereich unter keinem Gesichtspunkt, auch koalitionspolitischer Art, plausibel erklärbar ist.[81]

Einzelfälle/Rechtsprechung zu Abs. 2 Satz 1

35   Neben üblicherweise arbeitsvertraglich geregelten Leistungen stehen auch
nicht teilbare Leistungen und bestimmte Vergünstigungen, die nicht von einer bestimmten Dauer der Betriebszugehörigkeit abhängen (z. B. verbilligtes
Kantinenessen, Zugang zu Sozialeinrichtungen, Benutzung der werkseigenen Busse), dem befristet beschäftigten Arbeitnehmer ebenso zu wie dem
unbefristeten. Insoweit dürfen befristet beschäftigte Arbeitnehmer hiervon
nicht ausgenommen oder schlechter gestellt werden.[82] Nicht in den Anwendungsbereich der Regelung fallen Ungleichbehandlungen bei Abschluss eines unbefristeten Arbeitsvertrags im Anschluss an eine wirksam befristete
Beschäftigung.[83] Demgegenüber ist es aber unzulässig, befristet beschäftigte
Arbeitnehmer von Leistungen auszuschließen, wenn sie die geforderten Betriebszugehörigkeitszeiten erfüllen und die Befristung noch nicht abgelaufen ist.[84]

Befristet beschäftigte Arbeitnehmer können tarifvertraglich auch aus einem
betrieblichen Altersversorgungssystem ausgeschlossen werden.[85] Die betriebliche Altersversorgung bezweckt u. a., die Betriebstreue des Arbeitnehmers zu fördern und zu belohnen. Bei nur vorübergehender Beschäftigung
ist der Arbeitgeber nach Ansicht des BAG nicht daran interessiert, den Arbeitnehmer an den Betrieb zu binden. Dies gilt auch dann, wenn das zunächst befristete Arbeitsverhältnis später in ein unbefristetes Arbeitsverhältnis umgewandelt wurde, die Versorgungszusage aber auf Arbeitnehmer beschränkt worden ist, die bis zu einem bestimmten Stichtag, der vor der Entfristung lag, in einem unbefristeten Arbeitsverhältnis standen.[86]

Grundsätzlich kann die **Ausnahme von** wirksam befristet beschäftigten Arbeitnehmern aus dem Geltungsbereich von **Sozialplänen** sachlich gerechtfertigt sein. Zweck von Sozialplanleistungen ist es, die durch eine Betriebsänderung entstehenden künftigen wirtschaftlichen Nachteile auszugleichen
oder abzumildern (vgl. § 112 Abs. 1 Satz 2 BetrVG). Gerechtfertigt ist der
Ausschluss von einer Abfindungsregelung deswegen nicht, wenn diese nicht

---

81 BAG 30.8.2000 – 4 AZR 563/99, NZA 2001, 613, 616f.; BAG 30.8.2000 – 4 AZR
    563/99, NZA 2001, 613–618, zu der abweichenden Auffassung anderer Senate vgl.
    BAGE 95, 277–295 unter 12f (2) der Gründe, S. 287ff.
82 Däubler/Deinert/Zwanziger, KSchR, § 4 TzBfG Rn. 40.
83 BAG 9.5.2007 – 4 AZR 319/06, AP Nr. 8 zu § 305c BGB.
84 Meinel/Heyn/Herms, § 4 Rn. 134.
85 Ständige Rechtsprechung des BAG, zuletzt: BAG 15.1.2013 – 3 AZR 4/11; dazu:
    Ars/Teslau, NZA 2006, 297–303.
86 BAG 15.1.2013 – 3 AZR 4/11.

an Betriebsänderungen geknüpft ist, sondern stets bei einem nicht vom Arbeitnehmer zu vertretenden Ausscheiden greift.[87] Entscheidend ist darüber hinaus, ob das befristete Arbeitsverhältnis aufgrund der Befristung oder infolge einer geplanten Betriebsänderung z. B. durch betriebsbedingte Kündigung endet.[88] In letzterem Fall muss der Sozialplan auch Leistungen für den befristet Beschäftigten vorsehen, die jedoch mit Blick auf die Restlaufzeit des befristeten Arbeitsvertrags reduziert werden können.[89] Zudem ist der Ausschluss von befristet Beschäftigten vom Sozialplan dann als sachlich gerechtfertigt anzusehen, wenn es sich um Befristungen handelt, die mit der Betriebsänderung in keinem Zusammenhang stehen.[90] Keine Abfindung erhält ein Arbeitnehmer, dessen Arbeitsverhältnis in zeitlicher Nähe zur Teilbetriebsstilllegung ohnehin aufgrund Befristung geendet hätte, bei einer Eigenkündigung.[91]

Eine Regelung, nach der von der Betriebsänderung betroffene Arbeitnehmer nur deshalb von einer **Treueprämie** ausgeschlossen sind, weil sie lediglich in einem befristeten Arbeitsverhältnis stehen, das nicht vorzeitig auf Veranlassung der Beklagten betriebsbedingt beendet wird, ist mit dem Differenzierungsverbot des § 4 Abs. 2 TzBfG unvereinbar (und ebenso mit dem von den Betriebsparteien bei Sozialplänen zu beachtenden betriebsverfassungsrechtlichen Gleichbehandlungsgrundsatz des § 75 Abs. 1 BetrVG).[92] Unternehmen bedienen sich im Falle der Stilllegung eines Betriebs- oder Betriebsteils regelmäßig sog. Treueprämien, um die Aufrechterhaltung des Betriebs bis zur Stilllegung sicherzustellen.[93] Befristet Beschäftigte dürfen davon nicht ausgeschlossen werden.

Urlaubsanspruch im befristeten Arbeitsverhältnis

35a Der befristet beschäftigte Arbeitnehmer erwirbt im Kalenderjahr einen vollen Urlaubsanspruch, wenn er nach erfüllter Wartezeit von sechs Monaten in der zweiten Hälfte des Kalenderjahres aus dem Arbeitsverhältnis ausscheidet. §§ 4, 5 Abs. 1 BUrlG differenzieren nicht danach, ob ein Arbeitsverhält-

---

87 So Hohenstatt, NZA 201, 1146–1449, 1449 unter Bezugnahme auf EuGH 14. 9. 2016 – C-596/14.

88 Im Gegensatz zu EuGH 14. 9. 2016 – C-596/14, NZA 2016, 1193–1196 (Ana de Diego Porras/Ministerio de Defensa): In der Entscheidung ging es um eine Sozialplanregelung, die jegliche Ausgleichszahlung an befristet Beschäftigte ausschloss.

89 Meinel/Heyn/Herms, § 4 TzBfG Rn. 150.

90 Müller-Wenner, AuR 2014, 241f. zu LAG Baden-Württemberg 19. 2. 2013 – 13 Sa 61/13.

91 LAG Baden-Württemberg 19. 2. 2014 – 13 Sa 61/13.

92 BAG 22. 9. 2009 – 1 AZR 316/08; BAG 9. 12. 2014 – 1 AZR 406/13.

93 Dazu: Gastell, DB 2015, 1050 f.

nis in der ersten bzw. zweiten Hälfte eines Kalenderjahres durch Fristablauf oder Kündigung endet.

> **Beispiel:**
> Das befristete Arbeitsverhältnis beginnt am 10.7. des Vorjahres und endet am 10.7. des Folgejahres. Gemäß § 4 BUrlG entsteht der volle Urlaubsanspruch erstmalig nach sechsmonatigem Bestehen des Arbeitsverhältnisses. Somit kann ab dem 11. Januar 2008 ein voller Urlaubsanspruch erworben worden sein, sofern nicht § 5 BUrlG eingreift. In § 5 BUrlG ist geregelt, unter welchen Voraussetzungen eine Zwölftelung des Urlaubs stattfindet und der Arbeitnehmer lediglich einen Teilurlaubsanspruch erwirbt. Die Voraussetzungen von § 5 Abs. 1 BUrlG liegen nicht vor, da der Arbeitnehmer nach erfüllter Wartezeit nicht in der ersten Hälfte eines Kalenderjahres aus dem Arbeitsverhältnis ausgeschieden ist.[94]

Der Gesetzgeber geht davon aus, dass derjenige Arbeitnehmer, der nach erfüllter Wartezeit in der zweiten Hälfte eines Kalenderjahres aus einem Arbeitsverhältnis ausscheidet, den vollen Urlaubsanspruch erwirbt und ihn auch gegenüber demjenigen Arbeitgeber geltend machen kann, bei dem er nur einen Teil des Kalenderjahres in einem Arbeitsverhältnis stand.

Stufenzuordnung im öffentlichen Dienst[95]

35b   Die **Stufenzuordnung** innerhalb der Entgeltgruppen stellt im **Vergütungssystem des öffentlichen Dienstes** ein wesentliches Element der Entgeltfindung dar. Das BAG hatte sich wiederholt mit der Anrechnung von Vorbeschäftigungszeiten auf die Stufenzuordnung von befristet beschäftigten Arbeitnehmern zu befassen.[96] Im öffentlichen Dienst werden Arbeitnehmer häufig in aufeinanderfolgenden befristeten Arbeitsverhältnissen beschäftigt.

Wird ein zuvor befristet Beschäftigter von seinem bisherigen Arbeitgeber befristet oder unbefristet weiterbeschäftigt, liegt – ganz gleich, ob zwischen den Beschäftigungen eine zeitliche Lücke besteht oder die Befristung nur verlängert wird – nach der **ständiger Rechtsprechung des BAG** eine **Einstellung** i. S. v. § 16 Abs. 2 TV-L vor (kein einheitliches Arbeitsverhältnis).[97] Diese Tarifnorm differenziere nicht zwischen Neu- und Wiedereinstellung.[98]

---

94 Hessisches LAG 26.6.2009 – 10/11 Sa 2143/08.

95 Siehe auch: Spelge, ZTR 2017, 335–345, 340 ff.

96 BAG 27.1.2011 – 6 AZR 382/09, ZTR 2011, 214–217; BAG 21.2.2013 – 6 AZR 524/11, NZA 2013, 625–629; BAG 24.10.2013 – 6 AZR 964/11.

97 BAG 27.1.2011 – 6 AZR 382/09; BAG 24.10.2013 – 6 AZR 964/11; BAG 17.12.2015 – 6 AZR 432/14.

98 BAG 24.10.2013 – 6 AZR 964/11 m.w.N.; Sebastian Günther, ZTR 2014, 315–318.

Das gelte auch für die wiederholte Einstellung von zuvor befristet Beschäftigten.[99] Bei jeder Einstellung sei eine Stufenzuordnung nach § 16 Abs. 2 TV-L erforderlich (§ 16 Abs. 2 TV-L spricht nicht von *erstmaliger* Einstellung). An dieser Rechtsprechung hält das BAG fest, ungeachtet der daran geäußerten Kritik im Schrifttum,[100] die den Begriff der Einstellung im funktionalen Zusammenhang deuten will und annimmt, jedenfalls bei ununterbrochenem Anschluss bzw. nahtloser Weiterbeschäftigung ergebe eine jeweils erneute Stufenzuordnung bei aufeinanderfolgenden befristeten Arbeitsverhältnisses derselben Tätigkeit wenig Sinn.

Die **Stufenlaufzeit** beginnt nach Ansicht des BAG mit der Zuordnung des Beschäftigten zu einer Stufe seiner Entgeltgruppe nach seiner Einstellung nur dann nicht neu zu laufen, wenn der Beschäftigte zuvor bereits befristet bei demselben Arbeitgeber beschäftigt war und keine schädliche Unterbrechung i. S. d Protokollerklärung Nr. 3 zu § 16 Abs. 2 TV-L vorliegt.[101] Rechtliche Unterbrechungen zwischen Vorbeschäftigung und nunmehriger Beschäftigung sind unschädlich, wenn diese darauf beruhen, dass die Vorbeschäftigung zunächst eine befristete war.[102]

Früher vertrat das BAG noch die Auffassung, dass bei der Stufenzuordnung nur **Beschäftigungszeiten berücksichtigt** werden, die zur vollständigen Erreichung einer Entgeltstufe führen. Die darüberhinausgehenden Restlaufzeiten blieben unberücksichtigt.[103] Dies gelte auch nur, wenn eine ununterbrochene Tätigkeit in demselben Arbeitsverhältnis und nicht in mehreren Arbeitsverhältnissen ausgeübt worden sei.[104] Unter dem Eindruck der Entscheidung des EuGH vom 18. Oktober 2012[105] hat das BAG diese Position jedoch inzwischen aufgegeben und geht von einer generellen Anrechnungsfähigkeit von Restlaufzeiten aus.[106] Soweit einschlägige Berufserfahrung von mehr als einem Jahr bei demselben Arbeitgeber erworben worden war, soll die volle Anrechenbarkeit offenbar bereits unmittelbar aus § 16 Abs. 2 Satz 2 TV-L folgen.[107] § 16 Abs. 2 Satz 2 TV-L regelt: »Verfügen Beschäftigte über eine einschlägige Berufserfahrung von mindestens einem Jahr aus einem

---

99 BAG 21. 2. 2013 – 6 AZR 524/11; Caroline Wirtz, ArbR 2013, 295.
100 Kahl, ZTR 2012, 611–616.
101 BAG 21. 2. 2013 – 6 AZR 524/11; BAG 23. 11. 2017 – 6 AZR 33/17, Rn. 19.
102 ArbG Magdeburg 8. 4. 2015 – 3 Ca 2449/14 E.
103 BAG 27. 1. 2011 – 6 AZR 524/11; so auch noch: LAG Mainz 29. 10. 2014 – 4 Sa 176/14.
104 BAG 27. 1. 2011 – 6 AZR 524/11; BAG 24. 10. 2013 – 6 AZR 964/11.
105 EuGH 18. 10. 2012 – C-302/11, C-303/11, C-304/11, C-305/11.
106 Vgl. BAG 21. 2. 2013 – 6 AZR 524/11, Rn. 17 und 18 ff.; BAG 24. 10. 2013 – 6 AZR 964/11, Rn. 18; vgl. auch BAG 3. 7. 2014 – 6 AZR 1088/12, Rn. 15 ff.; BAG 23. 11. 2017 – 6 AZR 33/17, Rn. 18; BAG 27. 4. 2017 – 6 AZR 459/16, Rn. 17.
107 BAG 21. 2. 2013 – 6 AZR 524/11, Rn. 17; vgl. zu § 16 Abs. 2 TVöD auch BAG 24. 10. 2013 – 6 AZR 964/11, Rn. 18.

vorherigen befristeten oder unbefristeten Arbeitsverhältnis zum selben Arbeitgeber, erfolgt die Stufenzuordnung unter Anrechnung der Zeiten der einschlägigen Berufserfahrung aus diesem vorherigen Arbeitsverhältnis.« Zumindest aber müssten entsprechende Restlaufzeiten im Rahmen des Stufenaufstiegs nach § 16 Abs. 3 TV-L Berücksichtigung finden, weil dessen Regelung nach Maßgabe des § 4 Abs. 2 TzBfG gesetzeskonform auszulegen sei. Eine Anrechnung von Restlaufzeiten soll lediglich dann unterbleiben, wenn eine schädliche Unterbrechung im Sinne der Protokollerklärung Nr. 3 zu § 16 Abs. 2 TV-L vorliegt.[108] Ein Verfall der Restlaufzeiten kommt nach der korrigierten Rechtsprechung des BAG in derartigen Fällen ausschließlich dann in Betracht, wenn die Arbeitsverhältnisse zwischenzeitlich länger als sechs bzw. bei Wissenschaftlern länger als zwölf Monate unterbrochen waren.

Auch hinsichtlich der **Berücksichtigung einschlägiger Berufserfahrung** i. S. v. § 16 Abs. 2 Satz 1 TV-L bei der Stufenzuordnung nach § 16 Abs. 3 Satz 1 (wortidentisch im TVöD VKA) hat das BAG Bezug nehmend auf zwischenzeitliche Entscheidungen des EuGH[109] ab 2013 seine Auffassung erheblich korrigiert. Einschlägige Berufserfahrung liegt nach der Protokollerklärung Nr. 1 zu § 16 Abs. 2 TV-L bei einer beruflichen Erfahrung in der übertragenen oder einer auf die Aufgabe bezogenen entsprechenden Tätigkeit vor. Nach dem BAG verstößt eine Nichtberücksichtigung der in früheren befristeten Arbeitsverhältnissen erworbenen Berufserfahrung gegen § 4 Abs. 2 Satz 2. Es gibt für die uneingeschränkte Berücksichtigung der bei der ununterbrochenen Ausübung der geschuldeten Tätigkeit erworbenen Berufserfahrung in § 16 Abs. 3 TV-L nur bei den unbefristet beschäftigten Arbeitnehmern keinen sachlichen Grund, der diese unterschiedliche Behandlung rechtfertigen würde.[110] Die Honorierung erfolgt dann dergestalt, dass diese Restlaufzeiten für die Stufenlaufzeiten nach § 16 Abs. 3 TV-L zu berücksichtigen sind. Auch eine so erlangte Berufserfahrung spart dem Arbeitgeber Einarbeitungszeit und lässt ein höheres Leistungsvermögen des Arbeitnehmers erwarten. Sie ist damit nach dem Zweck des § 16 Abs. 2 TV-L finanziell zu honorieren. Dabei kommt es nicht darauf an, ob die Vorbeschäftigung in Teilzeit oder Vollzeit ausgeübt wird. Allerdings kann in sehr kurzen Arbeitsverhältnissen, die nur wenige Tage oder Wochen bestehen die Tätigkeit so zugeschnitten sein, dass die Vorbeschäftigung nicht die gesamte Breite der aktuellen Beschäftigung abdeckt und in ihnen deshalb keine einschlägige Berufserfahrung erworben werden kann.[111] Die Auslegung des § 16 Abs. 2 Satz 2 TV-L ergibt nach einer Entscheidung des LAG Sachsen unter Beru-

---

108 BAG 21.2.2013 – 6 AZR 524/11, Rn. 18; BAG 3.7.2014 – 6 AZR 1088/12, Rn. 24.
109 EuGH 13.9.2007 – C-307/05; EuGH 8.9.2011 – C-177/10.
110 BAG 3.7.2014 – 6 AZR 1088/12; BAG 21.2.2013 – 6 AZR 524/11.
111 BAG 3.7.2014 – 6 AZR 1088/12.

fung auf das BAG,[112] dass nicht nur mehrere Arbeitsverhältnisse beim selben Arbeitgeber, sondern auch solche bei anderen Arbeitgebern Berücksichtigung finden, sofern die sonstigen Voraussetzungen (Tätigkeit führt zu einschlägiger Berufserfahrung, keine schädliche Unterbrechung) gegeben sind.[113]

Zur **Stufenzuordnung bei Herabgruppierungen** gem. § 17 Abs. 4 Satz 4 V-L hat das BAG entschieden, dass der Ausschluss von befristet Beschäftigten von der Stufenzuordnung nach dieser Besitzstandsregelung keine Diskriminierung i. S. v. § 4 Abs. 2 ist.[114]

Personalauswahl beim sog. Entfristungsüberhang

Die personelle Auswahlentscheidung bei einer Versetzung entspricht nicht billigem Ermessen i. S. v. § 106 GewO, § 315 BGB, wenn der Arbeitgeber nur Beschäftigte in die Auswahl einbezieht, deren Arbeitsverhältnisse zunächst befristet waren und erst später entfristet wurden. Entsprechende Auswahlrichtlinien sind wegen eines Verstoßes gegen § 4 Abs. 2 TzBfG unwirksam. Für diese Anknüpfung an die frühere Befristung des Arbeitsverhältnisses gibt es nach Ansicht des BAG keinen anerkennenswerten sachlichen Grund.[115] **35c**

Einzelfälle/Rechtsprechung zu Abs. 2 Satz 2

Es stellt keinen Verstoß gegen § 4 Abs. 2 Satz 2 dar, wenn ein Arbeitnehmer, der erst befristet und im Anschluss daran unbefristet weiterbeschäftigt wird, bei einem von vornherein unbefristeten Arbeitsverhältnis besser gestanden hätte, da bisher geltende Vergütungsregelungen dann auch auf ihn angewendet worden wären.[116] Nach dem Ende einer wirksamen Befristung sind die Parteien bei der Neubegründung eines Arbeitsverhältnisses in der Gestaltung der Arbeitsbedingungen frei und an frühere Abmachungen nicht gebunden. **36**

Der Arbeitgeber verstößt hingegen gegen § 4 Abs. 2 Satz 2, wenn er eine **Sonderzahlung** an alle Arbeitnehmer auszahlt und nur befristet beschäftigte Arbeitnehmer von dieser Leistung ausnimmt, auch dann, wenn die Sonderzahlung grundsätzlich unter einem Freiwilligkeitsvorbehalt steht.[117] Zulässig ist **37**

---

112 BAG v. 21. 2. 2013 – 6 AZR 524/11.
113 So LAG Sachsen 24. 9. 2015 – 8 Sa 209/15.
114 BAG 17. 12. 2015 – 6 AZR 432/14.
115 BAG 10. 7. 2013 – 10 AZR 915/12.
116 BAG 2. 3. 2004 – 1 AZR 271/03, NZA 2004, 852–858.
117 LAG Rheinland-Pfalz 7. 10. 2005 – 8 Sa 484/05.

jedoch nach der Rechtsprechung des BAG[118] der Ausschluss von befristet beschäftigten Arbeitnehmern von einer tariflichen Sonderzahlung, wenn das
Arbeitsverhältnis zu einem Stichtag im Folgejahr nicht mehr besteht. Zulässig ist dies selbst dann, wenn derselbe Tarifvertrag eine Leistung nur für die
diejenigen Arbeitnehmer vorsieht, die vor einem bestimmten Stichtag durch
betriebsbedingte Beendigung oder aus bestimmten persönlichen Gründen
(Vorruhestand, Ruhestand, Erwerbsminderung) aus dem Arbeitsverhältnis
ausscheiden.

38 Seit 2002 hat es zur **Besitzstandszulagenregelung** im Entgelttarifvertrag für
die Arbeiter der Deutschen Post AG vom 20.10.2000 (**ETV-Arb**) unterschiedliche Urteile der Instanzgerichte gegeben. Nach §§ 23 bis 25 ETV-
Arb können nur die Arbeitnehmer Besitzstandszulagen nach Absenkung der
Grundvergütungen beanspruchen, die am 31. Dezember 2000 bereits und
am 1. Januar 2001 noch in einem unbefristeten Arbeitsverhältnis zur Deutschen Post AG standen und stehen. Im Gegenzug verpflichtete sich die Deutsche Post AG, eine große Zahl der befristet beschäftigten Arbeitnehmer auf
Dauer einzustellen. Nach Auffassung des BAG verstößt diese Regelung gegen
§ 4 Abs. 2 Satz 2.[119]

Einzelfälle/Rechtsprechung zu Abs. 2 Satz 3

39 Weitere Fälle neben den unter der Rn. 35 genannten Beispielen können die
Dauer der Zahlung eines Zuschusses zum Krankengeld, die Verlängerung
der gesetzlichen Kündigungsfristen sowie Jubiläumszahlungen sein.[120]

40 Zeiten der Betriebszugehörigkeit müssen bei befristet beschäftigten Arbeitnehmern im gleichen Umfang wie bei nicht befristet beschäftigten Arbeitnehmern berücksichtigt werden. Es ist unzulässig, befristet beschäftigte
Arbeitnehmer von Leistungen auszuschließen, wenn sie die geforderten
Betriebszugehörigkeitszeiten erfüllen und die Befristung noch nicht abgelaufen ist.[121] Nicht gerechtfertigt ist daher die Schlechterstellung von befristet beschäftigten Arbeitnehmern mit der Begründung, dass die unbefristet beschäftigten Arbeitnehmer dem Unternehmen im Allgemeinen
schon für eine längere Zeit angehörten als die befristet beschäftigten Arbeitnehmer, wenn unter den unbefristet beschäftigten Arbeitnehmern die-

118 BAG 6.10.1993 – 10 AZR 477/92, NZA 1994, 465–466.
119 BAG 11.12.2003 – 6 AZR 19/03, 6 AZR 24/03, 6 AZR 64/03, 6 AZR 245/03, 6 AZR
     638/02, 6 AZR 651/02; BAG 15.7.2004 – 6 AZR 25/03, 6 AZR 224/03; BAG
     19.1.2005 – 6 AZR 80/03.
120 Weitere Beispiele: KR-Bader, § 4 TzBfG Rn. 24ff.; s. in diesem Zusammenhang
     auch der Rspr. des BAG zu Teilzeitbeschäftigten, so BAG 15.5.1997 – 6 AZR
     40/96, NZA 1997, 1355–1357.
121 Sievers, Rn. 58.

jenigen mit vergleichbar kurzer Betriebszugehörigkeit besser gestellt werden.[122] Läuft die Befristung jedoch vor oder mit einer Betriebsänderung aus, ist der Ausschluss der befristet beschäftigten Arbeitnehmer zulässig (vgl. Rn. 34).

Darlegungs- und Beweislast

Grundsätzlich trägt der teilzeitbeschäftigte und der befristet beschäftigte Arbeitnehmer die volle **Darlegungs- und Beweislast** für die den Anspruch begründenden Tatsachen, d. h., er muss die aus der Teilzeit oder Befristung seines Arbeitsverhältnisses resultierende Schlechterstellung gegenüber einem vergleichbaren unbefristet beschäftigten Arbeitnehmer darlegen und im Bestreitensfalle beweisen. **41**

Die **Beweislast kann sich ausnahmsweise umkehren,** wenn der Arbeitnehmer andernfalls kein wirksames Mittel hätte, um der Ungleichbehandlung entgegenzutreten.[123] Nach der EG-Beweislastrichtlinie 97/80/EG vom 15. Dezember 1997 müssen Arbeitnehmer, die eine Verletzung des Gleichbehandlungsgrundsatzes behaupten, nur Tatsachen glaubhaft machen, die das Vorliegen einer mittelbaren oder unmittelbaren Diskriminierung (vgl. dazu Rn. 11) vermuten lassen. Das kann z. B. dann sein, wenn der Arbeitgeber ein Vergütungssystem anwendet, dem jegliche Transparenz fehlt, sodass der Arbeitnehmer die Zusammensetzung verschiedener Vergütungsbestandteile nicht nachvollziehen kann. So hat der EuGH entschieden, dass eine Regelung im Bereich des Entgelts, die bestimmte Beschäftigte anders behandelt als andere, zwar einen objektiven Grund darstellen kann, der nichts mit einer Diskriminierung aufgrund des Geschlechts zu tun hat und die Unterschiede beim Entgelt rechtfertigen kann. Der Arbeitgeber hat jedoch nachzuweisen, dass dies tatsächlich der Fall ist.[124] Der Arbeitgeber trägt die Darlegungs- und Beweislast dafür, dass die Ungleichbehandlung durch sachliche Gründe gerechtfertigt ist. **42**

Rechtsfolgen bei Verstoß gegen Diskriminierungsverbot

Die Rechtsfolgen eines Verstoßes gegen das Diskriminierungsverbot hängen von der Art des Verstoßes bzw. seinen Auswirkungen ab. Der Gesetzgeber hat in § 4 TzBfG als Rechtsfolge nicht die Zahlung einer immateriellen Entschädigung oder eines Schmerzensgeldes wegen Diskriminierung vorgesehen. Als Ausprägung des arbeitsrechtlichen Gleichbehandlungsgrundsatzes **43**

---

122 LAG Hannover 15. 5. 2003 – 4 Sa 690/02.
123 EuGH 26. 6. 2001 – C-381/99, NZA 2001, 883–888; EuGH 31. 5. 1995 – C-400/93, AuR 1995, 370 f.
124 EuGH 30. 3. 2000 – C-236/98, AuR 2000, 314.

ist der Anspruch auf die Beseitigung einer Ungleichbehandlung gerichtet.[125] Da es sich somit um einen Erfüllungs-, nicht aber um einen Schadensersatzanspruch handelt, kommt es auf ein Verschulden des Arbeitgebers nicht an.[126]

Wird ein Teilzeitbeschäftigter wegen seiner Teilzeitbeschäftigung bzw. ein befristet Beschäftigter wegen der Befristung seines Arbeitsverhältnisses anteilig niedriger vergütet, hat er nach § 612 Abs. 2 BGB auch rückwirkend Anspruch auf die übliche Vergütung. Der unter Verstoß gegen das Diskriminierungsverbot benachteiligte Arbeitnehmer kann verlangen, dass die Benachteiligung beseitigt bzw. ihm die vorenthaltene Leistung gewährt wird.[127] Kann die Ungleichbehandlung nur durch die Gewährung eines eigenständigen Leistungsanspruchs beseitigt werden, hat Abs. 2 eine unmittelbar anspruchsbegründende Wirkung.[128] § 4 ist ein Verbotsgesetz im Sinne dieser Vorschrift. Kann die Ungleichbehandlung infolge der Regelung durch eine entsprechende Auslegung beseitigt werden, bleibt die Regelung mit der dem Zweck des § 4 Abs. 2 entsprechenden Auslegung wirksam.[129] Es kommt daher zu einer »Anpassung nach oben«, wie dies auch der ständigen Rechtsprechung des EuGH zur Wirkung des Diskriminierungsverbots aus Art. 141 EG-Vertrag entspricht.[130]

Regelungen in Arbeitsverträgen, Betriebsvereinbarungen und Tarifverträgen, die gegen das Diskriminierungsverbot verstoßen, sind gem. § 134 BGB nichtig.

44 Führt die Nichtigkeit nicht zur Beseitigung des diskriminierenden Zustandes, kann der Arbeitnehmer darüber hinaus Beseitigung und bei Wiederholungsgefahr Unterlassung analog § 1004 Abs. 1 Satz 2 BGB verlangen.

45 Ein Verstoß des Arbeitgebers kann in besonderen Fällen einen Schadensersatzanspruch gem. § 280 Abs. 1 BGB begründen. Zudem ist das Diskriminierungsverbot ein Schutzgesetz i. S. v. § 823 Abs. 2 BGB.[131]

---

125 BAG 21. 2. 2013 – 8 AZR 68/12.
126 BAG 28. 7. 1992 – 3 AZR 173/92; BAG 23. 4. 1997 – 10 AZR 603/96.
127 BAG 11. 8. 1992 – 1 AZR 103/92, NZA 1993, 39–42; BAG 23. 2. 2000 – 10 AZR 1/99, NZA 2001, 680–683.
128 Meinel/Heyn/Herms, § 4 TzBfG Rn. 140.
129 Meinel/Heyn/Herms, § 4 TzBfG Rn. 139.
130 BAG 5. 8. 2009 – 10 AZR 634/08; BAG 24. 9. 2008 – 6 AZR 657/07; BAG 15. 10. 2003 – 4 AZR 606/02; BAG 24. 5. 2000 – 10 AZR 629/99.
131 ErfKo/Preis, § 4 TzBfG Rn. 79; für § 2 Abs. 1 BeschFG bejaht durch BAG 12. 6. 1996 – 5 AZR 960/94, NZA 1997, 191–194.

§ 5 Benachteiligungsverbot

Der Arbeitgeber darf einen Arbeitnehmer nicht wegen der Inanspruchnahme von Rechten nach diesem Gesetz benachteiligen.

Benachteiligungsverbot/Maßregelungsverbot

Die Regelung enthält das Verbot, Arbeitnehmer, die ihre Rechte aus diesem **1** Gesetz wahrnehmen, bei Vereinbarungen oder Maßnahmen (z.B. bei einem beruflichen Aufstieg) zu benachteiligen.[1] Auch nach § 612a BGB darf der Arbeitgeber einen Arbeitnehmer bei einer Vereinbarung oder Maßnahme nicht benachteiligen, weil der Arbeitnehmer in zulässiger Weise seine Rechte ausübt. Ein entsprechendes Benachteiligungsverbot findet sich ebenso in § 16 AGG. Ein ähnliches Verbot enthält § 78 Satz 2 BetrVG. Nach ständiger Rechtsprechung liegt eine Benachteiligung nicht nur dann vor, wenn der Arbeitnehmer eine Einbuße erleidet, sich also seine Situation gegenüber dem bisherigen Zustand verschlechtert, sondern auch dann, wenn ihm Vorteile vorenthalten werden, die der Arbeitgeber Arbeitnehmern gewährt, falls diese entsprechende Rechte nicht ausgeübt haben.[2]

Normadressat ist nicht nur der Arbeitgeber, sondern auch die Betriebsparteien. Diese haben auch bei Betriebsvereinbarungen das Maßregelungsverbot des § 612a BGB und die anderen Benachteiligungsverbote zu beachten. Das BAG hat offengelassen, ob sich dies aus einer unmittelbaren Anwendung der entsprechenden Verbotsvorschriften oder mittelbar aus § 75 Abs. 1 BetrVG ergibt.[3] Dementsprechend dürfen auch die Betriebsparteien Arbeitnehmer nicht deshalb benachteiligen, weil sie in zulässiger Weise ihre Rechte ausüben. Dies kommt auch dann in Betracht, wenn Arbeitnehmer deshalb benachteiligt werden, weil der Betriebsrat sein Mitbestimmungsrecht in zulässiger Weise ausübt.[4]

Die Regelung setzt voraus, dass Rechte aus dem TzBfG betroffen sind. Die **2** Vorschrift knüpft in ihrem unmittelbaren Anwendungsbereich daran an,

---

1 BT-Drs. 14/4374, S. 16.
2 BAG 12.6.2002 – 10 AZR 340/01, NZA 2002, 1389–1391; BAG 25.5.2004 – 3 AZR 15/03; BAG 31.5.2005 – 1 AZR 254/04, NZA 2005, 997–1001; BAG 14.3.2007 – 5 AZR 420/06, NZA 2007, 862–865.
3 BAG 31.5.2005 – 1 AZR 254/04.
4 BAG 18.9.2007 – 3 AZR 639/06, NZA 2008, 56–58.

dass der einzelne Arbeitnehmer seine Rechte ausübt. Der Arbeitnehmer muss sich daher auf Leistungs- oder Unterlassungsrechte berufen, die ihre Rechtsgrundlage zumindest auch in diesem Gesetz haben.

3 Ebenso wie § 612a BGB umfasst § 5 sämtliche **Benachteiligungen**, die mit der Rechtsausübung zusammenhängen. Während § 612a BGB für alle Rechte aus dem Arbeitsvertrag gilt, bezieht sich die Spezialregelung des § 5 auf die Inanspruchnahme von Rechten aus diesem Gesetz. Ein über den des § 612 a BGB hinausgehender Regelungsgehalt des § 5 ergibt sich nach einhelliger Meinung jedoch nicht.[5]

4 § 5 verlangt ebenso wie § 612a BGB, dass der Arbeitnehmer seine Rechte in zulässiger Weise ausübt. Dabei muss die **zulässige Rechtsausübung** der tragende Grund für die benachteiligende Maßnahme sein. Keine Maßregelung liegt vor, wenn eine Maßnahme lediglich der zulässigen Ausgestaltung der Arbeitsbedingungen dient.[6] Der Arbeitnehmer darf zwar auch dann nicht benachteiligt werden, wenn er unter Berufung auf dieses Gesetz Ansprüche geltend macht, die ihm nicht zustehen. Ein eigenmächtiges Handeln des Arbeitnehmers, wie z. B. die Verringerung seiner Arbeitszeit ohne Beachtung der gesetzlichen Regelungen, wird aber von der Vorschrift nicht mehr gedeckt.[7] Es reicht aber aus, dass der Arbeitnehmer ohne Fahrlässigkeit vom Bestehen des geltend gemachten Rechts ausgeht.[8] Wenn für den Arbeitgeber erkennbar ist, dass der Arbeitnehmer gutgläubig von einem vermeintlichen Recht ausgeht, hat er den Arbeitnehmer vor der belastenden Maßnahme in jedem Fall anzuhören.[9]

5 Umfasst sind alle **Ansprüche**, die sich aus einem Verstoß gegen das Diskriminierungsverbot in § 4 ergeben. Des Weiteren kann es sich um Rechte im Zusammenhang mit dem Anspruch auf Teilzeitarbeit gem. § 8 handeln. So ist es dem Arbeitgeber ausdrücklich untersagt, wegen der Geltendmachung des Teilzeitbegehrens zu kündigen.[10] Außerdem kann es um die Geltendmachung einer Arbeitszeitverlängerung gem. § 9 sowie um die Teilnahme an Aus- und Weiterbildungen gem. § 10 gehen. Es kommen auch Rechte im Rahmen der Abrufarbeit nach § 12 und der Arbeitsplatzteilung nach § 13 infrage. Bei befristet beschäftigten Arbeitnehmern stellen das Informationsrecht nach § 18 sowie der Anspruch auf Aus- und Weiterbildung Rechte im

5 Rolfs, § 5 TzBfG Rn. 3; Meinel/Heyn/Herms, § 5 TzBfG Rn. 1; Däubler, ZIP 2000, 1961, 1965; Hromadka, NJW 2001, 400, 401; Lindemann/Simon, BB 2001, 146, 147; Richardi/Annuß, BB 2000, 2201, 2201.
6 BAG 15. 2. 2005 – 9 AZR 116/04, NZA 2005, 1117–1122.
7 Rolfs, § 5 TzBfG Rn. 2.
8 Für § 612a BGB Erman/Hanau, § 612a BGB Rn. 3; a. A. ErfKo/Preis, § 612a BGB Rn. 5; Meinel/Heyn/Herms, § 5 TzBfG Rn. 5.
9 § 612a BGB ErfKo/Preis, § 612a BGB Rn. 5.
10 ArbG Nürnberg 5. 8. 2003 – 9 Ca 4096/03.

Sinne der Regelung dar. Geschützt ist weiterhin das Recht bzw. die Pflicht zur Erhebung einer Entfristungsklage beim Arbeitsgericht gem. § 17.

Das **Kündigungsverbot gem. § 11** für den Fall der Weigerung des Arbeit- **6** nehmers, von einem Voll- in ein Teilzeitarbeitsverhältnis oder umgekehrt zu wechseln, ist vorrangig zu prüfen.

Vom Benachteiligungsverbot sind alle **Rechtsgeschäfte und tatsächlichen** **7** **Handlungen** erfasst. Untersagt ist nicht nur die aktive Diskriminierung, sondern auch die Vorenthaltung von Vorteilen, wie das in der Begründung des Gesetzes aufgeführte Beispiel der Vorenthaltung des beruflichen Auf- stiegs verdeutlicht. Erfasst werden alle einseitigen Maßnahmen des Arbeit- gebers und nachteiligen Vereinbarungen unter Einwilligung des Arbeitneh- mers. Die Benachteiligung kann auch durch eine Regelung in einer Betriebs- vereinbarung erfolgen (vgl. unter 1).[11]

Eine Benachteiligung in diesem Sinne liegt nicht vor, wenn der Arbeitgeber **8** es ablehnt, mit einem befristet beschäftigten Arbeitnehmer bei Abschluss eines befristeten Anschlussvertrags einen vom Arbeitnehmer gewünschten Vorbehalt zu vereinbaren, der es diesem ermöglicht, die Wirksamkeit der in dem vorangegangenen Vertrag vereinbarten Befristung gerichtlich überprü- fen zu lassen.[12]

Kausalzusammenhang Inanspruchnahme des Rechts – Benachteiligung

Zwischen der Inanspruchnahme eines Rechts nach diesem Gesetz und der **9** Benachteiligung des Arbeitnehmers muss ein **Kausalzusammenhang** beste- hen, d.h., die Benachteiligung muss wegen der zulässigen Inanspruchnahme von Rechten nach dem TzBfG erfolgen. Wie bei § 11 (vgl. Rn. 6) und § 613a Abs. 4 BGB muss die Inanspruchnahme des Rechts tragender Beweggrund für die Benachteiligung sein. Ein zeitliches Zusammentreffen ist einerseits nicht ausreichend, andererseits aber auch nicht unbedingt notwendig.[13] Ob die Benachteiligung der zulässigen Rechtsausübung nachfolgt oder voran- geht, ist unerheblich.[14]

Allein die Tatsache, dass andere Arbeitnehmer eine bestimmte Leistung **10** ebenfalls nicht erhalten, spricht nicht gegen einen Kausalzusammenhang. Entscheidend ist, dass es das wesentliche Motiv des Arbeitgebers ist, den Ar- beitnehmer durch die betreffende Vereinbarung oder Maßnahme wegen der Inanspruchnahme von Rechten aus diesem Gesetz zu benachteiligen.[15] Es

---

11 ErfKo/Preis, § 612a BGB Rn. 9.
12 BAG 14. 2. 2007 – 7 AZR 95/06.
13 Meinel/Heyn/Herms, § 5 TzBfG Rn. 11.
14 ErfKo/Preis, § 612a BGB Rn. 10.
15 ErfKo/Preis, § 612a BGB Rn. 11.

reicht nicht aus, wenn die Rechtsausübung lediglich den äußeren Anlass für die benachteiligende Maßnahme bietet.[16]
Eine unzulässige Benachteiligung kann zwar auch darin liegen, dass der Arbeitgeber eine Kündigung ausspricht.[17] Dann ist aber ein unmittelbarer Zusammenhang zwischen der Benachteiligung und der Inanspruchnahme eines Rechts erforderlich. Bloße Mitursächlichkeit genügt nicht. Die zulässige Rechtsausübung muss der tragende Beweggrund, d. h. das wesentliche Motiv für die benachteiligende Maßnahme gewesen sein.[18]

Rechtsfolgen

11 Die Rechtsfolge eines Verstoßes ist nach § 134 BGB die Nichtigkeit der Maßnahme oder Vereinbarung.[19] Tatsächliche Handlungen sind rechtswidrig.[20] Die Nichtigkeit einer unter Verstoß gegen § 5 ausgesprochenen Kündigung kann außerhalb der Klagefrist des § 4 KSchG geltend gemacht werden und setzt nicht voraus, dass das Arbeitsverhältnis bereits sechs Monate besteht. Führt die Nichtigkeit der Maßnahme oder Vereinbarung nicht zur Beseitigung der Benachteiligung, kann der Arbeitnehmer die Beseitigung und bei Wiederholungsgefahr Unterlassung analog § 1004 Abs. 1 Satz 2 BGB oder bei Vorenthaltung von Vorteilen Leistung verlangen.

12 Ein Verstoß des Arbeitgebers kann überdies einen Schadensersatzanspruch gem. § 280 Abs. 1 BGB begründen. Schließlich ist das Diskriminierungsverbot ein Schutzgesetz i. S. v. § 823 Abs. 2 BGB.[21]

Darlegungs- und Beweislast

13 Den Arbeitnehmer trifft die volle Darlegungs- und Beweislast für die Voraussetzungen eines Verstoßes gegen das Benachteiligungsverbot. Er muss die aus der Inanspruchnahme von Rechten aus diesem Gesetz resultierende Benachteiligung durch den Arbeitgeber darlegen und im Bestreitensfalle beweisen. Eine Abstufung oder Umkehrung der Beweislast, wie sie beispielsweise in § 611a BGB geregelt ist, ist im Rahmen des Benachteiligungsverbotes nicht möglich.[22]

---

16 BAG 13.4.2011 – 10 AZR 88/10, NZA 2011, 1047, 1049; BAG 17.3.2010 – 5 AZR 168/09, NZA 2010, 696, 698 zu § 612a BGB.
17 BAG 2.4.1987 – 2 AZR 227/86, NZA 1988, 18f.
18 BAG 18.9.2007 – 3 AZR 639/06; BAG 22.5.2003 – 2 AZR 426/02; BAG 20.12.2012 – 2 AZR 867/11.
19 BAG 2.4.1987 – 2 AZR 227/86.
20 Meinel/Heyn/Herms, § 5 TzBfG Rn. 12.
21 Münchener Kommentar Bürgerliches Gesetzbuch/Müller-Glöge, § 612a BGB Rn. 23.
22 Meinel/Heyn/Herms, § 5 TzBfG Rn. 16.

Kann allerdings der Arbeitnehmer den offensichtlichen zeitlichen Zusammenhang zwischen seiner Rechtsausübung und einer tatsächlichen Benachteiligung darlegen, muss der Arbeitgeber substantiiert darlegen, aus welchem Grund der Arbeitnehmer benachteiligt wurde. Vermag der Arbeitgeber den Zusammenhang nicht zu widerlegen, wird er regelmäßig als zugestanden anzusehen sein.[23] **14**

Der Rückgriff auf die **Grundsätze des Anscheinsbeweises** kommt nur in Ausnahmefällen in Betracht.[24] Eine Beweiserleichterung, wie sie in § 22 AGG vorgesehen ist, kennt das TzBfG nicht. Der Anscheinsbeweis ist geführt, wenn der Arbeitnehmer Tatsachen nachweist, die einen Schluss auf die Benachteiligung wegen der Rechtsausübung wahrscheinlich machen, z. B. wenn der zeitliche Zusammenhang evident ist. Solche Tatsachen sind z. B. gegeben, wenn der Arbeitnehmer ohne erkennbaren Grund nach einem in der ersten Instanz gewonnenen Rechtsstreit an einem neuen Arbeitsplatz getrennt von den übrigen Mitarbeitern mit sinnlosen Arbeiten beschäftigt wird und sich trotz Stempeluhr bei jedem Verlassen des Arbeitsplatzes mündlich ab- und anzumelden hat.[25] Der Arbeitgeber ist in solchen Fällen nach § 138 Abs. 2 ZPO gehalten, den Vortrag des Arbeitnehmers substantiiert zu bestreiten. Er muss die Gründe für die Benachteiligung des Arbeitnehmers offenlegen. Unterlässt er dies, ist im Regelfall das tatsächliche Vorbringen des Arbeitnehmers als zugestanden anzusehen. **15**

Zweiter Abschnitt
Teilzeitarbeit

§ 6   Förderung von Teilzeitarbeit

Der Arbeitgeber hat den Arbeitnehmern, auch in leitenden Positionen, Teilzeitarbeit nach Maßgabe dieses Gesetzes zu ermöglichen.

§ 6 verpflichtet den Arbeitgeber, Teilzeitarbeit zu fördern und Teilzeitwünsche der Beschäftigten – so weit wie möglich – zu berücksichtigen. Allerdings gibt diese Vorschrift Beschäftigten keinen individuellen Rechtsanspruch auf Teilzeit.[1] Denn § 6 spricht zwar davon, dass der Arbeitgeber Teilzeitarbeit zu ermöglichen hat, also hierzu verpflichtet ist – aber nur »nach **1**

---

23 Annuß/Thüsing-Thüsing, § 5 TzBfG Rn. 7 m. w. N.
24 So: LAG Schleswig-Holstein 25. 7. 1989 – 1 [3] Sa 557/88; LAG Hamm 15. 1. 1985 – 7 [5] Sa 1430/84.
25 LAG Schleswig-Holstein 25. 7. 1989 – 1 [3] Sa 557/88.

1 Vgl. Rolfs, § 6 TzBfG Rn. 2.

Maßgabe dieses Gesetzes«, also lediglich soweit das TzBfG an anderer Stelle einen solchen Anspruch vorsieht. Einen ggf. sogar einklagbaren Rechtsanspruch des Arbeitnehmers auf Teilzeitarbeit sieht das Gesetz nur in § 8 TzBfG unter den dort genannten Voraussetzungen vor.[2]

2 § 6 dient der Umsetzung von § 5 Abs. 3 Buchst. d 1. Alternative der Rahmenvereinbarung der europäischen Sozialpartner über Teilzeitarbeit, der allerdings lediglich eine sehr vorsichtig formulierte Soll-Vorschrift enthält (»*Die Arbeitgeber sollten, soweit dies möglich ist, … Maßnahmen, die den Zugang zur Teilzeitarbeit auf allen Ebenen des Unternehmens einschließlich qualifizierten und leitenden Stellungen erleichtern, … in Erwägung ziehen.*«). Mit § 6 wollte der deutsche Gesetzgeber diese Vorschrift der europäischen Rahmenvereinbarung in deutsches Recht umsetzen und gleichzeitig »Vorbehalten gegenüber Teilzeitarbeit von Männern und in höher qualifizierten Tätigkeiten« entgegenwirken – so die Begründung des Regierungsentwurfs zum TzBfG.[3] In der Gesetzesbegründung werden die Arbeitgeber ausdrücklich dazu aufgefordert, »*dafür (zu) sorgen, dass Teilzeitarbeit als Arbeitsform … attraktiver wird*«.[4]

3 § 6 hat daher in erster Linie die **Funktion eines Programmsatzes**, der als solcher zwar nicht einklagbar ist, der aber bei der Auslegung anderer Vorschriften dieses Gesetzes zu beachten ist.[5]

4 § 6 stellt vor allem klar, dass der Arbeitgeber Teilzeitarbeit grundsätzlich auf allen Hierarchiestufen des Betriebs ermöglichen soll. Zu den »Arbeitnehmern … in leitenden Positionen« im Sinne des § 6 gehören vor allem auch **außertarifliche und leitende Angestellte**.[6] Der Arbeitgeber kann daher den Teilzeitwunsch eines Arbeitnehmers – vor allem wenn dieser den Teilzeitwunsch als Rechtsanspruch im Rahmen des § 8 geltend macht – nicht mit dem Argument ablehnen, der Arbeitnehmer sei außertariflicher oder leitender Mitarbeiter und die gewünschte Teilzeitarbeit bereits aus diesem Grunde ausgeschlossen.[7] Die Art oder die speziellen Anforderungen einer Tätigkeit können im Einzelfall als betriebliche Gründe i. S. d. § 8 Abs. 4 dem Anspruch

---

2 Zu den Einzelheiten dieses Anspruchs s. die Kommentierung zu § 8; zu Ansprüchen auf einen (vorübergehenden) Wechsel in eine Teilzeittätigkeit s. die Kommentierung zu § 23.

3 Vgl. BT-Drs. 14/4374, S. 16.

4 BT-Drs. 14/4374, S. 16.

5 Vgl. Meinel/Heyn/Herms, § 6 TzBfG Rn. 3.

6 Buschmann/Dieball/Stevens-Bartol, § 6 TzBfG Rn. 2; Meinel/Heyn/Herms, § 6 TzBfG Rn. 2; in Laux/Schlachter, § 6 TzBfG Rn. 4, werden als weitere Beispiele »Prokuristen, Abteilungsleiter, Betriebsleiter« genannt, die in der Regel keine eigenständige Arbeitnehmergruppe darstellen, sondern zur Gruppe der außertariflichen oder der Gruppe der leitenden Angestellten gehören.

7 Annuß/Thüsing-Mengel, § 6 TzBfG Rn. 4; Däubler/Deinert/Zwanziger, KSchR, § 6 TzBfG Rn. 1; Meinel/Heyn/Herms, a. a. O. Rn. 3.

eines Arbeitnehmers auf Teilzeitarbeit nach § 8 Abs. 1 entgegenstehen,[8] nicht aber der bloße hierarchische Status des Arbeitnehmers als solcher.

Dem Einwand, die Art oder die speziellen Anforderungen einer Tätigkeit **5** könnten im Einzelfall erforderlich machen, dass die betreffende Stelle von **einer** Person wahrgenommen wird, und einer Aufteilung auf mehrere Beschäftigte entgegenstehen, wird allerdings entgegengehalten:»*Jede Stelle ist immer Ergebnis und Bestandteil von Arbeitsteilung und daher ihrerseits auch stets weiter teilbar.*«[9]

Zwar hat der gesetzgeberische Appell, auch Führungskräften Teilzeitarbeit **6** zu ermöglichen, in der Praxis auf Arbeitgeberseite bislang wenig Widerhall gefunden.[10] Allerdings gibt es auch Anzeichen für einen Mentalitätswechsel bei einigen Unternehmen[11] – was möglicherweise auch mit einem geänderten Selbstverständnis und einer geänderten Einstellung zu (eigener) Teilzeitarbeit bei den Führungskräften selbst zusammenhängt.[12] Einzelne (weibliche) Führungskräfte haben sogar schon gerichtlich – bis hin zum BAG –[13] einen Teilzeitanspruch[14] gegenüber ihrem Arbeitgeber geltend gemacht und waren dabei – zumindest teilweise – erfolgreich.[15]

8 Vgl. BAG 18. 2. 2003 – 9 AZR 164/02, NJW 2004, 386.

9 Karlshaus/Kaehler, AuA 2017, 456, 460.

10 Arnold/Gräfl-Rambach, § 6 TzBfG Rn. 2; zu den Problemen der Teilzeitarbeit in Führungspositionen s. Annuß/Thüsing-Mengel, § 6 TzBfG Rn. 5 m. w. N., sowie Koch, APuZ 7/2007, 21.

11 Karlshaus/Kaehler, AuA 2017, 456, Ballauf, AiB 4/2015, 46 ff.

12 Schönefeldt, PersF 12/2006, 30. Bei einer im März 2016 veröffentlichten Umfrage der Vereinigung der Deutschen Führungskräfteverbände – ULA – zu flexiblen Arbeitsformen gaben 8 % der männlichen und 30 % der weiblichen Führungskräfte an, in Teilzeit zu arbeiten, wobei der Anteil der Teilzeitführungskräfte (beide Geschlechter) über 60 Jahre 7 % und unter 40 Jahren 16 % betrug (http://www.ula.de/uploads/media/20160316-manager-monitor-arbeiten-4–0.pdf).

13 In dem Fall, der dem Urteil des BAG (13. 10. 2009 – 9 AZR 910/08, NZA 2010, 339) zugrunde lag, handelte es sich um die »Art Directorin« einer Verlagsgruppe; in dem mit Urteil des BAG (15. 12. 2009 – 9 AZR 72/09, NZA 2010, 447) entschiedenen Fall um die »Leiterin Controlling«, die von ihrer Arbeitgeberin als »leitende Angestellte mit Prokura« eingestuft worden war. Das ArbG Berlin (20. 4. 2012 – 28 Ca 17989, DB 2012, 1448) hat einer »Storeleiterin« im Einzelhandel einen Anspruch auf Wechsel in eine Teilzeittätigkeit zugesprochen.

14 Während es im Urteil des BAG (13. 10. 2009 – 9 AZR 910/08) um den Teilzeitanspruch nach § 8 TzBfG ging, war Streitgegenstand des BAG-Urteils (15. 12. 2009 – 9 AZR 72/09) der Teilzeitanspruch nach § 15 BEEG.

15 Im Urteil des BAG (15. 12. 2009 – 9 AZR 72/09), hat das Gericht der »Leiterin Controlling« einen Teilzeitanspruch zugesprochen, im Urteil vom 13. 10. 2009 die Sache an das LAG zur weiteren Sachaufklärung und Entscheidung mit dem Hinweis zurückverwiesen, dass das Organisationskonzept der Arbeitgeberin für die kreative Tätigkeit einer/s »Art Directorin/Directors« zwar einem Teilzeitbegehren des/r Arbeitnehmers/in entgegenstehen könne, eine vorhergehende störungsfreie

7   In der Praxis kombinieren teilzeitbeschäftigte Führungskräfte Teilzeitarbeit oft mit anderen Formen flexibler Arbeit,[16] wie Home-Office/Telearbeit[17] oder Job-Sharing[18] – was rechtlich möglich ist, aber für die betreffende Führungskraft auch mit der Gefahr der Selbstausbeutung verbunden ist.[19]

§ 7   Ausschreibung; Erörterung; Information über freie Arbeitsplätze

(1) Der Arbeitgeber hat einen Arbeitsplatz, den er öffentlich ausschreibt oder innerhalb des Betriebes ausschreibt, auch als Teilzeitarbeitsplatz auszuschreiben, wenn sich der Arbeitsplatz hierfür eignet.

(2) Der Arbeitgeber hat mit dem Arbeitnehmer dessen Wunsch nach Veränderung von Dauer oder Lage oder von Dauer und Lage seiner vertraglich vereinbarten Arbeitszeit zu erörtern. Dies gilt unabhängig vom Umfang der Arbeitszeit. Der Arbeitnehmer kann ein Mitglied der Arbeitnehmervertretung zur Unterstützung oder Vermittlung hinzuziehen.

(3) Der Arbeitgeber hat einen Arbeitnehmer, der ihm den Wunsch nach einer Veränderung von Dauer oder Lage oder von Dauer und Lage seiner vertraglich vereinbarten Arbeitszeit angezeigt hat, über entsprechende Arbeitsplätze zu informieren, die im Betrieb oder Unternehmen besetzt werden sollen.

(4) Der Arbeitgeber hat die Arbeitnehmervertretung über angezeigte Arbeitszeitwünsche nach Abs. 2 sowie über Teilzeitarbeit im Betrieb und Unternehmen zu informieren, insbesondere über vorhandene oder geplante Teilzeitarbeitsplätze und über die Umwandlung von Teilzeit- in Vollzeitarbeitsplätze oder umgekehrt. Der Arbeitnehmervertretung sind auf Verlangen die erforderlichen Unterlagen zur Verfügung zu stellen; § 92 des Betriebsverfassungsgesetzes bleibt unberührt.

Teilung des Arbeitsplatzes für die Dauer von zwei Jahren während der Elternzeit aber ein Indiz für eine in der Praxis mögliche weitere Teilbarkeit sein könne. Das ArbG Berlin (20.4.2012 – 28 Ca 17989) hat in seinem Urteil das vom Arbeitgeber gegen einen Wechsel in Teilzeit vorgebrachte Argument verworfen, dass bei »Storeleitern« eine Vollzeittätigkeit konzeptionell unabdingbar sei.

16 Eine Übersicht zu »führungspositionskompatiblen« Teilzeitmodellen findet sich bei Karlshaus/Kaehler, AuA 2017, 456.
17 Ballauf, AiB 4/2015, 46, 48.
18 Ballauf, AiB 4/2015, 46, 48; Schönefeldt, PersF 12/2006, 30ff. Zum Job-Sharing s. auch § 12 und die Kommentierung dazu.
19 Ballauf, AiB 4/2015, 46, 48.

Entstehungsgeschichte

§ 7 in seiner ursprünglichen Fassung, bei der in der Überschrift noch das **1**
Wort »Erörterung« fehlte, diente vor allem der Schaffung von Transparenz,
die – wie es in der Begründung des Regierungsentwurfs zum TzBfG heißt –
*»für die bedarfsgerechte Ausgestaltung der Teilzeit im Betrieb … unerlässlich
ist«*.[1] In seinen damaligen Abs. 2 und nunmehrigen Abs. 3 wurde zum einen
die schon seit 1986 geltende Vorschrift des § 3 Satz 1 BeschFG nahezu wortgleich übernommen. Gleichzeitig erfüllte der Gesetzgeber mit dieser Übernahme auch seine Pflicht zur Umsetzung von § 5 Abs. 3 Buchstabe c der
europäischen Rahmenvereinbarung über Teilzeitarbeit in deutsches Recht.
Eine weitere Bestimmung dieser Rahmenvereinbarung, nämlich § 5 Abs. 3
Buchstabe e, setzte der Gesetzgeber des TzBfG mit § 7 um, indem er den ursprünglichen Abs. 3 und nunmehrigen Abs. 4 schuf, in dem zunächst lediglich eine allgemeine Informationspflicht »über Teilzeitarbeit im Betrieb und
Unternehmen« vorgesehen war.[2] Bei der Umsetzung der Rahmenvereinbarung der europäischen Sozialpartner geht § 7 allerdings insoweit über diese
hinaus, als die Rahmenvereinbarung in § 5 Abs. 3 Buchstaben c und e jeweils
lediglich ein »Bemühen« des Arbeitgebers verlangt, während der deutsche
Gesetzgeber in § 7 Verpflichtungen des Arbeitgebers statuiert.

Mit dem Gesetz zur Weiterentwicklung des Teilzeitrechts vom 11.12.2018 **2**
hat der Gesetzgeber nunmehr für Beschäftigte, die ihre Arbeitszeit verändern möchten, zusätzlich zum weiter bestehenden allgemeinen Informationsanspruch über entsprechende Arbeitsplätze (nunmehr Abs. 3) einen Anspruch auf individuelle Erörterung ihres Veränderungswunsches mit dem
Arbeitgeber eingeräumt (Abs. 2 neu). Außerdem hat er die Informationspflicht des Arbeitgebers gegenüber den Arbeitnehmervertretungen auf die
Information über individuelle Veränderungswünsche einzelner Arbeitnehmer erstreckt. Schließlich hat er die gesetzliche Neuregelung zu einer redak-
tionellen Klarstellung genutzt, welche Veränderungswünsche in Bezug auf
die Arbeitszeit von diesem Paragrafen erfasst werden.[3]

---

1 BT-Drs. 14/4374, S. 12.
2 Ohne zunächst in diese Informationspflicht gegenüber dem Betriebsrat auch die
  individuellen Veränderungswünsche einzelner Beschäftigter einzubeziehen, wie
  es im nunmehrigen Abs. 4 der Fall ist.
3 Siehe hierzu Rn. 11.

Geltungsbereich

3 § 7 gilt für **alle** Arbeitgeber und Beschäftigten. Er gilt auch in Unternehmen, in denen mangels der jeweils erforderlichen Beschäftigtenzahl kein Rechtsanspruch der Beschäftigten auf Teilzeit nach § 8 bzw. § 9a besteht.

4 Unter dem Begriff »Arbeitnehmervertretung« im Sinne der Abs. 2 und 4 sind nicht nur **Betriebs- und Personalräte**, die in der Gesetzesbegründung[4] ausdrücklich erwähnt werden, sondern auch **Mitarbeitervertretungen** im kirchlichen Bereich zu verstehen[5] sowie der ggf. neben dem Betriebsrat gem. § 1 SprAUG bestehende **Sprecherausschuss** der leitenden Angestellten,[6] da zum einen § 7 der Umsetzung der europäischen Rahmenvereinbarung über Teilzeitarbeit dient und deren § 5 Nr. 3 Buchst. e ausdrücklich von »*den bestehenden Arbeitnehmervertretungsgremien*« in der Mehrzahl spricht und zum anderen – wie § 6 klarstellt – auch leitende Angestellte nicht generell von Teilzeitarbeit ausgeschlossen werden dürfen.[7]

Ausschreibung von Arbeitsplätzen

5 **Abs. 1** verpflichtet den Arbeitgeber nicht, Arbeitsplätze öffentlich oder im Betrieb auszuschreiben.[8] Nach § 93 BetrVG kann der Betriebsrat allerdings die betriebsinterne (nicht jedoch eine öffentliche) Ausschreibung von Arbeitsplätzen verlangen. Macht der Betriebsrat von seinem Recht aus § 93 BetrVG Gebrauch oder entschließt sich der Arbeitgeber aus eigenem Antrieb zu einer Ausschreibung, muss der Arbeitgeber aber Abs. 1 beachten und den Arbeitsplatz grundsätzlich auch als Teilzeitarbeitsplatz ausschreiben. Eine Ausschreibung auch als Teilzeitarbeitsplatz darf lediglich dann unterbleiben, wenn der Arbeitsplatz sich für Teilzeitarbeit nicht eignet. Eine fehlende Eignung kann dann angenommen werden, wenn betriebliche Gründe im Sinne des § 8 Abs. 4 Satz 2 vorliegen, die gegen eine Ausgestaltung der Stelle als Teilzeitarbeitsplatz sprechen.[9] Gegen die teilweise vertretene Ansicht[10], der Arbeitgeber könne im Rahmen der unternehmerischen

---

4 BT-Drs. 14/4374 S. 16.

5 Buschmann/Dieball/Stevens-Bartol, § 7 TzBfG Rn. 34; Meinel/Heyn/Herms, § 7 TzBfG Rn. 29.

6 In diesem Sinne auch Boewer, § 7 TzBfG Rn. 42; Laux/Schlachter, § 7 TzBfG Rn. 73.

7 Vgl. § 6 Rn. 4.

8 Buschmann/Dieball/Stevens-Bartol, § 7 TzBfG Rn. 2; Schiefer, DB 2001, 2118; Worzalla/Wiel/Mailänder/Worch/Heise, § 7 TzBfG Rn. 1.

9 Däubler/Deinert/Zwanziger, KSchR, § 7 TzBfG Rn. 3 a. E.; Laux/Schlachter, § 7 TzBfG Rn. 25.

10 Annuß/Thüsing-Mengel, § 7 Rn. 3, Arnold/Gräfl-Spinner, § 7 TzBfG Rn. 8, jeweils m. w. N. sowie Arbeitsgericht Hannover 13. 1. 2005 – 10 BV 7/04, AuR 2005, 275; kritisch hierzu Fischer, AuR 2005, 255.

Organisationsfreiheit frei entscheiden, ob er Vollzeit- oder Teilzeitarbeit anbiete und einen Arbeitsplatz dementsprechend ausschreibe, spricht – neben der Tatsache, dass diese Ansicht Abs. 1 praktisch leer laufen ließe und damit der gesetzgeberischen Intention widerspräche – auch der Wortlaut der Vorschrift, der mit dem Begriff der Eignung in erster Linie an ein objektives Merkmal und nicht an die subjektive Vorstellung des Arbeitgebers anknüpft.

Eine öffentliche Ausschreibung im Sinne des Abs. 1 liegt vor, wenn der Arbeitgeber außerhalb des Betriebs zur Abgabe von Bewerbungen auf die Stelle auffordert – also beispielsweise durch Zeitungsinserate, Stellenausschreibungen im Internet, aber auch durch Meldung zu besetzender Stellen gegenüber der Agentur für Arbeit.[11] Schaltet der Arbeitgeber eine private Personalvermittlungsagentur (»Headhunter«) ein, gilt Abs. 1 nicht, da sich der Arbeitgeber in diesem Fall nicht an einen im Grundsatz unbestimmten Adressatenkreis wendet.[12] Schaltet die beauftragte Personalvermittlungsagentur allerdings eine Stellenanzeige, so schreibt der Arbeitgeber den Arbeitsplatz zwar nicht selbst, aber mittelbar durch die von ihm beauftragte Agentur öffentlich aus. In diesem Fall hat der Arbeitgeber sicherzustellen, dass die von ihm beauftragte Agentur Abs. 1 beachtet.   **6**

Eine Ausschreibung innerhalb des Betriebs liegt vor, wenn der Arbeitgeber eine allgemeine Aufforderung an alle oder eine bestimmte Gruppe von Arbeitnehmern des Betriebs richtet, sich für einen bestimmten Arbeitsplatz im Betrieb zu bewerben.[13] Dies kann durch Aushang am Schwarzen Brett, Veröffentlichung im unternehmensinternen Intranet oder Rundschreiben erfolgen.[14]   **7**

Abs. 1 begründet keinen Rechtsanspruch eines Stellenbewerbers auf Einstellung.[15] Wird ein Arbeitsplatz nur als Vollzeitstelle, nicht aber als Teilzeitarbeitsplatz ausgeschrieben, obwohl er sich hierfür eignet, stellt dies zwar eine Verletzung des Abs. 1 dar. Diese Verletzung ist für sich genommen auch keine geschlechtsbezogene Benachteiligung im Sinne des § 1 AGG i. V. m. §§ 7 und 11 AGG, die einen Schadensersatzanspruch des/r übergangenen Stellenbewerbers/in nach § 15 AGG begründet.[16] Bei Hinzutreten weiterer Umstände kann eine Nichtbeachtung des Abs. 1 jedoch im Einzelfall eine   **8**

---

11 Däubler/Deinert/Zwanziger, KSchR, § 7 TzBfG Rn. 2; Meinel/Heyn/Herms, § 7 TzBfG Rn. 6.

12 Däubler/Deinert/Zwanziger, a. a. O.

13 BAG 23. 2. 1988 – 1 ABR 82/86, AP Nr. 2 zu § 93 BetrVG 1972; Meinel/Heyn/Herms, § 7 TzBfG Rn. 6.

14 Däubler/Deinert/Zwanziger, KSchR, § 7 TzBfG Rn. 2.

15 Vgl. Boewer, § 7 TzBfG Rn. 28 f.; Buschmann/Dieball/Stevens-Bartol, § 7 Rn. 6; Richardi/Annuß, BB 2000, 2201, 2202; Schloßer, BB 2001, 411, 412.

16 Laux/Schlachter, § 7 Rn. 36; Rolfs, § 7 TzBfG Rn. 1 a. E.

Verletzung der vorgenannten Vorschriften und damit einen Schadensersatzanspruch nach dem AGG indizieren.[17]

9 Wird ein Arbeitsplatz nur als Vollzeitstelle, nicht aber als Teilzeitarbeitsplatz ausgeschrieben, obwohl er sich hierfür eignet, kann der Betriebsrat nach § 99 Abs. 2 Nr. 5 BetrVG die Zustimmung zur Einstellung des vom Arbeitgeber favorisierten Stellenbewerbers verweigern, solange die ordnungsgemäße Ausschreibung nicht nachgeholt worden ist und potentiellen Stellenbewerbern mit Teilzeitwunsch ausreichend Zeit eingeräumt wurde, sich auf die ordnungsgemäße Ausschreibung zu bewerben.[18] Darüber hinaus wird auch die Ansicht vertreten, dass dem Betriebsrat insoweit daneben ein Zustimmungsverweigerungsrecht nach § 99 Abs. 2 Nr. 1 BetrVG zusteht, weil die unterbliebene Ausschreibung einen Gesetzesverstoß darstellt.[19]

10 Der Betriebsrat hat außerdem die Möglichkeit, den Arbeitgeber im Wege eines Beschlussverfahrens vor dem Arbeitsgericht zu zwingen, eine Stelle ordnungsgemäß nach Abs. 1 auszuschreiben.[20]

Wunsch auf Veränderung von Dauer und/oder Lage der Arbeitszeit

11 Gemeinsamer Ausgangspunkt für die Anwendbarkeit der Bestimmungen der Abs. 2 bis 4 und den Eintritt der dort vorgesehenen Rechtsfolgen ist ein Wunsch des Arbeitnehmers nach Veränderung seiner Arbeitszeit. In § 3 BeschFG, der ersten Vorgängerregelung des heutigen § 7 Abs. 4, war von einer Veränderung von »Dauer *oder* Lage« die Rede, in der ursprünglichen Fassung von § 7 Abs. 2 von einer Veränderung von »Dauer *und* Lage«, was nach dem jeweiligen Wortlaut der beiden Vorgängervorschriften die Frage aufwerfen konnte, ob beides gleichzeitig verlangt werden musste oder nur

---

17 Vgl. Arnold/Gräfl-Spinner, § 7 TzBfG Rn. 11; Däubler/Deinert/Zwanziger, KSchR, § 7 TzBfG Rn. 6; Ehler, BB 2001, 1146, 1147; a. A. Schloßer, DB 2001, 411 (Ehler und Schloßer beziehen sich noch auf die §§ 611a und 611b BGB, die zwischenzeitlich durch die Vorschriften des AGG abgelöst worden sind).

18 Buschmann/Dieball/Stevens-Bartol, § 7 TzBfG Rn. 5; Fischer, AuR 2001, 325; ders., AuR 2005, 255; Laux/Schlachter, § 7 TzBfG Rn. 42; Däubler/Deinert/Zwanziger, KSchR, § 7 TzBfG Rn. 7; Meinel/Heyn/Herms, § 7 TzBfG Rn. 14; a. A. Annuß/Thüsing-Mengel, § 7 TzBfG Rn. 5; Ehler, BB 2001, 1146, 1147; Boewer, § 7 TzBfG Rn. 41; ArbG Hannover 13. 1. 2005 – 10 BV 7/04, AuR 2005, 275; zweifelnd Hromadka, NJW 2001, 400, 401.

19 LAG Baden-Württemberg 19. 7. 2004 – 14 TaBV 4/03, im Internet abrufbar auf dem Justizportal des Landes Baden-Württemberg (http://www.justizportal-bw.de) unter »Entscheidungen«; Laux/Schlachter, § 7 TzBfG Rn. 40; Meinel/Heyn/Herms, § 7 TzBfG Rn. 14; a. A. Arnold/Gräfl-Spinner, § 7 Rn. 15; Boecken/Joussen, § 7 Rn. 7; Ehler BB 2001, 1146, 1147.

20 Buschmann/Dieball/Stevens-Bartol, § 7 TzBfG Rn. 5; a. A. Annuß/Thüsing-Mengel, § 7 TzBfG Rn. 5 m. w. N.; Boewer, § 7 TzBfG Rn. 41.

eines von beiden gleichzeitig verlangt werden konnte.[21] Mit dem Gesetz zur Weiterentwicklung des Teilzeitrechts hat der Gesetzgeber eine redaktionelle Klarstellung vorgenommen, dass im Rahmen von § 7 sowohl beides gleichzeitig als auch nur eines von beiden verlangt werden kann: Ein Veränderungswunsch i. S. v. § 7 Abs. 2 bis 4 ist daher ein Wunsch nach Veränderung von

- der Lage und der Dauer der Arbeitszeit gleichzeitig,
- der Dauer der Arbeitszeit allein und
- der Lage der Arbeitszeit allein.

Abs. 3 verlangt lediglich eine Anzeige. Eine solche **Anzeige** kann sowohl die in Textform erfolgende Geltendmachung eines Teilzeitanspruchs nach § 8 oder § 9a sein als auch die formlose Äußerung eines Veränderungswunsches. Damit der Anwendungsbereich von § 7 eröffnet ist, muss der Arbeitnehmer seinen Veränderungswunsch in keiner bestimmten Form geltend machen; auch eine mündliche Anzeige gegenüber dem Arbeitgeber bzw. dessen Vertreter (z. B. Personalabteilung) genügt.[22] **12**

Im Rahmen des Abs. 2 dürfte sogar schon der unspezifisch geäußerte Wunsch, seine Arbeitszeit verändern zu wollen, ausreichen, damit der Arbeitgeber zu einer Erörterung verpflichtet wird; der präzise Wunsch kann dann im Rahmen der Erörterung geklärt werden. Dass es für den betreffenden Arbeitnehmer sinnvoll sein kann, seinen Veränderungswunsch von Anfang zu präzisieren, damit sich der Arbeitgeber auf die Erörterung vorbereiten und im Rahmen der Erörterung ggf. sinnvolle Vorschläge machen kann, steht auf einem anderen Blatt. **13**

Um die **Informationspflicht** des Arbeitgebers nach Abs. 3 auszulösen, reicht ein hingegen unspezifisch geäußerter Veränderungswunsch nicht: Der Arbeitgeber muss den Arbeitnehmer nach Abs. 3 über dem Wunsch »*entsprechende Arbeitsplätze*« informieren. Das ist ihm aber nur möglich, wenn er Näheres über die gewünschten Änderungen weiß. Allerdings muss der Information nunmehr nach dem neuen Abs. 2 eine Erörterung vorausgehen, bei der der Arbeitgeber Näheres in Erfahrung bringen und damit die Informationen erhalten kann, die er für die sachgerechte Erfüllung seiner Informationspflicht nach Abs. 3 benötigt. **14**

Erörterungsanspruch veränderungswilliger Arbeitnehmer

Durch das Gesetz zur Weiterentwicklung des Teilzeitrechts ist in § 7 TzBfG ein neuer Abs. 2 eingefügt worden, der einen **Erörterungsanspruch** bei Ver- **15**

---

21 Vgl. die Kommentierung zu § 7 in der Vorauflagen, Rn.10.
22 Boewer, § 7 TzBfG Rn. 32.

änderungswünschen vorsieht, den es bisher so nicht gab.[23] Danach haben alle Beschäftigten, die eine Veränderung von Dauer und/oder Lage ihrer Arbeitszeit wünschen, einen Anspruch darauf, dass ihr Arbeitgeber diesen Wunsch mit ihnen erörtert. Dieser Erörterungsanspruch gilt unabhängig von einem eventuellen Anspruch auf Veränderung der Arbeitszeit nach den §§ 8, 9 und 9a und ist insbesondere unabhängig von dem Erörterungsanspruch nach § 8 Abs. 3. Der mit Wirkung vom 1. 1. 2019 neu geschaffene Erörterungsanspruch nach § 7 Abs. 2 gilt für alle Arbeitnehmer und kommt daher auch Beschäftigten zugute, die keinen Anspruch auf Teilzeit nach § 8 oder § 9a geltend machen können, weil ihr Arbeitgeber in der Regel nicht mindestens 16 bzw. 46 Arbeitnehmer beschäftigt.

16   Abs. 2 gibt Beschäftigten einen Anspruch auf Erörterung, also laut Duden auf eine »ausführliche Diskussion« ihres Veränderungswunsches. Durch eine solche Erörterung können u. U. »*Missverständnisse vermieden [werden], die … sonst leicht Anlass zu Rechtsstreitigkeiten geben*«.[24] Die Gesetzesbegründung nennt als Beispiel für ein denkbares positives Ergebnis einer solchen Erörterung eine Vereinbarung über eine »gering[e] Veränderung der Lage [der] Arbeitszeit«, die »möglicherweise die Notwendigkeit von Teilzeitarbeit entfallen« lässt.[25] Allerdings haben Beschäftigte – wie auch ein Vergleich mit dem Wortlaut von § 8 Abs. 3 Satz 1 zeigt, wo ausdrücklich von einer Erörterung »mit dem Ziel …, zu einer Vereinbarung zu gelangen«, die Rede ist – im Rahmen des § 7 Abs. 2 keinen Anspruch darauf, dass ihr Arbeitgeber zu einer Vereinbarung mit ihnen gelangt. Andererseits sind Beschäftigte auch nicht daran gehindert, zunächst mit dem Arbeitgeber eine Erörterung nach § 7 Abs. 2 zu versuchen und, falls diese erfolglos bleibt, an-

---

23 Bei der Sachverständigenanhörung zum Entwurf des Gesetzes zur Weiterentwicklung des Teilzeitrechts im Bundestagsausschuss für Arbeit und Soziales wurde von den Interessenvertretern der Arbeitgeber allerdings darauf hingewiesen, dass der in § 7 TzBfG geschaffene Erörterungsanspruch eigentlich gar nicht neu sei, weil er bislang schon (implizit) in dem Erörterungsanspruch des Arbeitnehmers nach § 82 BetrVG enthalten gewesen sei, der auch die Arbeitszeitgestaltung umfasse (vgl. Ausschuss-Drs. 19(11)149, S. 11 und 38). Außerdem machten die Interessenvertreter der Arbeitgeber bei dieser Gelegenheit geltend, dass sich, wenn ein Arbeitnehmer eine Erörterung über eine Veränderung seiner Arbeitszeit wünsche, regelmäßig kein Arbeitgeber einem solchen Gespräch verweigern werde (a. a. O., S. 10) und solche Erörterungen in den Unternehmen bereits »gelebte Praxis« seien (a. a. O., S. 26). In Anbetracht dessen ist die heftige Kritik, die von der Arbeitgeberseite bei dieser Anhörung daran geübt wurde, dass § 7 Abs. 2 nunmehr ausdrücklich einen Rechtsanspruch der Beschäftigten auf Erörterung von Wünschen bezüglich einer Arbeitszeitveränderung vorsieht, um so weniger nachvollziehbar.

24 Stellungnahme von Prof. Düwell zum Entwurf des Gesetzes zur Weiterentwicklung des Teilzeitrechts, Ausschuss-Drs. 19(11)149, S. 49.

25 BT-Drs. 19/3452, S. 14.

schließend ggf. einen Teilzeitanspruch nach § 8 oder § 9a geltend zu machen.

§ 7 sieht keine Sanktion für den Arbeitgeber vor, wenn er seiner Pflicht zur Erörterung nach Abs. 2 nicht nachkommt.[26] Allerdings steht dem/der Beschäftigten in diesem Fall ein **Beschwerderecht** nach den §§ 84, 85 BetrVG offen. Außerdem besteht grundsätzlich die Möglichkeit, die Erörterung vor dem Arbeitsgericht einzuklagen.[27] Allerdings ist mehr als fraglich, ob ein Arbeitgeber eine eingeklagte Erörterung mit dem – nicht einklagbaren – Bemühen, um eine Einigung führen wird und eine solche Klage daher sinnvoll ist.   **17**

Auch wenn § 7 Abs. 2 es Beschäftigten nicht ermöglicht, ihren Änderungswunsch durchzusetzen, ist diese Vorschrift nicht sinnlos. Ein Arbeitgeber, der sich einer Erörterung von Änderungswünschen bezüglich der Arbeitszeit verweigert – obwohl er nach § 7 Abs. 2 dazu rechtlich verpflichtet ist und obwohl sich ein verständiger Arbeitgeber auch ohne eine solche Verpflichtung einem solchen Gespräch in der Regel nicht verweigert[28] – schadet seinem Ruf und stellt sich durch die Nichterfüllung einer besonders belastenden gesetzlichen Pflicht selbst an den Pranger.   **18**

Im Gesetzgebungsverfahren wurde die Befürchtung geäußert, im Rahmen des Anspruchs nach Abs. 2 könne es zu (querulatorischen) Wiederholungsanträgen und dadurch beim Arbeitgeber zu einem erhöhten Verwaltungsaufwand kommen, weil jeder Wiederholungsantrag nach § 7 Abs. 2 die Pflicht zu einer (erneuten) Erörterung auslöse.[29] Gegen diese Befürchtung spricht jedoch bereits die Tatsache, dass § 82 BetrVG bereits seit langem einen § 7 Abs. 2 vergleichbaren Erörterungsanspruch[30] enthält und nicht erkennbar ist, dass die Arbeitgeber im Rahmen des § 82 BetrVG durch querulatorische Anträge bislang erheblich belastet wurden.   **19**

Zudem lässt sich eine übermäßige Belastung der Unternehmen durch bloße Wiederholungsanträge durch eine teleologische Auslegung des Begriffs »Ar-   **20**

---

26 Dies wurde bei der Sachverständigenanhörung zum Entwurf des Gesetzes zur Weiterentwicklung des Teilzeitrechts im Bundestagsausschuss für Arbeit und Soziales von mehreren Verbänden und einem Einzel-Sachverständigen kritisiert, vgl. Ausschuss-Drs. 19(11)149, S. 14 f., 32 bzw. 49.

27 Vgl. in diesem Sinne zum Erörterungsanspruch nach § 82 BetrVG Erfk/Kania, § 82 BetrVG, Rn. 12.

28 Worauf gerade Arbeitgebervertreter im Gesetzgebungsverfahren ausdrücklich hingewiesen haben; vgl. Ausschuss-Drs. 19(11)149, S. 10.

29 Vgl. Ausschuss-Drs. 19(11)149, S. 21 und 26.

30 Bei der Sachverständigenanhörung zum Entwurf des Gesetzes zur Weiterentwicklung des Teilzeitrechts im Bundestagsausschuss für Arbeit und Soziales wurde übrigens darauf hingewiesen, dass § 82 BetrVG den in § 7 TzBfG neu eingefügten Erörterungsanspruch eigentlich schon (implizit) enthalte (vgl. Ausschuss-Drs. 19(11)149, S. 11 und 38).

beitszeitwünsche« vermeiden, indem nur inhaltlich neue Arbeitszeitwünsche als Arbeitszeitwunsch im Sinne des § 7 gewertet werden und infolgedessen eine Pflicht zur erneuten Erörterung auslösen. Äußern Beschäftigte kurze Zeit nach einem ersten Arbeitszeitwunsch, der gem. Abs. 2 ordnungsgemäß mit ihnen erörtert wurde, erneut einen Änderungswunsch, ohne dass erkennbar ist, dass sich dieser von dem ersten wesentlich unterscheidet, wird man dies nicht als neuen Arbeitszeitwunsch, sondern als Wiederholung des ersten Wunsches ansehen können, der bereits erörtert wurde. Eine Pflicht zur erneuten Erörterung nach § 7 bestünde dann nicht.

21   Abs. 2 Satz räumt den Beschäftigten ausdrücklich das Recht ein, ein **Mitglied der Arbeitnehmervertretung**[31] »*zur Unterstützung oder Vermittlung*« hinzuziehen, wobei das Wort »oder« zwischen den Wörtern »Unterstützung« und »Vermittlung« ein redaktionelles Versehen sein dürfte, weil das eine das andere nicht ausschließt.

Informationsanspruch veränderungswilliger Arbeitnehmer

22   Da die Pflicht zur Erörterung keine Pflicht zur Einigung einschließt, ist auch der Informationsanspruch nach Abs. 3, den der Gesetzgeber als isolierten Anspruch bereits im BeschFG 1985 vorgesehen hatte, nicht obsolet geworden.

23   Die Informationspflicht des Arbeitgebers bezieht sich auf freie bzw. in absehbarer Zeit frei werdende »entsprechende Arbeitsplätze«.[32] Zu informieren ist über Arbeitsplätze, die aufgrund der Eignung des Arbeitnehmers und seiner Arbeitszeitwünsche infrage kommen.[33] In Betracht zu ziehen sind nicht nur Arbeitsplätze in dem Betrieb, in dem der Arbeitnehmer tätig ist, sondern auch andere Betriebe des Unternehmens, sofern der Arbeitnehmer nicht zu erkennen gibt, dass er an Stellen in anderen Betrieben nicht interessiert ist.[34] Umstritten ist, ob der Arbeitgeber nur über gleichwertige Arbeitsplätze informieren muss[35] oder auch über solche, die höherwertig[36] (oder minderwertig)[37] sind.

---

31 Zum Begriff der Arbeitnehmervertretung siehe oben Rn. 4.
32 Laux/Schlachter, § 7 TzBfG Rn. 57.
33 BT-Drs. 14/4625, S. 23.
34 Rolfs, § 7 TzBfG Rn. 2.
35 In diesem Sinne Arnold/Gräfl-Spinner, § 7 TzBfG Rn. 24; Meinel/Heyn/Herms, § 7 TzBfG Rn. 23; Sievers, § 7 TzBfG Rn. 16.
36 In diesem Sinne Buschmann/Dieball/Stevens-Bartol, § 7 TzBfG Rn. 22; Laux/ Schlachter, § 7 TzBfG Rn. 58; vgl. auch die Kommentierung zu § 9 Rn. 10f.
37 Ausdrücklich erwähnt werden minderwertige Arbeitsplätze von Arnold/Gräfl-Spinner, § 7 TzBfG Rn. 24, der einen diesbezüglichen Informationsanspruch ebenso wie einen Informationsanspruch bezüglich höherwertiger Arbeitsplätze im Ergebnis jedoch verneint.

Der Arbeitgeber ist zur **individuellen Information der Arbeitnehmer** ver-   **24**
pflichtet, die ihm gegenüber einen Wunsch auf Veränderung der Dauer oder
Lage ihrer Arbeitszeit geäußert haben.[38] Ein allgemeiner Aushang – wie er
noch in § 3 Satz 2 BeschFG vorgesehen war – reicht im Rahmen des Abs. 3
nicht mehr aus[39] und ist im Zeitalter der elektronischen Kommunikation
auch ein eher selten gewordenes Informationsmedium. Die Informationspflicht des Arbeitgebers besteht nicht nur, wenn entsprechende freie Arbeitsplätze vorhanden sind. Ist kein entsprechender Arbeitsplatz frei oder in
absehbarer Zeit zu besetzen, muss der Arbeitgeber den Arbeitnehmer auch
hierüber individuell informieren.[40]

Informiert allerdings der Arbeitgeber regelmäßig alle Beschäftigten, ein-   **25**
schließlich des Arbeitnehmers mit einem Veränderungswunsch i. S. v. § 7,
über alle freien Stellen im Unternehmen, erfüllt er auch damit seine Informationspflicht nach § 7 Abs. 3 – vorausgesetzt, die Information ist für den
veränderungswilligen Arbeitnehmer an seinem Arbeitsplatz zugänglich und
der Arbeitnehmer muss sich diese Information nicht anderswo im Unternehmen holen. Die Informationspflicht kann daher als erfüllt angesehen
werden, wenn der Arbeitnehmer an seinem Arbeitsplatz Zugang zum Intranet des Unternehmens hat und die freien Stellen dort veröffentlicht werden.

Entgegen der Ansicht, wonach die Unterrichtungspflicht mit der einmaligen   **26**
Unterrichtung des Arbeitnehmers erfüllt ist,[41] wird dem Arbeitgeber auch
zuzumuten sein, den **Veränderungswunsch des Arbeitnehmers** – jedenfalls
für einen vertretbaren Zeitraum (6–12 Monate) – **zu speichern** und den
Arbeitnehmer erneut zu informieren, wenn innerhalb dieses Zeitraums erkennbar wird, dass ein der Eignung und den Wünschen des Arbeitnehmers
entsprechender Arbeitsplatz zur Verfügung steht.[42] Denn die Verpflichtung
des Arbeitgebers aus Abs. 2 muss auch im Zusammenhang mit dem Anspruch eines Teilzeitbeschäftigten auf Verlängerung seiner Arbeitszeit nach
§ 9 gesehen werden.[43] Der mit den §§ 7 Abs. 2 und 9 verfolgte Zweck würde
verfehlt, wenn man die Informationspflicht des Arbeitgebers nur auf den
Zeitpunkt beschränkte, an dem der Arbeitnehmer seinen Veränderungswunsch äußert.

Denn zum einen weiß der Arbeitnehmer in der Regel nicht, ob gerade zu   **27**
diesem Zeitpunkt ein entsprechender Arbeitsplatz zu besetzen ist. Wüsste er

---

38 Meinel/Heyn/Herms, § 7 TzBfG Rn. 24; Rolfs, § 7 TzBfG Rn. 3.
39 A. A. Buschmann/Dieball/Stevens-Bartol, § 7 TzBfG Rn. 22.
40 Buschmann/Dieball/Stevens-Bartol, § 7 TzBfG Rn. 20; Meinel/Heyn/Herms, § 7
    TzBfG Rn. 25.
41 Laux/Schlachter, § 7 TzBfG Rn. 62; Hromadka, NJW 2001, 400, 401.
42 Ebenso Zwanziger/Winkelmann, Teilzeitarbeit, Rn. 50.
43 Vgl. auch die Kommentierung zu § 9.

es, wäre § 7 Abs. 3 überflüssig. Zum anderen löst ein solcher Veränderungswunsch nunmehr zunächst einen Anspruch auf Erörterung aus, in deren Rahmen ein Hinweis auf einen zu diesem Zeitpunkt freien Arbeitsplatz erfolgen könnte und müsste. Hätte der Gesetzgeber den Informationsanspruch auf den Zeitpunkt beschränken wollen, in dem der Änderungswunsch geäußert wird, hätte er mit der Einführung des Erörterungsanspruchs den Informationsanspruch streichen können. Dies ist aber nicht geschehen.

28   Zur ordnungsgemäßen Erfüllung der Pflicht nach Abs. 3 ist eine Speicherung des Veränderungswunschs für einen angemessenen Zeitraum ausnahmsweise nicht erforderlich, wenn der Arbeitgeber seiner Informationspflicht – wie in der vorstehenden Rn. 25 beschrieben – durch eine regelmäßige Information sämtlicher Beschäftigten über alle freien Arbeitsplätze erfüllt. Sie bleibt aber notwendig, um der Pflicht zur Information der Arbeitnehmervertretung über angezeigte Änderungswünsche nach Abs. 4 nachkommen zu können, wenn diese Information nur periodisch erfolgt (vgl. Rn. 37), und/oder um ggf. den Anspruch des Arbeitnehmers nach § 9 erfüllen zu können, wenn der Veränderungswunsch ein Wunsch nach Verlängerung der Arbeitszeit ist.

29   Eine Verletzung des Abs. 2 durch den Arbeitgeber kann einen Schadensersatzanspruch des Arbeitnehmers auslösen, wenn der Arbeitnehmer durch die mangelnde Information nicht in der Lage war, seinen Anspruch aus § 9 durchzusetzen.[44] Da der Arbeitnehmer jedoch insoweit die Darlegungs- und Beweislast trägt, wird dieser Anspruch in der Praxis in der Regel nicht durchzusetzen sein.[45]

Informationsanspruch der Arbeitnehmervertretungen

30   **Abs. 4** verpflichtet den Arbeitgeber, die im Betrieb und Unternehmen vorhandenen Arbeitnehmervertretungen[46] zu informieren über
- Teilzeitarbeit im Betrieb und Unternehmen,
- über die diesbezüglichen Planungen seitens der Arbeitgebers und
- über angezeigte Arbeitszeitwünsche nach Abs. 2.

Das TzBfG sieht somit neben einem allgemeinen betriebs- und unternehmensbezogenen Informationsanspruch der Arbeitnehmervertretungen seit dem 1. Januar 2019 zusätzlich einen auf den einzelnen Arbeitnehmer bezogenen Auskunftsanspruch vor, der sicherstellen soll, dass die Arbeitnehmervertretung über die konkreten Teilzeitwünsche unterrichtet wird und ihre

---

44 Däubler/Deinert/Zwanziger, KSchR, § 7 TzBfG Rn. 10; a. A. Meinel/Heyn/Herms, § 7 TzBfG Rn. 26; vgl. auch die Kommentierung zu § 9.

45 Vgl. Arnold/Gräfl-Spinner, § 7 TzBfG Rn. 28.

46 Zum Begriff Arbeitnehmervertretung i. S. d. TzBfG siehe oben Rn. 4.

gesetzlichen Aufgaben im Interesse der betreffenden Beschäftigten wahrnehmen kann.[47]

Die **allgemeine Informationspflicht des Arbeitgebers über Teilzeitarbeit** **31** **im Betrieb und Unternehmen** nach Abs. 4 Satz 1 besteht – wie aus Abs. 4 Satz 2 Halbsatz 2 hervorgeht – zusätzlich zu der sich aus § 92 Abs. 1 BetrVG ergebenden Unterrichtungspflicht des Arbeitgebers über die (allgemeine) Personalplanung. Sie besteht nicht zuletzt auch deshalb, um der Arbeitnehmervertretung eine bessere Unterstützung veränderungswilliger Arbeitnehmer zu ermöglichen.[48]

Der Arbeitgeber hat die Arbeitnehmervertretung regelmäßig von sich aus **32** und regelmäßig über Teilzeitarbeit zu informieren.[49] Informiert werden muss – wie aus dem Wortlaut des Abs. 4 Satz 1 hervorgeht – u. a. über vorhandene oder geplante Teilzeitarbeitsplätze und über die Umwandlung von Teilzeitarbeitsplätzen in Vollzeitarbeitsplätze oder umgekehrt, wobei der Gesetzgeber durch das Wort »insbesondere« klargestellt hat, dass die in Abs. 4 Satz 1 enthaltene Aufzählung der Informationsgegenstände nicht abschließend ist.[50] Wie aus der Formulierung des Abs. 4 Satz 1 zudem hervorgeht, bezieht sich die allgemeine Informationspflicht nicht nur auf den Betrieb, sondern auf das gesamte Unternehmen.[51]

Der Arbeitnehmervertretung sind im Rahmen der allgemeinen Informationspflicht auf Verlangen alle vorhandenen Unterlagen (Stellenpläne, Personalplanungen) in Abschrift zur Verfügung zu stellen,[52] d. h. auszuhändigen.[53] Mit der bloßen Aushändigung von Unterlagen genügt der Arbeitgeber seiner Informationspflicht allerdings nicht, wenn diese Unterlagen aus sich heraus nicht verständlich sind; dann hat der Arbeitgeber diese ggf. zu erläutern, wobei eine mündliche Erläuterung ausreicht.[54]

Der mit dem Gesetz über Weiterentwicklung des Teilzeitrechts mit Wirkung **34** vom 1. Januar 2019 in § 7 eingefügte **Anspruch der Arbeitnehmervertretung auf Information über konkrete Veränderungswünsche einzelner Arbeitnehmer** bezieht sich nach dem Wortlaut von Abs. 4 auf »*Arbeitszeitwünsche nach Abs. 2«.* In Abs. 2 wiederum ist von einem »*Wunsch nach Veränderung von Dauer oder Lage oder von Dauer und Lage [der] vertraglich vereinbarten Arbeitszeit«* die Rede. Angezeigte Arbeitszeitwünsche nach Abs. 2 sind

---

47 Vgl. Die Gesetzesbegründung, BT-Drs. 19/3452, S. 16.
48 Engels, AuR 2009, 65, 67; Laux/Schlachter, § 7 TzBfG Rn. 74.
49 Engels, AuR 2009, 65, 70; Meinel/Heyn/Herms, § 7 TzBfG Rn. 30.
50 Buschmann/Dieball/Stevens-Bartol, § 7 TzBfG Rn. 36.
51 Engels, AuR 2009, 65, 67; ErfKo/Preis, § 7 TzBfG, Rn. 9.
52 Meinel/Heyn/Herms, § 7 TzBfG Rn. 32.
53 Buschmann/Dieball/Stevens-Bartol, § 7 TzBfG Rn. 39.
54 Vgl. Meinel/Heyn/Herms, § 7 TzBfG Rn. 31.

also alle angezeigten Wünsche nach Veränderung von Dauer oder Lage oder von Dauer und Lage der vertraglich vereinbarten Arbeitszeit.

35 Hierunter fallen **auch Verlängerungsbegehren nach § 9 und Verringerungsverlangen nach § 8 oder 9a.** Denn bei einer Verlängerung der Arbeitszeit nach § 9 und ihrer Verringerung nach § 8 bzw. § 9a handelt es sich jeweils um einen der beiden Unterfälle des Begriffs »Veränderung der Dauer« i. S. v. § 7 Abs. 2. Und ein formalisiertes Verlangen nach § 8 oder § 9a bleibt begrifflich ein Wunsch, auch wenn auf seine Erfüllung ggf. ein Rechtsanspruch besteht. Es widerspräche schließlich auch dem Sinn und Zweck des Auskunftsanspruchs der Arbeitnehmervertretung nach § 7 Abs. 4, beschränkte man diesen Auskunftsanspruch auf Wünsche, die lediglich einen Erörterungsanspruch des betreffenden Arbeitnehmers nach § 7 Abs. 2 auslösen, Wünsche hingegen, auf deren Erfüllung ggf. ein Rechtsanspruch besteht, von diesem Auskunftsanspruch ausschlösse. Denn mit dem Auskunftsanspruch der Arbeitnehmervertretung über angezeigte Arbeitszeitwünsche soll ausweislich der Gesetzesbegründung[55] sichergestellt werden, dass die Arbeitnehmervertretung ihre gesetzlichen Aufgaben wahrnehmen kann. Zu diesen gesetzlichen Aufgaben gehört u. a. nach § 80 Abs. Nr. 1 BetrVG die Aufgabe, darüber zu wachen, dass die zugunsten der Arbeitnehmer geltenden Gesetze durchgeführt werden. Und zu diesen Gesetzen wiederum gehören die gesetzlichen Vorschriften, die den Beschäftigten ggf. einen Rechtsanspruch auf Veränderung ihrer Arbeitszeit einräumen, wie die §§ 8, 9 und 9a TzBfG.

36 Abs. 3 legt nicht fest, **wann und wie oft** die vom Arbeitgeber zu erfüllende Pflicht, der Arbeitnehmervertretung Auskunft über angezeigte Arbeitszeitwünsche zu erteilen, zu erfüllen ist. Würde jede individuelle Anzeige eines Veränderungswunsches durch einen einzelnen Arbeitnehmer beim Arbeitgeber dessen diesbezügliche Informationspflicht gegenüber der Arbeitnehmervertretung auslösen, würde dies ggf. nicht nur einen sehr hohen Verwaltungsaufwand für den Arbeitgeber bedeuten,[56] sondern u. U. für die Arbeitnehmervertretung nicht unbedingt sinnvoll sein. Die Arbeitnehmervertretung erhielte eine Vielzahl einzelner, unzusammenhängender Informationen, die sie selbst verarbeiten und in einen Gesamtzusammenhang einordnen müsste.

37 Daher wird man es als für die **Erfüllung der Informationspflicht über angezeigte Veränderungswünsche** ausreichend ansehen können, wenn der Arbeitgeber die Arbeitnehmervertretung **in regelmäßigen Zeitabständen** über die Veränderungswünsche einzelner Arbeitnehmer unterrichtet, die zwischenzeitlich bei ihm eingegangen sind bzw. seit der letzten Unterrichtung

---

55 BT-Drs. 3452, S. 16.
56 So auch eine im Gesetzgebungsverfahren geäußerte Befürchtung, vgl. Ausschuss-Drs. 19(11)149, S. 26.

noch fortbestehen. Eine von dieser periodischen Auskunftspflicht unabhängige Auskunftspflicht über angezeigte Veränderungswünsche wird man außerdem im Zusammenhang mit mitbestimmungspflichtigen personellen Einzelmaßnahmen wie nach § 99 BetrVG oder § 75 BetrVG annehmen müssen, wenn infolge der Maßnahme Nachteile für Beschäftigte, die Änderungswünsche angezeigt haben, nicht ausgeschlossen werden können.

Kommt der Arbeitgeber seiner Informationspflicht nach Abs. 4 nicht nach, **38** kann die Arbeitnehmervertretung ihren Informationsanspruch ggf. gerichtlich im Wege des Beschlussverfahrens durchsetzen.[57]

§ 8   Zeitlich nicht begrenzte Verringerung der Arbeitszeit

(1) Ein Arbeitnehmer, dessen Arbeitsverhältnis länger als sechs Monate bestanden hat, kann verlangen, dass seine vertraglich vereinbarte Arbeitszeit verringert wird.

(2) Der Arbeitnehmer muss die Verringerung seiner Arbeitszeit und den Umfang der Verringerung spätestens drei Monate vor deren Beginn in Textform geltend machen. Er soll dabei die gewünschte Verteilung der Arbeitszeit angeben.

(3) Der Arbeitgeber hat mit dem Arbeitnehmer die gewünschte Verringerung der Arbeitszeit mit dem Ziel zu erörtern, zu einer Vereinbarung zu gelangen. Er hat mit dem Arbeitnehmer Einvernehmen über die von ihm festzulegende Verteilung der Arbeitszeit zu erzielen.

(4) Der Arbeitgeber hat der Verringerung der Arbeitszeit zuzustimmen und ihre Verteilung entsprechend den Wünschen des Arbeitnehmers festzulegen, soweit betriebliche Gründe nicht entgegenstehen. Ein betrieblicher Grund liegt insbesondere vor, wenn die Verringerung der Arbeitszeit die Organisation, den Arbeitsablauf oder die Sicherheit im Betrieb wesentlich beeinträchtigt oder unverhältnismäßige Kosten verursacht. Die Ablehnungsgründe können durch Tarifvertrag festgelegt werden. Im Geltungsbereich eines solchen Tarifvertrags können nicht tarifgebundene Arbeitgeber und Arbeitnehmer die Anwendung der tariflichen Regelungen über die Ablehnungsgründe vereinbaren.

(5) Die Entscheidung über die Verringerung der Arbeitszeit und ihre Verteilung hat der Arbeitgeber dem Arbeitnehmer spätestens einen Monat vor dem gewünschten Beginn der Verringerung schriftlich mitzuteilen. Haben sich Arbeitgeber und Arbeitnehmer nicht nach Absatz 3 Satz 1 über die Verringerung der Arbeitszeit geeinigt und hat der Arbeitgeber die Arbeitszeitverringerung nicht spätestens einen Monat vor deren gewünschten Beginn schriftlich abgelehnt, verringert sich die Arbeitszeit in

---

57 ErfKo/Preis, § 7 TzBfG Rn. 9; Däubler/Deinert/Zwanziger, KSchR, § 7 TzBfG Rn. 13; Laux/Schlachter, § 7 TzBfG Rn. 86; Meinel/Heyn/Herms, § 7 TzBfG Rn. 33.

dem vom Arbeitnehmer gewünschten Umfang. Haben Arbeitgeber und Arbeitnehmer über die Verteilung der Arbeitszeit kein Einvernehmen nach Absatz 3 Satz 2 erzielt und hat der Arbeitgeber nicht spätestens einen Monat vor dem gewünschten Beginn der Arbeitszeitverringerung die gewünschte Verteilung der Arbeitszeit schriftlich abgelehnt, gilt die Verteilung der Arbeitszeit entsprechend den Wünschen des Arbeitnehmers als festgelegt. Der Arbeitgeber kann die nach Satz 3 oder Absatz 3 Satz 2 festgelegte Verteilung der Arbeitszeit wieder ändern, wenn das betriebliche Interesse daran das Interesse des Arbeitnehmers an der Beibehaltung erheblich überwiegt und der Arbeitgeber die Änderung spätestens einen Monat vorher angekündigt hat.

(6) Der Arbeitnehmer kann eine erneute Verringerung der Arbeitszeit frühestens nach Ablauf von zwei Jahren verlangen, nachdem der Arbeitgeber einer Verringerung zugestimmt oder sie berechtigt abgelehnt hat.

(7) Für den Anspruch auf Verringerung der Arbeitszeit gilt die Voraussetzung, dass der Arbeitgeber, unabhängig von der Anzahl der Personen in Berufsbildung, in der Regel mehr als 15 Arbeitnehmer beschäftigt.

Inhaltsübersicht   Rn.

Sinn und Zweck

Mit dieser Regelung wird § 5 Abs. 3 Buchstabe a im Anhang der Rahmenver- **1**
einbarung der Richtlinie des Rates zur Teilzeit 97/81 EG umgesetzt. Nach der
Richtlinie sollen Arbeitgeber den Wechsel von einem Vollzeit- in ein Teilzeitarbeitsverhältnis unter Berücksichtigung der betrieblichen Verhältnisse ermöglichen. Der gesetzliche Anspruch auf Verringerung der vertraglich vereinbarten Arbeitszeit geht weiter als die Vorgaben der Richtlinie. Trotzdem
ist § 8 im Einklang mit § 5 Abs. 3 Buchstabe a und § 6 Abs. 1 im Anhang
der Rahmenvereinbarung der Richtlinie des Rates zur Teilzeit 97/81 EG. Der
Rechtsanspruch auf die Verringerung der Arbeitszeit ist eine nach der Richtlinie zulässige günstigere Regelung, für den Fall, dass eine Verkürzung der
Arbeitszeit nicht einvernehmlich zwischen Arbeitgeber und Arbeitnehmer
erreicht werden kann.

Allgemeines

Ursprünglich verfolgte der Gesetzgeber mit dem Rechtsanspruch auf Teilzeit **2**
das beschäftigungspolitische Ziel, das vorhandene Arbeitsvolumen durch
individuelle Verkürzung der Arbeitszeit in Form der Teilzeitarbeit auf mehr
Menschen zu verteilen.[1]
Mit der Neuregelung des TzBfG im Jahr 2019 wird die Teilzeitarbeit als wich-
tiger Baustein der modernen Arbeitsorganisation gesehen. Die schon bei der
Einführung des Teilzeitanspruchs auch verfolgten gleichstellungs- und ge-
sellschaftspolitischen Ziele wurden noch mal unterstrichen. Neben der Berufstätigkeit sollen Beschäftigte die Möglichkeit erhalten, in größerem Umfang auch privaten Aufgaben und Interessen nachgehen zu können. Sei es
um stärker für die Familie da zu sein, Betreuungsaufgaben nachkommen zu
können, den Übergang in den Ruhestand fließend zu gestalten, zur Weiterbildung, zur Wahrnehmung eines Ehrenamtes oder auch um ein ausgeglichenes Verhältnis zwischen Arbeits- und Privatleben zu erreichen (Life and
Work balance).[2]
In der Literatur wurde intensiv diskutiert, ob der Rechtsanspruch des Ar- **3**
beitnehmers auf Teilzeit in die Vertragsfreiheit als Ausfluss der allgemeinen
Handlungsfreiheit gem. Art. 2 Abs. 1 GG und vor allem in die stärker ge-

---

1 BT-Drs. 14/4374, S. 16f.
2 BT-Drs. 19/3452, S. 10.

schützte Berufsausübungsfreiheit gem. Art. 12 Abs. 1 GG des Arbeitgebers eingreift.[3] Vor dem Hintergrund einer verfassungskonformen Interpretation der entgegenstehenden betrieblichen Gründe in § 8 Abs. 4 (vgl. § 8 Rn. 33 ff.) verstößt der Teilzeitanspruch der Arbeitnehmer gem. § 8 Abs. 1 nicht gegen Verfassungsrecht.[4]

4 Die Berufsausübungsfreiheit kann durch vernünftige Erwägungen des Gemeinwohls eingeschränkt werden.[5] Das mit dem Rechtsanspruch auf Teilzeit verfolgte beschäftigungspolitische Ziel, das vorhandene Arbeitsvolumen durch individuelle Verkürzung der Arbeitszeit in Form der Teilzeitarbeit auf mehr Menschen zu verteilen, sowie die Förderung von Chancengleichheit zwischen Männern und Frauen und die bessere Vereinbarkeit von Familie und Beruf ist in diesem Sinne eine vernünftige Erwägung für das Gemeinwohl und damit ein verfassungsrechtlich legitimes Ziel.[6] Zur Vermeidung unverhältnismäßiger und daher möglicherweise verfassungswidriger Eingriffe in die Grundrechte der betroffenen Arbeitgeber sind an die betrieblichen Gründe keine allzu hohen Anforderungen zu stellen. Zur Ablehnung des Teilzeitverlangens des Arbeitnehmers sind rationale, nachvollziehbare Gründe ausreichend. Dringende betriebliche Gründe sind nicht erforderlich. Die Gründe müssen jedoch hinreichend gewichtig sein. Den Arbeitgebern bleibt es weiterhin unbenommen, ihren arbeitstechnischen Zweck frei zu bestimmen und die entsprechende Arbeits- und Ablauforganisation nach eigenem Ermessen zu gestalten. Sie sind nicht verpflichtet, Arbeitnehmern eine Teilzeitbeschäftigung zu ermöglichen, die mit wesentlichen Beeinträchtigungen oder unverhältnismäßigen Kosten verbunden ist.[7]

Dreistufige Prüfung des BAG für das Vorliegen von betrieblichen Gründen – Grundsätzlich

5 Vor diesem verfassungsrechtlichen Hintergrund hat das BAG im Jahr 2003 eine dreistufige Prüfungsfolge entwickelt[8] und in ständiger Rechtsprechung fortgeführt:[9]
In der **ersten Stufe** ist danach festzustellen, ob überhaupt und wenn ja, welches betriebliche Organisationskonzept der vom Arbeitgeber als erforderlich

---

3 Rolfs, RdA 2001, 132 f.; ders., § 8 TzBfG Rn. 2 ff.; Richardi/Annuß, BB 2000, 2202 f.; Preis/Gotthard, D2000, 2066; Schiefer, DB 2000, 2120; Link/Fink, AuA 2001, 109 f.
4 BAG 18.2.2003 – 9 AZR 164/02, AP Nr. 2 zu § 8 TzBfG.
5 Vgl. sog. »Apothekenurteil: BVerfG 11.6.1958 – 1 BvR 596/56, BVerfGE 7, 405 ff.
6 BAG 18.2.2003 – 9 AZR 164/02, AP 2 zu § 8 TzBfG; Rolfs, § 8 TzBfG Rn. 4.
7 BAG 18.2.2003 – 9 AZR 164/02, AP Nr. 2 zu § 8 TzBfG.
8 BAG 18.2.2003 – 9 AZR 164/02, AP Nr. 2 zu § 8 TzBfG.
9 BAG 20.1.2015 – 9 AZR 735/13, AP Nr. 32 zu § 8 TzBfG = AiB 2015, Nr. 10, 60–61.

angesehenen Arbeitszeitregelung zugrunde liegt. Organisationskonzept ist das Konzept, mit dem die unternehmerische Aufgabenstellung im Betrieb verwirklicht werden soll. Die Darlegungslast dafür, dass das Organisationskonzept die Arbeitszeitregelung bedingt, liegt beim Arbeitgeber. Die Richtigkeit seines Vortrags ist arbeitsgerichtlich voll überprüfbar. Die dem Organisationskonzept zugrunde liegende unternehmerische Aufgabenstellung und die daraus abgeleiteten organisatorischen Entscheidungen sind jedoch hinzunehmen, soweit sie nicht willkürlich sind. Voll überprüfbar ist dagegen, ob das vorgetragene Konzept auch tatsächlich im Betrieb durchgeführt wird.

In der **zweiten Stufe** ist zu prüfen, inwieweit die Arbeitszeitregelung dem Arbeitszeitverlangen des Arbeitnehmers tatsächlich entgegensteht. Dabei ist auch der Frage nachzugehen, ob durch eine dem Arbeitgeber zumutbare Änderung von betrieblichen Abläufen oder des Personaleinsatzes der betrieblich als erforderlich angesehene Arbeitszeitbedarf unter Wahrung des Organisationskonzepts mit dem individuellen Arbeitszeitwunsch des Arbeitnehmers zur Deckung gebracht werden kann.

Ergibt sich, dass das Arbeitszeitverlangen des Arbeitnehmers nicht mit dem organisatorischen Konzept und der daraus folgenden Arbeitszeitregelung in Übereinstimmung gebracht werden kann, ist in einer **dritten Stufe** das Gewicht der entgegenstehenden betrieblichen Gründe mit der Fragestellung zu prüfen, ob durch die vom Arbeitnehmer gewünschten Abweichungen die in § 8 Abs. 4 Satz 2 genannten betrieblichen Organisationskonzepte und die ihm zugrunde liegende unternehmerische Aufgabenstellung wesentlich beeinträchtigt werden.

Persönliche Voraussetzungen des Rechtsanspruchs auf Teilzeit

Abs. 1 regelt die persönlichen Voraussetzungen des Rechtsanspruchs auf Teilzeit. Dieser steht nur Arbeitnehmern zu. Zur Definition kann auf den allgemeinen Arbeitnehmerbegriff[10] zurückgegriffen werden. Hierzu zählen auch Führungskräfte, befristet oder schon in Teilzeit arbeitende und leitende Angestellte (vgl. § 6 Rn. 4), deren Arbeitsverhältnis länger als sechs Monate besteht, bereits in Teilzeit arbeitende, einschließlich geringfügig Beschäftigte gem. § 8 Abs. 1 Nr. 1 SGB IV, die weiter reduzieren möchten.[11] Auszubildende sind in diesem Sinne keine Arbeitnehmer, da der arbeitsmarktpolitische Teilzeitanspruch nicht mit dem Wesen und Zweck des Ausbildungsvertrags vereinbar ist.[12] 6

---

10 Vgl. ErfKo/Preis, § 611a BGB, Rn. 8.
11 Rolfs, RdA 2001, 133.
12 Preis/Gotthardt, DB 2001, 148.

7   Erforderlich ist, dass das Arbeitsverhältnis zum selben Arbeitgeber länger als sechs Monate bestanden hat. Hierbei wird nicht an das Arbeitsverhältnis in einem Betrieb angeknüpft. Der Wechsel von einem Betrieb des Unternehmens in einen anderen des gleichen Unternehmens verlängert die Wartezeit nicht.[13]

8   Es kommt auf den rechtlichen Bestand des Arbeitsverhältnisses an. Tatsächliche Unterbrechungen infolge von Urlaub, Krankheit, Mutterschutz, Arbeitskampf etc. sind unbeachtlich.[14]

9   Da der Gesetzeswortlaut anders als in § 1 Abs. 1 KSchG, § 3 Abs. 3 EFZG, § 15 Abs. 7 Nr. 2 BEEG nicht auf ein ununterbrochenes Arbeitsverhältnis abstellt, sind auch bei rechtlichen Unterbrechungen die Zeiten eines vorangegangenen Arbeitsverhältnisses analog § 14 Abs. 3 Sätze 2 und 3 anzurechnen, wenn der Unterbrechungszeitraum weniger als sechs Monate beträgt oder sonst zwischen beiden Arbeitsverhältnissen ein enger sachlicher Zusammenhang besteht.[15]

Geltendmachung der Verringerung der Arbeitszeit

10   **Abs. 2:** Der Arbeitnehmer muss die Verringerung der Arbeitszeit spätestens drei Monate vor deren Beginn geltend machen. Auch eine frühere Geltendmachung ist zulässig.[16] Der Arbeitgeber erhält damit Zeit, die Anspruchsvoraussetzungen zu prüfen und arbeitsorganisatorisch oder personell notwendige Maßnahmen vorzubereiten. Der Arbeitnehmer soll die gewünschte Verteilung der Arbeitszeit angeben.

11   Die Frist bestimmt sich nach § 187 Abs. 1 und § 188 Abs. 2 BGB. Zwischen dem Zugang der Erklärung beim Arbeitgeber gem. § 130 BGB und dem Beginn der Arbeitszeitverkürzung müssen volle drei Monate liegen. Ob § 193 BGB Anwendung findet, hat das BAG bislang offengelassen.[17] In der Literatur wird die Ansicht vertreten, dass § 193 BGB bei der Fristberechnung nicht angewendet wird, da diese Vorschrift den Erklärenden vor einer Verkürzung der Frist schützt. Die Frist im § 8 Abs. 2 schützt aber den Arbeitgeber als Erklärungsempfänger.[18] Die Folge sei, dass Samstag, Sonntag und ein Feiertag durchaus der letzte Tag der Abgabe einer Willenserklärung sein können.

12   Ungeklärt war die Frage, ob die Einhaltung der dreimonatigen Antragsfrist Wirksamkeitsvoraussetzung für den Anspruch auf Verringerung der Ar-

---

13   Lindemann/Simon, BB 2001, 148.

14   Rolfs, RdA 2001, 133.

15   Rolfs, RdA 2001, 134.

16   LAG Köln 4.12.2001 – 9 Sa 726/01, AuR 2002, 189f.; BAG 14.10.2003 – 9 AZR 636/02, AP Nr. 6 zu § 8 TzBfG.

17   BAG 14.10.2003 – 9 AZR 636/02, AP Nr. 6 zu § 8 TzBfG.

18   Rolfs, § 8 TzBfG Rn. 13; ders., RdA 2001, 135.

beitszeit sei. Rechtsfolge wäre, dass der Arbeitgeber nicht auf einen nicht fristgemäßen Antrag reagieren muss. Er hätte weder mit dem Arbeitnehmer die Arbeitszeitverringerung zu erörtern (§ 8 Rn. 28 ff.) noch müsste er zur Vermeidung der Zustimmungsfiktion (§ 8 Rn. 59) die Arbeitszeitverringerung schriftlich spätestens einen Monat vor deren gewünschtem Beginn ablehnen.

Die überwiegende Auffassung hat einen verspätet gestellten Antrag, durch den die dreimonatige Frist vor Beginn der Verringerung der Arbeitszeit unterschritten wird, nicht als unwirksam angesehen. Dieser sei gem. § 140 BGB so auszulegen, dass die Verringerung der Arbeitszeit zum nächsten zulässigen Zeitpunkt gewünscht wird.[19]

Dieser Ansicht ist das BAG gefolgt. In der Regel ist ein nicht fristgerecht gestellter Antrag so auszulegen, dass er sich nicht nur auf den zu kurz bemessenen Beginn der Veränderung der Arbeitszeitregelung bezieht, sondern hilfsweise auch auf den nach dem Gesetz vorgesehenen nächstmöglichen Zeitpunkt. Dem Arbeitnehmer wird es in erster Linie vor allem um das »Ob« der Verringerung und erst in zweiter Linie um den Zeitpunkt der Verringerung gehen. Der Arbeitgeber muss dann zunächst seine Verhandlungsobliegenheit dadurch erfüllen, dass er den Arbeitnehmer auf die nicht eingehaltene Frist hinweist und nachfragt, wie sein Verlangen auszulegen sei.[20]

Die Nichteinhaltung der Antragsfrist bleibt allerdings ohne Bedeutung, wenn der Arbeitgeber die Arbeitszeitverringerung ohne Vorbehalt mit dem Arbeitnehmer erörtert.[21]

14 Der Antrag kann erstmals am Tag nach Ablauf der sechsmonatigen Wartefrist des Abs. 1 gestellt werden, so dass frühestens mit Ablauf des neunten Monats nach Aufnahme des Arbeitsverhältnisses die Arbeitszeit reduziert werden kann.[22]

15 Eine andere Auslegung ist im Hinblick auf die Möglichkeit, dass der Arbeitgeber noch während der Probezeit (bzw. der sechsmonatigen Wartefrist des § 1 Abs. 1 KSchG) ohne Angabe von Gründen das Arbeitsverhältnis kündigt, lebensfremd.[23]

---

19 ArbG Oldenburg 26.3.2002 – 6 Ga 3/02, NZA 2002, 908, 910; ArbG Nienburg 23.1.2002 – 1 Ca 603/01, NZA 2002, 383; Richardi/Annuß, BB 2000, 2202; Hanau, NZA 2001, 1170 f.; Rolfs, § 8 TzBfG Rn. 12; a. A. Hopfner, DB 2001, 2145; Preis/Gotthardt, DB 2001, 145.

20 BAG 20.7.2004 – 9 AZR 626/03, AP Nr. 11 zu § 8 TzBfG.

21 BAG 14.10.2003 – 9 AZR 636/02, AP Nr. 6 zu § 8 TzBfG.

22 Klimt, NZA 2001, 64; Preis/Gotthardt, DB 2001, 149; Rolfs, RdA 2001, 134; Viethen, Sonderbeilage zu NZA Heft 24, 2001, 4.

23 Klimt, NZA 2001, 64.

Textform erforderlich

16 Das Gesetz sah bislang keine Form vor, sodass der Verkürzungswunsch auch mündlich geltend gemacht werden konnte. Mit der Gesetzesänderung zum 1.1.2019 muss der Antrag auf Verringerung der Arbeitszeit in Textform erfolgen. Dies vereinfacht für den Arbeitnehmer die Darlegungs- und Beweislast hinsichtlich des Zeitpunkts der Geltendmachung des Verkürzungswunsches. Somit gibt es auch bzgl. des Eintritts der Fiktionswirkung des Abs. 5 (vgl. § 8 Rn. 59 ff.) hinsichtlich des Zeitpunkts und Inhalts der Geltendmachung des Verkürzungsanspruchs keine Beweisschwierigkeiten mehr.[24]

17 Aufgrund der fehlenden gesetzlichen Formvorschriften konnte der Antrag bereits nach der alten Rechtslage wirksam mit einer E-Mail gestellt werden.[25]

Durch die Einfügung »Textform« verweist der Gesetzgeber nun auf § 126b BGB. Im Unterschied zur Schriftform bedarf es bei der Textform keiner eigenhändigen Unterschrift; es genügt zum Beispiel ein Telefax oder eine E-Mail.[26]

Wer ist Empfänger des Antrags auf Arbeitszeitverkürzung?

18 Nicht gesetzlich geregelt ist, wem gegenüber die Verkürzung der Arbeitszeit geltend zu machen ist. Das Teilzeitverlangen ist ein Angebot zur Vertragsänderung[27] und somit eine Willenserklärung, die dem Adressaten, d.h. dem Arbeitgeber bzw. seinen Vertretern, zugehen muss. Nach § 130 BGB können Willenserklärungen auch an Empfangsboten des Arbeitgebers übermittelt werden. Empfangsbote kann aber in einer Frage, die sich unmittelbar auf das Arbeitsverhältnis auswirkt, nicht jeder Vorgesetzte sein, sondern nur eine Person, die ihrerseits vom Arbeitgeber zur unmittelbaren Einflussnahme auf Arbeitsverträge bevollmächtigt ist. Hierzu sind nur Personen zu zählen, die zur Einstellung oder zum Ausspruch einer Kündigung berechtigt sind. Nur bei Personen mit Personalvollmacht ist es gerechtfertigt, das Risiko der unterlassenen Vermittlung des Antrags mit der Fiktionswirkung des Abs. 5 Satz 3 auf den Arbeitgeber zu verlagern.[28]

19 Zur Klarstellung kann der Arbeitgeber festlegen, an wen die Anträge zu richten sind.[29] Fehlt es an einer solchen Regelung, sollte der Antrag an die für das Personal verantwortliche Person übermittelt werden.

---

24 BT Drucksache 19/3452, S. 16.
25 BAG 20.1.2015 – 9 AZR 860/13, AP Nr. 33 zu § 8 TzBfG = AuR 2015, 282.
26 BT Drucksache 19/3452, S. 16.
27 Rolfs, § 8 TzBfG Rn. 16.
28 Rolfs, § 8 TzBfG Rn. 16; Straub, NZA 2001, 921.
29 Rolfs, § 8 TzBfG Rn. 17; Straub, NZA 2001, 921.

Weitere Voraussetzungen für einen Anspruch auf Arbeitszeitverkürzung

Der Anspruch auf Verteilung der verringerten Arbeitszeit setzt voraus, dass **19a**
der Arbeitnehmer die Verringerung der Arbeitszeit und deren Umfang
rechtzeitig beantragt (§ 8 Abs. 2 Satz 1. Er soll dabei die gewünschte Verteilung der verringerten Arbeitszeit angeben (vgl. § 8 Rn. 10ff.). Dabei kann
der Arbeitnehmer wählen, ob er ausschließlich die Verringerung der Arbeitszeit beantragt und es dem Arbeitgeber überlässt, die verbleibende Arbeitszeit zu verteilen (§ 106 Satz 1 GewO), oder ob er eine bestimmte Verteilung der Arbeitszeit wünscht. Der Antrag auf Verringerung und Verteilung
der Arbeitszeit ist auf den Abschluss eines Änderungsvertrags gerichtet und
damit Angebot i. S. v. § 145 BGB.[30]

Da der Antrag des Arbeitnehmers auf Verringerung der Arbeitszeit ein Angebot auf Abschluss eines Änderungsvertrags i. S. v. § 145 BGB ist, muss dieser so konkret sein, dass er mit einem einfachen »Ja« angenommen werden
kann.[31] Der Inhalt des zwischen den Vertragsparteien zustande kommenden
Änderungsvertrags muss feststehen, andernfalls wird die zweijährige Sperrfrist des Abs. 6 (§ 8, Rn. 66) nicht ausgelöst.[32]

Ein Antrag ist daher unwirksam, wenn die begehrte Arbeitszeitreduzierung
praktisch nur durch den Abschluss eines inhaltlich anderen, d. h. neuen Arbeitsvertrags umgesetzt werden kann. weil durch eine Arbeitszeitreduzierung von Vollzeit zu einer geringfügigen Beschäftigung die bisherige Lei-
tungstätigkeit nicht mehr ausgeübt werden kann.[33]

Der Antrag auf Verringerung der Arbeitszeit kann im Gegensatz zu § 9a **20**
grundsätzlich nicht befristet gestellt werden. Der Wortlaut lässt im Gegensatz zu § 15 Abs. 6 BEEG einen Anspruch auf eine nur befristete Arbeitszeitreduzierung nicht zu.[34] § 8 sieht keinen Anspruch auf lediglich vorübergehende Verringerung der Arbeitszeit vor.[35] Eine Verlängerung ist daher nur
nach § 9 möglich (vgl. § 9 Rn. 3).

Ausnahmsweise kann gem. § 7c Abs. 1 Ziff. 1c SGB IV der Antrag auf Verringerung der Arbeitszeit befristet werden, wenn dadurch ein angespartes
Wertguthaben abgebaut wird.

Wirksamkeitsvoraussetzung für den Antrag auf Verringerung der Arbeits- **21**
zeit ist, dass der Beschäftigte den konkreten Umfang der Reduzierung an-

---

30 BAG 24.62008 – 9 AZR 514/07, BAGE 127, 95.
31 BAG 15.11.2011 – 9 AZR 729/07.
32 BAG 16.10.2007 – 9 AZR 239/07, AP Nr. 23 zu § 8 TzBfG = BAGE 124, 219–228.
33 LAG Rheinland-Pfalz 19.8.2011 – 6 Sa 214/11.
34 ArbG Nienburg 23.1.2002 – 1 Ca 603/01, NZA 2002, 383; Hanau, NZA 2001,
    1169.
35 BAG 24.6.2008 – 9 AZR 313/07, AP Nr. 8 zu § 117 BetrVG.

gibt.[36] Das Gesetz sieht keine Mindest- oder Höchstgrenze für die Verringerung der Arbeitszeit vor. Es wurde vielmehr bewusst darauf verzichtet, pauschale Wochenarbeitszeitverkürzungen vorzugeben, um die gewünschte beschäftigungspolitische Wirkung der Teilzeitarbeit nicht zu hemmen.[37]

Verteilung der verringerten Arbeitszeit

21a   Daher gibt es bis zur Grenze des Rechtsmissbrauchs auch einen Anspruch auf Vertragsänderung hinsichtlich der Verteilung der Arbeitszeit. Die Frage, wann Rechtsmissbrauch vorliegt, kann nur anhand der Umstände des Einzelfalls beantwortet werden. Der Arbeitgeber, der den Ausnahmefall des Rechtsmissbrauchs einwenden will, ist für die zugrundeliegenden Tatsachen darlegungs- und beweisbelastet (vgl. § 8 Rn. 75 ff.). Die Verringerung der Arbeitszeit um ein Zehntel ist eine so erhebliche Zeitspanne, dass besondere Umstände hinzutreten müssen, die darauf schließen lassen, dass der Verringerungswunsch nur dazu dient, eine andere Arbeitszeitverteilung durchzusetzen.[38]

Insoweit stellt auch ein Antrag auf eine nur geringe Arbeitszeitverringerung mit dem Ziel der Änderung der Verteilung der Arbeitszeit wegen Kinderbetreuung keinen Rechtsmissbrauch dar.[39]

Rechtsmissbräuchlich kann ein Teilzeitbegehren mit einer Verringerung nur von 3,29% sein, wenn damit das Ziel verbunden ist, die Neuverteilung der Arbeitszeit so zu gestalten, dass damit in der Zeit zwischen Weihnachten und Neujahr immer freie Tage zu gewähren sind, ohne dass hierfür ein Urlaubsantrag unter Berücksichtigung anderer Urlaubswünsche gestellt werden müsse.[40]

22   Ebenso ist es möglich, flexible, auf längere Zeiträume erstreckte Vollarbeitszeiten im Wechsel mit einer Reduzierung der Arbeitszeit auf null für bestimmte Monate, d. h. Freizeitphasen, zu beantragen.[41]

22a   Auch in Betrieben, in denen in Schichten gearbeitet wird, haben Beschäftigte einen Anspruch auf Verringerung ihrer Arbeitszeit. Dies kann auch mit einer Neuverteilung der Arbeitszeit in der Weise erfolgen, dass der Beschäftigte nur noch in einer bestimmten Schicht zu einer bestimmten Zeit eingesetzt werden möchte. Der Anspruch besteht auch dann, wenn dem Arbeit-

---

36 Rolfs, RdA 2001, 134.
37 BT-Drs. 14/4374, S. 30.
38 BAG 18. 8. 2009 – 9 AZR 517/08, NZA 09, 1207 ff.
39 ArbG Stuttgart 23. 11. 2001 – 26 Ca 1324/01, NZA-RR 2002, 183 ff.
40 LAG Hessen 22. 8. 2011 – 17 Sa 133/11.
41 BAG 24. 6. 2008 – 9 AZR 313/07, AP Nr. 8 zu § 117 BetrVG; LAG Düsseldorf
    1. 3. 2002 – 18 [4] Sa 1269/02, NZA-RR 2002, 407 ff. = DB 2002, 1222 f.; a. A. LAG
    Düsseldorf 17. 5. 2006 – 12 Sa 175/06, DB 06, 1682 ff.

geber zur Umsetzung des Teilzeitwunsches gewisse organisatorische Anstrengungen abverlangt werden.[42]

Nach dem Wortlaut ist die Angabe des Verteilungswunsches der verringerten Arbeitszeit nicht zwingend erforderlich.[43] Die Nichtangabe des Verteilungswunsches ist insoweit ein Nachteil, da die Fiktionswirkung des Abs. 5 Satz 3 (§ 8 Rn. 59 ff.) nicht eintritt. Dies hat zur Folge, dass der Arbeitgeber im Rahmen des Direktionsrechts (§ 106 GewO) die Lage der Arbeitszeit einseitig festlegen kann.[44] **23**

Der Arbeitnehmer ist nicht verpflichtet, bereits mit dem Antrag auf Herabsetzung der vertraglich vereinbarten Arbeitszeit verbindlich anzugeben, in welcher Weise die Arbeitszeit verteilt werden soll. Er muss seinen Verteilungswunsch aber spätestens im Erörterungsgespräch (§ 8, Rn. 28) mit dem Arbeitgeber einbringen. Danach ist der Arbeitnehmer an seine Erklärung, ob er dem Arbeitgeber die Verteilung freistellt, bzw. an seinen eigenen Verteilungsvorschlag gebunden. Ein Nachschieben des Verteilungswunsches bzw. dessen Änderung ist nicht mehr möglich. Der Arbeitgeber muss Gewissheit haben, aufgrund welchen Arbeitszeitverlangens des Arbeitnehmers er abschließend über die Zustimmung zum Arbeitszeitverlangen entscheidet.[45] **24**

Nach dem Gesetz können die Entscheidungen zur Arbeitszeitverkürzung und der gewünschten Verteilung getrennt werden. Der Arbeitnehmer kann aber beides so miteinander verknüpfen, dass sein Antrag nur insgesamt vom Arbeitgeber angenommen oder abgelehnt werden kann.[46] **25**

Der Gesetzgeber hat in § 8 Abs. 4 die Berechtigung, Wünsche des Arbeitnehmers nach Verringerung der Arbeitszeit und deren Neuverteilung einheitlich geregelt. Damit gelten die Anforderungen, die an das Gewicht eines entgegenstehenden betrieblichen Grundes zu stellen sind, auch für die vom Arbeitnehmer gewünschte Festlegung der verringerten Arbeitszeit.[47] **26**

Für die Prüfung, ob der Neuverteilung der Arbeitszeit betriebliche Gründe entgegenstehen, kommt es ebenso wie für die des zugrundeliegenden Reduzierungsverlangens nicht auf die persönlichen Gründe des Arbeitnehmers an.[48]

42 LAG Köln 10.1.2013 – 7 Sa 766/12, BB 2013, 1844.
43 BAG 23.11.2004 – 9 AZR 644/03, AP Nr. 9 zu § 8 TzBfG; Preis/Gotthardt, DB 2001, 145, 146; Rolfs, RdA 2001, 134; a.A. Bauer, NZA 2000, 1040.
44 BAG 23.11.2004 – 9 AZR 644/03, AP Nr. 9 zu § 8 TzBfG; BAG 24.6.2008 – 9 AZR 514/07, AP Nr. 26 zu § 8 TzBfG; Rolfs, RdA 2001, 134.
45 BAG 23.11.2004 – 9 AZR 644/03, AP Nr. 9 zu § 8 TzBfG; BAG 24.6.2008 – 9 AZR 514/07, AP Nr. 26 zu § 8 TzBfG.
46 BAG 18.2.2003 – 9 AZR 356/02, AP Nr. 1 zu § 8 TzBfG; BAG 18.2.2008 – 9 AZR 893/07, AP Nr. 27 zu § 8 TzBfG.
47 BAG 18.2.2003 – 9 AZR 164/02, AP Nr. 2 zu § 8 TzBfG.
48 BAG 16.12.2008 – 9 AZR 893/07, AP Nr. 27 zu § 8 TzBfG.

27 Beruht die Verteilung der Arbeitszeit auf einem Antrag nach § 8, sind die Befugnisse des Arbeitgebers auf Änderung dieser Verteilung beschränkt. Er kann die vereinbarte Verteilung (§ 8, Rn. 62 ff.) nur bei Vorliegen betrieblicher Gründe verändern.[49]
§ 8 gewährt keinen Anspruch auf Neuverteilung der Arbeitszeit im Rahmen eines unveränderten Arbeitszeitvolumens. Der Anspruch auf Festlegung der Arbeitszeit besteht nur als Annex zum Verringerungsanspruch.[50]

Verhandlungen zwischen Arbeitnehmer und Arbeitgeber zur Arbeitszeitverkürzung

28 **Abs.** 3 verpflichtet den Arbeitgeber, Verhandlungen mit dem Arbeitnehmer über die gewünschte Reduzierung der Arbeitszeit sowie deren Verteilung mit dem Ziel aufzunehmen, zu einer Einigung zu gelangen. Aus dieser Pflicht haben einige Gerichte die Konsequenz gezogen, dass die Ablehnung eines Antrags auf Arbeitszeitreduzierung ohne vorherige Erörterung unzulässig sei, mit der Folge, dass die Fiktionswirkung des Abs. 5 eintrete.[51]

29 In der Literatur wurde hierin lediglich eine sanktionslose Aufforderung zur gütlichen außergerichtlichen Einigung gesehen.[52]
Nach Auffassung des BAG führt die Verletzung der Verhandlungspflicht zwar nicht dazu, dass die Zustimmung des Arbeitgebers bei fehlender Ablehnung als erteilt gilt. Aber die gesetzlich vorgesehene Verhandlungspflicht ist kein rechtlich unverbindlicher Appell des Gesetzgebers. Daher kann der Arbeitgeber dem Arbeitnehmer keine Einwände gegen den Teilzeitwunsch entgegenhalten, die im Rahmen von Verhandlungen hätten ausgeräumt werden können.[53]

30 Die Arbeitszeitreduzierung ist kein einseitiges Gestaltungsrecht des Arbeitnehmers in Form einer als ausnahmsweise zulässigen Teilkündigung.[54] Sie erfolgt vielmehr durch einen gegenseitigen Vertrag zwischen Arbeitgeber und Arbeitnehmer.[55] Dementsprechend wird die Willenserklärung des Arbeitgebers gem. Abs. 5 fingiert oder gem. § 894 ZPO durch rechtskräftiges Urteil ersetzt.[56]

---

49 BAG 18. 2. 2003 – 9 AZR 164/02, AP Nr. 2 zu § 8 TzBfG.
50 LAG Hessen 23. 4. 2012 – 17 Sa 1598/11.
51 LAG Düsseldorf 1. 3. 2002 – 18 [4] Sa 1269/01, NZA-RR 2002, 407 ff.; ArbG Mönchengladbach 30. 5. 2001 – 5 Ca 1157/01, NZA 2001, 970 ff.
52 Rolfs, RdA 2001, 129, 135; Preis/Gotthardt, DB 2001, 146.
53 BAG 18. 2. 2003 – 9 AZR 356/02, AP Nr. 1 zu § 8 TzBfG.
54 So Preis/Gotthardt, DB 2001, 148.
55 BAG 18. 2. 2003 – 9 AZR 164/02, AP Nr. 2 zu § 8 TzBfG; Richardi/Annuß, BB 2000, 2203; Rolfs, § 8 TzBfG Rn. 21 m. w. N.
56 BAG 18. 2. 2003 – 9 AZR 164/02, AP Nr. 2 zu § 8 TzBfG; ArbG Arnsberg 22. 1. 2002 – 1 Ca 804/01, NZA 2002, 564.

Ablehnung des Antrags auf Teilzeit aus betrieblichen Gründen

Abs. 4 Satz 1 verpflichtet den Arbeitgeber, grundsätzlich der gewünschten 31
Verringerung der Arbeitszeit zuzustimmen und die Verteilung entsprechend
den Wünschen des Arbeitnehmers festzulegen. Der Arbeitgeber kann die
beabsichtigte Verringerung und die Verteilung der Arbeitszeit ablehnen,
wenn betriebliche Gründe entgegenstehen.

Die betrieblichen Gründe werden im Gesetz nicht definiert. Es werden ledig- 32
lich in **Abs. 4 Satz 2** Beispiele betrieblicher Gründe genannt: wesentliche Beeinträchtigungen der Organisation, des Arbeitsablaufs und der Sicherheit
im Betrieb und die Verursachung unverhältnismäßiger Kosten. Der Gesetzgeber hat in Abs. 4 Satz 2 die Berechtigung des Arbeitgebers bei Wünschen
des Arbeitnehmers nach Verringerung und nach der Neuverteilung der Arbeitszeit einheitlich geregelt. Daher gelten die Anforderungen, die an das
Gewicht eines entgegenstehenden betrieblichen Grundes zu stellen sind,
auch für die Verweigerung der Zustimmung zu der vom Arbeitnehmer gewünschten Festlegung der verringerten Arbeitszeit.[57]

Im Gesetzgebungsverfahren sind die Anforderungen an die Ablehnungs- 33
gründe wieder gesenkt worden, nachdem das zunächst im Referentenentwurf vorgesehene Wort »dringende« vor den betrieblichen Gründen wieder
gestrichen wurde. Eine Änderung der Beispiele erfolgte nicht, sodass dort
weiterhin die Kriterien wesentlich und unverhältnismäßig geblieben sind.

Nach der Gesetzesbegründung sollen unzumutbare Anforderungen an die 34
Ablehnung durch den Arbeitgeber ausgeschlossen werden, rationale, nachvollziehbare Gründe zur Ablehnung genügen.[58] In § 9 ist von dringenden betrieblichen Gründen die Rede, ebenso in § 15 Abs. 4 BEEG. Insoweit folgt
aus der weiteren Gesetzessystematik, dass keine dringenden betrieblichen
Gründe für die Ablehnung des Antrags auf Arbeitszeitverkürzung vorliegen
müssen.

Dem ist die Rechtsprechung überwiegend gefolgt, indem seit dem Inkraft- 35
treten des Gesetzes keine besonders hohen Anforderungen an den betrieblichen Grund gestellt wurden. Ausreichend waren rationale und nachvollziehbare Gründe.[59]

---

57 BAG 18.2.2003 – 9 AZR 164/02, AP Nr. 2 zu § 8 TzBfG.
58 BT-Drs. 14/4374, S. 17.
59 ArbG Berlin 12.10.2001 – 31 Ga 24563/01, DB 2001, 2727; ArbG Essen
  19.6.2001 – 5 Ca 1373/01, NZA-RR 2001, 573; ArbG Freiburg 4.9.2001 – 7 Ca
  143/01, NZA 2002, 216; ArbG Hannover 31.1.2002 – 10 Ca 419/01, NZA-RR
  2002, 294; ArbG Mannheim 20.11.2001 – 12 Ca 351/01, NZA-RR 2002, 78f.;
  ArbG Mönchengladbach 30.5.2001 – 5 Ca 1157/01, NZA 2001, 970; ArbG Nienburg 23.1.2002 – 1 Ca 603/01, NZA 2002, 384; LAG Berlin 18.1.2002 – 19 Sa
  1982/02, AuR 2002, 190; LAG Köln 4.12.2001 – 9 Sa 726/01, AuR 2002, 189; lediglich ArbG Bonn 20.6.2001 – 2 Ca 1414/01, NZA 2001, 975 und ArbG Stuttgart

Dreistufige Prüfung mit Beispielen

36 Das BAG[60] hat im Jahr 2003 eine dreistufige Prüfung für das Vorliegen eines betrieblichen Grundes entwickelt (vgl. § 8, Rn. 5).

In der **ersten Stufe** ist danach festzustellen, ob überhaupt und wenn ja, welches betriebliche Organisationskonzept der vom Arbeitgeber als erforderlich angesehenen Arbeitszeitregelung zugrunde liegt. Organisationskonzept ist das Konzept, mit dem die unternehmerische Aufgabenstellung im Betrieb verwirklicht werden soll. Die Darlegungslast dafür, dass das Organisationskonzept die Arbeitszeitregelung bedingt, liegt beim Arbeitgeber. Die Richtigkeit seines Vortrags ist arbeitsgerichtlich voll überprüfbar. Die dem Organisationskonzept zugrunde liegende unternehmerische Aufgabenstellung und die daraus abgeleiteten organisatorischen Entscheidungen sind jedoch hinzunehmen, soweit sie nicht willkürlich sind. Voll überprüfbar ist dagegen, ob das vorgetragene Konzept auch tatsächlich im Betrieb durchgeführt wird.

37 Beispiele für betriebliche Organisationskonzepte:

Kindergärten, die nach ihrem pädagogischen Konzept auf eine kontinuierliche Präsenz und Anzahl der Personen angewiesen sind, um entsprechende Erziehungsaufgaben während der Tätigkeit wahrnehmen zu können.[61]

Rehabilitationskliniken, die zur Erzielung optimaler Rehabilitations- und Therapieerfolge und zur Abrechnung der erbrachten Leistungen gegenüber den Krankenkassen darauf abstellen, dass Patienten während ihres Aufenthalts 24 Stunden täglich einer ärztlichen Kontrolle unterliegen, die durch einen entsprechenden Facharzt vorgenommen wird.[62]

Banken, die besonders vermögenden Privatkunden mit ihren oftmals umfassenden und vernetzten Bankgeschäften nur einen festen Berater zuordnen, um eine auf gegenseitiges Vertrauen von besonderer Sachkenntnis geprägte Kundenbeziehung aufbauen zu können.[63]

Außendienstmitarbeiter, die ein Verkaufsgebiet zugewiesen bekommen, dessen Betreuungsaufwand eine Wochenarbeitszeit eines Vollzeitbeschäftigten notwendig macht.[64]

---

5. 7. 2001 – 2762/01, NZA 2001, 968 ff. stellen etwas höhere Ansprüche an das Vorliegen des betrieblichen Grundes.

60 BAG 18. 2. 2003 – 9 AZR 164/02, AP Nr. 2 zu § 8 TzBfG.

61 ArbG Bonn 20. 6. 2001 – 2 Ca 1414/01, NZA 2001, 970 ff.; LAG Niedersachsen 2. 8. 2002 – 16 Sa 166/02, NZA-RR 2003, 7; BAG 18. 3. 2003 – 9 AZR 126/02, AP 3 zu § 8 TzBfG; BAG 19. 8. 2003 – 9 AZR 542/02, AP 4 zu § 8 TzBfG; LAG Düsseldorf 19. 1. 2005 – 12 Sa 1512/04, AiB Newsletter 2005, Nr. 7, 6.

62 LAG Sachsen-Anhalt 27. 1. 2005 – 9 Sa 429/04.

63 LAG Hamm 21. 12. 2004 – 6 Sa 1294/04.

64 BAG 21. 6. 2005 – AZR 409/04, AP 14 zu § 8 TzBfG.

Das vom Arbeitgeber vorgetragene organisatorische Konzept unterliegt 38
hierbei nur einer Missbrauchskontrolle und kann vom Arbeitsgericht nicht
auf seine Zweckmäßigkeit hin überprüft werden.[65]

Die Ernsthaftigkeit eines Organisationskonzepts wird auch nicht dadurch 39
infrage gestellt, dass der Arbeitgeber hiervon Ausnahmen macht, z. B. wegen
Krankheit, Urlaub usw. Krankheits-, Urlaubs- oder sonstige Abwesenheits-
vertretungen sind äußere Umstände, die vom Arbeitgeber regelmäßig nicht
beeinflusst werden können.[66]

Kein schlüssiges Organisationskonzept liegt vor, wenn in den Arbeitsberei- 40
chen bereits mit Vollzeitkräften keine kontinuierliche Anwesenheit der Beschäftigten während der Betriebs- bzw. Öffnungszeiten erreicht wird[67] bzw.
wenn die bestehenden Personalkapazitäten bereits unzureichend sind, um
das vorgesehene Organisationskonzept mit Vollzeitkräften umsetzen zu
können.[68] Der Arbeitgeber muss bei Betriebslaufzeiten, die die tägliche Arbeitszeit von Vollzeitkräften übersteigen, ohnehin geeignete organisatorische Maßnahmen treffen, um einen möglichst schnellen und zuverlässigen
Informationsfluss zwischen den Beschäftigten, optimale Kundenbetreuung
durch mehrere Mitarbeiter, durchgängige Maschinen- oder Öffnungszeiten
mit verschiedenen Arbeitnehmern, Zusammenarbeit in Projekten und Rei-
setätigkeiten zu gewährleisten. Durch Teilzeitarbeit entsteht damit kein or-
ganisatorischer Mehraufwand.[69]

In der **zweiten Stufe** ist zu prüfen, inwieweit die Arbeitszeitregelung dem 41
Arbeitszeitverlangen des Arbeitnehmers tatsächlich entgegensteht. Dabei ist
auch der Frage nachzugehen, ob durch eine dem Arbeitgeber zumutbare
Änderung von betrieblichen Abläufen oder des Personaleinsatzes der betrieblich als erforderlich angesehene Arbeitszeitbedarf unter Wahrung des
Organisationskonzepts mit dem individuellen Arbeitszeitwunsch des Arbeitnehmers zur Deckung gebracht werden kann.

Der Arbeitgeber muss sich nur auf zumutbare Maßnahmen verweisen lassen, um den Teilzeitwunsch des Arbeitnehmers zu ermöglichen. Der Arbeitgeber muss keine Maßnahmen ergreifen, die mehr von ihm fordern, als den
Arbeitszeitausfall auszugleichen.[70]

Der Einwand des Arbeitgebers, keine geeignete Arbeitskraft finden zu kön- 42
nen, ist nur beachtlich, wenn er nachweist, dass eine dem Berufsbild des Ar-

65 So auch schon ArbG Freiburg 4. 9. 2001 – 7 Ca 143/01, NZA 2002, 216; ArbG
   Hannover 31. 1. 2002 – 10 Ca 419/01, NZA-RR 2002, 296.
66 BAG 18. 3. 2003 – 9 AZR 126/03, AP Nr. 3 zu § 8 TzBfG; BAG 14. 10. 2003 – 9 AZR
   636/02, AP Nr. 6 zu § 8 TzBfG.
67 BAG 30. 9. 2003 – 9 AZR 665/02, AP Nr. 5 zu § 8 TzBfG.
68 BAG 20. 1. 2015 – 9 AZR 735/13, AP Nr. 32 zu § 8 TzBfG = AiB 2015, Nr. 10,
   60–61.
69 ArbG Mannheim 20. 11. 2001 – 12 Ca 351/01, NZA-RR 2002, 78 f.
70 BAG 9. 12. 2003 – 9 AZR 16/03, AP Nr. 8 zu § 8 TzBfG.

beitnehmers, der seine Arbeitszeit reduziert, entsprechend ausgebildete Arbeitskraft auf dem maßgeblichen Arbeitsmarkt nicht zur Verfügung steht.[71] Der Arbeitgeber darf allerdings an die gesuchte Ersatzkraft nicht zu hohe fachliche Anforderungen bzw. höhere Anforderungen als an den Stelleninhaber stellen.[72]

Für den Fall, dass auf dem Arbeitsmarkt keine entsprechend qualifizierten Teilzeitbeschäftigten zu finden sind, ist es für den Arbeitgeber unzumutbar, eine Vollzeitkraft einzustellen. Er muss sich nicht darauf verweisen lassen, dass damit die im Betrieb regelmäßig anfallenden Überstunden abgebaut werden können.[73]

Gelingt es dem Arbeitgeber nicht, innerhalb der Dreimonatsfrist des Abs. 2 Satz 1 einen geeigneten Arbeitnehmer einzustellen, kann das dafür sprechen, die fragliche Stelle als Vollzeitstelle weiter bestehen zu lassen.[74]

43   Umstritten ist, ob sich der Arbeitgeber bei der Suche nach einer geeigneten Arbeitskraft auf den Einsatz von Subunternehmern oder Leiharbeitnehmern verweisen lassen muss. Die ablehnende Auffassung führt aus, dass es die unternehmerische Entscheidung des Arbeitgebers sei, mit welchem Personal der Arbeitgeber seinen Betriebszweck erbringen wolle. Er könne nicht dazu gezwungen werden, Subunternehmer zu beschäftigen.[75]

44   Für die Verweisung auf Subunternehmer oder Leiharbeitnehmer spricht aber, dass die unternehmerische Entscheidung des Arbeitgebers nicht betroffen ist, wenn regelmäßig Subunternehmer oder Leiharbeitnehmer für mit der Stammbelegschaft vergleichbare Tätigkeiten eingesetzt werden. Der Arbeitgeber hat bereits vor dem Teilzeitwunsch die grundsätzliche Entscheidung zum Einsatz von Leiharbeitnehmern und Subunternehmern getroffen. Dem Arbeitgeber wird durch die Verweisung auf ohnehin im Betrieb tätige Leiharbeitnehmer oder Subunternehmer durch die Umsetzung des Teilzeitanspruchs gerade nicht aufgezwungen, mit welchem Personal er seine betrieblichen Tätigkeiten ausführen will.[76]

45   Der Arbeitgeber ist nicht verpflichtet, den durch den Verkürzungswunsch bedingten Arbeitszeitausfall durch Aufbau von Überstunden bei anderen Beschäftigten auszugleichen.[77]

---

71   BT-Drs. 14/4374, S. 31; ArbG Stuttgart 5. 7. 2001 – 21 Ca 2762/01, NZA 2001, 969; ArbG Mönchengladbach 30. 5. 2001 – 5 Ca 1157/01, NZA 2001, 973.

72   BAG 14. 10. 2003 – 9 AZR 636/02, AP Nr. 6 zu § 8 TzBfG; BAG 23. 11. 2004 – 9 AZR 644/03, AP Nr. 9 zu § 8 TzBfG.

73   BAG 9. 12. 2003 – 9 AZR 16/03, AP Nr. 8 zu § 8 TzBfG.

74   ArbG Arnsberg 22. 1. 2002 – 1 Ca 804/01, NZA 2002, 563.

75   ArbG Hannover 31. 1. 2002 – 10 Ca 419/01, NZA-RR 2002, 295; Rolfs, § 8 TzBfG Rn. 33.

76   Vgl. BAG 9. 12. 2003 – 9 AZR 16/03, AP Nr. 8 zu § 8 TzBfG.

77   BAG 9. 12. 2003 – 9 AZR 16/03, AP Nr. 8 zu § 8 TzBfG.

Bei Personalkontinuität für Kunden, Patienten u. Ä. als Organisationskonzept ist stets zu prüfen, ob eine verringerte Zuordnung, z. B. der betreuten Kunden zu dem Arbeitnehmer, möglich ist.[78]

Ergibt sich, dass das Arbeitszeitverlangen des Arbeitnehmers nicht mit dem organisatorischen Konzept und der daraus folgenden Arbeitszeitregelung in Übereinstimmung gebracht werden kann, ist in **einer dritten Stufe** das Gewicht der entgegenstehenden betrieblichen Gründe zu prüfen: Werden durch die vom Arbeitnehmer gewünschten Abweichungen die in § 8 Abs. 4 Satz 2 genannten betrieblichen Organisationskonzepte und die ihm zugrunde liegende unternehmerische Aufgabenstellung wesentlich beeinträchtigt?[79] **46**

Ein gewichtiger Grund in diesem Sinne können unverhältnismäßige Kosten sein. Bei der Auslegung des Ablehnungsgrunds »unverhältnismäßige Kosten« wird in der Gesetzesbegründung darauf hingewiesen, dass durch die Ausweitung von Teilzeitarbeit entstehende Mehrkosten durch eine höhere Produktivität ausgleichen werden und mit einer höheren Arbeitszufriedenheit verbunden sind.[80] Aus dem Sinn und Zweck des Teilzeitanspruchs ist es selbstverständlich, dass in einem gewissen Maße höhere Kosten für den Arbeitgeber entstehen. Wollte man dies aber als betrieblichen Grund anerkennen, liefe der Teilzeitanspruch ins Leere.[81] **47**

Einarbeitungskosten auch für Teilzeitbeschäftigte sind grundsätzlich nicht unverhältnismäßig. Der Begriff Kosten spricht den finanziellen Aufwand an, der mit dem Arbeitsplatz verbunden ist. Hierbei sind die Kosten, die üblicherweise mit dem eingerichteten Arbeitsplatz verbunden sind, mit denen ins Verhältnis zu setzen, die durch die Arbeitsplatzteilung anfallen. Erst nach der Einarbeitungszeit erhält der Arbeitgeber die volle Gegenleistung des Arbeitnehmers für die von Anfang an gezahlte Vergütung. Derartige Einmalkosten sind aber nicht grundsätzlich unverhältnismäßig. Die Einarbeitung einer Teilzeitkraft wird nicht unwirtschaftlicher, weil sie sich wegen des geringeren Arbeitszeitvolumens über einen längeren Zeitraum erstreckt als bei einer Vollzeitkraft. Die wird dadurch ausgeglichen, dass die Teilzeitkraft auch entsprechend weniger Verdienst erhält.[82] **48**

Kurzfristige Kostenbelastungen durch Teilzeit sind dem Arbeitgeber daher zuzumuten. Nur dauerhafte und unverhältnismäßige Folgekosten, die der Arbeitgeber konkret beziffert, können einen betrieblichen Grund darstellen. Beispielsweise fallen regelmäßig Fortbildungskosten für eine Teilzeitkraft in **49**

---

78 BAG 18. 5. 2004 – 9 AZR 319/03, AP 3 zu AVR Caritasverband Anlage 5.
79 BAG 18. 2. 2003 – 9 AZR 164/02, AP Nr. 2 zu § 8 TzBfG.
80 BT-Drs. 14/4374, S. 11.
81 Rolfs, § 8 TzBfG Rn. 36.
82 BAG 23. 11. 2004 – 9 AZR 644/03, AP Nr. 9 zu § 8 TzBfG.

der entsprechenden Höhe wie für eine Vollzeitkraft an, die sich voraussichtlich wegen der verringerten Arbeitszeit nicht amortisieren werden.[83]
Ein nur pauschaler Hinweis auf Schulungskosten ist nicht ausreichend. Es muss konkret prognostiziert werden, welche Schulungsmaßnahmen erforderlich sind und welche Kosten hierdurch verursacht werden.[84]

50 Unzulässig ist die Ablehnung des Teilzeitverlangens mit der Begründung, dass durch die notwendig werdende Neueinstellung Schwellenwerte – z. B. Freistellung eines Betriebsrats gem. § 38 BetrVG – erreicht würden. Derartige Schwellenwerte richten sich nach dem Gesetz und können daher keine betrieblichen Gründe darstellen.[85]

51 Auch eine betriebliche Regelung, z. B. eine Betriebsvereinbarung zur Arbeitszeitlage, kann als betrieblicher Grund dem Verteilungswunsch entgegenstehen.[86]

Tariföffnungsklausel

52 **Abs. 4 Satz 3** enthält eine Tariföffnungsklausel, die es den Tarifvertragsparteien erlaubt, im Tarifvertrag Ablehnungsgründe festzuschreiben. Da gem. § 22 Abs. 1 von § 8 nicht zuungunsten der Arbeitnehmer abgewichen werden kann (vgl. § 22 Rn. 1), dürfen tarifliche Gründe nicht zum Ausschluss des Teilzeitanspruchs führen. Derartige tarifliche Regelungen sind unwirksam. Hingegen sind günstigere Vereinbarungen nicht ausgeschlossen.[87]
In Tarifverträgen kann eine sog. Überforderungsquote zur Festlegung von Teilzeitarbeitsarbeitsplätzen im Verhältnis zu Vollzeitarbeitsplätzen als entgegenstehender betrieblicher Grund konkretisiert werden.[88]
Die unbefristete Dauer des gesetzlichen Teilzeitanspruchs ist nicht tarifdispositiv.[89] Allerdings kann durch Tarifvertrag zugunsten der Arbeitnehmer zusätzlich zum gesetzlichen Anspruch die Möglichkeit vereinbart werden, die Arbeitszeit für eine begrenzte Dauer zu reduzieren.[90]

---

83 BAG 21. 6. 2005 – 9 AZR 409/04, AP 14 zu § 8 TzBfG.
84 BAG 20. 1. 2015 – 9 AZR 735/13, AP Nr. 32 zu § 8 TzBfG = AiB 2015, Nr. 10, 60–61.
85 ErfK/Preis, § 8 TzBfG, Rn. 38, m. w. N.
86 BAG 18. 2. 2003 – 9 AZR 164/02, AP Nr. 2 zu § 8 TzBfG.
87 BAG 16. 12. 2014 – 9 AZR 915/13, NZA 2015, 327–329, = AiB 2015, Nr. 9, 64–65.
88 BAG 24. 6. 2008 – 9 AZR 313/07, AP Nr. 8 zu § 117 BetrVG.
89 BAG 24. 6. 2008 – 9 AZR 313/07, AP Nr. 8 zu § 117 BetrVG.
90 BAG 10. 12. 2014 – 7 AZR 1009/12, NZA 2015, 811–815 = PersR 2015, Nr. 5, 43.

Nicht tarifgebundene Arbeitnehmer/Arbeitgeber

Nach **Satz 4** können im Geltungsbereich des Tarifvertrags auch nicht tarif- **53**
gebundene Arbeitgeber und Arbeitnehmer die Anwendung der tariflichen
Regelungen vereinbaren.

Verfahren bei Antrag auf Arbeitszeitverkürzung – Allgemeines

Abs. 5 regelt das Verfahren zwischen Arbeitgeber und Arbeitnehmer über **54**
den Antrag auf Verringerung der Arbeitszeit und ihre Verteilung. Nach
Satz 1 muss der Arbeitgeber seine Entscheidung über die Verringerung und
ihre Verteilung dem Arbeitnehmer spätestens einen Monat vor dem gewünschten Beginn der Verringerung mitteilen.

Die Fristberechnung erfolgt analog § 187 Abs. 1 und § 188 Abs. 2 BGB. **55**

> **Beispiel:**
> Der Arbeitnehmer hat am 28. Februar einen Antrag auf Verringerung der Ar-
> beitszeit zum 1. Juni gestellt. Das Ablehnungsschreiben des Arbeitgebers muss
> dem Arbeitnehmer spätestens am 30. April zugehen, unabhängig davon, ob der
> 30. April auf einen Samstag, Sonntag oder Feiertag fällt.[91]

Das Gesetz sieht die Schriftform der Ablehnung vor, mit der Folge, dass eine **56**
nur mündliche Ablehnung wegen Formmangels gem. §§ 125, 126 BGB nichtig ist.[92]

Die Ablehnung des Arbeitgebers, dem Teilzeitbegehren des Arbeitnehmers
zuzustimmen, ist eine an den Beschäftigten gerichtete Willenserklärung. Die
gesetzlich geforderte Rechtsklarheit und Transparenz im Rechtsverkehr erfordert eine hinreichend deutliche Ablehnung. Nur mit einer für den Arbeitnehmer klar erkennbaren Ablehnung seines Antrags kann der Arbeitgeber
den Eintritt der Zustimmungsfiktion (vgl. § 8 Rn. 59) verhindern.[93]

Das Ablehnungsschreiben muss unterschrieben sein.[94]

Nach dem Wortlaut ist eine Begründung der Ablehnung anders als in § 15 **57**
Abs. 7 BEEG nicht erforderlich. Dem Arbeitgeber obliegt die vertragliche
Nebenpflicht, auf Nachfragen die Gründe zumindest stichwortartig zu nen-
nen.[95] Durch diese Mitteilung wird der Arbeitgeber aber nicht an seine
Ablehnungsgründe gebunden. Im arbeitsgerichtlichen Prozess ist er daher

---

91 Rolfs, RdA 2001, 135, Fn. 95; ders., § 8 TzBfG Rn. 25.
92 BAG 20. 1. 2015 – 9 AZR 860/13, AP Nr. 33 zu § 8 TzBfG.
93 BAG 20. 1. 2015 – 9 AZR 860/13, AP Nr. 33 zu § 8 TzBfG.
94 Straub, NZA 2001, 923; Rolfs, RdA 2001, 134; ders., § 8 TzBfG Rn. 25; Richardi/
    Annuß, BB 2000, 2203; a. A. Hromadka, NZA 2001, 1171, der in der Erklärung
    nur eine geschäftsähnliche Handlung sieht und damit eine Ablehnung mit E-Mail
    ausreichen lassen will.
95 Straub, NZA 2001, 924; Rolfs, § 8 TzBfG Rn. 30.

nicht präkludiert und kann neben der Konkretisierung bereits genannter Gründe auch neue Gründe einführen,[96] sofern diese nicht im Rahmen von Verhandlungen zwischen Arbeitgeber und Arbeitnehmer hätten ausgeräumt werden können (vgl. § 8, Rn. 29).

58   Die betrieblichen Gründe müssen im Zeitpunkt der Ablehnung des Antrags auf Verringerung der Arbeitszeit durch den Arbeitgeber vorliegen.[97] Es ist daher eine Prognoseentscheidung erforderlich, ob ab dem geplanten Beginn der Verkürzung der Arbeitszeit betriebliche Gründe vorliegen, die eine Ablehnung des Verkürzungsbegehrens rechtfertigen.[98] Vorübergehende Umstände, die voraussichtlich zum Beginn der Arbeitszeitverkürzung entfallen, sind unbeachtlich.[99]

59   In **Satz 2** ist die Fiktion der Zustimmung zur Verkürzung der Arbeitszeit geregelt. Haben sich Arbeitgeber und Arbeitnehmer nicht über die Verringerung der Arbeitszeit geeinigt und hat der Arbeitgeber nicht spätestens einen Monat vor dem Beginn der gewünschten Verkürzung schriftlich abgelehnt, verringert sich die Arbeitszeit des Arbeitnehmers im gewünschten Umfang.

60   In **Satz 3** ist die Fiktion der Zustimmung zur Verteilung der Arbeitszeit enthalten. Haben Arbeitgeber und Arbeitnehmer kein Einvernehmen über die Verteilung der Arbeitszeit erzielt und hat der Arbeitgeber nicht spätestens einen Monat vor dem Beginn der gewünschten Verkürzung die gewünschte Verteilung schriftlich abgelehnt, gilt die Vertragsänderung bzgl. der Verteilung der Arbeitszeit entsprechend den Wünschen des Arbeitnehmers als vereinbart.

Diese Fiktion tritt allerdings nicht früher ein, wenn die Ankündigungsfristen von dem Arbeitnehmer nicht eingehalten wurden. Die Ankündigungsfristen dienen dem Schutz des Arbeitgebers, um die Berechtigung des Verkürzungsbegehrens zu prüfen und ggf. die Umsetzung vorzubereiten. Durch einen nicht fristgerechten Antrag des Arbeitnehmers können sie nicht verkürzt werden.[100]

61   Da die Angabe des Verteilungswunsches der verringerten Arbeitszeit nicht zwingend erforderlich ist (vgl. § 8 Rn. 23 f.), tritt die Fiktionswirkung bzgl. der Verteilung der Arbeitszeit nicht ein, wenn mit dem Antrag auf Verkürzung der Arbeitszeit nicht auch die Angaben zur gewünschten Verteilung

---

96 Rolfs, § 8 TzBfG Rn. 30.
97 BAG 18. 2. 2003 – 9 AZR 356/02, AP Nr. 1 zu § 8 TzBfG; BAG 23. 11. 2004 – 9 AZR 644/03, AP Nr. 9 zu § 8 TzBfG.
98 Rolfs, § 8 TzBfG Rn. 30.
99 Lindemann/Simon, BB 2001, 150.
100 BAG 16. 3. 2004 – 9 AZR 323/03, AP Nr. 10 zu § 8 TzBfG.

gemacht wurden. Der Arbeitgeber kann dann im Rahmen des Direktionsrechts (§ 106 GewO) die Lage der Arbeitszeit einseitig festlegen.[101]

§ 8 Abs. 4 findet auf Altersteilzeitarbeitsverhältnisse im Teilzeitmodell keine **61a** Anwendung. Über die Verteilung der Arbeitszeit im Teilzeitmodell entscheidet der Arbeitgeber nach billigem Ermessen gemäß § 106 Satz 1 GewO, § 315 Abs. 1 BGB, sofern im Tarifvertrag hierzu keine Regelung vereinbart wurde.[102]

Satz 4 regelt die Neubestimmung der Verteilung der nach diesem Gesetz ver **62** ringerten Arbeitszeit durch den Arbeitgeber, wenn das betriebliche Interesse an der Änderung der Verteilung das Interesse des Arbeitnehmers an der Beibehaltung erheblich überwiegt und der Arbeitgeber die Änderung spätestens einen Monat vorher angekündigt hat.

Damit findet eine Beschränkung des arbeitgeberseitigen Direktionsrechts **63** (§ 106 GewO) bzgl. der Verteilung der Arbeitszeit auf überwiegende betriebliche Belange statt. Nach dem Wortlaut des Gesetzes findet diese Einschränkung des Direktionsrechts nur Anwendung, wenn zuvor die Arbeitszeit nach diesem Gesetz reduziert und verteilt wurde. Der Arbeitgeber kann die Verteilung der Arbeitszeit nur verändern, wenn er dabei gesetzliche und kollektive Regelungen, z.B. Tarifverträge und Betriebsvereinbarungen, beachtet und ein überwiegendes betriebliches Interesse an einer Neuverteilung der Arbeitszeit hat.

Überwiegende betriebliche Interessen können sich aus organisatorischen **64** oder wirtschaftlichen Gründen ergeben. Aber auch Teilzeitwünsche anderer Arbeitnehmer, die aus sozialen Gründen – z.B. schulpflichtige Kinder, pflegebedürftige Angehörige oder außerbetriebliche Weiterbildung – vorrangig zu berücksichtigen sind, können ein erhebliches betriebliches Interesse an einer Änderung der Verteilung der Arbeitszeit begründen.[103]

Sperrfrist von 2 Jahren

Nach **Abs. 6** kann der Arbeitnehmer eine erneute Verringerung der Arbeits **65** zeit frühestens nach Ablauf von zwei Jahren verlangen, nachdem der Arbeitgeber dem vorherigen Vertragsänderungsangebot zugestimmt oder berechtigt abgelehnt hat. Der Arbeitnehmer ist daran für zwei Jahre gebunden, auch wenn sich zwischenzeitlich die Voraussetzungen zu seinen Gunsten ändern. Das Gesetz will den Arbeitgeber nach einer Entscheidung für zwei Jahre vor einer erneuten Überprüfung der betrieblichen Verhältnisse in Bezug auf den Arbeitszeitwunsch des Arbeitnehmers schützen. Dieses Ziel

---

101 BAG 23.11.2004 – 9 AZR 644/03, AP Nr. 9 zu § 8 TzBfG; BAG 24.6.2008 – 9 AZR 514/07, AP Nr. 26 zu § 8 TzBfG; Rolfs, RdA 2001, 134.
102 BAG 12.4.2011 – 9 AZR 19/10, AP Nr. 53 zu § 1 TVG – Altersteilzeit.
103 Rolfs, § 8 TzBfG Rn. 38.

wäre nicht erreichbar, wenn man den Arbeitgeber während eines laufenden Verfahrens zu eben dieser Überprüfung anhalten würde.[104]

66   Diese Sperrfrist soll dem Arbeitgeber für zwei Jahre Sicherheit für seine Personalplanung geben. Sie beginnt nur, wenn der Arbeitgeber der Arbeitszeitverringerung zugestimmt oder sie berechtigt abgelehnt hat bzw. ab Eintritt der Zustimmungsfiktion, bei Ersetzung der Zustimmung durch gerichtliches Urteil ab Rechtskraft des Urteils gem. § 894 ZPO.

67   Diese Veränderungssperre gilt ausschließlich für das Verringerungsverlangen nach § 8 Abs. 1.[105] Daher bleibt von dieser Sperrfrist unberührt der Wunsch nach Arbeitszeitreduzierung gem. § 15 Abs. 5–7 BEEG oder für schwerbehinderte Menschen gem. § 164 Abs. 5 SGB IX (vgl. § 8 Rn. 70f.).

Die zweijährige Sperrfrist wird nicht ausgelöst, wenn der Antrag des Arbeitnehmers auf Arbeitszeitverkürzung zu ungenau ist. Der Inhalt des zwischen den Vertragsparteien zustande kommenden Änderungsvertrags muss feststehen. Da der Antrag des Arbeitnehmers auf Verringerung der Arbeitszeit ein Angebot auf Abschluss eines Änderungsvertrags i. S. v. § 145 BGB ist, muss dieser so konkret sein, dass er mit einem einfachen »Ja« angenommen werden kann.[106]

Ein nur befristeter Antrag auf Teilzeit ist kein wirksamer Antrag i. S. d. § 8 (vgl. § 8 Rn. 20) und kann damit nicht die Sperrwirkung des § 8 Abs. 6 auslösen.[107] Der Antrag ist dahingehend auszulegen, dass er nach § 9a gestellt ist. Daher kann ggf. nur die Sperrwirkung des § 9a Abs. 5 von einem Jahr eintreten (vgl. Kommentierung zu § 9a).

Mindestzahl von Beschäftigten für Arbeitszeitverkürzung

68   **Abs. 7:** Für den Anspruch auf Verringerung der Arbeitszeit ist Voraussetzung, dass bei dem Arbeitgeber mehr als 15 Arbeitnehmer ohne die zu ihrer Berufsausbildung Beschäftigten, d. h. mindestens 16, beschäftigt sind. Diese Kleinunternehmerklausel ist verfassungsgemäß.[108] Da sich nach dem Wortlaut des Gesetzes die Anzahl der Beschäftigten auf den Arbeitgeber beziehen, kommt es nicht auf die Anzahl im Betrieb, sondern auf die im Unternehmen an.

69   Anders als gem. § 23 Abs. 1 Satz 3 KSchG werden hier die Teilzeitbeschäftigten nicht nur anteilig, sondern nach Köpfen gezählt.[109]

---

104   BAG 18. 2. 2003 – 9 AZR 356/02, AP Nr. 1 zu § 8 TzBfG.
105   BAG 13. 11. 2007 – 9 AZR 36/07, BAGE 125, 45–57 = AiB 08, 236–238.
106   BAG 16. 10. 2007 – 9AZR 239/07, AP Nr. 23 zu § 8 TzBfG = BAGE 124, 219–228.
107   LAG Hessen 24. 10. 2011 – 7 Sa 399/11.
108   LAG Köln 18. 1. 2002 – 4 Sa 1066/01, NZA-RR 2002, 511 f. = DB 2002, 1057.
109   Rolfs, RdA 2001, 129, 134; Preis/Gotthardt, DB 2001, 149.

Verhältnis Teilzeitanspruch zu anderen Bestimmungen

Gem. § 23 bleiben besondere Regelungen über Teilzeit nach anderen gesetz- **70**
lichen Vorschriften unberührt (vgl. § 23 Rn. 1). Besondere Regelung in diesem Sinne, die nicht verdrängt werden, ist der Teilzeitanspruch während der
dreijährigen Elternzeit gem. § 15 Abs. 4 bis 7 BEEG[110] und von schwerbehinderten Menschen gem. § 164 Abs. 5 SGB IX. Ebenso bleibt der Anspruch auf
Altersteilzeit nach dem ATG wie auch das Gesetz zur Förderung von Frauen
und der Vereinbarkeit von Familie und Beruf in der Bundesverwaltung und
den Gerichten des Bundes (BGleiG) und das seit dem 1.1.2015 geltende Familienpflegezeitgesetz (FPfZG)[111] unberührt. Daneben finden sich noch Regelungen in Tarifverträgen, z.B. §§ 11 TVÖD, 11 TV-L oder auch betriebliche Regelungen.

Teilzeitanspruch gem. § 15 Abs. 5 – 7 BEEG während der Elternzeit

Wenn der Beschäftigte vor der Elternzeit bereits in Teilzeit mit maximal **70a**
30 Wochenstunden tätig war, kann er diesen Vertrag fortsetzen, ohne einen
Antrag auf Verkürzung der Arbeitszeit stellen zu müssen.
Beide Elternteile können gem. § 15 Abs. 3 BEEG abwechselnd oder auch
gleichzeitig in Elternzeit gehen. Nehmen beide Eltern gleichzeitig Elternzeit,
verringert sich dadurch nicht die Gesamtdauer von 3 Jahren. In diesem Fall
können beide Elternteile jeweils 30 Stunden pro Woche arbeiten.
Die Voraussetzungen für den Anspruch auf Elternteilzeit sind in § 15 Abs. 7
BEEG aufgeführt:
Der Arbeitnehmer hat gem. § 15 Abs. 1 BEEG Anspruch auf Elternzeit. Das
ist der Fall, wenn die Personensorge für das betreute Kind besteht, ein Kind
des Ehegatten oder Lebenspartner betreut werden soll.
Der Arbeitgeber beschäftigt, unabhängig von der Anzahl der Personen in
Berufsbildung, in der Regel mehr als 15 Arbeitnehmer, § 15 Abs. 7 Ziff. 1
BEEG.
Das Arbeitsverhältnis in demselben Betrieb oder Unternehmen besteht
ohne Unterbrechung länger als sechs Monate, § 15 Abs. 7 Ziff. 2 BEEG.
Die vertraglich vereinbarte regelmäßige Arbeitszeit soll für mindestens zwei
Monate auf einen Umfang zwischen 15 und 30 Wochenstunden verringert
werden. Auf eine Tätigkeit unter 15 bzw. über 30 Stunden besteht kein An-
spruch, § 15 Abs. 7 Ziff. 3 BEEG.
Dem Anspruch stehen keine dringenden betrieblichen Gründe entgegen,
§ 15 Abs. 7 Ziff. 4 BEEG. Durch den Begriff dringend wird verdeutlicht, dass
eine Angelegenheit notwendig, erforderlich oder sehr wichtig ist. Die be-

---

110 BAG 8.5.2007 – 9 AZR 1112/06, AP Nr. 21 zu § 8 TzBfG.
111 Vom 23.12.2014, BGBl. I 2462.

trieblichen Interessen müssen ein zwingendes Hindernis für die beantragte Verkürzung der Arbeitszeit darstellen.[112] Die Prüfung der Dringlichkeit des betrieblichen Grundes erfolgt nach dem vom BAG entwickelten dreistufigen Schema auf der letzten Stufe (vgl. oben Rn. 5, 46 ff.).

Auch im BEEG ist kein schriftlicher Antrag erforderlich (vgl. oben Rn. 16), aber im Hinblick auf die Nachweisbarkeit des Inhalts und Zeitpunkt des Antrags immer empfehlenswert.

Der Anspruch wurde dem Arbeitgeber sieben Wochen vor Beginn der Tätigkeit schriftlich mitgeteilt. Bei nicht fristgerechter Antragsstellung ist dieser so auszulegen, dass er sich auf den nach dem Gesetz nächstmöglichen Zeitpunkt bezieht (vgl. oben Rn. 12).

Gem. § 15 Abs. 6 BEEG muss der Antrag den Beginn und den Umfang der verringerten Arbeitszeit enthalten. Da der Teilzeitanspruch vom Anspruch auf Elternzeit abhängig ist, kann dieser nicht vor der Erklärung, Elternzeit in Anspruch nehmen zu wollen, beantragt werden.[113]

Die gewünschte Verteilung der verringerten Arbeitszeit soll lediglich im Antrag angegeben werden. Fehlt diese, ist davon auszugehen, dass der Arbeitnehmer die Verteilung dem Arbeitgeber im Wege des Direktionsrecht gem. § 106 GewO überlassen möchte (vgl. oben Rn. 23).

Arbeitgeber und der Arbeitnehmer sollen sich innerhalb von vier Wochen über den Antrag einigen. Falls der Arbeitgeber die beanspruchte Verringerung der Arbeitszeit ablehnen will, muss er dies innerhalb von vier Wochen mit schriftlicher Begründung tun. Soweit der Arbeitgeber der Verringerung der Arbeitszeit nicht oder nicht rechtzeitig zustimmt, kann der Arbeitnehmer Klage vor dem Arbeitsgericht erheben. Während der Gesamtdauer der Elternzeit kann der Arbeitnehmer zweimal eine Verringerung der Arbeitszeit beanspruchen. Die vereinbarte Reduzierung der Arbeitszeit gilt nur während der Elternzeit. Danach lebt das Arbeitsverhältnis automatisch wieder auf, das vor der Elternzeit bestanden hat.

Teilzeitanspruch gem. § 164 Abs. 5 SGB IX

70b   Schwerbehinderte Menschen haben gem. § 164 Abs. 5 SGB IX einen Anspruch auf Teilzeitbeschäftigung, wenn die kürzere Arbeitszeit wegen Art oder Schwere der Behinderung notwendig ist.

Der Anspruchssteller muss allerdings im Streitfall die Kausalität zwischen einer Arbeitszeitverkürzung und der Art bzw. Schwere seiner Behinderung nachweisen.[114]

---

112 BAG 16. 10. 2007 – 9 AZR 321/06, AP Nr. 22 zu § 8 TzBfG; BAG 15. 12. 2009 – 9 AZR 72/09, BB 10, 567 ff.
113 BAG 5. 6. 2007 – 9 AZR 82/07, AiB 08, 433 ff.
114 BAG 14. 10. 2003 – 9 AZR 100/03, NZA 04, 614 ff.

Liegen diese Voraussetzungen vor, entsteht der Anspruch auf Teilzeit unmittelbar.[115] Im Unterschied zu § 8 Abs. 1 ist der Anspruch an keine Frist, Form oder Verfahren gebunden. Der Anspruch ist auch nicht von der Mindestgröße des Unternehmens abhängig.[116]

Durch die Verweisung in § 164 Abs. 5 SGB IX auf § 164 Abs. 4 Satz 3 SGB IX kann der Arbeitgeber diesen Teilzeitanspruch nur ablehnen, soweit seine Erfüllung für den Arbeitgeber

1. nicht zumutbar oder
2. mit unverhältnismäßigen Aufwendungen verbunden wäre oder
3. soweit die staatlichen oder berufsgenossenschaftlichen Arbeitsschutzvorschriften oder beamtenrechtliche Vorschriften entgegenstehen.

Bei der Beurteilung, ob dem Arbeitgeber die Teilzeit zumutbar ist, ist zu berücksichtigen, dass § 164 Abs. 5 SGB IX dem Arbeitgeber grundsätzlich zumutet, durch entsprechende organisatorische Maßnahmen die Arbeitszeitverkürzung aufgrund der Behinderung durchzuführen.[117] Insoweit kann die Frage der Zumutbarkeit einer Reduzierung der Arbeitszeit aufgrund einer Behinderung in der Praxis nur in absoluten Ausnahmefällen eine Rolle spielen.

Unverhältnismäßige Aufwendungen eines Arbeitgebers, die durch die Behinderung eines Arbeitnehmers entstehen, können durch Leistungen zur Teilhabe am Arbeitsleben durch die Rehabilitationsträger gem. §§ 49 ff. SGB IX aufgefangen werden.

Insoweit wird der Arbeitgeber sich darauf verweisen lassen müssen, dass die Reduzierung der Arbeitszeit nur dann eine unverhältnismäßige Belastung darstellt, wenn ein zuvor gestellter Antrag auf Leistungen durch den Rehabilitationsträger abgelehnt wurde.[118]

Zunächst ist festzustellen, dass alle Arbeitsschutzvorschriften für alle Beschäftigten gleichermaßen Geltung beanspruchen, unabhängig von der jeweiligen wöchentlichen Arbeitszeit.

Daher stellt sich bei der Beschäftigung von Behinderten nur die grundsätzliche Frage, ob der Behinderte aufgrund seiner Beeinträchtigung in der Lage ist, die entsprechenden Arbeitsschutzvorschriften zu beachten und einzuhalten, z.B. ob ein Hörbehinderter akustische Warnsignale wahrnehmen kann. Diese Bewertung erfolgt aber unabhängig von der Höhe der wöchentlichen Arbeitszeit. Würde man hier eine Differenzierung zwischen Vollzeit-

---

115 BAG 14.10.2003 – 9 AZR 100/03, NZA 04, 614 ff.
116 Faber/Rabe-Rosendahl in Feldes/Kohte/Stevens-Bartol, SGB IX, § 164 Rn. 54; Düwell in Dau/Düwell/Haines, Komm. zum SGB IX, § 164 Rn. 117.
117 Düwell in Dau/Düwell/Haines, Komm. zum SGB IX, § 164 Rn. 117.
118 Vgl. auch Faber/Rabe-Rosendahl in Feldes/Kohte/Stevens-Bartol, SGB IX, § 164 Rn. 54, der es ausreichen lässt, wenn ein Antrag gestellt wurde.

und Teilzeitbeschäftigten vornehmen, läge ein Verstoß gegen das Diskriminierungsverbot gem. § 4 Abs. 1 vor.[119]
Dieser Ablehnungsgrund bzgl. des Teilzeitverlangens steht dem Arbeitgeber daher nicht zur Verfügung.

Teilzeitanspruch gem. §§ 11 TVÖD/11 TV-L

70c Beschäftigte, die unter den Geltungsbereich des TVÖD oder TV-L fallen, können gem. der wortgleichen §§ 11 Abs. 1 TVöD/11 TV-L einen Antrag auf Verringerung der Arbeitszeit stellen, wenn sie mindestens ein Kind unter 18 Jahren oder einen pflegebedürftigen sonstigen Angehörigen zu betreuen haben und dringende dienstliche oder betriebliche Belange nicht entgegenstehen (vgl. oben Rn. 70a). Auf Antrag kann dieser bis zu fünf Jahre befristet werden. Allerdings hat der Beschäftigte hiernach keinen Anspruch auf eine Änderung der Lage der Arbeitszeit, da nach § 11 Abs. 1 Satz 4 TVöD/11 TV-L bestimmt ist, dass der Arbeitgeber bei der Gestaltung der Arbeitszeit im Rahmen der dienstlichen bzw. betrieblichen Möglichkeiten der besonderen persönlichen Situation des Beschäftigten Rechnung zu tragen hat. Damit kommt klar zum Ausdruck, dass die Ausgestaltung der verringerten Arbeitszeit weiterhin Teil des Direktionsrechts des Arbeitgebers ist.[120]
Liegen diese familiären Voraussetzungen nicht vor, haben Beschäftigte gem. §§ 11 Abs. 2 TVöD/11 TV-L keinen Anspruch auf eine Reduzierung der Arbeitszeit, sondern lediglich einen Anspruch gegen ihren Arbeitgeber, zu prüfen, ob die Möglichkeit einer Teilzeitbeschäftigung besteht.
Der Anspruch des § 8 geht erheblich über den der §§ 11 Abs. 2 TVöD/11 TV-L hinaus. Lediglich für Beschäftigte im öffentlichen Dienst, die aufgrund familiärer Gründe Teilzeit beantragen, bietet der Anspruch aus den §§ 11 Abs. 1 TVöD/11 TV-L den Vorteil, dass die Teilzeittätigkeit bis zu fünf Jahren befristet werden und nach Ablauf dieser Zeit auf Antrag auch noch verlängert werden kann. Allerdings beinhaltet der Anspruch den Nachteil, dass die Verteilung der verringerten Arbeitszeit im alleinigen Direktionsrecht des Arbeitgebers liegt. Der muss allerdings auch weiterhin die Belange des Arbeitnehmers gem. § 106 GewO berücksichtigen.

Unterschiede bei den Teilzeitmöglichkeiten

71 Da die o. g. Ansprüche alle nebeneinander bestehen, kann beispielsweise während der Elternzeit auch eine Verringerung der Arbeitszeit nach dem geltend gemacht werden. Hierzu sind im Einzelnen die Unterschiede und

---

119 Vgl. Pielenz, Teilzeitmöglichkeiten im öffentlichen Dienst, PersR 2010, 228 ff.
120 BAG 16.12.2014 – 9 AZR 915/13, NZA 2015, 327–329, = AiB 2015, Nr. 9, 64–65.

die damit verbundenen Rechtsfolgen zu beachten (vgl. die Übersicht Seite 116f.).

Teilzeitanspruch nach dem Pflegezeitgesetz (PflegeZG) und Familienpflegezeitgesetz (FPfZG)[121]

Eine Besonderheit stellt das erstmals zum 1.1.2012 in Kraft getretene Familienpflegezeitgesetz dar,[122] welches durch das Gesetz zur besseren Vereinbarkeit von Familie, Pflege und Beruf (Pflegezeitgesetz)[123] zum 1.1.2015 erheblich ausgeweitet wurde. **71a**

Beschäftigte die einen nahen Angehörigen in häuslicher Umgebung pflegen wollen, haben einen Rechtsanspruch, bis zu sechs Monate von der Arbeit völlig freigestellt zu werden oder auch in Teilzeit zu arbeiten (sog. **Pflegezeit**, § 3 PflegeZG).

Voraussetzung ist:

1. Arbeitgeber hat in der Regel mehr als 15 Beschäftigte (§ 3 Abs. 1 Satz 2 PflegeZG)
2. Schriftliche Ankündigung zehn Tage vor Beginn der Pflegezeit unter Angabe des Zeitraums und des Umfangs. Bei Teilzeit muss die gewünschte Verteilung der Arbeitszeit angegeben werden. Der Arbeitgeber kann dieser Verteilung nur widersprechen, wenn dringende betriebliche Gründe entgegenstehen (§ 3 Abs. 4 Satz 2 PflegeZG). Eine Mindestarbeitszeit ist nicht vorgegeben.
3. Die Pflegebedürftigkeit ist durch die Bescheinigung der Pflegekasse oder des MDK nachzuweisen (§ 3 Abs. 2 Satz 1 PflegeZG)

Beschäftigte, die einen nahen Angehörigen in häuslicher Umgebung pflegen wollen, haben einen Rechtsanspruch, für bis zu 24 Monate mit wöchentlich mindestens 15 Stunden in Teilzeit zu arbeiten (sog. **Familienpflegezeit**, § 2 FPfZG).

Voraussetzung ist:

1. Arbeitgeber in der Regel mehr als 25 Beschäftigte (§ 2 Abs. 1 Satz 4 FPfZG)
2. Schriftliche Ankündigung mindestens acht Wochen vor Beginn der Familienpflegezeit unter Angabe des Zeitraums, der Dauer (max. 24 Monate) und des Umfangs der Reduzierung. Ebenso ist die gewünschte Verteilung der Arbeitszeit anzugeben (§ 2a Abs. 1 FPfZG). Der Arbeitgeber kann dieser Verteilung nur widersprechen, wenn dringende be-

---

121 Zu dem ganzen Themenkomplex siehe die Broschüre des DGB zum Herunterladen: http://www.dgbrechtsschutz.de/fuer/arbeitnehmer/dgb-informiertueber-pflegezeit-und-familienpflegezeit/.
122 BGBl. I 2564.
123 BGBl. I 2462.

triebliche Gründe entgegenstehen (§ 2 Abs. 2 FPfZG). Die Mindestarbeitszeit ist wöchentlich 15 Stunden (§ 2 Abs. 1 Satz 2 FPfZG). Arbeitgeber und Beschäftigter haben über die Verringerung und die Verteilung der Arbeitszeit eine schriftliche Vereinbarung zu treffen (§ 2 Abs. 2 FPfZG).

3. Die Pflegebedürftigkeit ist durch die Bescheinigung der Pflegekasse oder des MDK nachzuweisen (§ 2a Abs. 4 FPfZG).

Zum Ausgleich des Einkommensausfalls bei der Inanspruchnahme von Pflege- oder Familienpflegezeit besteht ein Rechtsanspruch auf ein zinsloses Darlehn über das Bundesamt für Familie und zivilgesellschaftliche Aufgaben (§ 3 Abs. 1 FPfZG).

Pflege- und Familienpflegezeit können auch miteinander verbunden werden, wenn sich die Familienpflegezeit direkt an die Pflegezeit anschließt (§§ 2a Abs. 1 Satz 6 FPfZG, 3 Abs. 3 Satz 6 PflegeZG). Die Ankündigungsfrist für die Familienpflegezeit verlängert sich dann aber auf drei Monate (§ 2a Abs. 1 Satz 4 FPfZG). Dabei darf insgesamt allerdings der Zeitraum von 24 Monaten nicht überschritten werden (§ 2 Abs. 2 FPfZG).

Wird direkt im Anschluss an eine Familienpflegezeit die Pflegezeit beantragt, beträgt die Ankündigungsfrist acht Wochen (§ 3 Abs. 3 Satz 5 PflegeZG).

Gerichtliche Durchsetzung des Teilzeitanspruchs

72   Die gerichtliche Durchsetzung des Teilzeitanspruchs gem. Abs. 1 erfolgt als Leistungsklage im arbeitsgerichtlichen Urteilsverfahren gem. § 2 Abs. 1 Nr. 3a) ArbGG. Die Klage ist auf Abgabe einer Willenserklärung gerichtet. Der Arbeitnehmer ist auf den Rechtsweg angewiesen. Die eigenmächtige Arbeitszeitreduzierung nach Ablehnung durch den Arbeitgeber rechtfertigt eine ggf. sogar fristlose Kündigung.[124]

73   Der Klageantrag des Arbeitnehmers zur Durchsetzung des Teilzeitanspruchs lautet:

> ... wird beantragt, den Beklagten/die Beklagte zu verurteilen, die Zustimmung zur Reduzierung der Arbeitszeit des Klägers/der Klägerin von ... Stunden/Woche auf ... Stunden/Woche mit einer Verteilung der Arbeitszeit auf die Wochentage wie folgt ... zu erteilen.

74   Ein Zeitpunkt für den Beginn der Arbeitszeitreduzierung muss nicht angegeben werden, da wegen § 894 ZPO die Willenserklärung erst ab dem Zeit-

---

124 Rolfs, RdA 2001, 129, 135; Klimt, NZA 2001, 66.

punkt der Rechtskraft des Urteils als abgegeben gilt und daher erst ab diesem Zeitpunkt die Arbeitszeitreduzierung eintreten kann.[125]

Eine Klage auf eine rückwirkende Zustimmung zur Arbeitszeitverkürzung ist seit Inkrafttreten des § 311a BGB mit dem Gesetz zur Modernisierung des Schuldrechts vom 26. 11. 2001 (BGBl. I S. 3138) nicht unbegründet. Danach kommt auch eine Verurteilung zu einer Zustimmung in Betracht, mit der ein Vertragsangebot rückwirkend angenommen werden soll. Damit ist nun klargestellt, dass ein Vertrag selbst dann nicht nichtig ist, wenn er für die Vergangenheit tatsächlich nicht durchgeführt werden kann.[126]

Eine isolierte Klage auf Neuverteilung der Arbeitszeit kann erhoben werden, wenn ein unmittelbarer Zusammenhang mit der Reduzierung der Arbeitszeit besteht. Das ist der Fall, wenn sich Arbeitgeber und Arbeitnehmer auf die Arbeitszeitverkürzung geeinigt haben, aber nicht auf die Verteilung der reduzierten Arbeitszeit.[127]

Änderungskündigung

Eine Änderungskündigung, mit der der Arbeitgeber versucht, eine gerichtlich festgestellte Reduzierung der Arbeitszeit gem. § 8 Abs. 5 wieder rückgängig zu machen, ist unwirksam. Dies gilt auch, wenn die Arbeitszeitreduzierung aufgrund der Fiktionswirkung des § 8 Abs. 5 eingetreten ist (vgl. § 8 Rn. 59).[128]

Darlegungs- und Beweislast

Die **Darlegungs- und Beweislast** regelt sich nach dem prozessualen Grundsatz, dass jede Partei anspruchsbegründende oder -vernichtende Tatsachen darlegen und im Fall des Bestreitens beweisen muss.[129]   **75**

Der Arbeitnehmer trägt für folgende anspruchsbegründende Voraussetzungen die Darlegungs- und Beweislast: **76**

- dass sein Arbeitsverhältnis länger als sechs Monate besteht (§ 8 Abs. 1 Rn. 7),
- dass der Arbeitgeber mehr als 15 Arbeitnehmer beschäftigt (§ 8 Abs. 7 Rn. 69),
- dass die Geltendmachung der Arbeitszeitverkürzung drei Monate vor deren Beginn erfolgte und
- ggf., dass sein letzter Antrag länger als zwei Jahre zurückliegt (§ 8 Abs. 6 Rn. 67 f.).

---

125 BAG 21. 6. 2005 – 9 AZR 409/04, AP Nr. 14 zu § 8 TzBfG; BAG 16. 10. 2007 – 9 AZR 239/07, AP Nr. 23 zu § 8 TzBfG; Diller, NZA 2001, 590.
126 BAG 13. 11. 2007 – 9 AZR 36/07, BAGE 125, 45 ff. = AiB 08, 236 ff.
127 BAG 16. 12. 2008 – 9 AZR 893/07, AP Nr. 27 zu § 8 TzBfG.
128 BAG 20. 1. 2015 – 9 AZR 860/13, AP Nr. 33 zu § 8 TzBfG.
129 Baumbach/Lauterbach/Albers/Hartmann, ZPO, Anh. § 286, Rn. 10.

Dem Arbeitgeber obliegt die Darlegungs- und Beweislast für das Vorliegen der entgegenstehenden betrieblichen Gründe (§ 8 Abs. 4 Rn. 31 ff.). Hierzu bedarf es vor allem der Darlegung des betrieblichen Organisationskonzepts, das die der gewünschten Verkürzung entgegenstehende Arbeitszeitgestaltung bedingt.[130]

77 Die Klagen von Beschäftigten zur Durchsetzung des Teilzeitanspruchs haben bei den Arbeitsgerichten Erfolg, wenn die beklagten Arbeitgeber nicht ausreichend das Vorliegen der betrieblichen Gründe darlegen. Die betrieblichen Gründe müssen konkret vorgetragen werden. Eine nur schlagwortartige Benennung der Gründe reicht nicht aus.[131]

78 Umstritten war der Beurteilungszeitpunkt, an dem die anspruchsbegründenden oder anspruchsverhindernden Voraussetzungen des Teilzeitanspruchs vorliegen müssen. Eine Meinung ging davon aus, dass wie in allen Fällen einer auf die Abgabe einer Willenserklärung gerichteten Klage der Zeitpunkt der letzten mündlichen Verhandlung maßgeblich ist.[132]

Dieser Ansicht hat das BAG[133] ausdrücklich widersprochen. Für die Frage, welche Tatsachen zu berücksichtigen sind, sei nicht nur das Prozessrecht, sondern auch das materielle Recht maßgebend. Danach komme es auf den Zeitpunkt der Ablehnung des Arbeitszeitwunsches durch den Arbeitgeber an.

Durchsetzung des Teilzeitanspruchs im Wege einstweiliger Verfügung

79 Umstritten war ebenso die Frage, ob der Teilzeitanspruch im Wege einer einstweiligen Verfügung durchgesetzt werden kann. Die ablehnende Auffassung verneint dies, weil so die Vorwegnahme der Hauptsache erfolge.[134]

80 Die **h. M.** befürwortet eine Durchsetzung des Verringerungsverlangens gem. Abs. 1 im Wege der einstweiligen Verfügung, da andernfalls kein effektiver Rechtsschutz des Arbeitnehmers gewährleistet wäre.[135]

---

130 BAG 8. 5. 2007 – 9 AZR 1112/06, AP Nr. 21 zu § 8 TzBfG.

131 ArbG Mönchengladbach 30. 5. 2001 – 5 Ca 1157/01, NZA 2001, 972; ArbG Essen 19. 6. 2001 – 5 Ca 1373/01, NZA-RR 2001, 574; ArbG Bonn 20. 6. 2001 – 2 Ca 1414, NZA 2001, 975; ArbG Stuttgart 5. 7. 2001 – 21 Ca 2762/01, NZA 2001, 969 f.; ArbG Berlin 12. 10. 2001 – 31 Ga 24563/01, DB 2001, 2727.

132 ArbG Hannover 31. 1. 2002 – 10 Ca 419/01, NZA RR 295; Rolfs, RdA 2001, 137; ders., § 8 TzBfG Rn. 55; Diller, NZA 2001, 590 f.; Feldhoff, AiB 2003, 89; ArbG Arnsberg 22. 1. 2002 – 1 Ca 804/01, NZA 202, 563; Lindemann/Simon, BB 2001, 150; Beckschulze, DB 2000, 2606.

133 BAG 18. 2. 2003 – 9 AZR 356/02, AP Nr. 1 zu § 8 TzBfG; BAG 21. 6. 2005 – 9 AZR 409/04, AP 14 zu § 8 TzBfG.

134 Rolfs, RdA 2001, 129, 136; ders., § 3 TzBfG Rn. 58; Lindemann/Simon, BB 2001, 150.

135 LAG Berlin 20. 2. 2002 – 4 Sa 2243/01, NZA 2002, 859; LAG Rheinland-Pfalz 12. 4. 2002 – 3 Sa 161/02, NZA 2002, 857; LAG Köln 23. 12. 2005 – 9 Ta 397/05 in AiB newsletter 11/06, S. 2; LAG Berlin-Brandenburg 14. 3. 2012 – 15 SaGa

Die im Zusammenhang mit Abs. 1 beantragte Abgabe einer Willenserklä- **81** rung zur Verringerung der Arbeitszeit im Wege der einstweiligen Verfügung ist eine Leistungsverfügung i.S.v. § 940 ZPO, die nicht nur der vorläufigen Sicherung des Anspruchs dient, sondern zu einer teilweisen oder völligen Befriedigung des Anspruchs für den ausgeurteilten Zeitraum führt. Dies ist zwar nur ausnahmsweise durchsetzbar, ist aber nicht nur auf Notfälle beschränkt,[136] sondern auch zur Abwendung wesentlicher Nachteile.[137] An die Darlegung und Glaubhaftmachung von Verfügungsanspruch und Verfügungsgrund sind strenge Anforderungen zu stellen.[138] Bei der Interessenabwägung ist auf die Wahrscheinlichkeit des Obsiegens in der Hauptsache abzustellen und auf das Gewicht des drohenden Nachteils auf Seiten der betroffenen Parteien.[139] Sofern eine zuverlässige Kinderbetreuung nicht ohne Gefahr des Arbeitsplatzverlusts gewährleistet werden kann, besteht ein bedrohlicher Nachteil, der Notwendigkeit und Dringlichkeit einer einstweiligen Verfügung begründet.[140]

Eine einstweilige Verfügung kann nur Erfolg haben, wenn das Interesse des **82** Arbeitnehmers an der Arbeitszeitverkürzung das Interesse des Arbeitgebers an der Beibehaltung der ursprünglich vereinbarten Arbeitszeit und deren Verteilung überwiegt. Das führt dazu, dass der Arbeitnehmer, anders als im Gesetz vorgesehen und im Hauptsacheverfahren notwendig, die Gründe für die Arbeitszeitreduzierung vorzutragen und glaubhaft zu machen hat, auch wenn der Arbeitgeber entgegenstehende betriebliche Gründe noch nicht konkretisiert hat.[141]

Der Antrag des Arbeitnehmers zur Durchsetzung des Teilzeitanspruchs bei **83** einer einstweiligen Verfügung lautet:

Es wird beantragt, die Verfügungsbeklagte zu verurteilen, den Antrag des Verfügungsklägers/der Verfügungsklägerin zur Reduzierung ihrer Arbeitszeit auf ... Wochenstunden zunächst bis zum Erlass einer erstinstanzlichen Entscheidung in der Hauptsache (ggf. Angabe des Aktenzeichens der Hauptsache) zuzustimmen und für den Fall des Obsiegens mit diesem Antrag die Verteilung der Arbeitszeit auf Montag bis Freitag von ... bis ... unter Berücksichtigung der Pausen festzulegen. Dem Verfügungskläger/der Verfügungsklägerin wird ge-

---

2286/11; Gotthard, NZA 2001, 1183 ff.; Grobys/Bram, NZA 2001, 1181 f.; Beckschulze, DB 2000, 2606; Diller, NZA 2001, 590; Klimt, NZA 2001, 67; Straub, NZA 2001, 925; Feldhoff, AiB 2003, 89.

136 LAG Berlin 20.2.2002 – 4 Sa 2243/01, NZA 2002, 859; LAG Rheinland-Pfalz 12.4.2002 – 3 Sa 161/02, NZA 2002, 857.
137 LAG Düsseldorf 4.12.2003 – 11 Sa 1507/03, NZA-RR 2004, 181 f.
138 LAG Rheinland-Pfalz 12.4.2002 – 3 Sa 161/02, NZA 2002, 857.
139 LAG Berlin 20.2.2002 – 4 Sa 2243/01, NZA 2002, 859 f.
140 LAG Schleswig-Holstein 18.12.2003 – 4 Sa 96/03.
141 Grobys/Bram, NZA 2001, 1181.

stattet, bis zur Verkürzung der erstinstanzlichen Entscheidung in der Hauptsache zu den geänderten Arbeitszeiten zu arbeiten.[142]

84   Da gem. § 894 ZPO erst mit Rechtskraft des Urteils die Willenserklärung als erteilt gilt, bezieht sich die vorläufige Vollstreckbarkeit nur auf die Kostenfolge.

Streitwert

85   Die Berechnung der Höhe des Streitwerts, nach dem sich die Gebühren des Gerichts und der Rechtsanwälte richten, wird in Literatur und Rechtsprechung unterschiedlich vorgenommen.[143] Die Spannbreite geht von 60% des Vierteljahresverdienstes[144] über das 36-fache der Differenz zwischen altem und neuem Verdienst gem. § 12 Abs. 7 Satz 2 ArbGG[145] bis zu zwei Monatsgehältern gem. § 3 ZPO.[146]

Mitwirkung des Betriebsrats

86   Nach der Gesetzesbegründung berührt das TzBfG nicht die Mitbestimmungsrechte des Betriebsrats.[147] Neben den eigenständigen Informationsrechten in § 7 Abs. 3 (vgl. § 7 Rn. 19) leiten sich daher aus dem BetrVG eigene Aufgaben und Rechte des Betriebsrats zur Förderung von Teilzeitarbeit im Betrieb ab.

87   Gem. § 80 Abs. 1 Nr. 1 BetrVG hat der Betriebsrat darüber zu wachen, dass die zugunsten der Arbeitnehmer geltenden Gesetze und damit auch das TzBfG vom Arbeitgeber eingehalten werden. Dem Betriebsrat obliegt damit die Aufgabe, seine Kenntnisse über die betrieblichen Abläufe, Personalstruktur und Teilzeitwünsche mit dem Ziel, Teilzeitarbeit zu fordern, in Gesprächen mit dem Arbeitgeber einzubringen.[148] In diesem Zusammenhang stehen auch die Aufgaben gem. § 80 Abs. 1 Nr. 2a und b BetrVG, die Durchsetzung der tatsächlichen Gleichstellung von Frauen und Männern sowie die Vereinbarkeit von Familie und Erwerbstätigkeit zu fördern. Beschwerden von Arbeitnehmern gem. § 84 BetrVG über die fehlende Bereitschaft, Teil-

---

142 LAG Rheinland-Pfalz 12.4.2002 – 3 Sa 161/02, NZA 2002, 857; Grobys/Bram, NZA 2001, 1182 mit weiteren Hinweisen zur Begründung.
143 Vgl. Klimt, NZA 2001, 63; Ennemann, NZA 2001, 1190; Rolfs, § 8 TzBfG Rn. 59.
144 ArbG Stuttgart 5.7.2001 – 21 Ca 2762/01, NZA 2001, 970.
145 Klimt, NZA 2001, 68.
146 LAG Düsseldorf 12.11.2001 – 7 Ta 375/01, NZA 2002, 103.
147 BT-Drs. 14/4625, S. 24.
148 Feldhoff, AiB 2003, 90.

zeit zu ermöglichen, hat der Betriebsrat entgegenzunehmen und beim Arbeitgeber auf Abhilfe hinzuwirken, § 85 Abs. 1 BetrVG.

Gem. § 90 Abs. 1 Nr. 3 und 4 BetrVG hat der Arbeitgeber den Betriebsrat **88** über die Planung von Arbeitsabläufen und Arbeitsplätzen rechtzeitig unter Vorlage von Unterlagen zu informieren. Gem. § 90 Abs. 2 BetrVG kann der Betriebsrat in Gesprächen mit dem Arbeitgeber die Auswirkungen von Arbeitsabläufen und Arbeitsplätzen auf die Arbeitnehmer und die Möglichkeit von Teilzeitarbeit erörtern.

§ 7 Abs. 3 weist ausdrücklich darauf hin, dass § 92 BetrVG nicht berührt ist. **89** Im Rahmen der Personalplanung sollte bei der Planung des gegenwärtigen und künftigen Personalbedarfs die Zunahme von Teilzeitarbeit mitbedacht werden. Gem. § 92 Abs. 2 BetrVG kann der Betriebsrat hierfür dem Arbeitgeber Vorschläge unterbreiten.

Gem. § 88 BetrVG kann der Betriebsrat dem Arbeitgeber eine freiwillige Betriebsvereinbarung vorschlagen, indem Verfahrensregelungen zur effektiven Umsetzung des Rechts auf Verlängerung der Arbeitszeit gem. § 9 geschaffen werden.[149] **90**

In Zeiten der Rezession ermöglicht § 92a BetrVG dem Betriebsrat, Vorschläge zur Sicherung und Förderung der Beschäftigung zu machen. Hierzu gehört nach dem Wortlaut sowohl das Mittel der flexiblen Arbeitszeit als auch der Teilzeit. Bei derartigen Regelungen zur Beschäftigungssicherung ist aber darauf zu achten, dass die Arbeitszeitverkürzung nicht einfach nur nach dem Teilzeitanspruch des § 8 Abs. 1 erfolgt. Sinnvoller sind eigenständige Verfahrensregelungen zur Arbeitszeitverkürzung, ggf. i. V. m. dem Ausschluss betriebsbedingter Kündigungen und Regelungen zur Veränderung und Erhöhung der Arbeitszeit bei verbesserter Auftragslage. **91**

Aus den §§ 96 bis 98 BetrVG folgt für den Betriebsrat ein Recht, bei Maßnahmen der beruflichen Bildung mitzubestimmen. Insoweit steht dem Betriebsrat gem. § 98 Abs. 4 BetrVG ein ggf. mit Hilfe einer Einigungsstelle erzwingbares Mitbestimmungsrecht bzgl. der Durchführung als auch der Teilnehmer einer betrieblichen Berufsbildungsmaßnahme zu. Hierbei hat der Betriebsrat die Vorgaben des § 10 (vgl. § 10, Rn. 3f.) zu beachten. **92**

Die Dauer bzw. die Höhe der wöchentlichen Arbeitszeit unterliegt nach der **h. M.** nicht der Mitbestimmung des Betriebsrats gem. § 87 BetrVG.[150] Die **h. M.** sieht auf Grundlage der Rechtsprechung des Bundesarbeitsgerichts ebenfalls keinen Raum für ein Mitbestimmungsrecht des Betriebsrats gem. § 99 BetrVG bei Verringerung der Arbeitszeit, sofern sich die sonstigen Arbeitsumstände nicht ändern.[151] **93**

---

149 Feldhoff, AiB 2003, 90.
150 Vgl. Fitting u. a. § 87 BetrVG, Rn. 102 ff. m. w. N.
151 BAG 25. 1. 2005 – 1 ABR 59/03, AP Nr. 114 zu § 87 BetrVG 1972 – Arbeitszeit.

94 Die Veränderung der Arbeitszeit ist keine Versetzung gem. §§ 99, 95 Abs. 3 BetrVG, da der Arbeitsbereich als solches nicht durch die Arbeitszeit bestimmt wird.[152]

95 Es ist umstritten, ob dem Betriebsrat gem. § 87 Abs. 1 Nr. 2 BetrVG bei der Neubestimmung der Arbeitszeitlage ein Mitbestimmungsrecht zusteht. Ein Teil der Literatur verneint ein Mitbestimmungsrecht des Betriebsrats mit der Begründung, dass die Veränderung der Arbeitszeitlage auf individuellen Wunsch des Beschäftigten keine generelle Regelung darstellt und somit den für das Mitbestimmungsrecht des Betriebsrats notwendigen kollektiven Bezug entfallen lässt.[153]

96 Dem gegenüber steht die hier vertretene Ansicht, dass die Anerkennung individueller Verteilungswünsche in der Regel immer Auswirkungen auf die Arbeitszeitverteilung der übrigen Beschäftigten hat[154] und somit die Verteilung der verringerten Arbeitszeit der Mitbestimmung des Betriebsrats gem. § 87 Abs. 1 Nr. 2 BetrVG unterliegt.[155] Die betriebliche Mitbestimmung in sozialen Angelegenheiten gem. § 87 BetrVG dient einerseits dem Schutz des Arbeitnehmers vor der individualrechtlichen Gestaltungsmöglichkeit des Arbeitgebers, andererseits aber auch dem Ausgleich der divergierenden Interessen der einzelnen Arbeitnehmer untereinander. Nur der Betriebsrat kann darüber wachen, dass die Arbeitszeit gerecht zwischen Vollzeit- und Teilzeitbeschäftigten auf die unterschiedlichen Wochentage verteilt wird.[156] Dieser Wertung entspricht auch, dass eine Betriebsvereinbarung zur Arbeitszeitlage als betrieblicher Grund dem Verteilungswunsch entgegenstehen kann.[157]

Nach Auffassung des BAG hat der Betriebsrat ein Mitbestimmungsrecht vor der Neuverteilung der reduzierten Arbeitszeit, wenn der tatsächliche Einsatz des Arbeitnehmers mit den geänderten Arbeitszeiten einen kollektiven Bezug hat. Dies ist der Fall, wenn die beabsichtigte Arbeitszeitverteilung Aus-

152 BAG 16.7.1991 – 1 ABR 71/90, AP Nr. 28 zu § 95 BetrVG; Buschmann/Dieball/Stevens-Bartol, § 99 BetrVG Rn. 10; KSchG, § 8 TzBfG Rn. 53; Fitting u.a. § 99 BetrVG Rn. 126; Preis/Gotthardt, DB 2001, 150; a.A. Däubler/Kittner/Klebe/Wedde-Bachner, § 99 BetrVG Rn. 103; Rieble/Gutzeit, NZA 2002, 13.

153 Rolfs, RdA 2001, 129, 137; ders., § 8 TzBfG Rn. 41; Preis/Gotthardt, DB 2001, 150.

154 Vgl. die Sachverhalte LAG Düsseldorf 1.3.2002 – 18 [4] Sa 1269/01, NZA-RR 2002, 407 ff.; ArbG Stuttgart 23.11.2001 – 26 Ca 1324/01, NZA RR 2002, 183; ArbG Nienburg 23.1.2002 – 1 CA 603/01, NZA 2002, 382; ArbG Stuttgart 5.7.2001 – 21 Ca 2762/01, NZA 2001, 968; ArbG Mannheim 20.11.2001 – 12 Ca 351/01, NZA-RR 2002, 78; ArbG Bonn 20.6.2001 – 2 Ca 1414/01, NZA 2001, 973 = DB 2001, 1619; LAG Niedersachsen 2.8.2002 – 16 Sa 166/02, NZA-RR 2003, 6.

155 Feldhoff, AiB 2003, 91; Rieble/Gutzeit, NZA 2002, 12; Richard/Annuß, BB 2000, 2203.

156 Rieble/Gutzeit, NZA 2002, 9, 12 f.

157 BAG 18.2.2003 – 9 AZR 164/02, AP Nr. 2 zu § 8 TzBfG.

wirkungen auf den ganzen Betrieb, eine Gruppe von Arbeitnehmern oder einen Arbeitsplatz hat, wenn sich bspw. die Arbeitszeiten anderer Beschäftigter um die Arbeitszeiten des Teilzeitbeschäftigten »herumgruppieren« müssten. Dieses Mitbestimmungsrecht kann auch durch eine Regelungsabrede, die auch konkludent abgeschlossen werden könnte, ausgeübt werden.[158] Das BAG hat allerdings einen kollektiven Bezug verneint, wenn durch die Arbeitszeitverkürzung und die damit einhergehende Veränderung der Arbeitszeitlage keine Arbeitsverdichtung bzw. Änderung der Arbeitszeiten der übrigen Beschäftigten eintritt.[159] Fehlt es an dem kollektiven Bezug der Arbeitszeitverteilung, ist der Arbeitgeber verpflichtet, die gewünschte Arbeitszeit festzulegen.[160]

Sofern die Arbeitszeitreduzierung aber nur durch die Zuweisung eines anderen Arbeitsbereichs i. S. d. § 95 Abs. 3 BetrVG möglich ist, hat der Betriebsrat ein Mitbestimmungsrecht bei der Versetzung gem. § 99 Abs. 1 BetrVG.[161] Durch die Einwilligung des Arbeitnehmers zur Versetzung entfällt nicht die Mitbestimmung des Betriebsrats.[162] Allerdings besteht nach der Rechtsprechung des Bundesarbeitsgerichts kein Raum für die Mitbestimmung des Betriebsrats, wenn die Versetzung auf Wunsch und freier Entscheidung des Arbeitnehmers erfolgt.[163] **97**

Mit dem Antrag auf Arbeitszeitreduzierung verfolgt der Arbeitnehmer in der Regel nicht die Versetzung auf einen anderen Arbeitsplatz. Sofern die Verwirklichung der Verringerung der Arbeitszeit nur durch eine Versetzung möglich ist, kann hier lediglich eine Einwilligung in diese gesehen werden. Daraus kann nicht gefolgert werden, dass die Initiative zur Versetzung vom Arbeitnehmer ausgine. Wer dies annimmt,[164] verkennt die betriebliche Wirklichkeit und den Sinn und Zweck des Teilzeitanspruchs. **98**

Eine Mutter wird in eine vom Arbeitgeber als einzige Möglichkeit der Arbeitszeitverkürzung in Aussicht gestellte Versetzung einwilligen, wenn sie so ihren Arbeitsplatz mit einer reduzierten Wochenarbeitszeit behalten und ihre erzieherischen Aufgaben erfüllen kann. In dieser Zwangssituation kann wohl nicht ernsthaft vom Wunsch und freier Entscheidung der Mutter zur Versetzung gesprochen werden.[165] **99**

---

158 BAG 16.12.2008 – 9 AZR 893/07, AP Nr. 27 zu § 8 TzBfG.
159 BAG 18.2.2003 – 9 AZR 164/02, AP Nr. 2 zu § 8 TzBfG; vgl. § 8 Rn. 54.
160 BAG 24.6.2008 – 9 AZR 313/07, AP Nr. 8 zu § 117 BetrVG.
161 A. A. Rolfs, § 8 TzBfG Rn. 42.
162 BAG 14.11.1989 – 1 ABR 87/88, AP Nr. 76 zu § 99 BetrVG; BAG 17.12.1998 – 9 AZR 130/97, AP Nr. 27 zu § 618 BGB.
163 BAG 20.9.1990 – 1 ABR 37/90, AP Nr. 84 zu § 99 BetrVG.
164 So Rolfs, § 8 TzBfG Rn. 42.
165 Vgl. nur die Sachverhalte LAG Berlin 20.2.2002 – 4 Sa 2243/01, NZA 2002, 859; LAG Rheinland-Pfalz 12.4.2002 – 3 Sa 161/02, NZA 2002, 857.

§ 9   Verlängerung der Arbeitszeit

Der Arbeitgeber hat einen teilzeitbeschäftigten Arbeitnehmer, der ihm in Textform den Wunsch nach einer Verlängerung seiner vertraglich vereinbarten Arbeitszeit angezeigt hat, bei der Besetzung eines Arbeitsplatzes bevorzugt zu berücksichtigen, es sei denn, dass

1. es sich nicht um einen entsprechenden freien Arbeitsplatz handelt oder
2. der teilzeitbeschäftigte Arbeitnehmer nicht mindestens gleich geeignet ist wie ein anderer vom Arbeitgeber bevorzugter Bewerber oder
3. Arbeitszeitwünsche anderer teilzeitbeschäftigter Arbeitnehmer oder
4. dringende betriebliche Gründe entgegenstehen.

Ein freier zu besetzender Arbeitsplatz liegt vor, wenn der Arbeitgeber die Organisationsentscheidung getroffen hat, diesen zu schaffen oder einen unbesetzten Arbeitsplatz neu zu besetzten.

Allgemeines

1   Die Vorschrift setzt § 5 Abs. 3 Buchstabe b) und c) im Anhang der Rahmenvereinbarung der Richtlinie des Rates zur Teilzeit 97/81 EG um, indem sie ein besonderes Berücksichtigungsgebot bei dem Wechsel von Teilzeitbeschäftigten in Vollzeit enthält. Im Gegensatz zu § 15 Abs. 5 BEEG ist § 9 nicht als Rechtsanspruch formuliert. Aus dem Wortlaut ergibt sich zwar kein direkter Anspruch auf Erhöhung der Arbeitszeit. Es ist aber auch kein unverbindlicher Appell an den Arbeitgeber.[1] Mit der Neufassung zum 1.1.2019

---

[1] BAG 15.8.2006 – 9 AZR 8/06, NZA 2007, 255.

hat der Gesetzgeber eine Verlängerung der Arbeitszeit von Teilzeitbeschäftigten erleichtert, in dem er die Darlegungs- und Beweislast bzgl. des freien Arbeitsplatzes und der Eignung auf den Arbeitgeber überträgt.[2] Sofern sich keine besser geeigneten Konkurrenten bewerben, wird ein einklagbarer Rechtsanspruch des Arbeitnehmers gegen den Arbeitgeber auf vertragliche Verlängerung der Arbeitszeit begründet.[3]

§§ 8 und 9 bezwecken die Flexibilisierung der individuellen Arbeitszeit innerhalb des im Übrigen unverändert bestehenden Arbeitsverhältnisses. Dieser Zweck wird nur erreicht, wenn der Arbeitnehmer einen durchsetzbaren Anspruch gegen den Arbeitgeber auf die vertragliche Verlängerung der Arbeitszeit hat.[4]

§ 9 korrespondiert mit § 7 Abs. 2, wonach der Arbeitgeber einen Arbeitnehmer, der ihm seinen Wunsch nach Veränderung von Dauer und Lage der Arbeitszeit angezeigt hat, über entsprechende Arbeitsplätze, die im Betrieb und Unternehmen besetzt werden sollen, zu informieren hat (vgl. § 7 Rn. 14f.). Der Antrag auf Arbeitszeiterhöhung ist nicht so formalisiert wie beim Verfahren zur Arbeitszeitverkürzung gem. § 8 (vgl. § 8, Rn. 6ff.). Bei unklaren Anträgen auf Arbeitszeiterhöhungen ist daher der Arbeitgeber aufgrund seiner Fürsorgepflicht gehalten, auf die Klarstellung des Begehrens des Beschäftigten hinzuwirken.[5]

Anspruchsberechtigter

Der Anspruch auf vorrangige Berücksichtigung kann von jedem Teilzeitbeschäftigten geltend gemacht werden. Er gilt nicht nur für Beschäftigte, die zuvor ihre Arbeitszeit nach § 8 reduziert haben.[6] Daher haben auch geringfügig Beschäftigte gem. § 2 Abs. 2 (vgl. § 2 Rn. 30ff.) einen Anspruch auf vorrangige Berücksichtigung. Ebenfalls können auch nur befristet in Teilzeit Beschäftigte für die verbleibende Vertragsdauer die Erhöhung ihrer Arbeitszeit verlangen und bei Vorliegen der Voraussetzungen auch durchsetzen.[7] Die Größe des Unternehmens ist unerheblich, da eine § 8 Abs. 7 vergleichbare Regelung fehlt. Der Berücksichtigungsanspruch kann daher auch bei 15 und weniger Arbeitnehmern geltend gemacht werden.[8] § 9 enthält keine Wartefrist, nach der frühestens die Verlängerung beantragt werden kann.

2

---

2 BT-Drs. 19/3452, S. 16.

3 BAG 16.1.2008 – 7 AZR 603/06, NZA 2008, 701.

4 BAG 8.5.2007 – 9 AZR 874/06, AP Nr. 9 zu § 9 TzBfG = EzA Nr. 3 zu § 9 TzBfG, so auch die Gesetzesbegründung zur Neuregelung im Jahr 2019, BT-Drs. 19/3452, S. 10.

5 LAG Köln 17.8.2010 – 12 Sa 513/10.

6 BT-Drs. 14/4374, S. 32.

7 BAG 16.1.2008 – 7 AZR 603/06, NZA 2008, 701.

8 Boewer, § 9 TzBfG Rn. 6; Rolfs, § 9 TzBfG Rn. 2.

Ausgenommen sind Teilzeitbeschäftigte, die ihre Arbeitszeit gem. § 9a zeitlich begrenzt verringert haben (§ 9a Abs. 4)

Arbeitszeitverlängerung

3 Der Wunsch nach Verlängerung der vertraglichen Arbeitszeit kann dem Wortlaut nach nicht nur auf eine Vollzeitbeschäftigung gerichtet sein, sondern auch lediglich auf eine Erhöhung der vertraglichen Wochenarbeitszeit unterhalb des zeitlichen Volumens einer Vollzeitbeschäftigung. Die Obergrenze des Erhöhungswunsches ist jedoch die tarifliche oder betriebsübliche Arbeitszeit eines Vollzeitbeschäftigten.[9]

Anzeigepflicht in Textform erforderlich

4 Der Wunsch, die Arbeitszeit zu verlängern, muss dem Arbeitgeber angezeigt werden.

Bis 2018 war diese Anzeige an keine Form gebunden.[10]

Mit der Gesetzesänderung zum 1.1.2019 muss der Antrag auf Verringerung der Arbeitszeit in Textform erfolgen. Durch die Einfügung »Textform« verweist der Gesetzgeber nun auf § 126b BGB. Im Unterschied zur Schriftform bedarf es bei der Textform keiner eigenhändigen Unterschrift; es genügt zum Beispiel ein Telefax oder eine E-Mail.[11]

Die Anzeige des Arbeitnehmers muss sich zunächst nicht auf einen bestimmten Arbeitsplatz beziehen.[12] Er muss sich auch nicht nur auf seinen Beschäftigungsbetrieb festlegen. Da sich § 9 dem Wortlaut nach auf den Arbeitgeber bezieht, kann sich der Wunsch auf Verlängerung der Arbeitszeit auch auf einen freiwerdenden Arbeitsplatz in einem anderen oder mehreren anderen Betrieben des Arbeitgebers beziehen.[13] Es ist auch nicht wie in § 8 (vgl. § 8 Rn. 21) notwendig, dass der Arbeitnehmer den konkreten Umfang der gewünschten Verlängerung seiner Arbeitszeit konkret festlegen muss.[14]

Nach der Antragsstellung ist der Arbeitgeber gem. § 7 Abs. 2 TzBfG verpflichtet, den Arbeitnehmer über entsprechende Arbeitsplätze im Betrieb oder Unternehmen, die besetzt werden sollen zu unterrichten (vgl. § 7

---

9 BAG 21.6.2011 – 9 AZR 236/10, BAGE 138, 148 – 165, Rn. 68; LAG Köln 17.8.2010 – 12 Sa 513/10; Preis/Gotthardt, DB 2001, 150.

10 LAG Düsseldorf 23.3.2006 – 5 (3) Sa 13/06, FA 2006, 253/285.

11 BT Drucksache 19/3452, S. 16.

12 LAG Berlin 2.12.2003 – 3 Sa 1041/03, AuR 2004, 468.

13 Boewer, § 9 TzBfG Rn. 9; Buschmann/Dieball/Stevens-Bartol, § 9 TzBfG Rn. 20; Schüren, AuR 2001, 323.

14 ArbG Nürnberg 13.5.2005 – 10 Ca 8711/04, AiB 2006, 773f.

Rn. 14f.). Der Arbeitnehmer kann dann entscheiden, ob er sich auf diese konkrete Stelle bewirbt.[15]

Freier Arbeitsplatz

Die vorrangige Berücksichtigung durch den Arbeitgeber bei der Besetzung **5** setzt auch nach der Neufassung 2019 voraus, dass ein entsprechender Arbeitsplatz frei ist.

Nach der in das Gesetz aufgenommenen Definition liegt ein frei zu besetzender Arbeitsplatz vor, wenn der Arbeitgeber die Organisationsentscheidung getroffen hat, diesen Arbeitsplatz zu schaffen oder einen unbesetzten Arbeitsplatz neu zu besetzen. Damit wird die Rechtsprechung des BAG aufgegriffen.[16]

In der Begründung wird hierzu ausgeführt, dass der Stellenzuschnitt der Organisationsentscheidung des Arbeitgebers unterliegt. Hierzu gehört auch die Festlegung der Lage für die Erbringung der Arbeitsleistung. So kann in einem Filialbetrieb mit starkem Arbeitsanfall lediglich am Vormittag ein Arbeitnehmer, der am Vormittag arbeitet und seine Arbeitszeit verlängern möchte, nicht verlangen, dass der Arbeitgeber eine für den Vormittag ausgeschriebene Stelle so ändert, dass der Arbeitnehmer zusätzlich auch am Nachmittag arbeiten kann.[17]

Da eine Änderung des materiellen Rechts nach der Änderung des § 9 – mit der Ausnahme der Verlagerung der Darlegungs- und Beweislast – nicht vorgesehen ist, bleiben die von der Rechtsprechung entwickelten Grundsätze im Übrigen unberührt.[18]

Ein Arbeitsplatz ist nicht frei, wenn ein Arbeitnehmer, der den anderen Arbeitsplatz innehat, auf längere Zeit erkrankt ist, selbst dann, wenn es wahrscheinlich ist oder gar feststeht, dass der erkrankte Arbeitnehmer nicht zurückkehren wird.[19] § 9 TzBfG begründet keine Pflicht des Arbeitgebers, einen Arbeitsplatz einzurichten.[20] Es liegt in der freien unternehmerischen Entscheidung des Arbeitgebers, mit welchem personellen Organisationskonzept er auf die Bedürfnisse des Marktes reagiert.[21] Auch bei vorhandenem Personalbedarf kann der Arbeitgeber frei entscheiden, mit welchen Maßnahmen dieser abgedeckt werden soll. Er muss keinen Arbeitsplatz

---

15 BAG 1.6.2011 – 7 ABR 117/09, NZA 2011, 1435ff.
16 Vgl. BAG 15.8.2006 – 9 AZR 8/06, AP Nr. 1 zu § 9 TzBfG.
17 BT-Drucksacht 19/3452, S. 17.
18 BT-Drucksache 19/3452, S. 16.
19 LAG Schleswig-Holstein 24.9.2008 – 6 Sa 3/08.
20 BAG 16.9.2008 – 9 AZR 781/07, AP Nr. 6 zu § 9 TzBfG; LAG München 4.5.2006 – 2 Sa 1164/05, AuA 2006, 489; LAG Schleswig-Holstein 19.9.2011 – 3 Sa 71/11.
21 BAG 15.8.2006 – 9 AZR 8/06, AP Nr. 1 zu § 9 TzBfG.

schaffen, sondern kann diesen auch durch freie Mitarbeiter erledigen lassen[22] oder Arbeitszeitaufstockung von Teilzeitbeschäftigten decken. Soweit kein neuer Arbeitsplatz eingerichtet wird, ist der Arbeitgeber in der Auswahl frei, welchen Teilzeitbeschäftigten er eine Verlängerung der Arbeitszeit anbietet. Er ist nicht verpflichtet, ein gestiegenes Arbeitszeitvolumen auf alle interessierten Teilzeitbeschäftigten gleichmäßig zu verteilen.[23] Der Teilzeitbeschäftigte hat nur Anspruch auf den freien Arbeitsplatz, so wie dieser vom Arbeitgeber angeboten wird.[24]

Die Organisationsfreiheit des Arbeitgebers darf aber nicht zur Umgehung des § 9 genutzt werden.[25] Das personelle Organisationskonzept ist zwar grundsätzlich nur eingeschränkt daraufhin überprüfbar, ob es offensichtlich unvernünftig oder willkürlich ist. Der Arbeitgeber muss sich dabei durch plausible wirtschaftliche oder unternehmenspolitische Überlegungen leiten lassen.[26] Für das Organisationskonzept müssen arbeitsplatzbezogene Sachgründe bestehen und es muss auch tatsächlich umgesetzt werden.[27]

Das Interesse des teilzeitbeschäftigten Arbeitnehmers an einer Erhöhung der Arbeitszeit gem. § 9 hat absoluten Vorrang vor der Einstellung eines Arbeitnehmers. Daher ist der Arbeitgeber verpflichtet zu prüfen, ob er ggf. freie Teilzeitarbeitsplätze so zusammenlegen kann, dass dem Wunsch des Arbeitnehmers gem. § 9 entsprochen werden kann.[28]

Ein Arbeitgeber handelt rechtsmissbräuchlich gem. § 242 BGB, wenn er einen Arbeitnehmer mit einem Teilzeitarbeitsvertrag jahrelang Vollzeit beschäftigt, sich aber weigert, die arbeitsvertragliche Vereinbarung entsprechend anzupassen und den diesbezüglichen Wunsch des Arbeitnehmers konterkariert, indem er plötzlich nur noch entsprechend der arbeitsvertraglichen Vereinbarung beschäftigt. Er kann sich dann nicht darauf berufen, es läge kein freier Arbeitsplatz vor.[29] In diesem Fall liegt kein unternehmerisches Organisationskonzept zur Teilzeitarbeit vor, sondern der Versuch, § 9 zu umgehen.

Bei dauerhaftem Einsatz von Leiharbeitnehmern fehlt es ebenso an einem entsprechenden sachlich begründeten Organisationskonzept. Leiharbeit ist gem. § 1 Abs. 1 Satz 2 AÜG nur vorübergehend zulässig. Das Instrument Leiharbeit dient dazu, unvorhersehbare Vertretungen oder Arbeitsspitzen

---

22 LAG Köln 3. 12. 2009 – 13 Sa 949/09.
23 BAG 13. 2. 2007 – 9 AZR 575/05, AP Nr. 2 zu § 9 TzBfG.
24 LAG Schleswig-Holstein 19. 9. 2011 – 3 Sa 71/22.
25 BT-Drucksache 19/3452, S. 17.
26 LAG Köln 3. 12. 2009 – 13 Sa 949/09.
27 BAG 15. 8. 2006 – 9 AZR 8/06, AP Nr. 1 zu § 9 TzBfG; BAG 13. 2. 2007 – 9 AZR 575/05, AP Nr. 2 zu § 9 TzBfG; BAG 16. 9. 2008 – 9 AZR 781/07, AP Nr. 6 zu § 9 TzBfG.
28 ArbG Nürnberg 13. 5. 2005 – 10 Ca 8711/04, AiB 06; 773f.
29 LAG Köln 2. 4. 2008 – 7 Sa 864/07, NZA-RR 2009, 66–68.

aufzufangen. Bei der Besetzung eines Stamm- oder Dauerarbeitsplatzes mit einem Leiharbeitnehmer ist von einem dauerhaften Arbeitskräftebedarf auszugehen. Ein Organisationskonzept, das einen ständigen Arbeitnehmerbedarf nur mit Leiharbeitnehmern abdeckt, ist rechtswidrig und eine Umgehung des § 9. Das hat zur Folge, dass ein solcher Arbeitsplatz ein freier zu besetzender Arbeitsplatz ist.[30]

Sofern eine Stelle nach Ablauf der Befristung eines Arbeitsvertrags wieder besetzt werden soll, handelt es sich ebenfalls um eine freie Stelle. Ein nur befristet beschäftigter Stelleninhaber ist nach Ende der Befristung als externer Stellenbewerber anzusehen.[31]

Entsprechender Arbeitsplatz

In der Gesetzesbegründung zur Neufassung des § 9 im Jahr 2019 findet sich folgende Definition: »*Ein »entsprechender Arbeitsplatz« ist regelmäßig gegeben, wenn auf diesem die gleiche oder zumindest vergleichbare Tätigkeit auszuüben ist, wie sie die oder der Teilzeitbeschäftigte schuldet. Beide Tätigkeiten müssen in der Regel dieselben Anforderungen an die persönliche und fachliche Eignung der Arbeitnehmerin beziehungsweise des Arbeitnehmers stellen.*«[32] **5a**
Damit ist der Gesetzgeber der Auffassung der Rechtsprechung gefolgt und hat nun auch die vom BAG angesprochene Gesetzesbegründung nachgeliefert (siehe Fußnote 34).

Der Arbeitsplatz ist nur entsprechend, wenn der Arbeitgeber den Arbeitnehmer nach seinem vertraglich vereinbarten Tätigkeitsbereich – abgesehen von der Wochenarbeitszeit – im Wege des Direktionsrechts nach § 106 Satz 1 GewO umsetzen könne.[33]

Nach der Auffassung des BAG läge ein entsprechender Arbeitsplatz nur vor, wenn die zu besetzende Stelle inhaltlich dem Arbeitsplatz entspräche, auf dem der Arbeitnehmer, der den Verlängerungswunsch angezeigt habe, seine vertraglich geschuldete Tätigkeit ausübe. Die angestrebte Stelle müsse vergleichbar sein.

Das BAG begründete diese Annahme wie folgt:

Aus der Gesetzesbegründung heraus ergäbe sich zwar nicht, dass der gewünschte Arbeitsplatz vergleichbar mit dem Teilzeitarbeitsplatz des Arbeitnehmers sein müsse. Es fehle zu dem Begriff »entsprechender Arbeitsplatz« eine Erklärung. Die tätigkeits- und arbeitsplatzbezogene Vergleichbarkeit

---

30 LAG Hamm 25. 2. 2014 – 14 Sa 1174/13, AuR 2014, 495.
31 LAG Berlin 2. 12. 2003 – 3 Sa 1041/03, AuR 2004, 468.
32 BT-Drucksache 19/3452, S. 17.
33 BAG 16. 9. 2008 – 9 AZR 781/07, AiB 2009, 381 – 384; LAG Köln 27. 6. 2003 – 11 Sa 1206/02, PersV 2005, 75; Rolfs, § 9 TzBfG Rn. 3, andere Auffassung Boewer, § 9 TzBfG Rn. 6.

sowie die Gleichwertigkeit der Arbeitsplätze werden in der Gesetzesbegründung nicht erwähnt. Gleichwohl würde der Gesetzeswortlaut für das Erfordernis eines vergleichbaren und damit regelmäßig gleichwertigen Arbeitsplatzes sprechen.[34]

Gleiche Eignung

6   Die vorrangige Berücksichtigung kann nur erfolgen, wenn die **gleiche Eignung** besteht. Zur Auslegung dieses unbestimmten Rechtsbegriffs gibt die Gesetzesbegründung nur den Hinweis, dass bei In-Betracht-Kommen zweier gleichermaßen geeigneter Bewerber der Wunsch des rückkehrwilligen Arbeitnehmers bevorzugt zu berücksichtigen sei.[35]

7   In der Rechtsprechung wird hierzu ausgeführt, dass der Begriff der Eignung sich auf die Person in ihrer Gesamtheit mit ihren fachlichen, körperlichen, geistigen, seelischen und charakterlichen Eigenschaften beziehe. Die persönliche Eignung bestimmt sich nach den persönlichen Eigenschaften des Teilzeitbeschäftigten, wie z. B. besonderer Zuverlässigkeit, medizinischer Eignung, Teamfähigkeit und Ähnliches. Eine gleiche Eignung liegt danach vor, wenn der Teilzeitbeschäftigte im Vergleich zum Mitbewerber über insgesamt mindestens dieselben persönlichen und fachlichen Fähigkeiten, theoretischen und praktischen Kenntnisse, Erfahrungen und Fertigkeiten verfügt, und im bisherigen Berufsleben dieselben Leistungen erbracht hat.[36]

8   Bei der Beurteilung der Eignung darf allerdings die Tatsache, dass diese Fähigkeiten, Kenntnisse, Erfahrungen und die Leistungserbringung nur in einem Teilzeitbeschäftigungsverhältnis und damit nicht im gleichen zeitlichen Umfang wie bei einer Vollzeitbeschäftigung erworben wurden, im Hinblick auf § 4 Abs. 1 (vgl. § 4 Rn. 4) keine Rolle spielen.[37]

9   Nach Auffassung des BAG muss der Teilzeitbeschäftigte hinsichtlich Eignung und Qualifikation den objektiven Anforderungen des Arbeitsplatzes genügen.[38]
Bislang gibt es keine Aussagen des BAG, wie die gleiche bzw. bessere Eignung festzustellen sei.

---

34 BAG 16. 9. 2008 – 9 AZR 781/07, AiB 2009, 381–384.
35 BT-Drs. 14/4374, S. 32.
36 LAG Schleswig-Holstein 24. 9. 2008 – 6 Sa 3/08; ArbG Passau 14. 1. 2010 – 2 Ca 616/09.
37 So auch Buschmann/Dieball/Stevens-Bartol, § 9 TzBfG Rn. 23.
38 BAG 8. 5. 2007 – 9 AZR 874/06, AP Nr. 9 zu § 9 TzBfG = EzA Nr. 3 zu § 9 TzBfG.

Diese Prüfung kann in drei Schritten erfolgen:

1.	Welche objektiven Anforderungen stellt der Arbeitsplatz an die Eignung und Qualifikation des Beschäftigten?	Diese objektiven Anforderungen ergeben sich aus der unternehmerischen Entscheidung, welche Arbeitsplätze der Arbeitgeber zum Zweck einer bestimmten Aufgabenerfüllung einrichtet.
2.	Welche subjektiven Voraussetzungen muss ein potentieller Beschäftigter mitbringen, um die objektiven Anforderungen der Stelle zu erfüllen?	Hierbei geht es um die abstrakte Prüfung, welche persönlichen Anforderungen an (z. B.) Ausbildung, Berufserfahrung, soziale Kompetenz erforderlich sind, um den objektiven Anforderungen zu genügen. Dieses Anforderungsprofil legt ebenfalls der Arbeitgeber fest.[39]
3.	Liegen die im zweiten Prüfungsschritt festgestellten subjektiven Voraussetzungen des konkreten Beschäftigten vor, um die im ersten Schritt festgelegten objektiven Anforderungen der Stelle zu erfüllen?	Bei der Beurteilung auf der dritten Prüfungsebene, ob der Bewerber für den Arbeitsplatz geeignet ist, erfolgt eine umfassende, vorausschauende und nicht nur auf einzelne Beurteilungselemente beschränkte Bewertung der Persönlichkeit des Bewerbers, die auch vom persönlichen Eindruck abhängen kann.[40]

Mit diesen drei Prüfungsschritten wird nachvollziehbar, welche konkrete subjektive Eignung bei dem Teilzeitarbeitnehmer vorliegen muss, um die objektiven Anforderungen des Arbeitsplatzes auszufüllen. Darüberhinausgehende Qualifikationen oder Fähigkeiten bleiben bei der Frage der Vergleichbarkeit der Eignung i. S. d. § 9 unter mehreren Bewerbern unberücksichtigt. Anders als in den beamtenrechtlichen Regelungen geht es in § 9 gerade nicht um Bestenauslese i. S. d. Art. 33 Abs. 3 GG, sondern um die Frage, ob der Teilzeitarbeitnehmer, der die Verlängerung seiner Arbeitszeit begehrt, in der Lage ist, die Tätigkeit ohne zusätzliche, erst noch zu erwerbende Qualifikation auszuüben.

Mit dem Teilzeitanspruch aus § 8 korrespondiert der Anspruch auf Erhöhung der Wochenarbeitszeit nach § 9. Ein Arbeitnehmer soll nicht aus der Befürchtung heraus, auf unabsehbare Zeit in Teilzeit verbleiben zu müssen, sich von der Verringerung der Arbeitszeit abhalten lassen.

---

39 So auch LAG Berlin 2. 12. 2003 – 3 Sa 1041/03, AuR 2004, 468; LAG Schleswig-Holstein 24. 9. 2008 – 6 Sa 3/08.

40 LAG Schleswig-Holstein 24. 9. 2008 – 6 Sa 3/08.

Nur so kann dem Sinn des Gesetzes zur Teilzeit entsprochen werden: die berufliche Mobilität und Flexibilität auf allen Hierarchieebenen zu fördern und zu gewährleisten, dass Arbeitnehmer nicht mit Rücksicht auf ihr berufliches Fortkommen davon abgehalten werden, eine Teilzeitbeschäftigung aufzunehmen.[41]

Beförderungsanspruch des Arbeitnehmers?

10   Daran schließt sich unmittelbar die umstrittene Frage an, ob § 9 auch einen Beförderungsanspruch beinhaltet. Die ablehnende Meinung trägt vor, dass § 9 nicht darauf angelegt sei, dem teilzeitbeschäftigten Arbeitnehmer im Zuge eines Arbeitsplatzwechsels eine Beförderung zu verschaffen, sondern in Umsetzung der EG-Richtlinie lediglich die Möglichkeit eröffnen soll, zur früheren Arbeitszeit zurückzukehren.[42] Das Gebot der bevorzugten Berücksichtigung könne aber gerade nicht über den Antrag auf Verlängerung der Arbeitszeit erreicht werden.[43]

Auch das BAG geht von dem Grundsatz aus, dass der Arbeitnehmer in der Regel keinen Anspruch auf Übertragung eines höherwertigen Arbeitsplatzes hat. Eine Ausnahme hiervon liegt dann vor, wenn der Arbeitgeber eine Personalorganisation vorgibt, die Teilzeitarbeit nur auf einer niedrigeren Hierarchiestufe als bisher eingenommen zulässt. Der Arbeitgeber binde sich hierdurch selbst und muss bei einem Verlängerungswunsch des Teilzeitarbeitnehmers diesen auf einem freien Arbeitsplatz der ursprünglich höheren Hierarchiestufe berücksichtigen.[44]

11   Nach der hier vertretenen Auffassung kann § 9 einen Beförderungsanspruch auslösen, wenn der Teilzeitbeschäftigte ohne weitere Ausbildung nach einer angemessenen Einarbeitungszeit den Beförderungsposten übernehmen kann.[45] Damit liegt nämlich das Tatbestandsmerkmal der gleichen Eignung vor.[46]

Sofern der Teilzeitarbeitnehmer in seiner Person, d. h. subjektiv die Voraussetzungen erfüllt, um die objektiven Anforderungen des Arbeitsplatzes zu erfüllen, ist die Eignung vergleichbar mit anderen Bewerbern (vgl. § 9 Rn. 9).

Dies folgt zum einen aus dem allgemeinen Diskriminierungsverbot des § 4 Abs. 1 und aus dem besonderen Diskriminierungsverbot des § 10 (vgl. § 4

---

41   BAG 8. 5. 2007 – 9 AZR 874/06, AP Nr. 9 zu § 9 TzBfG = EzA Nr. 3 zu § 9 TzBfG; BAG 16. 9. 2008 – 9 AZR 781/07, AP Nr. 6 zu § 9 TzBfG.
42   Rolfs, RdA 2001, 129, 139; ders., § 9 TzBfG Rn. 3; Boewer, § 9 TzBfG Rn. 9.
43   MüKo TzbfG – Müller-Glöge, § 8, Rn. 7.
44   BAG 16. 9. 2008 – 9 AZR 781/07, AiB 2009, 381–384.
45   Buschmann/Dieball/Stevens-Bartol, § 9 TzBfG Rn. 19.
46   MüKo TzbfG – Müller-Glöge, § 8, Rn. 7.

Rn. 4 und § 10 Rn. 3). Der Arbeitgeber hat ausdrücklich dafür Sorge zu tragen, dass Teilzeitbeschäftigte an der beruflichen Entwicklung teilnehmen. Dies muss sich auch in der vorrangigen Berücksichtigung bei der Besetzung eines Beförderungspostens bei gleicher Eignung umsetzen. Zum anderen entspricht es auch dem Sinn und Zweck des Gesetzes. Bildet sich ein Beschäftigter während der Teilzeitphase aus eigener Initiative weiter und qualifiziert sich damit für anspruchsvollere Aufgaben, muss dies Berücksichtigung finden.

Entgegenstehende dringende betriebliche Gründe

Der Wunsch nach Verlängerung der Arbeitszeit darf vom Arbeitgeber nur dann zurückgewiesen werden, wenn **dringende betriebliche Gründe** entgegenstehen. Durch die Eingrenzung auf dringende betriebliche Gründe sind die Zurückweisungsgründe deutlich strenger als bei § 8 Abs. 4.[47] Da es hierbei um eine personelle Auswahl der zu besetzenden Vollzeitstelle geht, können nur dringende betriebliche Gründe vorliegen, die mit dem zeitlichen Zuschnitts des Arbeitsplatzes nichts zu tun haben.[48] Dringende betriebliche Gründe können sich ergeben aus der Organisation, dem Arbeitsablauf oder der Sicherheit des Betriebs.[49]   **12**

Ein Organisationskonzept des Arbeitgebers, nur Teilzeitstellen einzurichten, muss durch arbeitsplatzbezogene Gründe gerechtfertigt sein (vgl. § 9 Rn. 5).[50]

Ein dringender betrieblicher Grund gegen die Verlängerung der Arbeitszeit liegt nicht vor, wenn der Teilzeitbeschäftigte auf seinem bisherigen Arbeitsplatz angeblich unentbehrlich ist.[51] Die alte Volksweisheit »Kein Mensch ist unentbehrlich« zeigt sich auch hier spätestens bei längerer Abwesenheit wegen Urlaub, Krankheit, Freistellung für Betriebsratstätigkeit, Kündigung des Arbeitnehmers o. Ä. Für diese Fälle muss der Arbeitgeber organisatorische Vorsorge treffen.

Krankheitsbedingte Fehlzeiten im Sinne von häufigen Kurzerkrankungen sind kein entgegenstehender dringender betrieblicher Grund, wenn sie eine Änderung- bzw. Beendigungskündigung nicht rechtfertigen können.[52]   **12a**

Eine ausgewogene Altersstruktur kann vor dem Hintergrund der Relevanz in der Diskussion um den Kündigungsschutz oder die Herstellung eines aus-   **13**

---

47 BAG 15. 8. 2006 – 9 AZR 8/06, NZA 2007, 255; Preis/Gotthardt, DB 200, 2068.
48 BAG 15. 8. 2006 – 9 AZR 8/06, NZA 2007, 255.
49 Rolfs, § 9 TzBfG Rn. 5.
50 BAG 15. 8. 2006 – 9 AZR 8/06, NZA 2007, 255; LAG Köln 30. 9. 2010 – 7 Sa 952/10.
51 Boewer, § 9 TzBfG Rn. 42; Schüren, AuR 2001, 322.
52 LAG Hessen 28. 11. 2014 – 14 Sa 465/12.

gewogenen Geschlechterverhältnisses im Hinblick auf das Konzept des Gender Mainstreamings ein dringender betrieblicher Grund sein.[53]

Weiterhin können vorrangige Rechtsansprüche Dritter auf den begehrten Arbeitsplatz dringende betriebliche Gründe sein, z. B. die Weiterbeschäftigung auf einem freien Arbeitsplatz zur Vermeidung einer betriebsbedingten Kündigung,[54] Übernahme von Jugend- und Auszubildendenvertretern gem. § 78a BetrVG, § 9 BPersVG oder tarifliche Beschäftigungsansprüche, z. B. § 11 Abs. 1 TVöD/TV-L. Auch Teilzeitwünsche anderer Beschäftigter gem. § 8 gehen dem Erhöhungswunsch nach § 9 vor.[55]

Gleichrangigkeit von Erhöhungswünschen verschiedener Arbeitnehmer

14 Die Erhöhungswünsche verschiedener Teilzeitbeschäftigter stehen grundsätzlich gleichrangig nebeneinander. Der Arbeitgeber kann bei Bestehen mehrerer Erhöhungswünsche bei nur einer freien Stelle die Auswahl nach billigem Ermessen gem. § 315 BGB vornehmen.[56]

Darlegungs- und Beweislast

15 Der Anspruch auf bevorzugte Berücksichtigung kann im Klagewege geltend gemacht werden.[57]

Der Arbeitnehmer trägt für die anspruchsbegründende Voraussetzungen (§ 8 Rn. 75) – dass der Wunsch nach Erhöhung der Arbeitszeit gegenüber dem Arbeitgeber geltend gemacht wurde – die **Darlegungs- und Beweislast**. Aufgrund der Gesetzesänderung im Jahr 2019 trägt nun der Arbeitgeber die Darlegungs- und Beweislast, dass kein entsprechender freier Arbeitsplatz vorhanden ist und dass der/die Teilzeitbeschäftigte für die Besetzung des freien Arbeitsplatzes nicht gleich geeignet ist. Dieser Vergleich bezieht sich auf die vom Arbeitgeber bevorzugte Person.[58]

---

53 Schüren, AuR 2001, 322; a. A. Boewer, § 9 TzBfG Rn. 43.
54 LAG München 4. 5. 2006 – 2 Sa 1164/05, AuA 06, 489; Rolfs, § 9 TzBfG Rn. 6; a. A. Boewer, § 9 TzBfG Rn. 44.
55 Rolfs, § 9 TzBfG Rn. 6.
56 BT-Drs. 14/4625, S. 24; Lindemann/Simon, BB 2001, 151; Rolfs, § 9 TzBfG Rn. 7; Boewer, § 9 TzBfG Rn. 3.
57 Rolfs, § 9 TzBfG Rn. 8; Boewer, § 9 TzBfG Rn. 61.
58 BT-Drucksache 19/3452, S. 17.

Einstweilige Verfügung

In Anwendung entsprechender Grundsätze der Konkurrentenklage ist die **16**
Beantragung einer einstweiligen Verfügung auf Unterlassung der Stellenbesetzung mit einem Mitbewerber bis zur Entscheidung in der Hauptsache
möglich.[59]

Schadensersatzpflicht des Arbeitgebers

Mit der Besetzung eines freien Arbeitsplatzes ist ein eventueller Anspruch **17**
gem. § 9 des Teilzeitarbeitnehmers erloschen, und zwar unabhängig davon,
ob der Arbeitgeber die Vorgaben des § 9 bei der Besetzung der Stelle beachtet
hat.[60]
Der Arbeitgeber macht sich gem. § 275 Abs. 1 und 4, § 280 Abs. 1 und 3,
§ 281 Abs. 2, § 283 § Satz 1, §§ 276, 278 Satz 1, 2. Alt., § 251 Abs. 1, § 252
BGB wegen Unmöglichkeit der Erfüllung der Stellenbesetzung schadenser-
satzpflichtig, wenn er einen teilzeitbeschäftigten Arbeitnehmer trotz Vorliegens der Voraussetzungen des § 9 bei der Besetzung des Arbeitsplatzes nicht
berücksichtigt. Die Höhe des Schadensersatzanspruchs richtet sich nach der
Differenz zwischen der bisherigen Vergütung und derjenigen Vergütung, die
der Teilzeitarbeitnehmer auf der Vollzeitstelle erhalten hätte.[61] Gemäß § 249
BGB ist der Beschäftigte so zu stellen, wie er stehen würde, wenn sein Anspruch auf bevorzugte Berücksichtigung erfüllt worden wäre.[62]

Informationsanspruch des Betriebsrats[63]

Gemäß § 80 Abs. 1 Ziff. 1 BetrVG hat der Betriebsrat im Rahmen seiner all- **17a**
gemeinen Aufgaben darüber zu wachen, dass die zugunsten der Arbeitnehmer geltenden Gesetze eingehalten werden. Insofern steht ihm i.V.m. § 7
Abs. 4 ein umfangreiches Informationsrecht über die angezeigten Arbeitszeitwünsche nach § 7 Abs. 2 sowie der Teilzeitarbeit im Betrieb zu (vgl. § 7
Rn. 16ff.). Der Arbeitgeber hat den Betriebsrat über Teilzeit, über vorhandene und geplante Teilzeitarbeitsplätze und auch über die Umwandlung von
Teilzeit- in Vollzeitarbeitsplätze und seine Vorstellung über die Besetzung

---

59 Rolfs, § 9 TzBfG Rn. 8; Boewer, § 9 TzBfG Rn. 69.
60 LAG Thüringen 26.1.2012 – 6 Sa 393/10; LAG Baden-Württemberg 27.1.2010 –
    12 Sa 44/09; LAG Hamm 6.11.2008 – 16 Sa 875/08; LAG Hamm 25.2.2014 – 14 Sa
    1174/13, ArbR 2014, 495.
61 LAG Köln 12.8.2015 – 11 Sa115/15; BAG 16.9.2008 – 9 AZR 781/07, AiB 2009,
    381–384; LAG Berlin 2.12.2003 – 3 Sa 1041/03, AuR 2004, 468; Rolfs, § 9 TzBfG
    Rn. 8; Boewer, § 9 TzBfG Rn. 48.
62 LAG Köln 17.8.2010 – 12 Sa 513/10.
63 Zu den Rechten des Personalrats vgl. Pielenz, PersR 16, Ausgabe 4, S. 36–40.

mit Beschäftigten, die ihre Arbeitszeit ändern wollen, zu informieren. Auf Verlangen muss der Arbeitgeber dem Betriebsrat Unterlagen zur Verfügung stellen. Dieser Informationsanspruch ist das kollektivrechtliche Gegenstück zu dem individualrechtlichen Anspruch des Arbeitnehmers, der den Wunsch nach einer Arbeitszeitverlängerung gegenüber dem Arbeitgeber angezeigt hat, auf Information über freie Stellen (vgl. § 7 Rn. 9 ff.). Nur mit der Kenntnis über die arbeitgeberseitige Planung von Teil- und Vollzeitstellen, wird der Betriebsrat in die Lage versetzt, sein Mitbestimmungsrecht in Personalangelegenheiten mit Blick auf § 9 sachgerecht ausüben zu können. Dieser speziellere Informationsanspruch besteht daher auch selbstständig neben dem Mitwirkungsrecht bei der Personalplanung gem. § 92 BetrVG.

Mitbestimmung des Betriebsrats bei Personalangelegenheiten

18 Die Besetzung einer freien Stelle unterliegt bei einem externen Bewerber im Sinne einer Einstellung und bei einem internen Bewerber im Sinne einer Versetzung der Mitbestimmung des Betriebsrats gem. § 99 BetrVG. Eine Einstellung eines Arbeitnehmers ohne Beachtung des § 9 stellt eine gegen ein Gesetz gem. § 99 Abs. 2 Nr. 1 BetrVG verstoßende personelle Maßnahme dar, die den Betriebsrat zur Zustimmungsverweigerung berechtigt.[64]
Im Rahmen der Unterrichtungspflicht gem. § 99 Abs. 1 BetrVG hat der Arbeitgeber dem Betriebsrat das Organisationskonzept, seine tatsächliche Umsetzung sowie plausible und nachvollziehbare arbeitsplatzbezogene Gründe mitzuteilen, die darlegen, dass ausgeschriebene Vollzeitstellen nicht mit bereits im Betrieb beschäftigten Teilzeitarbeitnehmern, die ein Aufstockungsverlangen geltend gemacht haben, zu besetzen sind, sondern z. B. mit Leiharbeitnehmer[65] oder nur durch neu eingestellte Teilzeitbeschäftigte.[66]
Der Betriebsrat kann gem. § 99 Abs. 2 Ziff. 3 BetrVG die Zustimmung zu Neueinstellungen verweigern, wenn der Arbeitgeber einen dauerhaft bestehenden Bedarf an Arbeitnehmern nur mit Teilzeitkräften oder Leiharbeitnehmern unter Verstoß gegen § 1 Abs. 1 Satz 2 AÜG deckt. Mit einem solchen Organisationskonzept würde § 9 umgangen und damit sinnlos werden (vgl. § 9 Rn. 5). Teilzeitbeschäftigte, die den Wunsch nach der Verlängerung ihrer Arbeitszeit geltend machen, erlitten damit ggf. einen Nachteil.

19 Umstritten ist allerdings die Frage, ob eine das Mitbestimmungsrecht des Betriebsrats auslösende Einstellung gem. § 99 Abs. 1 BetrVG vorliegt, wenn bei einem Teilzeitbeschäftigten wunschgemäß ohne Veränderung der sons-

---

64 BT-Drs. 14/4625, S. 24; LAG Baden-Württemberg 21.3.2013 – 6 TaBV 9/12, AiB 2013, 724 f.; LAG Baden-Württemberg 21.3.2013 – TaBV 9/12; a.A. Beckschulze, DB 2000, 2605.
65 LAG Bremen 11.3.2010 – 3 TaBV 24/09.
66 LAG Baden-Württemberg 21.3.2013 – 6 TaBV 9/12.

tigen Arbeitsbedingungen die Arbeitszeit verlängert wird. Bei der Verlängerung der Arbeitszeit ist es gerade im Hinblick auf das Berücksichtigungsgebot des § 9 sachgerecht, dies als Einstellung i. S. d. § 99 BetrVG zu bewerten
und somit dem Betriebsrat ein Mitbestimmungsrecht zuzugestehen. Die Erhöhung der Arbeitszeit kann erhebliche Auswirkungen auf die restliche Belegschaft haben. Es können Nachteile für andere im Betrieb Beschäftigte z. B.
dadurch entstehen, dass Bewerbungen anderer Arbeitnehmer nicht mehr
berücksichtigt werden können. Damit kann eine völlig neue Auswahlsitua-
tion entstehen, die bei der ursprünglichen Einstellung noch nicht berücksichtigt werden konnte.[67]

Das BAG hat den Fall, dass der Arbeitgeber einen zuvor ausgeschriebe- **20**
nen Arbeitsplatz im Wege der Erhöhung der vertraglichen Arbeitszeit eines
schon beschäftigten Arbeitnehmers besetzt, als mitbestimmungspflichtige
Einstellung angesehen.[68]

Auswahlrichtlinie

Für den Betriebsrat besteht weiterhin die Möglichkeit, mit dem Arbeitgeber **20a**
eine Betriebsvereinbarung über eine Auswahlrichtlinie gem. § 95 BetrVG zu
vereinbaren. Hierin können Verfahren und Kriterien zur besonderen Berücksichtigung von Teilzeitbeschäftigten, die ihre Arbeitszeit wieder verlängern möchten, geregelt werden.

Insbesondere können Verfahrensregeln zur Feststellung der vergleichbaren
Eignung, wie z. B. die o. g. drei Prüfungsschritte (vgl. Rn. 9), niedergelegt
werden. Auch entgegenstehende Gründe, die dem Wunsch nach Verlängerung der Arbeitszeit entgegenstehen, können definiert werden.

Änderung

Gemäß § 22 können die Rechte aus § 9 weder durch Vertrag noch durch eine **21**
tarifliche Regelung zuungunsten der Teilzeitbeschäftigten verändert werden
(vgl. § 22 Rn. 1).

§ 9a   Zeitlich begrenzte Verringerung der Arbeitszeit

**(1) Ein Arbeitnehmer, dessen Arbeitsverhältnis länger als sechs Monate
bestanden hat, kann verlangen, dass seine vertraglich vereinbarte Ar-**

---

67 So schon BVerwG 2. 6. 1993 – 6 P 3/92, PersR 1993, 450 ff.; LAG Niedersachsen
   12. 9. 2000 – 7 TaBV 84/99, NZA-RR 2001, 141; Schüren, AuR 2001, 323 ff.; ein-
   schränkend MüKo TzBfG – Müller-Glöge, § 9 Rn. 11; a. A. Meinel/Heyn/Herms,
   § 9 TzBfG Rn. 14.
68 BAG 25. 1. 2005 – 1 ABR 59/03, AP Nr. 114 zu § 87 BetrVG 1972 – Arbeitszeit.

beitszeit für einen im Voraus zu bestimmenden Zeitraum verringert wird. Der begehrte Zeitraum muss mindestens ein Jahr und darf höchstens fünf Jahre betragen. Der Arbeitnehmer hat nur dann einen Anspruch auf zeitlich begrenzte Verringerung der Arbeitszeit, wenn der Arbeitgeber in der Regel mehr als 45 Arbeitnehmer beschäftigt.

(2) Der Arbeitgeber hat einen Arbeitnehmer, der ihm den Wunsch nach einer Veränderung von Dauer und Lage seiner vertraglich vereinbarten Arbeitszeit angezeigt hat, über entsprechende Arbeitsplätze zu informieren, die im Betrieb oder Unternehmen besetzt werden sollen. Der Arbeitgeber kann das Verlangen des Arbeitnehmers nach Verringerung der Arbeitszeit ablehnen, soweit betriebliche Gründe entgegenstehen; § 8 Abs. 4 gilt entsprechend. Ein Arbeitgeber, der in der Regel mehr als 45, aber nicht mehr als 200 Arbeitnehmer beschäftigt, kann das Verlangen eines Arbeitnehmers auch ablehnen, wenn zum Zeitpunkt des begehrten Beginns der verringerten Arbeitszeit bei einer Arbeitnehmerzahl von in der Regel

1. mehr als 45 bis 60 bereits mindestens vier,
2. mehr als 60 bis 75 bereits mindestens fünf,
3. mehr als 75 bis 90 bereits mindestens sechs,
4. mehr als 90 bis 105 bereits mindestens sieben,
5. mehr als 105 bis 120 bereits mindestens acht,
6. mehr als 120 bis 135 bereits mindestens neun,
7. mehr als 135 bis 150 bereits mindestens zehn,
8. mehr als 150 bis 165 bereits mindestens elf,
9. mehr als 165 bis 180 bereits mindestens zwölf,
10. mehr als 180 bis 195 bereits mindestens 13,
11. mehr als 195 bis 200 bereits mindestens 14

andere Arbeitnehmer ihre Arbeitszeit nach Abs. 1 verringert haben.

(3) Im Übrigen gilt für den Umfang der Verringerung der Arbeitszeit und für die gewünschte Verteilung der Arbeitszeit § 8 Abs. 2 bis 5. Für den begehrten Zeitraum der Verringerung der Arbeitszeit sind § 8 Abs. 2 Satz 1, Abs. 3 Satz 1, Abs. 4 sowie Abs. 5 Satz 1 und 2 entsprechend anzuwenden.

(4) Während der Dauer der zeitlich begrenzten Verringerung der Arbeitszeit kann der Arbeitnehmer keine weitere Verringerung und keine Verlängerung seiner Arbeitszeit nach diesem Gesetz verlangen; § 9 findet keine Anwendung.

(5) Ein Arbeitnehmer, der nach einer zeitlich begrenzten Verringerung der Arbeitszeit nach Abs. 1 zu seiner ursprünglichen vertraglich vereinbarten Arbeitszeit zurückgekehrt ist, kann eine erneute Verringerung der Arbeitszeit nach diesem Gesetz frühestens ein Jahr nach der Rückkehr zur ursprünglichen Arbeitszeit verlangen. Für einen erneuten Antrag auf Verringerung der Arbeitszeit nach berechtigter Ablehnung auf Grund entgegenstehender betrieblicher Gründe nach Abs. 2 Satz 1 gilt § 8 Abs. 6 ent-

sprechend. Nach berechtigter Ablehnung auf Grund der Zumutbarkeitsregelung nach Abs. 2 Satz 2 kann der Arbeitnehmer frühestens nach Ablauf von einem Jahr nach der Ablehnung erneut eine Verringerung der Arbeitszeit verlangen.

(6) Durch Tarifvertrag kann der Rahmen für den Zeitraum der Arbeitszeitverringerung abweichend von Abs. 1 Satz 2 auch zuungunsten des Arbeitnehmers festgelegt werden.

(7) Bei der Anzahl der Arbeitnehmer nach Abs. 1 Satz 3 und Abs. 2 sind Personen in Berufsbildung nicht zu berücksichtigen.

Die neue Brückenteilzeit

Mit dem Gesetz zur Weiterentwicklung des Teilzeitrechts vom 11.12.2018[1] **1** ist mit Wirkung vom 1.1.2019 der neue § 9a in das TzBfG eingefügt und damit eine Regelung über einen Rechtsanspruch auf befristete Verringerung der Arbeitszeit – die so genannte **Brückenteilzeit**« – geschaffen worden. Der Begriff »Brückenteilzeit« findet sich in der Überschrift des das TzBfG

---

1 BGBl. 2018 I, S. 2384.

ändernden Gesetzes[2] und wird auch in der Gesetzesbegründung verwendet.[3] Nur im neuen § 9a selbst taucht er nicht auf.

Mindest- und Höchstdauer der Brückenteilzeit

2 Der Anspruch auf Brückenteilzeit kann nach § 9a Abs. 1 Satz 1 für mindestens ein und höchstens fünf Jahre geltend gemacht werden. Nach dem Ende der Brückenteilzeit erfolgt automatisch eine Rückkehr zur vorherigen Arbeitszeit.

Eine Brückenteilzeit von weniger als einem Jahr oder mehr als fünf Jahren Dauer ist nach § 9a grundsätzlich nicht möglich – es sei denn, der/die Beschäftigte hat ein Wertguthaben i. S. v. § 7b SGB IV und verwendet dieses für eine Brückenteilzeit nach § 9a (§ 7c Abs. 1 Ziff. 1c SGB IV).[4] Abgesehen von dem Sonderfall des Wertguthabens ist eine Brückenteilzeit von weniger als einem Jahr oder mehr als fünf Jahren Dauer nur aufgrund einer freiwilligen Vereinbarung mit dem Arbeitgeber möglich.

Das Verhältnis von § 9a zu den bisherigen Regelungen über einen Teilzeitanspruch

3 Der Anspruch auf Brückenteilzeit nach § 9a ergänzt sowohl den Anspruch auf unbefristete Verringerung der Arbeitszeit nach § 8 als auch die bisher schon bestehenden Regelungen über einen Anspruch auf befristete Verringerung der Arbeitszeit in § 15 Abs. 5–7 BEEG, dem PflegeZG und dem FpfZG sowie § 11 TvöD bzw. TV L. All diese Regelungen gelten nach § 23 neben § 9a weiter.[5]

Das Verhältnis von § 9a zu den bisherigen Regelungen über einen Anspruch auf befristete Teilzeit

4 Während die vorgenannten bereits bestehenden Regelungen über einen Anspruch auf befristete Verringerung der Arbeitszeit das Vorliegen eines bestimmten Grundes in der Person oder im persönlichen Umfeld der/des betreffenden Beschäftigten (Betreuung und Erziehung eines Kindes, Pflegebedürftigkeit eines nahen Angehörigen) zur Voraussetzung für den Anspruch auf befristete Teilzeit machen, ist der Anspruch auf Brückenteilzeit nicht an

---

2 Dessen vollständiger Titel lautet: »Gesetz zur Weiterentwicklung des Teilzeitrechts – Einführung einer Brückenteilzeit«.

3 Vgl. BT-Drs. 19/3452 und 19/5097.

4 Siehe hierzu auch unten Rn. 12.

5 Vgl. auch die Begründung des Gesetzes zur Einführung der Brückenteilzeit, BT-Drs. 19/3452, S. 17 a. E.

das Vorliegen bestimmter Gründe gebunden.[6] Der Anspruch auf Brückenteilzeit kann »*anlass- und begründungslos geltend gemacht werden*«.[7] Mit der Brückenteilzeit soll Beschäftigten auch ermöglicht werden, »*neben der Berufstätigkeit in größerem Umfang auch privaten Aufgaben und Interessen nachzugehen … [,] sich weiterzubilden, um mehr Freizeit … zur Wahrnehmung eines Ehrenamtes zu haben oder um ein ausgeglichenes Verhältnis zwischen Arbeits- und Privatleben zu erreichen*«.[8]

Dass Beschäftigte, die einen Anspruch auf Brückenteilzeit nach § 9a geltend 5 machen, dafür gegenüber dem Arbeitgeber keinen Grund, insbesondere keinen der im BEEG, im PflegeZG bzw. FpfZG oder in § 11 TvöD/TV L genannten Gründe anführen müssen, bedeutet natürlich umgekehrt nicht, dass sie für die Inanspruchnahme von Brückenteilzeit nach § 9a keinen solchen Grund haben dürften.[9] Anstelle des Teilzeitanspruchs nach dem BEEG oder dem PflegeZG bzw. dem FpfZG kann deshalb zur Betreuung eines Kindes oder Pflege eines nahen Angehörigen auch Brückenteilzeit nach § 9a beansprucht werden. Das kann günstiger sein, weil die Höchstdauer der Brückenteilzeit nach § 9a Abs. 1 Satz 2 länger ist als die maximale Dauer des Teilzeitanspruchs nach den vorgenannten Gesetzen.[10] Die Brückenteilzeit kann aber auch unmittelbar im Anschluss an eine befristete Teilzeittätigkeit nach dem BEEG, nach dem PflegeZG bzw. FpfZG oder dem § 11 TvöD/TV L in Anspruch genommen werden – vorausgesetzt die Geltendmachung der Brückenteilzeit erfolgt spätestens drei Monate vor dem Ende der Teilzeittätigkeit nach dem BEEG, nach dem PflegeZG bzw. FpfZG oder dem § 11 TvöD/TVL.[11]

Andererseits kann während der Brückenteilzeit ein Anspruch auf (weitere) 6 befristete Verringerung nach dem BEEG, nach dem PflegeZG bzw. FpfZG oder dem § 11 TvöD/TV L in Anspruch genommen werden, wenn die Situation, die den Anspruch auf Teilzeitarbeit nach den letztgenannten Regelungen begründet, während der Brückenteilzeit eintritt. Denn § 9a Abs. 4

---

6 So ausdrücklich die Gesetzesbegründung, BT-Drs. 19/3452, S. 11.

7 Ausschuss-Drs. 19(11)149, S. 61.

8 BT-Drs. 19/3452, S. 10.

9 Vgl. auch die Gesetzesbegründung, BT-Drs. 19/3452, S. 10, wonach mit der Brückenteilzeit »auch de[r] Wunsch, stärker für die Familie da zu sein«, verwirklicht und ebenso der Unmöglichkeit, »aus Betreuungserfordernissen … in Vollzeit [zu] arbeiten«, Rechnung getragen werden soll.

10 Die Höchstdauer des Teilzeitanspruchs wegen Betreuung eines minderjährigen Kindes oder eines pflegebedürftigen Angehörigen nach § 11 TvöD/TV L ist allerdings mit der Höchstdauer der Brückenteilzeit identisch: fünf Jahre.

11 Vgl. § 9a Abs. 3 Satz 2, der die Drei-Monats-Frist für die Geltendmachung des Anspruchs auf unbefristete Verringerung der Arbeitszeit nach § 8 auch für die Geltendmachung von Brückenteilzeit anwendbar erklärt.

schließt nach seinem eindeutigen Wortlaut nur eine weitere Verringerung nach dem TzBfG aus, nicht aber nach anderen Regelungen.

> **Beispiel:**
> Ein Beschäftigter nimmt für zwei Jahre Brückenteilzeit in Anspruch, um sich fortzubilden. Während dieses Zeitraums wird plötzlich eine nahe Angehörige pflegebedürftig, die er fortan betreuen muss. Der Beschäftigte hat für diese Betreuung einen Anspruch auf (weitere) Verringerung seiner Arbeitszeit nach dem PflegeZG bzw. FpfZG,[12] auch wenn die Brückenteilzeit noch nicht beendet ist.

Das Verhältnis von § 9a zu § 8

7 Der Anspruch auf zeitlich begrenzte Verringerung der Arbeitszeit nach § 9a und der auf ihre zeitlich nicht begrenzte Verringerung nach § 8 haben gemeinsam, dass sie anlass- und begründungslos geltend gemacht werden können. Entscheidender Unterschied zwischen den beiden Teilzeitansprüchen ist, dass sich Beschäftigte, wenn sie den Anspruch nach § 8 geltend machen, auf unbestimmte Zeit auf Teilzeit festlegen.

Vor der Einführung der Brückenteilzeit zum 1. 1. 2019 stellte sich die Situation oft wie folgt dar: Beschäftigten, die aufgrund ihrer persönlichen Lebenssituation darauf angewiesen waren, in einem bestimmten Zeitraum in Teilzeit zu arbeiten, und die nach Ende dieses Zeitraums aber wieder Vollzeit arbeiten wollten oder mussten, half § 8 zwar kurzfristig; er brachte sie mittelfristig aber in eine »Teilzeitfalle«. Denn vor der Einführung der Brückenteilzeit in § 9a bedeutete »einmal Teilzeit« oft »immer Teilzeit«.[13] Und Beschäftigte, die sich für Teilzeit nach § 8 entschieden hatten, waren – wenn sie in Vollzeit zurückkehren wollten – auf das Wohlwollen ihres Arbeitgebers oder darauf angewiesen, dass sich zum richtigen Zeitpunkt ein freier Vollzeitarbeitsplatz im Sinne von § 9 auftat, für den sie bevorzugt zu berücksichtigen waren. Daher stellt die Brückenteilzeit nach § 9a aus Beschäftigtensicht eine sozialpolitisch sinnvolle Ergänzung zum Anspruch auf unbefristete Teilzeit nach § 8 dar.

8 Grundsätzlich können Beschäftigte im Laufe ihres Berufslebens sowohl von § 8 als auch (anschließend) von § 9a Gebrauch machen. Das kann aus Beschäftigtensicht durchaus sinnvoll oder sogar notwendig sein.

> **Beispiel:**
> Eine 55-jährige Arbeitnehmerin, die aus persönlichen Gründen Teilzeit arbeiten möchte und zwar zumindest mehr als den Höchstzeitraum der Brückenteilzeit von fünf Jahren, stellt deshalb einen Antrag nach § 8 auf unbefristete Verringe

---

12 Oder nach § 11 TvöD/TV L, wenn sie im Anwendungsbereich eines dieser Tarifverträge arbeitet.

13 Pfarr, Stellungnahme zum Entwurf des Gesetzes zur Weiterentwicklung des Teilzeitrechts, Ausschuss-Drs. 19(11)149, S.

rung ihrer Arbeitszeit, dem der Arbeitgeber zustimmt. Nachdem sie bereits drei Jahre Teilzeit gearbeitet hat, wird plötzlich eine vorübergehende Situation absehbar, aufgrund deren sie gezwungen sein wird, ihre Arbeitszeit befristet auf ein Jahr noch weiter zu reduzieren, und in der keine der oben in Rn. 5, 6 genannten Sonderregelungen außerhalb des TzBfG greift.

Die Arbeitnehmerin kann dann einen Brückenteilzeitanspruch für ein Jahr nach § 9a geltend machen und kehrt nach Ablauf dieses Jahres automatisch wieder zur Teilzeit nach § 8 zurück.

Der Anspruch nach § 9a und der nach § 8 können aber nicht beliebig miteinander kombiniert werden, weil auch dem Arbeitgeber ein gewisses Maß an Planungssicherheit gewährleistet sein muss.[14]

So kann der Arbeitnehmer, wenn der Arbeitgeber einem Antrag nach § 8 **9** Abs. 1 auf unbefristete Verringerung der Arbeitszeit gemäß § 8 Abs. 4 zugestimmt hat, wegen § 8 Abs. 6 frühestens zwei Jahre nach Erteilung dieser Zustimmung einen Antrag nach § 9a auf erneute – diesmal aber befristete – Verringerung stellen. Denn der Ausschluss gem. § 8 Abs. 6 ist seinem Wortlaut nach nicht auf eine erneute unbefristete Verringerung beschränkt. Aus dem gleichen Grund ist die Geltendmachung von Brückenteilzeit nach § 9a für die Dauer von zwei Jahren ausgeschlossen, nachdem der Arbeitgeber einen Antrag auf unbefristete Verringerung der Arbeitszeit nach § 8 Abs. 1 berechtigt abgelehnt hat.

Umgekehrt kann ein Beschäftigter, wenn er zunächst einen Antrag nach § 9a **10** gestellt hat, dem der Arbeitgeber zugestimmt hat, für die Dauer der Brückenteilzeit und innerhalb eines Jahres nach der Rückkehr aus der Brückenteilzeit keinen Antrag nach § 8 auf unbefristete Verringerung der Arbeitszeit stellen (§ 9a Abs. 4 und Abs. 5).[15]

Lehnt der Arbeitgeber einen Antrag auf Brückenteilzeit nach § 9a Abs. 1 be- **11** rechtigt aufgrund entgegenstehender betrieblicher Gründe nach § 9a Abs. 2 Satz 1 ab, löst die Ablehnung grundsätzlich auch für einen Antrag nach § 8 auf unbefristete Teilzeit eine zweijährige Sperrfrist aus (§ 9a Abs. 5 Satz 2 i. V. m. § 8 Abs. 6). Allerdings erscheint es bei teleologischer Auslegung von § 9a Abs. 5 Satz 2 i. V. m. § 8 Abs. 6 sachgerecht, die in diesen Normen vorgesehene Sperrfrist ausnahmsweise nicht anzuwenden, wenn der Arbeitgeber die berechtigte Ablehnung aufgrund entgegenstehender betrieblicher Gründe damit begründet, er könne keine Ersatzkraft finden[16], die bereit sei,

---

14 Vgl. die allgemeine Begründung des Entwurfs des Gesetzes zur Weiterentwicklung des Teilzeitrechts, BT-Drs. 19/3452, S. 11.

15 In beiden Absätzen ist nicht von einer Verringerung nach § 9a, sondern ausdrücklich von einer »Verringerung … nach diesem Gesetz« die Rede, was eine Verringerung nach § 8 einschließt.

16 Zur Unmöglichkeit, eine Ersatzkraft zu finden, als betrieblicher Grund, der eine Ablehnung eines Teilzeitantrags rechtfertigt siehe die Kommentierung zu § 8 Rn. 42.

lediglich *befristet* für die Dauer der Brückenteilzeit zu arbeiten. Dann muss dem Arbeitnehmer gestattet werden, bereits vor Ablauf der Sperrfrist einen Antrag nach § 8 auf unbefristete Teilzeit »nachzuschieben«, sofern keine Anhaltspunkte erkennbar sind, dass sich auch bei unbefristeter Einstellung keine Ersatzkraft finden ließe. Allerdings sollten sich Beschäftigte in einem solchen Fall das »Nachschieben« eines Antrags nach § 8 gut überlegen. Stimmt der Arbeitgeber dem Antrag nach § 8 nämlich zu, müssen sie entgegen ihrer ursprünglichen Absicht unbefristet Teilzeit arbeiten und sitzen u. U. in der »Teilzeitfalle«.[17]

Brückenteilzeit i. V. m. einem Wertguthaben nach §§ 7b, 7c Abs. 1 Ziff. 1c SGB IV

12   Mit dem Gesetz zur Einführung der Brückenteilzeit hat der Gesetzgeber ausdrücklich in § 7 Abs. 1 Ziff. 1c SGB IV hineingeschrieben, dass ein Wertguthaben nach § 7b SGB IV nunmehr nicht nur für eine Teilzeit nach § 8, sondern auch für eine Brückenteilzeit nach § 9a verwendet werden kann. Nicht geändert hat der Gesetzgeber hingegen den zweiten Halbsatz von § 7c Abs. 1 Ziff. 1c SGB IV, wonach bei Verwendung eines Wertguthabens auch eine Teilzeit nach § 8 (ausnahmsweise) befristet werden kann.[18] Daraus lässt sich schließen, dass Beschäftigte, die über ein Wertguthaben nach § 7b SGB IV[19] verfügen und dieses Guthaben im Rahmen eines Teilzeitanspruchs verwenden möchten, einen Anspruch auf befristete Teilzeit nunmehr sowohl (weiterhin) über § 8 als auch (alternativ) über § 9a geltend machen können.
Die weiterhin mögliche Geltendmachung einer befristeten Teilzeittätigkeit über § 8 TzBfG i. V. m. § 7c Abs. 1 Ziff. 1c SGB IV hat gegenüber einer seit dem 1. 1. 2019 möglichen Geltendmachung über § 9a TzBfG (i. V. m. § 7c Abs. 1 Ziff. 1c SGB IV) folgende Vorteile:
- Der Zeitrahmen des § 9a Abs. 1 Satz 2 gilt nicht;[20] eine befristete Teilzeit nach § 8 TzBfG i. V. m. § 7c Abs. 1 Ziff. 1c SGB IV kann auch für einen kürzeren Zeitraum als ein Jahr oder aber einen längeren Zeitraum als fünf Jahre[21] beansprucht werden.

---

17 Zur »Teilzeitfalle« siehe oben Rn. 7.

18 Siehe hierzu auch die Kommentierung zu § 8 Rn. 20.

19 Wertguthaben i. S. v. § 7b SGB IV sind eine Form von Arbeitszeitkonten, die auf eine längerfristige (vollständige oder teilweise) Freistellung von der Arbeitsleistung zielen. Zu diesem Zweck werden Entgelt- oder Zeitanteile der/des Beschäftigten in einem Wertguthaben angespart (Bundesministerium für Arbeit und Soziales, Wertguthaben. Arbeitsleben aktiv gestalten. So profitieren Arbeitgeber und Beschäftigte von Wertguthaben, Stand: Januar 2015, S. 6).

20 Siehe auch oben Rn. 2.

21 Was allerdings ein entsprechend hohes Wertguthaben voraussetzt. Nach dem Rundschreiben der Spitzenverbände der Sozialversicherung vom 31. 3. 2009 über

- Der Anspruch besteht bereits ab einer Zahl von 16 Beschäftigten beim Arbeitgeber (§ 8 Abs. 7) und nicht erst ab einer Beschäftigtenzahl von 46 (§ 9a Abs. 1 Satz 3[22]).
- Auch ein Arbeitgeber, der in Regel mindestens 46 und höchstens 200 Arbeitnehmer beschäftigt, kann dem Teilzeitanspruch nicht die Zumutbarkeitsregelung des § 9a Abs. 2 Satz 2[23] entgegenhalten.

Keine »Schachtel«- oder »Ketten«-Brückenteilzeit

Beschäftigte können Anträge auf Brückenteilzeit nicht ineinander »verschachteln«, indem sie für einen Teilzeitraum innerhalb einer Brückenteilzeit nochmals Brückenteilzeit mit einer weiteren Verringerung der Arbeitszeit beantragen.   **13**

> **Beispiel:**
> Eine Arbeitnehmerin reduziert ihre Arbeitszeit nach § 9a Abs. 1 für fünf Jahre von 100% auf 80%, um neben der Arbeit ein Studium zu absolvieren. Nachdem die Arbeitnehmerin schon ein Jahr zu 80% gearbeitet (und studiert) hat, wird sie von ihrem Bruder gebeten, ihm beim Hausbau zu helfen, was nur möglich wäre, wenn sie ihre Arbeitszeit innerhalb der Brückenteilzeit für ein Jahr von 80 auf 50% herabsetzen würde.
> Ein Antrag auf Brückenteilzeit innerhalb der Brückenteilzeit mit einer Reduzierung der Arbeitszeit auf 50% für die Dauer eines Jahres wäre nicht möglich. Denn nach § 9a Abs. 4 kann die Arbeitnehmerin während der Dauer der Brückenteilzeit keine weitere Verringerung ihrer Arbeitszeit nach dem TzBfG verlangen, also keinen weiteren Antrag nach § 9a Abs. 1 stellen.

§ 9a Abs. 5 wiederum schließt aus, dass Beschäftigte Brückenteilzeiten nahtlos aneinanderreihen und damit eine »Ketten«-Brückenteilzeit« schaffen, mit der sich die in Abs. 1 Satz 2 dieser Vorschrift vorgesehene fünfjährige Höchstdauer der Brückenteilzeit umgehen ließe. Eine längere – zeitliche begrenzte – Teilzeit lässt sich (wenn nicht der Sonderfall des § 7c Abs. 1 Ziff. 1c SGB IV vorliegt[24]) nur im Wege einer freiwilligen Vereinbarung mit dem Arbeitgeber treffen, die ggf. infolge einer Erörterung nach § 7 Abs. 2 zustande kommen kann, oder der Arbeitnehmer muss »in den sauren Apfel beißen«   **14**

---

    die »Sozialrechtliche Absicherung flexibler Arbeitszeitregelungen«, S. 21 f., muss in der Zeit, in der das Wertguthaben »verbraucht« wird, das Arbeitsentgelt (= Entgelt für tatsächlich geleistete Arbeit + Zuführung aus dem Wertguthaben) mindestens 70 % des vorherigen Arbeitsentgelts betragen.

22 Siehe hierzu unten Rn. 23 ff.
23 Siehe hierzu unten Rn. 29 ff.
24 Zu diesem Sonderfall siehe oben Rn. 12.

und nach § 8 einen Anspruch auf unbefristete Teilzeit geltend machen – mit dem Risiko in der »Teilzeitfalle« zu landen.[25]

15 Das in § 9a Abs. 5 enthaltene Verbot von »Ketten«-Brückenteilzeiten soll – ausweislich der Gesetzesbegründung[26] – der Planungssicherheit des Arbeitgebers dienen. Diese Planungssicherheit soll dadurch gestärkt werden, dass nach dieser Vorschrift ein Arbeitnehmer, der nach dem Ende einer Brückenteilzeit zu seiner ursprünglichen vertraglich vereinbarten Arbeitszeit zurückgekehrt ist, eine erneute Brückenteilzeit frühestens ein Jahr nach der Rückkehr zur ursprünglichen Arbeitszeit verlangen kann.

16 Laut § 9a Abs. 5 Satz 1 endet die dort vorgesehene Einjahresfrist nicht frühestens ein Jahr nach der Brückenteilzeit, sondern ausdrücklich frühestens ein Jahr »*nach der Rückkehr zur ursprünglichen Arbeitszeit*«. Wenn also nach dem Ende der Brückenteilzeit ausnahmsweise keine sofortige Rückkehr zur ursprünglichen Arbeitszeit erfolgt, sondern sich z. B. an die Brückenteilzeit zunächst Teilzeitarbeit aufgrund eines Teilzeitanspruchs nach dem BEEG anschließt, spricht jedenfalls der Wortlaut dieser Vorschrift dafür, dass die Teilzeitarbeit nach dem BEEG den Fristbeginn nicht auslöst, sondern erst der erste Arbeitstag mit der ursprünglichen Arbeitszeit, wie sie für den Arbeitnehmer vor Beginn der Brückenteilzeit galt. Kehrt ein Beschäftigter nach dem Ende der Brückenteilzeit aber auch nur für einen Tag zur ursprünglichen Arbeitszeit zurück,[27] beginnt die Einjahresfrist hingegen zu laufen und wird auch nicht durch eine etwaige anschließende befristete Verringerung der Arbeitszeit nach dem BEEG gehemmt.

17 Zudem ist in § 9a Abs. 5 Satz 1 nicht davon die Rede, dass Beschäftigte frühestens ein Jahr nach der Rückkehr zur ursprünglichen Arbeitszeit einen Anspruch auf Brückenteilzeit haben, sondern davon, dass sie ihn frühestens dann wieder »verlangen« – also einen Antrag stellen können. Da zwischen der Stellung des Antrags auf Brückenteilzeit beim Arbeitgeber und deren Beginn nach § 9a Abs. 3 i. V. m. § 8 Abs. 2 Satz 1 mindestens drei Monate liegen müssen, können Beschäftigte also frühestens 15 Monate nach dem Ende der vorherigen Brückenteilzeit eine neue Brückenteilzeit beginnen.

Sperrfristen für Neuanträge nach Ablehnung

18 Nach § 9a Abs. 5 Satz 2 gilt für den Fall, dass der Arbeitgeber einen Antrag auf Brückenteilzeit auf Grund entgegenstehender betrieblicher Gründe nach

---

25 Zur »Teilzeitfalle« siehe auch oben Rn. 7 und 11.

26 BT-Drs. 19/3452, S. 19.

27 In Abs. 5 heißt es nämlich »ein Jahr nach der Rückkehr zur ursprünglichen Arbeitszeit« und nicht »nach einem Jahr Arbeit zu ihrer ursprünglichen Arbeitszeit«.

§ 9a Abs. 2 Satz 1[28] berechtigt abgelehnt hat, die zweijährige Sperrfrist des § 8 Abs. 6[29] entsprechend. D.h. ein Beschäftigter kann frühestens zwei Jahre, nachdem der Arbeitgeber einen Antrag auf Brückenteilzeit auf Grund entgegenstehender betrieblicher Gründe nach § 9a Abs. 2 Satz 1 berechtigt abgelehnt hat, einen neuen Antrag auf Brückenteilzeit stellen.

Für den Fall, dass für den Arbeitgeber die Zumutbarkeitsregelung des Abs. 2 **19** Satz 2[30] gilt und sich der Arbeitgeber zur Ablehnung der Brückenteilzeit nicht auf betriebliche Gründe i. S. v. Abs. 2 Satz 1, sondern auf die Zumutbarkeitsregelung in Abs. 2 Satz 2 beruft, sieht § 9a Abs. 5 Satz 3 eine besondere Sperrfrist vor, die nur halb so lang ist wie die des § 8 Abs. 6 – nämlich ein Jahr. Bei einer auf die Zumutbarkeitsregelung des § 9a Abs. 2 Satz 2 gestützten Ablehnung können Beschäftigte also frühestens ein Jahr nach dieser Ablehnung einen neuen Antrag auf Brückenteilzeit stellen.

Mehr als sechsmonatige Beschäftigung als Anspruchsvoraussetzung

Der Anspruch auf Brückenteilzeit nach § 9a Abs. 1 setzt – ebenso wie der Anspruch auf unbefristete Teilzeit nach § 8 Abs. 1 – voraus, dass das Arbeitsverhältnis zum Zeitpunkt der Anspruchsgeltendmachung mehr als sechs Monate bestanden hat. Insoweit kann auf die Kommentierung zu § 8 verwiesen werden.[31]

Die Bedeutung der Beschäftigtenzahl für den Anspruch auf Brückenteilzeit

Wie beim Anspruch auf unbefristete Teilzeit nach § 8 spielt auch für den Anspruch auf Brückenteilzeit nach § 9a die Beschäftigtenzahl, d.h. die Zahl der »*in der Regel*« beim »*Arbeitgeber*« (also beim Unternehmen und nicht im rechtlich unselbständigen Betrieb) beschäftigten »*Arbeitnehmer*«, ausschließlich der »*Personen in Berufsbildung*«, eine Rolle. Da es sich um gleichlautende Begriffe in demselben Gesetz zu einem Regelungskomplex handelt, haben sie auch identische Bedeutung.[32]

Allerdings spielt die Zahl der beim Arbeitgeber beschäftigten Arbeitnehmer **22** bei der Brückenteilzeit – anders als bei der unbefristeten Teilzeit nach § 8 – eine zweifache Rolle.

---

28 Zu den betrieblichen Gründen, die dem Anspruch auf Brückenteilzeit entgegenstehen siehe unten Rn. 27f.
29 Zu dieser Frist im Einzelnen siehe die Kommentierung zu § 8 Rn. 65ff.
30 Zu dieser Zumutbarkeitsregelung im Einzelnen siehe unten Rn. 29ff.
31 Rn. 6ff.
32 Zur Bedeutung dieser Begriffe vgl. die Kommentierung § 8 Rn. 68f.

- Wie bei der unbefristeten Teilzeit nach § 8 ist bei der Brückenteilzeit nach § 9a eine Mindestzahl von Beschäftigten im Unternehmen Voraussetzung für den Teilzeitanspruch (Abs. 1 Satz 3; siehe unten Rn. 23).
- Darüber hinaus spielt bei der Brückenteilzeit nach § 9a die Beschäftigtenzahl im Unternehmen auch für die Beantwortung der Frage eine Rolle, ob dem Anspruch nach Abs. 1 der Unzumutbarkeitseinwand nach Abs. 2 Satz 2 entgegengehalten werden kann (siehe unten Rn. 29 ff.).

(Höhere) Mindestbeschäftigtenzahl für den Anspruch

23   Die für den Teilzeitanspruch erforderliche Mindestbeschäftigtenzahl im Unternehmen ist beim Anspruch auf Brückenteilzeit nach § 9a rund dreimal so hoch wie bei der unbefristeten Teilzeit nach § 8, nämlich »*mehr als 45*«. Ein Anspruch auf Brückenteilzeit nach § 9a Abs. 1 Satz 1 besteht also nur für Beschäftigte, die für Arbeitgeber arbeiten, die in der Regel und ohne Einberechnung von Personen in Berufsbildung mindestens 46 Arbeitnehmer beschäftigten.

24   Dass die für das Bestehen eines Brückenteilzeitanspruchs nach § 9a erforderliche Mindestbeschäftigtenzahl im Unternehmen rund dreimal so hoch sein sollte wie die für das Bestehen eines Anspruchs nach § 8, war bereits im Koalitionsvertrag zwischen CDU, CSU und SPD vom 12. März 2018, in dem die Einführung der Brückenteilzeit verabredet worden war, vorgesehen.[33] Diese hohe Mindestbeschäftigtenzahl wurde im Gesetzgebungsverfahren mit einem »Gesamtkompromiss«[34] begründet, mit dem einerseits »*der neue Anspruch möglichst vielen Arbeitnehmerinnen und Arbeitnehmern ermöglicht*« und »*andererseits kleinere Unternehmen vor Überforderung geschützt*« werden sollten.[35]

25   Infolgedessen gibt es nunmehr bei Unternehmen und Beschäftigten eine »Drei-Klassen-Gesellschaft« im Teilzeitrecht:
1. Unternehmen mit höchstens 15 Beschäftigten, in denen Beschäftigte keinen Anspruch auf Teilzeit haben und mit ihrem Arbeitgeber nur eine freiwillige Vereinbarung über Teilzeit, ggf. infolge einer Erörterung nach § 7 Abs. 2, abschließen können;

---

33 Ein neuer Aufbruch für Europa. Eine neue Dynamik für Deutschland. Ein neuer Zusammenhalt für unser Land. Koalitionsvertrag zwischen. CDU, CSU und SPD, Zeile 382 ff.
34 Zu den gegensätzlichen Standpunkten aus Arbeitgeber- bzw. Arbeitnehmersicht siehe die Stellungnahmen zum Gesetzentwurf für die Anhörung im Bundestagsausschuss Arbeit und Soziales, Ausschuss-Drs. 19(11)149, S. 9 (HDE), S. 19 (ZDH) und S. 39 (BDA) einerseits sowie S. 5 (Prof. Pfarr), S. 33 (DGB) und S. 58 f. (VdK) andererseits
35 Antwort der Bundesregierung auf eine Kleine Anfrage der Bundestagsfraktion BÜNDNIS 90/DIE GRÜNEN, BT-Drs. 19/4422, S. 6.

2. Unternehmen mit mindestens 16 und höchstens 45 Beschäftigten, in denen Beschäftigte – neben der Möglichkeit, mit ihrem Arbeitgeber freiwillig eine Teilzeit zu vereinbaren – einen Anspruch auf unbefristete Teilzeit nach § 8 haben;

3. Unternehmen mit mindestens 46 Beschäftigten[36], in denen Beschäftigte – neben der Möglichkeit einer freiwilligen Teilzeitvereinbarung mit ihrem Arbeitgeber – einen Anspruch sowohl auf unbefristete Teilzeit nach § 8 als auch auf Brückenteilzeit nach § 9a haben.

Ablehnung des Antrags auf Brückenteilzeit durch den Arbeitgeber

Abs. 2 regelt die Gründe, aus denen der Arbeitgeber einen Antrag auf Brückenteilzeit ablehnen kann. § 9a Abs. 2 Satz 1 sieht bei einem Antrag auf Brückenteilzeit denselben Ablehnungsgrund vor wie § 8 bei einem Antrag auf unbefristete Teilzeit: nämlich entgegenstehende betriebliche Gründe. Darüber hinaus enthält § 9a Abs. 2 Satz 2 eine spezielle »Zumutbarkeitsregelung«[37] zugunsten von Unternehmen mit 46 bis 200 Beschäftigten, wonach der Arbeitgeber den Antrag ablehnen darf, wenn eine bestimmte Anzahl der Beschäftigten bereits Brückenteilzeit in Anspruch nimmt.   **26**

Entgegenstehende betriebliche Gründe

Der Arbeitgeber kann nach Abs. 2 Satz 1 erster Halbsatz das Verlangen des Arbeitnehmers nach Brückenteilzeit ablehnen, »*soweit betriebliche Gründe entgegenstehen*«. Die Formulierung »*soweit betriebliche Gründe entgegenstehen*« ist identisch mit der in § 8 Abs. 4.[38] Zudem ordnet § 9a Abs. 2 Satz 1   **27**

---

36 Angesichts der Beschäftigtenstatistik der Bundesagentur für Arbeit, wonach 39 % aller Beschäftigten und sogar 42 % aller weiblichen Beschäftigten in Betrieben mit höchstens 45 Mitarbeitern arbeiten (vgl. BT-Drs. 19/4422), wurde im Gesetzgebungsverfahren darauf hingewiesen, dass ein erheblicher Anteil aller Beschäftigten, vor allem Frauen, von der Brückenteilzeit nach § 9a ausgeschlossen wären (Stellungnahmen von Prof. Pfarr und des VdK zum Gesetzentwurf, Ausschuss-Drs. 19(11)149, S. 5 und 58.f., sowie Beschlussempfehlung des Bundestagsausschusses für Arbeit und Soziales, BT-Drs. 19/5097, S. 18). Allerdings stellt die BA-Statistik auf den Betrieb und nicht auf das im Rahmen des § 9a maßgebliche Unternehmen ab. Zahlreiche in der BA-Statistik genannten Betriebe mit höchstens 45 Mitarbeitern werden aber zu einem Unternehmen gehören, das mehrere Betriebe hat und insgesamt mehr als 45 Personen beschäftigt, so dass der Prozentsatz der von der Brückenteilzeit ausgeschlossenen Beschäftigten tatsächlich kleiner sein dürfte.

37 So die Terminologie des Gesetzes im auf Abs. 2 Satz 2 verweisenden Abs. 5 Satz 2.

38 § 8 Abs. 4 nimmt allerdings die umgekehrte Perspektive ein und legt nicht fest, wann der Arbeitgeber einen Teilzeitantrag ablehnen darf, sondern legt fest, wann

zweiter Halbsatz ausdrücklich die entsprechende Geltung von § 8 Abs. 4 an, so dass auch für den Brückenteilzeitanspruch die in § 8 Abs. 4 Satz 2 genannten Beispiele für entgegenstehende betriebliche Gründe maßgeblich sind. Daher gilt in Bezug auf die entgegenstehenden betrieblichen Gründe bei der Brückenteilzeit nach § 9a grundsätzlich das Gleiche wie bei der unbefristeten Teilzeit nach § 8. Auf die Kommentierung zu § 8 Rn. 31 bis 51 wird daher insoweit verwiesen.

28   Allerdings kann sich aus dem Umstand, dass die durch die Brückenteilzeit entfallende Arbeitszeit nicht dauerhaft, sondern nur für eine begrenzte Zeit durch eine andere Person ausgeglichen werden muss, u. U. eine etwas andere Bewertung der vom Arbeitgeber gegen den Teilzeitanspruch ins Feld geführten Gründe ergeben – auch zulasten des Arbeitnehmers.

Bei der Brückenteilzeit wird der Arbeitgeber, wenn er als entgegenstehenden betrieblichen Grund die Unmöglichkeit anführt, auf dem Arbeitsmarkt eine entsprechende Ersatzkraft zu finden,[39] möglicherweise bei den Arbeitsgerichten damit Gehör finden, dass es auf dem Arbeitsmarkt zwar entsprechende Ersatzkräfte gibt, aufgrund der guten Arbeitsmarktlage für Beschäftigte aber keine davon bereit ist, nur befristet eingestellt zu werden.[40]

Die »Zumutbarkeitsgrenze« für Arbeitgeber mit maximal 200 Beschäftigten

29   Für Arbeitgeber, die in der Regel zwischen 46 und 200 Arbeitnehmer beschäftigen, hat der Gesetzgeber bei der Brückenteilzeit in Abs. 2 Satz 2 noch einen speziellen Ablehnungsgrund vorgesehen, der damit begründet wird, *»kleinere Unternehmen vor Überforderung … schützen«* zu wollen.[41] Danach kann ein solcher Arbeitgeber den Antrag auf Brückenteilzeit ablehnen, wenn sich bei Beginn der begehrten Brückenteilzeit bereits eine bestimmte Zahl anderer Beschäftigter in Brückenteilzeit befindet. Diese Zahl steigt nach Abs. 2 Satz 2 in Abhängigkeit von der Gesamtzahl der beim Arbeitgeber beschäftigten Arbeitnehmer in elf Stufen von vier auf vierzehn bereits in Brückenteilzeit Beschäftigte.

31   Bei einer Gesamtzahl von mindesten 201 Beschäftigten im Unternehmen ist die Zumutbarkeitsregelung des Abs. 2 Satz 2 nicht mehr einschlägig. Dem

---

er zustimmen muss, nämlich »soweit betriebliche Gründe *nicht* entgegenstehen«. Diese umgekehrte Perspektive macht aber inhaltlich keinen Unterschied.

39 Siehe hierzu auch die Kommentierung zu § 8 Rn. 42.

40 Vgl. das in der Stellungnahme des HDE zum Gesetzentwurf genannte Beispiel, BT-Drs. 19/3452, S. 9f.

41 Antwort der Bundesregierung auf eine Kleine Anfrage der Bundestagsfraktion BÜNDNIS 90/DIE GRÜNEN zur geplanten Brückenteilzeit und zu Änderungen im TzBfG, BT-Drs. 19/4422, S. 6.

Brückenteilzeitanspruch eines Arbeitnehmers kann also ab dieser Gesamt-
beschäftigtenzahl nicht mehr entgegengehalten werden, dass sich zum gewünschten Beginn der Brückenteilzeit bereits eine bestimmte Anzahl anderer Beschäftigter in Brückenteilzeit befindet.

Bei der Ermittlung der Gesamtzahl der Beschäftigten im Rahmen von Abs. 2 **32**
Satz 2 findet wiederum Abs. 7 Anwendung, wonach Personen in Berufsbildung nicht mitzuzählen sind.

Nach dem Wortlaut von Abs. 2 müssen die »*anderen Arbeitnehmer*«, die ggf. **33**
Sperrwirkung für neue Brückenteilzeitanträge entfalten, »*ihre Arbeitszeit
nach Absatz 1 verringert haben*«. Zu berücksichtigen sind somit Arbeitnehmer, die ihre Arbeitszeit für den in Abs. 1 Satz 2 genannten Zeitraum, also
für eine Dauer von ein bis fünf Jahren, vermindert haben und nach diesem
Zeitraum automatisch wieder zu ihrer vorherigen Arbeitszeit zurückkehren.
Hat ein Arbeitgeber einem Beschäftigten auf freiwilliger Basis Brückenteilzeit für einen längeren Zeitraum, z. B. für sechs Jahre, zugestanden, so zählt
dieser Beschäftigte jedenfalls ab dem Zeitpunkt, zu dem seine Brückenteilzeit die in Abs. 1 Satz 2 vorgesehene zeitliche Höchstgrenze überschreitet,
nicht mehr zu den »*anderen Arbeitnehmern*« i. S. v. Abs. 2 Satz 2. Denn der
Arbeitgeber kann nicht die gesetzlichen Ansprüche eines Beschäftigten dadurch verkürzen, dass er einem anderen Beschäftigten freiwillig mehr als die
gesetzlichen Ansprüche einräumt. Dies wäre eine unzulässige Vereinbarung
zu Lasten Dritter.[42]

Sonstige Teilzeitbeschäftigte – auch solche, die ihre Arbeitszeit unbefristet **34**
nach § 8 vermindert haben – sind nach dem eindeutigen Wortlaut von Abs. 2
Satz 2 keine »*anderen Arbeitnehmer*«, die bei der Berechnung, ob die dort
vorgesehene Zumutbarkeitsgrenze erreicht ist, zu berücksichtigen wären.
Eine solche Berücksichtigung wäre auch durch das Ziel der Regelung, »*kleinere Arbeitgeber vor Überforderung durch Brückenteilzeit zu schützen*«, nicht
gerechtfertigt.

Stellen mehrere Beschäftigte einen Antrag nach Abs. 1 auf Brückenteilzeit **35**
und würde bei einer Annahme aller Anträge die Zumutbarkeitsgrenze nach
Abs. 2 Satz 2 überschritten, stellt sich die Frage, welche(r) Beschäftigte in
Brückenteilzeit gehen kann und welche(m) Beschäftigten der Arbeitgeber
die Zumutbarkeitsregelung entgegenhalten kann.

> **Beispiel:**
> In einem Unternehmen mit 50 Beschäftigten arbeiten während des ganzen Jah-
> res 2020 drei Beschäftigte aufgrund 2019 gestellter Anträge in Brückenteilzeit.
> Im Laufe des Jahres 2020 stellen zwei weitere Beschäftigte einen Antrag auf Brü-
> ckenteilzeit, die noch im selben Jahr beginnen soll. Die Zumutbarkeitsgrenze für
> den Arbeitgeber liegt nach Abs. 2 Satz 2 Nr. 1 bei vier Arbeitnehmern in Brücken-

---

42 Unbeschadet dessen ist natürlich die Vereinbarung über eine sechsjährige Brückenteilzeit im Verhältnis zwischen den Parteien dieser Vereinbarung wirksam.

teilzeit. Einer der beiden Beschäftigten kann somit noch zum Zuge kommen, bevor die Zumutbarkeitsgrenze erreicht wird. Aber welcher?

36   In der Gesetzesbegründung[43] heißt es dazu:

>*Haben mehrere Arbeitnehmerinnen und Arbeitnehmer für den gleichen Tag den Beginn einer Brückenteilzeit beantragt und hat der Arbeitgeber unter ihnen eine Auswahl zu treffen, so entscheidet der Arbeitgeber im Rahmen des billigen Ermessens, welcher Arbeitnehmerin oder welchem Arbeitnehmer er den Anspruch gewährt. Die Entscheidung eines Arbeitgebers entspricht dann billigem Ermessen, wenn die wesentlichen Umstände des Falles abgewogen und die Interessen angemessen berücksichtigt worden sind. Dabei hat der Arbeitgeber auch persönliche, soziale und familiäre Gesichtspunkte zu berücksichtigen, wie zum Beispiel Erziehungs- oder Pflegeaufgaben, die nicht durch Ansprüche nach dem BEEG, dem PflegeZG oder dem FPfZG abgedeckt werden, die Versorgung schwer erkrankter Angehöriger oder die Ausübung eines Ehrenamtes.*«

37   Nach der Vorstellung des Gesetzgebers soll also eine Art **Sozialauswahl nach billigem Ermessen des Arbeitgebers** stattfinden. Auch wenn der Anspruch auf Brückenteilzeit – wie oben in Rn. 4 dargestellt – »*anlass- und begründungslos geltend gemacht werden*« kann, können die Motive des Beschäftigten für die Inanspruchnahme der Brückenteilzeit somit doch von entscheidender Bedeutung sein, falls es zu einer Auswahlentscheidung im Rahmen des Abs. 2 Satz 2 kommt. Wenn dem Arbeitgeber diese Motive unbekannt sind, wird ihn im Zweifel eine Erkundigungspflicht treffen.[44] Unbeschadet einer eventuell bestehenden diesbezüglichen Erkundigungspflicht des Arbeitgebers kann es aber für Beschäftigte trotzdem sinnvoll sein, im Antrag auf Brückenteilzeit auch die Motive für den Antrag anzugeben, jedenfalls soweit es sich um Gründe wie die oben in Rn. 33 genannten handelt, damit der Arbeitgeber sie bei einer eventuellen Auswahlentscheidung im Rahmen von Abs. 2 Satz 2 in jedem Fall berücksichtigen muss.

38   Die Formulierung in der Gesetzesbegründung, dass die Entscheidung eines Arbeitgebers dann billigem Ermessen entspricht, wenn die wesentlichen Umstände des Falles abgewogen und die Interessen angemessen berücksichtigt worden sind, findet sich auch in der Rechtsprechung des BAG, wenn dieses die Frage zu prüfen hat, ob der Arbeitgeber ein eventuelles einseitiges Leistungsbestimmungsrecht gem. § 315 BGB oder sein Direktionsrecht gem. § 106 GewO nach »*billigen Ermessen*« im Sinne dieser beiden Vorschriften

---

43   BT-Drs. 19/3452, S. 18.

44   Vgl. in diesem Sinne zum Bestehen einer Erkundigungspflicht des Arbeitgebers zu Umständen, die für eine Sozialauswahl nach § 1 Abs. 3 KSchG von Belang sind LAG Düsseldorf 4. 11. 2004 – 11 Sa 957/04, DB 2005, 454, und LAG Rheinland-Pfalz 12. 7. 2006 – 10 Sa 121/06, NZA-RR 2007,247.

ausgeübt hat.[45] Weder § 315 BGB noch § 106 GewO sind zwar ihrem Wortlaut nach auf eine Auswahlentscheidung im Rahmen der Zumutbarkeitsregelung des § 9a Abs. 2 Satz 2 unmittelbar anwendbar. Die Übernahme der Formulierung aus der Rechtsprechung in die Gesetzesbegründung zeigt jedoch, dass nach der Vorstellung des Gesetzgebers die Maßstäbe, die die Rechtsprechung zum billigen Ermessen im Rahmen der §§ 315 BGB und 106 GewO entwickelt hat, auf eine Auswahlentscheidung im Rahmen der Zumutbarkeitsregelung des § 9a Abs. 2 Satz 2 anwendbar sein sollen und die Ausübung des billigen Ermessens bei einer solchen Auswahlentscheidung genauso gerichtlich überprüfbar sein soll wie dessen Ausübung im Rahmen der §§ 315 BGB und 106 GewO.

Hat der Arbeitgeber im Rahmen des Abs. 2 Satz 2 unter den Bewerbern um **39** Brückenteilzeit eine Sozialauswahl nach billigem Ermessen durchgeführt, kann er den danach übrig gebliebenen Bewerbern keine betrieblichen Gründe i. S. v. Abs. 2 Satz 1 mehr entgegenhalten. Das wäre rechtsmissbräuchlich. Die Geltendmachung eventueller entgegenstehender betrieblicher Gründe muss daher vor einer Auswahlentscheidung im Rahmen des Abs. 2 Satz 2 erfolgen und kann eine solche Auswahlentscheidung u. U. sogar entbehrlich machen.

> **Beispiel:**
> In dem in Rn. 32 genannten Beispiel, in dem zwei Arbeitnehmer um den im Rahmen der Zumutbarkeitsregelung »letzten freien Brückenteilzeitplatz« konkurrieren, ist das Motiv des einen Arbeitnehmers für die Brückenteilzeit, dass er alleinerziehend für ein minderjähriges Kind verantwortlich ist, während der andere Brückenteilzeit möchte, »um ein paar Jahre beruflich kürzer zu treten«. Beim ersten Arbeitnehmer besteht jedoch ein der Brückenteilzeit entgegenstehender betrieblicher Grund i. S. v. Abs. 2 Satz 1, beim zweiten hingegen nicht.
> Der Arbeitgeber kann in diesem Fall nicht den zweiten Arbeitnehmer unter Berufung auf die Zumutbarkeitsregelung des Abs. 2 Satz und die höhere soziale Schutzwürdigkeit des Motivs des ersten Arbeitnehmers die Brückenteilzeit verweigern und anschließend dem ersten Arbeitnehmer den betrieblichen Grund entgegenhalten.
> Einem der beiden hat er Brückenteilzeit zu gewähren. Hält der Arbeitgeber dem ersten Arbeitnehmer den betrieblichen Grund entgegen, hat er dem zweiten Brückenteilzeit zu gewähren. Zu einer sozialen Auswahl nach billigem Ermessen kommt es dann gar nicht.

Nach der oben in Rn. 33 zitierten Gesetzesbegründung soll es allerdings nur **40** zu einer Sozialauswahl nach billigem Ermessen kommen, wenn Beschäftigte *»für den gleichen Tag den Beginn einer Brückenteilzeit beantragt«* haben. Der Gesetzgeber hat jedoch keinen Hinweis gegeben, wie zu entscheiden ist,

---

45 Vgl. z. B. BAG 3. 8. 2016 – 10 AZR 710/14, BAGE 156, 38, und BAG 18. 10. 2017 – 110 AZR 330/16, BAGE 160, 296.

wenn bei einer Annahme aller Brückenteilzeitanträge, über die der Arbeitgeber nach § 8 Abs. 5 i.V.m § 9a Abs. 3 entscheiden muss, die Zumutbarkeitsgrenze nach Abs. 2 Satz 2 überschritten würde, in den Anträgen aber unterschiedliche Zeitpunkte für den gewünschten Beginn der Brückenteilzeit genannt sind. Hier scheinen mehrere Lösungen denkbar, von denen aber keine zwingend erscheint: Es könnte dem Beschäftigten der Vorrang eingeräumt werden, der den Antrag früher gestellt hat, oder aber demjenigen, der den früheren Beginn beantragt hat.

Da nach hier vertretener Ansicht die Arbeitnehmervertretungen bei Brückenteilzeit in Unternehmen, in denen die Zumutbarkeitsregelung des § 9a Abs. 2 Satz 2 gilt, ein Mitbestimmungsrecht nach § 92 Abs. 1 Nr. 1 BetrVG bzw. § 75 Abs. 1 Nr. 1 BPersVG haben,[46] können diese Fragen in solchen Unternehmen ggf. durch eine Auswahlrichtlinie nach § 95 Abs. 1 BetrVG bzw. § 76 Abs. 2 Nr. 8 BPersVG geregelt werden.

Das Verfahren zur Geltendmachung des Brückenteilzeitanspruchs

41   Das Verfahren zur Geltendmachung des Brückenteilzeitanspruchs ist im Wesentlichen das Gleiche wie das Verfahren zur Geltendmachung des Anspruchs auf unbefristete Teilzeit nach § 8.[47] § 9a verweist insoweit weitgehend auf die Regelungen des § 8. Beschäftigte, die Brückenteilzeit in Anspruch nehmen wollen, müssen dies daher in Textform (§ 8 Abs. 1) unter Angabe des Umfangs der verringerten Arbeitszeit und mindestens drei Monate vor dem Beginn der gewünschten Brückenteilzeit (§ 8 Abs. 2) beim Arbeitgeber beantragen.

42   Im Antrag auf Brückenteilzeit muss – neben dem gewünschten Umfang der Arbeitszeitverringerung (und ggf. der gewünschten Arbeitszeitverteilung) – auch die gewünschte Dauer der Verringerung angegeben werden. Das ergibt sich aus § 9a Abs. 3 Satz 2, wonach »*für den begehrten Zeitraum der Verringerung der Arbeitszeit*«, also die gewünschte Dauer der Brückenteilzeit, u. a. § 8 Abs. 2 Satz 1 entsprechend anzuwenden ist. Die Notwendigkeit, dass im Brückenteilzeitantrag die genaue Dauer der begehrten Arbeitszeitverringerung angegeben werden muss und nicht nachgeschoben werden kann, ergibt sich im Übrigen auch daraus, dass der Antrag auf Verringerung der Arbeitszeit ein auf den Abschluss eines Änderungsvertrags gerichtetes Angebot i. S. v. § 145 BGB ist und daher so formuliert sein muss, dass er durch ein schlichtes »Ja« angenommen werden kann.[48] Das wäre nicht möglich, wenn im Antrag nicht die begehrte Dauer der Brückenteilzeit angegeben wäre.

---

46   Siehe hierzu unten Rn. 57–63.
47   So auch die Gesetzesbegründung, BT-Drs. 19/3452, S. 17.
48   BAG 15. 11. 2011 – 9 AZR 729/07, AP Nr. 30 zu § 8 TzBfG.

Auch die Vorschriften über die Erörterung mit dem Arbeitgeber nach § 8 **43** Abs. 4 und die Zustimmung oder Ablehnung durch diesen nach § 8 Abs. 5 finden bei Anträgen auf Brückenteilzeit nach § 9a Abs. 1 Anwendung; auch bei der Erörterung und der Zustimmung oder Ablehnung ist wiederum neben dem Beginn der Verringerung, ihres Umfangs und der Verteilung der Arbeitszeit auch die Dauer der Verringerung zu berücksichtigen.

§ 9a Abs. 2 regelt im Gegensatz zu § 8 Abs. 4 nicht, unter welchen Voraussetzungen der Arbeitgeber einem Antrag auf Teilzeit zustimmen muss, sondern **44** sagt nur, unter welchen Voraussetzungen der Arbeitgeber einen solchen Antrag ablehnen darf. Da jedoch § 9a dreimal – in Abs. 2 Satz 1 zweiter Halbsatz, in Abs. 3 Satz 1 und in Abs. 3 Satz 2 – ausdrücklich auf § 8 Abs. 4 verweist, in dessen erstem Satz es heißt »*Der Arbeitgeber hat …, zuzustimmen*«, kann jedoch kein Zweifel daran bestehen, dass der Arbeitgeber dem Antrag auf Brückenteilzeit zustimmen muss, soweit betriebliche Gründe nicht entgegenstehen und die Zumutbarkeitsregelung in § 9a Abs. 2 Satz 2 nicht einschlägig ist.

Der Arbeitgeber muss eine eventuelle Ablehnung des Antrags auf Brücken- **45** teilzeit dem Arbeitnehmer spätestens einen Monat vor dem begehrten Beginn der Brückenteilzeit schriftlich mitteilen; anderenfalls gilt die Zustimmung zur Brückenteilzeit als erteilt (§ 8 Abs. 5 i. V. m. § 9a Abs. 3).

Für weitere Einzelheiten wird auf die Kommentierung zu § 8 Rn. 10 bis 30 **46** verwiesen.

Gerichtliche Durchsetzung

Hinsichtlich der gerichtlichen Durchsetzung, einschließlich einer eventuel- **47** len vorläufigen Durchsetzung im Wege der einstweiligen Verfügung, und der Darlegungs- und Beweislast ergeben sich bei der Brückenteilzeit nach § 9a keine Besonderheiten gegenüber der unbefristeten Teilzeit nach § 8. Auf die diesbezügliche Kommentierung zu § 8 Rn. 72 bis 85 kann daher verwiesen werden.

Keine Erhöhung der Arbeitszeit während der Brückenteilzeit

Nach § 9a Abs. 4 erster Halbsatz können Beschäftigte während der Brü- **48** ckenteilzeit keine Verlängerung ihrer Arbeitszeit verlangen. Diese Vorschrift dient ausweislich der Gesetzesbegründung[49] der Planungssicherheit der Arbeitgeber und schließt einen *Anspruch* auf vorzeitige Rückkehr zur früheren

---

49 BT-Drs. 19/3452, S. 19.

Arbeitszeit aus. Eine eventuelle Rückkehr aufgrund freiwilliger Vereinbarung mit dem Arbeitgeber wird dadurch natürlich nicht ausgeschlossen.[50]

49 Nach § 9a Abs. 4 zweiter Halbsatz findet § 9 – wonach der Arbeitgeber normalerweise einen teilzeitbeschäftigten Arbeitnehmer, der ihm den Wunsch nach einer Verlängerung seiner vertraglich vereinbarten Arbeitszeit angezeigt hat, bei der Besetzung eines entsprechenden freien Arbeitsplatzes bevorzugt zu berücksichtigen hat – während der Brückenteilzeit keine Anwendung.

50 Ein Arbeitnehmer in Brückenteilzeit kann also nicht verlangen, bei der Besetzung freier Arbeitsplätze, die während der Brückenteilzeit besetzt werden, bevorzugt berücksichtigt zu werden, auch wenn er ohne Brückenteilzeit einen Anspruch darauf gehabt hätte. Denn anderenfalls würde der – vor allem der Planungssicherheit des Arbeitgebers dienende – erste Halbsatz von Abs. 4 konterkariert, wonach der Arbeitnehmer während der Dauer der Brückenteilzeit keine Verlängerung der Arbeitszeit nach dem TzBfG verlangen kann.[51]

51 Haben Beschäftigte bereits vor der Brückenteilzeit Teilzeit gearbeitet und mit der Brückenteilzeit lediglich ihre Arbeitszeit weiter vermindert, gibt es aber keinen Grund, ihnen die Möglichkeit zu versagen, ihrem Arbeitgeber bereits während der Brückenteilzeit anzuzeigen, dass sie nach Ende der Brückenteilzeit ihre Arbeitszeit über die vor der Brückenteilzeit geleistete Arbeitszeit hinaus erhöhen möchten. Im Gegenteil, eine frühzeitige Anzeige durch den Arbeitnehmer dient auch den in der Gesetzesbegründung erwähnten Planungsinteressen des Arbeitgebers. Geht dem Arbeitgeber während der Brückenteilzeit in Textform eine Anzeige des Arbeitnehmers zu, dass er nach dem Ende der Brückenteilzeit seine Arbeitszeit über die vor der Brückenteilzeit geleistete Arbeitszeit hinaus erhöhen möchte, ist diese Anzeige wirksam und löst u. U. den Anspruch nach § 9 auf bevorzugte Berücksichtigung aus, wenn nach dem Ende der Brückenteilzeit eine entsprechende freie Stelle zu besetzen ist.

---

50 Die vorzeitige Rückkehr zur vorherigen Arbeitszeit aufgrund einer solchen Vereinbarung unterliegt allerdings, sofern die Differenz zwischen der Arbeitszeit *während* der Brückenteilzeit und der Arbeitszeit *nach* der vorzeitigen Rückkehr nicht unerheblich ist, nach § 99 Abs. 1 Nr. 1 BetrVG der Mitbestimmung durch den Betriebsrat; vgl. BAG 25.1.2005 – 1 ABR 59/03, AiB 2006, 384 und BAG 9.12.2008 – 1 ABR 74/07, DB 2009, 743.

51 BT-Drs. 19/3452, S. 19.

Von den Regelungen des § 9a abweichende tarifvertragliche Regelungen

Nach Abs. 6 kann der Rahmen für den **Zeitraum der Arbeitszeitverringerung** abweichend von Abs. 1 Satz 2 **durch Tarifvertrag auch zuungunsten des Arbeitnehmers festgelegt** werden. In einem solchen Tarifvertrag könnte also z. B. bestimmt werden, dass Brückenteilzeit nach Abs. 1 Satz 1 für mindestens zwei Jahre beantragt werden muss und/oder für höchstens vier Jahre beantragt werden kann. **52**

Bemerkenswert ist, dass die Tariföffnungsklausel nach § 9a Abs. 6 – im Gegensatz zu den Tariföffnungsklauseln in § 8 Abs. 4 Satz 3, § 12 Abs. 6 Satz 1, § 13 Abs. 3 Satz 1 und § 14 Abs. 2 Satz 3 – nicht durch eine Bestimmung ergänzt wird, wonach im Geltungsbereich eines solchen Tarifvertrags nicht tarifgebundene Arbeitgeber und Arbeitnehmer die Anwendung der tariflichen Regelungen vereinbaren können. Bei der Sachverständigenanhörung zum Gesetzesentwurf im Bundestagsausschuss für Arbeit und Soziales ist auf das Fehlen einer solchen Bestimmung und die möglichen Folgen hingewiesen worden.[52] Der Gesetzgeber hat diesen Hinweis jedoch nicht aufgegriffen und die Tariföffnungsklausel des § 9a Abs. 6 ohne eine solche ergänzende Bestimmung für nicht tarifgebundene Arbeitsvertragsparteien – und auch ohne eine Begründung für ihr Fehlen[53] – verabschiedet. **53**

Aus dem Fehlen einer solchen ergänzenden Bestimmung für nicht tarifgebundene Arbeitsvertragsparteien[54] lässt sich im Umkehrschluss ableiten, dass nicht tarifgebundene Arbeitsvertragsparteien die Anwendung einer tariflichen Regelung i. S. v. § 9a Abs. 6 nicht wirksam vereinbaren können.[55] **54**

---

52 Ausschuss-Drs. 19(11)149, S. 26 und 42.

53 Vgl. die Beschlussempfehlung des Ausschusses für Arbeit und Soziales, BT-Drs. 19/5097.

54 Zum Begriff der Tarifbindung siehe die Kommentierung zu § 22 Rn. 3.

55 Dies könnte im Ergebnis Beschäftigte, die Mitglied der tarifvertragschließenden Gewerkschaft sind, gegenüber nicht gewerkschaftsangehörigen Beschäftigten benachteiligen. Sieht nämlich ein tarifgebundener Arbeitgeber in seinen Arbeitsverträgen mit allen seinen Beschäftigten vor, dass auf das Arbeitsverhältnis die einschlägigen Tarifverträge Anwendung finden, und enthalten diese Tarifverträge eine für die Beschäftigten ungünstigere Regelung, die nach § 9a Abs. 6 zulässig ist, so müssen Mitglieder der tarifvertragschließenden Gewerkschaft diese für sie ungünstigere Regelung wegen der beiderseitigen Tarifbindung unabhängig von der Inbezugnahmeklausel im Arbeitsvertrag in jedem Fall gegen sich gelten lassen. Nicht-Gewerkschaftsmitglieder hingegen könnten einwenden, dass die für sie ungünstigere tarifvertragliche Regelung, obwohl ihre Geltung im Arbeitsvertrag vereinbart wurde, für sie nicht gelte, da das Gesetz eine solche Vereinbarung nicht zulasse, könnten sich aber gleichzeitig auf die für Beschäftigte günstigen Tarifvertragsvorschriften berufen, weil ihre Geltung ja im Arbeitsvertrag vereinbart wurde.

55 Bei der Sachverständigenanhörung im Gesetzgebungsverfahren wurde allerdings auch die Ansicht vertreten, dass eine abweichende Tarifvertragsnorm i. S. v. § 9a Abs. 6 als Betriebsnorm i. S. v. § 3 Abs. 2 TVG zu werten sei.[56] Träfe diese Ansicht zu, würde es nach dieser Vorschrift des TVG ausreichen, wenn der Arbeitgeber tarifgebunden ist; die betreffenden Tarifverträge fänden automatisch auf alle seine Arbeitsverhältnisse Anwendung. Betriebsnormen i. S. v. § 3 Abs. 2 TVG können aber nur solche Tarifvertragsnormen sein, die das betriebliche Rechtsverhältnis zwischen Arbeitgeber und der Belegschaft als Kollektiv betreffen, nicht aber die Rechtsverhältnisse zwischen dem Arbeitgeber und dem einzelnen Arbeitnehmer;[57] d. h., die in der Tarifvertragsnorm enthaltene Regelung muss notwendig betriebseinheitlich gelten.[58] Dies ist aber bei einer abweichenden Tarifvertragsnorm i. S. v. § 9a Abs. 6 nicht der Fall. Für die Dauer von Teilzeitarbeitsverhältnissen innerhalb eines Unternehmens bedarf es nicht notwendig eines einheitlichen Zeitrahmens. Eine nach § 9a Abs. 6 zulässige Tarifvertragsnorm, die den Rahmen für die Brückenteilzeit abweichend von § 9a Abs. 1 Satz 2 festlegt, wirkt sich nur auf das Rechtsverhältnis zwischen dem Arbeitgeber und dem jeweiligen Brückenteilzeit begehrenden Arbeitnehmer aus und ist daher keine Betriebsnorm i. S. v. § 3 Abs. 2 TVG.

56 Da für die Brückenteilzeit nach § 9a Abs. 2 Satz 1 zweiter Halbsatz die Bestimmung des § 8 Abs. 4 entsprechend gilt, finden auf die Brückenteilzeit auch die Regelungen des § 8 Abs. 4 Sätze 3 und 4 Anwendung: Die der Inanspruchnahme von Brückenteilzeit **entgegenstehenden betrieblichen Gründe** können **durch Tarifvertrag festgelegt** werden. Und bei dieser Tariföffnungsklausel lässt das Gesetz – anders als bei der in § 9a Abs. 6 – ausdrücklich zu, dass auch nicht tarifgebundene Arbeitgeber und Arbeitnehmer im Geltungsbereich eines solchen Tarifvertrages die Anwendung der tariflichen Regelungen über die Ablehnungsgründe vereinbaren können.[59]

Mitbestimmungsrechte der Arbeitnehmervertretungen

57 Nach der Rechtsprechung des BAG[60] und des BVerwG[61] ist zwar eine nicht unerhebliche Erhöhung der Arbeitszeit eines Beschäftigten eine mitbestimmungspflichtige Einstellung (im Sinne von § 99 BetrVG bzw. § 75 Abs. 1

---

56 Ausschuss-Drs. 19(11)149, S. 26 und 42.
57 Schaub-Treber, Arbeitsrechts-Handbuch, § 201, Rn. 28.
58 Kittner/Zwanziger/Deinert/Heuschmid-Deinert, § 8 Rn. 98.
59 Zu den inhaltlichen Grenzen für eine Tarifvertragsnorm, die die Konkretisierung von betrieblichen Gründen regelt, die der Brückenteilzeit entgegenstehen, vgl. die Kommentierung zu § 8 Rn. 52, und zu § 22 Rn. 1b.
60 BAG 25. 1. 2005 – 1 ABR 59/03, AiB 2006, 384 und BAG 9. 12. 2008 – 1 ABR 74/07, DB 2009, 743.
61 BVerwG 23. 3. 1999, BVerwGE 108, 347.

Nr. 1 BPersVG oder der entsprechenden Vorschrift in den Personalvertretungsgesetzen der Länder), nicht aber deren Verminderung. Dies gilt nach h. M. auch für die unbefristete Verminderung der Arbeitszeit nach § 8.[62] Damit scheint auf den ersten Blick auch bei einer befristeten Verminderung nach § 9a ein Mitbestimmungsrecht des Betriebsrats nach § 99 Abs. 1 Nr. 1 BetrVG ausgeschlossen zu sein.

Die Brückenteilzeit nach § 9a weist aber gegenüber den in der vorstehenden **58** Randnummer genannten Konstellationen eine Besonderheit auf, die es bei teleologischer Auslegung des Mitbestimmungsrechts der Arbeitnehmervertretungen bei personellen Einzelmaßnahmen gebietet, in einer **Verminderung der Arbeitszeit nach § 9a Abs. 1** eine **mitbestimmungspflichtige Einstellung nach § 99 Abs. Nr. 1 BetrVG** zu sehen – jedenfalls, wenn es um Brückenteilzeit bei Arbeitgebern geht, auf die die Zumutbarkeitsregelung des § 9a Abs. 2 Satz 2 Anwendung findet.

Das BAG[63] hat die erweiternde Auslegung des Begriffs »Einstellung« i. S. v. **59** § 99 Abs. 1 Nr. 1 BetrVG, wonach auch eine nicht unerhebliche Erhöhung der Arbeitszeit eines Beschäftigten als eine solche Einstellung zu werten ist,[64] mit Sinn und Zweck der Mitbestimmung des Betriebsrats bei personellen Einzelmaßnahmen begründet, konkret mit dem Schutz der »*Interessen der anderen schon beschäftigten Arbeitnehmer*«, mit deren Schutz vor »*sonstigen Nachteilen*« i. S. v. § 99 Abs. 2 Nr. 3 – wobei das BAG insoweit ausdrücklich die Möglichkeit erwähnt hat, dass »*es mehrere Interessenten oder Bewerber um eine Stundenerhöhung gegeben haben [kann]*«.

Eine Verminderung der Arbeitszeit hingegen, gleich welchen Umfangs, hat **60** das BAG[65] nicht als »mitbestimmungspflichtige Einstellung« gewertet, weil sich die damit verbundenen Belastungen für die anderen Beschäftigten, wie eine – soweit zulässige – Arbeitsverdichtung, in vielerlei Konstellationen – so schon bei längeren Urlaubszeiten ergeben und beim gänzlichen Ausscheiden des Arbeitnehmers noch verstärken könnten, ohne dass damit rechtlich geschützte Belange der übrigen Belegschaftsmitglieder berührt würden. Zum Schutz vor solchen Belastungen sehe das Recht keine Beteiligungsrechte des Betriebsrats vor.

---

62 Vgl. die Kommentierung zu § 8 Rn. 93.
63 BAG 25. 1. 2005 – 1 ABR 59/03, AiB 2006, 384 und BAG 9. 12. 2008 – 1 ABR 74/07, DB 2009, 743.
64 Die Rückkehr des Beschäftigten zur alten Arbeitszeit *nach* dem Ende der Brückenteilzeit dürfte zwar in vielen Fällen zu einer nicht unerheblichen Erhöhung der Arbeitszeit im Sinne der BAG-Rechtsprechung (im Vergleich zur Arbeitszeit *während* der Brückenteilzeit) führen; diese Erhöhung ist aber trotzdem keine mitbestimmungspflichtige Einstellung, weil sie automatisch erfolgt und der Arbeitgeber hier keinen Entscheidungsspielraum hat; vgl. Fitting, BetrVG, § 99, Rn. 43.
65 BAG 25. 1. 2005 – 1 ABR 59/03, AiB 2006, 384.

Übersicht über Teilzeitansprüche

	§ 8 TzBfG	§ 9a TzBfG	§ 15 Abs. 5–7 BEEG	§ 164 Abs. 5 SGB IX	PflegezeitG	FPZG	§ 11 TVöD/§ 11 TV-L
Geltungsbereich	Arbeitgeber mit mindestens 16 regelmäßig Beschäftigten; mind. sechsmonatiger Bestand des Arbeitsverhältnisses	Arbeitgeber mit mindestens 46 regelmäßig Beschäftigten; mind. sechsmonatiger Bestand des Arbeitsverhältnisses	in Unternehmen mit mindestens 16 regelmäßig Beschäftigten; mind. sechsmonatiger ununterbrochener Bestand des Arbeitsverhältnisses	bei allen Arbeitgebern; keine Mindestdauer des Arbeitsverhältnisses	Arbeitgeber mit mindestens 16 regelmäßig Beschäftigten; keine Mindestdauer des Arbeitsverhältnisses	Arbeitgeber mit mindestens 26 regelmäßig Beschäftigten; keine Mindestdauer des Arbeitsverhältnisses	Geltungsbereich der TV; keine Mindestdauer des Arbeitsverhältnisses
Form und Zeitpunkt des Antrags auf Teilzeit	in Textform; mind. drei Monate vorher	in Textform; mind. drei Monate vorher	schriftlich; mind. sieben Wochen vorher	formlos; keine Frist	schriftlich; mind. zehn Tage vorher, direkt im Anschluss an die Familienpflegezeit mind. acht Wochen vorher	schriftlich; mind. acht Wochen vorher, direkt im Anschluss an die Pflegezeit mind. drei Monate vorher	formlos; eine Frist
Gründe für Teilzeit	keine	keine	während der Elternzeit	notwendig wegen Art und Schwere der Behinderung	zur Pflege naher Angehöriger in häuslicher Umgebung	zur Pflege naher Angehöriger in häuslicher Umgebung	Familiär bedingt / sonstige
Zustimmungsfiktion	ja	ja	nein – Klage vor Gericht	nein	nein	nein	nein / nein

Übersicht über Teilzeitansprüche

	§ 8 TzBfG	§ 9a TzBfG	§ 15 Abs. 5–7 BEEG	§ 164 Abs. 5 SGB IX	PflegezeitG	FPZG	§ 11 TVöD	§ 11 TV-L
Vorgaben zur Wochenarbeitszeit	nein	nein	mind. 15 bis max. 30 Std./Woche	nein	nein	mind. 15 Std./Woche	nein	nein
Wartezeit für erneute Verringerung der Arbeitszeit	zwei Jahre	15 Monate nach Ende der vorherigen Brückenteilzeit	während Elternzeit ist zweimal eine Verringerung möglich	nein	nein	nein	nein	nein
Dauer der Reduzierung	unbefristet	mind. ein Jahr, höchstens fünf Jahre	während der Elternzeit. Verringerung soll für mind. zwei Mon. erfolgen	unbefristet bzw. solange, wie es die Behinderung erfordert	max. sechs Monate	max. 24 Monate	maximal fünf Jahre, mit Verlängerung auf Antrag	nach Vereinbarung
Ablehnungsgründe des Arbeitgebers	entgegenstehende betriebliche Gründe	entgegenstehende betriebliche Gründe. Bei 46 bis 200 Beschäftigten: Überschreitung der Zumutbarkeitsgrenze (Zahl der bereits in Brückenteilzeit Beschäftigten)	entgegenstehende betriebliche Gründe	unzumutbare oder unverhältnismäßige Aufwendungen	entgegenstehende dringende betriebliche Gründe	entgegenstehende dringende betriebliche Gründe	dringende dienstliche oder betriebliche Gründe	ohne Einschränkung
Begründungspflicht des Arbeitgebers bei Ablehnung	nein	nein	ja, schriftlich innerhalb von vier Wochen	nein	nein	nein	nein	nein

61 Nach einer anderen Entscheidung des BAG[66] ist jedoch von »*sonstigen Nachteilen*« für andere Betriebsangehörige auszugehen, wenn durch die personelle Einzelmaßnahme ein Anspruch oder eine rechtlich erhebliche Anwartschaft dieser Betriebsangehörigen vereitelt oder in der Durchsetzung erschwert wird. Und gerade dies kann bei einer Verminderung der Arbeitszeit nach § 9a – im Gegensatz zu einer Verminderung aufgrund einer freiwilligen Vereinbarung oder nach § 8 – durchaus der Fall sein.

62 Denn eine Verminderung der Arbeitszeit eines Beschäftigten nach § 9a Abs. 1 löst – in Unternehmen mit mindestens 45 und höchstens 200 Beschäftigten – u. U. die Sperrwirkung des § 9a Abs. 2 Satz 2 zulasten anderer Beschäftigter aus. Durch diese Verminderung wird der Anspruch anderer Beschäftigter auf Brückenteilzeit nach § 9a u. U. vereitelt oder zumindest in der Durchsetzung erschwert. Dies ist besonders augenfällig, wenn es zu einer Situation kommt, in der mehrere Beschäftigte um den letzten nach der Zumutbarkeitsregelung des Abs. 2 Satz 2 noch freien Brückenteilzeitplatz konkurrieren.[67] Daher ist es gerechtfertigt, ausgehend von Sinn und Zweck des Mitbestimmungsrechts nach § 99 BetrVG den Sonderfall der Verminderung der Arbeitszeit nach § 9a als mitbestimmungspflichtige Einstellung nach § 99 Abs. 1 Nr. 1 BetrVG zu werten, sofern es sich um einen Arbeitgeber handelt, auf den die Zumutbarkeitsregelung des § 9a Abs. 2 Satz 2 anwendbar ist.

63 Das gilt entsprechend auch für das Mitbestimmungsrecht des Personalrats nach § 75 Abs. 1 Nr. 1 BPersVG oder der entsprechenden Vorschrift in den Personalvertretungsgesetzen der Länder, soweit der Arbeitgeber eine »kleinere« juristische Person des öffentlichen Rechts mit mindestens 46 und höchstens 200 Beschäftigten ist.

64 Geht man wie hier davon aus, dass der Betriebs- bzw. Personalrat (nach § 99 Abs. 1 Nr. 1 BetrVG bzw. § 75 Abs. 1 Nr. 1 BPersVG) ein Mitbestimmungsrecht hat, besteht nach § 95 Abs. 1 BetrVG bzw. § 76 Abs. 2 Nr. 8 BPersVG auch ein Mitbestimmungsrecht beim eventuellen Erlass von **Richtlinien für die Auswahl der Beschäftigten**, die Brückenteilzeit in Anspruch nehmen können, wenn die Zahl der Beschäftigten, die Brückenteilzeit beantragt haben, höher ist als die Zahl der Beschäftigten, die nach § 9a Abs. 2 Satz 2 Brückenteilzeit beanspruchen können. Weil – nach der in der vorstehenden Rn. 60 vertretenen Ansicht – ein Mitbestimmungsrecht nach § 99 BetrVG bei Brückenteilzeit zwar besteht, aber nur gegeben ist, wenn § 9a Abs. 2 Satz 2 anwendbar ist und sich dessen Anwendungsbereich auf Unternehmen mit höchstens 200 Beschäftigten beschränkt, hat der Betriebsrat insoweit jedoch keinen Rechtsanspruch nach § 95 Abs. 2 BetrVG auf Aufstellung solcher Auswahlrichtlinien, da ein solcher Anspruch erst in Betrieben mit mehr als 500 Arbeitnehmern besteht.

---

66 BAG 1.6.2011 – 7 ABR 117/09, NZA 2011, 1435.
67 Siehe hierzu auch oben Rn. 35 ff.

Ansonsten bestehen bei der Brückenteilzeit nach § 9a **mitbestimmungs-** **65**
rechtlich keine Besonderheiten gegenüber der unbefristeten Teilzeit nach
§ 8. Auf die Kommentierung zu § 8 Rn. 86 ff. kann daher insoweit verwiesen
werden.

§ 10 Aus- und Weiterbildung

**Der Arbeitgeber hat Sorge zu tragen, dass auch teilzeitbeschäftigte Ar-
beitnehmer an Aus- und Weiterbildungsmaßnahmen zur Förderung der
beruflichen Entwicklung und Mobilität teilnehmen können, es sei denn,
dass dringende betriebliche Gründe oder Aus- und Weiterbildungswünsche anderer teilzeit- oder vollzeitbeschäftigter Arbeitnehmer entgegenstehen.**

Die Vorschrift setzt § 5 Abs. 3 Buchstabe d 2. Alt. im Anhang der Rahmen- **1**
vereinbarung der Richtlinie des Rates zur Teilzeit 97/81 EG um. Demnach
sollen Arbeitgeber in geeigneten Fällen Maßnahmen in Erwägung ziehen,
die den Zugang von Teilzeitbeschäftigten zur beruflichen Bildung erleichtern, berufliches Fortkommen und die berufliche Mobilität fördern.

Gesetzgeberisches Ziel des § 10 ist auch die Förderung der Akzeptanz und **2**
Attraktivität von Teilzeitarbeit durch Maßnahmen der beruflichen Bildung
für die berufliche Entwicklung und Mobilität der Beschäftigten.[1]

Im Hinblick auf die Aus- und Weiterbildung beinhaltet § 10 ein besonderes **3**
Gleichheitsgebot von Teilzeit- zu Vollzeitbeschäftigten.[2] Teilzeitbeschäftigten, einschließlich der geringfügig Beschäftigten gem. § 2 Abs. 2, ist daher
in der gleichen Weise wie Vollzeitbeschäftigten der Zugang zu Bildungsmaßnahmen zur ermöglichen. Freistellungen für Weiterbildungsmaßnahmen
und die Kostenübernahme dürfen Teilzeitbeschäftigten nicht versagt werden, wenn sie Vollzeitbeschäftigten gewährt werden.[3]

Aus der Gesetzesbegründung zu § 19 ergibt sich allerdings, dass der Ar- **4**
beitgeber gegenüber den Teilzeitbeschäftigten nur zu der Weiterbildung verpflichtet ist, die er auch Vollzeitbeschäftigten anbietet.[4] Das ergibt sich daher, dass der Arbeitgeber nicht zur Organisation oder Durchführung von
Bildungsmaßnahmen verpflichtet ist.[5]

---

1 BT-Drs. 14/4374, S. 12.
2 Rolfs, § 10 TzBfG Rn. 2; Boewer, § 10 TzBfG Rn. 11; Lindemann/Simon, BB 2001,
151; Preis/Gotthardt, DB 2000, 2067.
3 Rolfs, § 10 TzBfG Rn. 2.
4 BT-Drs. 14/4374, S. 21.
5 Preis/Gotthardt, DB 2000, 2066f.; Rolfs, § 10 TzBfG Rn. 2; Boewer, § 10 TzBfG
Rn. 4.

5   Für den Ausschluss von Teilzeitbeschäftigten von Bildungsmaßnahmen reichen sachliche Gründe wie in § 4 Abs. 1 nicht aus.[6] Nur das Vorliegen dringender betrieblicher Gründe oder Aus- und Weiterbildungswünsche anderer teilzeit- oder vollzeitbeschäftigter Arbeitnehmer können einen Ausschluss rechtfertigen.

6   Die Gesetzesbegründung gibt keine Hinweise zur Auslegung dringender betrieblicher Gründe, die der Teilnahme eines Teilzeitbeschäftigten an einer Weiterbildungsmaßnahme entgegenstehen könnten. Denkbar sind Situationen, in denen eine für den ordnungsgemäßen Betriebsablauf unabkömmliche Vertretung nicht vorhanden ist oder die gleichzeitige Teilnahme von mit gleichartigen Aufgaben beschäftigten Arbeitnehmern die Arbeitserledigung zum Erliegen bringen würde.[7]

7   Der Ausschluss von Teilzeitbeschäftigten von einer Bildungsmaßnahme wird sich allerdings kaum begründen lassen, wenn vergleichbare Vollzeitarbeitnehmer mit einem höheren Stundenanteil teilnehmen können. Daher wird zu Recht darauf hingewiesen, dass betriebliche Gründe immer nur zu einem bestimmten Zeitpunkt, Zeitraum oder zeitlichen Lage der Teilnahme an einer Bildungsmaßnahme entgegengehalten werden können, nicht aber dem Weiterbildungsbegehren eines Teilzeitbeschäftigten insgesamt.[8]

8   Die Teilnahme an einer Bildungsmaßnahme kann mit einer Klage geltend gemacht werden. Da bis zum Beginn der Bildungsmaßnahme das Hauptsacheverfahren in der Regel nicht abgeschlossen sein wird, kann der Anspruch auf Teilnahme auch im Wege einer einstweiligen Verfügung (§§ 935, 949 ZPO) verfolgt werden.[9] Gemäß § 22 können die Rechte aus § 10 weder durch Vertrag noch durch eine tarifliche Regelung zuungunsten der Teilzeitbeschäftigten verändert werden (vgl. § 22 Rn. 1).

9   Durch § 10 werden die Mitbestimmungsrechte des Betriebsrats nicht eingeschränkt. Aus den §§ 96 bis 98 BetrVG folgt für den Betriebsrat das Recht, bei Maßnahmen der beruflichen Bildung mitzubestimmen. Insoweit steht dem Betriebsrat gem. § 98 Abs. 4 BetrVG ein ggf. mit Hilfe einer Einigungsstelle erzwingbares Mitbestimmungsrecht bzgl. der Durchführung als auch der Teilnehmer einer betrieblichen Berufsbildungsmaßnahme zu.

10   Hierbei haben Arbeitgeber und Betriebsrat zum einen die Vorgaben des § 10 im Hinblick auf den besonderen Gleichbehandlungsgrundsatz bei der Teilnahme von Teilzeit- zu Vollzeitbeschäftigten zu beachten. Zum anderen gebietet auch § 96 Abs. 2 Satz 2 BetrVG, dass Arbeitgeber und Betriebsrat bei Maßnahmen der beruflichen Bildung die Belange von Teilzeitbeschäftigten

---

6 Rolfs, § 10 TzBfG Rn. 3; Boewer, § 10 TzBfG Rn. 124.
7 Boewer, § 10 TzBfG Rn. 12.
8 Rolfs, § 10 TzBfG Rn. 3.
9 Boewer, § 10 TzBfG Rn. 17.

besonders berücksichtigen. Hierzu kann der Betriebsrat gem. § 96 Abs. 1 Satz 3 BetrVG Vorschläge machen.

§ 11 Kündigungsverbot

Die Kündigung eines Arbeitsverhältnisses wegen der Weigerung eines Arbeitnehmers, von einem Vollzeit- in ein Teilzeitarbeitsverhältnis oder umgekehrt zu wechseln, ist unwirksam. Das Recht zur Kündigung des Arbeitsverhältnisses aus anderen Gründen bleibt unberührt.

Absolutes Kündigungsverbot

Satz 1 dieser Vorschrift statuiert ein absolutes Kündigungsverbot für den Arbeitgeber, dem Arbeitnehmer deshalb zu kündigen, weil dieser einer Änderung seines Arbeitszeitvolumens nicht zustimmt. Das Verbot gilt sowohl für Beendigungskündigungen als auch und vor allem für Änderungskündigungen, mit denen die Arbeitszeit geändert werden soll.[1] **1**

Geltungsbereich

Seinem Wortlaut nach erfasst § 11 nur Kündigungen wegen der Weigerung des Arbeitnehmers, von Vollzeit in Teilzeit zu wechseln oder umgekehrt, nicht aber Kündigungen wegen der Weigerung eines Teilzeitbeschäftigten, **2**

---

1 Vgl. LAG Hamm 7. 4. 2016 – 15 Sa 1648/15, juris, das die Frage, ob die Änderungskündigung, über die es zu entscheiden hatte, gegen § 11 verstieß, letztlich offengelassen hat, weil es diese Kündigung schon nach § 2 Satz 1 i. V. m. § 1 Abs. 2 Satz 1 KSchG für unwirksam erklärt hatte.

die Arbeitszeit weiter zu verringern oder zu erhöhen, ohne dass mit der Erhöhung die Schwelle der Vollzeitbeschäftigung erreicht würde. Unter Berücksichtigung des in den §§ 1 und 4 dieses Gesetzes enthaltenen Diskriminierungsverbots sowie der Tatsache, dass auch die §§ 7, 8 und 9 jegliche Änderung der Arbeitszeitdauer erfassen, muss § 11 jedoch über seinen Wortlaut hinausgehend so ausgelegt werden, dass er auch die letztgenannten beiden Fälle erfasst. Denn auch in diesen nicht unmittelbar vom Wortlaut der Vorschrift erfassten Fällen ist die wechselseitige Interessenlage von Arbeitgeber und Arbeitnehmer nicht anders zu bewerten als in den beiden Konstellationen, die das Gesetz ausdrücklich regelt. Nach § 11 ist daher jede Kündigung unwirksam, die auf einer Weigerung des Arbeitnehmers beruht, die Dauer seiner Arbeitszeit zu verändern.

3 Das Kündigungsverbot des § 11 erfasst hingegen nicht eine Kündigung wegen der Weigerung des Arbeitnehmers, in eine Änderung der Lage seiner Arbeitszeit einzuwilligen (beispielsweise bei einer Kündigung wegen der Weigerung einer Teilzeitbeschäftigten, anstatt wie bisher von Montag bis Freitag jeweils drei Stunden täglich vormittags nunmehr an denselben Wochentagen jeweils drei Stunden täglich am Nachmittag zu arbeiten). Soweit die Lage der Arbeitszeit nicht durch den Arbeitsvertrag, durch Bestimmungen einer Betriebsvereinbarung, durch einen anwendbaren Tarifvertrag oder durch gesetzliche Vorschriften (wie z. B. das Verbot der Sonn- und Feiertagsbeschäftigung nach §§ 9 ff. ArbZG) festgelegt ist, kann sie der Arbeitgeber im Rahmen seines Direktionsrechts nach billigem Ermessen bestimmen (§ 106 Satz 1 GewO). Bei der Ausübung dieses Ermessens muss der Arbeitgeber allerdings auch die Interessen des betroffenen Arbeitnehmers berücksichtigen und hat – sofern sich die Änderung der Lage der Arbeitszeit nicht nur auf diesen Arbeitnehmer persönlich, sondern abstrakt auf den ganzen Betrieb oder eine Gruppe von Arbeitnehmern oder einen Arbeitsplatz bezieht – auch das Mitbestimmungsrecht des Betriebsrats nach § 87 Abs. 1 Nr. 2 BetrVG zu beachten.[2] Ist die Lage der Arbeitszeit arbeitsvertraglich vereinbart, kann sie der Arbeitgeber einseitig nur durch den Ausspruch einer Änderungskündigung ändern.

4 Ebenso wie das in § 613a Abs. 4 BGB enthaltene Verbot der Kündigung wegen Betriebsübergangs gilt das Kündigungsverbot des § 11 auch in Kleinbetrieben, die vom Kündigungsschutzgesetz nicht erfasst werden. Das Verbot des § 11 gilt vom ersten Tag des Arbeitsverhältnisses an. Auch wenn der Arbeitgeber das Beschäftigungsverhältnis nach Abschluss des Arbeitsvertrags, aber noch vor Arbeitsantritt des Arbeitnehmers kündigen will – was grundsätzlich möglich ist, sofern der Arbeitsvertrag oder der einschlägige Tarifver-

---

2 Vgl. ErfKo/Kania, § 87 BetrVG Rn. 6.

trag die Kündigung vor Arbeitsantritt nicht ausschließen –, muss er das Verbot des § 11 beachten.

Klagefrist

Seit 1. 1. 2004 sieht § 4 KSchG für alle Kündigungsschutzklagen eine einheitliche **Klagefrist** von drei Wochen vor. Die dreiwöchige Klagefrist gilt auch für Kündigungen, die wegen Verstoßes gegen § 11 KSchG unwirksam sind. Versäumt ein Arbeitnehmer diese Frist, kann er sich nicht mehr auf die Rechtsunwirksamkeit der Kündigung berufen. Die Klagefrist des § 4 KSchG gilt – wie aus § 23 Abs. 1 Satz 2 KSchG hervorgeht – auch für Arbeitnehmer in Kleinbetrieben, auf die das Kündigungsschutzgesetz grundsätzlich keine Anwendung findet.[3] **5**

Ein Arbeitnehmer, der nach § 4 KSchG fristgerecht Kündigungsschutzklage erhoben hat, kann sich allerdings im anschließenden Gerichtsverfahren bis zum Schluss der letzten mündlichen Verhandlung vor dem Arbeitsgericht erster Instanz zur Begründung der Rechtsunwirksamkeit der Kündigung auch auf solche Gründe berufen, die er nicht innerhalb der Klagefrist geltend gemacht hat (§ 6 KSchG). **6**

> **Beispiel:**
> Eine Arbeitnehmerin erhält am 26. 1. 2016 eine schriftliche Kündigung. Sie erhebt am 16. 2. 2016 – also am letzten Tag der Klagefrist nach § 4 KSchG und somit fristgerecht – Kündigungsschutzklage mit der alleinigen Begründung, der Betriebsrat sei nicht ordnungsgemäß angehört worden und die Kündigung damit wegen § 102 Abs. 1 Satz 3 BetrVG unwirksam. Erst in der mündlichen Verhandlung vor dem Arbeitsgericht am 11. 4. 2016 – und damit nach Ablauf der Klagefrist – beruft sich die Arbeitnehmerin auch darauf, dass die Kündigung außerdem gegen § 11 Satz 1 verstoße. Kommt das Arbeitsgericht zu dem Ergebnis, dass der behauptete Verstoß gegen § 11 Satz 1 tatsächlich vorliegt, muss es wegen § 6 KSchG der Kündigungsschutzklage auch dann stattgeben, wenn die Betriebsratsanhörung entgegen der Behauptung der Arbeitnehmerin ordnungsgemäß war.

Die dreiwöchige Klagefrist beginnt im Regelfall mit dem Zugang der schriftlichen Kündigung beim Arbeitnehmer (§ 4 Satz 1 KSchG). Eine bloß mündliche Kündigung kann ein Arbeitnehmer also auch noch mehr als drei Wochen nach deren Ausspruch wirksam gerichtlich anfechten, weil die Klagefrist des § 4 KSchG in diesem Fall keine Anwendung findet.[4] Bedarf die Kündigung ausnahmsweise der Zustimmung einer Behörde – was beispielsweise bei Schwangeren (vgl. § 9 Abs. 2 MuSchG) oder schwerbehinderten Menschen (vgl. § 85 SGB IX) der Fall ist –, beginnt die dreiwöchige Klagefrist **7**

---

3 Vgl. BT-Drs. 15/1204, S. 13.
4 BT-Drs. 15/1587, S. 31.

erst mit Bekanntgabe der Behördenentscheidung an den Arbeitnehmer (§ 4 Satz 4 KSchG). Wenn die erforderliche Zustimmung der Behörde nicht vorliegt – etwa weil der Arbeitgeber diese nicht einmal beantragt hat –, gilt die Klagefrist nach § 4 KSchG nicht.[5]

Europarechtliche Vorgaben

8 § 11 dient der Umsetzung von § 5 Nr. 2 der europäischen Rahmenvereinbarung über Teilzeitarbeit.[6] Die Rahmenvereinbarung enthält insoweit allerdings lediglich eine Sollvorschrift,[7] die von der h. M. als nicht verpflichtende Empfehlung gewertet wird.[8] § 11 sieht dagegen ein absolutes Kündigungsverbot vor. Auch wenn § 11 somit nach seinem Wortlaut in der Regelungsintensität über die Rahmenvereinbarung hinausgeht, haben die deutschen Gerichte, einschließlich des Bundesverfassungsgerichts,[9] wenn sich in einem Rechtsstreit die Frage stellt, wie § 11 (vor allem der Begriff »*Kündigung wegen der Weigerung eines Arbeitnehmers, von einem Vollzeit- in ein Teilzeitarbeitsverhältnis oder umgekehrt zu wechseln*«) zu interpretieren ist, insoweit kein Auslegungsmonopol und können diese Auslegungsfrage nicht autonom entscheiden,[10] sondern müssen ggf. das Verfahren aussetzen, um die Frage der Auslegung im Wege des Vorabentscheidungsverfahrens nach Art. 267 AEUV dem EuGH zur Entscheidung vorzulegen.[11]

9 Da die europäische Rahmenvereinbarung über Teilzeitarbeit nur Mindestvorgaben enthält, über die zugunsten der Arbeitnehmer hinausgegangen werden darf,[12] darf die Auslegung von § 11 TzBfG durch die deutschen Gerichte weiter sein als die Auslegung von § 5 Nr. 2 der europäischen Rahmenvereinbarung über Teilzeitarbeit durch den EuGH; jene darf jedoch nicht

---

5 Vgl. BAG 3. 7. 2003 – 2 AZR 487/02, NJW 2004, 244.

6 Vgl. BT-Drs. 14/4374, S. 18.

7 § 5 Nr. 2 der europäischen Rahmenvereinbarung über Teilzeitarbeit lautet: »Die Weigerung eines Arbeitnehmers, von einem Vollzeitarbeitsverhältnis in ein Teilzeitarbeitsverhältnis oder umgekehrt überzuwechseln, sollte … als solche keinen gültigen Kündigungsgrund darstellen.«

8 Franzen/Gallner/Oetker-Kietaibl, § 5 Anh. RL 97/81/EG Rn. 2 m. w. N. Kietaibl, a. a. O. Rn. 3, hält es allerdings in Anbetracht der bisherigen Rechtsprechung des EuGH für möglich, dass der EuGH, falls ihm diese Frage vorgelegt werden sollte, § 5 Nr. 2 der Rahmenvereinbarung nicht nur als Empfehlung, sondern als Rechtspflicht auslegen würde – also als europarechtliche Vorgabe eines Kündigungsverbots.

9 Vgl. BVerfG 4. 1. 2014 – 2 BvE 13/13, BVerfGE 134, 366.

10 So aber Meinel/Heyn/Herms, § 11 TzBfG Rn. 14.

11 Zur Auslegungskompetenz des EuGH s. auch die Kommentierung zu § 1 Rn. 12 ff.

12 § 6 Nr. 1 der europäischen Rahmenvereinbarung über Teilzeitarbeit (»Die Mitgliedstaaten und/oder die Sozialpartner können günstigere Bestimmungen beibehalten oder einführen, als sie in dieser Vereinbarung vorgesehen sind.«).

hinter dieser zurückbleiben. Auch deshalb hat das Urteil des EuGH in der Rechtssache »Mascellani«[13] (in der dieser entschieden hat, dass die Rahmenvereinbarung, vor allem ihr § 5 Nr. 2, einer Regelung nicht entgegensteht, nach der ein Arbeitgeber ohne das Einverständnis des betroffenen Arbeitnehmers die Umwandlung eines Teilzeitarbeitsverhältnisses in ein Vollzeitarbeitsverhältnis anordnen kann) für das deutsche Recht keine praktischen Auswirkungen.[14] Dieses Urteil betraf einen Fall aus Italien, bei dem der Arbeitgeber die Arbeitnehmerin durch eine einseitige Anordnung verpflichtet hatte, anstatt Teilzeit wieder Vollzeit zu arbeiten, was nach den einschlägigen italienischen Rechtsvorschriften möglich war. Eine Möglichkeit zur Verlängerung der Arbeitszeit durch eine einseitige Anordnung des Arbeitgebers besteht nach deutschem Recht jedoch nicht.[15] Eine einseitige Verlängerung der Arbeitszeit durch den Arbeitgeber geht nur im Wege einer Änderungskündigung[16], deren soziale Rechtfertigung der Arbeitnehmer gem. §§ 1, 2 KSchG überprüfen lassen kann und bei der auch § 11 zu beachten ist[17]: Die Weigerung eines Arbeitnehmers, von Teil- in Vollzeit zu wechseln oder umgekehrt, würde daher eine solche Änderungskündigung nicht rechtfertigen.

Darlegungs- und Beweislast

Die praktische Bedeutung des Kündigungsverbots nach Satz 1 sollte allerdings nicht überschätzt werden. Denn zum einen trägt der Arbeitnehmer, der sich darauf beruft, eine Kündigung verstoße gegen Satz 1, hierfür die **Darlegungs- und Beweislast**. Der Arbeitnehmer muss also ggf. vor Gericht Tatsachen vortragen, aus denen sich ergibt, dass der Arbeitgeber die umstrittene Kündigung deshalb ausgesprochen hat, weil der Arbeitnehmer zu einer Änderung des bisherigen Arbeitszeitvolumens nicht bereit ist, und – sofern der Arbeitgeber dies bestreitet – diese Tatsachen auch beweisen. Dies wird dem Arbeitnehmer in der Praxis oft nicht gelingen. Denn sofern weder das KSchG einschlägig ist oder es sich um eine außerordentliche Kündigung nach § 626 BGB handelt noch ein Betriebsrat, Personalrat oder Sprecherausschuss existieren, dem die Kündigungsgründe vor Ausspruch der Kündigung mitgeteilt werden müssen, ist der Arbeitgeber gesetzlich nicht ver-

10

---

13 EuGH 15. 10. 2014 – C-221/13 »Mascellani«, NZA 2014, 1257.

14 In diesem Sinne auch Benecke, EuZW 2015, 107, 108, und Klein, jurisPR-ArbR 8/2015, Anm. 2.

15 Das Gleiche gilt natürlich auch umgekehrt für eine Verkürzung der Arbeitszeit durch eine einseitige Anordnung des Arbeitgebers.

16 Zur Möglichkeit der Änderungskündigung durch den Arbeitgeber mit dem Ziel, die Arbeitszeit zu ändern, s. auch unten Rn. 12 ff. (zur betriebsbedingten Änderungskündigung) und Rn. 23 f. (zur personen- oder verhaltensbedingten Änderungskündigung).

17 In diesem Sinne auch Klein, jurisPR-ArbR 8/2015, Anm. 2.

pflichtet, seine Gründe für die Kündigung zu offenbaren. Allerdings kann
dem Arbeitnehmer bei einem engen zeitlichen Zusammenhang zwischen
seiner Weigerung und der Kündigung ggf. ein Anscheinsbeweis[18] bzw. der
Grundsatz der abgestuften Darlegungs- und Beweislast[19] zugutekommen:
Weist der Arbeitnehmer auf einen solchen engen zeitlichen Zusammenhang
hin, muss der Arbeitgeber Tatsachen vortragen und ggf. beweisen, aus denen
hervorgeht, dass der Grund für die Kündigung nicht die Weigerung der Arbeitnehmer war. Ansonsten ist zugunsten des Arbeitnehmers davon auszugehen, dass die Kündigung gegen § 11 verstößt und damit nichtig ist.

Kündigung aus anderen Gründen

11   Zum anderen sieht Satz 2 entsprechend den Vorgaben des § 5 Abs. 2 der europäischen Rahmenvereinbarung über Teilzeitarbeit ausdrücklich vor, dass
das Recht zur **Kündigung aus anderen Gründen** unberührt bleibt. Die Begründung des Gesetzentwurfs nennt in diesem Zusammenhang »wirtschaftliche, technische oder organisatorische Gründe, die zu einer Änderung oder
Beendigung des Arbeitsverhältnisses führen«.[20] Beruht die Kündigung sowohl auf der Weigerung des Arbeitnehmers als auch auf anderen Gründen,
liegt ein Verstoß gegen § 11 nur vor, wenn dessen Weigerung der tragende,
d. h. wesentliche Grund für die Kündigung war.[21] Eine Mitursächlichkeit allein – vor allem wenn die Weigerung nur der äußere Anlass für die Kündigung war – soll entsprechend den vom BAG zum Maßregelungsverbot nach
§ 612a BGB entwickelten Grundsätzen nicht genügen.[22]

Kündigung wegen Verringerung des Arbeitsanfalls

12   Der Arbeitgeber kann deshalb wegen verringerten Arbeitsanfalles – beispielsweise infolge eines Auftragsrückgangs – eine betriebsbedingte Änderungskündigung mit dem Ziel aussprechen, die Arbeitszeit der betroffenen
Beschäftigten entsprechend dem gesunkenen Arbeitsanfall zu verringern,
ohne gegen das Kündigungsverbot des Satzes 1 zu verstoßen. Denn Grund
für die betriebsbedingte Änderungskündigung ist der verringerte Arbeitsanfall und nicht die Weigerung des Beschäftigten, seine Arbeitszeit zu verringern. Sofern das Kündigungsschutzgesetz Anwendung findet, können die

---

18 Annuß/Thüsing-Jacobs, § 11 TzBfG Rn. 6; Zwanziger/Winkelmann, Teilzeitarbeit
    Rn. 154, 156.
19 Arnold/Gräfl-Arnold, § 11 TzBfG Rn. 25.
20 BT-Drs. 14/4374, S. 18.
21 Boewer, TzBfG Rn. 7.
22 So Arnold/Gräfl-Arnold, § 11 TzBfG Rn. 14, unter Hinweis auf das zu § 612a BGB
    ergangene Urteil des BAG 12. 6. 2002 – 10 AZR 340/01, NZA 2002, 1389.

betroffenen Beschäftigten allerdings innerhalb von drei Wochen nach Kündigungsausspruch das Arbeitsgericht anrufen und von diesem überprüfen lassen, ob der verringerte Arbeitsanfall tatsächlich eingetreten ist bzw. bis zum Ablauf der Kündigungsfrist eintritt und ob die Verringerung der Arbeitszeit und die damit verbundene Verminderung des Arbeitsentgelts auch ansonsten im Sinne des § 2 KSchG sozial gerechtfertigt ist.

Unternehmerisches Konzept zur Arbeitszeitgestaltung als Kündigungsgrund

Schwieriger zu beurteilen ist allerdings der Fall, dass sich der Arbeitgeber **13** entschließt, auf bestimmten Arbeitsplätzen entweder nur Vollzeit- oder aber nur Teilzeitarbeitskräfte einzusetzen, ohne dass sich das auf diesen Arbeitsplätzen zu erledigende Arbeitsvolumen ändert, und daher gegenüber den bislang auf diesen Arbeitsplätzen eingesetzten Arbeitnehmern eine entsprechende Änderungskündigung ausspricht.

> **Beispiele:**
> 1. Der Arbeitgeber fasst den Entschluss, auf einem Arbeitsplatz, auf dem er bisher eine Vollzeitarbeitskraft eingesetzt hat, künftig zwei Teilzeitarbeitnehmer mit jeweils 50% der Arbeitszeit einer Vollzeitkraft zu beschäftigen. Er spricht deshalb gegenüber dem bislang auf diesem Arbeitsplatz eingesetzten Vollzeitbeschäftigten eine betriebsbedingte Änderungskündigung aus, um dessen Arbeitszeit um 50% zu reduzieren (und stellt für die restlichen 50% der Arbeitszeit eine weitere Teilzeitkraft ein).
> 2. Der Arbeitgeber will für eine Aufgabe, die bisher acht Teilzeitbeschäftigte mit jeweils 25% der Arbeitszeit einer Vollzeitkraft erledigt haben, nunmehr zwei Vollzeitbeschäftigte einsetzen. Er spricht daher gegenüber zwei Teilzeitbeschäftigten eine Änderungskündigung aus, um deren Arbeitszeit jeweils auf die einer Vollzeitkraft heraufzusetzen. Die restlichen sechs Teilzeitbeschäftigten erhalten eine Beendigungskündigung.

Der bloße Vortrag des Arbeitgebers, künftig die anfallende Arbeit nur noch **14** mit Vollzeit- oder Teilzeitkräften zu erledigen, reicht weder zu einer Umgehung des Kündigungsverbots nach Satz 1 aus,[23] noch begründet er ein dringendes betriebliches Erfordernis für eine betriebsbedingte Kündigung i. S. d. § 1 KSchG.[24] Der Arbeitgeber muss ein nachvollziehbares unternehmerisches Konzept der Arbeitszeitgestaltung darlegen[25] und ggf. auch beweisen. Für ein solches unternehmerisches Konzept reicht daher nicht der Entschluss, künftig die anfallende Arbeit nur noch mit Vollzeit- oder Teilzeitkräften zu erledigen. Der Arbeitgeber muss vielmehr eine diesem Entschluss

---

23 So ausdrücklich Meinel/Heyn/Herms, § 2 TzBfG Rn. 15.
24 BAG 12. 8. 1999 – 2 AZR 12/99, AP Nr. 44 zu § 1 KSchG – soziale Auswahl.
25 BAG 12. 8. 1999 – 2 AZR 12/99.

vorgelagerte Organisationsentscheidung getroffen haben, die der Grund für diesen Entschluss ist.

Beispiel:[26]
Eine vollzeitbeschäftigte Arbeitnehmerin mit 40 Wochenstunden ist jeweils zur Hälfte dem Bauleiter und dem technischen Leiter unterstellt und führt von Montag bis Freitag ganztägig für beide Vorgesetzten sowohl Sekretariatsarbeiten als auch Arbeiten als technische Mitarbeiterin aus. Der Arbeitgeber entschließt sich, die beiden Tätigkeitsbereiche zu trennen und den Sekretariatsbereich künftig dem Bauleiter zuzuordnen, während die technischen Aufgaben nunmehr ausschließlich im Zuständigkeitsbereich des technischen Leiters erledigt werden sollen. Außerdem sollen die beiden Tätigkeiten jetzt nicht mehr über den ganzen Arbeitstag verteilt, sondern ausschließlich während einer Hauptfunktionszeit am Vormittag wahrgenommen werden. Aufgrund der Organisationsentscheidung, Sekretariats- und technische Tätigkeiten voneinander zu trennen und die künftig getrennten Aufgaben parallel am Vormittag erledigen zu lassen, ergibt sich zwangsläufig, dass diese Tätigkeiten nunmehr nicht mehr von einer Vollzeitkraft erledigt werden können, sondern (mindestens) zwei Teilzeitkräfte erforderlich sind. Der Arbeitgeber spricht daher der bislang mit beiden Tätigkeiten betrauten Vollzeitarbeitnehmerin eine Kündigung aus, bietet ihr gleichzeitig eine Weiterbeschäftigung als Teilzeitkraft für einen der nunmehr getrennten Tätigkeitsbereiche mit entsprechend reduzierter Vergütung an und stellt für den anderen Tätigkeitsbereich eine weitere Teilzeitkraft ein.

15 Keine unternehmerische Organisationsentscheidung im vorgenannten Sinne ist allerdings der Entschluss des Arbeitgebers, die Arbeitszeit der Arbeitnehmer in der Form zu flexibilisieren, dass künftig ein Beschäftigungsanspruch nur in Höhe von 75% der bisherigen Arbeitszeit besteht und eine darüber hinausgehende Beschäftigung nach Bedarf erfolgt. Eine mit diesem Entschluss begründete Änderungskündigung mit dem Ziel einer entsprechenden Flexibilisierung wird daher nicht durch ein dringendes betriebliches Erfordernis gerechtfertigt und ist daher unwirksam. Denn der Arbeitgeber will in diesem Fall nicht auf Dauer mit weniger Personal – hier 75% – arbeiten, sondern im Gegenteil das bisherige Arbeitszeitvolumen (100%) bei entsprechendem Bedarf weiter ausschöpfen. Der Änderungskündigung liegt daher keine unternehmerische (Um-)Organisationsentscheidung, sondern lediglich der Wunsch zugrunde, das jeden Arbeitgeber treffende Wirtschaftsrisiko auf den Arbeitnehmer zu verlagern.[27] (Eine solche Flexibilisierung ist allerdings zulässig, wenn sie nicht aufgrund einer Änderungskündigung, sondern im Wege einer Vereinbarung erfolgt.[28])

16 Liegt hingegen eine Organisationsentscheidung des Arbeitgebers vor, aufgrund deren er für bestimmte Tätigkeiten Voll- oder Teilzeitkräfte vorsieht,

---

26 Nach BAG 22.4.2004 – 2 AZR 385/03, NZA 2004, 1158.
27 LAG Thüringen 25.4.2006 – 7/2 Sa 317/04, LAGE Nr. 54 zu § 2 KSchG.
28 Siehe hierzu im Einzelnen § 12 Rn. 19 ff.

handelt es sich hierbei nach der Rechtsprechung des für Kündigungsrechtsstreitigkeiten zuständigen 2. Senats des BAG um eine sog. freie Unternehmerentscheidung, die nur einer Missbrauchskontrolle unterzogen, d. h. lediglich daraufhin überprüft werden kann, ob sie offenbar unsachlich, unvernünftig oder willkürlich ist.[29] Nach Ansicht des 2. Senats spricht für eine beschlossene und tatsächlich durchgeführte unternehmerische Organisationsentscheidung die Vermutung, dass sie aus sachlichen Gründen erfolgt und Rechtsmissbrauch die Ausnahme ist, sodass der Arbeitnehmer zusätzliche Umstände vortragen und ggf. beweisen muss, die einen Rechtsmissbrauch belegen.[30]

Allerdings ist fraglich, ob die in der vorstehenden Randnummer angeführte **16a** BAG-Rechtsprechung mit § 5 Nr. 2 der europäischen Rahmenvereinbarung über Teilzeitarbeit vereinbar ist.[31] Wenn sich in einem Kündigungsrechtsstreit erneut die Frage stellt, ob eine Organisationsentscheidung des Arbeitgebers (nach der für bestimmte Tätigkeiten künftig ausschließlich Voll- oder umgekehrt Teilzeitkräfte vorgesehen sind) die Kündigung eines dem Arbeitgeberkonzept widersprechenden Teilzeit- bzw. Vollzeitarbeitsarbeitsverhältnisses rechtfertigt, kann es daher aus Sicht des Arbeitnehmers bzw. seines Prozessbevollmächtigten angezeigt sein, im Kündigungsschutzprozess ein Vorabentscheidungsersuchen an den EuGH anzuregen.[32]

Wertungswiderspruch innerhalb der BAG-Rechtsprechung

Diese Rechtsprechung des 2. Senats steht zudem zu der Rechtsprechung des **17** 9. Senats des BAG hinsichtlich des Teilzeitanspruchs nach § 8 Abs. 4, der zufolge als Grund für die Ablehnung des Teilzeitwunsches ein entgegenstehendes Organisationskonzept des Arbeitgebers nicht ausreicht, sondern das Gewicht der entgegenstehenden betrieblichen Gründe darüber hinaus erheblich sein muss,[33] in einem Wertungswiderspruch.[34] Dieser Wertungswider-

---

29 BAG 3. 12. 1998 – 2 AZR 341/98, AP Nr. 39 zu § 1 KSchG – soziale Auswahl.

30 BAG 22. 4. 2004 – 2 AZR 385/03, NZA 2004, 1158.

31 Nach Schlachter/Heinig-Ulber, Europäisches Arbeits- und Sozialrecht, § 14 Rn. 98, ist es »[j]edenfalls dann, wenn der Arbeitgeber nur Teilzeitbeschäftigte kündigt, weil er behauptet, nunmehr ein reines Vollzeitkonzept zu verfolgen, … schwer vorstellbar, dass der EuGH die Zulässigkeit solcher Kündigungen für mit [§ 5 Nr. der Rahmenvereinbarung] vereinbar ansehen wird«.

32 Zum Vorabentscheidungsersuchen an den EuGH siehe auch die Kommentierung zu § 1 Rn. 12 ff.

33 BAG 18. 2. 2003 – 9 AZR 164/02, AP Nr. 2 zu § 8 TzBfG; s. hierzu § 8 Rn. 5.

34 In diesem Sinne auch Arnold/Gräfl-Arnold, § 11 Rn. 17 ff., und Meinel/Heyn/Herms, § 11 Rn. 15 a. E.; unklar insoweit Zwanziger/Winkelmann, Teilzeitarbeit, der in Rn. 62 ff. insoweit keinen Wertungswiderspruch, sondern eine Annäherung der Rechtsprechung des 2. Senats an die des 9. Senats erkennen will, andererseits

spruch lässt sich auch nicht mit dem Hinweis auflösen, dass das TzBfG und das KSchG unterschiedliche Regelungsziele verfolgen und der Gesetzgeber mit § 11 TzBfG keine Änderung des materiellen Kündigungsrechts beabsichtigt habe.[35] Denn ein unterschiedlicher Prüfungsmaßstab könnte theoretisch bei evtl. Rechtsstreitigkeiten nicht scheuenden und entsprechend nervenstarken Arbeitsvertragsparteien zu einem (unendlichen) »Arbeitszeitänderungs-Pingpong« führen, wie folgendes Beispiel zeigt:

> **Beispiel:**
> Ein Arbeitnehmer macht einen Anspruch auf Verringerung seiner Arbeitszeit geltend und setzt diesen auch mit Hilfe des Arbeitsgerichts durch, weil seinem Teilzeitwunsch zwar das Organisationskonzept des Arbeitgebers entgegensteht, die entgegenstehenden betrieblichen Gründe aber nicht so erheblich sind, dass sie eine Ablehnung des Wunsches rechtfertigen. Daraufhin spricht der Arbeitgeber eine Änderungskündigung aus und bietet dem Arbeitnehmer eine Fortsetzung des Arbeitsverhältnisses mit der (ursprünglichen) höheren Arbeitszeit an; diese Änderungskündigung hat auch vor dem Arbeitsgericht Bestand, weil die Heraufsetzung der Arbeitszeit durch das Organisationskonzept gerechtfertigt ist und es insoweit auf die Erheblichkeit nicht ankommt. Der Arbeitnehmer macht anschließend (ggf. nach Ablauf der Sperrfrist des § 8 Abs. 6, die allerdings in einem solchen Fall nicht einschlägig sein dürfte) wieder sein Teilzeitbegehren geltend und setzt es mit Hilfe des Arbeitsgerichts aus den vorgenannten Gründen wiederum durch. Darauf reagiert der Arbeitgeber erneut mit einer Änderungskündigung, die ebenfalls erneut der arbeitsgerichtlichen Prüfung standhält usw.

Teillösung des Wertungswiderspruchs durch das BAG-Urteil vom 20. 1. 2015 – 9 AZR 860/13

17a   Mit seinem Urteil vom 20. 1. 2015[36] hat der 9. Senat des BAG allerdings einem solchen »Arbeitszeitänderungs-Pingpong« einen Riegel vorgeschoben. Nach dieser Entscheidung muss der Arbeitgeber die Wertungen des TzBfG beachten, wenn er mit dem Ausspruch einer Änderungskündigung beabsichtigt, den Rechtszustand herbeizuführen, der vor der Reduzierung der Arbeitszeit nach § 8 Abs. 5 Sätze 2 und 3 bestand. Demzufolge kann der Arbeitgeber die Änderungskündigung grundsätzlich nur mit solchen Tatsachen rechtfertigen, die er nicht bereits dem Teilzeitverlangen des Arbeitnehmers hätte entgegenhalten können – so der 9. Senat des BAG. Gründe, die der Arbeitgeber dem Teilzeitverlangen des Beschäftigten entweder (erfolglos) entgegengehalten hat oder hätte entgegenhalten können, ohne es aber

---

    in Rn. 162 das Bestehen eines solchen Wertungswiderspruchs zumindest implizit einräumt.

35 In diesem Sinne aber Annuß/Thüsing-Jacobs, § 11 TzBfG Rn. 11.

36 BAG 20. 1. 2015 – 9 AZR 860/13, NZA 2015, 805.

getan zu haben, sind demzufolge »verbraucht« und können für eine nach-folgende Änderungskündigung zur (Wieder-)Heraufsetzung der Arbeitszeit nicht mehr herangezogen werden. Der Arbeitgeber muss eine solche Ände-rungskündigung daher auf neue Gründe stützen – also solche, die aufge-treten sind, nachdem der Arbeitnehmer sein Teilzeitverlangen erfolgreich durchgesetzt hat.

Damit stellt sich die Frage, welcher Art diese neuen Gründe sein müssen, da-mit sie eine derartige Änderungskündigung sozial rechtfertigen. Zu dieser Frage nimmt der 9. Senat des BAG in seinem Urteil vom 20.1.2015 zwar nicht ausdrücklich Stellung. Aus der in diesem Urteil getroffenen allgemei-nen Feststellung, dass die Wertungen des TzBfG zu beachten sind, wenn der Arbeitgeber mit der Änderungskündigung den vor der Reduzierung der Ar-beitszeit nach § 8 bestehenden Rechtszustand wiederherstellen will, lässt sich aber wohl ableiten: Der Arbeitgeber kann eine derartige Änderungskündi-gung nur mit solchen neuen Gründen rechtfertigen, die er diesem Teil-zeitverlangen erfolgreich hätte entgegenhalten können, wenn diese Gründe schon vorgelegen hätten, als der Arbeitnehmer sein Teilzeitverlangen geltend gemacht hat. **17b**

Nicht vom BAG-Urteil vom 20.1.2015 – 9 AZR 860/13 erfasste Fälle

Nicht angesprochen hat der 9. Senat des BAG in seinem Urteil vom 20.1.2015 allerdings die Fälle, in denen der Arbeitgeber die Arbeitszeit durch Änderungskündigung heraufsetzen will, ohne dass der Arbeitnehmer zuvor seine Arbeitszeit nach § 8 verringert hätte – also Änderungskündigun-gen zur Heraufsetzung der Arbeitszeit bei Arbeitsverhältnissen, bei de-nen die Teilzeitarbeit nicht auf einem erfolgreich durchgesetzten Teilzeitan-spruch beruht, sondern von Anfang an mit dem Arbeitgeber arbeitsvertrag-lich vereinbart war. Die Interessenlage von vornherein Teilzeitbeschäftigten ist aber insoweit nicht grundsätzlich anders und deren legitimes Schutzbe-dürfnis nicht geringer als die Interessenlage und das Schutzbedürfnis von Teilzeitbeschäftigten, die erfolgreich einen Anspruch nach § 8 durchgesetzt haben.[37] Interessenlage und Schutzbedürfnis sprechen daher dafür, die Wer-tungen aus dem Urteil des 9. Senats des BAG auch auf die Fälle zu übertra-gen, in denen der Arbeitgeber die Arbeitszeit des Arbeitnehmers im Wege **18**

---

37 Das Argument des 9. Senats des BAG in seinem Urteil v. 20.1.2015 – 9 AZR 860/13, NZA 2015, 805, dass Beschäftigte, die unter Inkaufnahme einer im Ver-gleich zu einer Vollzeitbeschäftigung abgesenkten Vergütung Teilzeit arbeiten (wollen), im Regelfall aus persönlichen Gründen nicht in der Lage sein werden, ihre Arbeitszeit zu erhöhen, gilt unabhängig davon, ob die Teilzeitarbeit auf ei-nem erst im Laufe des Arbeitsverhältnisses geltend gemachten Teilzeitverlangen nach § 8 beruht oder von Anfang an arbeitsvertraglich vereinbart war.

der Änderungskündigung heraufsetzen will, ohne dass der Arbeitnehmer seine Arbeitszeit zuvor nach § 8 vermindert hätte: Auch in diesen Fällen sollten bei Änderungskündigungen zur Heraufsetzung der Arbeitszeit die Wertungen des TzBfG beachtet werden müssen. Und der Arbeitgeber sollte eine solche Änderungskündigung nur mit Gründen sozial rechtfertigen können, die er einem (fiktiven) spiegelbildlichen Teilzeitverlangen des betroffenen Arbeitnehmers nach § 8 erfolgreich entgegenhalten könnte.

19 Und erst recht nicht von diesem Urteil erfasst sind die Fälle, in denen der Arbeitgeber mit der Änderungskündigung die Arbeitszeit nicht herauf-, sondern im Gegenteil herabsetzen will – also z. B. eine bislang vollzeitbeschäftigte Person nur noch Teilzeit arbeiten lassen will. Würde nur bei einer Änderungskündigung zur Heraufsetzung der Arbeitszeit der strengere, zu § 8 Abs. 4 entwickelte Prüfungsmaßstab zur Anwendung kommen, weil sich der Arbeitgeber einem Verringerungsverlangen nach § 8 nicht entziehen könnte, während eine Änderungskündigung zur Herabsetzung der Arbeitszeit – wie bisher – lediglich einer Willkürkontrolle unterliegt,[38] wäre eine durch sachliche Gründe nicht gerechtfertigte Schlechterstellung Vollzeitbeschäftigter gegeben, die zwar nicht gegen § 4 Abs. 1, aber gegen den allgemeinen arbeitsrechtlichen Gleichbehandlungsgrundsatz verstieße.[39]

Vorschlag zur vollständigen Auflösung des Wertungswiderspruchs

20 Der 9. Senat des BAG hat mit seinem Urteil vom 20. 1. 2015 einen Lösungsweg erkennen lassen; er ist diesen Weg bislang aber nur für den Fall gegangen, dass der Arbeitgeber mit der Änderungskündigung beabsichtigt, den durch einen erfolgreich durchgesetzten Teilzeitanspruch nach § 8 geschaffenen Zustand wieder rückgängig zu machen. Eine ausdrückliche Entscheidung für die in den Randnummern 18 und 19 genannten Fälle, in denen der Änderungskündigung zur Änderung der Arbeitszeit kein Verringerungsverlangen nach § 8 vorausgegangen ist, steht noch aus. Zudem hat sich der 9. Senat in diesem Urteil nicht mit der vorherigen Rechtsprechung des 2. Senats auseinandergesetzt. Umgekehrt hat auch der 2. Senat des BAG noch nicht zu diesem Urteil des 9. Senats Stellung genommen. Die Rechtsprechung des 2. Senats zu den dringenden betrieblichen Erfordernissen i. S. v. § 1 KSchG und die des 9. Senats zu den entgegenstehenden betrieblichen Gründen i. S. v. § 8 Abs. 4 bedürfen daher weiterhin einer Abstimmung.[40] Insoweit spricht allerdings – auch angesichts des Urteils vom 20. 1. 2015 – einiges dafür, die vom 9. Senat im Rahmen von § 8 Abs. 4 entwickelten Maßstäbe ge-

---

38 In diesem Sinne aber möglicherweise Zwanziger/Winkelmann, Teilzeitarbeit, Rn. 62.
39 Siehe auch § 4 Rn. 3.
40 Vgl. Arnold/Gräfl-Arnold, § 11 TzBfG Rn. 21.

nerell auf Änderungskündigungen zur Änderung der Arbeitszeit zu übertragen.[41,42] Eine Änderungskündigung, mit der der Arbeitgeber die Arbeitszeit eines Beschäftigten herab- oder heraufsetzen will, sollte daher nur durch solche Gründe sozial gerechtfertigt sein, die der Arbeitgeber einem (fiktiven) Teilzeitverlangen nach § 8 TzBfG entgegenhalten könnte. Hatte der Arbeitnehmer zuvor erfolgreich einen Anspruch auf Verringerung der Arbeitszeit nach § 8 durchgesetzt, kann der Arbeitgeber eine anschließende Änderungskündigung zudem nur mit neuen Gründen sozial rechtfertigen, d. h. mit Gründen, die er nicht bereits dem Teilzeitverlangen des Arbeitnehmers hätte entgegenhalten können.

Für eine solche Übertragung sprechen auch folgende Überlegungen: Nach **21** § 8 Abs. 4 Satz 1 ist der unter den Voraussetzungen des § 8 Abs. 1 bestehende Rechtsanspruch des Arbeitnehmers auf Verringerung seiner Arbeitszeit ausgeschlossen, soweit ihm »betriebliche Gründe … entgegenstehen«, worunter nach der Begründung des Regierungsentwurfs zum TzBfG »rationale, nachvollziehbare Gründe« zu verstehen sind. Für die soziale Rechtfertigung einer Kündigung hingegen reichen »betriebliche Gründe« nicht aus, § 1 Abs. 2 Satz 1 KSchG spricht vielmehr von »dringenden betrieblichen Erfordernissen«. Schon der Vergleich des Wortlauts des § 8 Abs. 4 Satz 1 mit dem des § 1 Abs. 2 Satz 1 KSchG, dem einfache »Gründe« nicht genügen, sondern der »Erfordernisse« verlangt, die zudem dringend sein müssen, zeigt, dass im Rahmen des § 1 Abs. 2 Satz 1 KSchG einfache »rationale, nachvollziehbare Gründe« nicht genügen dürfen, um den Entschluss des Arbeitgebers, künftig die anfallende Arbeit nur noch mit Vollzeitkräften oder Teilzeitkräften zu erledigen, und die darauf gestützte Kündigung kündigungsschutzrechtlich zu rechtfertigen. Dass die unterschiedliche Wortwahl in § 8 Abs. 4 Satz 1 und § 1 Abs. 2 Satz 1 KSchG kein Zufall ist, belegt die Tatsache, dass im Referentenentwurf des TzBfG[43] zu § 8 ursprünglich noch von »dringenden betrieblichen Gründen« die Rede war,[44] der Gesetzgeber das Tatbestandsmerkmal »dringend« jedoch in diesem Zusammenhang wieder fallen gelassen hat, um

---

41 In diesem Sinne auch Pauly/Osnabrügge, Teilzeitarbeit und geringfügige Beschäftigung, § 10 Rn. 22a. E.; s. auch Zwanziger/Winkelmann, Teilzeitarbeit, Rn. 62; der 9. Senat des BAG hatte selbst in seinem Urteil v. 18. 2. 2003 – 9 AZR 164/02, AP Nr. 2 zu § 8 TzBfG, insoweit ausgeführt, dass »[d]ie zwischenzeitliche Gesetzesänderung [durch das TzBfG] bei der Auslegung des Kündigungsschutzrechts … nunmehr zu beachten sein [wird]«.

42 A.A. Meinel/Heyn/Herms, § 8 Rn. 51, und Laux/Schlachter, § 8 Rn. 168 ff., die den entgegengesetzten Weg einschlagen wollen und dafür plädieren, die Maßstäbe, die die Rechtsprechung für den Begriff »dringende betriebliche Erfordernisse« i. S. d. § 1 KSchG entwickelt hat, auf die »betrieblichen Gründe« i. S. d. § 8 Abs. 4 TzBfG zu übertragen.

43 Abgedruckt in NZA 2000, 1045 ff.

44 NZA 2000, 1046.

im Rahmen des § 8 berechtigten Interessen des Arbeitgebers Rechnung zu tragen und unzumutbare Anforderungen an die Ablehnung des arbeitnehmerseitig geltend gemachten Teilzeitbegehrens auszuschließen.[45] Hieraus wird man im Umkehrschluss ableiten können, dass der Gesetzgeber es dem Arbeitgeber im Rahmen der sozialen Rechtfertigung einer Kündigung durchaus abverlangt, erhebliche Gründe für seinen Entschluss, Vollzeitkräfte künftig durch Teilzeitkräfte zu ersetzen (oder umgekehrt), darzulegen und das »Warum« für diesen Entschluss ausführlich und nachvollziehbar zu begründen. Denn die auf diesen Entschluss gestützte Änderungskündigung des Arbeitgebers steht dem Teilzeitanspruch des Arbeitnehmers spiegelbildlich gegenüber. In beiden Fällen greift eine Arbeitsvertragspartei einseitig in das bestehende Arbeitsverhältnis ein, weil sie einseitig die ursprünglich von beiden Seiten vereinbarte Arbeitszeit verändern will.

22   Es gehört unbestreitbar zur – auch grundgesetzlich geschützten – unternehmerischen Freiheit des Arbeitgebers, über die Kapazität an Arbeitskräften und Arbeitszeit und darüber, wie diese Kapazität verteilt werden soll, zu entscheiden.[46] Dem BVerfG zufolge ist »das Interesse des Arbeitgebers …, in seinem Unternehmen nur Mitarbeiter zu beschäftigen, die seinen Vorstellungen entsprechen, und ihre Zahl auf das von ihm bestimmte Maß zu beschränken …« als Bestandteil »der Berufsfreiheit i. S. v. Art. 12 Abs. 1 GG, jedenfalls aber …« der »Betätigungsfreiheit …, die durch Art. 2 Abs. 1 GG geschützt ist«, anzusehen.[47] Im Rahmen des Kündigungsschutzes sind aber auch auf Seiten des Arbeitnehmers gewichtige gleichfalls grundgesetzlich geschützte Belange »in die Waagschale zu werfen«, wie das Bundesverfassungsgericht im selben Zusammenhang weiter ausführt: »Berufliche Tätigkeit, für die Art. 12 Abs. 1 GG den erforderlichen Freiraum gewährleistet, kann« der Arbeitnehmer »ausschließlich durch den Abschluss und den Fortbestand von Arbeitsverträgen realisieren. Der Arbeitsplatz ist die wirtschaftliche Existenzgrundlage für ihn und seine Familie. Lebenszuschnitt und Wohnumfeld werden davon bestimmt, ebenso gesellschaftliche Stellung und Selbstwertgefühl. Mit der Beendigung des Arbeitsverhältnisses wird dieses ökonomische und soziale Beziehungsgeflecht infrage gestellt«.[48] Dies gilt auch dann, wenn der Arbeitgeber »nur« eine Änderungskündigung mit dem Ziel einer Reduzierung der Arbeitszeit ausspricht. Denn für viele Arbeitnehmer ist es schlicht ausgeschlossen, von einem infolge der Arbeitszeitreduzierung zwangsläufig reduzierten Gehalt zu leben, so dass auch die Änderungskündigung beim Arbeitszeitabbau häufig nicht zur vom Arbeitgeber inten-

---

45 Meinel/Heyn/Herms, § 8 TzBfG Rn. 48.
46 BAG 17.6.1999 – 2 AZR 522/98, AP Nr. 102 zu § 1 KSchG – Betriebsbedingte Kündigung; BAG 27.4.1997 – 2 AZR 352/96, AP Nr. 42 zu § 2 KSchG.
47 BVerfG 27.1.1998 – 1 BvL 15/87, AP Nr. 17 zu § 23 KSchG.
48 BVerfG 27.1.1998 – 1 BvL 15/87.

dierten Vertragsänderung, sondern zur Beendigung des Arbeitsverhältnisses führt.[49] Eine im Wege der Änderungskündigung herbeigeführte Erhöhung der Arbeitszeit hat zwar zwangsläufig ein höheres Gehalt zur Folge.[50] Da aber viele teilzeitbeschäftigte Arbeitnehmer aus persönlichen, vor allem familiären Gründen häufig nicht in der Lage sein werden, ihre Arbeitszeit zu erhöhen,[51] wird auch hier die Änderungskündigung oft die Beendigung des Arbeitsverhältnisses zur Folge haben. Eine Änderungskündigung aufgrund eines arbeitgeberseitigen Entschlusses, künftig anstelle von Vollzeitkräften Teilzeitkräfte zu beschäftigen oder umgekehrt, trifft den Arbeitnehmer deshalb – wie jede andere Kündigung – in der Regel existenziell. Der Entschluss des Arbeitgebers, künftig Vollzeit- statt Teilzeitkräfte zu beschäftigen oder umgekehrt, hingegen ist zwar Ausfluss von dessen Berufsfreiheit und dessen wirtschaftlicher Betätigungsfreiheit, die durch das Grundgesetz geschützt ist, berührt den Arbeitgeber jedoch in der Regel nicht im Kern seiner unternehmerischen Existenz. Denn die Grundrechte des Arbeitgebers sind in diesem Zusammenhang nur in einem Randbereich tangiert, da die Frage, ob eine Vollzeitkraft oder mehrere Teilzeitkräfte mit der Erledigung einer Arbeitsaufgabe betraut werden sollen, sicherlich nicht dem Kernbereich dessen zugeordnet werden kann, was das Wesen der unternehmerischen Tätigkeit ausmacht. Wenn der Arbeitgeber bei unverändertem Arbeitsvolumen den Entschluss fasst, dieses Volumen künftig nur noch mit Teilzeit- bzw. Vollzeitkräften bewältigen zu wollen, und auf diesen Entschluss Änderungskündigungen stützt, ist dem Arbeitgeber daher zumutbar, nicht bloß nachvollziehbare, sondern darüber hinaus erhebliche Gründe für diesen Entschluss darzulegen. Ist der Arbeitgeber hierzu nicht in der Lage, können dringende betriebliche Erfordernisse für die Kündigung nicht angenommen werden, so dass diese nicht sozial gerechtfertigt im Sinne des Kündigungsschutzgesetzes ist.

---

49 Vgl. Schüren/Cantauw, Anm. zu BAG 3. 12. 1998 – 2 AZR 341/98, AP Nr. 39 zu § 1 KSchG – soziale Auswahl.

50 Hierauf weist auch der EuGH 15. 10. 2014 – C-221/13 »Mascellani«, NZA 2014, 1257, Rn. 27, hin.

51 In diesem Sinne auch Benecke, EuZW 2015, 107, 108, die darauf hinweist, dass »[w]er Teilzeit arbeitet, … dafür i. d. R. einen Grund [hat], der von Tätigkeit in der Familie über Fortbildung bis zu anderer Erwerbstätigkeit beispielsweise in der Landwirtschaft gehen kann«. Sie kritisiert insoweit, dass der EuGH in seinem Urteil v. 15. 10. 2014 – C-221/13 »Mascellani«, NZA 2014, 1257, Rn. 27, bei einem Arbeitnehmer, dessen Teilzeitarbeitsverhältnis gegen seinen Willen in ein Vollzeitarbeitsverhältnis umgewandelt wird, allein den Vorteil in Form der entsprechenden Entgelterhöhung für den betroffenen Arbeitnehmer betrachtet hat.

Kündigung aus personen-/verhaltensbedingten Gründen

23   Eine arbeitgeberseitige **Änderungskündigung** mit dem Ziel einer Änderung der Arbeitszeit kommt grundsätzlich auch **aus personen- oder verhaltensbedingten Gründen** in Betracht. Liegen tatsächlich personen- oder verhaltensbedingte Gründe im Sinne des § 1 Abs. 2 Satz 1 KSchG vor, ist § 11 – ebenso wie bei einer betriebsbedingten Kündigung – nicht tangiert.

> **Beispiele:**
> 1. Denkbar ist eine personenbedingte Änderungskündigung mit dem Ziel einer Arbeitszeitreduzierung, weil der betroffene Arbeitnehmer krankheitsbedingt seine Tätigkeit nicht mehr im bisherigen zeitlichen Umfang wahrnehmen kann, bei reduzierter Arbeitszeit hierzu jedoch weiterhin in der Lage wäre.[52]
> 2. Eine verhaltensbedingte Kündigung mit dem Ziel einer Veränderung der Arbeitszeit käme dann in Betracht, wenn ein vollzeitbeschäftigter Arbeitnehmer, der eine anhaltende Auseinandersetzung mit Kollegen aus seiner Abteilung provoziert hat, in eine andere Abteilung versetzt werden soll, weil dies die einzige Möglichkeit ist, die Auseinandersetzung zu beenden, in der anderen Abteilung aber nur eine Teilzeitstelle frei ist. Rechtlich nicht zulässig wäre hingegen eine Änderungskündigung zum Zwecke der Reduzierung der Arbeitszeit (und damit zwangsläufig auch des Gehalts), um den Arbeitnehmer für ein vorausgegangenes Fehlverhalten zu bestrafen.

24   Zweck einer verhaltensbedingten Kündigung ist nicht die Bestrafung des Arbeitnehmers.[53] Eine solche Strafgewalt steht dem Arbeitgeber nicht zu. Die verhaltensbedingte Kündigung rechtfertigt sich vielmehr dadurch, dass das vorausgegangene Fehlverhalten des Arbeitnehmers ein Hinweis darauf ist, dass auch in Zukunft ein vergleichbares Fehlverhalten nicht ausgeschlossen werden kann, es dem Arbeitgeber aber nicht zumutbar ist, das Risiko eines künftigen Fehlverhaltens durch den Arbeitnehmer hinzunehmen.[54]

§ 12   Arbeit auf Abruf

(1) **Arbeitgeber und Arbeitnehmer können vereinbaren, dass der Arbeitnehmer seine Arbeitsleistung entsprechend dem Arbeitsanfall zu erbringen hat (Arbeit auf Abruf). Die Vereinbarung muss eine bestimmte Dauer der wöchentlichen und täglichen Arbeitszeit festlegen. Wenn die Dauer der wöchentlichen Arbeitszeit nicht festgelegt ist, gilt eine Arbeitszeit von**

---

52 Meinel/Heyn/Herms, § 11 TzBfG Rn. 16.
53 Vgl. BVerfG 30. 7. 2003 – 1 BvR 792/03, NJW 2003, 2815.
54 Vgl. insoweit auch BAG 10. 6. 2010 – 2 AZR 541/09 »Fall Emmely«, wonach durch ein einmaliges Fehlverhalten eines Arbeitnehmers, auch wenn es schwerwiegend ist, das durch eine langjährige unbeanstandete Beschäftigung aufgebaute Vertrauen in dessen Zuverlässigkeit nicht vollständig zerstört sein muss und eine verhaltensbedingte Kündigung daher ungerechtfertigt sein kann.

20 Stunden als vereinbart. Wenn die Dauer der täglichen Arbeitszeit nicht festgelegt ist, hat der Arbeitgeber die Arbeitsleistung des Arbeitnehmers jeweils für mindestens drei aufeinander folgende Stunden in Anspruch zu nehmen.

(2) Ist für die Dauer der wöchentlichen Arbeitszeit nach Absatz 1 Satz 2 eine Mindestarbeitszeit vereinbart, darf der Arbeitgeber nur bis zu 25 Prozent der wöchentlichen Arbeitszeit zusätzlich abrufen. Ist für die Dauer der wöchentlichen Arbeitszeit nach Absatz 1 Satz 2 eine Höchstarbeitszeit vereinbart, darf der Arbeitgeber nur bis zu 20 Prozent der wöchentlichen Arbeitszeit weniger abrufen.

(3) Der Arbeitnehmer ist nur zur Arbeitsleistung verpflichtet, wenn der Arbeitgeber ihm die Lage seiner Arbeitszeit jeweils mindestens vier Tage im Voraus mitteilt.

(4) Zur Berechnung der Entgeltfortzahlung im Krankheitsfall ist die maßgebende regelmäßige Arbeitszeit im Sinne von § 4 Absatz 1 des Entgeltfortzahlungsgesetzes die durchschnittliche Arbeitszeit der letzten drei Monate vor Beginn der Arbeitsunfähigkeit (Referenzzeitraum). Hat das Arbeitsverhältnis bei Beginn der Arbeitsunfähigkeit keine drei Monate bestanden, ist der Berechnung des Entgeltfortzahlungsanspruchs die durchschnittliche Arbeitszeit dieses kürzeren Zeitraums zugrunde zu legen. Zeiten von Kurzarbeit, unverschuldeter Arbeitsversäumnis, Arbeitsausfällen und Urlaub im Referenzzeitraum bleiben außer Betracht. Für den Arbeitnehmer günstigere Regelungen zur Berechnung der Entgeltfortzahlung im Krankheitsfall finden Anwendung.

(5) Für die Berechnung der Entgeltzahlung an Feiertagen nach § 2 Absatz 1 des Entgeltfortzahlungsgesetzes gilt Absatz 4 entsprechend.

(6) Durch Tarifvertrag kann von den Absätzen 1 und 3 auch zuungunsten des Arbeitnehmers abgewichen werden, wenn der Tarifvertrag Regelungen über die tägliche und wöchentliche Arbeitszeit und die Vorankündigungsfrist vorsieht. Im Geltungsbereich eines solchen Tarifvertrags können nicht tarifgebundene Arbeitgeber und Arbeitnehmer die Anwendung der tariflichen Regelungen über die Arbeit auf Abruf vereinbaren.

Allgemeines und Definition

1 § 12 enthält für den Fall, dass zwischen Arbeitgeber und Arbeitnehmer Abrufarbeit vereinbart ist, zwingende Mindestbestimmungen, von denen zuungunsten des Arbeitnehmers grundsätzlich nicht abgewichen werden
kann. Allerdings lässt Abs. 6 Abweichungen von den Bestimmungen der
Abs. 1 und 3 durch Tarifvertrag zu, sofern der Tarifvertrag bestimmte Mindestbedingungen zugunsten der Beschäftigten festlegt.

2 Der Begriff der »Arbeit auf Abruf« wird in Abs. 1 Satz 1 gesetzlich definiert.
Danach liegt **Abrufarbeit** vor, wenn der Arbeitnehmer seine Arbeitsleistung entsprechend dem Arbeitsanfall zu erbringen hat. Anstelle des Begriffes
»Abrufarbeit« bzw. »Arbeit auf Abruf« werden oft auch die Begriffe »kapa-
zitätsorientierte variable Arbeitszeit (KAPOVAZ)« oder »bedarfsabhängige
variable Arbeitszeit (BAVAZ)« verwendet.[1] Die gesetzliche Definition in § 12
Abs. 1 Satz 1 ist allerdings ein wenig irreführend – wie aus den nachfolgenden Bestimmungen von § 12 hervorgeht. Denn nicht der objektive Arbeitsanfall löst die Arbeitspflicht des Arbeitnehmers aus, sondern – worauf auch
die Bezeichnung »Arbeit auf Abruf« hinweist – der Abruf der Arbeitsleistung
durch den Arbeitgeber (auch wenn dieser seinen Abruf im Zweifel nur dann
tätigen wird, wenn er Arbeitsbedarf sieht).

Sozialpolitische Bedeutung und Bewertung der Abrufarbeit

3 In Deutschland leisten 6 % der Beschäftigten Abrufarbeit, von den geringfügig Beschäftigten sogar 13 %.[2]

4 Das Direktionsrecht des Arbeitgebers hinsichtlich der Verteilung der Arbeitszeit geht bei Abrufarbeit wesentlich weiter als bei sonstigen Arbeitsver-

---

1 Annuß/Thüsing-Jacobs, § 12 TzBfG Rn. 1; Kittner/Zwanziger/Deinert/Heu-
  schmid-Heuschmid, § 27 Rn. 107; zur KAPOVAZ als Personaleinsatzsystem s.
  Buschmann/Dieball/Stevens-Bartol, § 12 TzBfG Rn. 2 ff.
2 Absenger, AuR 2016, 1.

hältnissen. Die zeitliche Dispositionsfreiheit des Arbeitnehmers hingegen ist stark eingeschränkt, da er stets mit einem kurzfristigen Abruf seiner Arbeitskraft rechnen muss. Abrufarbeit schränkt die Möglichkeiten von Beschäftigten stark ein, denkbare[3] weitere Beschäftigungen ausüben zu können oder schlicht ihr Privatleben in den arbeitsfreien Phasen gestalten zu können.[4] Das Wirtschaftsrisiko (§ 615 Satz 3 BGB) wird vom Arbeitgeber auf den Arbeitnehmer verlagert. Die Vereinbarung von Abrufarbeit bringt – abgesehen davon, dass der Arbeitnehmer damit möglicherweise seinen Arbeitsplatz sichern kann – lediglich dem Arbeitgeber Vorteile,[5] weshalb der Gesetzgeber in § 12 Mindestbedingungen zum Schutz der Arbeitnehmer vorgesehen hat.[6]

Entwicklung der gesetzlichen Vorgaben für die Abrufarbeit

Die Möglichkeit für den Arbeitgeber, mit einem Arbeitnehmer Arbeit auf Abruf zu vereinbaren, war mit dem Beschäftigungsförderungsgesetz 1985[7] eingeführt worden. Mit dem TzBfG vom 21. Dezember 2012 hat der Gesetzgeber eine geringfügige Änderung zugunsten der Arbeitnehmer eingeführt: Er präzisierte das Erfordernis, eine bestimmte Dauer der Arbeitszeit zu vereinbaren, dahin gehend, dass sich die vorgeschriebene Vereinbarung auf eine bestimmte Dauer der wöchentlichen und täglichen Arbeitszeit beziehen muss. Gleichzeitig hat er aber den Tarifvertragsparteien die Möglichkeit eingeräumt, unter bestimmten Voraussetzungen zulasten der Beschäftigten Abweichungen von den gesetzlichen Vorgaben zu vereinbaren. Mit dem Gesetz zur Weiterentwicklung des Teilzeitrechts vom 11.12.2018[8] hat der Gesetzgeber die zwischenzeitliche Rechtsprechung des BAG kodifiziert, das als vereinbarte Arbeitszeit auch eine sogenannte Bandbreitenregelung für zulässig erklärt hat – bei gleichzeitiger Festlegung einer Ober- und einer Untergrenze für die Bandbreite (neuer Abs. 2[9]). Außerdem hat der Gesetzgeber mit diesem Gesetz die Stundenzahl, die in Ermangelung einer Vereinbarung über die wöchentliche Arbeitszeit als vereinbart gelten soll, von zehn auf zwanzig erhöht (geänderter Abs. 1 Satz 3) und eine Auffangregelung für die Berechnung des im Krankheitsfall (neuer Abs. 4) sowie für Feiertage (neuer Abs. 5) (fort-)zu zahlenden Entgelts geschaffen.

4a

---

3 Oder auch schlicht notwendige weitere Beschäftigungen, weil das Entgelt aus dem Abrufarbeitsverhältnis nicht zur Deckung des Lebensunterhalts ausreicht.
4 Vgl. Preis, RdA 2015, 244; Absenger, AuR 2016, 1.
5 Schaub, FS für Richardi, 735, spricht von einem »perfekten Modell der Überlagerung des Wirtschaftsrisikos auf den Arbeitnehmer«.
6 Annuß/Thüsing-Jacobs, § 12 TzBfG Rn. 1.
7 BGBl. 1985 I, S. 710.
8 BGBl. 2018 I, S. 2384.
9 Der bisherige Abs. 2 ist der nunmehrige Abs. 3.

Abrufarbeit und Europarecht

5 Weder die Rahmenvereinbarung der europäischen Sozialpartner über Teil-zeitarbeit noch sonstige Vorschriften des EU-Rechts enthalten spezielle Re-gelungen zur Abrufarbeit. § 12 fußt daher nicht auf europäischen Vorga-ben, sondern knüpft an § 4 BeschFG an, dessen Regelungen im Wesentlichen übernommen wurden.[10] Die Auslegung des § 12 obliegt daher grundsätzlich den deutschen Gerichten und – anders als bei den Vorschriften des TzBfG, die auf den Rahmenvereinbarungen der europäischen Sozialpartner über Teilzeitarbeit bzw. befristete Arbeitsverhältnisse fußen[11] – nicht dem EuGH.[12]

6 Allerdings wird im Zusammenhang mit Abrufarbeit oft das Urteil des EuGH in der Rechtssache »Wippel«[13] zitiert. Diesem Urteil lag eine arbeitsrechtli-che Streitigkeit aus Österreich zugrunde,[14] in der es um eine Vertragsgestal-tung ging, bei der sich das Ausmaß und die Ausgestaltung der Arbeitszeit nach dem Arbeitsanfall richten und im Einzelfall erst einvernehmlich zwi-schen den Parteien festgelegt werden sollten. Der EuGH musste sich dabei mit der Frage befassen, ob eine solche Vertragsgestaltung gegen § 4 der Teil-zeit-Rahmenvereinbarung (Verbot der Diskriminierung Teilzeitbeschäftig-ter) und gegen Art. 2 Abs. 1 und Art. 5 Abs. 1 der Richtlinie 76/207/EWG[15] (Verbot der mittelbaren Diskriminierung wegen des Geschlechts)[16] verstößt. Der EuGH hat diese Frage verneint und in der in der Rechtssache »Wippel« streitigen Vertragsgestaltung keinen Verstoß gegen diese europarechtlichen Vorgaben gesehen.

---

10 Vgl. BT-Drs. 14/4374, S. 18.

11 Vgl. die Synopsen bei Buschmann/Dieball/Stevens-Bartol, TzBfG Vorbem. Rn. 3; Rolfs, TzBfG, Einführung Rn. 15.

12 Vgl. Meinel/Heyn/Herms, TzBfG, Einleitung Rn. 15 ff., 20; s. auch § 1 Rn. 10.

13 EuGH 12. 10. 2004 – C-313/02, NZA 2004, 1325.

14 Zur rechtlichen Regelung der Abrufarbeit in Österreich s. Preiss, AuR 2003, 281.

15 Richtlinie 76/207/EWG des Rates vom 9. 2. 1976 zur Verwirklichung des Grund-satzes der Gleichbehandlung von Männern und Frauen hinsichtlich des Zugangs zur Beschäftigung, zur Berufsbildung und zum beruflichen Aufstieg sowie in Be-zug auf die Arbeitsbedingungen (ABlEG. L 39 v. 14. 2. 1976, S. 40). Die Richtlinie 76/207/EWG ist zwischenzeitlich durch die Richtlinie 2006/54/EG des Europäi-schen Parlaments und des Rates vom 5. 7. 2006 zur Verwirklichung des Grundsat-zes der Chancengleichheit und Gleichbehandlung von Männern und Frauen in Arbeits- und Beschäftigungsfragen (ABlEG. L 204 v. 26. 7. 2006, S. 23) ersetzt worden.

16 Eine europarechtlich unzulässige Diskriminierung könnte vorliegen, wenn solche Verträge grundsätzlich mit Menschen des einen Geschlechts abgeschlossen wür-den, Personen des anderen grundsätzlich hingegen Arbeitsverträge mit fixen Ar-beitszeiten hätten; vgl. Windisch-Graetz, ZESAR 2006, 222, 225.

Allerdings wäre die in der Rechtssache »Wippel« streitige österreichischem 7
Recht unterliegende Vertragsgestaltung nach deutschem Recht nicht als Abrufarbeit nach § 12 einzustufen. Denn in dem vom EuGH entschiedenen Fall
ging es um einen sog. Rahmenvertrag, bei dem der betroffene Arbeitnehmer – anders als bei der Abrufarbeit i. S. v. § 12 – vertraglich nicht verpflichtet ist, auf einen Abruf des Arbeitgebers seine Arbeitsleistung zu erbringen,
sondern einen angebotenen Arbeitseinsatz auch ablehnen kann.[17] Diese Ab-
lehnungsmöglichkeit für den Arbeitnehmer war aus Sicht des EuGH dafür
ausschlaggebend, um in der Rechtssache »Wippel« sowohl eine Diskriminierung gegenüber Vollzeitbeschäftigten als auch eine mittelbare Diskriminierung wegen des Geschlechts zu verneinen. Denn das Vorliegen einer Diskriminierung setzt vergleichbare Personen(gruppen) voraus. Da Vollzeitbeschäftigte und Teilzeitbeschäftigte mit vertraglich geregelter und ausgestal-
teter Arbeitszeit zur Arbeitsleistung verpflichtet seien, seien sie mit Arbeitnehmern mit einem Rahmenvertrag, die einen Arbeitseinsatz auch ablehnen
könnten, nicht vergleichbar – so der EuGH.

Die Frage, ob Formen der Arbeit auf Abruf, bei denen der Arbeitnehmer ver- 8
pflichtet ist, dem Abruf des Arbeitgebers Folge zu leisten, europarechtlich
zulässig sind, ist daher nicht abschließend geklärt.[18] Die Tendenz in der juristischen Literatur nach der Entscheidung des EuGH in der Rechtssache
Wippel geht allerdings dahin, dass jedenfalls die Abrufarbeit nach § 12 einer
Prüfung durch den EuGH wohl standhalten werde.[19]

Welche Vertragsgestaltungen und Arbeitszeitformen werden von § 12 erfasst?

Obwohl sich § 12 in dem mit »Teilzeitarbeit« überschriebenen Abschnitt des 9
TzBfG findet, gilt er nicht nur für Teilzeitbeschäftigte, sondern auch für **Vollzeitbeschäftigte**, die mit ihrem Arbeitgeber Abrufarbeit vereinbart haben.[20]
Denn außer der Einordnung dieser Vorschrift in den Abschnitt über Teilzeitarbeit lässt sich weder aus dem Gesetzestext selber noch aus den Gesetzesmaterialien ein Hinweis darauf entnehmen, dass die gesetzlichen Regelungen über Abrufarbeit nur für Teilzeitbeschäftigte gelten sollen. Auch wenn
Abrufarbeit in der Praxis in den allermeisten Fällen mit Teilzeitbeschäftigten

---

17 Zur rechtlichen Einordnung eines solchen Rahmenvertrags nach deutschem
   Recht s. u. Rn. 11.
18 So auch Windisch-Graetz, ZESAR 2006, 222, 225.
19 Nicolai, DB 2004, 2812, 2813f.; Däubler/Deinert/Zwanziger, KSchR, § 12 TzBfG
   Rn. 1a; Meinel/Heyn/Herms, § 12 TzBfG Rn. 1; zweifelnd Laux/Schlachter, § 12
   TzBfG Rn. 8.
20 Annuß/Thüsing-Jacobs, § 12 TzBfG Rn. 5; Buschmann/Dieball/Stevens-Bartol,
   § 12 TzBfG Rn. 28; Rolfs, § 12 TzBfG Rn. 3; a. A. LAG Frankfurt 19. 1. 1997 – 13 Sa
   2250/95, NZA-RR 1997, 487–489; Meinel/Heyn/Herms, § 12 TzBfG Rn. 7.

und nicht mit Vollzeitbeschäftigten vereinbart wird, schließen sich Vollzeitbeschäftigung und Abrufarbeit nicht aus. Lediglich die Auffangvorschrift
des Abs. 1 Satz 3, der zufolge mangels einer ausdrücklichen Abrede zwischen
Arbeitnehmer und Arbeitgeber über die wöchentliche Arbeitszeit eine Wochenarbeitszeit von 20 Stunden als vereinbart gilt, passt offensichtlich nicht
für Vollzeitarbeitsverhältnisse. Ansonsten sind die wechselseitige Interessenlage der Arbeitsvertragsparteien und vor allem das Schutzbedürfnis des Arbeitnehmers keine anderen, wenn die Abrufarbeit nicht innerhalb eines Teil-
zeit-, sondern innerhalb eines Vollzeitarbeitsverhältnisses vereinbart worden ist.[21] Die Arbeitnehmerschutzvorschriften des Abs. 1 Satz 4 und des
Abs. 2 gelten daher uneingeschränkt auch für Vollzeitbeschäftigte.[22]

10   Möglich ist, dass Arbeitgeber und Arbeitnehmer im Arbeitsvertrag **einen
Teil der Gesamtarbeitszeit fest** vereinbaren und **nur den anderen Teil variabel** auf Abruf des Arbeitgebers ausgestalten. In diesem Fall finden die
Vorschriften des § 12 auf den variabel ausgestalteten Teil der Arbeitszeit Anwendung.

11   Nach der Rechtsprechung des BAG werden von § 12 nur solche Vereinbarungen erfasst, nach denen der Arbeitnehmer auf einen Abruf zur Arbeitsleistung verpflichtet ist, nicht hingegen **sog. Rahmenverträge oder -verein-
barungen**, die nur die Bedingungen der erst noch abzuschließenden Arbeitsverträge wiedergeben, selbst aber noch keine Verpflichtung zur Arbeitsleistung begründen und auf deren Grundlage die konkreten Arbeitseinsätze
jeweils für den Einzelfall einvernehmlich von den Parteien festgelegt werden.[23] Entscheidendes Merkmal eines solchen Rahmenvertrags ist, dass der
Arbeitnehmer frei bestimmen bzw. ablehnen kann, ob er überhaupt arbeitet.[24] Das BAG ist der Auffassung, dass solche Rahmenvereinbarungen
(noch) keinen Arbeitsvertrag darstellen, sondern erst mit der Vereinbarung
eines konkreten Arbeitseinsatzes ein (auf diesen Einsatz befristeter) Arbeitsvertrag geschlossen wird.[25] Der befristete Arbeitseinsatz unterliegt allerdings
den Voraussetzungen des § 14. Beachtet der Arbeitgeber diese Voraussetzungen nicht, kommt mit dem Arbeitseinsatz ein unbefristetes Arbeitsverhältnis

---

21 So auch Annuß/Thüsing-Jacobs, § 12 TzBfG Rn. 5.
22 Differenzierend Laux/Schlachter, § 12 TzBfG Rn. 31, und Däubler/Deinert/Zwan-
    ziger, KSchR, § 12 TzBfG Rn. 7 f., die lediglich für eine (analoge) Anwendung des
    Abs. 2 plädieren und eine Anwendung des Abs. 1 auf Vollzeitbeschäftigte able-
    nen.
23 BAG 31. 7. 2002 – 7 AZR 181/01, AP Nr. 2 zu § 4 TzBfG, und BAG 15. 2. 2012 –
    10 AZR 111/11, AP Nr. 122 zu § 611 BGB Abhängigkeit; zur europarechtlichen
    Bewertung solcher Rahmenvereinbarung s. oben Rn. 4.
24 LAG Rheinland-Pfalz 7. 4. 2011 – 5 Sa 637/10.
25 Kritisch zu dieser Rechtsprechung Buschmann, AuR 2003, 308; Zwanziger/Win-
    kelmann, Teilzeitarbeit, Rn. 34.

zustande.[26] Die Chancen eines Beschäftigten, auf diesem Wege ein Dauerarbeitsverhältnis durchzusetzen, sind allerdings gering, weil zum einen die
Klagefrist des § 17 beachtet werden muss[27] und zum anderen in der Regel die
Wartezeit des § 1 KSchG nicht erfüllt sein wird,[28] sodass der Arbeitgeber ein
so entstandenes Dauerarbeitsverhältnis ggf. wieder kündigen kann, ohne an
die Vorschriften des KSchG gebunden zu sein.

Ebenso wie die Fallgestaltung, in denen zwischen den Parteien eine Rah- **12**
menvereinbarung besteht, auf deren Grundlage die konkreten Arbeitseinsätze von den Parteien jeweils für den Einzelfall einvernehmlich festgelegt
werden, hat das BAG die Fallgestaltung beurteilt, bei der sich der Arbeitnehmer bei einem Rettungsdienst um einzelne in dessen Dienstplan für den Fol-
gemonat noch nicht vergebenen Dienste »bewerben« konnte und der Arbeitgeber anschließend entschied, ob er diese Bewerbung annahm. Das BAG
hat auch hier kein Abrufarbeitsverhältnis nach § 12, sondern den Abschluss
von auf den jeweiligen Dienst bezogenen **Ein-Tages-Arbeitsverhältnissen**
angenommen und in dieser Gestaltung auch keine Gesetzesumgehung gesehen.[29]

Obwohl die beiden vorgenannten Vertragskonstruktionen (Rahmenverträge **13**
und Ein-Tages-Arbeitsverhältnisse) vom BAG als zulässig angesehen worden
sind, sind sie arbeitsrechtlich und sozialpolitisch problematisch, weil sie den
Beschäftigten weder Urlaubs- und Entgeltfortzahlungsansprüche noch Bestandsschutz (Kündigungsschutz) gewähren.[30]

Ebenfalls nicht von § 12 erfasst werden **Gleitzeitvereinbarungen**[31] und die **14**
Vertrauensarbeitszeit oder **Arbeitszeitsouveränität**[32] genannten Arbeitszeitmodelle.[33] Denn in beiden Fällen bestimmt nicht der Arbeitgeber, sondern der Arbeitnehmer einseitig die Lage seiner Arbeitszeit, wobei sich der
Arbeitnehmer bei Gleitzeit innerhalb eines vereinbarten oder vom Arbeitgeber bzw. den Betriebsparteien vorgegebenen Rahmens bewegt, während der
Arbeitnehmer im Rahmen der Vertrauensarbeitszeit, die vor allem bei Führungskräften Anwendung findet, seine Arbeitszeit eigenverantwortlich völ-

---

26 Vgl. BAG 16.4.2003 – 7 AZR 187/02, AP Nr. 1 zu § 4 BSchFG.
27 BAG 15.2.2012 – 10 AZR111/11, AP Nr. 122 zu § 611 BGB Abhängigkeit; LAG
    Baden-Württemberg 20.6.2012 – 13 Sa 126/11, ZVertriebsR 2012, 365.
28 Vgl. hierzu BAG 16.4.2003 – 7 AZR 187/02, AP Nr. 1 zu § 4 BSchFG.
29 BAG 16.5.2012 – 5 AZR 268/11, NZA 2012, 974.
30 So ausdrücklich Laux/Schlachter, § 13 TzBfG Rn. 18.
31 Zu den verschiedenen Gleitzeitmodellen s. Kittner/Zwanziger/Deinert/Heu-
    schmid-Heuschmid, § 27 Rn. 53ff.
32 Zur Vertrauensarbeitszeit s. Kittner/Zwanziger/Deinert/Heuschmid-Heuschmid,
    § 27 Rn.103ff.
33 Däubler/Deinert/Zwanziger, KSchR, § 12 TzBfG Rn. 4; Meinel/Heyn/Herms, § 12
    TzBfG Rn. 14; a.A. für bestimmte Gleitzeitsysteme Buschmann/Dieball/Stevens-
    Bartol, § 12 TzBfG Rn. 22.

lig frei gestalten kann und der Arbeitgeber – sofern es sich ohnehin nicht um Arbeitnehmer handelt, für die die Schutzvorschriften des ArbZG nicht gelten (vgl. § 18 ArbZG) – lediglich dafür Sorge tragen muss, dass die Vorschriften des ArbZG eingehalten werden.

15   Auch **Überstunden** sind grundsätzlich keine Abrufarbeit im Sinne des § 12.[34] Eine Vereinbarung zur Leistung von Überstunden liegt vor, wenn sich der Arbeitnehmer verpflichtet, bei einem vorübergehenden zusätzlichen Arbeitsbedarf länger als vertraglich vereinbart zu arbeiten. Überstunden werden wegen bestimmter besonderer Umstände vorübergehend zusätzlich geleistet. Besteht dagegen für den Arbeitnehmer eine selbstständige, nicht auf Unregelmäßigkeit oder Dringlichkeit beschränkte Verpflichtung, auf Anforderung des Arbeitgebers zu arbeiten, handelt es sich um Arbeit auf Abruf i. S. v. § 12,[35] auch wenn die betreffende Arbeit (unzutreffend) als Überstunden bezeichnet wird.[36]

16   Allerdings wird die Abgrenzung zwischen Abrufarbeit auf der einen und »echten« Überstunden auf der anderen Seite in der Praxis nicht immer einfach sein. Deshalb sollte auch bei Überstunden § 12 Abs. 2 – zumindest analog – Anwendung finden,[37] denn auch beim einseitigen Abruf von »echten« Überstunden wird die zeitliche Dispositionsfreiheit des Arbeitnehmers beeinträchtigt. Der Arbeitgeber, der sich im Arbeitsvertrag die einseitige Anordnung von Überstunden vorbehalten hat, muss daher grundsätzlich die Abruffrist des Abs. 2 beachten, wenn er im Einzelfall die Überstunden abruft – es sei denn, der zusätzliche Arbeitsbedarf ist für ihn nicht vorhersehbar kurzfristig entstanden und die Erledigung der Arbeit ist dringlich, so dass ihm die Einhaltung der Frist des Abs. 2 ausnahmsweise nicht zuzumuten ist.

17   Dem BAG zufolge kann der Arbeitgeber auch in einem Abrufarbeitsverhältnis zusätzlich Überstunden anordnen.[38]

---

34   ErfKo/Preis, § 12 TzBfG Rn. 11 f.; Meinel/Heyn/Herms, § 12 TzBfG Rn. 17; a. A. Buschmann/Dieball/Stevens-Bartol, § 12 TzBfG Rn. 15.

35   BAG 7. 12. 2005 – 5 AZR 535/04, AP Nr. 4 zu § 12 TzBfG.

36   In diesem Sinne auch ErfKo-Preis, § 12 TzBfG Rn. 12.

37   Im Ergebnis ebenso Buschmann/Dieball/Stevens-Bartol, § 12 TzBfG Rn. 15, und Däubler/Deinert/Zwanziger, KSchR, § 12 TzBfG Rn. 5, sowie ArbG Frankfurt a. M. 26. 11. 1998 – 2 Ca 4267/98, NZA-RR 1999, 2305 (zu § 4 Abs. 2 BeschFG, der Vorgängervorschrift von § 12 Abs. 2 TzBfG); a. A. Däubler/Hjort/Schubert/Wolmerath, § 12 TzBfG Rn. 11; ErfKo-Preis, § 12 TzBfG Rn. 12; Meinel/Heyn/Herms, § 12 TzBfG Rn. 17, die eine Anwendung von § 12 zumindest auf »echte« Überstunden ablehnen.

38   BAG 7. 12. 2005 – 5 AZR 535/04, AP Nr. 4 zu § 12 TzBfG, unter III.7. d) der Urteilsgründe.

Strittig ist ferner, ob auch **Bereitschaftsdienst** § 12 unterfällt.[39] Bereit-   **18**
schaftsdienst leistet ein Arbeitnehmer, der sich außerhalb seiner regelmäßigen Arbeitszeit an einer vom Arbeitgeber bestimmten Stelle innerhalb oder
außerhalb des Betriebs aufzuhalten hat, um bei Bedarf unverzüglich seine
volle Arbeitstätigkeit aufzunehmen.[40] Richtigerweise wird man zwischen der
Anordnung von Bereitschaftsdienst als solchem und der Aufnahme der vollen Arbeitstätigkeit aus dem Bereitschaftsdienst heraus differenzieren müssen.[41] Muss der Arbeitnehmer im Rahmen von Bereitschaftsdienst im Einzelfall seine Arbeitsleistung erbringen, so unterliegt der Abruf der konkreten
Arbeitsleistung nicht den Regelungen des § 12. Bei der Anordnung von Bereitschaftsdienst hingegen muss der Arbeitgeber ggf. § 12 – vor allem die Abruffrist des Abs. 2 – beachten, weil auch der Arbeitnehmer, der sich zur Arbeitsleistung bereithalten muss, in seiner zeitlichen und örtlichen Dispositionsfreiheit nicht unwesentlich eingeschränkt ist.

Vertragliche Ausgestaltung der Abrufarbeit

§ 12 enthält nur wenige Vorgaben zur vertraglichen Ausgestaltung der Ab-   **19**
rufarbeit. **Abs. 1** schreibt in seinem Satz 1 lediglich vor, dass zwischen den
Arbeitsvertragsparteien eine bestimmte Dauer der wöchentlichen und täglichen Arbeitszeit vereinbart werden muss. Für den Fall, dass die Parteien
keine Dauer der wöchentlichen Arbeitszeit und/oder der täglichen Arbeitszeit vereinbart haben und sich eine wöchentliche und/oder tägliche Arbeitszeitdauer auch nicht im Wege der Vertragsauslegung ermitteln lässt, ist das
Abrufarbeitsverhältnis nicht nichtig. An die Stelle der fehlenden vertraglichen Regelung tritt dann die gesetzliche Regelung des Abs. 1 Satz 3 bzw.
Satz 4. Die in **Abs. 2** vorgesehene Mindestabruffrist hingegen ist für die Arbeitsvertragsparteien zwingendes Recht, die im Arbeitsvertrag nicht zulasten des Arbeitnehmers verkürzt werden kann. Die Arbeitsvertragsparteien
können aber natürlich zugunsten des Arbeitnehmers eine längere Abruffrist
vereinbaren.

Allerdings müssen bei der Vereinbarung von Abrufarbeit nicht nur die Vor-   **20**
gaben des § 12, sondern auch die allgemeinen gesetzlichen Bestimmungen
und – sofern zwischen den Arbeitsvertragsparteien ein Tarifvertrag gilt –
auch die einschlägigen tarifvertraglichen Vorschriften beachtet werden. So
müssen vor allem auch die Vorgaben des Arbeitszeitgesetzes (ArbZG) eingehalten werden. Auch bei Abrufarbeit darf u. a. die werktägliche Arbeits-

39 Gegen eine Einordnung von Bereitschaftsdienst als Abrufarbeit i. S. v. § 12 die
   h. M. (vgl. Boewer, § 12 TzBfG Rn. 18; Meinel/Heyn/Herms, § 12 TzBfG
   Rn. 15 m. w. N.); dafür Buschmann/Dieball/Stevens-Bartol, § 12 TzBfG Rn. 26.
40 Küttner-Reinecke, Personalbuch 2010, Bereitschaftsdienst Rn. 1.
41 So auch Däubler/Deinert/Zwanziger, KSchR, § 12 TzBfG Rn. 4.

zeit gem. § 3 ArbZG nicht überschritten, müssen die Ruhepausen nach § 4 ArbZG und die Ruhezeit nach § 5 ArbZG beachtet und darf wegen § 9 ArbZG grundsätzlich keine Sonntagsarbeit angeordnet werden.

21   Auch wenn Abrufarbeit in der Praxis meist wohl schriftlich vereinbart wird, schreibt der Gesetzgeber für eine solche Vereinbarung **keine Schriftform** vor. Abrufarbeit muss folglich nicht schriftlich vereinbart werden, damit die Vereinbarung wirksam ist.[42] Allerdings wäre wünschenswert, wenn der Gesetzgeber bei der nächsten Reform des TzBfG für die Vereinbarung von Abrufarbeit Schriftform mit der Rechtsfolge vorschreiben würde, dass nicht der gesamte Arbeitsvertrag, sondern nur die Vereinbarung von Abrufarbeit unwirksam ist. Wünschenswert wäre bei dieser Gelegenheit auch eine gesetzgeberische Klarstellung, dass Unklarheiten bei der Formulierung insoweit grundsätzlich zulasten des Arbeitgebers gehen, da die Vereinbarung von Abrufarbeit allein im Arbeitgeberinteresse liegt[43] und es ihm daher zuzumuten ist, die in seinem Interesse liegenden Vertragsbedingungen auch für die andere Vertragspartei verständlich zu formulieren.

22   Falls die getroffene Vereinbarung über Abrufarbeit nicht in einem von beiden Arbeitsvertragsparteien unterzeichneten Schriftstück festgehalten ist, ist der Arbeitgeber nach § 2 Abs. 1 Satz 2 Nr. 7 NachwG verpflichtet, dem Arbeitnehmer die zuvor mündlich vereinbarte Abrede über Abrufarbeit schriftlich zu bestätigen.[44] Diese einseitig nur vom Arbeitgeber erstellte Niederschrift bietet jedoch – aus Arbeitnehmersicht – keine Gewähr dafür, dass darin die zuvor von beiden Parteien mündlich getroffene Abrede korrekt wiedergegeben wird.[45]

Vereinbarung einer Wochenarbeitszeit

23   § 12 schreibt in seinem Abs. 1 Satz 2 – anders als seine Vorgängervorschrift, § 4 BeschFG, wo lediglich die Festlegung einer bestimmten Arbeitszeit verlangt worden war – ausdrücklich die Vereinbarung sowohl einer bestimmten **wöchentlichen Arbeitszeit** als auch einer **täglichen Arbeitszeit** vor.

---

42 Däubler/Deinert/Zwanziger, KSchR, § 12 TzBfG Rn. 11; Meinel/Heyn/Herms, § 12 TzBfG Rn. 19; a. A. Buschmann/Dieball/Stevens-Bartol, § 12 TzBfG Rn. 51, die allerdings übersehen, dass der Gesetzgeber für Verträge (einschließlich Arbeitsverträge) keine Schriftform verlangt und nur für bestimmte arbeitsrechtliche Regelungen (wie etwa eine Kündigung oder einen Aufhebungsvertrag (§ 623a BGB) oder eine Befristung (§ 14 Abs. 4)) Schriftform vorschreibt. Daraus lässt sich im Umkehrschluss ableiten, dass dort, wo der Gesetzgeber keine Schriftform vorgegeben hat, auch keine erforderlich ist.
43 Siehe hierzu die sozialpolitische Bewertung der Abrufarbeit in Rn. 4.
44 Vgl. ErfKo-Preis, § 12 TzBfG Rn. 14.
45 Vgl. auch § 2 Rn. 6b.

Zulässigkeit sog. Bandbreitenregelungen bei der Wochenarbeitszeit

Mit dem Gesetz zur Weiterentwicklung des Teilzeitrechts vom 11. 12. 2018[46] **24**
hat der Gesetzgeber im TzBfG einen neuen Abs. 2[47] geschaffen: Danach darf
der Arbeitgeber,

- wenn Abrufarbeit mit einer Mindestarbeitszeit vereinbart ist, über die
  Mindestarbeitszeit hinaus maximal 25% der Mindestarbeitszeit zusätzlich und
- wenn Abrufarbeit mit einer Höchstarbeitszeit vereinbart ist, maximal
  20% weniger als die Höchstarbeitszeit

abrufen. Der Gesetzesbegründung zufolge soll der neue Abs. 2 »*der Arbeitnehmerin bzw. dem Arbeitnehmer mehr Planungssicherheit … geben*«. Gleichzeitig wird in der Gesetzesbegründung klargestellt, dass es sich bei dem
neuen Abs. 2 eigentlich um keine echte Neuregelung handelt, sondern damit
lediglich die Rechtsprechung des BAG kodifiziert wird.[48] Der 5. Senat des
BAG hatte nämlich mit Urteil vom 7. 12. 2005[49] den Begriff »wöchentlichen
Arbeitszeit« i. S. v. § 12 Abs. 1 Satz 2 dahingehend ausgelegt, dass es sich dabei auch um eine Mindestarbeitszeit oder eine Höchstarbeitszeit handeln
könne. Mit diesem Urteil hatte das BAG – in Abweichung von seiner bisherigen Rechtsprechung[50] und entgegen der bis dahin einhelligen Meinung
in der Literatur[51] – auch arbeitsvertragliche **Bandbreitenregelungen** für
grundsätzlich zulässig erklärt.

Die gesetzgeberische Begründung, den Beschäftigten mehr Planungssicher- **24a**
heit geben zu wollen, leuchtet allerdings nicht ganz ein. Denn die gesetzliche
Neuregelung stellt gegenüber der bis zum Urteil des 5. Senats des BAG vom
7. 12. 2005 geltenden Rechtslage sogar eine Verschlechterung für Abrufbeschäftigte dar und »zementiert« die mit diesem Urteil geschaffene Rechtlage
zulasten der Beschäftigten. [52]

---

46 BGBl. 2018 I, S. 2384.
47 Der bisherige Abs. 2 ist – inhaltlich unverändert – der nunmehrige Abs. 3.
48 BT-Drs. 19/3452, S. 20.
49 BAG 7. 12. 2005 – 5 AZR 535/04, AP Nr. 4 zu § 12 TzBfG.
50 BAG 12. 12. 1984 – 7 AZR 509/83, AP Nr. 6 zu § 2 KSchG.
51 Vgl. die Kommentierung zu § 12 in der ersten Auflage des vorliegenden Kommentars, Rn. 15, sowie Decruppe/Utess, AuR 2006, 347, jeweils m. w. N.
52 Decruppe/Utess, AuR 2006, 347, haben die »Bandbreiten-Entscheidung« des
   BAG für verfassungswidrig gehalten, weil sie ihrer Ansicht nach die durch Art. 2
   Abs. 1 GG garantierte allgemeine Handlungsfreiheit der betroffenen Beschäftigten verletze. Dass sich das BVerfG, wenn die nunmehr in Abs. 2 kodifizierte Bandbreitenregelung einmal auf den verfassungsgerichtlichen Prüfstand gestellt wird,
   dieser Ansicht anschließt und die gesetzliche Regelung, mit der die »Bandbreiten-
   Entscheidung« des BAG kodifiziert wird, für verfassungswidrig und damit nichtig
   erklären könnte, ist aber eher unwahrscheinlich. Der DGB hält die Bandbreiten-

25   Eine Regelung wie der neue Abs. 2 des § 12, bei der die Dauer der Arbeitszeit in einer Von-Bis-Spanne festgelegt wird und es dem Arbeitgeber freisteht, in welchem Umfang er die Arbeitsleistung innerhalb der Spanne in Anspruch nimmt, schränkt den Arbeitnehmer nicht nur in seiner zeitlichen Dispositionsfreiheit ein. Sie legt diesem darüber hinaus auch ein Vergütungsrisiko auf, weil die Höhe der an die Dauer der Arbeitszeit gekoppelten Vergütung ebenfalls innerhalb der Von-Bis-Spanne variiert. Das BAG hat daher zutreffend darauf hingewiesen, dass der Arbeitgeber mit einer Bandbreitenregelung einen Teil seines Wirtschaftsrisikos auf den Arbeitnehmer verlagert.[53] Es hält aber eine solche Regelung – u. a. wegen eines »berechtigten Interesses« des Arbeitgebers »an einer gewissen Flexibilität der Arbeitsbedingungen« – dennoch nicht in jedem Fall für eine unangemessene Benachteiligung des Arbeitnehmers. Sofern eine Mindestarbeitszeit vereinbart und der variable Arbeitszeitanteil 25% der Mindestarbeitszeit nicht übersteigt, sieht das BAG[54] – und nunmehr auch der Gesetzgeber – die Interessen der Beschäftigten als ausreichend gewahrt an.

26   Das BAG hat in diesem Zusammenhang besonders darauf hingewiesen, dass die Höchstgrenze von 25% für den variablen Teil der Arbeitszeit zwangsläufig dazu führt, dass die einseitig vom Arbeitgeber abrufbare Arbeitsleistung des Arbeitnehmers rechnerisch desto geringer ist, je geringer die vereinbarte wöchentliche **Mindestarbeitszeit** ist.[55] Wolle der Arbeitgeber ein relativ hohes Maß an Flexibilität, dürfe er folglich mit dem Arbeitnehmer keine allzu niedrige Mindestarbeitszeit vereinbaren.

> **Beispiele:**
> Beträgt die vereinbarte Mindestarbeitszeit 15 Stunden/Woche, darf die darüber hinausgehende variable Arbeitszeit, die der Arbeitgeber bei Bedarf einseitig abrufen kann, aber nicht muss, 25% von 15 Stunden, also 3,75 Stunden wöchentlich nicht überschreiten. Hieraus ergibt sich eine maximale Gesamtarbeitszeit von 18,75 Stunden/Woche. Bei einer Mindestarbeitszeit von 32 Stunden/Woche kann der Arbeitgeber im Arbeitsvertrag vorsehen, dass er maximal weitere 8 Stunden (25% von 32 Stunden) abrufen kann. Die maximale Gesamtarbeitszeit beträgt hier also 40 Stunden/Woche.

---

    regelung trotz seiner Kritik an dieser wohl nicht für verfassungswidrig (vgl. Ausschuss-Drs. 19(11)149, S. 34).

53 Genauer gesagt einen weiteren Teil, da ja auch bei Abrufarbeit ohne eine Bandbreitenregelung i. S. v. Abs. 2 bereits ein Teil des Wirtschaftsrisikos vom Arbeitgeber auf den Arbeitnehmer übertragen wird; vgl. oben Rn. 4.

54 Kritisch zur Rechtsprechung Decruppe/Utess, AuR 2006, 347, Schlichting, AIB 2007, 15 sowie zu deren Kodifizierung durch das Gesetz zur Weiterentwicklung des Teilzeitrechts die Stellungnahme des DGB zum Entwurf dieses Gesetzes, Ausschuss-Drs. 19(11)149, S. 34.

55 BAG 7. 12. 2005 – 5 AZR 535/04, AP Nr. 4 zu § 12 TzBfG, unter III.7. d der Urteilsgründe.

Auch wenn der neue Abs. 2 von § 12 lediglich die Rechtsprechung des BAG   **27**
kodifizieren soll, ist durch seine Formulierung klargestellt worden, dass es –
anders als aus einer etwas missverständlichen Formulierung des BAG[56] gefolgert worden war – nicht zulässig ist, wenn sich der Arbeitgeber vorbehält,
die Arbeitszeitdauer bei Bedarf einseitig sowohl um 25% nach oben als auch
um 20% nach unten anzupassen.[57] Wäre dies zulässig, hieße das bezogen auf
die vorstehenden Beispiele, dass der Arbeitgeber sich zusätzlich auch vorbehalten dürfte, die wöchentliche Mindestarbeitszeit von 15 Stunden um
3 Stunden auf 12 Stunden und die wöchentliche Mindestarbeitszeit von
32 Stunden um 6,4 auf 25,6 Stunden zu reduzieren. Der Arbeitszeitkorridor
betrüge dann 6,75 Stunden (12 bis 18,75 Stunden) bzw. 14,4 Stunden (25,6
bis 40 Stunden). Die vom Arbeitgeber nach Bedarf abrufbare variable Arbeitszeit beliefe sich dann auf 56,25% der garantierten Arbeitszeit. Dies
würde die im neuen Abs. 2 von § 12 zum Schutz der Beschäftigten vorgegebenen Grenzen eindeutig überschreiten. Eine solche Vertragsgestaltung ist
daher unzulässig.[58] Zulässig ist aber eine Klausel, bei der der Arbeitgeber
sich – ausgehend von einer Arbeitszeitdauer, die zwischen der Mindest-
beitszeit und der Höchstarbeitszeit liegt – eine Anpassung der Arbeitszeit
nach oben und nach unten vorbehält, sofern der flexible Arbeitszeitanteil
nicht mehr als 25% der Mindestarbeitszeit bzw. 20% der Höchstarbeitszeit
beträgt.[59]

> **Beispiel:**[60]
> Ein Arbeitsvertrag enthält folgende Klausel: »Die wöchentliche Arbeitszeit be-
> trägt 30 Stunden. Der Arbeitnehmer verpflichtet sich, je nach Arbeitsanfall und
> Aufforderung des Arbeitgebers 28 bis 35 Stunden in der Woche zu arbeiten.«
> Eine solche Klausel wäre nach dem neuen Abs. 2 zulässig, da der Arbeitszeitkor-
> ridor von 7 Stunden 25% der Mindestarbeitszeit von 28 Stunden und 20% der
> Höchstarbeitszeit von 35 Stunden beträgt.

Ist eine wöchentliche Mindestarbeitszeit vereinbart und ruft der Arbeitgeber   **27a**
in der Woche mehr als 125% der Mindestarbeitszeit ab, sind die Beschäftigten nicht verpflichtet, mehr als 125% der Mindestarbeitszeit zu arbeiten.
Tun sie es dennoch, haben sie Anspruch auf Vergütung für die gesamte geleistete Arbeit.
Ist eine wöchentliche Höchstarbeitszeit vereinbart und ruft der Arbeitgeber
in der Woche weniger als 80% der Höchstarbeitszeit ab, so gerät er in Gläu-

---

56 BAG 7.12.2005 – 5 AZR 535/04, AP Nr. 4 zu § 12 TzBfG.
57 In diesem Sinne Umnuß, FAZ 24.5.2006, S. 23.
58 In diesem Sinne – noch auf der Grundlage der nunmehr in § 12 Abs. 2 kodifizier-
    ten Rechtsprechung – Bauer/Günther, DB 2006, 950, 951.
59 Bauer/Günther, a.a.O.
60 Nach Bauer/Günther, a.a.O.

bigerverzug (§§ 293 ff. BGB) und die betroffenen Beschäftigten haben Anspruch auf Vergütung für 80% der Höchstarbeitszeit.[61]

Zulässigkeit der Vereinbarung von Monats- oder Jahresarbeitszeiten?

28   Nachdem der Gesetzgeber nunmehr ausdrücklich zugelassen hat, dass die nach Abs. 1 Satz 2 zu vereinbarende wöchentliche Arbeitszeit auch eine Mindest- oder Höchstarbeitszeit sein kann, wird man es wohl als zulässig ansehen müssen, wenn als wöchentliche Arbeitszeit nur eine Durchschnittsarbeitszeit vereinbart wird, die innerhalb eines größeren Bezugszeitraums (z. B. Monat, Vierteljahr oder Jahr) erreicht werden muss.[62] Denn im Vergleich zu einer wöchentlichen Mindest- oder Höchstarbeitszeit ist eine wöchentliche Durchschnittsarbeitszeit aus Beschäftigtensicht »das kleinere Übel«, weil zumindest innerhalb des größeren Bezugszeitraums der Umfang der zu erbringenden Arbeitsleistung und das als Gegenleistung zu erwartende Arbeitsentgelt für den Abrufarbeitnehmer vorherseh- und berechenbar ist.

28a   Eine wöchentliche Durchschnittsarbeitszeit lässt sich sowohl ausdrücklich als auch stillschweigend (konkludent) vereinbaren. Ist in einem Arbeitsvertrag, der den Arbeitnehmer verpflichtet, Arbeit auf Abruf zu leisten, keine Wochenarbeitszeit, sondern lediglich eine Arbeitszeit für einen größeren Bezugszeitraum (z. B. Monat, Vierteljahr oder Jahr) festgelegt, lässt sich diese Festlegung – im Wege ergänzender Vertragsauslegung – dahin verstehen, dass als wöchentliche Arbeitszeit eine Durchschnittsarbeitszeit vereinbart sein soll und die wöchentliche Durchschnittsarbeitszeit dem Wert entspricht, der sich ergibt, indem man die im Vertrag für einen größeren Bezugszeitraum genannte Arbeitszeit auf einen Wochenwert herunterrechnet. Soweit ein einschlägiger Tarifvertrag Umrechnungswerte enthält, sind diese maßgeblich. Falls nicht, kann aus einer Jahresarbeitszeit oder einer Monatsarbeitszeit eine (durchschnittliche) Wochenarbeitszeit errechnet werden, indem man die Jahresarbeitszeit durch 52 bzw. die Monatsarbeitszeit durch 4,3 teilt.[63]

---

61   Siehe auch unten Rn. 50.

62   A.A. auf der Grundlage der bis zum 31. 12. 2018 geltenden Gesetzeslage die Vorauflagen dieses Kommentars sowie Buschmann/Dieball/Stevens-Bartol, § 12 TzBfG Rn. 66; und Däubler/Deinert/Zwanziger, KSchR, § 12 TzBfG Rn. 19. Andere hatten bereits unter der alten Gesetzeslage die Vereinbarung einer wöchentlichen Durchschnittsarbeitszeit als mit den Vorgaben des § 12 Abs. 1 Satz 2 konform angesehen; vgl. in diesem Sinne Meinel/Heyn/Herms, § 12 TzBfG Rn. 22 ff.; Däubler/Hjort/Schubert/Wolmerath, § 12 TzBfG Rn. 17 ff.; LAG Hessen 12. 4. 2013 – 10 Sa 1209/12.

63   Zu den Umrechnungsfaktoren vgl. auch die Kommentierung zu § 2 Rn. 29.

Allerdings sollten die Bandbreiten, die § 12 mit Wirkung zum 1.1.2019 in seinem Abs. 2 für den Fall der Vereinbarung einer wöchentlichen Mindest- oder Höchstarbeitszeit vorschreibt, analog auch für den Fall der Vereinbarung einer wöchentlichen Durchschnittsarbeitszeit Anwendung finden. Anderenfalls könnte die Vereinbarung einer Durchschnittsarbeitszeit dazu verwendet werden, die Vorgaben des § 12 Abs. 2 (die ausweislich der Gesetzesbegründung »*dem Arbeitnehmer mehr Planungssicherheit bei Arbeit auf Abruf … geben*« sollen[64]) zu umgehen – wie folgendes Beispiel zeigt: **28b**

Beispiel:
Ein Arbeitgeber hat mit einem Arbeitnehmer ein Abrufarbeitsverhältnis mit einer wöchentlichen Durchschnittsarbeitszeit von 20 Stunden vereinbart, die innerhalb eines Bezugszeitraums von vier Wochen erreicht werden muss. Der Arbeitgeber ruft die Arbeitsleistung des Arbeitnehmers in der ersten Woche in einem Umfang von 40 Stunden (100% mehr als Durchschnittsarbeitszeit) ab, in der zweiten Woche überhaupt nicht (100% weniger als die Durchschnittsarbeitszeit), in der dritten Woche in einem Umfang von 10 Stunden (50% weniger als die Durchschnittsarbeitszeit) und in der vierten Woche in einem Umfang von 30 Stunden (50% mehr als die Durchschnittsarbeitszeit) – was im Bezugszeitraum von vier Wochen einer Durchschnittsarbeitszeit von 20 Stunden/Woche entspricht. Nach dem Arbeitszeitgesetz wäre es sogar möglich, die Arbeitsleistung des Arbeitnehmers in einer Woche in einem Umfang von 60 Stunden (200% mehr als die Durchschnittsarbeitszeit) abzurufen, wenn innerhalb der restlichen Wochen des Bezugszeitraums die Arbeitszeit nur in einem Umfang abgerufen wird, dass sich eine Durchschnittsarbeitszeit von 20 Stunden/Woche ergibt.[65]

Die in § 12 Abs. 1 Satz 2 vorgesehene Pflicht, die Dauer der wöchentlichen Arbeitszeit festzulegen, soll sowohl dem Arbeitnehmer eine verlässliche Berechnungsgrundlage für ein regelmäßiges Einkommen schaffen[66] als auch gewährleisten, dass dessen zeitliche Dispositionsfreiheit nicht zu stark eingeschränkt wird.[67] Eine solche Einschränkung läge aber vor, wenn der betroffene Arbeitnehmer – wie in dem vorstehenden Beispiel – im Arbeitsvertrag zwar nur eine Durchschnittsarbeitszeit von 20 Wochenstunden vereinbart **29**

---

64 BT-Drs. 19/3452, S. 20.
65 Nach § 3 Satz 2 ArbZG darf die Arbeitszeit je Werktag bis zu zehn Stunden betragen, wenn innerhalb von sechs Kalendermonaten oder innerhalb von 24 Wochen im Durchschnitt acht Stunden werktäglich nicht überschritten werden. Als Werktage gelten alle Kalendertage, die nicht Sonn- oder gesetzliche Feiertage sind (§ 3 Abs. 2 BUrlG), was – sofern die Fünf-Tage-Woche nicht tarifvertraglich festgeschrieben ist – eine Sechs-Tage-Woche und damit eine Wochenarbeitszeit von bis zu 60 Stunden ermöglicht.
66 So aber ErfKo-Preis, § 12 TzBfG Rn. 17; LAG Hessen 12.4.2013 – 10 Sa 1209/12.
67 Vgl. auch die Begründung des Entwurfs für das Gesetz zur Weiterentwicklung des Teilzeitrechts, BT-Drs. 19/3452, S. 19, in der die (Zeit-)Planungssicherheit an erster Stelle noch vor der Einkommenssicherheit genannt wird.

hat, aber damit rechnen muss, dass der Arbeitgeber im Rahmen dieses Arbeitsvertrags in einer Woche das Dreifache dieser Durchschnittsarbeitszeit, nämlich 60 Stunden, abruft. Ist zudem der Bezugszeitraum, in der die Durchschnittsarbeitszeit erreicht werden muss, größer als ein Monat, wäre auch die Einkommenssicherheit gefährdet, wenn der Arbeitnehmer damit rechnen muss, dass das monatliche Arbeitsentgelt entsprechend dem Abrufverhalten des Arbeitgebers schwankt.

30   Deshalb erscheint es sachgerecht, wenn die Bandbreiten, die nunmehr in § 12 Abs. 2 bei Vereinbarung einer wöchentlichen Mindest- oder Höchstarbeitszeit vorgesehen sind, – analog – auf den Fall angewendet werden, dass der Vertrag über ein Abrufarbeitsverhältnis lediglich eine wöchentliche Durchschnittsarbeitszeit vorsieht, die innerhalb eines größeren Bezugszeitraums (z. B. Monat, Vierteljahr oder Jahresarbeit) erreicht werden muss: Die vom Arbeitgeber in einer Woche abgerufene Arbeitszeit darf die wöchentliche Durchschnittsarbeitszeit um maximal 11% über- bzw. unterschreiten.[68]

> **Beispiel:**
> Ist bei einem Abrufarbeitsverhältnis – wie in dem vorstehenden Beispiel in Rn. 28b – eine durchschnittliche Wochenarbeitszeit von 20 Stunden vereinbart, müsste der Arbeitgeber dementsprechend mindestens 17,8 Stunden/Woche (= 89% von 20 Stunden) abrufen[69] und dürfte höchstens 22,2 Stunden/Woche (= 111% von 20 Stunden) in Anspruch nehmen.[70]

30a   Ist eine wöchentliche Durchschnittsarbeitszeit vereinbart und ruft der Arbeitgeber in der Woche mehr als 111% der Durchschnittsarbeitszeit ab, sind die Beschäftigten nicht verpflichtet, mehr als 111% der Durchschnittsarbeitszeit zu arbeiten. Tun sie es dennoch, haben sie Anspruch auf Vergütung für die gesamte geleistete Arbeit.

---

68 Die Differenz zwischen einer Mindestarbeitszeit, die 89% der Durchschnittsarbeitszeit entspricht, und einer Höchstarbeitszeit, die 111% der Durchschnittsarbeitszeit entspricht, beläuft sich (gerundet) auf 25% der Mindestarbeitszeit und 20% der Höchstarbeitszeit und entspricht damit den im neuen Abs. 2 genannten Prozentwerten.

69 Natürlich darf der Arbeitgeber auch weniger als 15 Stunden abrufen, muss sich dann aber so behandeln lassen, als hätte er 15 Stunden abgerufen und er darf vom Arbeitnehmer keine Nachleistung für die Differenz zu 15 Stunden in einer anderen Woche fordern.

70 Die Differenz zwischen der wöchentlichen Mindestarbeitszeit von 17,8 Stunden und der wöchentlichen Höchstarbeitszeit von 22,2 Stunden, nämlich 4,4 Stunden, beträgt (gerundet) 25% der Mindestarbeitszeit und 20% der Höchstarbeitszeit und entspricht damit den im neuen Abs. 2 genannten Prozentwerten.

Ruft der Arbeitgeber hingegen in der Woche weniger als 89% der Höchstarbeitszeit ab, so gerät er in Gläubigerverzug (§§ 293 ff. BGB) und die Beschäftigten haben Anspruch auf Vergütung für 89% der Durchschnittsarbeitszeit.[71]

Unzulässigkeit von Null-Stunden-Verträgen

Eine Vereinbarung, nach der der Arbeitgeber bei einem Abrufarbeitsverhältnis i. S. v. § 12 die Gesamtdauer der Arbeitszeit einseitig bestimmen (und ggf. auf null reduzieren) kann (sog. **Null-Stunden-Vertrag**), verstößt nicht nur gegen die in Abs. 1 Satz 2 festgelegte Erfordernis der Festlegung einer Mindestarbeitszeit.[72] Bei einer solchen Vertragsgestaltung würde auch das vom Arbeitgeber zu tragende unternehmerische Risiko in unzulässiger Weise auf die Beschäftigten abgewälzt.[73] Ein solcher Null-Stunden-Arbeitsvertrag ist daher unzulässig, aber nicht nichtig. Vielmehr tritt dieselbe Rechtsfolge ein wie bei einer fehlenden Abrede über die Wochenarbeitszeit.[74] Allerdings kann der Arbeitgeber die von § 12 vorgeschriebene Festlegung einer (Mindest-)Arbeitszeit ggf. dadurch umgehen, dass er – anstelle der Vereinbarung eines Abrufarbeitsverhältnisses nach § 12 – auf eine der in den vorstehenden Rn. 11 f. beschriebenen Konstruktionen zurückgreift, die vom BAG für grundsätzlich zulässig erklärt worden sind und bei denen der Arbeitgeber mit dem Arbeitnehmer jeweils einen auf den konkreten Arbeitseinsatz befristeten Arbeitsvertrag abschließt.[75]

31

Rechtsfolgen einer fehlenden (wirksamen) Abrede über die Wochenarbeitszeit

Wird in einem Arbeitsvertrag im Zusammenhang mit Abrufarbeit keine (wirksame) Abrede über die wöchentliche (Mindest- oder Höchst-)Arbeitszeit getroffen, ist der Arbeitsvertrag nicht nichtig. Nach Abs. 1 Satz 3 tritt anstelle der nicht vorhandenen bzw. unwirksamen Vereinbarung über die Wochenarbeitszeit eine gesetzlich fingierte Ersatzarbeitszeit. Diese betrug bis zum 31. 12. 2018 zehn Stunden/Woche. Mit dem Gesetz zur Weiterentwicklung des Teilzeitrechts ist sie mit Wirkung vom 1. 1. 2019 auf 20 Stunden/Wo-

32

---

71 Siehe auch unten Rn. 50.

72 Dzida, ArbRB 2016, 19; vgl. auch BAG 7. 12. 2005 – 5 AZR 535/04, AP Nr. 4 zu § 12 TzBfG, unter III.7. d) der Urteilsgründe.

73 So auch Rolfs, § 11 TzBfG Rn. 1, und LAG Berlin-Brandenburg 12. 5. 2009 – 7 Sa 201/09, abrufbar unter: www.gerichtsentscheidungen.berlin-brandenburg.de.

74 Zur Rechtsfolge einer fehlenden Abrede über die Wochenarbeitszeit s. die nachfolgende Kommentierung in den Rn. 33 ff. Vgl. auch Preis RdA 2015, 244, 247 f.

75 Siehe hierzu die Ausführungen in den vorstehenden Rn. 11 f. m. w. N.

che verdoppelt worden – um »*ein[en] wirksam[en] Anreiz [zu setzen], tatsächlich eine bestimmte Dauer der wöchentlichen Arbeitszeit festzulegen*«.[76]

33   Lange Zeit waren sich der 5. Senat des BAG[77] und die juristische Literatur[78] einig, dass Abs. 1 Satz 3 lediglich eine Auffangfunktion hat und zunächst versucht werden sollte, den **hypothetischen Parteiwillen** zu ermitteln, wenn die Arbeitsvertragsparteien keine bestimmte Wochenarbeitszeit vereinbart oder aber eine insoweit unwirksame Vereinbarung getroffen hatten. Mit anderen Worten: Es war im Wege der ergänzenden Vertragsauslegung zu ermitteln, was die Parteien bei einer angemessenen Abwägung ihrer Interessen nach Treu und Glauben vereinbart hätten, wenn sie bedacht hätten, dass sie auch eine Absprache über eine bestimmte Wochenarbeitszeit hätten treffen müssen bzw. dass die von ihnen insoweit getroffene Vereinbarung unwirksam ist.[79] § 12 Abs. 1 Satz 3 kam damit nur zur Anwendung, wenn es unmöglich war, im Wege der ergänzenden Vertragsauslegung eine wöchentliche Arbeitszeit zu bestimmen.

34   Umso überraschender war daher die Entscheidung des BAG vom 24. 9. 2014[80] in einem Fall, in dem laut Arbeitsvertrag eine »Festbeschäftigung mit flexibler Arbeitszeit nach den betrieblichen Erfordernissen vereinbart« war und der Arbeitsvertrag ansonsten keine weiteren Angaben zur Arbeitszeit enthielt. Dort hat der 5. Senat des BAG sofort auf die Vorschrift des § 12 Abs. 1 Satz 3 in der seinerzeit geltenden Fassung zurückgegriffen und deswegen eine Wochenarbeitszeit von 10 Stunden angenommen, ohne zuvor überhaupt versucht zu haben, die Arbeitszeit durch ergänzende Vertragsauslegung zu ermitteln. Zudem erwähnt der BAG in dieser Entscheidung mit keinem Wort, dass und aus welchem Grund er damit von seiner bisherigen Rechtsprechung und der wohlbegründeten Meinung in der juristischen Literatur abweicht. Die Entscheidung des BAG vom 24. 9. 2014 ist in der Literatur – zu Recht – kritisiert worden,[81] und auch das LAG Düsseldorf ist ihr nicht gefolgt und hat in zwei Entscheidungen aus dem Jahr 2015[82] die Arbeitszeit bei Abrufarbeitsverhältnissen, in denen die Arbeitszeit im Arbeitsvertrag nicht festgelegt war, nicht in Anwendung von § 12 Abs. 1 Satz 3, sondern durch ergänzende Vertragsauslegung ermittelt.

34a   Die Entscheidung des BAG vom 24. 9. 2014, der auf der Grundlage des § 12 Abs. 1 Satz 3 in der seinerzeit geltenden Fassung zehn Stunden als vertraglich

---

76 BT-Drs. 19/3452, S. 20.
77 BAG 7. 12. 2005 – 5 AZR 535/04, AP Nr. 4 zu § 12 TzBfG.
78 Meinel/Heyn/Herms, § 12 TzBfG Rn. 36 m. w. N.
79 Vgl. BAG 7. 12. 2005 – 5 AZR 535/04, AP Nr. 4 zu § 12 TzBfG, unter IV.3. a) der Urteilsgründe.
80 BAG 24. 9. 2014 – 5 AZR 1024/12, BAGE 149, 138.
81 Hamann/Rudnik, jurisPR-ArbR 48/2014 Anm. 1; Müller-Wenner, AuR 2015, 413; Preis, RdA 2015, 244, 247.
82 LAG Düsseldorf 29. 7. 2015 – 7 Sa 313/15 und 19. 8. 2015 – 7 Sa 233/15.

vereinbarte Wochenarbeitszeit angenommen hatte, ist auch deshalb schwer nachvollziehbar, weil der in diesem Rechtsstreit klagende Arbeitnehmer in den ersten Monaten des Arbeitsverhältnisses tatsächlich mehr als 39 Stunden wöchentlich gearbeitet hatte. Daher mag die Intention des Gesetzgebers, als er die Stundenzahl in Abs. 1 Satz 3 mit Wirkung vom 1.1.2019 von zehn auf 20 verdoppelt hat, auch gewesen sein, die Folgen der BAG-Entscheidung für vergleichbare Fälle in der Zukunft ein wenig abzumildern.

Trotzdem sollte – unbeschadet des Urteils des 5. Senats des BAG vom **35** 24.9.2014 und der mit Wirkung vom 1.1.2019 in Kraft getretenen Verdoppelung der gesetzlich fingierten Ersatzarbeitszeit auf 20 Stunden/Woche – in Fällen, in denen bei Abrufarbeit eine Wochenarbeitszeit nicht oder nicht wirksam vereinbart worden ist, weiterhin versucht werden, zunächst im Wege der ergänzenden Vertragsauslegung eine Arbeitszeit zu ermitteln, bevor auf § 12 Abs. 1 Satz 3 zurückgegriffen wird.[83] Fehlt es an jeglichem arbeitsvertraglichen Anhaltspunkt hinsichtlich der Arbeitszeit, hat das Arbeitsverhältnis aber schon eine Zeitlang bestanden, so lässt sich der Umfang der wöchentlichen Arbeitszeit aus der bisherigen durchschnittlichen Arbeitszeitdauer pro Woche ermitteln.[84] Dieser Durchschnitt sollte allerdings nur dann maßgeblich sein, wenn seine Zugrundelegung für den Arbeitnehmer günstiger ist als die in Abs. 1 Satz 3 fingierte Stundenzahl, weil Abs. 1 Satz 3 eine Arbeitnehmerschutzvorschrift ist und es seinem Sinn und Zweck widerspräche, ihn zulasten des Arbeitnehmers anzuwenden. Erst wenn sich auch auf diesem Wege keine wöchentliche Arbeitszeit feststellen lässt, sollte hilfsweise die gesetzliche Fiktion des Abs. 1 Satz 3 eingreifen, dem zufolge eine Arbeitszeit von zwanzig Stunden pro Woche als vereinbart gilt.[85]

Vereinbarung über eine Wochenarbeitszeit von weniger als zehn Stunden

Abs. 1 Satz 3 verpflichtet die Arbeitsvertragsparteien nicht, eine wöchentli- **36** che Arbeitszeit von mindestens zwanzig Stunden zu vereinbaren. Auch bei Abrufarbeit sind daher Vereinbarungen über eine Wochenarbeitszeit von weniger als zwanzig Stunden zulässig.[86]

---

83 So auch der DGB in seiner Stellungnahme zum Entwurf des Gesetzes zur Weiterentwicklung des Teilzeitrechts, Ausschuss-Drs. 19(11)149, S. 34.
84 Vgl. BAG 24.9.2014 – 5 AZR 1024/12; LAG Düsseldorf 17.4.2012 – 8 Sa 1334/11, NZA-RR 2012, 563.
85 Boewer, § 12 TzBfG Rn. 27; ArbG Bielefeld v. 25.6.2008 – 3 Ca 1263/08.
86 Boewer, § 12 TzBfG Rn. 25; Rolfs, § 12 TzBfG Rn. 5.

Vereinbarung über die Dauer der täglichen Arbeitszeit

37 Nach **Abs. 1 Satz 2** müssen die Arbeitsvertragsparteien bei der Vereinbarung von Abrufarbeit auch eine **bestimmte Dauer der täglichen Arbeitszeit** festlegen. Dies bedeutet allerdings nicht, dass der Arbeitgeber die Arbeitsleistung des Arbeitnehmers jeden Arbeitstag für die vertraglich festgelegte Dauer in Anspruch nehmen muss. Bei der täglichen Arbeitszeit handelt es sich vielmehr um eine dem Arbeitnehmer garantierte Mindestarbeitszeit für den Fall, dass der Arbeitgeber von seinem Abrufrecht Gebrauch macht.[87] § 12 will insoweit verhindern, dass die Aufwendungen des Arbeitnehmers in keinem angemessenen Verhältnis zu dem durch den konkreten Arbeitseinsatz erwirtschafteten Verdienst stehen.[88] Zu denken ist beispielsweise an Fahrtzeiten zu und von der Arbeit, die die Dauer des Arbeitseinsatzes deutlich übersteigen. Für den Fall, dass die Parteien keine Abrede über die tägliche Arbeitszeit getroffen haben, garantiert Abs. 1 Satz 4 dem Arbeitnehmer deshalb pro Abruf eine Mindestarbeitszeit von wenigstens drei aufeinander folgenden Stunden.

38 Es steht den Arbeitsvertragsparteien jedoch frei, eine geringere tägliche Mindestarbeitszeit als drei Stunden zu vereinbaren. Sofern eine solche Vereinbarung im Wege Allgemeiner Geschäftsbedingungen (AGB) i. S. v. § 305 BGB[89] erfolgt, ist allerdings zu prüfen, ob sie den Arbeitnehmer nicht i. S. v. § 307 BGB unangemessen benachteiligt und damit unwirksam ist,[90] so dass an die Stelle der unwirksamen Vereinbarung wieder die gesetzliche Regelung des § 12 Abs. 1 Satz 4 tritt.

39 Strittig ist, welche Rechtsfolge eintritt, wenn der Arbeitgeber die Arbeitsleistung für einen geringeren Zeitraum als die vertraglich vereinbarte oder gesetzliche tägliche Mindestdauer abruft. Nach einer Ansicht steht dem Arbeitnehmer in diesem Fall ein Leistungsverweigerungsrecht zu.[91] Richtigerweise wird man jedoch unter Berücksichtigung des Schutzzwecks des Abs. 1 Satz 4 davon ausgehen müssen, dass der Arbeitnehmer auch dann zur Arbeitsleistung verpflichtet ist, wenn der Arbeitgeber seine Arbeitsleistung für einen kürzeren Zeitraum als die tägliche Mindestarbeitszeit abruft. Der Arbeitgeber muss den Arbeitnehmer dann aber so behandeln, als hätte er die Mindestarbeitszeit erbracht.[92] Auch das BAG hat in einer Entscheidung zu

---

87 Vgl. Annuß/Thüsing-Jacobs, § 12 TzBfG Rn. 25.
88 Meinel/Heyn/Herms, § 12 TzBfG Rn. 37.
89 Zur Verwendung von AGB im Arbeitsrecht s. Kittner/Zwanziger/Deinert/Heuschmid-Deinert, § 11 Rn. 167 ff.
90 Zur unangemessenen Benachteiligung durch AGB s. Kittner/Zwanziger/Deinert/Heuschmid-Deinert, § 11 Rn. 185 ff.
91 Annuß/Thüsing-Jacobs, § 12 TzBfG Rn. 29; Däubler/Deinert/Zwanziger, KSchR, § 12 TzBfG Rn. 20 a. E.
92 In diesem Sinne auch Meinel/Heyn/Herms, § 12 TzBfG Rn. 38.

§ 4 Abs. 3 BeschFG, der insoweit inhaltsgleichen Vorgängervorschrift des § 12 Abs. 1 Satz 2, geurteilt, dass die Unterschreitung der dort vorgesehenen Mindestabrufdauer von drei Stunden kein Leistungsverweigerungsrecht des Arbeitnehmers, sondern lediglich einen Vergütungsanspruch für eine der Mindestdauer entsprechende Tätigkeit begründet.[93]

> **Beispiel:**
> Haben die Arbeitsvertragsparteien Abrufarbeit mit einer wöchentlichen Arbeitszeit von 15 Stunden vereinbart, aber keine Regelung zur täglichen Mindestarbeitszeit getroffen, so kann der Arbeitgeber den Arbeitnehmer – sofern er die Ankündigungsfrist des Abs. 2 einhält – zwar an einem Tag nur für eine Stunde zur Arbeitsleistung abrufen, muss diesem dann aber drei Stunden vergüten. Auch das vom Arbeitgeber in der betreffenden Woche noch abrufbare Arbeitszeitdeputat vermindert sich dann nicht lediglich um eine, sondern um drei Stunden.

Nach Auffassung des 2. Senats des BAG kann eine auf die Unterschreitung der Mindestabrufdauer gestützte, beharrliche Arbeitsverweigerung darüber hinaus sogar grundsätzlich einen wichtigen Grund i. S. v. § 626 Abs. 1 BGB für eine außerordentliche Kündigung des Arbeitsverhältnisses durch den Arbeitgeber darstellen.[94]   **40**

Mindestankündigungsfrist für den Abruf

Abs. 3 verpflichtet den Arbeitgeber, eine Mindestankündigungsfrist von vier Tagen einzuhalten, wenn er die Arbeitsleistung des Arbeitnehmers abrufen will. Diese gesetzliche Frist kann nur durch Tarifvertrag verkürzt werden, nicht aber durch eine Vereinbarung im Arbeitsvertrag.[95]   **41**

Die **Viertagesfrist** des Abs. 3 berechnet sich nach den Vorschriften der § 186 ff. BGB.[96] Bei der Berechnung des Vier-Tage-Zeitraums zählt der Tag, an dem dem Arbeitnehmer die Mitteilung des Arbeitgebers zugeht, nicht mit (§ 187 Abs. 1 BGB). Da die Ankündigung vier Tage im Voraus – vier Tage vor dem Tag der Arbeitsleistung – erfolgen muss, zählt auch der Tag der Arbeitsleistung nicht mit. Zwischen Abruf und Arbeitsleistung müssen also immer mindestens vier Tage liegen.   **42**

Ergibt sich nach **Rückrechnung** auf den Tag, an dem die Mitteilung zur Fristwahrung spätestens erfolgen müsste, dass dieser Tag auf einen Samstag, Sonntag oder gesetzlichen Feiertag fällt, so tritt an Stelle dieses Tages der davor liegende Werktag (§ 193 BGB).   **43**

---

93 BAG 24. 5. 1989 – 2 AZR 537/88.
94 BAG 24. 5. 1989 – 2 AZR 537/88.
95 Zur Möglichkeit der Verkürzung der Mindestabruffrist durch Tarifvertrag s. auch unten Rn. 57.
96 Boewer, § 12 TzBfG Rn. 39; Buschmann/Dieball/Stevens-Bartol, § 12 TzBfG Rn. 79; Meinel/Heyn/Herms, § 12 TzBfG Rn. 41.

> **Beispiel:**
> Wenn der Arbeitgeber die Arbeitsleistung des Arbeitnehmers am Samstag in
> Anspruch nehmen will, müsste der Abruf normalerweise spätestens am voran-
> gehenden Montag erfolgen. Handelt es sich bei dem für die Arbeitsleistung vor-
> gesehenen Samstag um den Samstag nach Ostern, muss der Abruf früher erfol-
> gen, weil der vorangehende Montag der Ostermontag und damit ein gesetzli-
> cher Feiertag ist. Auch an den drei dem Ostermontag unmittelbar vorausgehen-
> den Tagen kann wegen § 193 BGB ein fristgerechter Abruf für den dem Oster-
> montag nachfolgenden Samstag nicht erfolgen, weil es sich auch bei diesen drei
> Tagen um einen Sonntag, einen Samstag bzw. einen gesetzlichen Feiertag (Kar-
> freitag) handelt. Der Abruf muss also spätestens am Donnerstag vor Ostern
> (Gründonnerstag/kein gesetzlicher Feiertag) erfolgen. Zwischen dem Abruf und
> der Arbeitsleistung müssen also mindestens acht Tage liegen, wenn die Arbeit
> für den Samstag nach Ostern vorgesehen ist.

44   Aus der nachfolgenden Tabelle ergibt sich, wann ein Abruf spätestens erfolgen muss, damit der Arbeitnehmer an einem bestimmten Wochentag zur
Arbeit verpflichtet ist:

Ist der für die Inanspruchnahme der Arbeitsleistung vorgesehene Tag ein …,	muss der Abruf der Arbeitsleistung durch den Arbeitgeber spätestens am vorhergehenden …[97] erfolgen
Montag	Mittwoch
Dienstag	Donnerstag
Mittwoch	Freitag
Donnerstag	Freitag
Freitag	Freitag
Samstag[98]	Montag
Sonntag[99]	Dienstag

---

97 Ist der in der rechten Spalte der Tabelle angegebene Wochentag ein gesetzlicher
    Feiertag – wie beispielsweise der 1. Mai – muss die Mitteilung dem Arbeitnehmer
    spätestens am vorangehenden Werktag (Montag bis Freitag) zugegangen sein.
98 Der Samstag ist arbeitsrechtlich ein normaler Werk- und Arbeitstag (vgl. § 3
    Abs. 2 BUrlG). Allerdings garantieren zahlreiche Tarifverträge seit den fünfziger
    Jahren den Arbeitnehmern, dass neben dem gesetzlich geschützten Sonntag auch
    der Samstag arbeitsfrei ist, was dazu geführt hat, dass auch in vielen Betrieben, in
    denen kein Tarifvertrag gilt, der arbeitsfreie Samstag betriebsüblich ist. Siehe auch
    oben Rn. 20.
99 § 9 ArbZG statuiert allerdings ein grundsätzliches Verbot der Sonntagsarbeit. Der
    Arbeitgeber kann die Arbeitsleistung an einem Sonntag – auch wenn er die Arbeit
    spätestens am vorhergehenden Dienstag fristgerecht abruft – deshalb nur dann
    verlangen, wenn eine im ArbZG vorgesehene Ausnahme von diesem Verbot ein-
    greift.

Der Abruf der Arbeitsleistung durch den Arbeitgeber muss dem Arbeitneh- **45**
mer fristgerecht zugegangen sein.[100] Das heißt, der Arbeitnehmer muss von
dem Abruf Kenntnis erlangt haben oder zumindest die Möglichkeit zur
Kenntnisnahme gehabt haben. Das **Risiko des rechtzeitigen Zugangs** trägt
der Arbeitgeber.

> **Beispiel:**
> Gibt der Arbeitgeber ein Schreiben, mit dem er die Arbeitsleistung des Arbeit-
> nehmers abfordert, so rechtzeitig zur Post, dass unter normalen Umständen mit
> dessen fristgerechtem Zugang beim Arbeitnehmer zu rechnen ist, stellt die Post
> aber das Schreiben wider Erwarten erst nach Fristablauf zu, so geht diese Verzö-
> gerung – auch wenn sie von der Post verschuldet war – zulasten des Arbeitge-
> bers.

Abs. 3 schreibt nicht vor, dass der Abruf schriftlich erfolgen muss.[101] Eine **46**
mündliche oder telefonische Mitteilung ist ebenso zulässig wie ein Abruf
per E-Mail. Möglich ist auch ein Abruf durch Aushang im Betrieb (z. B. am
Schwarzen Brett, an dem üblicherweise Dienstpläne ausgehängt werden).
Ein Abruf durch Aushang im Betrieb wahrt die Frist allerdings nur, wenn der
Arbeitnehmer vor Ablauf der Frist im Betrieb anwesend war und die Möglichkeit hatte, den Aushang zur Kenntnis zu nehmen. Dem Arbeitnehmer
muss zudem bekannt gewesen sein, dass der Abruf auch durch Aushang erfolgen kann – was im Zweifel eine vorhergehende entsprechende Information durch den Arbeitgeber voraussetzt.

Auch wenn das Gesetz eine bestimmte Form des Abrufs nicht vorschreibt, ist **47**
es natürlich möglich, arbeits- oder tarifvertraglich eine entsprechende Festlegung zu treffen. Sieht der einschlägige Tarifvertrag oder der Arbeitsvertrag
zwingend eine bestimmte Form des Abrufs vor, ist der Arbeitgeber hieran
gebunden und der Arbeitnehmer nur zur Arbeitsleistung verpflichtet, wenn
der Abruf sowohl innerhalb der Frist des Abs. 2 als auch in der arbeits- oder
tarifvertraglich festgelegten Form erfolgt. Die Beweislast dafür, dass dem Arbeitnehmer der Abruf rechtzeitig zugegangen ist, trägt im Streitfall nach den
allgemeinen Beweislastregeln der Arbeitgeber.

Ruft der Arbeitgeber die Arbeitsleistung nicht fristgerecht ab, steht dem **48**
Arbeitnehmer für den betreffenden Tag ein **Leistungsverweigerungsrecht**
zu.[102] Der Arbeitnehmer braucht nicht zur Arbeit zu erscheinen und muss
den Arbeitgeber hiervon auch nicht vorher in Kenntnis setzen. Der Arbeitnehmer ist allerdings ausnahmsweise verpflichtet, den Arbeitgeber zu informieren, dass er nicht zur Arbeit erscheinen wird, wenn der Arbeitgeber nicht

---

100 Meinel/Heyn/Herms, § 12 TzBfG Rn. 43 m. w. N.
101 Meinel/Heyn/Herms, a. a. O.
102 Kittner/Zwanziger/Deinert/Heuschmid-Mayer, § 121 Rn. 95.

erkennen konnte, dass er die Abruffrist versäumt hat, und der Arbeitnehmer dies erkannt hat.[103]

49 Wenn der Arbeitgeber die Abruffrist nicht einhält, steht dem Arbeitnehmer ein Leistungsverweigerungsrecht zu, er hat aber keine Leistungsverweigerungspflicht. Der unwirksame Abruf ist gem. §§ 133, 140 BGB in ein Angebot an den Arbeitnehmer auf Arbeit zu dem vorgesehenen Termin umzudeuten. Dem Arbeitnehmer steht es frei, dieses Angebot anzunehmen oder nicht.[104] Der Arbeitgeber hingegen ist an dieses Angebot gebunden (§ 145 BGB) und kann es grundsätzlich nicht wieder zurückziehen.

Vergütungsanspruch des Arbeitnehmers

50 Der **Vergütungsanspruch des Arbeitnehmers** richtet sich bei der Abrufarbeit grundsätzlich nach der tatsächlich erbrachten Arbeitsleistung. Hält der Arbeitgeber die Abruffrist nach Abs. 3 bzw. eine ggf. nach Abs. 6 Satz 1 einschlägige tarifvertragliche Abruffrist nicht ein, hat der Arbeitnehmer zwar ein Leistungsverweigerungsrecht, aber keinen Anspruch auf die Vergütung, wenn er von seinem Leistungsverweigerungsrecht Gebrauch macht. Ruft der Arbeitgeber jedoch das vereinbarte Arbeitszeitdeputat nicht rechtzeitig ab, gerät er in Gläubigerverzug (§§ 293 ff. BGB) und schuldet dem Arbeitnehmer gem. § 615 BGB die Vergütung auch für die nicht rechtzeitig abgerufene Arbeitszeit, ohne dass der Arbeitnehmer zur Nachleistung verpflichtet wäre.[105]

51 Da der auf Abruf Beschäftigte Arbeitnehmer ist, hat er auch Anspruch auf **Entgeltfortzahlung an Feiertagen** (§ 2 EFZG) und **im Krankheitsfall** (§ 3 EFZG) sowie auf **bezahlten Urlaub** (§ 1 BUrlG). In der Praxis können allerdings die Ermittlung des Anspruchs und die Berechnung des fortzuzahlenden Entgelts im Einzelfall Probleme bereiten.[106]

Entgeltfortzahlung im Krankheitsfall und an Feiertagen

51a Bei der Entgeltfortzahlung im Krankheitsfall und an Feiertagen stellen sich nacheinander drei Fragen, die bei Abrufbeschäftigten oft nicht einfach zu beantworten sind:

1.   Hätte der Arbeitnehmer an dem betreffenden Tag oder den betreffenden Tagen gearbeitet, wäre er an diesem/n nicht arbeitsunfähig erkrankt bzw. wäre dieser Tag kein Feiertag?

---

103 ErfKo/Preis, § 12 TzBfG Rn. 29 m. w. N., der als Beispiel hierfür eine Verzögerung des Postlaufs nennt.
104 Meinel/Heyn/Herms, § 12 TzBfG Rn. 43.
105 Boewer, § 12 TzBfG Rn. 45.
106 Vgl. Däubler/Deinert/Zwanziger, KSchR, § 12 TzBfG Rn. 34.

2. Wenn ja, war die Arbeitsunfähigkeit bzw. der Feiertag die alleinige Ursache für den Arbeitsausfall?

3. Wenn die ersten beiden Fragen zu bejahen sind, stellt sich schließlich die Frage: Wie viele Stunden hätte der Arbeitnehmer an dem betreffenden Tag/den betreffenden Tagen gearbeitet, wäre er an diesem/n nicht arbeitsunfähig erkrankt bzw. wäre dieser Tag kein Feiertag?

Nur wenn die ersten beiden Fragen zu bejahen sind, besteht überhaupt ein Anspruch auf Entgeltfortzahlung.[107] Die Antwort auf die dritte Frage hingegen bestimmt die Zahl der für den Krankheits- bzw. Feiertag zu vergütenden Stunden und damit die Höhe der Entgeltfortzahlung.

51b Hinsichtlich der dritten Frage – nämlich der Frage der **Zahl der für den Krankheits- bzw. Feiertag zu vergütenden Stunden** – hat Gesetzgeber durch das Gesetz zur Weiterentwicklung des Teilzeitrechts mit Wirkung vom 1.1.2019 eine Regelung geschaffen.

- Der neue Abs. 4 Sätze 1 bis 3 regelt, wie das Entgelt für Tage zu berechnen ist, an denen Abrufbeschäftigte Anspruch auf Entgeltfortzahlung wegen Arbeitsunfähigkeit haben.
- Und diese Regelung gilt nach Abs. 5 entsprechend auch für die Entgeltberechnung für Tage, an denen Abrufbeschäftigte Anspruch auf Entgeltzahlung an einem Feiertag haben.

Es handelt sich jedoch in beiden Fällen nur um eine Auffangregelung, die dann Anwendung findet, soweit keine für den Arbeitnehmer günstigere – gesetzliche, tarifvertragliche oder arbeitsvertragliche[108] – Regelung besteht (Abs. 4 Satz 4, ggf. i.V.m Abs. 5).

51c Die Auffangregelung des Abs. 4 ergänzt die Grundregel des § 4 bzw. § 2 EFZG, indem sie eine Arbeitszeit definiert, die der Berechnung des Krankheitsentgelts bzw. des Feiertagsentgelts zugrunde zu legen ist. Es ist die durchschnittliche Arbeitszeit während des in Abs. 5 definierten Referenzzeitraums.

51d Referenzzeitraum sind nach Abs. 4 Satz 1 die letzten drei Monate[109] vor dem Beginn der Arbeitsunfähigkeit bzw. dem betreffenden Feiertag. Hat das Arbeitsverhältnis bei Beginn der Arbeitsunfähigkeit bzw. zum Feiertag noch keine drei Monate bestanden, so ist Referenzzeitraum der Zeitraum vom Be-

107 Vgl. hierzu hinsichtlich des Anspruchs auf Entgeltfortzahlung im Krankheitsfall BAG 12.6.1996 – 5 AZR 960/94, AP Nr. 4 zu § 611 BGB – Werkstudent, und hinsichtlich des Anspruchs auf Feiertagsentgelt BAG 24.10.2001 – 5 AZR 245/00, BB 2002, 1154.
108 BT-Drs. 19/3452, S. 20.
109 Da in Abs. 4 Satz 1 nicht von Kalendermonaten, sondern nur von Monaten die Rede ist, sind gemäß § 191 BGB diese drei Monate mit insgesamt 90 Tage anzusetzen und diese 90 Tage ab dem letzten Tag unmittelbar vor dem Beginn der Arbeitsunfähigkeit bzw. dem Feiertag herunterzuzählen.

ginn des Arbeitsverhältnisses bis zum Beginn der Arbeitsunfähigkeit bzw.
bis zum Feiertag (Abs. 4 Satz 2).

Daraus ergeben sich folgende Berechnungsschritte:

1. In einem ersten Schritt ist zu ermitteln, wie viele Stunden der/die Abruf-
    beschäftigte im Referenzzeitraum insgesamt tatsächlich[110] gearbeitet
    hat[111] (abzüglich eventueller Stunden, in denen Kurzarbeit im Sinne von
    § 96 SGB III geleistet wurde).

2. Anschließend ist die Zahl der Tage zu ermitteln, an denen der/die Abruf-
    beschäftigte tatsächlich[112] gearbeitet hat (wiederum abzüglich eventuel-
    ler Tage, in denen Kurzarbeit im Sinne von § 96 SGB III geleistet wurde).

3. Schließlich ist die Zahl der im ersten Schritt ermittelten Stunden durch
    die Zahl der im zweiten Schritt ermittelten Tage zu teilen.

Das Endergebnis nach dem letzten Rechenschritt ist die Arbeitszeit, die gem.
Abs. 4 Satz 1 im Rahmen des § 4 Abs. 1 bzw. § 2 Abs. 1 EFZG bei der Berechnung der Entgelt(fort)zahlung zugrunde zu legen ist, die dem/der Abrufbeschäftigten pro Tag der Arbeitsunfähigkeit bzw. für einen Feiertag zusteht.

51e Aus Abs. 4 Satz 4 ergibt sich jedoch, dass es sich bei der **Regelung in Abs. 4
Sätze 1 bis 3** nur um eine **Auffangregelung** handelt und – ausweislich der
Gesetzesbegründung sämtliche – *»für den Arbeitnehmer günstigere Regelungen zur Berechnung der Entgeltfortzahlung … Anwendung finden«*. Dabei
kann es sich auch um günstigere tarifvertragliche oder arbeitsvertragliche
Berechnungsvorschriften handeln, sofern der einschlägige Tarifvertrag oder
der Arbeitsvertrag eine solche enthält.

51f Die Auffangregelung des Abs. 4 Sätze 1 bis 3 ist insbesondere dann nicht anzuwenden, wenn der Arbeitgeber die Arbeitsleistung bereits abgerufen hatte,
der/die Beschäftigte nach dem Abruf arbeitsunfähig erkrankt[113] und die ab-

---

110 Dies ergibt sich aus Abs. 4 Satz 3, wonach Zeiten, in denen tatsächlich nicht gear-
     beitet wurde, die aber als gearbeitet gelten und für die ein Entgeltzahlungsan-
     spruch besteht (unverschuldete Arbeitsversäumnis i. S. v. § 616 BGB, §§ 2 und 3
     EFZG, Arbeitsausfälle i. S. v. § 615 BGB, die in der Sphäre des Arbeitgebers liegen
     und Urlaub), außer Betracht bleiben.

111 Hat der Arbeitgeber im Referenzzeitraum vertragswidrig weniger als die verein-
     barte (Mindest-)Arbeitszeit abgerufen, ist anstelle der tatsächlich im Referenzzeit-
     raum geleisteten Stunden die (Mindest-)Stundenzahl zugrunde zu legen, die der
     Arbeitgeber im Referenzzeitraum vereinbarungsgemäß hätte abrufen müssen.

112 Auch hier bleiben wiederum nach Abs. 4 Satz 3 Zeiten, in denen tatsächlich nicht
     gearbeitet wurde, die aber als gearbeitet gelten und für die ein Entgeltzahlungsan-
     spruch besteht (unverschuldete Arbeitsversäumnis i. S. v. § 616 BGB, §§ 2 und 3
     EFZG, Arbeitsausfälle i. S. v. § 615 BGB, die in der Sphäre des Arbeitgebers liegen
     und Urlaub), außer Betracht.

113 In diesem Sinne (zur Rechtslage vor Einfügung von Abs. 4 durch Gesetz zur Wei-
     terentwicklung des Teilzeitrechts) die Vorauflagen dieses Kommentars, Rn. 53,
     sowie Annuß/Thüsing-Jacobs, § 12 TzBfG Rn. 34; Boewer, § 12 TzBfG Rn. 66;
     Meinel/Heyn/Herms, § 12 TzBfG Rn. 50.

gerufene Arbeitszeit höher ist als die nach Abs. 4 Sätze 1 bis 3 errechnete. Denn in diesem Fall lässt sich die der Berechnung der Entgeltfortzahlung zugrunde zu legende Arbeitszeit ohne Weiteres anhand von § 4 Abs. 1 EFZG ermitteln, ohne dass ein Rückgriff auf die Auffangregelung in Abs. 4 Sätze 1 bis 3 erforderlich wäre, und die Zugrundelegung der abgerufenen Arbeitszeit ist in diesem Fall für die/den Beschäftigte/n günstiger i. S. v. Abs. 4 Satz 4.

Der Auffangregelung des Abs. 4 Sätze 1 bis 3 bedarf es ferner nicht, wenn gemäß Abs. 1 Satz 2 eine feste wöchentliche Arbeitszeit oder eine wöchentliche Durchschnittsarbeitszeit[114] vereinbart ist und der/die Abrufbeschäftigte für eine ganze Woche oder mehrere volle Wochen arbeitsunfähig krank ist. Dann ist der Entgeltfortzahlung die vereinbarte wöchentliche Arbeitszeit zugrunde zu legen. Ist als wöchentliche Arbeitszeit lediglich eine wöchentliche Mindest- oder Höchstarbeitszeit i. S. v. Abs. 2 vereinbart, hat der/die Beschäftigte in diesem Fall zumindest Anspruch auf Vergütung entsprechend der wöchentlichen Mindestarbeitszeit bzw. der um 20% geminderten Höchstarbeitszeit. Anders als bei einer festen wöchentlichen Arbeitszeit und bei einer wöchentlichen Durchschnittsarbeitszeit ist aber auch hier eine Günstigerprüfung vorzunehmen, d. h. eine Vergleichsberechnung nach Abs. 4 Sätze 1 bis 3 durchzuführen und die im Vergleich höhere Stundenzahl zugrunde zu legen. **51g**

Hinsichtlich der ersten der beiden oben in Rn. 51a genannten Fragen – die bestimmen, **ob für den betreffenden Krankheits- bzw. Feiertag überhaupt ein Anspruch auf Entgeltfortzahlung besteht** – ist die Auffangregelung in den Abs. 4 und 5 nicht unmittelbar einschlägig. **51h**

Zur Frage, ob für einen bestimmten Feiertag ein Anspruch auf **Feiertagsentgelt** besteht, heißt es in der Begründung des Gesetzes zur Weiterentwicklung des Teilzeitrechts, durch das § 12 die Abs. 4 und 5 hinzugefügt worden sind: »*Für die Frage, ob ein Arbeitnehmer, der Arbeit auf Abruf leistet, ohne den gesetzlichen Feiertag gearbeitet hätte, ist die Rechtsprechung des BAG (vom 24. 10. 2001 – 5 AZR 245/00) zu beachten.*« Nach diesem Urteil des BAG[115] müssen Abrufbeschäftigte im Streitfall, wenn sie für einen bestimmten Feiertag Entgeltzahlung verlangen, tatsächliche Umstände vortragen, aus denen sich eine »*hohe Wahrscheinlichkeit dafür ergibt, dass die Arbeit allein wegen des Feiertages ausgefallen ist*«.[116] Mit anderen Worten: Es ist vor allem auf das bisherige Abrufverhalten des Arbeitgebers abzustellen.[117] **52**

---

114 Siehe hierzu oben Rn. 28 ff.
115 BAG 24. 10. 2001 – 5 AZR 245/00, BB 2002, 1154.
116 BAG, 24. 10. 2001 – 5 AZR 245/00, BB 2002, 1154.
117 Boewer, § 12 TzBfG Rn. 67, der sich ausführlich mit der diesbezüglichen Darlegungs- und Beweislast auseinandersetzt; Meinel/Heyn/Herms, § 12 TzBfG Rn. 52.

52a Die Rechtsprechung des Bundesarbeitsgerichts führt jedoch dazu, dass es für den Abrufarbeitnehmer, wenn der Arbeitgeber die Abrufe sehr unregelmäßig, ohne erkennbares System tätigt,[118] schwierig bis unmöglich ist, Umstände vorzutragen, wonach eine hohe (!) Wahrscheinlichkeit besteht, dass ein Abruf für den betreffenden Tag erfolgt wäre, wäre dieser keiner Feiertag; damit stünde der **Anspruch des Abrufarbeitnehmers auf Feiertagsentgelt** nach § 2 EFZG in diesen Fällen nur auf dem Papier. Das BAG hat in seinem Urteil vom 24. 10. 2001 ausdrücklich die in der Literatur vorgeschlagene und von der Vorinstanz befürwortete Lösung abgelehnt, wonach Abrufbeschäftigten für jeden Feiertag die Zahlung einer Durchschnittsvergütung zusteht,[119] obwohl dies eine für beide Arbeitsvertragsparteien interessengerechte und berechenbare Lösung wäre.

52b Zudem mutet es – nachdem der Gesetzgeber, was die *Höhe* der Feiertagsvergütung angeht, in dem seit 1. 1. 2019 geltenden Abs. 5 (i. V. m. Abs. 4) die Rechtsprechung des BAG ausdrücklich korrigiert hat und eine Durchschnittsvergütung vorsieht – nunmehr ein wenig widersprüchlich an, wenn in der Begründung des die Rechtsprechung insoweit korrigierenden Gesetzes hinsichtlich der Frage, *ob* der Abrufarbeitnehmer für den betreffenden Feiertag überhaupt einen Anspruch auf Entgelt hat, die BAG-Rechtsprechung weiterhin für maßgeblich erklärt wird.

52c Daher erscheint es (entgegen der insoweit inkonsistenten Gesetzes*begründung* und abweichend vom Urteil des BAG, aber im Einklang mit dem Grundgedanken, der sich aus dem Gesetzes*wortlaut* ablesen lässt) sachgerecht, auch bei der Frage, ob für den betreffenden Feiertag überhaupt ein Anspruch auf Feiertagsentgelt besteht, eine Durchschnittsbetrachtung vorzunehmen, wonach Abrufbeschäftigte für jeden Feiertag Anspruch auf Feiertagsentgelt haben (dessen Höhe gem. Abs. 5 anhand der nach Abs. 4 Sätze 1 bis 3 ermittelten täglichen Durchschnittsarbeitszeit im Referenzzeitraum zu berechnen ist[120]).

53 Analog zum Anspruch auf Feiertagsentgelt nach § 2 EFZG setzt das **Bestehen eines Anspruchs auf Entgeltfortzahlung im Krankheitsfall** nach § 3 EFZG voraus, dass die krankheitsbedingte Arbeitsunfähigkeit des Arbeitnehmers die alleinige Ursache für den Ausfall der Arbeitsleistung war.[121]

53a Wenn der Arbeitnehmer bereits zur Arbeitsleistung eingeteilt war und danach, aber noch vor dem geplanten Arbeitseinsatz erkrankt, wird man diese

---

118 Vgl. Däubler/Deinert/Zwanziger, KSchR, a. a. O.

119 BAG 24. 10. 2001 – 5 AZR 245/00, BB 2002, 1154.

120 Zur Berechnung der für die Höhe des Feiertagsentgelts maßgeblichen täglichen Durchschnittsarbeitszeit im Referenzzeitraum gem. Abs. 4 Sätze 1 bis 3 siehe oben Rn. 51d.

121 BAG 12. 6. 1996 – 5 AZR 960/94, AP Nr. 4 zu § 611 BGB – Werkstudent.

Voraussetzung in der Regel bejahen können, so dass ein Anspruch auf Entgeltfortzahlung besteht.[122]

Ist ein Abruf noch nicht erfolgt, ist der Arbeitnehmer aber für eine volle Woche (oder mehrere volle Wochen) erkrankt, kann ebenfalls davon ausgegangen werden, dass für diese Woche(n) ein Anspruch auf Entgeltfortzahlung dem Grunde nach besteht. Denn der Arbeitnehmer hätte, wäre er nicht arbeitsunfähig erkrankt, jedenfalls die nach Abs. 1 Satz 2 zu vereinbarende wöchentliche (Mindest-)Arbeitszeit geleistet[123] und es ist unerheblich, an welchen Wochentagen dies erfolgt wäre. **53b**

Die Frage, ob der Abrufarbeitnehmer gearbeitet hätte, wäre er nicht arbeitsunfähig erkrankt, und er damit dem Grunde nach einen Anspruch auf Entgeltfortzahlung hat, ist hingegen schwierig zu beantworten, wenn der Arbeitgeber die Arbeitsleistung noch nicht abgerufen hatte und der Arbeitnehmer lediglich für Bruchteile einer Woche erkrankt. Wie beim Anspruch auf Feiertagsentgelt wird die Ansicht vertreten, dass sich diese Frage nach dem bisherigen Abrufverhalten des Arbeitgebers beantworten soll;[124] wie beim Anspruch auf Feiertagsentgelt besteht auch hier das Problem, dass dieser Ansatz nur dann zu einem Ergebnis führt, wenn sich ein bestimmter Rhythmus für die Heranziehung des Arbeitnehmers herausgebildet hat.[125] Daher sollte auch hier der Grundgedanke des Abs. 4 (im Wege der Analogie) Anwendung finden und eine Durchschnittsbetrachtung stattfinden: Der Arbeitnehmer hat für jeden potenziellen Arbeitstag in der Krankheitszeit dem Grunde nach einen Anspruch auf Entgeltfortzahlung[126] (dessen Höhe anhand der nach Abs. 4 Sätze 1 bis 3 ermittelten täglichen Durchschnittsarbeitszeit im Referenzzeitraum zu berechnen ist). **53c**

Umstritten ist, ob der Arbeitnehmer dem Arbeitgeber seine Arbeitsunfähigkeit auch dann anzeigen muss, wenn ein Abruf durch den Arbeitgeber noch gar nicht erfolgt ist,[127] oder ob die **Anzeige- und Nachweispflicht des Arbeitnehmers nach § 5 EFZG** erst dann entsteht, wenn der Arbeitgeber die Arbeitsleistung konkret abruft.[128] Richtigerweise wird man dem Arbeitnehmer eine Verpflichtung, seine Arbeitsunfähigkeit anzuzeigen, bevor ein Abruf durch den Arbeitgeber erfolgt, nur dann auferlegen können, wenn der **54**

---

122 Vgl. in diesem Sinne Annuß/Thüsing-Jacobs, § 12 TzBfG Rn. 34; Boewer, § 12 TzBfG Rn. 66; Meinel/Heyn/Herms, § 12 TzBfG Rn. 50. Zur Höhe dieses Anspruchs siehe oben Rn. 51 f.
123 Zur Höhe des Anspruchs siehe oben Rn. 51 g.
124 Boewer, § 12 TzBfG Rn. 66.
125 Vgl. Däubler/Deinert/Zwanziger, KSchR, a. a. O.
126 Im Ergebnis ebenso – allerdings ohne Rückgriff auf den seinerzeit noch nicht existierenden Abs. 4 – die Vorauflage dieses Kommentars sowie Annuß/Thüsing-Jacobs, § 12 TzBfG Rn. 35 a. E.
127 In diesem Sinne Meinel/Heyn/Herms, § 12 TzBfG Rn. 51.
128 So Kittner/Zwanziger/Deinert/Heuschmid-Stumpf, § 39 Rn. 220.

Arbeitnehmer davon ausgehen muss, dass die Arbeitsunfähigkeit voraussichtlich länger andauern wird als die Abruffrist des Abs. 3. Zeigt der Arbeitnehmer seine Arbeitsunfähigkeit an, hat er allerdings – wenn man der in der vorstehenden Randnummer vertretenen Ansicht folgt –, während der Dauer der Arbeitsunfähigkeit für jeden Tag, der auf den Tag des Ablaufs der Abruffrist nach Abs. 3 folgt, die mit dem Tag der Arbeitsunfähigkeitsanzeige beginnt, Anspruch auf Entgeltfortzahlung.[129]

Urlaubsanspruch

55 Arbeitnehmer, die Arbeit auf Abruf leisten, haben ebenso wie alle anderen Arbeitnehmer Anspruch auf **bezahlten Erholungsurlaub (§ 1 BUrlG)**, dessen Umfang sich entsprechend ihrer im Vergleich zu Vollzeitbeschäftigten jährlich zu leistenden Arbeit errechnet.[130] Der Urlaub ist auch bei Arbeitnehmern, die Abrufarbeit leisten, grundsätzlich zusammenhängend zu gewähren,[131] wobei dem betreffenden Arbeitnehmer gem. § 7 Abs. 2 Satz 2 BUrlG ein zusammenhängender, ununterbrochener Urlaub von mindestens zwei Wochen zusteht.

55a Der Urlaub bemisst sich auch bei Abrufbeschäftigten gemäß § 3 BUrlG grundsätzlich nach Tagen. Sofern also Abrufbeschäftigte an genauso vielen Wochentagen zur Arbeit herangezogen werden können wie Vollzeitbeschäftigte, haben sie folglich Anspruch auf die gleiche Anzahl Urlaubstage wie jene.

55b Auch hinsichtlich des Urlaubsentgelts ist die für alle Arbeitnehmer geltende Regelung, nämlich § 11 BurlG, anzuwenden. Danach ist der Verdienst der letzten 13 Wochen vor Urlaubsantritt durch die Zahl der Tage zu teilen, an denen der/die Beschäftigte zur Arbeit hätte abgerufen werden können.[132] Das Ergebnis ist das pro Urlaubstag zu zahlende Urlaubsentgelt.

---

129 Maximal für die Dauer von sechs Wochen (§ 3 EZFG) = 42 Kalendertage, unabhängig davon, ob diese für den Arbeitnehmer bei Arbeitsfähigkeit (potenzielle) Arbeitstage wären oder nicht; vgl. Kittner-Zwanziger/Deinert/Heuschmid-Stumpf, § 39 Rn. 99.

130 BAG 19. 1. 1993 – 9 AZR 53/92, AP Nr. 20 zu § 1 BUrlG; zur Berechnung der Urlaubsdauer und des Urlaubsentgelts s. Boewer, § 12 TzBfG, Rn. 69.

131 Meinel/Heyn/Herms, § 12 TzBfG Rn. 54.

132 Vgl. BAG 7. 2. 1963 – 5 AZR 54/62, AP Nr. 1 zu § 611 Urlaub und Fünf-Tage-Woche.

Tarifvertragliche Abweichungen zuungunsten der Beschäftigten

Abs. 6 regelt, unter welchen Voraussetzungen durch Tarifvertrag[133] zuun- **56**
gunsten der Beschäftigten von den Arbeitnehmerschutzvorschriften der Absätze 1 und 3 abgewichen werden kann. Er erlaubt Abweichungen von den
in den beiden ersten Absätzen der Vorschrift enthaltenen Regelungen nur,
wenn der von den gesetzlichen Regelungen abweichende Tarifvertrag Bestimmungen über die tägliche und wöchentliche Arbeitszeit sowie die Abruffrist enthält.[134] Eine tarifliche Regelung, die die (Mindest-)Arbeitszeit
und/oder die Abruffrist auf null reduziert oder diese in das Belieben des
Arbeitgebers oder der Betriebsparteien stellt, wäre daher im Rahmen des
TzBfG unzulässig.[135]

Arbeitsvertragliche Abweichungen von den Arbeitnehmerschutzvorschrif- **57**
ten der Absätze 1 und 3 sind hingegen in jedem Fall unzulässig.

Gibt es allerdings einen Tarifvertrag, der im Rahmen des nach Abs. 6 Satz 1 **58**
zulässige Abweichungen von den Arbeitnehmerschutzvorschriften der Absätze 1 und 2 vorsieht, erlaubt Abs. 6 Satz 2 ausdrücklich auch nicht tarifgebundenen[136] Arbeitgebern und Arbeitnehmern, tarifliche Regelungen anzuwenden. Sie müssen sich allerdings im Geltungsbereich, d.h. im sachlichen,
persönlichen, zeitlichen und ggf. auch regionalen Anwendungsbereich des
Tarifvertrags befinden.[137]

Mitbestimmungsrechte des Betriebsrats

Auch bei der Abrufarbeit stehen dem **Betriebsrat Mitbestimmungsrechte** **59**
zu. Gesetzliche Grundlage hierfür ist § 87 Abs. 1 Nr. 2 BetrVG.

So hat der Betriebsrat darüber mitzubestimmen, ob der Arbeitgeber über- **60**
haupt Abrufarbeit einführt.[138] Arbeitgeber und Betriebsrat können hingegen nicht vereinbaren, dass alle oder bestimmte Arbeitnehmer Abrufarbeit

---

133 Das BeschFG erlaubte in seinem § 6 Abs. 3 darüber hinaus den Kirchen sowie anderen öffentlich-rechtlichen Religionsgemeinschaften, auch ohne Tarifvertrag
   einseitig Regelungen zu treffen, die von den gesetzlichen abwichen. Diese Privilegierung öffentlich-rechtlicher Religionsgemeinschaften ist mit dem TzBfG ersatz-
   los entfallen; s. hierzu auch Meinel/Heyn/Herms, § 22 TzBfG Rn. 4; Rolfs, § 12
   TzBfG Rn. 8.
134 Vgl. Rolfs, § 12 TzBfG Rn. 7.
135 Arnold/Gräfl-Arnold, § 12 TzBfG Rn 74 ff.; anders noch die Vorgängervorschrift,
   § 6 Abs. 1 BeschFG, die tarifvertragliche Abweichungen von den gesetzlichen
   Mindestbestimmungen zulasten der Arbeitnehmer ohne Einschränkungen zu-
   ließ.
136 Zum Begriff der Tarifbindung s. die Kommentierung zu § 22 Rn. 3.
137 Zum Begriffs des Geltungsbereichs eines Tarifvertrags s. die Kommentierung zu
   § 22 Rn. 3a.
138 BAG 28.9.1989 – 1 ABR 41/87, NZA 1989, 184; a.A. Otto, NZA 1992, 97, 99.

leisten müssen.[139] Ob ein Arbeitnehmer Abrufarbeit leisten muss oder nicht, kann nur zwischen ihm und dem Arbeitgeber individuell vereinbart werden.

61 Wird mit Zustimmung des Betriebsrats Abrufarbeit eingeführt, hat der Betriebsrat auch ein Mitbestimmungsrecht hinsichtlich der Festlegung der Mindestdauer der täglichen Arbeitszeit, bei der Festlegung der Höchstzahl von Tagen in der Woche, an denen die betreffenden Arbeitnehmer beschäftigt werden sollen, bei der Festlegung der Mindestzahl arbeitsfreier Samstage, bei der Regelung der Frage, ob die tägliche Arbeitszeit in ein oder mehreren Schichten geleistet werden soll, und bei der Festlegung der Dauer der Pausen für teilzeitbeschäftigte Arbeitnehmer.[140] Darüber hinaus steht dem Betriebsrat auch ein Mitbestimmungsrecht hinsichtlich der Abruffrist und der Mindestdauer der einzelnen Arbeitszeitdeputate zu,[141] wobei die zwischen Arbeitgeber und Betriebsrat vereinbarte Regelung allerdings die in Abs. 1 und 3 zugunsten der Arbeitnehmer gesetzlich normierten Mindestbedingungen nicht unterschreiten darf.

62 Der jeweilige Abruf der individuellen Arbeitszeit innerhalb des vertraglich vereinbarten Rahmens hingegen unterliegt nicht der Mitbestimmung des Betriebsrats nach § 87 Abs. 1 Nr. 2 BetrVG.[142]

§ 13   Arbeitsplatzteilung

(1) Arbeitgeber und Arbeitnehmer können vereinbaren, dass mehrere Arbeitnehmer sich die Arbeitszeit an einem Arbeitsplatz teilen (Arbeitsplatzteilung). Ist einer dieser Arbeitnehmer an der Arbeitsleistung verhindert, sind die anderen Arbeitnehmer zur Vertretung verpflichtet, wenn sie der Vertretung im Einzelfall zugestimmt haben. Eine Pflicht zur Vertretung besteht auch, wenn der Arbeitsvertrag bei Vorliegen dringender betrieblicher Gründe eine Vertretung vorsieht und diese im Einzelfall zumutbar ist.

(2) Scheidet ein Arbeitnehmer aus der Arbeitsplatzteilung aus, so ist die darauf gestützte Kündigung des Arbeitsverhältnisses eines anderen in die Arbeitsplatzteilung einbezogenen Arbeitnehmers durch den Arbeitgeber unwirksam. Das Recht zur Änderungskündigung aus diesem Anlass und zur Kündigung des Arbeitsverhältnisses aus anderen Gründen bleibt unberührt.

---

139 Gastell, AuA 2008, 200, 201.
140 BAG 13.10.1987 – 1 ABR 10/86, NZA 1988, 251.
141 Annuß/Thüsing-Jacobs, § 12 TzBfG Rn. 66.
142 BAG 24.5.1989 – 2 AZR 537/88; Annuß/Thüsing-Jacobs, § 12 TzBfG Rn. 67; Boewer, § 12 TzBfG Rn. 59.

(3) Die Absätze 1 und 2 sind entsprechend anzuwenden, wenn sich Gruppen von Arbeitnehmern auf bestimmten Arbeitsplätzen in festgelegten Zeitabschnitten abwechseln, ohne dass eine Arbeitsplatzteilung im Sinne des Absatzes 1 vorliegt.

(4) Durch Tarifvertrag kann von den Absätzen 1 und 3 auch zuungunsten des Arbeitnehmers abgewichen werden, wenn der Tarifvertrag Regelungen über die Vertretung der Arbeitnehmer enthält. Im Geltungsbereich eines solchen Tarifvertrags können nicht tarifgebundene Arbeitgeber und Arbeitnehmer die Anwendung der tariflichen Regelungen über die Arbeitsplatzteilung vereinbaren.

Überblick

§ 13 regelt **zwei verschiedene Formen des Arbeitsverhältnisses,** bei dem sich mehrere Arbeitnehmer an einem oder mehreren Arbeitsplätzen abwechseln: **1**

- die sog. **Arbeitsplatzteilung** (Abs. 1 Satz 1) – in Anknüpfung an eine dem US-amerikanischen Recht entlehnte Terminologie auch »**Job-Sharing**« genannt[1] – einerseits sowie

- das sog. **Turnus-Arbeitsverhältnis** (Abs. 3) andererseits. (Der Begriff Turnus-Arbeitsverhältnis taucht im Gesetz selbst nicht auf, wird aber in den Gesetzesmaterialien zu § 5 Abs. 3 BeschFG – der Vorgängervorschrift des § 13 Abs. 3 – verwendet;[2] manchmal ist insoweit auch von »Job-Rotation«[3] oder »Arbeitsplatzwechsel«[4] die Rede.)

---

1 Vgl. BT-Drs. 14/374, S. 18; zur Herkunft des Begriffs »Job-Sharing« aus dem US-amerikanischen Recht s. Annuß/Thüsing-Maschmann, § 13 TzBfG Rn. 3 m. w. N.

2 Vgl. BT-Drs. 10/2102, S. 26.

3 So bei Rolfs, § 13 TzBfG Rn. 6.

4 So bei Boecken/Joussen, § 13 TzBfG Rn. 19.

2 Weder das Job-Sharing-Arbeitsverhältnis noch das Turnus-Arbeitsverhältnis werden in der europäischen Sozialpartnervereinbarung über Teilzeitarbeit geregelt. § 13 fußt daher nicht auf europäischen Vorgaben, sondern knüpft an § 5 BeschFG an, dessen Regelungen im Wesentlichen übernommen wurden.[5] Die Auslegung dieser Vorschrift obliegt daher grundsätzlich den deutschen Gerichten und – anders als bei den Vorschriften des TzBfG, die auf den europäischen Sozialpartnervereinbarungen über Teilzeitarbeit bzw. befristete Arbeitsverhältnisse fußen[6] – nicht dem EuGH.[7]

3 Die **praktische Bedeutung des § 13** ist allerdings gering, da Job-Sharing-Verträge im Sinne des Abs. 1 Satz 1 in Deutschland äußerst selten sind und Turnus-Arbeitsverhältnisse im Sinne des Abs. 3 in der Rechtspraxis eine noch geringere Rolle spielen.[8] Job-Sharing wurde zu Beginn der 80er Jahre intensiv diskutiert, konnte sich jedoch gegenüber anderen Arbeitszeitmodellen, die die aus Arbeitnehmersicht angestrebte Zeitsouveränität besser verwirklichten, nicht durchsetzen.[9] In jüngerer Zeit wächst das Interesse an Job-Sharing allerdings offenbar wieder[10] – wobei Job-Sharing vor allem vorgeschlagen[11] und auch praktiziert wird,[12] um Teilzeit in Führungspositionen zu ermöglichen.[13] In der Tat scheinen Job-Sharing-Modelle vor allem auf Stellen zu funktionieren, auf denen den Beschäftigten – auch ohne Job-Sha-

---

5 Vgl. BT-Drs. 14/4374, S. 18.

6 Zu den Vorschriften des TzBfG, die auf den europäischen Sozialpartnervereinbarungen beruhen, s. die Synopsen bei Buschmann/Dieball/Stevens-Bartol, Vorbem. TzBfG Rn. 3; Rolfs, TzBfG, Einführung Rn. 15.

7 Vgl. Meinel/Heyn/Herms, TzBfG, Einleitung Rn. 15 ff., 20; s. auch § 1 Rn. 10.

8 Buschmann/Dieball/Stevens-Bartol, § 13 TzBfG Rn. 3 und 36; Meinel/Heyn/Herms, § 13 TzBfG, Rn. 3.

9 Eingehend Arnold/Gräfl-Arnold, § 13 TzBfG Rn. 1 m. w. N.

10 So Löw, AuA 2006, 592. Laut einer im März 2016 veröffentlichten Umfrage der Vereinigung der Deutschen Führungskräfteverbände – ULA – zu flexiblen Arbeitsformen wird in immerhin 27 % der Unternehmen, in denen die an der Umfrage teilnehmenden Führungskräfte beschäftigt sind, Job-Sharing praktiziert (http://www.ula.de/uploads/media/20160316-manager-monitor-arbeiten-4–0.pdf).

11 Schönefeldt, PersF 12/2006, 30.

12 Vgl. Karlshaus/Kaehler, AuA 2017, 456, 457, Ballauf, AiB 4/2015, 46, 48 sowie »Jobsharing. Zwei Gehirne, vier Hände, eine Stelle«, »Spiegel-Online« vom 31.05.2013 (abrufbar unter http://www.spiegel.de/karriere/berufsleben/berufsleben-job-sharing-wird-immer-populaerer-a-901053.html).

13 Vgl. auch die Kommentierung zu § 6 Rn. 4. Ballauf, AiB 4/2015, 46, 48, verweist allerdings auf das Problem, dass ein hoher Abstimmungsbedarf zwischen Führungskräften bestehen muss, die sich einen Arbeitsplatz teilen. Des Weiteren besteht die Gefahr der Überlastung.

ring – relativ viel Arbeitszeitautonomie[14] zugestanden wird, und die finden sich vor allem im Führungskräftebereich.[15]

§ 13 regelt zudem nur zwei – wenn auch wichtige – Teilaspekte des Job-Sharing- bzw. Turnus-Arbeitsverhältnisses: **4**

- In den Sätzen 2 und 3 des Abs. 1 ist die Frage geregelt, unter welchen Voraussetzungen die an Job-Sharing- bzw. Turnus-Arbeitsverhältnissen beteiligten Arbeitnehmer verpflichtet sind, einander zu vertreten;
- Abs. 2 enthält ein spezielles Kündigungsverbot für den Arbeitgeber, das den allgemeinen Kündigungsschutz ergänzt.

Soweit § 13 keine speziellen Regelungen für Job-Sharing- bzw. Turnus-Arbeitsverhältnisse enthält, finden die allgemeinen arbeitsrechtlichen Regelungen Anwendung. Denn Beschäftigte in Job-Sharing- oder Turnus-Arbeitsverhältnissen sind grundsätzlich keine freien Mitarbeiter, sondern Arbeitnehmer, für die – wie für alle anderen Arbeitnehmer – die allgemeinen Vorschriften des Arbeitsrechts in vollem Umfang gelten.   **5**

Ob eine Arbeitsplatzteilung im Sinne des Abs. 1 Satz 1 oder ein Turnus-Arbeitsverhältnis im Sinne des Abs. 3 vorliegt, spielt im Übrigen für die Rechtsanwendung keine Rolle, da – laut dem dritten Absatz des § 13 – die in den ersten beiden Absätzen dieser Vorschrift enthaltenen Regelungen zur Arbeitsplatzteilung auf das Turnus-Arbeitsverhältnis entsprechende Anwendung finden.[16] Auch Abs. 4, der den Tarifvertragsparteien erlaubt, unter bestimmten Voraussetzungen von den gesetzlichen Bestimmungen auch zuungunsten der Arbeitnehmer abzuweichen, gilt gleichermaßen für Job-Sharing- wie für Turnus-Arbeitsverhältnisse. Wichtig ist daher nur, die beiden in § 13 geregelten Formen des Arbeitsverhältnisses von anderen, ähnlichen Formen des Arbeitsverhältnisses abzugrenzen, auf die die Regelungen der Abs. 1 und 2 keine Anwendung finden. Das Problem hierbei ist, dass der Gesetzgeber in § 13 zwar den Begriff der Arbeitsplatzteilung relativ klar definiert hat, nicht jedoch was unter einem Turnus-Arbeitsverhältnis zu verstehen ist. Welche Fälle von Abs. 3 erfasst werden sollen, bleibt unklar.[17]   **6**

---

14 Deren Kehrseite die Gefahr der Selbstausbeutung und Überlastung ist eine Gefahr, die zunimmt, wenn Arbeitszeitautonomie mit Teilzeit kombiniert wird; in diesem Sinne auch Ballauf, AiB 4/2015, 46, 48.

15 Fraglich ist allerdings, ob besonders hoher Abstimmungsbedarf besteht, wenn zwei Führungskräfte sich eine Stelle, um die Arbeitsaufgaben der ihnen gemeinsam übertragenen Stelle zu erfüllen, nicht 2 mal 50 %, sondern *de facto* 2 mal 50 % plus 2 mal X arbeiten müssen, wobei X den Kommunikationsmehraufwand darstellt, der nicht vergütet wird. Ballauf AiB 4/2015, 46, 48, sieht diese Gefahr, Tepe/Kaiser, AuA 2017, 168, 169, verneinen sie.

16 Vgl. auch LAG München 15. 9. 1993 – 5 Sa 976/92, LAGE Nr. 1 zu § 5 KSchG.

17 Zur diesbezüglichen Diskussion s. unten Rn. 39.

Definition des Job-Sharing

7   Arbeitsplatzteilung liegt nach der gesetzlichen Definition des Abs. 1 Satz 1
vor, wenn Arbeitgeber und Arbeitnehmer vereinbaren, dass mehrere Arbeitnehmer sich die Arbeitszeit an einem Arbeitsplatz teilen. Charakteristisch
für ein Job-Sharing-Arbeitsverhältnis ist, dass die an ihm beteiligten Arbeitnehmer (»Job-Sharing-Arbeitnehmer«, »Arbeitsplatzpartner«) einen Arbeitsplatz alternierend besetzen und dabei eigenverantwortlich die Aufteilung der Arbeitszeit untereinander festlegen. Dies ergibt sich zwar nicht unmittelbar aus dem Gesetzeswortlaut, aber aus der Entstehungsgeschichte des
§ 13 bzw. aus dessen Vorgängervorschrift, § 5 BeschFG.

8   Arbeitsplatzteilung setzt voraus, dass die beteiligten Arbeitnehmer teilzeitbeschäftigt im Sinne des § 2 Abs. 1 sind, also ihre individuelle Arbeitszeit unter der eines vergleichbaren Vollzeitbeschäftigten im Sinne dieser Vorschrift
liegt.

9   Der Arbeitsplatz, den sich die Arbeitsplatzpartner teilen, kann, muss aber
kein Vollzeitarbeitsplatz sein. Teilbar sind auch solche Arbeitsplätze, bei denen lediglich eine kürzere als die betriebsübliche Regelarbeitszeit geleistet
wird. Umstritten ist, ob die addierte Arbeitszeitdauer der Arbeitszeitpartner
auch die betriebsübliche Regelarbeitszeit eines Vollzeitarbeitnehmers überschreiten kann, so dass ggf. auch mehrere Arbeitsplätze auf eine größere
Zahl von Job-Sharing-Arbeitnehmern aufgeteilt werden oder sich zwei Arbeitsplatzpartner eineinhalb Arbeitsplätze teilen können.[18] Die Aufteilung
der Arbeitszeit der geteilten Stelle zwischen den Arbeitsplatzpartnern muss
nicht symmetrisch (50/50) erfolgen, auch eine asymmetrische Aufteilung ist
(z. B. 60/40) ist möglich.[19]

10 Lediglich die Dauer der Arbeitszeit, die der einzelne »Job-Sharing-Arbeitnehmer« innerhalb eines bestimmten Bezugszeitraums (Woche, Monat,
Jahr) zu erbringen hat, muss arbeitsvertraglich mit dem Arbeitgeber vereinbart werden. Der Arbeitgeber kann darüber hinaus auch verbindliche Vorgaben zur Arbeitszeitgestaltung festlegen. Den Job-Sharing-Arbeitnehmern
muss jedoch innerhalb des vom Arbeitsvertrag bzw. vom Arbeitgeber vorgegebenen Rahmens ein Spielraum für die eigenverantwortliche Festlegung
der Arbeitszeit verbleiben. Wird nicht nur die Dauer der Arbeitszeit, sondern auch deren Lage arbeitsvertraglich festgelegt oder die Lage der Arbeitszeit einseitig durch den Arbeitgeber vorgegeben, liegt kein Job-Sharing-Arbeitsverhältnis mehr vor.

---

18 Dafür sprechen sich u. a. Karlshaus/Kaehler, AuA 2017, 456, 457, Boecken/Jous-
sen, § 13 TzBfG, Rn. 6, und Laux/Schlachter, § 13 TzBfG, Rn. 18 aus; dagegen
Buschmann in Buschmann/Dieball/Stevens-Bartol, § 13 TzBfG Rn. 22.
19 Karlshaus/Kaehler, AuA 2017, 456, 457.

Der Arbeitgeber hat auch bei einem Job-Sharing-Arbeitsverhältnis darauf **11**
zu achten und sicherzustellen, dass die Arbeitszeit der Arbeitnehmer, selbst
wenn diese ihre Arbeitszeit weitgehend selbst festlegen können, die durch
das Arbeitszeitgesetz (ArbZG) gezogenen Grenzen nicht überschreitet.[20]
Denn ausweislich seines § 1 soll das ArbZG den Gesundheitsschutz der Arbeitnehmer bei der Arbeitszeitgestaltung gewährleisten. Es soll daher Arbeitnehmer auch vor Selbstausbeutung schützen.

An einer Arbeitsplatzteilung sind immer mindestens zwei Arbeitnehmer be- **12**
teiligt; ebenso möglich ist aber auch eine Arbeitsplatzteilung zwischen drei
oder mehr Arbeitnehmern[21] (allerdings aus Arbeitnehmersicht regelmäßig
nicht empfehlenswert, da die Schwierigkeiten, die individuellen Arbeitszeitwünsche untereinander abzustimmen, bei drei oder mehr Arbeitsplatzpartnern in der Regel größer sein werden, als wenn nur zwei Arbeitsplatzpartner
ihre Arbeitszeitwünsche bilateral abstimmen müssen).

Rechtsstellung der Job-Sharing-Beschäftigten

Jeder Arbeitsplatzpartner hat einen eigenen Arbeitsvertrag mit dem Arbeit- **13**
geber.[22] Will der Arbeitgeber beispielsweise die Vertragsbedingungen für die
Job-Sharing-Arbeitnehmer ändern oder die Arbeitsverhältnisse kündigen,
so muss er die Vertragsänderung mit jedem Arbeitnehmer individuell aus-
handeln bzw. die Änderungskündigung jedem Arbeitnehmer gegenüber
einzeln aussprechen, wobei er neben den allgemeinen kündigungsschutzrechtlichen Vorschriften auch das besondere Kündigungsverbot in Abs. 2 zu
beachten hat. Die Rechtswirksamkeit der den einzelnen Job-Sharing-Arbeitnehmern gegenüber ausgesprochenen Kündigungen lässt sich auch nicht
einheitlich beurteilen; vielmehr muss die Rechtswirksamkeit jeder einzelnen
Kündigung individuell geprüft werden. Umgekehrt hat auch ein Job-Sharing-Arbeitnehmer grundsätzlich keinen gesetzlichen Anspruch darauf,
dass ihm der Arbeitgeber die gleichen Leistungen gewährt wie seinem Arbeitsplatzpartner – es sei denn, der Arbeitgeber würde den arbeitsrechtlichen Gleichbehandlungsgrundsatz verletzen. Dieser ist jedoch nicht bereits
dann verletzt, wenn der Arbeitgeber einem Arbeitnehmer eine Leistung vor-
enthält, die er einem anderen vergleichbaren Beschäftigten gewährt. Eine
Verletzung des Gleichbehandlungsgrundsatzes ist erst dann gegeben, wenn
der Arbeitgeber einer Gruppe von Arbeitnehmern, also mehreren Arbeit-

---

20 Vgl. auch BT-Drs. 14/4374, S. 18.
21 Hk-ArbR-Ahrendt, § 13 TzBfG Rn. 1.
22 BT-Drs. 10/2102, S. 26.

nehmern, eine Leistung gewährt und einzelne vergleichbare Arbeitnehmer systemwidrig von dieser Leistung ausschließt.[23]

Einigung der Job-Sharing-Beschäftigten über die Arbeitszeit

14 Die Arbeitsplatzpartner sind verpflichtet, einen **Arbeitszeitplan** aufzustellen, d. h. sich untereinander über die Aufteilung der Arbeitszeit zu einigen und den Arbeitgeber rechtzeitig über den zwischen ihnen abgestimmten Arbeitszeitplan zu informieren.[24] Diese rechtliche Verpflichtung der Job-Sharing-Arbeitnehmer besteht nur im Verhältnis zum Arbeitgeber, nicht jedoch im Verhältnis der Job-Sharing-Arbeitnehmer untereinander, da zwischen diesen keine rechtlichen Bindungen vertraglicher oder außervertraglicher Art existieren.[25]

Ersatzweise Arbeitszeitfestlegung durch den Arbeitgeber

15 Es stellt sich allerdings die Frage, wie die Lage der Arbeitszeit der Arbeitsplatzpartner bestimmt werden kann, wenn sich jene nicht über deren Verteilung einigen können.

16 Unproblematisch ist dieser Fall, wenn der Job-Sharing-Vertrag für den Fall, dass sich die Arbeitsplatzpartner nicht einigen können, einen Arbeitszeitplan enthält, der die Lage der Arbeitszeit regelt. Bei Dissens der Arbeitsplatzpartner über die Verteilung der Arbeitszeit gilt dann automatisch und ersatzweise der vertraglich festgelegte Arbeitsplan.[26]

17 Die Frage, wie die Arbeitszeit zu bestimmen ist, wenn sich die Arbeitsvertragspartner nicht über die Verteilung der Arbeitszeit einigen können und für diesen Fall auch kein arbeitsvertraglicher Ersatz-Arbeitsplan existiert, wird in der juristischen Literatur unterschiedlich beantwortet. Eine Lösung dieses Problems dergestalt, dass bei Nichteinigung der Arbeitsplatzpartner über die künftige Arbeitszeitverteilung der alte Arbeitsplan, den die Arbeitsplatzpartner für den vorhergehenden Zeitabschnitt verabredet hatten, automatisch weiter gelten soll,[27] wäre nicht interessengerecht. Der Job-Sharing-Arbeitnehmer, der sich mit seinem Arbeitsplatzpartner für einen bestimmten Zeitabschnitt auf eine für ihn günstige Arbeitszeitverteilung geeinigt hat, könnte dann nämlich diese für ihn günstige Arbeitszeitverteilung zulasten

---

23 Vgl. BAG 28. 7. 1992 – 3 AZR 173/92, AP Nr. 18 zu § 1 BetrAVG – Gleichbehandlung; 19. 6. 2001 – 3 AZR 557/00, AP Nr. 50 zu § 1 BetrAVG.

24 ErfKo-Preis, § 13 TzBfG, Rn. 3.

25 Arnold/Gräfl-Arnold, § 13 Rn. 9.

26 Annuß/Thüsing-Maschmann, § 13 TzBfG Rn. 12; Buschmann/Dieball/Stevens-Bartol, § 13 TzBfG Rn. 25 a. E.

27 In diesem Sinne GK-TzA-Danne, Art. 1 § 5 BeschFG Rn. 97.

seines Arbeitsplatzpartners auf Dauer festschreiben, indem er sich für künftige Zeitabschnitte einer Einigung einfach verweigert.

Richtigerweise wird man dem Arbeitgeber – für den Fall, dass sich die Arbeitsplatzpartner nicht einigen können und auch die Arbeitsverträge der Betreffenden für diesen Fall keinen Ersatz-Arbeitsplan vorsehen – die Befugnis einräumen müssen, die Verteilung der Arbeitszeit einseitig im Wege des Direktionsrechts festzulegen.[28] Gegen ein diesbezügliches einseitiges Direktionsrecht des Arbeitgebers wird eingewandt, dieser sei kein Schiedsrichter, sondern Partei; der Arbeitgeber könne aber auf die üblichen arbeitsrechtlichen Sanktionsmittel zurückgreifen: eine Abmahnung[29] oder sogar die Änderungskündigung – bei Vorliegen eines wichtigen Grundes im Sinne des § 626 BGB auch in Form einer außerordentlichen (also in der Regel fristlosen) Änderungskündigung.[30] Die Vertreter dieser Ansicht übersehen jedoch, dass der Arbeitgeber insoweit nicht Partei ist und daher diesbezüglich durchaus eine Schiedsrichter-Funktion übernehmen kann. Denn hier geht es nicht um einen Ausgleich zwischen den gegenläufigen Interessen von Arbeitgeber und Arbeitnehmer, sondern um den Ausgleich gegenläufiger Interessen im Verhältnis der Arbeitnehmer untereinander. Der Arbeitgeber hat ja lediglich ein Interesse daran, dass der Arbeitsplatz während des arbeitsvertraglichen Zeitrahmens besetzt wird, nicht aber daran, welcher der Job-Sharing-Arbeitnehmer innerhalb dieses Rahmens zu welcher Zeit den Arbeitsplatz besetzt. Die Entscheidung hierüber hat er ja gerade den Job-Sharing-Arbeitnehmern überlassen. **18**

Eine Abmahnung löst jedoch das Problem nicht, da sie ja die fehlende Einigung nicht ersetzt, sondern die Arbeitsplatzpartner nur ermahnt, sich zu einigen; sie könnte eher noch zusätzlich Öl ins Feuer gießen. **18a**

Mit einer Änderungskündigung wiederum würde der Arbeitgeber ggf. mit »Kanonen auf Spatzen schießen«. Denn eine Änderungskündigung ist eine echte Kündigung,[31] die nicht nur zu einer Änderung der Arbeitsbedingungen, sondern u. U. zu einer ersatzlosen Beendigung des Arbeitsverhältnisses führen kann. Der Arbeitnehmer wird gezwungen, gegen die Änderungskündigung innerhalb von drei Wochen Klage zum Arbeitsgericht zu erheben, wenn er nicht will, dass die Kündigung bzw. die mit ihr verbundene Änderung der Arbeitsbedingungen wirksam wird (§ 4 KSchG). Eine Änderungs- **19**

---

28 So auch Boecken/Joussen, § 13 TzBfG Rn. 4; ErfKo/Preis, § 13 TzBfG Rn. 3; Meinel/Heyn/Herms, § 13 Rn. 16.

29 Laux/Schlachter, § 7 TzBfG.

30 Buschmann/Dieball/Stevens-Bartol, § 13 TzBfG Rn. 25; Annuß/Thüsing-Maschmann, § 13 TzBfG Rn. 12, der allerdings eine einseitige Ersatz-Festlegung durch den Arbeitgeber zulassen will, wenn dieser hierzu im Arbeitsvertrag ausdrücklich ermächtigt worden ist.

31 Kittner/Zwanziger/Deinert/Heuschmid-Appel, Arbeitsrecht, § 76 Rn. 4.

kündigung erscheint vor allem dann unverhältnismäßig, wenn der Dissens zwischen den Arbeitsplatzpartnern über die Verteilung der Arbeitszeit nicht generell ist, sondern nur einen einzelnen bestimmten Zeitraum (z. B. lediglich eine bestimmte Woche innerhalb des Jahres) betrifft und die Arbeitsplatzpartner für die nachfolgenden Zeiträume zu einer Einigung bereit und in der Lage sind.

20 Die ersatzweise Festlegung der Arbeitszeit durch den Arbeitgeber darf aber natürlich nicht willkürlich erfolgen; vielmehr ist der Arbeitgeber hier im Rahmen seiner Fürsorgepflicht verpflichtet, die widerstreitenden Interessen der Arbeitnehmer zum Ausgleich zu bringen, wobei insoweit die Grundsätze analog herangezogen werden können, die im Rahmen des § 7 Abs. 4 BUrlG gelten, wenn die Urlaubswünsche mehrerer Arbeitnehmer miteinander konkurrieren.[32] Die einseitige Festlegung durch den Arbeitgeber gilt auch nicht unbefristet weiter. Vielmehr wird man dem Arbeitgeber ein einseitiges Bestimmungsrecht nur für den Bezugszeitraum einräumen können, für den sich die Arbeitsplatzpartner nicht einigen konnten. Nach Ablauf dieses Zeitraums lebt das Recht der Arbeitsplatzpartner, die Arbeitszeitverteilung eigenverantwortlich zu regeln, wieder auf.

21 Die einseitige Festlegung der Arbeitszeit durch den Arbeitgeber unterliegt bei Job-Sharing-Beschäftigten zudem gem. § 87 Abs. 1 BetrVG der Mitbestimmung durch den Betriebsrat, weil die Festlegung der Arbeitszeit durch den Arbeitgeber anstelle einer Festlegung durch die Arbeitsplatzpartner bei einem Job-Sharing-Arbeitsverhältnis die Ausnahme und daher eine Abweichung von der regelmäßigen Arbeitszeitregelung darstellt.[33]

Urlaubsanspruch

22 Job-Sharing-Arbeitnehmer haben wie alle anderen Arbeitnehmer Anspruch auf **bezahlten Erholungsurlaub** – mindestens in dem von § 3 Abs. 1 BUrlG vorgesehenen Umfang, sofern nicht der einschlägige Tarifvertrag oder der Arbeitsvertrag einen längeren Urlaubsanspruch vorsieht. Die individuelle Urlaubsdauer steht bei Job-Sharing-Arbeitnehmern – wie bei allen anderen Teilzeitbeschäftigten – in demselben Verhältnis zur Urlaubsdauer eines Vollzeitbeschäftigten wie die Arbeitszeit des Job-Sharing-Arbeitnehmers zu der Arbeitszeit eines Vollzeitbeschäftigten.[34] Anders als bei der Verteilung der Arbeitszeit steht den Arbeitsplatzpartnern bei der Urlaubsplanung kein Selbstbestimmungsrecht zu. Die Festlegung der Lage des Urlaubs steht viel-

---

32 Zur Berücksichtigung konkurrierender Urlaubsansprüche von Arbeitnehmern im Rahmen des § 7 Abs. 1 BUrlG s. Kittner/Zwanziger/Deinert/Heuschmid-Litzig, Arbeitsrecht, § 49 Rn. 133 ff.

33 Vgl. Buschmann/Dieball/Stevens-Bartol, § 13 TzBfG Rn. 25 und 38.

34 Laux/Schlachter, § 13 TzBfG, Rn. 54; Meinel/Heyn/Herms, § 13 TzBfG Rn. 26.

mehr – wie bei allen anderen Arbeitnehmern – gem. § 7 BUrlG dem Arbeitgeber zu.[35] Denn da die Arbeitsplatzpartner nicht ohne weiteres verpflichtet
sind, den jeweils anderen während dessen Urlaub zu vertreten,[36] steht dem
Arbeitgeber, wenn sich einer der Arbeitsplatzpartner im Urlaub befindet,
nur die Hälfte des Arbeitszeitvolumens der Job-Sharer zur Verfügung, sodass der Arbeitgeber – wie bei allen anderen Arbeitnehmern – den gewünschten Urlaub bei Vorliegen dringender betrieblicher Belange i. S. v. § 7
Abs. 1 Satz 1 BUrlG ausnahmsweise verweigern und den betroffenen
Job-Sharing-Arbeitnehmer auf einen anderen Urlaubszeitpunkt verweisen
kann.[37] Allerdings muss der Arbeitgeber bei der Ausübung seines Ermessens
insoweit berücksichtigen, dass den Job-Sharern die Verteilung der Arbeitszeit überlassen ist und bei der Urlaubsgewährung an einen von ihnen zumindest ein Arbeitsplatzpartner anwesend bleibt. Außerdem ist ggf. das Mitbestimmungsrecht des Betriebsrats nach § 87 Abs. 1 Nr. 5 BetrVG zu beachten.

Entgeltfortzahlung

Haben die Arbeitsplatzpartner im Voraus einen Arbeitsplan aufgestellt, so **23**
richtet sich die Höhe des Anspruchs auf **Entgeltfortzahlung im Krankheitsfall (§ 3 EFZG)** nach der Stundenzahl, die der betreffende Arbeitsplatzpartner an dem Tag, an dem er wegen Krankheit arbeitsunfähig war, nach dem
Arbeitsplan hätte arbeiten müssen.[38] Fehlt es an einem im Voraus aufgestellten Arbeitsplan, so ist bei der Berechnung des fortzuzahlenden Entgelts auf
die durchschnittliche arbeitstägliche Stundenzahl abzustellen, die sich ergibt, wenn man die arbeitsvertragliche Arbeitszeit durch die Zahl der Arbeitstage im arbeitsvertraglichen Bezugszeitraum teilt.

> **Beispiel:**
> Sieht der Job-Sharing-Arbeitsvertrag eine durchschnittliche Arbeitszeit von
> 25 Stunden pro Woche vor, die in Absprache mit dem Arbeitsplatzpartner auf
> die Tage von Montag bis Freitag verteilt werden können, so sind für einen we-
> gen Arbeitsunfähigkeit ausfallenden Arbeitstag fünf Stunden (25 Stunden/Wo-
> che: 5 Tage/Woche) zu vergüten.

Auf die durchschnittliche Vergütung ist auch abzustellen, wenn ein Arbeits- **23a**
tag infolge eines Feiertags ausfällt und gem. § 2 EFZG zu vergüten ist.

---

35 Meinel/Heyn/Herms, a. a. O.; Sievers, § 7 TzBfG Rn. 17.
36 Siehe hierzu unter Rn. 24 ff.
37 Zur Urlaubsverweigerung wegen dringender betrieblicher Belange im Allgemeinen s. Kittner/Zwanziger/Deinert/Heuschmid-Litzig, Arbeitsrecht, § 49 Rn. 129 f.
   m. w. N.
38 Arnold/Gräfl-Arnold, § 13 TzBfG Rn. 25.

Pflicht zur Vertretung des Arbeitsplatzpartners

24   Fällt ein Job-Sharing-Arbeitnehmer aus, ist sein Arbeitsplatzpartner grundsätzlich nicht zu dessen **Vertretung** verpflichtet. Wie aus den Sätzen 2 und 3 des Abs. 1 hervorgeht, ist ein Job-Sharing-Arbeitnehmer zur Vertretung seines verhinderten Arbeitsplatzpartners nur dann verpflichtet, wenn
- der Arbeitsplatzpartner an der Arbeitsleistung verhindert ist und
- entweder der zur Vertretung Herangezogene im Einzelfall – also dann, wenn konkret feststeht, dass der Arbeitsplatzpartner ausfällt – der Vertretung zustimmt (Abs. 1 Satz 2), wobei die freiwillige Arbeitsaufnahme einer ausdrücklichen Zustimmungserklärung gleichzusetzen ist,[39]
- oder der Arbeitsvertrag bei Vorliegen dringender betrieblicher Gründe eine Vertretung vorsieht und die Vertretung für den Arbeitnehmer im Einzelfall zumutbar ist (Abs. 1 Satz 3).

24a   Liegen die Voraussetzungen des Abs. 1 Satz 3 nicht vor, ist der Job-Sharer nicht verpflichtet, seine Zustimmung zur Vertretung seines Arbeitsplatzpartners i. S. v. Abs. 1 Satz 2 zu erteilen. Wegen einer solchen Weigerung dürfen dem Job-Sharer keine Nachteile entstehen (§ 612a BGB).[40] In Notfällen kann der Arbeitgeber allerdings ausnahmsweise auch ohne Zustimmung des Job-Sharers und ohne eine entsprechende Klausel im Arbeitsvertrag Mehrarbeit anordnen.[41] Insoweit ist ein Job-Sharer nicht besser, aber auch nicht schlechter gestellt als ein »normaler« Arbeitnehmer.[42] Unzulässig wäre es allerdings, wenn auch andere Arbeitnehmer vorhanden sind, die ebenfalls für die betreffende Arbeit geeignet sind, in solchen Fällen stets auf den Job-Sharer zurückzugreifen, ohne im Einzelfall zu prüfen, welchem Arbeitnehmer die Mehrarbeit am ehesten zuzumuten ist. Denn dies wäre eine unzulässige Umgehung von § 13 Abs. 1 Satz 1 und Satz 2.

24b   Vertritt ein Job-Sharer seinen Arbeitsplatzpartner – sei es, weil er sich mit dessen Vertretung im Einzelfall einverstanden erklärt hat, sei es aufgrund einer Vertretungsklausel –, arbeitet er zwangsläufig über die in seinem Arbeitsvertrag mit dem Arbeitgeber vereinbarte Arbeitszeit hinaus. Diese Mehrarbeit ist – nach denselben Grundsätzen wie bei »normalen« Arbeitnehmern[43] – grundsätzlich auszugleichen, sei es finanziell, sei es in Freizeit.[44]

---

39 Boecken/Joussen, § 13 TzBfG Rn. 11.
40 Siehe Annuß/Thüsing-Maschmann, § 13 Rn. 16.
41 Sievers, § 13 TzBfG Rn. 10.
42 Zu den Voraussetzungen, unter denen ein Arbeitgeber Mehrarbeit anordnen kann, im Allgemeinen s. Küttner, Personalbuch 2018, Überstunden Rn. 4 ff.
43 Zu den Grundsätzen über den Ausgleich von Mehrarbeit im Allgemeinen s. Küttner-Reinecke, Personalbuch 2013, Überstunden Rn. 9 ff.
44 Vgl. Arnold/Gräfl-Arnold, § 13 Rn. 23 f.; Löw, AuA 2006, 592, 593.

Wie aus Abs. 1 Satz 3 hervorgeht, ist eine Klausel im Arbeitsvertrag, der zufolge sich ein Arbeitnehmer generell bei Ausfall seines Arbeitsplatzpartners zu dessen Vertretung verpflichtet, nach § 134 BGB nichtig.[45]   **25**

Eine Pflicht zur Vertretung lässt sich nicht für jeden Ausfall vereinbaren, sondern nur für Fälle der Verhinderung. **Verhinderung im Sinne des § 13 Abs. 1** meint vor allem Urlaub, Fortbildung oder Krankheit, aber auch andere persönliche Hinderungsgründe i. S. d. § 616 BGB, nicht aber Arbeitsverweigerung.[46] Verweigert ein Job-Sharing-Arbeitnehmer gegenüber dem Arbeitgeber seine Arbeitsleistung, ist der andere Job-Sharing-Arbeitnehmer dem Arbeitgeber nicht zu dessen Vertretung verpflichtet.[47] Die Vertreter der Gegenansicht,[48] die auch eine Arbeitsverweigerung als Verhinderung ansehen, übersehen bereits, dass ein »Verhindertsein«, also ein Nicht-Können, von dem Abs. 1 spricht, schon von der allgemeinen Wortbedeutung her etwas ganz anderes ist als eine Verweigerung, die ein Nicht-Wollen voraussetzt. Zudem würde eine Vertretungsverpflichtung bei Arbeitsverweigerung durch einen Arbeitnehmer das Vertragserfüllungsrisiko, das der Arbeitgeber bei der Auswahl des Arbeitnehmers freiwillig eingegangen ist, unzulässigerweise vom Arbeitgeber auf den anderen Arbeitnehmer verlagern. Denn Job-Sharing-Arbeitnehmer sind keine Gesamtschuldner im Sinne des § 421 BGB.   **26**

Darüber hinaus wird aus dem Wortlaut des Abs. 1 Satz 3 auch deutlich, dass eine Vertretungsklausel für den Fall der Verhinderung auch den Hinweis enthalten muss, dass die vereinbarte Vertretungspflicht nicht schon bei Verhinderung des Arbeitsplatzpartners greift, sondern nur bei Vorliegen zusätzlicher dringender betrieblicher Gründe verbindlich ist.[49] Fehlt ein solcher Hinweis, reicht es daher nicht aus, dass der Vertrag eine allgemeine Vertretungsklausel enthält, um den Arbeitnehmer bei Verhinderung seines Arbeitsplatzpartners zu dessen Vertretung zu verpflichten, selbst wenn im Einzelfall tatsächlich dringende betriebliche Gründe vorliegen.   **27**

Dringende betriebliche Gründe im Sinne des Abs. 1 Satz 3 liegen vor, wenn durch die Verhinderung des einen Arbeitnehmers eine wesentliche Beeinträchtigung des Betriebsablaufs oder eine wesentliche Schädigung droht und diese Beeinträchtigung bzw. dieser Schaden nicht anders als durch den Arbeitseinsatz des Arbeitsplatzpartners verhindert werden kann.[50]   **28**

---

45 ErfKo-Preis, § 13 TzBfG Rn. 9.
46 Annuß/Thüsing-Maschmann, § 13 TzBfG Rn. 15; Arnold/Gräfl-Arnold, § 13 TzBfG Rn. 17; Boewer, § 13 TzBfG Rn. 15.
47 LAG München 15. 9. 1993 – 5 Sa 976/92, LAGE Nr. 1 zu § 5 KSchG.
48 Meinel/Heyn/Herms, § 13 Rn. 20; Sievers, § 13 TzBfG Rn. 12.
49 Vgl. das Muster für einen Job-Sharing-Arbeitsvertrag bei Löw, AuA 2006, 592, 593.
50 Annuß/Thüsing-Maschmann, § 13 TzBfG Rn. 19; Buschmann/Dieball/Stevens-Bartol, § 13 TzBfG Rn. 30; Meinel/Heyn/Herms, § 13 TzBfG Rn. 22.

29 Liegen dringende betriebliche Gründe im Sinne der voranstehenden Ausführungen vor, ist zusätzlich zu prüfen, ob die Vertretung dem Arbeitnehmer zumutbar ist. Es hat also eine einzelfallorientierte Interessenabwägung
stattzufinden zwischen dem betrieblichen Interesse und den Belangen des
Arbeitnehmers. Nur dann, wenn im konkreten Einzelfall das betriebliche Interesse überwiegt, ist der Arbeitnehmer ggf. auch gegen seinen Willen zur
Vertretung seines Arbeitsplatzpartners verpflichtet.

Kündigungsverbot

30 Abs. 2 Satz 1 verbietet dem Arbeitgeber, einem Job-Sharing-Arbeitnehmer
deshalb zu kündigen, weil der Arbeitsplatzpartner ausscheidet. **Abs. 2** statuiert ein **absolutes Kündigungsverbot**, das für alle Job-Sharing-Arbeitsver-
hältnisse gilt, auch wenn die sechsmonatige Wartezeit nach § 1 KSchG noch
nicht abgelaufen oder der Job-Sharer in einem nach § 23 Abs. 1 KSchG vom
allgemeinen Kündigungsschutz ausgenommenen Kleinbetrieb tätig ist. Dieses Verbot lässt sich auch nicht durch eine Klausel im Arbeitsvertrag des Job-
Sharing-Arbeitnehmers umgehen, der zufolge das Arbeitsverhältnis automatisch mit Ausscheiden des Arbeitsplatzpartners endet.[51] Wer sich darauf
berufen will, dass eine Kündigung wegen Verstoßes gegen § 13 Abs. 2 Satz 1
unwirksam ist, muss allerdings seit Inkrafttreten des »Gesetzes zu Reformen am Arbeitsmarkt« am 1. Januar 2004 die dreiwöchige Klagefrist des
§ 4 KSchG beachten. Bei Versäumung der Klagefrist gilt die Kündigung als
rechtswirksam.[52]

31 Abs. 2 Satz 1 verbietet allerdings nur Beendigungskündigungen; Änderungskündigungen aus diesem Grunde lässt Abs. 2 Satz 2 ausdrücklich zu. Dem
Arbeitgeber ist es daher grundsätzlich möglich, gegenüber dem verbliebenen Job-Sharer eine Änderungskündigung mit dem Angebot einer Vollzeittätigkeit auf dem bisherigen Arbeitsplatz auszusprechen.[53] Allerdings wird
der Arbeitgeber regelmäßig zunächst verpflichtet sein, einen Ersatz für den
ausgeschiedenen Arbeitnehmer zu suchen, und erst, wenn die Suche erfolglos bleibt, berechtigt sein, die Arbeitszeit des verbliebenen Arbeitnehmers
im Wege der Änderungskündigung um das Arbeitszeitdeputat des Ausgeschiedenen zu erhöhen.

---

51 Arnold/Gräfl-Arnold, § 13 TzBfG Rn. 35.
52 Vgl. auch die Kommentierung zu § 11 Rn. 5 ff.
53 A. A. Buschmann/Dieball/Stevens-Bartol, § 13 TzBfG Rn. 35; Däubler/Deinert/
Zwanziger, KSchR, § 13 TzBfG Rn. 5, der nur eine Änderungskündigung mit dem
Ziel zulassen will, den verbliebenen Partner an einem anderen Arbeitsplatz wei-
terzubeschäftigen.

Ebenso möglich sind – wie der 2. Satz des Abs. 2 klarstellt – auch Been- **32**
digungskündigungen, vorausgesetzt, sie haben ihren Grund nicht im Ausscheiden des Arbeitsplatzpartners.

> **Beispiel:**
> Zulässig ist daher eine betriebsbedingte Kündigung, weil sich der Arbeitgeber
> aus betriebswirtschaftlichen Erwägungen entschlossen hat, den Arbeitsplatz,
> auf dem der ausgeschiedene und der verbleibende Arbeitnehmer bislang be-
> schäftigt waren, künftig ersatzlos wegfallen zu lassen.

Ein bestehendes Teilzeitarbeitsverhältnis mit arbeitsvertraglich festgelegten **33**
Arbeitszeiten kann vom Arbeitgeber nicht einseitig im Wege der Änderungskündigung in ein Job-Sharing-Arbeitsverhältnis mit gegenseitiger Vertretungspflicht der Arbeitnehmer umgewandelt werden.[54]

Abweichungen von den Vorgaben des § 13

Abs. 4 lässt Abweichungen von den Vorschriften der Abs. 1 und 3 zuunguns- **34**
ten der Arbeitnehmer durch Tarifvertrag zu.[55] Hingegen kann das Kündigungsverbot nach Abs. 2 angesichts des eindeutigen Wortlauts von Abs. 4
auch durch Tarifvertrag nicht abbedungen werden.[56]

Abs. 4 Satz 1 knüpft die Befugnis der Tarifvertragsparteien, zuungunsten der **35**
Arbeitnehmer von Abs. 1 und 3 abzuweichen, an die Bedingung, dass der
entsprechende Tarifvertrag Regelungen über die Vertretung der Arbeitnehmer enthalten muss. Weicht ein Tarifvertrag von den Regelungen der Abs. 1
und/oder Abs. 3 des § 13 zuungunsten der Arbeitnehmer ab, ohne auch eine
Regelung über die Vertretung der Arbeitnehmer zu enthalten, ist die zulasten des Arbeitnehmers abweichende tarifvertragliche Vorschrift unwirksam.

Arbeitsvertragliche Abweichungen von den in den ersten drei Absätzen **36**
des § 13 enthaltenen Regelungen zuungunsten des Arbeitnehmers sind ausnahmslos unwirksam.

---

54 ArbG Berlin 28. 10. 1983 – 18 Ca 303/83, AP Nr. 1 zu § 5 BeschFG.
55 Im Vergleich zu seiner Vorgängervorschrift im BeschFG regelt § 13 Abs. 4 entge-
    gen der Gesetzesbegründung zum TzBfG (BT-Drs. 14/4374, S. 18) nicht lediglich
    »deutlicher als bisher, dass die Tarifvertragsparteien auch zuungunsten der Ar-
    beitnehmer von den gesetzlichen Vorschriften über die Arbeitsplatzteilung abwei-
    chen können«, sondern hat die zuvor in § 6 Abs. 1 BeschFG enthaltene schran-
    kenlose Abweichungsbefugnis der Tarifvertragsparteien eingeschränkt. Zudem ist
    mit dem Inkrafttreten des TzBfG die in § 6 Abs. 3 BeschFG enthaltene Möglich-
    keit für öffentlich-rechtliche Religionsgemeinschaften, einseitig auch ohne Tarif-
    vertrag für ihre Arbeitnehmer ungünstigere Regelungen zu treffen, ersatzlos ent-
    fallen.
56 ErfKo-Preis, § 13 TzBfG Rn. 14.

37   Gibt es allerdings einen Tarifvertrag, der im Rahmen des Abs. 4 Satz 1 zulässige Abweichungen von den Arbeitnehmerschutzvorschriften der Absätze 1 und 3 vorsieht, erlaubt Abs. 4 Satz 2 ausdrücklich auch nicht tarifgebundenen[57] Arbeitgebern und Arbeitnehmern, die Anwendung der tariflichen Regelungen zu vereinbaren. Sie müssen sich allerdings im Geltungsbereich, d. h. im sachlichen, persönlichen, zeitlichen und ggf. auch regionalen Anwendungsbereich des Tarifvertrags, befinden.[58]

38   Abweichungen zugunsten der Beschäftigten können sowohl durch Tarifvertrag als auch im Arbeitsvertrag wirksam vereinbart werden und sind an keine Voraussetzungen gebunden.

Turnus-Arbeitsverhältnisse

39   Die Regelungen der Abs. 1 und 2 sowie des Abs. 4 des § 13 gelten auch für die in Abs. 3 erwähnten Turnus-Arbeitsverhältnisse. Welche Arbeitsvertragsgestaltungen gemeint sein sollen, wenn in **Abs. 3** davon die Rede ist, dass »sich Gruppen von Arbeitnehmern auf bestimmten Arbeitsplätzen in festgelegten Zeitabschnitten abwechseln, ohne dass eine Arbeitsplatzteilung im Sinne des Absatzes 1 vorliegt«, bleibt unklar.[59] Teilweise wird die Auffassung vertreten, für ein Turnusarbeitsverhältnis sei charakteristisch, dass mehrere Arbeitnehmer auf mehreren verschiedenen Arbeitsplätzen tätig seien.[60] In der – soweit ersichtlich – bislang einzigen veröffentlichten Gerichtsentscheidung, bei der sich die Frage stellte, ob möglicherweise ein Turnusarbeitsverhältnis i. S. v. Abs. 3 vorlag, hat das Gericht die Frage letztlich offen gelassen.[61]

Mitbestimmungsrechte des Betriebsrats

40   Umstritten ist, ob der Arbeitgeber bei der Einführung von Job-Sharing im Betrieb ein **Mitbestimmungsrecht des Betriebsrats** nach § 87 Abs. 1 Nr. 2 BetrVG zu beachten hat.[62] Richtigerweise wird man ein solches Mitbestimmungsrecht bejahen müssen, da mit der Einführung eines Job-Sharing-Modells eine Änderung der Arbeitszeitorganisation einhergeht.[63] Zum Mitbestimmungsrecht des Betriebsrats im Hinblick auf die Ausgestaltung des konkreten Job-Sharing-Arbeitsverhältnisses im Einzelfall s. oben Rn. 21 f.

---

57 Zum Begriff der Tarifbindung s. die Kommentierung zu § 22 Rn. 3.

58 Zum Begriffs des Geltungsbereichs eines Tarifvertrags s. die Kommentierung zu § 22 Rn. 3a.

59 Buschmann/Dieball/Stevens-Bartol, § 13 TzBfG Rn. 36; Rolfs, § 13 TzBfG Rn. 6.

60 Arnold/Gräfl-Arnold, § 22 TzBfG Rn. 22.

61 LAG München 15. 9. 1993 – 5 Sa 976/92, LAGE Nr. 1 zu § 5 KSchG.

62 Dafür Laux/Schlachter, § 13 TzBfG Rn. 78; Sievers, 13 TzBfG Rn. 21; dagegen Annuß/Thüsing-Maschmann, § 13 TzBfG Rn. 27, jeweils m. w. N.

63 Boewer, § 13 TzBfG Rn. 38.

Dritter Abschnitt
Befristete Arbeitsverträge

Vorbemerkungen zu den §§ 14 ff.

Die §§ 14 ff. regeln die Voraussetzungen für die Zulässigkeit befristeter Arbeitsverträge. Mit dem Teilzeit- und Befristungsgesetz, das zum 1.1.2001 in Kraft getreten ist, wurde das Beschäftigungsförderungsgesetz 1996 aufgehoben und insoweit das Befristungsrecht auf eine neue Rechtsgrundlage gestellt. Grund für die Neuregelung im TzBfG war zum einen der Neuregelungsbedarf aufgrund der Tatsache, dass die Befristungsregeln in § 1 Abs. 1 bis 4 BeschFG 1996 bis zum 31.12.2000 befristet waren (§ 1 Abs. 6 BeschFG 1996). Zum anderen war die Richtlinie 1999/70/EG über befristete Arbeitsverhältnisse vom 28.6.1999[64] umzusetzen. Nach § 5 dieser Richtlinie sind die Mitgliedstaaten zur Vermeidung des Missbrauchs aufeinander folgender befristeter Arbeitsverhältnisse verpflichtet, folgende Maßnahmen zu treffen:

1

- Festlegung sachlicher Gründe, die die Verlängerung eines befristeten Arbeitsvertrags rechtfertigen;
- Festlegung der insgesamt maximal zulässigen Dauer aufeinander folgender Arbeitsverträge;
- Festlegung der zulässigen Zahl der Verlängerungen eines befristeten Arbeitsvertrags.

Vor dem Hintergrund dieser Vorgaben hat es der Gesetzgeber für notwendig erachtet, gesetzliche Vorschriften über die Zulässigkeit der Befristung eines Arbeitsvertrags zu schaffen und das Regel-Ausnahme-Verhältnis zwischen der Befristung mit Sachgrund und ohne Sachgrund zusammenhängend zu regeln.[65] Mittlerweile beträgt jedoch der Anteil sachgrundloser Befristung an allen Befristungen rund 50 Prozent. Dies zieht die Forderung nach der Streichung der Befristungsregelungen in § 14 Abs. 2, 2a und 3[66] bzw. der Beschränkung dieser Befristungsmöglichkeiten[67] nach sich.

Der befristet abgeschlossene Arbeitsvertrag endet grundsätzlich mit dem Befristungsende oder dem vereinbarten Zweck. Grundsätzlich hat der Arbeitnehmer also keinen Anspruch auf eine Verlängerung seines Arbeitsvertrags. In seiner früheren Rechtsprechung hat das BAG hiervon für die Fälle eine Ausnahme statuiert, in denen der Arbeitnehmer aufgrund des Verhaltens des Arbeitgebers bei Vertragsabschluss oder während der Vertragslauf-

2

---

64 ABl. EG 1999 Nr. L 175, S. 43.

65 BT-Drs. 14/4374, S. 13.

66 BT-Drs. 17/1769; 17/1968; 17/2922; Ausschuss-Drs. 17 (11) 274.

67 Beschluss des 68. Deutschen Juristentages 2010, Abteilung Arbeits- und Sozialrecht, I (4) und (6).

zeit berechtigterweise habe erwarten können, über das Befristungsende hinaus beschäftigt zu werden. Dann sei der Arbeitgeber nach Maßgabe des Verschuldens bei Vertragsschluss zum Schadenersatz und damit zum Abschluss eines weiteren Arbeitsvertrags verpflichtet.[68] In einer späteren Entscheidung hat das BAG klargestellt, dass allein aus der Inanspruchnahme von Vertrauen kein Anspruch auf Weiterbeschäftigung hergeleitet werden kann, da ein zu Unrecht enttäuschtes Vertrauen lediglich zum Ersatz des Vertrauensschadens, aber keinen Erfüllungsanspruch gewährt.[69] Diese Rechtsprechung ist zuletzt vom BAG noch einmal bestätigt worden.[70]

3 Offen gelassen hat das BAG die Frage, ob sich ein Anspruch auf (befristete oder unbefristete) Fortsetzung des Arbeitsverhältnisses überhaupt aus dem allgemeinen Gleichbehandlungsgrundsatz ergeben kann.[71] Aus dem allgemeinen Gleichbehandlungsgrundsatz ergibt sich nach Meinung des BAG jedenfalls keine Verpflichtung des Arbeitgebers zur Verlängerung eines wirksam sachgrundlos vereinbarten Arbeitsvertrags nach § 14 Abs. 2 TzBfG.

3a Im aktuellen Koalitionsvertrag von CDU, CSU und SPD ist auch eine Reform des Befristungsrechts vorgesehen. Danach soll der Missbrauch bei den Befristungen abgeschafft werden. Deshalb können Arbeitgeber mit mehr als 75 Beschäftigten künftig nur noch maximal 2,5 Prozent der Belegschaft sachgrundlos befristen. Bei Überschreiten dieser Quote gilt jedes weitere sachgrundlos befristete Arbeitsverhältnis als unbefristet zustande gekommen. Die Quote ist jeweils auf den Zeitpunkt der letzten Einstellung ohne Sachgrund zu beziehen. Die Befristung eines Arbeitsvertrags ohne Vorliegen eines sachlichen Grundes soll nur noch für die Dauer von 18 statt bislang von 24 Monaten zulässig sein; bis zu dieser Gesamtdauer soll auch nur noch eine einmalige statt einer dreimaligen Verlängerung möglich sein. Eine Befristung eines Arbeitsverhältnisses soll dann nicht zulässig sein, wenn mit demselben Arbeitgeber bereits zuvor ein unbefristetes Arbeitsverhältnis oder ein oder mehrere befristete Arbeitsverhältnisse mit einer Gesamtdauer von fünf oder mehr Jahren bestanden haben. Ein die Koalitionsvereinbarung umsetzender Gesetzentwurf lag bei Reaktionsschluss dieses Kommentars noch nicht vor.

---

68 BAG 20. 1. 1999 – 7 AZR 93/98; 29. 1. 1987 – 2 AZR 109/86, NZA 1987, 627.
69 BAG 26. 4. 2006 – 7 AZR 190/05, NZA 2007, 55.
70 BAG 13. 8. 2008 – 7 AZR 513/07.
71 BAG 13. 8. 2008 – 7 AZR 513/07; zum Streitstand s. ErfKo/Preis, § 611 BGB Rn. 311; KR-Bader, § 17 TzBfG Rn. 84; Däubler/Deinert/Zwanziger, KSchR, § 15 TzBfG Rn. 23; APS/Beckhaus, § 15 TzBfG Rn. 112.

§ 14 Zulässigkeit der Befristung

(1) Die Befristung eines Arbeitsvertrags ist zulässig, wenn sie durch einen sachlichen Grund gerechtfertigt ist. Ein sachlicher Grund liegt insbesondere vor, wenn

1. der betriebliche Bedarf an der Arbeitsleistung nur vorübergehend besteht,

2. die Befristung im Anschluss an eine Ausbildung oder ein Studium erfolgt, um den Übergang des Arbeitnehmers in eine Anschlussbeschäftigung zu erleichtern,

3. der Arbeitnehmer zur Vertretung eines anderen Arbeitnehmers beschäftigt wird,

4. die Eigenart der Arbeitsleistung die Befristung rechtfertigt,

5. die Befristung zur Erprobung erfolgt,

6. in der Person des Arbeitnehmers liegende Gründe die Befristung rechtfertigen,

7. der Arbeitnehmer aus Haushaltsmitteln vergütet wird, die haushaltsrechtlich für eine befristete Beschäftigung bestimmt sind, und er entsprechend beschäftigt wird oder

8. die Befristung auf einem gerichtlichen Vergleich beruht.

(2) Die kalendermäßige Befristung eines Arbeitsvertrags ohne Vorliegen eines sachlichen Grundes ist bis zur Dauer von zwei Jahren zulässig; bis zu dieser Gesamtdauer von zwei Jahren ist auch die höchstens dreimalige Verlängerung eines kalendermäßig befristeten Arbeitsvertrags zulässig. Eine Befristung nach Satz 1 ist nicht zulässig, wenn mit demselben Arbeitgeber bereits zuvor ein befristetes oder unbefristetes Arbeitsverhältnis bestanden hat. Durch Tarifvertrag kann die Anzahl der Verlängerungen oder die Höchstdauer der Befristung abweichend von Satz 1 festgelegt werden. Im Geltungsbereich eines solchen Tarifvertrags können nicht tarifgebundene Arbeitgeber und Arbeitnehmer die Anwendung der tariflichen Regelungen vereinbaren.

(2a) In den ersten vier Jahren nach der Gründung eines Unternehmens ist die kalendermäßige Befristung eines Arbeitsvertrags ohne Vorliegen eines sachlichen Grundes bis zur Dauer von vier Jahren zulässig; bis zu dieser Gesamtdauer von vier Jahren ist auch die mehrfache Verlängerung eines kalendermäßig befristeten Arbeitsvertrags zulässig. Dies gilt nicht für Neugründungen im Zusammenhang mit der rechtlichen Umstrukturierung von Unternehmen und Konzernen. Maßgebend für den Zeitpunkt der Gründung des Unternehmens ist die Aufnahme einer Erwerbstätigkeit, die nach § 138 der Abgabenordnung der Gemeinde oder dem Finanzamt mitzuteilen ist. Auf die Befristung eines Arbeitsvertrags nach Satz 1 findet Absatz 2 Satz 2 bis 4 entsprechende Anwendung.

(3) Die kalendermäßige Befristung eines Arbeitsvertrags ohne Vorliegen eines sachlichen Grundes ist bis zur Dauer von fünf Jahren zulässig, wenn der Arbeitnehmer bei Beginn des befristeten Arbeitsverhältnisses das 52. Lebensjahr vollendet hat und unmittelbar vor Beginn des befristeten Arbeitsverhältnisses mindestens vier Monate beschäftigungslos im Sinne des § 138 Abs. 1 Nummer 1 des Dritten Buches Sozialgesetzbuch gewesen ist, Transferkurzarbeitergeld bezogen oder an einer öffentlich geförderten Beschäftigungsmaßnahme nach dem Zweiten oder Dritten Buch Sozialgesetzbuch teilgenommen hat. Bis zu der Gesamtdauer von fünf Jahren ist auch die mehrfache Verlängerung des Arbeitsvertrags zulässig.
(4) Die Befristung eines Arbeitsvertrags bedarf zu ihrer Wirksamkeit der Schriftform.

Allgemeines

1   § 14 statuiert den Grundsatz, dass die Befristung eines Arbeitsvertrags eines sachlichen Grundes bedarf. Ausnahmen von diesem Grundsatz sind in den Abs. 2 und 3 genannt, während Abs. 4 die formellen Voraussetzungen eines befristeten Arbeitsvertrags beschreibt.

2   **Abs. 1** regelt, dass der Abschluss eines befristeten Arbeitsvertrags grundsätzlich eines sachlich rechtfertigenden Grundes bedarf. Dabei werden ausgehend von der ständigen Rechtsprechung des BAG typische Gründe genannt, die die Befristung eines Arbeitsverhältnisses rechtfertigen können. Die Auf-

zählung in Abs. 1 Nr. 1–8 ist lediglich beispielhaft und soll weder andere von der Rechtsprechung bislang schon anerkannte Rechtfertigungsgründe noch weitere Gründe ausschließen.[1] Durch die Nennung typischer, von der Rechtsprechung anerkannter Befristungsgründe soll der Praxis und den Gerichten eine Orientierung gegeben werden, welche Gründe als gerechtfertigt anzusehen sind.

Die **Abs. 2 und 3** regeln die beiden Fallkonstellationen, in denen eine sog. **3** sachgrundlose Befristung vorgenommen werden kann. Es handelt sich zum einen um Fälle der befristeten Neueinstellung bis zur Gesamtdauer von zwei Jahren mit höchstens dreimaliger Verlängerung innerhalb dieses Zeitraums (Abs. 2); zum anderen ermöglicht Abs. 3 eine Befristung des Arbeitsvertrags bei Personen, die das 52. Lebensjahr vollendet haben, ohne dass einer der Gründe des Abs. 1 Satz 2 Nr. 1–8 vorzuliegen braucht. Absatz 3 Satz 1 ist zum 1.4.2012 geändert worden. Im Rahmen des Gesetzes zur Verbesserung der Eingliederungschancen am Arbeitsmarkt vom 20.12.2011[2] wurde dabei aber lediglich die Bezugnahme auf die neue Paragrafenfolge im SGB III angepasst.

Art des Betriebs

§ 14 ist auf alle Betriebe, unabhängig von ihrer Größe, anwendbar. Dies gilt **4** auch für Betriebe, in denen nicht mehr als fünf bzw. bei Neueinstellungen nach dem 31.12.2003 zehn Arbeitnehmer i.S.v. § 23 Abs. 1 Satz 2 und 3 KSchG beschäftigt sind.[3] Die in der Gesetzesbegründung enthaltene Formulierung »In Betrieben mit nicht mehr als fünf Arbeitnehmern können erleichterte Befristungen weiterhin geschlossen werden, weil eine Umgehung des Kündigungsschutzgesetzes nicht möglich ist«, findet im Gesetzestext keine Entsprechung, sondern widerspricht diesem ausdrücklich. Da auch die Befristungsrichtlinie keine Kleinbetriebsklausel enthält, ist nach dem eindeutigen Wortlaut von Abs. 1 Satz 1 auch in Kleinbetrieben ein sachlicher Grund für die Befristung von Arbeitsverträgen erforderlich.[4]

1 BT-Drs. 14/4374, S. 18.
2 BGBl. I S. 2854.
3 Meinel/Heyn/Herms, § 14 TzBfG Rn. 2; Däubler, ZIP 2000, 1961; Boewer, § 14 TzBfG Rn. 35.
4 Ebenso: Preis/Gotthardt, DB 2000, 2065; Richardi/Annuß, BB 2000, 2201; Däubler/Deinert/Zwanziger, KSchR, § 14 TzBfG Rn. 7; Ring, § 14 TzBfG Rn. 26; a.A. Schiefer, DB 2000, 2118.

Darlegungs- und Beweislast

5   Darlegungs- und beweispflichtig für das Vorliegen der Voraussetzungen der
Befristungsgründe nach Abs. 1 Satz 2 Nr. 1–8, Abs. 2 und Abs. 3 ist der Arbeitgeber.[5] Bei Abs. 1 ist der Arbeitgeber dahingehend darlegungs- und
beweispflichtig, dass im Zeitpunkt des Vertragsabschlusses ein sachlicher
Grund bestanden hat. Bei Abs. 2 ist der Arbeitgeber auch dahingehend beweispflichtig, dass ein vorangegangenes Arbeitsverhältnis nicht bestanden
hat.[6] Allerdings steht dem Arbeitgeber bei Abs. 2 ein entsprechendes Fragerecht gegenüber dem Arbeitnehmer zu.[7]

6   Streiten die Arbeitsvertragsparteien darüber, ob überhaupt eine Befristung
des Arbeitsverhältnisses vereinbart worden ist, so ist derjenige darlegungs-
und beweispflichtig, der sich auf das Vertragsende durch die Befristung beruft.[8]

Abs. 1: Zwingendes Recht

7   **Abs. 1** beinhaltet zwingendes Recht. Von der Regelung des Abs. 1 darf gem.
§ 22 Abs. 1 weder durch Arbeitsvertrag noch durch Tarifvertrag zuungunsten des Arbeitnehmers abgewichen werden. Abs. 1 gilt nicht nur für Arbeitsverhältnisse, die für eine Dauer von mehr als sechs Monaten (§ 1 Abs. 1
KSchG) abgeschlossen werden, sondern auch für die sog. Kurzzeitbefristun-
gen unter sechs Monaten,[9] denn die Befristungsvorschriften des TzBfG sind
vom Kündigungsschutzgesetz weitgehend abgekoppelt.[10]

Begriff des Arbeitnehmers

8   Der Anwendungsbereich von § 14 umfasst alle Arbeitnehmer, besonders
auch die leitenden Angestellten.[11] Dies ergibt sich daraus, dass das TzBfG in
seiner Konzeption nicht mehr auf die Vermeidung der Umgehung des Kündigungsschutzgesetzes angelegt ist und daher der für leitende Angestellte nur
eingeschränkte Kündigungsschutz (§ 14 KSchG) ohne Bedeutung ist.[12]

---

5 Boewer, § 14 TzBfG Rn. 82 ff.
6 Meinel/Heyn/Herms, § 14 TzBfG Rn. 115.
7 BT-Drs. 14/4374, S. 14.
8 Boewer, § 14 TzBfG Rn. 85 m. w. N.
9 Allg. Meinung s. Boewer, § 14 TzBfG Rn. 35 m. w. N.
10 Kliemt, NZA 2001, 296.
11 Däubler/Deinert/Zwanziger, KSchR, § 14 TzBfG Rn. 18; Meinel/Heyn/Herms,
§ 14 TzBfG Rn. 15; Boewer, § 14 TzBfG Rn. 37; Hromadka, BB 2001, 621; ErfKo/
Müller-Glöge, § 14 TzBfG Rn. 10; a. A. APS/Backhaus, § 14 TzBfG Rn. 22.
12 Klette/Backfisch, DStR 2002, 597.

Befristung des Arbeitsverhältnisses

Nach Abs. 1 Satz 1 ist die Befristung eines Arbeitsvertrags zulässig, wenn sie **9** durch einen sachlichen Grund gerechtfertigt ist. Der sachliche Grund muss im Zeitpunkt des Vertragsabschlusses objektiv vorliegen.[13] Nachträgliche Änderungen oder gar der Wegfall des sachlichen Grundes berühren nach **h. M.** die wirksame Befristung nicht, wenn der Arbeitgeber darlegen und beweisen kann, dass im Zeitpunkt des Vertragsabschlusses sachliche Gründe für die Befristung des Arbeitsvertrags vorlagen.[14] Auch der Wegfall des Befristungsgrundes während der Befristungsdauer und die damit verbundene Möglichkeit, den Arbeitnehmer dauerhaft zu beschäftigen, verpflichtet den Arbeitgeber nach der Rechtsprechung des BAG nicht, den Arbeitnehmer nach Ablauf der Befristungsdauer weiter zu beschäftigen.[15] Fällt der bei Vertragsschluss gegebene Sachgrund für die Befristung später weg, entsteht daher kein unbefristetes Arbeitsverhältnis. Dies gilt grundsätzlich auch dann, wenn sich während der Dauer des befristeten Arbeitsverhältnisses die Tätigkeit des Arbeitnehmers ändert. Wird jedoch in einem Änderungsvertrag unter Beibehaltung der vertraglich vereinbarten Befristungsdauer eine Änderung der Tätigkeit und gegebenenfalls der Vergütung vereinbart, unterliegt dieser Änderungsvertrag als letzter Arbeitsvertrag der Befristungskontrolle. In diesem Fall kommt es darauf an, ob bei Abschluss des Änderungsvertrages ein Sachgrund für die Befristung bestand.[16]

Nach Abs. 1 Satz 1 bedarf die »Befristung« eines sachlichen Grundes. Ge- **10** meint ist damit die Befristung als solche, nicht aber die Dauer der Befristung.[17] Allerdings kann die Dauer der Befristung Rückwirkungen auf die Frage haben, ob ein sachlicher Grund vorliegt oder nicht. Nach Auffassung des BAG kann nämlich die gewählte Dauer der Befristung, die mit dem gewählten Sachgrund in keinem nachvollziehbaren Zusammenhang steht, ein erhebliches Indiz dafür sein, dass ein sachlicher Grund bei Vertragsschluss nicht vorlag.[18]

Hinsichtlich der Frage, ob dem Arbeitnehmer der sachliche Grund vom Ar- **11** beitgeber mitzuteilen ist, muss zwischen der kalendermäßigen Befristung auf der einen Seite und dem zweckbefristeten bzw. auflösend bedingten Ar-

---

13 BAG 20. 2. 2002 – 7 AZR 748/00, AP Nr. 18 zu § 620 BGB – Altersgrenze; BAG 24. 9. 1997 – 7 AZR 669/96, AP Nr. 192 zu § 620 BGB – Befristeter Arbeitsvertrag; MünchArbR/Wank, § 116 Rn. 71; ErfKo/Müller-Glöge, § 14 TzBfG Rn. 20.

14 BAG 12. 1. 2000 – 7 AZR 863/98, NZA 2000, 722; MünchArbR/Wank, § 116 Rn. 73; Worzalla/Will/Mailänder/Worch/Heise, § 14 TzBfG Rn. 14.

15 BAG 20. 2. 2002 – 7 AZR 600/00, EzA-SD 13/2002, 12.

16 BAG 17. 5. 2017 – 7 AZR 301/15, PersR 2017, Nr. 12, 37 = NZA 2017, 1340.

17 Ständige Rechtsprechung s. BAG 6. 12. 2000 – 7 AZR 262/99, NZA 2001, 721.

18 BAG 26. 8. 1988 – 7 AZR 101/88, NZA 1989, 965 oder BAG 6. 12. 2000 – 7 AZR 262/99.

beitsvertrag auf der anderen Seite unterschieden werden. Bei kalendermäßig befristeten Arbeitsverträgen ist es nicht erforderlich, dass dem Arbeitnehmer beim Abschluss des Arbeitsvertrags der sachliche Grund mitgeteilt wird.[19] Ebenfalls nicht erforderlich ist, dass der Befristungsgrund in den Vertragsverhandlungen erörtert wurde. Eine entsprechende Verpflichtung ist weder aus dem TzBfG noch aus dem Nachweisgesetz zu entnehmen. Die im Referentenentwurf vom 5. September 2000 zum TzBfG enthaltene Verpflichtung zur Angabe des konkreten Befristungsgrundes ist nicht Gegenstand des konkreten Gesetzgebungsverfahrens geworden. Eine Verpflichtung zur Mitteilung des sachlichen Grundes kann sich allerdings aus einem Tarifvertrag ergeben. Erforderlich ist aber generell, dass der Arbeitgeber den sachlichen Grund darlegen und im Streitfall beweisen kann. Beweispflichtig für das Vorliegen eines sachlichen Grundes ist der Arbeitgeber. Ausnahmen bestehen lediglich in den Fällen, in denen die Angabe des sachlichen Grundes gesetzlich oder tarifvertraglich vorgesehen ist.

12   Bei der Zweckbefristung muss dagegen der die Vertragsbeendigung bewirkende Zweck Gegenstand der vertraglichen Einigung sein.[20] Den Bestimmtheitsanforderungen ist nur dann Genüge getan, wenn aus der Befristungsvereinbarung zweifelsfrei erkennbar ist, mit welchem Ereignis das Arbeitsverhältnis enden soll.[21] Allgemeine Formulierungen wie z. B. »für die Dauer des Forschungsprojekts« genügen diesen Anforderungen nicht.[22] Wichtig ist, dass nach der Rechtsprechung eine Doppelbefristung in Form einer Kombination von Zweck- und Zeitbefristung grundsätzlich zulässig ist.[23] Eine etwaige Unwirksamkeit der Zweckbefristung hat auf die zugleich vereinbarte Zeitbefristung keinen Einfluss. Die Kombination von Zweck- und Zeitbefristung führt dazu, dass das Arbeitsverhältnis nicht bereits aufgrund der z. B. früheren Zweckerreichung endet, sondern bis zu der vereinbarten kalendermäßig bestimmten Höchstfrist fortbesteht.[24]

13   Das Erfordernis des sachlichen Grundes gilt auch bei einer nachträglichen Befristung des Arbeitsvertrags.[25] Die nachträgliche Befristung unterliegt dabei denselben Anforderungen wie ein von Anfang an befristeter Arbeitsvertrag. Ein sachlicher Grund ist nach der Rechtsprechung des BAG selbst dann erforderlich, wenn der neue (befristete) Vertrag für den Arbeitnehmer güns-

---

19 BAG 24. 4. 1996 – 7 AZR 605/95, NZA 1996, 1208; Boewer, § 14 TzBfG Rn. 87 ff.
20 So Meinel/Heyn/Herms, § 14 TzBfG Rn. 13.
21 Boewer, § 14 TzBfG Rn. 90.
22 BAG 26. 6. 1996 – 7 AZR 674/95, EzA § 620 BGB – Bedingung Nr. 12.
23 BAG 14. 6. 2017 – 7 AZR 608/15, PersR 2017, Nr. 12, 41; BAG 14. 12. 2016 – 7 AZR 797/14.
24 BAG 14. 6. 2017 – 7 AZR 608/15, PersR 2017, Nr. 12, 41.
25 BAG 8. 5. 1985 – 7 AZR 191/84, AP Nr. 97 zu § 620 BGB – Befristeter Arbeitsvertrag; BAG 26. 8. 1998 – 7 AZR 349/97, NZA 1999, 476; MünchArbR/Wank, § 116 Rn. 70; Boewer, § 14 TzBfG Rn. 70; ErfKo/Müller-Glöge, § 14 TzBfG Rn. 17.

tigere Konditionen beinhaltet und der Arbeitgeber dem Arbeitnehmer die Möglichkeit bietet, zwischen der Fortsetzung des alten unbefristeten Vertrags und dem neuen befristeten Arbeitsvertrag frei wählen zu können.[26] Im Fall einer nachträglichen Befristung bestehen hinsichtlich des Befristungsgrundes die gleichen Anforderungen wie bei einer ursprünglichen Befristung.

Nach der Rechtsprechung des BAG kann eine nachträgliche Befristung auch im Rahmen einer Änderungskündigung durch den Arbeitgeber verfolgt werden.[27] Auch ein Aufhebungsvertrag, der auf die befristete Fortsetzung des Arbeitsverhältnisses gerichtet ist, bedarf zu seiner Wirksamkeit eines sachlichen Grundes nach Abs. 1.[28] Die nachträgliche Befristung ist bei Vorliegen eines sachlichen Grundes auch dann wirksam, wenn sich der Arbeitnehmer des Bestehens eines unbefristeten Arbeitsverhältnisses nicht bewusst war.[29] Zur Frage, ob durch das Gesetz zur Modernisierung des Schuldrechts vom 26. November 2001[30] dem Arbeitnehmer bei Aufhebungsverträgen ein Widerrufsrecht nach § 355 BGB zusteht, s. Däubler, ZIP 2001, 1329; Reinecke, DB 2002, 583; Hümmerich/Holthausen, NZA 2002, 173.   **14**

Das TzBfG enthält keine Aussage darüber, ob die Befristung einzelner Arbeitsbedingungen zulässig ist. § 14 findet auch auf die Befristung einzelner Arbeitsbedingungen grundsätzlich keine Anwendung.[31] Vielmehr erfolgt die gerichtliche Kontrolle nach den §§ 305ff. BGB. Allerdings kann durch eine voraussetzungslose Befristung einzelner Arbeitsbedingungen das Sachgrunderfordernis für den gesamten Arbeitsvertrag ausgehöhlt werden.[32] Nach Auffassung des BAG ist ein sachlicher Grund bei der Befristung einzelner Arbeitsbedingungen dann erforderlich, wenn die Befristung in den Kernbereich des Änderungsschutzes eingreift[33] bzw. wenn durch die Befristung der gesetzliche Änderungskündigungsschutz umgangen werden   **15**

---

26 BAG 26.8.1998 – 7 AZR 349/97, NZA 1999, 476.
27 BAG 25.4.1996 – 2 AZR 609/95, NZA 1996, 1197; ErfKo/Müller-Glöge, § 14 TzBfG Rn. 19.
28 BAG 12.1.2000 – 7 AZR 48/99, NZA 2000, 718; Boewer, § 14 TzBfG Rn. 72.
29 BAG 3.12.1997 – 7 AZR 651/96, AP Nr. 196 zu § 620 BGB – Befristeter Arbeitsvertrag.
30 BGBl. I S. 3138.
31 BAG 15.12.2011 – 7 AZR 394/10, NZA 2012, 674; BAG 18.6.2009 – 7 AZR 245/07.
32 BAG 23.1.2002 – 7 AZR 563/00, NZA 2003, 104–105; APS/Backhaus, § 14 TzBfG Rn. 59; Däubler/Deinert/Zwanziger, KSchR, § 14 TzBfG Rn. 140 mit dem Hinweis, dass das TzBfG diese Frage auch in der Begründung nicht angesprochen habe und insoweit die alte Rechtslage fortbestehe; a.A. BAG 14.1.2004 – 7 AZR 213/03, NZA 2004, 719; LAG Sachsen 20.4.2004 – 5 Sa 727/03, wonach für die Befristung einzelner Vertragsbedingungen das TzBfG nicht gilt.
33 BAG 21.4.1993 – 7 AZR 297/92, NZA 1994, 476; Boewer, § 14 TzBfG Rn. 37.

kann.[34] Ein Eingriff in den Kernbereich des Änderungsschutzes liegt z. B. vor bei einer befristeten Änderung der Arbeitszeit.[35] Dagegen liegt in der Befristung einer Provisionszusage, die neben das Tarifgehalt tritt und lediglich 15% der Gesamtvergütung ausmacht, keine objektive Umgehung des Änderungsschutzes.[36]

Bislang noch nicht abschließend entschieden ist die Frage, ob eine isolierte Befristungsvereinbarung zulässig ist, die unter der Bedingung steht, dass ein Arbeitsverhältnis überhaupt zustande kommt.[37] § 14 gilt grundsätzlich nur bei der Befristung von Arbeitsverträgen. Die Vorschrift ist aber auch bei Befristungsregelungen in **Betriebsvereinbarungen** zu beachten. Demzufolge bedürfen auch Befristungsregelungen in Betriebsvereinbarungen zu ihrer Wirksamkeit eines sie rechtfertigen Grundes.[38]

16   Eine genaue Übereinstimmung von Vertragsdauer und Befristungsgrund ist nicht erforderlich. D.h., die gewählte Vertragsdauer muss nicht kongruent zur Dauer des Sachgrundes sein. Aus der Befristungsdauer können aber Rückschlüsse gezogen werden, ob überhaupt ein sachlicher Grund vorlag.[39]

Mitbestimmung des Betriebsrats/Personalrats bei Befristung

17   Bei der Befristung eines Arbeitsvertrags nach § 14 sind die Mitbestimmungsrechte des Betriebs- bzw. Personalrats zu beachten. Nach § 99 Abs. 1 Satz 1 BetrVG ist der Betriebsrat in Unternehmen mit in der Regel mehr als 20 wahlberechtigten Arbeitnehmern vom Arbeitgeber vor jeder Einstellung zu unterrichten. Eine Einstellung liegt vor, wenn Personen in den Betrieb eingegliedert werden, um zusammen mit den dort schon beschäftigten Arbeitnehmern den arbeitstechnischen Zweck des Betriebs durch weisungsgebundene Tätigkeiten zu verwirklichen.[40] Die Unterrichtungspflicht des Arbeitgebers besteht auch dann, wenn ein befristetes Arbeitsverhältnis verlängert wird.[41] Gleiches gilt, wenn ein befristet beschäftigter Arbeitnehmer in ein unbefristetes Arbeitsverhältnis übernommen wird.

18   Der Betriebsrat kann einer Einstellung aus den in § 99 Abs. 2 Nr. 1–6 BetrVG genannten Gründen widersprechen. Nach Auffassung des BAG kann der Be-

---

34 BAG 14. 1. 2004 – 7 AZR 213/03, NZA 2004, 719.

35 BAG 15. 4. 1999 – 7 AZR 734/97, AP Nr. 18 zu § 2 SR 2y BAT.

36 BAG 21. 4. 1993 – 7 AZR 297/92, NZA 1994, 476; BAG 15. 11. 1995 – 2 AZR 521/95, NZA 1996, 603.

37 Siehe LAG Nürnberg 27. 1. 2015 – 7 Sa 454/14, das Gericht hat erhebliche rechtliche Bedenken gegen eine solche Konstruktion.

38 BAG 5. 3. 2013 – 1 AZR 417/12; BAG 13. 10. 2015 – 1 AZR 853/13.

39 BAG 10. 6. 1992 – 7 AZR 346/91, EzA § 620 Nr. 116; ErfKo/Müller-Glöge, § 14 TzBfG Rn. 24.

40 BAG 5. 4. 2001 – 2 AZR 580/99, AP Nr. 32 zu § 99 BetrVG 1972 – Einstellung.

41 BAG 7. 8. 1990 – 1 ABR 68/89, AP Nr. 82 zu § 99 BetrVG 1972.

triebsrat einer befristeten Einstellung allerdings nicht mit dem Argument widersprechen, er billige befristete Arbeitsverträge grundsätzlich nicht.[42] Bei der Einstellung eines befristet beschäftigten Arbeitnehmers ist der Betriebsrat also nach § 99 BetrVG bzw. der Personalrat nach dem BPersVG bzw. den Personalvertretungsgesetzen der Länder zu beteiligen. Dabei genügt der Arbeitgeber seiner Unterrichtungspflicht, wenn für den Personalrat der Sachgrund seiner Art nach hinreichend deutlich wird. Der Arbeitgeber ist nicht verpflichtet, gegenüber dem Personalrat unaufgefordert das Vorliegen des Sachgrundes für die Befristung im Einzelnen darzulegen.[43] Nach dem Schutzzweck des Mitbestimmungsrechts nach § 63 Abs. 1 Nr. 4 PersVG Brandenburg ist der Arbeitgeber durch eine typologische Bezeichnung des Befristungsgrundes auf diesen festgelegt. Damit ist gewährleistet, dass der Arbeitgeber den Sachgrund in einer etwaigen Auseinandersetzung mit dem Arbeitnehmer nicht gegen einen Sachgrund austauschen kann, zu dem der Personalrat seine Zustimmung nicht erteilt hat. § 14 Abs. 2 TzBfG (sachgrundlose Befristung) ist ein anderer Rechtfertigungsgrund als die Geltendmachung eines Sachgrundes nach § 14 Abs. 1 Satz 2 TzBfG. Das Nachschieben des Befristungsgrundes nach § 14 Abs. 2 TzBfG ist insofern nicht möglich.[44]

Nach § 99 Abs. 2 Nr. 1 BetrVG kann der Betriebsrat seine Zustimmung verweigern, wenn die personelle Maßnahme gegen ein Gesetz verstößt. Nach Auffassung des BAG kann der Betriebsrat seine Zustimmung aber nicht wegen einer unzulässigen Befristungsabrede verweigern, weil der Normzweck von § 14 nicht die Beschäftigung als solche, sondern nur die vereinbarte Beendigung des Arbeitsvertrags durch Zeitablauf untersagt.[45] **19**

Zum Schutz der bereits im Betrieb beschäftigten befristeten Arbeitnehmer ist es mit dem »Gesetz zur Reform des Betriebsverfassungsgesetzes« (vom 23.7.2001, BGBl. I S. 1852) § 99 Abs. 2 Nr. 3 BetrVG ergänzt worden. Danach hat der Betriebsrat ein Widerspruchsrecht bei einer unbefristeten Einstellung, wenn dabei gleich geeignete, schon im Betrieb tätige befristete Arbeitnehmer nicht berücksichtigt wurden. **20**

Die Größe des Betriebsrats hängt von der Zahl der »in der Regel« beschäftigten Arbeitnehmer ab, § 9 Satz 1 BetrVG. Werden Arbeitnehmer nicht ständig, sondern lediglich zeitweilig beschäftigt, kommt es darauf an, ob sie normalerweise während des größten Teils des Jahres beschäftigt werden.[46] Der Wahlvorstand kann aber nicht befristet beschäftigte Arbeitnehmer bei der

---

42 BAG 28.6.1994 – 1 ABR 59/93, NZA 1995, 387.
43 BAG 16.1.2008 – 7 AZR 916/06; BAG 27.9.2000 – 7 AZR 412/99.
44 LAG Berlin-Brandenburg 19.9.2008 – 13 Sa 931/08; BAG 27.9.2000 – 7 AZR 412/99.
45 BAG 28.6.1994 – 1 ABR 59/93, NZA 1995, 387.
46 BAG 7.5.2008 – 7 ABR 17/07.

für die Betriebsratsgröße maßgeblichen Arbeitnehmerzahl berücksichtigen, nur weil er damit rechnet, dass die befristet beschäftigten Arbeitnehmer Befristungskontrollklagen erheben.[47]

20a   Unterliegt eine Einstellung der Mitbestimmung des Personalrats, hat der Arbeitgeber den Personalrat von der beabsichtigten Maßnahme zu unterrichten und seine Zustimmung zu beantragen. Eine ordnungsgemäße Unterrichtung über die Rechtfertigung der Befristung erfordert nicht die ausdrückliche Angabe, dass die Befristung sachgrundlos im Sinne von § 14 Abs. 2 TzBfG erfolgen soll. Aus dem Fehlen von Angaben zu einem der Befristung zugrundeliegenden Sachgrund wird für den Personalrat deutlich, dass die Befristung ohne Sachgrund erfolgen soll; damit ist gleichzeitig gewährleistet, dass der Arbeitgeber die Befristung nicht auf einen Sachgrund stützen kann, zu dem der Personalrat seine Zustimmung nicht erteilt hat.[48]

Kettenarbeitsverträge

21   Bei der Frage der gerichtlichen Befristungskontrolle war die Rechtsprechung vor Inkrafttreten des TzBfG der Auffassung, dass bei sog. Kettenarbeitsverträgen nur der letzte Arbeitsvertrag gerichtlich überprüfbar war. Diese Rechtsprechung ist in Anbetracht von § 17 nicht mehr aufrechtzuerhalten, denn nach § 17 hat der Arbeitnehmer die Möglichkeit, innerhalb von drei Wochen nach Beendigung des befristeten Arbeitsvertrags die Unwirksamkeit der Befristung gerichtlich geltend zu machen. Dies gilt auch dann, wenn mit demselben Arbeitgeber bereits ein wiederum befristeter Anschlussarbeitsvertrag geschlossen wurde.[49] Auch der Abschluss einer Vielzahl von kurz befristeten Arbeitsverträgen zur Vertretung einer länger ausfallenden Stammkraft ist nicht rechtsmissbräuchlich, wenn bei Abschluss des letzten befristeten Arbeitsvertrags der Sachgrund der Vertretung vorliegt.[50] Diese Rechtsprechung – wonach nur der letzte Arbeitsvertrag entscheidend ist – ist durch das BAG im Jahr 2012 geändert worden. Nach Auffassung des BAG dürfen die Gerichte sich bei der Befristungskontrolle nach § 14 Abs. 1 Satz 2 Nr. 3 nicht auf die Prüfung des geltend gemachten Sachgrundes der Vertretung beschränken. Sie sind vielmehr aus unionsrechtlichen Gründen verpflichtet, alle Umstände des Einzelfalles und dabei namentlich die Gesamtdauer und die Zahl der mit derselben Person zur Verrichtung der gleichen Arbeit geschlossenen aufeinanderfolgenden befristeten Verträge zu berücksichtigen.[51]

---

47 BAG 12.11.2008 – 7 ABR 73/07.
48 BAG 14.6.2017 – 7 AZR 608/15, PersR 2017, Nr. 12, 41.
49 Meinel/Heyn/Herms, § 14 TzBfG Rn. 10.
50 BAG 25.3.2009 – 7 AZR 34/08.
51 BAG 18.7.2012 – 7 AZR 443/09, AuA 2012, 545.

Eine weitere Ausnahme hiervon gilt, wenn in dem neuen befristeten Arbeits- **22** vertrag auf die Verhältnisse des vorherigen Arbeitsverhältnisses abgestellt wird und der neue Vertrag lediglich Annex des vorherigen Vertrags ist. Dies ist u. a. dann der Fall, wenn anzunehmen ist, dass die Arbeitsvertragsparteien nur das Auslaufen des bisherigen Vertrags ohne Änderung des Sachgrundes für eine verhältnismäßig nicht erhebliche Zeit hinausschieben wollen.[52] Es muss anzunehmen sein, dass beide Parteien dem letzten Vertrag keine eigenständige Bedeutung beigemessen haben, sondern durch ihn den bisherigen Vertrag nur hinsichtlich seines Beendigungszeitpunkts modifizieren wollten.[53]

Der Katalog von Abs. 1 Satz 2 Nr. 1–8 ist nicht abschließend.[54] Dies ergibt **23** sich durch das Wort »insbesondere« und die Gesetzesbegründung.[55] Als weitere Gründe sind jedoch nur solche anzuerkennen, die in ihrem Gewicht den in Abs. 1 Satz 2 Nr. 1–8 genannten Gründen gleichkommen.

Vorübergehender Arbeitskräftebedarf

Nach **Abs. 1 Satz 2 Nr. 1** kann ein zusätzlicher, vorübergehender Arbeitskräf- **24** tebedarf die Befristung eines Arbeitsvertrags rechtfertigen. Der vorübergehende betriebliche Bedarf kann in Form eines vorübergehend erhöhten Arbeitskräftebedarfs (z. B. während der Erntesaison) oder eines künftig wegfallenden Arbeitskräftebedarfs (z. B. aufgrund der Inbetriebnahme einer neuen technischen Anlage; Abwicklungsarbeiten bis zur Betriebsschließung) auftreten.[56] Eine Befristung nach § 14 Abs. 1 Satz 2 Nr. 1 ist z. B. auch dann zulässig, wenn die vorhandene Arbeitsmenge in absehbarer Zeit abnimmt.[57]

Die Befristung ist nur zulässig für einen vorübergehenden Arbeitskräftebe- **25** darf. Dies ist nicht der Fall, wenn Daueraufgaben erledigt werden sollen. Eine Ausnahme von diesem Grundsatz ist gegeben, wenn die Daueraufgaben lediglich eine dienende, die vorübergehende Aufgabe eine unterstützende Funktion haben.[58] Das Projekt der verlässlichen Grundschule ist nicht nur ein vorübergehendes durch das Land gefördertes Projekt. Es bietet daher keinen hinreichenden Sachgrund für die Befristung des Arbeitsvertrags einer Schulbetreuerin.[59]

---

52 BAG 28. 6. 2000 – 7 AZR 920/98, NZA 2000, 1110.
53 LAG Nürnberg 15. 12. 2004 – 4 Sa 200/04.
54 Allg. Meinung s. Meinel/Heyn/Herms, § 14 TzBfG Rn. 5; BAG 16. 3. 2005 – 7 AZR 289/04, AP Nr. 16 zu § 14 TzBfG.
55 Vgl. BT-Drs. 14/4374, S. 18.
56 BT-Drs. 14/4374, S. 19; BAG 21. 3. 2017 – 7 AZR 222/15.
57 LAG Niedersachsen 12. 1. 2004 – 5 Sa 1174/03, LAGReport 2004, 253.
58 LAG Sachsen 12. 12. 2003 – 3 Sa 721/03, ZTR 2004, 323.
59 ArbG Duisburg 16. 10. 2003 – 2 Ca 2333/03.

26 Als unter Nr. 1 zu subsumierender Grund kommt besonders ein Mehrbedarf an Arbeitskräften in Betracht, z. B. für die Erledigung von Eilaufträgen, besondere Produktionsaufträge, bei starkem Kundenandrang in Kaufhäusern an verkaufsoffenen Tagen, für die Inventur oder für Ausverkäufe.[60]
Beispiele aus der Rechtsprechung:
- Das erhöhte Postaufkommen vor Weihnachten rechtfertigt die Befristung der Arbeitsverträge von Zustellern.[61]
- Dagegen nicht als sachlicher Grund für eine Befristung nach Nr. 1 ausreichend ist ein Modellversuch zu dem Zweck, die Erledigung von Daueraufgaben zu optimieren.[62]
- Auch die zeitweise in eine zentrale Organisationseinheit erfolgte Überführung der Betreuung von Promovierenden an einer Hochschule rechtfertigt keine Befristung nach Nr. 1.[63]

27 Darüber hinaus kann auch ein periodisch wiederkehrender Arbeitskräftebedarf eine Befristung nach Abs. 1 Satz 2 Nr. 1 rechtfertigen. Bereits in der Gesetzesbegründung wird darauf hingewiesen, dass Saisonbeschäftigungen als Anwendungsfall von Nr. 1 angesehen werden.[64] Zwischen den einzelnen befristeten Arbeitsverhältnissen darf allerdings kein sachlicher Zusammenhang bestehen, ansonsten finden die Grundsätze über Dauerhilfsverhältnisse Anwendung.[65] Bei einem Saisonarbeitsverhältnis kann ein Anspruch auf Wiedereinstellung entstehen, wenn Jahr für Jahr alle Arbeitnehmer wieder eingestellt werden, die dies verlangen und der Arbeitgeber den Beginn der Saison ohne Vorbehalt am Schwarzen Brett bekannt gibt.[66]

28 Die Wirksamkeit einer Befristung wegen eines vorübergehenden Mehrbedarfs im Sinne von § 14 Abs. 1 Satz 2 TzBfG setzt voraus, dass der Arbeitnehmer gerade zur Deckung dieses Mehrbedarfs eingestellt wird. Es genügt nach Auffassung des BAG aber, wenn zwischen dem zeitweilig erhöhten Arbeitsanfall und der befristeten Einstellung ein vom Arbeitgeber darzulegender ursächlicher Zusammenhang besteht. Der Arbeitgeber ist nicht gehindert, die vorhandene Arbeitsmenge zu verteilen, seine Arbeitsorganisation zu ändern oder zusätzliche Arbeiten anderen Arbeitnehmern zuzuweisen.[67] Der Arbeitgeber darf einen vorübergehenden Personalmehrbedarf aber nicht zum Anlass nehmen, beliebig viele Arbeitnehmer befristet einzustellen. Die

---

60 Aufzählung nach MünchArbR/Wank, § 116 Rn. 87.
61 BAG 12. 9. 1996 – 7 AZR 790/95, AP Nr. 182 zu § 620 BGB – Befristeter Arbeitsvertrag.
62 LAG Berlin 26. 3. 1999 – 6 Sa 76/99, ZTR 1999, 515.
63 LAG Mecklenburg-Vorpommern 21. 3. 2017 – 5 Sa 82/16.
64 BT-Drs. 14/4374, S. 19; zur Saisonbeschäftigung s. auch Kossens in HwB AR Nr. 1530 »Saison- und Kampagnearbeit«.
65 Ebenso Däubler/Deinert/Zwanziger, KSchR, § 14 TzBfG Rn. 52.
66 BAG 29. 1. 1987 – 2 AZR 109/86, AP Nr. 1 zu § 620 BGB – Saisonarbeit.
67 BAG 20. 2. 2008 – 7 AZR 950/06; BAG 8. 7. 1998 – 7 AZR 388/97.

Zahl der befristet eingestellten Arbeitnehmer muss sich vielmehr im Rahmen des vorübergehenden Mehrbedarfs halten und darf diesen nicht überschreiten.[68] So kann auch der besonders hohe Arbeitsanfall bei Geschäftseröffnung den Abschluss befristeter Arbeitsverträge rechtfertigen.[69]

Bei einem vorübergehenden Arbeitskräftebedarf muss im Zeitpunkt des **29** Vertragsabschlusses mit einiger Sicherheit zu erwarten sein, dass für eine Beschäftigung des befristet eingestellten Arbeitnehmers über das vorgesehene Vertragsende hinaus kein Bedarf besteht. Hierfür hat der Arbeitgeber konkrete Anhaltspunkte darzulegen.[70] Eine bloße Unsicherheit über die künftige Entwicklung des Arbeitskräftebedarfs reicht nicht aus.[71] Es genügt auch nicht, wenn sich die Planungen zum Arbeitskräftebedarf noch in oder sogar vor der Entscheidungsphase befinden, d.h. noch nicht bestätigt sind.[72] So kann aus der bevorstehenden Auflösung einer Bundeswehreinheit nicht sicher auf die Auflösung der Truppenküche geschlossen werden.[73] Die Unsicherheit über die Beschäftigungsmöglichkeiten im Bereich der Sprachförderung in einer Aufnahmeeinrichtung rechtfertigt eine Befristung nach § 14 Abs. 1 Satz 2 Nr. 1 TzBfG nicht.[74] Dagegen kann eine befristete Beschäftigung in einer Agentur für Arbeit, um Rückstände bei der Bearbeitung von Widersprüchen nach dem SGG abzubauen und die Bearbeitungszeit für die Widersprüche zu verkürzen, nach § 14 Abs. 1 Satz 2 TzBfG gerechtfertigt sein. Dass es sich bei der Bearbeitung von Widersprüchen nach dem SGG um eine Daueraufgabe der Agenturen für Arbeit handelt, schließt die Möglichkeit nicht grundsätzlich aus, aufgelaufene Bearbeitungsrückstände im Rahmen befristeter Arbeitsverträge abzubauen.[75]

Ein sachlicher Grund für die Befristung des Arbeitsvertrags liegt nach § 14 **30** Abs. 1 Satz 2 Nr. 1 TzBfG vor, wenn der betriebliche Bedarf an der Arbeitsleistung nur vorübergehend besteht. Über den vorübergehenden Bedarf ist eine Prognose anzustellen, der konkrete Anhaltspunkte zugrunde liegen

---

68 BAG 20.2.2008 – 7 AZR 950/06; BAG 12.9.1996 – 7 AZR 790/95, NZA 1997, 313; 22.3.2000 – 7 AZR 758/98, NZA 2000, 881; LAG Berlin-Brandenburg 9.3.2015 – 10 Sa 2117/14.
69 LAG Rheinland-Pfalz 27.1.1989 – 6 Sa 949/88, DB 1989, 1193.
70 LAG Rheinland-Pfalz 2.3.2017 – 7 Sa 360/16; LAG Schleswig-Holstein 23.3.2005 – 4 Sa 561/04, NZA-RR 2005, 628.
71 BAG 15.10.2014 – 7 AZR 893/12; BAG 12.9.1996 – 7 AZR 790/95, EzA § 620 BGB Nr. 142; LAG Berlin-Brandenburg 16.12.2016 – 26 Sa 682/16.
72 LAG Berlin-Brandenburg 16.12.2016 – 26 Sa 682/16.
73 ArbG Kiel 28.10.2004 – ö. D. 1 Ca 1705 c/04, NZA-RR 2005, 129.
74 LAG Rheinland-Pfalz 2.3.2017 – 7 Sa 360/16 (das Gericht hat auch eine Rechtfertigung der Befristung nach § 14 Abs. 1 Satz 2 Nr. 4 und 7 TzBfG sowie einem nach den Nr. 1 bis 8 gleichstehenden – gesetzlich nicht aufgeführten Grund – abgelehnt).
75 BAG 20.2.2008 – 7 AZR 950/06; BAG 8.7.1998 – 7 AZR 388/97.

müssen. Die Prognose ist Teil des Sachgrundes.[76] Die Prognose muss sich darauf erstrecken, dass der betriebliche Bedarf an der Arbeitsleistung nur zeitweise und nicht dauerhaft vorliegt. Die Prognose hat sich darauf zu beziehen, ob im Zeitpunkt des Ablaufs der Befristung mit hinreichender Wahrscheinlichkeit kein Bedarf mehr an der Weiterbeschäftigung des Arbeitnehmers besteht.[77] Eine auf Nr. 1 gestützte Befristung fordert nach der neueren Rechtsprechung eine hinreichende Prognosedichte dahingehend, dass der im Arbeitsvertrag aufgenommene Vertragszweck nicht nur möglicherweise oder wahrscheinlich erreicht wird, sondern dass im Rahmen des Vorsehbaren sicher angenommen werden kann, dass er eintreten wird.[78] Es reicht nicht aus, dass sich lediglich unbestimmt abzeichnet, aufgrund welcher Abläufe eine Tätigkeit des Arbeitnehmers in Zukunft entbehrlich sein könnte. Begründet der Arbeitgeber die Befristung eines Arbeitsverhältnisses damit, ein Arbeitnehmer werde zur Vertretung eines Stammarbeitnehmers, dem vorübergehend höherwertige Aufgaben übertragen worden seien, beschäftigt, muss der Arbeitgeber konkret die Tatsachen vortragen, die die Prognose rechtfertigen, der Stammarbeitnehmer werde wieder zu seinen alten Bedingungen arbeiten.[79] Eine wirksame Befristungsabrede nach Nr. 1 kann sich auch daraus ergeben, dass künftig ein sog. Minderbedarf zu erwarten ist. Dies kann sich bei einer Betriebsschließung ergeben. Hier erfordert die Prognose des Arbeitgebers, dass sich nach der Schließung des Betriebs innerhalb der betrieblichen Organisation kein Beschäftigungsbedarf mehr ergibt.[80]

Etwaige Mängel der Prognose hinsichtlich der Befristungsdauer führen nur zur Unwirksamkeit der vereinbarten Befristung, wenn sie auf den Sachgrund der Befristung selbst durchschlagen. Wird die Prognose durch die spätere Entwicklung bestätigt, besteht eine ausreichende Vermutung dafür, dass sie hinreichend fundiert erstellt worden ist. Es ist dann Sache des Arbeitnehmers, Tatsachen vorzutragen, nach denen zumindest im Zeitpunkt des Vertragsabschlusses diese Prognose nicht gerechtfertigt war. Hat sich die Prognose hingegen nicht bestätigt, muss der Arbeitgeber die ihm bei Vertragsschluss bekannten Tatsachen vorbringen, die ihm jedenfalls zum damaligen Zeitpunkt den hinreichend sicheren Schluss darauf erlaubten, dass nach Ablauf der Befristung kein konkreter Bedarf an der Arbeitsleistung des

---

76 BAG 15.10.2014 – 7 AZR 893/12; BAG 20.2.2008 – 7 AZR 950/06.
77 BAG 16.11.2005 – 7 AZR 81/05; LAG Thüringen 10.1.2012 – 1 Sa 274/11.
78 BAG 15.5.2012 – 7 AZR 35/11.
79 LAG Berlin-Brandenburg 20.12.2011 – 3 Sa 1506/11; a.A.: LAG Berlin-Brandenburg 23.6.2011 – 26 Sa 103/11, danach kann der Arbeitnehmer solange mit der Rückkehr rechnen, solange der befristet abgeordnete Mitarbeiter nicht mitgeteilt habe, nicht wieder an seinen alten Arbeitsplatz zurück zu kehren.
80 BAG 30.10.2008 – 8 AZR 855/07; Sächsisches LAG 18.3.2015 – 5 Sa 314/14.

Arbeitnehmers bestehen werde.[81] Nach der Rechtsprechung des BAG steht es der Befristung eines Arbeitsvertrages nach Nr. 1 aber nicht entgegen, wenn der prognostizierte vorübergehende Bedarf an der Arbeitsleistung noch über das Vertragsende hinaus andauert.[82]

Nicht unter Abs. 1 Satz 2 Nr. 1 zu subsumieren ist die jeder wirtschaftlichen **31** Tätigkeit innewohnende Unsicherheit über die künftige Entwicklung und der dadurch hervorgerufene wechselnde Bedarf an Arbeitskräften.[83] Die allgemeine Unsicherheit über die künftig bestehenden Beschäftigungsmöglichkeiten rechtfertigt eine Befristung nicht.[84] Sie gehört zum unternehmerischen Risiko des Arbeitgebers, das er nicht durch Abschluss eines befristeten Arbeitsvertrags auf die Arbeitnehmer abwälzen darf.[85] Es reicht demnach nicht aus, dass sich lediglich unbestimmt abzeichnet, aufgrund welcher Abläufe eine Tätigkeit eines Arbeitnehmers in Zukunft entbehrlich sein könnte. Der vorübergehende Arbeitskräftebedarf ermächtigt den Arbeitgeber nicht, unbegrenzt befristete Arbeitsverträge abzuschließen. Die Zahl der befristet eingestellten Mitarbeiter muss sich im Rahmen des vorübergehenden Mehrbedarfs halten und darf diesen nicht ohne weiteres überschreiten.[86] Eine vom Arbeitgeber von vornherein beabsichtigte wiederholte Befristung desselben Arbeitnehmers aufgrund mehrerer aufeinander folgender Zeitverträge über einen längeren Zeitraum ist eine unzulässige Daueraushilfe und nicht über Abs. 1 Satz 2 Nr. 1 gedeckt.[87]

§ 6a SGB II eröffnete bundesweit höchstens 69 kommunalen Trägern – den sog. Optionskommunen – die Möglichkeit, auf Antrag anstelle der Bundesagentur für Arbeit als Träger der Leistungen im Rahmen der Grundsicherung für Arbeitsuchende zugelassen zu werden. Das Optionsmodell war zunächst auf die Zeit vom 1. Januar 2005 bis 31. Dezember 2010 begrenzt. Im August 2010 wurden die Zulassungen unter bestimmten Voraussetzungen über den 31. Dezember 2010 hinaus unbefristet verlängert. Streitig war, ob wegen des nur befristeten Optionsmodells der Abschluss befristeter Arbeitsverträge nach § 14 Abs. 1 Satz 2 Nr. 1 wirksam ist. Nach Auffassung der Berufungsgerichte kann die Beschäftigung der Arbeitnehmer nach § 14 Abs. 1 Satz 2 Nr. 1 in diesen Fällen befristet werden.[88] Mehrere Landesarbeitsgerichte haben entschieden, dass eine Befristung des Arbeitsverhältnisses we-

---

81 BAG 23.1.2002 – 7 AZR 461/00, NZA 2002, 871.
82 BAG 14.12.2016 – 7 AZR 688/14.
83 BAG 12.9.1996 – 7 AZR 790/95, BB 1997, 371.
84 BAG 15.10.2014 – 7 AZR 893/12; LAG Nürnberg 25.8.2011 – 5 Sa 688/10.
85 LAG München 15.2.2012 – 8 Sa 693/11.
86 Brunnhöber, Befristete Arbeitsverträge, S. 39; Ring, § 14 TzBfG Rn. 49.
87 MünchArbR/Wank, § 116 Rn. 87.
88 Thüringer LAG 10.1.2012 – 1 Sa 274/11.

gen der Experimentierklausel nach § 6a SGB II wirksam ist.[89] Demgegenüber hat das BAG klargestellt, dass die Kommunen die Befristung ihrer Arbeitnehmer nicht allein mit der Experimentierklausel des § 6a SGB II rechtfertigen können.[90] Nach Auffassung der BAG-Richter reicht es nicht aus, dass eine Aufgabe beim Arbeitgeber möglicherweise entfällt. Die zunächst bestehende Ungewissheit über die Fortführung des Optionsmodells rechtfertigt daher keine Befristung eines Arbeitsvertrags.

32   Die Abhängigkeit von Drittmitteln rechtfertigt für sich genommen keine Befristung nach Abs. 1 Satz 2 Nr. 1. Die Unsicherheit der finanziellen Entwicklung ist für sich allein noch kein sachlicher Grund für eine Befristung.[91] Dementsprechend reicht auch die allgemeine Unsicherheit über das Weiterlaufen von Drittmitteln nicht als Sachgrund für eine Befristung aus.[92]

33   Dagegen kann in der Realisierung einer Projektarbeit ein sachlicher Grund nach Abs. 1 Satz 2 Nr. 1 entstehen.[93] Die Befristung eines Arbeitsvertrags wegen projektbedingten erhöhten Bedarfs ist gerechtfertigt, wenn der Arbeitgeber eine zureichende Prognose des vorübergehenden Mehrbedarfs begründet und zwischen dem befristeten Mehrbedarf und der befristeten Einstellung Kausalität besteht.[94] Auf eine Tätigkeit in einem zeitlich begrenzten Projekt kann sich der Arbeitgeber zur Rechtfertigung eines befristeten Arbeitsvertrags nur dann berufen, wenn es sich bei den im Rahmen des Projekts zu bewältigenden Aufgabe um eine auf vorübergehende Dauer angelegte und gegenüber den Daueraufgaben des Arbeitgebers abgetrennte Zusatzaufgabe handelt.[95] Eine projektbezogene Befristung setzt die zutreffende Prognose des Arbeitgebers voraus, dass für die Beschäftigung des Arbeitnehmers über das vereinbarte Vertragsende hinaus mit hinreichender Sicherheit kein Bedarf mehr besteht. Die Prognose des Arbeitgebers ist nicht deshalb unzutreffend, weil der Arbeitnehmer nach Fristablauf aufgrund seiner Qualifikation auf einem freien Arbeitsplatz in einem anderen Projekt befristet oder unbefristet hätte beschäftigt werden können und der Arbeitgeber dies bei Vertragsschluss hätte erkennen können. Vielmehr muss sich die Prog-

---

89 LAG Niedersachsen 6.12.2011 – 11 Sa 797/11; LAG Niedersachsen 15.12.2011 – 4 Sa 524/11; LAG Niedersachsen 19.1.2012 – 7 Sa 680/11; LAG Berlin-Brandenburg 20.9.2011 – 19 Sa 989/11; LAG Berlin-Brandenburg 25.8.2011 – 14 Sa 977/11; LAG Sachsen-Anhalt 9.7.2012 – 2 Sa 325/11.

90 BAG 11.9.2013 – 7 AZR 107/12.

91 BAG 27.1.1988 – 7 AZR 292/87, AP Nr. 116 zu § 620 BGB – Befristeter Arbeitsvertrag; LAG Köln 24.2.2006 – 11 Sa 1190/05, NZA-RR 2006, 498.

92 BAG 21.1.1987 – 7 AZR 265/85, AP Nr. 4 zu § 620 BGB – Hochschule.

93 LAG Nürnberg 11.7.2012 – 4 Sa 82/12; Hessisches LAG 16.12.2016 – 14 Sa 978/15.

94 LAG Hamm 2.6.2005 – 11 Sa 2299/04.

95 ArbG Würzburg 30.11.2011 – 6 Ca 667/11.

nose des Arbeitgebers auf das konkrete Projekt beziehen.[96] Nicht erforderlich ist nach der Rechtsprechung, dass der befristete Vertrag für die gesamte Dauer des Projekts geschlossen wird. Das bloße Zurückbleiben der Vertragslaufzeit hinter der voraussichtlichen Dauer des Vorhabens ist nicht stets und ohne weiteres geeignet, den sachlichen Grund der Befristung in Frage zu stellen.[97] Dies soll erst dann der Fall sein, wenn eine sinnvolle, den Sachgrund der Befristung entsprechende Mitarbeit des Arbeitnehmers nicht mehr möglich erscheint.

Bei einem befristeten Arbeitsverhältnis wegen einer Projektarbeit muss bereits im Zeitpunkt des Vertragsabschlusses zu erwarten sein, dass die im Rahmen des Projekts durchgeführten Aufgaben nicht dauerhaft anfallen.[98] Für eine solche Prognose müssen ausreichend konkrete Anhaltspunkte vorliegen. Die Prognose des Arbeitgebers muss sich nur auf den durch die Beendigung des konkreten Projekts vorhersehbaren Wegfall des zusätzlichen Arbeitsbedarfs für den befristet eingestellten Arbeitnehmer beziehen. Unerheblich ist dabei, ob der befristet beschäftigte Arbeitnehmer nach Fristablauf aufgrund seiner Qualifikation auf einem freien Arbeitsplatz in einem anderen Projekt befristet oder unbefristet beschäftigt werden könnte.[99] Wird ein Arbeitnehmer für ein bestimmtes Forschungsvorhaben befristet beschäftigt und ist er tatsächlich überwiegend mit projektfremden Tätigkeiten beschäftigt, spricht dies gegen das Vorliegen eines Sachgrundes nach § 14 Abs. 1 Satz 2 Nr. 1 TzBfG. Der Arbeitgeber hat dann die Gründe für den gegenüber der ursprünglich beabsichtigten Vertragsdurchführung geänderten Projektverlauf darzulegen und zu erklären, warum diese bei Vertragsbeginn nicht absehbar waren.[100] Das BAG hat insofern seine Entscheidung vom 16. 11. 2005 bestätigt, wonach eine Befristung nach § 14 Abs. 1 Satz 2 Nr. 1 TzBfG dann nicht gerechtfertigt ist, wenn im Zeitpunkt des Vertragsabschlusses erkennbar war, dass der Arbeitnehmer überwiegend mit anderen als mit projektbezogenen Aufgaben beschäftigt werden wird.[101]

Voraussetzung für Nr. 1 ist die Beschäftigung im Rahmen eines sachlich und zeitlich abgegrenzten Forschungsprojekts oder eines entsprechend umgrenzten Teilprojekts. Erforderlich ist eine schlüssige Prognose, dass das Projekt oder Teilprojekt nach Ablauf der vorgesehenen Zeit endet. Im Zeitpunkt des Vertragsabschlusses müssen ausreichend konkrete Anhaltspunkte dafür

34

---

96 BAG 25. 8. 2004 – 7 AZR 7/04, NZA 2005, 357.
97 BAG 24. 9. 2014 – 7 AZR 987/12; Hessisches LAG 23. 1. 2017 – 16 Sa 703/16.
98 BAG 7. 11. 2007 – 7 AZR 484/06; BAG 24. 10. 2001 – 7 AZR 620/00.
99 BAG 7. 11. 2007 – 7 AZR 484/06; BAG 15. 2. 2006 – 7 AZR 241/05; BAG 25. 8. 2004 – 7 AZR 7/04.
100 BAG 7. 5. 2008 – 7 AZR 146/07.
101 BAG 16. 11. 2005 – 7 AZR 81/05; LAG Berlin-Brandenburg 15. 12. 2016 – 5 Sa 2016.

vorliegen, dass es sich um eine nur zeitweise zu erledigende Aufgabe handelt.[102] Dies ist dann nicht der Fall, wenn es bereits zum Zeitpunkt des Vertragsabschlusses hinreichend wahrscheinlich ist, dass im Anschluss an das Projekt eine Beschäftigung in einem weiteren Projekt mit nicht durchweg anders gelagerter Thematik erfolgen wird.

35   Die Befristung im Rahmen von Projektarbeit hat aber auch weitere Grenzen. Grundsätzlich darf die wirtschaftliche Tätigkeit eines dauerhaft bestehenden Unternehmens oder die Verwaltungstätigkeit desselben nicht in einzelne »Projekte« zerlegt werden, um die Arbeitsverhältnisse dementsprechend zu befristen.[103] Die Beurteilung, ob der Arbeitnehmer in einem Projekt oder im Rahmen von Daueraufgaben des Arbeitgebers beschäftigt werden soll, obliegt den Tatsachengerichten, die den Sachverhalt vollständig und widerspruchsfrei zu würdigen haben.[104] So stellt z. B. die Übernahme eines Auftrags zur Erstellung eines bestimmten Bauwerks für ein Bauunternehmen kein Projekt dar, weil die Erbringung von baulichen Leistungen zu der fortlaufend verfolgten Unternehmenstätigkeit zählt, die auf die Ausführung weiterer Vorhaben gerichtet ist.[105] Dagegen sind sogenannte archäologische Rettungsgrabungen im Bereich der Denkmalpflege jeweils eigene Projekte, auch wenn sie die Länder jährlich in großer Zahl durchführen.[106] Gleiches gilt für ein Projekt im Bereich der Entwicklungshilfe. Bei der Feststellung der in diesem Rahmen erfolgten Aufgabenstellung ist nicht auf die übergeordnete Aufgabe »Entwicklungshilfe« abzustellen, sondern auf die konkrete Aufgabenstellung des Projekts.[107] Der Arbeitgeber, der fortwährend Entwicklungshilfeprojekte durchführt, kann sich auf eine Projektbefristung nach § 14 Abs. 1 Satz 2 Nr. 1 TzBfG aber nur dann berufen, wenn es sich bei dem Projekt um eine auf vorübergehende Dauer angelegte und gegenüber den Daueraufgaben des Arbeitgebers abgrenzbare Zusatzaufgabe handelt.[108]

35a   Die Befristung kann nach § 242 BGB wegen der wiederholten Verlängerung des Arbeitsverhältnisses und dem Abschluss einer Vielzahl aufeinanderfolgender befristeter Arbeitsverträge rechtsmissbräuchlich sein. Ein solcher Missbrauch liegt nach Auffassung des LAG Nürnberg noch nicht vor, wenn die Gesamtdauer von drei befristeten Arbeitsverträgen mit Sachgrund

---

102 BAG 24. 10. 2001 – 7 AZR 620/00, NZA 2003, 153; Hessisches LAG 23. 1. 2017 – 16 Sa 703/16.

103 BAG 27. 7. 2016 – 7 AZR 545/14; LAG Köln 24. 2. 2006 – 11 Sa 1190/05, NZA-RR 2006, 498.

104 BAG 27. 7. 2016 – 7 AZR 545/14; BAG 24. 9. 2014 – 7 AZR 987/12.

105 BAG 7. 9. 2007 – 7 AZR 484/06.

106 BAG 29. 7. 2009 – 7 AZR 907/07; LAG Baden-Württemberg 24. 2. 2017 – 9 Sa 80/16.

107 Hessisches LAG 16. 12. 2016 – 14 Sa 978/15.

108 Hessisches LAG 9. 12. 2016 – 3 Sa 294/16.

11 Jahre und 4 Monate beträgt.[109] Hingegen liegt nach Auffassung des LAG Berlin-Brandenburg ein Rechtsmissbrauch des Arbeitgebers vor, wenn dieser über einen Zeitraum von sechs Jahren und acht Monaten zehn befristete Verträge mit dem Mitarbeiter abschließt.[110] Damit liegt eine unwirksame Befristungsabrede vor. Keinen Rechtsmissbrauch sieht das gleiche Gericht jedoch bei einer Gesamtbefristungsdauer von drei Jahren und sieben Monaten (drei Unterbrechungen von insgesamt acht Monaten).[111]

Bei absehbaren Betriebsstilllegungen ist der Abschluss eines befristeten Arbeitsvertrags sachlich gerechtfertigt, wenn die Einstellung erfolgt, um den Betrieb wenigstens bis zur Stilllegung aufrechterhalten zu können.[112] Abs. 1 Satz 2 Nr. 1 gilt also auch im Fall der Insolvenz. Allein die Insolvenzabwicklung rechtfertigt keine Befristung des Arbeitsvertrags.[113] Der Insolvenzverwalter kann aber im gleichen Umfang wie andere Arbeitgeber Arbeitsverhältnisse für Abwicklungsarbeiten befristet abschließen, wenn in der Belegschaft keine geeigneten Mitarbeiter zur Verfügung stehen. **36**

Ausbildung/Studium

Nach **Abs. 1 Satz 2 Nr. 2** liegt ein sachlicher Grund vor, wenn ein Arbeitnehmer im Anschluss an eine Ausbildung oder ein Studium befristet beschäftigt wird, um ihm den Übergang in eine Anschlussbeschäftigung zu erleichtern. Ziel ist es, dem befristet beschäftigten Arbeitnehmer die Möglichkeit zu geben, erste Berufserfahrungen zu sammeln. Erfasst wird besonders auch der Fall, dass ein Arbeitnehmer, der als Werkstudent bei dem Arbeitgeber beschäftigt war, nach dem Studium bei diesem Arbeitgeber erneut befristet beschäftigt wird.[114] Die bloße Tatsache, dass ein Arbeitnehmer als Student immatrikuliert ist, vermag keinen Sachgrund nach § 14 Abs. 1 Satz 2 Nr. 2 darzustellen.[115] **37**

Unter »Ausbildung« i. S. v. Abs. 1 Satz 2 Nr. 2 ist jede Art von Ausbildung zu verstehen. Der Tatbestand umfasst daher sowohl die Berufsausbildung nach dem BBiG als auch jede andere Form der betrieblichen Ausbildung.[116] Eine Berufsausbildung i. S. d. Berufsbildungsgesetzes wird nicht vorausgesetzt.[117] Nach Auffassung des BAG liegt eine Ausbildung vor, wenn ein systematisch **38**

109 LAG Nürnberg 11.7.2012 – 4 SA 82/12.
110 LAG Berlin-Brandenburg 4.2.2015 – 15 Sa 1947/14.
111 LAG Berlin-Brandenburg 4.2.2015 – 15 Sa 2033/14.
112 MünchArbR/Wank, § 116 Rn. 89.
113 LAG Düsseldorf 8.3.1994 – 16 Sa 163/94, LAGE § 620 BGB Nr. 33; Däubler/Deinert/Zwanziger, KSchR, § 14 TzBfG Rn. 40; Boewer, § 14 TzBfG Rn. 107.
114 BT-Drs. 14/4374, S. 19.
115 ArbG Stuttgart 23.4.2004 – 23 Ca 11530/03, AuR 2004, 355.
116 MünchArbR/Wank, § 116 Rn. 103, ErfKo/Müller-Glöge, § 14 TzBfG Rn. 47.
117 Preis/Hausch, NJW 2002, 933 m.w.N.

vermitteltes Ausbildungsziel verfolgt wird und keine reine Betriebsausbildung ohne Eigenwert vorliegt.[118] Eine Promotion ist keine Ausbildung i. S. v. Abs. 1 Satz 2 Nr. 2.[119] Innerbetriebliche Fortbildungen unterfallen ebenfalls nicht dem Begriff der »Ausbildung«.

39 Nicht vom Anwendungsbereich von Abs. 1 Satz 2 Nr. 2 umfasst ist eine Befristung im Anschluss an eine Fort- bzw. Weiterbildung.[120] Gleiches gilt auch für die über die Bundesagentur für Arbeit geförderten Weiterbildungs- und Umschulungsmaßnahmen.[121]

40 Unklar ist zudem, ob der sachliche Grund der Befristung auch dann besteht, wenn der Auszubildende seine Ausbildung in einem anderen Betrieb abgeschlossen hat. Mangels einer entsprechenden Einschränkung im Gesetz und der in Rn. 37 beschriebenen Zielsetzung wird man aber auch die befristete Einstellung eines von einem anderen Betrieb Ausgebildeten unter Nr. 2 subsumieren müssen.[122]

41 Unter den Begriff »Studium« fallen sowohl das Hochschul- als auch das Fachhochschulstudium.[123] Der Anwendungsbereich von Abs. 1 Satz 2 Nr. 2 umfasst dabei sowohl öffentliche als auch private Ausbildungsstätten.[124] Unerheblich ist es, ob die Hochschulausbildung im Geltungsbereich des HRG erbracht wurde und ob das Studium erfolgreich abgeschlossen wurde.[125] Allerdings reicht allein die Immatrikulation nicht aus, um den Tatbestand zu erfüllen.

42 Bereits vor Inkrafttreten des TzBfG war die Anschlussbeschäftigung aus sozialen Gründen ein anerkannter Befristungsgrund.[126] Sachlich gerechtfertigt war u. a. die Befristung von Arbeitsverträgen, mit denen dem Arbeitnehmer Gelegenheit gegeben wurde, eine noch fehlende Qualifikation zu erwerben.[127]

43 »Im Anschluss an eine Ausbildung oder ein Studium« bedeutet, dass ein enger zeitlicher Zusammenhang zwischen dem Ende der Ausbildung oder des

---

118 BAG 18. 12. 1986 – 2 AZR 717/85.
119 ErfKo/Müller-Glöge, § 14 TzBfG Rn. 47.
120 Preis/Hausch, NJW 2002, 933.
121 Ebenso Däubler/Deinert/Zwanziger, KSchR, § 14 TzBfG Rn. 55; Blanke, AiB 2000, 735; Meinel/Heyn/Herms, § 14 TzBfG Rn. 24, der allerdings Umschulungsmaßnahmen unter Nr. 2 subsumiert; zweifelnd Kliemt, NZA 2001, 296; a. A. Boewer, § 14 TzBfG Rn. 113.
122 Ebenso Hromadka, BB 2001, 621; Worzalla/Will/Mailänder/Worch/Heise, § 14 TzBfG Rn. 22; a. A. Kliemt, NZA 2001, 296.
123 Boewer, § 14 TzBfG Rn. 114.
124 Meinel/Heyn/Herms, § 14 TzBfG Rn. 25.
125 ErfKo/Müller-Glöge, § 14 TzBfG Rn. 45.
126 Z.B. BAG 24. 1. 1996 – 7 AZR 496/95, AP Nr. 179 zu § 620 BGB – Befristeter Arbeitsvertrag mit Anm. von Plander.
127 BAG 26. 4. 1985 – 7 AZR 316/84, AP Nr. 91 zu § 620 BGB – Befristeter Arbeitsvertrag.

Studiums und des befristeten Arbeitsverhältnisses bestehen muss.[128] Eine nahtlose Anschlussbeschäftigung ist aber nicht erforderlich.[129] In aller Regel wird eine Zeitspanne von drei Monaten zwischen Ausbildung bzw. Studium und Anschlussbefristung Grenze sein.[130] Die absolute zeitliche Höchstgrenze wird in außergewöhnlichen Fällen bei vier Monaten nach Beendigung der Ausbildung oder des Studiums liegen. Dies ergibt sich u. a. aus der Wertung aus Abs. 3 Satz 1.[131]

Eine »Anschlussbeschäftigung« ist nur gegeben, wenn es sich um die erste **44** Beschäftigung auf Grundlage eines Arbeitsvertrags handelt.[132] Eine Befristung nach Nr. 2 ist nach Auffassung des BAG ausgeschlossen, sofern nach der Ausbildung bereits ein Arbeitsverhältnis bestand.[133] § 14 Abs. 1 Satz 2 Nr. 2 TzBfG lässt also nur den einmaligen Abschluss eines befristeten Arbeitsvertrags im Anschluss an die Ausbildung zu, nicht jedoch dessen Verlängerung.[134] Grund ist hier, dass nach der Rechtsprechung eine entsprechende Vertragsverlängerung eine eigenständige Befristung enthält. § 14 Abs. 1 Satz 2 Nr. 2 sieht die Verlängerung eines im Anschluss an die Ausbildung oder das Studium abgeschlossenen Arbeitsvertrags nicht vor.[135] Offengelassen hat das BAG die Frage, ob in Ausnahmefällen eine »Zwischenbeschäftigung« unbeachtlich ist, etwa wenn der Arbeitnehmer nach der Ausbildung oder dem Studium einen kurzfristigen Gelegenheitsjob für wenige Stunden oder Tage nachgegangen ist.[136] Ungeklärt ist auch die Frage, ob die Anschlussbeschäftigung bei demselben Arbeitgeber erfolgen muss.

Die Höchstdauer eines befristeten Arbeitsvertrags nach Abs. 1 Satz 2 Nr. 2 ist **45** im Gesetz selbst nicht geregelt. Zweck von Nr. 2 ist es, dem Ausgebildeten erste Berufserfahrungen zu ermöglichen. Wegen dieser Zweckverfolgung kommen Langzeitbefristungen nicht in Betracht. Befristungen mit einer

---

128 MünchArbR/Wank, § 116 Rn. 105; Hromadka, BB 2001, 621.
129 Hromadka, BB 2001, 621; a. A. ErfKo/Müller-Glöge, § 14 Rn. 46, wonach das befristete Arbeitsverhältnis eines zuvor als Auszubildender Beschäftigten spätestens am Tag nach Beendigung des Ausbildungsverhältnisses begründet werden muss.
130 Däubler, ZIP 2001, 217.
131 Kliemt, NZA 2001, 296; a. A. MünchArbR/Wank, § 116 Rn. 105; Boewer, § 14 TzBfG Rn. 117, der für derartige zeitliche Einschränkungen keinen Grund sieht; Meinel/Heyn/Herms, § 14 TzBfG Rn. 25 ff.
132 BAG 24. 8. 2011 – 7 AZR 368/10; Meinel/Heyn/Herms, § 14 TzBfG Rn. 26; a. A. Hromadka, BB 2001, 621.
133 BAG 24. 8. 2011 – 7 AZR 368/10.
134 LAG Berlin-Brandenburg 19. 9. 2008 – 13 Sa 931/08; BAG 10. 10. 2007 – 7 AZR 795/06.
135 BAG 10. 10. 2007 – 7 AZR 795/06.
136 BAG 24. 8. 2011 – 7 AZR 368/10 m. w. N.

Dauer von mehr als einem Jahr sind über den Tatbestand des Abs. 1 Satz 2 Nr. 2 nicht zulässig.[137]

46 Bei der Weiterbeschäftigung im Anschluss an eine Ausbildung ist zum einen § 24 BBiG zu beachten. Danach gilt ein Arbeitsverhältnis als auf unbestimmte Zeit begründet, wenn der Auszubildende im Anschluss an das Berufsausbildungsverhältnis beschäftigt wird, ohne dass hierüber ausdrücklich etwas vereinbart wurde. Zum anderen hat nach § 78a BetrVG das Mitglied der Jugend- und Auszubildendenvertretung nach Abschluss der Ausbildung Anspruch gegen den Arbeitgeber auf Übernahme in ein unbefristetes Arbeitsverhältnis. Durch das Übernahmeverlangen eines gem. § 78a BetrVG geschützten Auszubildenden kann kraft Gesetzes nur ein unbefristetes Arbeitsverhältnis entstehen. Die Begründung eines befristeten Arbeitsverhältnisses bedarf stets einer dahingehenden vertraglichen Vereinbarung.[138]

Vertretung

47 Nach **Abs. 1 Satz 2 Nr. 3** ist die befristete Einstellung eines Arbeitnehmers zur Vertretung eines zeitweilig ausfallenden Mitarbeiters regelmäßig durch einen sachlichen Grund gerechtfertigt. Dem Sachgrund der Vertretung eines vorübergehenden an der Arbeitsleistung verhinderten Arbeitnehmers wohnt der Gedanke inne, dass es sich hierbei um eine Situation handelt, in der der Arbeitgeber eine unvorhersehbare Vertretungssituation bewältigen muss. Ein Vertretungsfall liegt nach der Gesetzesbegründung u. a. vor, wenn durch den zeitweiligen Ausfall eines Arbeitnehmers, z. B. wegen Krankheit,[139] Beurlaubung, Einberufung zum Wehrdienst,[140] Abordnung ins Ausland,[141] ein vorübergehender Bedarf einer Beschäftigung eines anderen Arbeitnehmers entsteht. Dies gilt auch dann, wenn ein Arbeitnehmer einen Beamten zu vertreten hat.[142] Die Gewährung des jährlichen Urlaubs stellt jedoch keine unvorhersehbare Vertretungssituation dar, sondern folgt Jahr für Jahr direkt aus § 1 BUrlG. Diese durch den normalen Jahresurlaub entstehenden Personalengpässe hat der Arbeitgeber durch eine entsprechende Planung zu organisieren.[143]

---

137 So auch Kliemt, NZA 2001, 296; Nielebock, AiB 2001, 78; Däubler, ZIP 2001, 217; MünchArbR/Wank, § 116 Rn. 109; Däubler/Deinert/Zwanziger, KSchR, § 14 TzBfG Rn. 56 mit Hinweis auf die Gesetzesbegründung, die auf tariflichen Bestimmungen in vielen Wirtschaftsbereichen Bezug nimmt; a. A. Hromadka, BB 2001, 621, der eine Höchstdauer von zwei Jahren für zulässig erachtet.

138 BAG 24.7.1991 – 7 ABR 68/90, NZA 1992, 174.

139 BAG 21.2.2001 – 7 AZR 200/00, DB 2001, 1509.

140 BAG 6.6.1984 – 7 AZR 458/82, NZA 1985, 90.

141 BAG 10.4.1985 – 7 AZR 136/84, unveröffentlicht.

142 BT-Drs. 14/4374, S. 19.

143 ArbG Bremerhaven 21.8.2012 – 4 Ca 4196/11.

Streitig ist, ob der Tatbestand der Vertretung voraussetzt, dass die zu vertretende Stammkraft betrieblich abwesend ist. § 14 Abs. 1 Satz 2 Nr. 3 kann nach einer Auffassung in der Rechtsprechung auch dann vorliegen, wenn die Stammkraft innerbetrieblich mit anderen Aufgaben betraut ist.[144] Der Arbeitgeber muss in diesem Fall aber eine auf Tatsachen beruhende Prognose erstellen, dass mit der Rückkehr der Stammkraft auf den ursprünglichen Arbeitsplatz zu rechnen ist und damit für die Vertretungskraft nach Vertragsende kein Beschäftigungsbedarf besteht. Nach anderer Auffassung kommt die Vertretungsbefristung dann nicht in Betracht, wenn der vertretene Arbeitnehmer nur mit anderen Aufgaben betraut ist, aber weiterhin im Betrieb eingesetzt wird.[145]

Eine Befristung kann nach der Rechtsprechung des BAG auch zur Vertretung eines noch einzustellenden Mitarbeiters erfolgen, sog. Platzhalterbefristung.[146] In Anbetracht des Wortlauts von Abs. 1 Satz 2 Nr. 3 (zur Vertretung eines anderen »Arbeitnehmers«) kann dies aber nur für den Fall gelten, dass sich der Arbeitgeber bereits im Zeitpunkt des Abschlusses des befristeten Arbeitsvertrags gegenüber einem auf unbestimmte Zeit einzustellenden Arbeitnehmer vertraglich gebunden hat.[147] Zulässig ist auch die Befristung zur Vertretung eines von der Arbeit freigestellten Betriebsrats- bzw. Personalratsmitglieds.[148] **48**

Nach aktueller Rechtsprechung des BAG steht einer Vertretungsbefristung nach Nr. 3 nicht entgegen, dass der Arbeitgeber über keine ausreichende Personalreserve für Fälle von Krankheit, Urlaub oder Freistellung verfügt, um das regelmäßige Arbeitspensum mit unbefristet beschäftigtem Stammpersonal zu bewältigen.[149] **49**

Der sachliche Rechtfertigungsgrund einer Befristungsabrede nach Abs. 1 Satz 2 Nr. 3 liegt darin, dass der Arbeitgeber bereits zu einem vorübergehend ausfallenden Mitarbeiter in einem Rechtsverhältnis steht und mit der Rückkehr dieses Mitarbeiters rechnet. Teil des Sachgrundes der Vertretung ist die Prognose über den voraussichtlichen Wegfall des Vertretungsbedarfs und die Rückkehr des Vertretenen. Es dürfen keine Anhaltspunkte dafür vorliegen oder sich keine erheblichen Zweifel daran aufdrängen, dass der Vertretene seine Arbeit nicht wieder aufnimmt. Die Befristung eines Arbeitsver- **50**

---

144 LAG Stuttgart 21. 5. 2012 – 1 Sa 34/11; LAG Düsseldorf 24. 2. 2011 – 5 Sa 1647/10; LAG Köln 30. 5. 2011 – 2 Sa 209/11; Hunold, DB 2012, 288.
145 LAG Köln 16. 3. 2011 – 9 Sa 1308/10; LAG Rostock 26. 5. 2010 – 2 Sa 321/09; LAG München 15. 2. 2012 – 8 Sa 693/11.
146 BAG 21. 12. 1999, BB 2000, 15125.
147 BAG 6. 11. 1996 – 7 AZR 126/96, NZA 1997, 716; LAG Mecklenburg-Vorpommern 12. 2. 2004 – 1 Sa 271/03.
148 BAG 20. 2. 2002 – 7 AZR 600/00.
149 BAG 24. 8. 2016 – 7 AZR 41/15, AP Nr. 144 zu § 14 TzBfG; BAG 13. 2. 2013 – 7 AZR 255/11.

trags kann nicht mit dem Sachgrund der Vertretung gerechtfertigt werden, wenn der zu Vertretende nicht mehr an seinen Arbeitsplatz zurückkehren wird. Hierzu bedarf es einer Prognose in tatsächlicher Hinsicht. Die Planungen des Arbeitgebers sind für sich allein nicht ausschlaggebend.[150]

51 Sofern nicht besondere Umstände vorliegen, kann der Arbeitgeber grundsätzlich davon ausgehen, dass die vertretene Stammkraft wieder an ihren Arbeitsplatz zurückkehren will.[151] Das heißt konkret: Der Arbeitgeber darf und muss mit der Rückkehr des vertretenen Arbeitnehmers auf dessen Arbeitsplatz rechnen, solange dieser nicht vor Abschluss des befristeten Arbeitsvertrags mit der Vertretungskraft verbindlich erklärt hat, dass er die Arbeit nicht wieder aufnehmen werde.[152] Besondere Erkundigungspflichten, ob der vertretene Arbeitnehmer wieder auf seinen Arbeitsplatz zurückkehren wird, bestehen für den Arbeitgeber nicht. Etwas anderes gilt nur dann, wenn der Arbeitgeber aufgrund der ihm vorliegenden Informationen erhebliche Zweifel daran haben muss, ob mit einer Rückkehr der Stammkraft überhaupt noch gerechnet werden kann.[153] Ist dem Arbeitgeber bekannt, dass die vertretene Stammkraft vom Rentenversicherungsträger wegen vollständiger Erwerbsminderung unbefristet verrentet worden ist, darf er ohne weitere Aufklärung des Sachverhalts nicht mehr von einem Vertretungsfall ausgehen, nur weil die Stammkraft Widerspruch gegen den Rentenbescheid eingelegt hat.[154]
Der Arbeitgeber kann auch bei mehrfacher Vertretung davon ausgehen, dass die zu vertretende Stammkraft auf ihren Arbeitsplatz zurückkehren wird.[155] Die Befristung ist dann unzulässig, wenn die Stammkraft vor Abschluss des befristeten Arbeitsvertrags gegenüber dem Arbeitgeber verbindlich erklärt hat, dass sie die Arbeit nicht wieder aufnehmen werde.[156] Hat die zu vertretende Stammkraft dem Arbeitgeber nicht verbindlich erklärt, dass sie die Arbeit nicht wieder aufnehmen werde, darf und muss der Arbeitgeber nach Auffassung des BAG mit ihrer Rückkehr an den Arbeitsplatz rechnen.[157] Der Arbeitgeber kann im Falle der Abordnung einer Stammkraft in der Regel nicht schon dann mit der Rückkehr der Stammkraft rechnen, wenn diese einen Anspruch auf Wiederaufnahme ihrer bisherigen Tätigkeit hat.[158]

---

150 LAG Köln 8. 9. 2011 – 7 Sa 87/11.
151 BAG 27. 6. 2001 – 7 AZR 326/00, NZA 2002, 168; BAG 21. 2. 2001 – 7 AZR 200/00, NZA 2001, 1382; BAG 11. 11. 1998 – 7 AZR 328/97, NZA 1999, 1211.
152 LAG Rheinland-Pfalz 5. 7. 2012 – 11 Sa 26/12.
153 BAG 21. 2. 2000 – 7 AZR 200/00; LAG Mecklenburg-Vorpommern 23. 8. 2011 – 5 Sa 40/11.
154 LAG Mecklenburg-Vorpommern 23. 8. 2011 – 5 Sa 40/11.
155 BAG 13. 10. 2004 – 7 AZR 654/03, NZA 2005, 469.
156 BAG 2. 7. 2003 – 7 AZR 529/02; BAG 13. 10. 2004 – 7 AZR 654/03, NZA 2005, 469.
157 BAG 25. 3. 2009 – 7 AZR 34/08.
158 BAG 12. 4. 2017 – 7 AZR 436/15, PersR 2017, Nr. 12, 37 = NZA 2017, 1253.

Im Fall einer Befristung als Krankheitsvertretung ist die Prognose, der erkrankte Mitarbeiter werde auf seinen Arbeitsplatz zurückkehren, Teil des Sachgrundes. Der Arbeitgeber kann aber im Regelfall davon ausgehen, dass der erkrankte Arbeitnehmer wieder an seinen Arbeitsplatz zurückkehrt.[159] Die Voraussetzung nach Abs. 1 Satz 2 Nr. 3 liegt aber nicht vor, wenn der befristete Vertrag bis zum Ausscheiden des Vertretenden befristet ist.[160] Nimmt die Stammkraft ihre bisherige Tätigkeit nur in reduziertem Umfang wieder auf, entfällt damit der Vertretungsbedarf im bisherigen Umfang.[161] Die befristete Einstellung bei der Krankheitsvertretung muss nicht zwingend für die gesamte Dauer der Erkrankung erfolgen.[162] Auch der befristete Bezug einer vollen Erwerbsminderungsrente rechtfertigt nach der Rechtsprechung eine Vertretung nach § 14 Abs. 1 Satz 2 Nr. 3 TzBfG.[163]

52

Zulässig ist auch die befristete Einstellung eines Arbeitnehmers als Urlaubsvertretung. Die Befristung ist aber nicht gerechtfertigt, wenn die befristete Einstellung für 10,5 Monate zur »Vertretung der 1. Erholungsreihe« erfolgt, welche aus einer Aneinanderreihung der jährlichen Urlaubszeiten von 15 Arbeitnehmern gebildet wird. Der dargestellte Beschäftigungsbedarf besteht Jahr für Jahr in gleicher Weise.[164] Kann aber auf Grundlage der Beweisaufnahme nicht festgestellt werden, ob zum Zeitpunkt des Vertragsabschlusses eines befristeten Arbeitsvertrags tatsächlich die Erholungsurlaubstage für den oder die zu vertretenden Beschäftigten beantragt oder fest zugesagt waren, kommt eine Vertretungsbefristung nicht in Betracht.[165]

53

Auch durch die vorübergehende Abordnung einer Stammkraft kann ein Vertretungsbedarf im Sinne von Nr. 3 entstehen. Der Sachgrund der Vertretung kommt bei einem anderweitigen Einsatz eines Stammarbeitnehmers im Unternehmen allerdings nur in Betracht, wenn der Arbeitgeber die damit verbundene Umorganisation unmittelbar oder mittelbar mit einer befristeten Neueinstellung verknüpft, wenn also der befristet beschäftigte Arbeitnehmer unmittelbar für die anderweitig eingesetzte Stammkraft beschäftigt wird oder sich die Verbindung zu diesem anderweitigen Einsatz durch eine Vertretungskette vermittelt.[166]

53a

Die Prognose des Arbeitgebers muss sich darauf erstrecken, dass der Vertretungsbedarf durch die Rückkehr des abwesenden Mitarbeiters wieder entfällt. Allerdings bezieht sich die erforderliche Prognose des Arbeitgebers

54

---

159 BAG 23.1.2002 – 7 AZR 440/00, NZA 2002, 665.
160 BAG 23.1.2002 – 7 AZR 440/00, NZA 2002, 665.
161 BAG 6.12.2000 – 7 AZR 262/99, EzA § 620 BGB Nr. 172.
162 LAG Rostock 27.11.2003 – 1 Sa 205/03.
163 LAG Baden-Württemberg 19.6.2017 – 1 Sa 7/17.
164 LAG Hamm 21.10.2004 – 11 Sa 688/04, EzA-SD 2005, Nr. 7, 12.
165 LAG Hamm 25.10.2007 – 15 Sa 1894/06.
166 BAG 12.4.2017 – 7 AZR 436/15, PersR 2017, Nr. 12, 37 = NZA 2017, 1253.

nicht auf den konkreten Zeitpunkt dieser Rückkehr und damit auf die Dauer des Vertretungsbedarfs.[167] Insofern ist auch eine Kongruenz zwischen dem Vertretungsbedarf und der konkret mit dem Vertreter vereinbarten Befristungsdauer nicht erforderlich. Anzahl und Dauer der Befristungen können aber Indiz für das Fehlen eines Sachgrundes sein. Geht die vereinbarte Vertragslaufzeit erheblich über das zum Zeitpunkt des Vertragsabschlusses prognostizierte Ende des Vertretungsbedarfs hinaus, kann dies den Schluss darauf zulassen, dass der behauptete Sachgrund für die Befristung der Vertretung nur vorgeschoben ist.[168] Dies ist z. B. der Fall, wenn bereits bei Abschluss des befristeten Arbeitsvertrags eine über den Endtermin der Befristung hinausgehende Beschäftigung des Arbeitnehmers geplant war.

55   Die Vertretung muss erforderlich sein, um einen anderen Arbeitnehmer zu ersetzen. Wird ein Arbeitnehmer zur Vertretung einer aufgrund von Kurzerkrankungen häufig ausfallenden Stammkraft eingestellt, so ist die Vertretung sachlich nicht gerechtfertigt, wenn der eingestellte Arbeitnehmer durchgehend auch in den Zeiträumen beschäftigt wird, in denen keine Stammkraft fehlt.[169] Eine befristete Einstellung zur Gesamtvertretung[170] dürfte mit dem eindeutigen Gesetzeswortlaut nicht mehr zu vereinbaren sein.[171] Die Entscheidung des BAG v. 20.1.1999 wird in der Literatur zu Recht kritisiert, da hier ein quantitativ bestimmbarer dauernder Vertretungsbedarf vorliegt, der vom Gesetzeswortlaut und -zweck nicht gedeckt ist.[172]

56   Eine mittelbare Vertretung ist mit dem Wortlaut von Abs. 1 Satz 2 Nr. 3 kaum in Einklang zu bringen.[173] Eine mittelbare Vertretung liegt vor, wenn der Arbeitgeber die Arbeit des Vertretenen besser durch einen anderen Arbeitnehmer des Betriebs und nicht durch den befristet eingestellten Arbeitnehmer erledigen möchte. Stattdessen weist der Arbeitgeber dem befristet eingestellten Arbeitnehmer die Aufgaben des anderen Arbeitnehmers zu. Nach der Rechtsprechung des BAG ist die mittelbare Vertretung über § 14

---

167 BAG 6.12.2000 – 7 AZR 262/99, EzA § 620 BGB Nr. 172.
168 LAG Rheinland-Pfalz 28.3.2017 – 8 Sa 418/16.
169 LAG Köln 21.3.2012 – 9 Sa 1030/11.
170 So BAG 20.1.1999 – 7 AZR 640/97, NZA 1999, 929 – Gesamtvertretungsbedarf einer Schulverwaltung.
171 Preis/Gotthardt, DB 2000, 2965; Worzalla/Will/Mailänder/Worch/Heise, § 14 TzBfG Rn. 31; a. A. Boewer, § 14 TzBfG Rn. 126; BAG 20.1.1999 – 7 AZR 640/97, AP Nr. 138 zu § 611 BGB – Lehrer, Dozenten.
172 Däubler/Deinert/Zwanziger, KSchR, § 14 TzBfG Rn. 66; ebenso Meinel/Heyn/Herms, § 14 TzBfG Rn. 37.
173 Preis/Gotthardt, DB 2000, 2065; a. A. Hromadka, BB 2001, 623; Meinel/Heyn/Herms, § 14 TzBfG Rn. 31; Boewer, § 14 TzBfG Rn. 126; LAG Rheinland-Pfalz 3.7.2014 – 2 Sa 557/13; LAG Hamm 27.1.2005 – 11 Sa 1356/04; LAG Rheinland-Pfalz 17.3.2004 – 9 Sa 1177/03, MDR 2004, 1123.

Abs. 1 Satz 2 Nr. 3 zulässig.[174] Danach setzt der Sachgrund der Vertretung nicht voraus, dass der befristet zur Vertretung eingestellte Mitarbeiter die vorübergehend ausfallende Stammkraft unmittelbar vertritt und die von ihr bisher ausgeübten Tätigkeiten erledigt.[175] Voraussetzung für eine derartige mittelbare Vertretung ist aber, dass zwischen dem zeitweiligen Ausfall von Stammarbeitnehmern und der befristeten Einstellung von Aushilfsarbeitnehmern ein ursächlicher Zusammenhang besteht.[176] Anders ist es aber, wenn der Arbeitgeber bei Abschluss des befristeten Arbeitsvertrags den Arbeitnehmer nicht lediglich zur Vertretung eines bestimmten, vorübergehend an der Arbeitsleistung verhinderten Arbeitnehmers einstellen, sondern ihn zur Vertretung einer bei Vertragsschluss noch nicht absehbaren Vielzahl von Vertretungsfällen einsetzen will. Dann liegt eine Dauervertretung vor, die zur Unwirksamkeit der Befristung führt.[177]

Werden dem befristet beschäftigten Arbeitnehmer Aufgaben übertragen, die der vertretene Mitarbeiter zu keinem Zeitpunkt ausgeübt hat, besteht der erforderliche Kausalzusammenhang nur, wenn der Arbeitgeber rechtlich und tatsächlich in der Lage wäre, dem Vertretenen die Aufgaben des Vertreters zuzuweisen.[178] Dafür reicht allein die Austauschbarkeit der Arbeitnehmer nicht aus. Vielmehr ist eine konkrete Darstellung erforderlich, wie die Arbeit umorganisiert worden ist oder hätte umorganisiert werden können, um die Aushilfskraft zumindest mittelbar noch als Vertreterin des zu vertretenden Arbeitnehmers ansehen zu können.[179] Der Sachgrund der Vertretung liegt nach Auffassung des BAG auch dann vor, wenn der befristet beschäftigte Arbeitnehmer Aufgaben wahrnimmt, die der Arbeitgeber einem vorübergehend abwesenden Arbeitnehmer bei dessen unveränderter Weiterarbeit oder nach seiner Rückkehr tatsächlich und rechtlich übertragen könnte.[180] Der Arbeitgeber ist rechtlich nicht in der Lage, der abwesenden Stammkraft im Falle ihrer Weiterarbeit einseitig die vom Vertreter wahrgenommenen Arbeitsaufgaben zu übertragen, wenn die von der Stammkraft geschuldete Tätigkeit tariflich nicht gleichwertig mit der dem Vertreter übertragenen Tätigkeit ist.[181] Diese Rechtsprechung kann mittlerweile als gefestigt angesehen

---

174 BAG 12. 1. 2011 – 7 AZR 194/09, NZA 2011, 1011; BAG 15. 2. 2006 – 7 AZR 232/05, BB 2006, 1453; LAG Rheinland-Pfalz 3. 7. 2014 – 2 Sa 557/13.
175 BAG 12. 1. 2011 – 7 AZR 194/09, NZA 2011, 1011; BAG 14. 4. 2010 – 7 AZR 121/09; BAG 20. 1. 2010 – 7 AZR 542/08; BAG 25. 3. 2009 – 7 AZR 34/08.
176 BAG 12. 1. 2011 – 7 AZR 194/09.
177 LAG Rheinland-Pfalz 3. 7. 2014 – 2 Sa 557/13.
178 BAG 25. 3. 2009 – 7 AZR 35/08.
179 BAG 25. 8. 2004, NZA 2005, 472.
180 BAG 15. 2. 2006, BB 2006, 1453.
181 BAG 12. 1. 2011 – 7 AZR 194/09, NZA 2011, 507.

werden.[182] Die Vertretungsbefristung ist auch dann gerechtfertigt, wenn die Vertretungskraft mit einer geringeren regelmäßigen Arbeitszeit beschäftigt wird, als mit dem vorübergehend abwesenden Arbeitnehmer vereinbart ist.[183]

57   Der Arbeitgeber hat u. a. darzulegen, dass er rechtlich und tatsächlich die Möglichkeit hat, den vertretenen Mitarbeiter in den Arbeitsbereich des Vertreters umzusetzen.[184] Der Sachgrund der Befristung nach § 14 Abs. 1 Satz 2 Nr. 3 TzBfG setzt einen Kausalzusammenhang zwischen dem zeitweiligen Ausfall des Vertretenen und der Einstellung des Vertreters voraus. Dieser Kausalzusammenhang liegt nach Auffassung des LAG Köln auch dann vor, wenn sich die Arbeitsaufgaben seit dem Arbeitsausfall der Stammkraft durch technischen Fortschritt ändern oder die Vertretungskraft im Wege des Zeitaufstiegs in eine höhere Vergütungsgruppe als die Stammkraft aufrückt.[185] Der prozessualen Darlegungs- und Beweislast kann durch entsprechenden Vortrag unter Nennung von Zeugen genügt werden. Unzureichend ist hingegen die schlichte Vorlage von – vor allem nachträglich erstellten – Einsatzplänen oder zeitlich nicht zuzuordnenden Auszügen aus einem elektronischen Personalbuchungssystem.[186]

58   Der Arbeitgeber kann grundsätzlich frei darüber entscheiden, ob und in welchem Umfang er einen Arbeitskräfteausfall überhaupt überbrücken will. Es ist ihm daher nicht verwehrt, bei Ausfall mehrerer Stammkräfte nur für eine von ihnen eine Vertretungskraft einzustellen.[187] Der Arbeitgeber ist auch nicht gehalten, die Aushilfe für den gesamten Zeitraum des Vertretungsbedarfs einzustellen. Es liegt im unternehmerischen Ermessen, ob der Arbeitgeber die Arbeit teilweise oder zeitweise auch auf andere Arbeitnehmer verteilt oder ob er für den gesamten Vertretungszeitraum eine Vertretung einstellt.[188] Das BAG hat diesen Standpunkt, also dass der Sachgrund der Vertretung nicht erfordert, dass die Laufzeit des befristeten Arbeitsvertrags mit der Vertretungskraft mit der voraussichtlichen Dauer der Arbeitsverhinderung des zu vertretenden Arbeitnehmers übereinstimmt, in mehre-

---

182 Siehe BAG 12. 1. 2011 – 7 AZR 194/09; LAG Köln 26. 11. 2008 – 9 Sa 846/08, LAG Köln 26. 2. 2008 – 9 Sa 1196/07; ebenso BAG 18. 4. 2007 – 7 AZR 255/06 und BAG 15. 2. 2006 – 7 AZR 232/06.

183 LAG Köln 26. 2. 2008 – 9 Sa 1196/07.

184 BAG 17. 4. 2002 – 7 AZR 665/00, AP Nr. 21 zu § 2 BAT SR 2y; LAG Hamm 25. 11. 2003 – 5 (12) Sa 687/03, LAGE § 14 TzBfG Nr. 12a; LAG Hamm 31. 10. 2003 – 5 Sa 1396/03, LAGReport 2004, 253.

185 LAG Köln 26. 6. 2008 – 10 Sa 799/07.

186 LAG Rheinland-Pfalz 17. 3. 2004 – 9 Sa 1177/03, MDR 2004, 1123.

187 LAG Rheinland-Pfalz 5. 7. 2017 – 4 Sa 484/16.

188 BAG 22. 11. 1995 – 2 AZR 644/94, NZA 1996, 876.

ren Entscheidung bestätigt. Der Arbeitgeber kann die Vertretung auch für einen kürzeren Zeitpunkt regeln.[189]

Mit einem ordnungsmäßigen betrieblichen Eingliederungsmanagement **59** (BEM) kann sich auch die Notwendigkeit einer befristeten Umsetzung des erkrankten Mitarbeiters ergeben. Der Arbeitgeber muss dann nicht davon ausgehen, dass der betreffende Mitarbeiter dauerhaft auf dem anderweitigen Arbeitsplatz verbleibt und nicht auf den alten Arbeitsplatz zurückgekehrt. Vor diesem Hintergrund wird in diesen Fällen eine Befristung nach Nr. 3 für zulässig erachtet.[190] Vereinbart der Arbeitgeber mit einem zur Vertretung eingestellten Arbeitnehmer, dass das Arbeitsverhältnis mit der Wiederaufnahme der Arbeit durch den vertretenen Arbeitnehmer enden soll, liegt hierin in der Regel nicht zugleich die Vereinbarung, dass das Arbeitsverhältnis auch dann enden soll, wenn der vertretene Mitarbeiter vor Wiederaufnahme seiner Tätigkeit aus dem Arbeitsverhältnis ausscheidet.[191] Allein durch dessen Ausscheiden wird der Bedarf des Arbeitgebers an der Verrichtung der früher vom Vertretenen und jetzt vom Vertreter ausgeübten Tätigkeit nicht begrenzt.[192] Allein der Umstand, dass der Vertretene das Arbeitsverhältnis alsbald beendet, ist kein wirksamer Befristungsgrund, weil er den Vertretungsbedarf des Arbeitgebers gerade nicht begrenzt.[193]

Für eine Vertretung während der Elternzeit gilt § 21 BEEG. Danach liegt ein **60** sachlicher Grund, der die Befristung eines Arbeitsverhältnisses rechtfertigt, vor, wenn ein Arbeitnehmer zur Vertretung eines anderen Arbeitnehmers für die Dauer eines Beschäftigungsverbotes nach dem Mutterschutzgesetz, einer Elternzeit oder einer auf Tarifvertrag, Betriebsvereinbarung oder einzelvertraglicher Vereinbarung beruhenden Arbeitsfreistellung zur Betreuung des Kindes eingestellt wird.

Eine Dauervertretung liegt vor, wenn der Arbeitnehmer von vornherein **61** nicht lediglich zur Vertretung eines bestimmten, vorübergehend an der Arbeitsleistung verhinderten Arbeitnehmers eingestellt wird, sondern bereits bei Vertragsschluss beabsichtigt ist, ihn für eine zum Zeitpunkt des Vertragsabschlusses noch nicht absehbare Zahl von Vertretungsfällen auf Dauer zu beschäftigen. In diesem Fall ist der Sachgrund der Vertretung nur vorgeschoben und daher unbeachtlich.[194] Einschränkungen ergeben sich bei wiederholten Befristungen nach Abs. 1 Satz 2 Nr. 3, die quasi zu einem Dauer-

---

189 BAG 18.6.2008 – 7 AZR 245/07; s. auch BAG 21.2.2001 – 7 AZR 200/00; BAG 20.2.2000 – 7 AZR 600/00.
190 LAG Sachsen-Anhalt 15.9.2014 – 4 Sa 521/13.
191 LAG Sachsen-Anhalt 25.1.2005 – 8 Sa 450/04, ZTR 2005, 429.
192 BAG 5.6.2002 – 7 AZR 201/01, BB 2002, 2179 m.w.N.; LAG Hamm 10.12.2004 – 15 Sa 1734/03.
193 BAG 24.9.1997 – 7 AZR 669/96, NZA 1998, 419.
194 BAG 18.7.2012 – 7 AZR 783/10; BAG 17.11.2010 – 7 AZR 443/09; BAG 25.3.2009 – 7 AZR 34/08.

aushilfsverhältnis führen, denn ständige Befristungen führen nach Auffassung des BAG auf Seiten der Arbeitnehmer zu einer nicht mehr tragbaren Ungewissheit.[195] Deshalb wird zu Recht gefordert, dass bei wiederholten Befristungen mit zunehmender Zahl und Dauer verschärfte Anforderungen hinsichtlich des Sachgrundes gelten.[196]

Nach Auffassung des BAG führt allerdings allein eine große Anzahl der mit einem Arbeitnehmer abgeschlossenen befristeten Arbeitsverträge oder die Gesamtdauer der Befristungskette nicht dazu, dass an den Sachgrund der Vertretung strengere Anforderungen zu stellen sind.[197] Die Gerichte dürfen sich bei der Befristungskontrolle nach § 14 Abs. 1 Satz 2 Nr. 3 aber nicht auf die Prüfung des geltend gemachten Sachgrunds der Vertretung beschränken. Sie sind vielmehr aus unionsrechtlichen Gründen verpflichtet, alle Umstände des Einzelfalls und dabei namentlich die Gesamtdauer und die Zahl der mit derselben Person zur Verrichtung der gleichen Arbeit geschlossenen aufeinanderfolgenden befristeten Verträge zu berücksichtigen, um auszuschließen, dass der Arbeitgeber missbräuchlich auf befristete Arbeitsverträge zurückgreift.[198] Anknüpfend an diese Rechtsprechung des BAG hat das LAG Kiel geurteilt, dass die Rechtsmissbrauchskontrolle nicht auf die Fälle der Vertretungsbefristung nach § 14 Abs. 1 Satz 2 Nr. 3 TzBfG beschränkt ist.[199]

Mittlerweile haben sich noch weitere Instanzgerichte mit der Frage des Rechtsmissbrauchs bei Vertretungsbefristungen befasst. Nach Auffassung des LAG Rheinland-Pfalz indiziert die Beschäftigung einer Lehrerin zur Vertretung über einen Zeitraum von neun Jahren und fünf Monate aufgrund von insgesamt 17 befristeten Verträgen bei gleichbleibender Beschäftigung einen institutionellen Rechtsmissbrauch.[200] Eine Gesamtdauer von elf Jahren und vier Monaten im Rahmen von drei befristeten Verträgen wurde vom LAG Nürnberg dagegen als wirksam erachtet.[201] Die 11. Kammer des LAG Rheinland-Pfalz sieht bereits eine rechtsmissbräuchliche Anwendung der Befristungsregelungen – jedenfalls soweit § 33 Abs. 3 TV-BA Anwendung findet – bei acht Verlängerungen und einer Gesamtdauer der Befristungen

---

195 BAG 11.12.1991 – 7 AZR 431/90, NZA 1992, 883.
196 Kliemt, NZA 2001, 296; Hromadka, BB 2001, 621; Ring, § 14 TzBfG Rn. 61.
197 BAG 21.3.2017 – 7 AZR 369/15, NZA 2017, 706; BAG 19.2.2014 – 7 AZR 260/12; BAG 18.7.2012 – 7 AZR 783/10, AuR 2012, 586; LAG Rheinland-Pfalz 21.10.2014 – 8 Sa 360/14.
198 BAG 19.2.2014 – 7 AZR 260/12; BAG 18.7.2012 – 7 AZR 783/10, AuR 2012, 586; LAG Rheinland-Pfalz 21.10.2014 – 8 Sa 360/14.
199 LAG Kiel 19.12.2012 – 6 Sa 62/12.
200 LAG Rheinland-Pfalz 11.1.2013 – 9 Sa 366/12.
201 LAG Nürnberg 11.7.2012 – 4 Sa 82/12.

von fünfeinhalb Jahren.[202] Dagegen betrachtet die 10. Kammer des gleichen Gerichts vier befristete Arbeitsverträge bei einer Gesamtdauer von sechs Jahren und sieben Monate als nicht rechtsmissbräuchlich.[203] Gleiches gilt bei einer Gesamtdauer der Befristung von fünf Jahren und einem Monat sowie bei dem Abschluss eines Ausgangsvertrags und von sieben Verlängerungsverträgen.[204] Nach Auffassung des BAG sind bei der Feststellung von Missbrauchsfällen Unterbrechungen des Arbeitsverhältnisses zu berücksichtigen. So schließt eine Unterbrechung des Arbeitsverhältnisses von zwei Jahren und mehr in der Regel aufeinanderfolgende befristete Beschäftigungsverhältnisse und damit einen Rechtsmissbrauch aus.[205] Bei einer derartig langfristigen Unterbrechung des Arbeitsverhältnisses ist regelmäßig davon auszugehen, dass die Beschäftigung nicht der Deckung eines ständigen und dauerhaften Arbeitskräftebedarfs dient.

Die Missbrauchskontrolle findet auch auf andere Sachgründe Anwendung. Dies gilt auch für die nicht in § 14 Abs. 1 Satz 2 Nr. 1–8 TzBfG genannten Sachgründe. Eine Gesamtdauer befristeter Verträge von sechs Jahren und elf Monaten indiziert noch keinen Rechtsmissbrauch. Für die Praxis bleiben auch nach den Urteilen des BAG und des LAG Kiel noch andere Fragen offen. Das flexible System der Missbrauchskontrolle, in das im Rahmen einer Gesamtbeurteilung die Dauer der Befristung, die Zahl der Verträge, die Art der ausgeübten Tätigkeiten und weiteres einfließt, ist nur schwer für die Praxis kalkulierbar. Die Rechtsunsicherheit bei der Missbrauchskontrolle bleibt bei Arbeitnehmern und Arbeitgebern also bestehen.[206] Nachvollziehbar sind deshalb die Forderungen an die BAG-Richter, der Befristungskontrolle eine praxistaugliche Basis zu geben und ein Stufensystem mit fester Befristungsdauer und maximaler Zahl der Verträge zu entwickeln.[207] Das BAG hat mittlerweile seine Rechtsprechung konkretisiert. Danach ist von einem indizierten Rechtsmissbrauch auszugehen, wenn die Gesamtdauer des Arbeitsverhältnisses zehn Jahre überschreitet oder mehr als 15 Vertragsverlängerungen vereinbart wurden oder wenn mehr als zwölf Vertragsverlängerungen bei einer Gesamtdauer von mehr als acht Jahren vorliegen.

---

202 LAG Rheinland-Pfalz 24.1.2013 – 11 Sa 344/12; LAG Baden-Württemberg 19.6.2017 – 1 Sa 7/17 (indizierter Missbrauch, wenn eine Gesamtbefristungsdauer von mehr als 16 Jahren vorliegt).

203 LAG Rheinland-Pfalz 13.12.2012 – 10 Sa 359/12.

204 LAG Rheinland-Pfalz 21.10.2014 – 8 Sa 360/14; ähnlich Hessisches LAG 12.2.2014 – 2 Sa 938/12: Beschäftigungsdauer fünf Jahre und sechs Monate bei sieben befristeten Arbeitsverträgen.

205 BAG 21.3.2017 – 7 AZR 369/15, NZA 2017, 706.

206 Jörchel, NZA 2012, 1065.

207 Bayreuther, NZA 2013, 23.

Eigenart der Arbeitsleistung

62 Der unter **Abs. 1 Satz 2 Nr. 4** angeführte Befristungsgrund »Eigenart der Arbeitsleistung« bezieht sich besonders auf das von der Rechtsprechung aus der Rundfunkfreiheit (Art. 5 Abs. 1 GG) abgeleitete Recht der Rundfunkanstalt, programmgestaltende Mitarbeiter aus Gründen der Programmplanung lediglich für eine bestimmte Zeit zu beschäftigen.[208] Der Schutz des Art. 5 Abs. 1 Satz 2 GG umfasst das Recht der Rundfunkanstalten, dem Gebot der Vielfalt der zu vermittelnden Programminhalte bei der Auswahl, Einstellung und Beschäftigung derjenigen Rundfunkmitarbeiter Rechnung zu tragen, die bei der Gestaltung der Programme mitwirken.[209] Reine Produktionsgesellschaften, die lediglich im Auftrag von Rundfunk- und Fernsehanstalten Beiträge oder Sendungen liefern, können die Rundfunkfreiheit nach Art. 5 Abs. 1 Satz 2 GG nicht für sich in Anspruch nehmen.[210]

63 Bei Rundfunkmitarbeitern kommt der Sachgrund nach Abs. 1 Satz 2 Nr. 4 nur dann in Betracht, wenn deren Tätigkeit im Zusammenhang mit der Programmgestaltung steht. Voraussetzung für eine Befristung ist die Feststellung, dass ein unmittelbar programmgestaltender Einfluss aufgrund der vom Arbeitnehmer geschuldeten Arbeitsleistung vorliegt.[211] Eine programmgestaltende Tätigkeit setzt keine schöpferische Mitwirkung an einzelnen gesendeten Programmbeiträgen voraus. Auch durch die Ausarbeitung der übergeordneten Rahmenkonzeption, durch die Festlegung der verbindlichen Leitideen und durch die Auswahl und Zusammenstellung der Sendungen kann der Inhalt des Programms gestaltet werden.[212] Dies ist nach der Rechtsprechung auch bei Lokalreportern[213] sowie bei Rundfunkredakteuren, die für eine Auslandsredaktion Beiträge erstellen,[214] anzunehmen.

64 Der Zusammenhang mit der Programmgestaltung fehlt aber bei Befristungen von Mitarbeitern, die nicht unmittelbar den Inhalt der Sendungen mitgestalten.[215] Zu diesen Mitarbeitern zählt vor allem das technische Personal[216] und das Verwaltungspersonal. Bei der Feststellung der programmgestaltenden Funktion kann in Zweifelsfragen auch die lange Beschäftigung eines Arbeitnehmers Indiz dafür sein, dass für die ausgeübte Tätigkeit ein Be-

---

208 BT-Drs. 14/4374, S. 19.
209 BAG 4. 12. 2013 – 7 AZR 457/12.
210 BAG 30. 8. 2017 – 7 AZR 864/15, NZA 2018, 229.
211 BAG 26. 7. 2006 – 7 AZR 495/05; Hessisches LAG v. 14. 5. 2014 – 6 Sa 1279/13.
212 BAG 11. 12. 1991 – 7 AZR 128/91, NZA 1993, 354.
213 BAG 22. 4. 1988 – 5 AZR 342/97, NZA 1998, 1336.
214 LAG Köln 4. 11. 2004 – 5 Sa 962/04.
215 BVerfG 3. 12. 1992 – 1 BvR 1462/88, NZA 1993, 741.
216 Kameraassistenz, BAG 16. 8. 1995 – 7 AZR 1044/94; Tontechniker, BAG 16. 2. 1994 – 5 AZR 402/93, NZA 1995, 21.

dürfnis nach einem Wechsel nicht besteht.[217] Der Sachgrund nach Nr. 4 liegt vor, wenn die aus der Rundfunkfreiheit sich ergebenden Interessen des Arbeitgebers das Interesse des Arbeitnehmers an einer Dauerbeschäftigung überwiegen.[218] Die Darlegungs- und Beweislast für diejenigen Tatsachen, die dabei zur Begründung des sachlichen Grundes herangezogen werden, obliegt dem Arbeitgeber.[219] Spätestens nach zehn Jahren überwiegt das Bestandsinteresse des Beschäftigten in der Regel gegenüber dem Arbeitgeberinteresse.[220] Die Sicherstellung des Aktualitätsbezugs des Sprachunterrichts stellt aber keinen Sachgrund nach § 14 Abs. 1 Satz 2 Nr. 4 TzBfG dar.[221]

In gleicher Weise wird mit der Freiheit der Kunst (Art. 5 Abs. 3 GG) das **65** Recht der Bühnen begründet, entsprechend dem vom Intendanten verfolgten künstlerischen Konzept Arbeitsverträge mit Solisten (Schauspieler, Opernsänger, Solotänzer, Kapellmeister usw.) jeweils befristet abzuschließen. Allein die Kunstfreiheit des Arbeitgebers rechtfertigt die Befristung mit einem an der Erstellung eines Kunstwerks mitwirkenden künstlerisch tätigen Arbeitnehmers nicht. Vielmehr ist im Einzelfall eine Abwägung der beiderseitigen Belange vorzunehmen, bei der auch das Bestandsschutzinteresse des Arbeitnehmers angemessen Berücksichtigung findet.[222] Nach ständiger Rechtsprechung ist die Befristung von Arbeitsverträgen des künstlerisch tätigen Bühnenpersonals sachlich gerechtfertigt, weil der Arbeitgeber auf diese Weise die künstlerischen Vorstellungen des Intendanten mit dem von ihm dafür als geeignet angesehenen künstlerischen Bühnenpersonals verwirklichen und dem Abwechslungsbedürfnis des Publikums Rechnung tragen kann.[223] Der Sachgrund nach Nr. 4 umfasst im Bühnenbereich grundsätzlich nur künstlerisch tätiges Personal. Ob ein Arbeitnehmer künstlerisch tätig ist, beurteilt sich danach, ob und in welchem Umfang er nach der vertraglich geschuldeten Tätigkeit an der Umsetzung des künstlerischen Konzepts mitwirkt und damit auch die Umsetzung des Konzepts beeinflussen kann. Die Vereinbarung überwiegend künstlerischer Tätigkeit im Arbeitsvertrag einer Maskenbildnerin im Sinne von § 1 Abs. 3 Satz 2 NV Bühne ist geeignet, die Befristung des Arbeitsvertrags wegen der Eigenart der Arbeitsleistung nach

---

217 BAG 11.12.1991 – 7 AZR 128/91, NZA 1993, 354; BAG 24.4.1996 – 7 AZR 719/95, AP Nr. 180 zu § 620 BGB – Befristeter Arbeitsvertrag; Boewer, § 14 TzBfG Rn. 152.
218 BAG 26.7.2006 – 7 AZR 495/05; LAG Mainz 5.9.2011 – 5 Sa 552/10.
219 LAG Mainz 5.9.2011 – 5 Sa 552/10.
220 Däubler/Deinert/Zwanziger, KSchR, § 14 TzBfG Rn. 70 m.w.N.
221 BAG 16.4.2008 – 7 AZR 85/07 (hier: ein aus Taiwan stammender Lektor, der Kenntnisse der chinesischen Sprache vermittelt); BAG 15.3.1995 – 7 AZR 737/94.
222 BAG 2.8.2017 – 7 AZR 601/15, AP Nr. 65 zu § 611 BGB Bühnenengagementsvertrag; BAG 30.8.2017 – 7 AZR 864/15, NZA 2018, 229.
223 BAG 2.8.2017 – 7 AZR 601/15; BAG 2.7.2013 – 7 AZR 612/02.

Nr. 4 zu rechtfertigen.[224] Das gilt jedoch dann nicht, wenn zugleich ein eingeschränkter Leistungsumfang vereinbart wurde. In diesem Fall setzt die sachliche Rechtfertigung der Befristung nach § 14 Abs. 1 Satz 2 Nr. 4 TzBfG voraus, dass der verbleibende Leistungsumfang eine überwiegend künstlerische Tätigkeit zulässt.[225] Anders beurteilt sich die Befristung von Chor-, Orchester- oder Tanzgruppenmitgliedern. Für diese Personen kommt eine Befristung nach Abs. 1 Satz 2 Nr. 4 regelmäßig nicht in Betracht.[226] Gleiches gilt für das technische Personal und das Verwaltungspersonal an Bühnen und Theatern.[227]

66   Abs. 1 Satz 2 Nr. 4 kommt auch bei Befristungen im Sportbereich in Betracht. Dies allerdings nur für Befristungen im Spitzensport, wenn mit der Aufgabe, Spitzensportler oder besonders talentierte Nachwuchssportler zu betreuen, die Gefahr verbunden ist, dass die Fähigkeit des Trainers zur weiteren Motivation der anvertrauten Sportler regelmäßig nachlässt.[228] Die Frage der Zulässigkeit der Befristung von Arbeitsverträgen von Profifußballern hat durch das Urteil des ArbG Mainz vom 19. 3. 2015 für große Aufmerksamkeit nicht nur in der arbeitsrechtlichen Literatur,[229] sondern auch in der breiten Öffentlichkeit geführt. Das Gericht hatte geurteilt, dass eine auf § 14 Abs. 1 Satz 2 Nr. 4 TzBfG gestützte Befristung mit einem Profifußballspieler nicht gerechtfertigt ist. Allein die Ungewissheit der Leistungsentwicklung eines Profifußballspielers vermag eine Befristung des Arbeitsverhältnisses aufgrund des Sachgrunds der Eigenart der Arbeitsleistung nicht zu rechtfertigen – so das ArbG Mainz. Das Urteil des ArbG Mainz hatte jedoch keinen Bestand und wurde durch das Berufungsurteil des LAG Rheinland-Pfalz vom 17. 2. 2016[230] aufgehoben. Das LAG Rheinland-Pfalz hat angenommen, dass bei einer Befristung eines Profifußballspielers bei einem Verein der 1. Bundesliga eine sachliche Rechtfertigung nach § 14 Abs. 1 Satz 2 Nr. 4 TzBfG vorliegt. Begründet hat das LAG seine Entscheidung mit einer Gesamtbetrachtung des Rechtsverhältnisses zwischen Lizenzspieler und dem Bundesligaverein, das durch Besonderheiten geprägt ist, aus denen sich

---

224 BAG 13. 12. 2017 – 7 AZR 369/16.

225 BAG 2. 8. 2017 – 7 AZR 601/15, AP Nr. 65 zu § 611 BGB Bühnenengagementsvertrag.

226 MünchArbR/Wank, § 116 Rn. 121; Boewer, § 14 TzBfG Rn. 155.

227 Meinel/Heyn/Herms, § 14 TzBfG Rn. 42 m. w. N.; Däubler/Deinert/Zwanziger, KSchR, § 14 TzBfG Rn. 76.

228 BAG 29. 10. 1998 – 7 AZR 436/97, NZA 1999, 646; BAG 15. 4. 1999 – 7 AZR 437/97, NZA 2000, 102; s. zur Problematik Dieterich, NZA 2000, 857; Fenn, JZ 2000, 347.

229 ArbG Mainz 19. 3. 2015 – 3 Ca 11978/14; s. ablehnend: Fröhlich/Fröhlich, CaS 2015 145, teils zustimmend: Boemke/Jäger, jurisPR-ArbR 31/2015 Anm. 4.

230 LAG Rheinland-Pfalz 17. 2. 2016 – 4 Sa 202/15; s. Runkel, BB 2017; Walker, NZA 2016, 657; ebenso BAG 16. 1. 2018 – 7 AZR 312/16.

das berechtigte Interesse des Vereins ergibt, mit dem Spieler einen befristeten Arbeitsvertrag abzuschließen. Zu dieser Gesamtbetrachtung gehören:

- Die Unsicherheit, wie lange der Spieler zur Verfolgung der sportlichen
  und damit einhergehend der wirtschaftlichen Ziele des Vereins erfolgver-
  sprechend eingesetzt werden kann.
- Die Notwendigkeit einer ausgewogenen, der sportlichen Zielsetzung gerecht werdenden Altersstruktur des Spielkaders.
- Das Interesse des Spielers durch einen ordentlich nicht kündbaren Arbeitsvertrag zumindest vorübergehend vor dem Verlust des Arbeitsplatzes
  geschützt zu sein.

Auch die Befristung eines Profifußballspielers in der Regionalliga auf drei
Jahre kann durch den Sachgrund der Eigenart der Arbeitsleistung nach § 14
Abs. 1 Satz 2 Nr. 4 gerechtfertigt sein.[231]

Die Befristung der Arbeitsverhältnisse von wissenschaftlichen Mitarbeitern **67**
einer Parlamentsfraktion auf das Ende der Legislaturperiode kann zur Sicherung der unabhängigen Mandatsausübung gerechtfertigt sein.[232] Die
Entscheidung vom 26. August 1998 betrifft aber nur das wissenschaftliche
Personal, das durch fachliche Beratung und politische Bewertung die Arbeit
der Parlamentarier unterstützt.[233] Eine Befristung des sonstigen Personals
(Bürokräfte, Verwaltungspersonal) ist aus Gründen der besonderen verfassungsrechtlich geschützten Stellung der Abgeordneten bzw. der Fraktion
nicht gerechtfertigt.[234] Hingegen ist die Befristung des Arbeitsverhältnisses
eines wissenschaftlichen Referenten einer Parlamentsfraktion auf die Halb-
zeit der Wahlperiode unwirksam.[235] Dies gilt auch dann, wenn zu diesem
Zeitpunkt regelmäßig Neuwahlen zum Fraktionsvorstand stattfinden.[236]
Auch das Arbeitsverhältnis mit einem Koordinierungsreferenten für Land-
tags- und Kabinettsangelegenheiten in einem Ministerium kann aufgrund
der Eigenart der Arbeitsleistung auf das Ende der Legislaturperiode befristet
werden.[237] Begründet wird dies damit, dass die aus verfassungsrechtlichen
Gründen ohne jeden Bestandsschutz ausgestaltete Stellung der Minister im
demokratischen Rechtsstaat auf die führenden Mitarbeiter der Leitungs-
stäbe der Minister ausstrahlt.

---

231 ArbG Köln 19. 10. 2017 – 11 Ca 4400/17, AuR 2017, 519.
232 BAG 26. 8. 1998 – 7 AZR 450/97, NZA 1999, 149; LAG Berlin-Brandenburg
24. 9. 2014 – 24 Sa 525/14; zur Problematik s. auch Korinth, AuA 1999, 473; Dach,
NZA 1999, 627.
233 Ebenso: LAG Berlin-Brandenburg 24. 9. 2014 – 24 Sa 525/14.
234 Boewer, § 14 TzBfG Rn. 161.
235 LAG Berlin-Brandenburg 8. 9. 2010 – 15 Sa 725/10.
236 LAG Berlin-Brandenburg 8. 9. 2010 – 15 Sa 725/10.
237 LAG Mecklenburg-Vorpommern 9. 11. 2012 – 5 Sa 344/11; ebenso LAG Köln
11. 2. 2015 – 11 Sa 705/14.

Befristung zur Erprobung/Probezeit

68 **Abs. 1 Satz 2 Nr. 5:** Danach liegt ein sachlicher Grund für die Befristung des
Arbeitsvertrags vor, wenn die Befristung zur Erprobung erfolgt. Die Probe-
beschäftigung dient dazu, die fachliche und persönliche Eignung eines Arbeitnehmers zu prüfen, bevor ein unbefristetes Arbeitsverhältnis geschlossen wird. Daher rechtfertigt die Erprobung die Befristung nur dann, wenn
der Arbeitgeber beabsichtigt, den Arbeitnehmer nach bestandener Probezeit
in ein unbefristetes Arbeitsverhältnis zu übernehmen.[238] Ein vorheriges befristetes oder unbefristetes Arbeitsverhältnis, in dem der Arbeitnehmer mit
den gleichen Arbeitsaufgaben betraut war, spricht regelmäßig gegen den
Sachgrund der Erprobung nach § 14 Abs. 1 Satz 2 Nr. 5 TzBfG.[239]

69 Die Gewährung eines Eingliederungszuschusses nach §§ 88 ff. SGB III ist
kein sachlicher Grund für die Befristung eines Arbeitsverhältnisses.[240] Befristete Arbeitsverträge nach Abs. 1 Satz 2 Nr. 5 können auch mit schwangeren Frauen oder mit schwerbehinderten Menschen abgeschlossen werden.[241]

70 Bei Probearbeitsverhältnissen unterscheidet man zwischen dem befristeten
und dem unbefristeten Probearbeitsverhältnis. Ein unbefristetes Probearbeitsverhältnis liegt vor, wenn der Arbeitsvertrag für die Probezeit befristet
ist (»Die ersten drei Monate gelten als Probezeit«). Insgesamt entsteht dadurch ein unbefristetes Arbeitsverhältnis, allerdings mit einer Besonderheit
im Kündigungsrecht während des Laufs der Probezeit. In der Probezeit kann
das Arbeitsverhältnis mit der kürzeren Kündigungsfrist von zwei Wochen
nach § 622 Abs. 3 BGB gekündigt werden.

71 Bei einem befristeten Probearbeitsverhältnis entsteht zunächst nur ein befristeter Arbeitsvertrag für die Probezeit (»Der Vertrag gilt vom … bis zum …
als Probearbeitsverhältnis«). Das Arbeitsverhältnis endet, wenn sich der Arbeitnehmer nicht bewährt hat.

72 Der Arbeitgeber kann sich bei der Erprobung nur dann auf Abs. 1 Satz 2 Nr. 5
berufen, wenn die Erprobung ausdrücklich Vertragsinhalt geworden ist.[242]
Nicht ausreichend ist es, wenn lediglich der Erprobungszweck für den Arbeitnehmer erkennbar ist. Sagt ein Arbeitgeber dem zur Erprobung eingestellten Arbeitnehmer im Rahmen einer vertraglichen Nebenabrede zu,
nach erfolgreicher Erprobung die Entfristung arbeitsvertraglich zu verein-

---

238 BAG 12. 9. 1996 – 7 AZR 31/96, NZA 1997, 841.
239 BAG 2. 6. 2010 – 7 AZR 85/09; LAG Köln 30. 6. 2017 – 4 Sa 939/16, EzA-SD 2018,
      Nr. 2, 4.
240 BAG 11. 12. 1991, NZA 1993, 361; BAG 4. 6. 2003 – 7 AZR 489/02.
241 BAG 16. 3. 1989, NZA 1989, 719; 6. 11. 1996, DB 1997, 1927.
242 Däubler/Deinert/Zwanziger, KSchR, § 14 TzBfG Rn. 85; Meinel/Heyn/Herms,
      § 14 TzBfG Rn. 44; Boewer, § 14 TzBfG Rn. 162; a. A. BAG 23. 6. 2004 – 7 AZR
      636/03, AP Nr. 12 zu § 14 TzBfG.

baren, kann er sich nicht auf andere Befristungsgründe berufen, die bei Abschluss des Vertrags weder gegeben noch erkennbar waren.[243]

Die Dauer der Probezeit muss ausdrücklich und eindeutig geregelt werden. **73** Nr. 5 nennt keine konkrete zeitliche Vorgabe zur Erprobungsdauer. Die Befristung nach § 14 Abs. 1 Satz 2 Nr. 5 ist aber nicht gerechtfertigt, wenn die vereinbarte Dauer der Erprobungszeit in keinem angemessenen Verhältnis zu der in Aussicht genommenen Tätigkeit steht.[244] Vorbeschäftigungszeiten, in denen der Arbeitnehmer mit gleichen Aufgaben betreut war, sind regelmäßig bei der zulässigen Erprobungsdauer zu berücksichtigen.[245] In der Regel dürfte eine Probezeit von sechs Monaten statthaft sein.[246] Ohne besondere Anhaltspunkte ist der Abschluss eines weiteren befristeten Arbeitsvertrags zum Zwecke der nochmaligen Erprobung nicht gerechtfertigt.[247] Eine weitere Erprobung kann nur dann sachgerecht sein, wenn sich die ursprüngliche Erprobungszeit aufgrund besonderer Umstände vor allem wegen der spezifischen Situation des Arbeitnehmers als nicht ausreichend erwiesen hat. Einschlägige Tarifverträge können Anhaltspunkte geben, welche Probezeit angemessen ist. Bei einfachen Tätigkeiten ist dagegen eine wesentlich kürzere Probezeit angemessen. Demgegenüber können bei höherwertigen bzw. wissenschaftlichen oder künstlerischen Tätigkeiten auch Probezeiten bis zu zwölf Monaten oder sogar darüber hinaus in Betracht kommen.[248] Allerdings steht den Tarifpartnern ein Einschätzungsspielraum zu. Es ist nach Auffassung des LAG Baden-Württemberg daher nicht zu beanstanden, wenn die Tarifvertragsparteien für Führungskräfte mit Tätigkeiten einer bestimmten Wertigkeit und Weisungsbefugnis eine Erprobungszeit von bis zu zwei Jahren veranschlagen.[249] Der berechtigte Wunsch des Arbeitgebers, die Eignung eines Arbeitnehmers zu erproben, kann nicht losgelöst von der für die Arbeitsleistung relevanten persönlichen Fähigkeiten des Arbeitnehmers betrachtet werden. Deshalb können gezielte tätigkeitsbegleitende Unterstützungsmaßnahmen – z.B. durch eine Arbeitsassistenz – auch eine länger als sechs Monate andauernde Erprobungsdauer rechtfertigen.[250] So ist z.B. bei einem Konzertmeister eine Probezeit von 18 Monaten möglich.[251] Innerhalb dieses Zeitraums kommt auch eine Verlängerung der Probezeit in Be-

243 LAG Düsseldorf 22.4.2004, LAGE § 14 TzBfG Nr. 15.
244 BAG 25.10.2017 – 7 AZR 712/15, BB 2018, 435; BAG 2.6.2010 – 7 AZR 85/09.
245 BAG 25.10.2017 – 7 AZR 712/15, BB 2018, 435 (hier: Orchestermusiker).
246 BAG 2.6.2010 – 7 AZR 85/09; MünchArbR/Wank, § 116 Rn. 133 m.w.N.
247 LAG Mecklenburg-Vorpommern 25.3.2014 – 2 Sa 216/13.
248 BAG 15.3.1978, AP Nr. 45 zu § 620 BGB – Befristeter Arbeitsvertrag.
249 LAG Baden-Württemberg 24.4.2018 – 19 Sa 43/17 zu § 31 Abs. 3 TV-L (Revision eingelegt).
250 BAG 2.6.2010 – 7 AZR 85/09.
251 BAG 12.9.1996 – 7 AZR 31/96, NZA 1997, 841.

tracht.[252] Eine Probezeit von mehr als drei Jahren ist in jedem Fall unzulässig.[253]

74   Eine Probezeit wird dann nicht wirksam vereinbart werden können, wenn der Arbeitnehmer beim Arbeitgeber ausgebildet wurde und er seine Fähigkeiten bereits in vollem Umfang unter Beweis gestellt hat.[254] Eine Befristung nach Abs. 1 Satz 2 Nr. 5 kommt aber dann in Betracht, wenn der Arbeitnehmer zwar zuvor beim Arbeitgeber beschäftigt war, er nun aber eine andere Tätigkeit ausüben soll, für die er seine Eignung noch nicht nachgewiesen hat[255] bzw. wenn die zu erprobende Tätigkeit höherwertig ist.[256] Eine Erprobung scheidet zudem aus, wenn vom Arbeitgeber von vornherein keine unbefristete Beschäftigung geplant war.[257]

75   Nach Auffassung des BAG kann der Arbeitgeber aus Gründen des Vertrauensschutzes verpflichtet sein, einen an sich wirksam befristeten Arbeitsvertrag auf unbestimmte Zeit fortzusetzen, wenn er beim Arbeitnehmer die Erwartung geweckt und bestätigt hat, er werde ihn bei Eignung und Bewährung unbefristet weiterbeschäftigen.[258]

76   Ist die Probezeit zu lang bemessen oder fehlt der Erprobungszweck innerhalb des Arbeitsvertrags, ist die Befristungsabrede unwirksam. Die Rechtsfolge aus dieser Unwirksamkeit bestimmt § 16, wonach in diesen Fällen ein unbefristetes Arbeitsverhältnis entsteht. Eine zu lang bemessene Probezeit kann auch nicht über eine geltungserhaltende Reduktion nach § 140 BGB in eine zulässige Probezeit umgedeutet werden.[259]

In der Person des Arbeitnehmers liegende sachliche Gründe

77   Nach **Abs. 1 Satz 2 Nr. 6** ist die Befristung bei in der Person des Arbeitnehmers liegenden sachlichen Gründen gerechtfertigt. Die möglichen Gründe für eine Befristung nach Nr. 6 sind vielschichtig. Ein Grund ist nach der Gesetzesbegründung u. a. dann gegeben, wenn ein Arbeitnehmer aus sozialen Gründen vorübergehend beschäftigt wird, um z. B. die Zeit bis zum Beginn

---

252 BAG 12. 9. 1996 – 7 AZR 31/96, NZA 1997, 841.

253 Däubler/Deinert/Zwanziger, KSchR, § 14 TzBfG Rn. 89 m. w. N.

254 BAG 23. 6. 2004 – 7 AZR 636/03, AP Nr. 12 zu § 14 TzBfG; Boewer, § 14 TzBfG Rn. 166.

255 Kliemt, NZA 2001, 296; Preis/Gotthardt, DB 2000, 2065; MünchArbR/Wank, § 116 Rn. 129; Däubler/Deinert/Zwanziger, KSchR, § 14 TzBfG Rn. 87; a. A. BAG 30. 9. 1981 – 7 AZR 789/78, AP Nr. 61 zu § 620 BGB – Befristeter Arbeitsvertrag.

256 BAG 23. 6. 2004 – 7 AZR 636/03, AP Nr. 12 zu § 14 TzBfG.

257 BAG 12. 9. 1996 – 7 AZR 790/95, AP Nr. 182 zu § 620 BGB – Befristeter Arbeitsvertrag.

258 BAG 26. 4. 1995 – 7 AZR 936/94, NZA 1996, 87.

259 Däubler/Deinert/Zwanziger, KSchR, § 14 TzBfG Rn. 95.

einer bereits feststehenden anderen Beschäftigung, des Wehrdienstes oder des Studiums[260] überbrücken zu können.

> **Beispiel:**
> Personenbedingt gerechtfertigt kann eine Befristung nach Abs. 1 Satz 2 Nr. 6 auch sein, wenn der Arbeitsvertrag für die Dauer einer befristeten Aufenthaltserlaubnis des Arbeitnehmers geschlossen wird und zum Zeitpunkt des Vertragsabschlusses hinreichend gewiss ist, dass die Aufenthaltserlaubnis nicht verlängert wird.[261]

Allgemeine beschäftigungs- oder sozialpolitische Erwägungen können dagegen nicht eine Befristung des Arbeitsvertrags nach Abs. 1 Satz 2 Nr. 6 rechtfertigen.[262] Maßnahmen nach § 16 SGB II können den Abschluss eines befristeten Arbeitsvertrags sachlich begründen.[263] Gleiches gilt für die Übernahme in eine Beschäftigungs- und Qualifizierungsgesellschaft im Rahmen einer vollständigen oder teilweisen Betriebsschließung.[264]   **78**

Ebenso wenig ist die anderweitig abgesicherte Existenz des Arbeitnehmers ein solcher Grund nach Nr. 6. So ist vor allem die Befristung einer Nebenbeschäftigung nicht nach Nr. 6 sachlich gerechtfertigt, mit der alleinigen Begründung, der Arbeitnehmer verdiene dort nicht seinen vollen Lebensunterhalt.[265]   **79**

Das Geschlecht des Arbeitnehmers ist niemals ein in der Person liegender Grund nach Abs. 1 Satz 2 Nr. 6.[266] Gleiches gilt für eine Befristung des Arbeitsvertrags bis zu einem bestimmten Lebensalter des Arbeitnehmers.[267] Befristungen, die auf ein früheres als das gesetzliche Renteneintrittsalter abstellen, werden allgemein für nicht zulässig erachtet.[268] Für zulässig erachtet wird allerdings, eine Befristung auf die Altersgrenze der Sozialversicherung zu vereinbaren.[269] Dabei war § 41 Satz 3 SGB IV in der bis zum 31. 6. 2014 geltenden Fassung zu beachten. Danach war eine Altersgrenzenvereinbarung nur dann zulässig, wenn sie innerhalb der letzten drei Jahre vor dem Erreichen der Altersgrenze geschlossen und vom Arbeitnehmer bestätigt wurde. Maßgeblich für die Berechnung der Dreijahresfrist ist nicht die Vollendung des 65. Lebensjahres, sondern der vereinbarte Zeitpunkt des Aus-   **80**

260 BAG 10. 8. 1994 – 7 AZR 695/93, BB 1994, 2494.
261 BT-Drs. 14/4374, S. 19; BAG 12. 1. 2000 – 7 AZR 863/98, NZA 2000, 722.
262 BAG 7. 7. 1999 – 7 AZR 232/98, NZA 1999, 1335; Boewer, § 14 TzBfG Rn. 185.
263 BAG 7. 7. 1999 – 7 AZR 232/98, NZA 1999, 1335.
264 So Däubler/Deinert/Zwanziger, KSchR, § 14 TzBfG Rn. 106.
265 BAG 10. 8. 1994 – 7 AZR 695/93, NZA 1995, 30; ErfKo/Müller-Glöge, § 14 TzBfG Rn. 76.
266 Allg. Meinung s. Boewer, § 14 TzBfG Rn. 181.
267 MünchArbR/Wank, § 116 Rn. 138.
268 MünchArbR/Wank, § 116 Rn. 148.
269 BAG 11. 6. 1997 – 7 AZR 186/96, NZA 1997, 1290.

scheidens.[270] So ist eine in einem Tarifvertrag enthaltene Befristung des Arbeitsverhältnisses auf den Zeitpunkt des Erreichens des Regelrentenalters sachlich gerechtfertigt nach § 14 Abs. 1 Satz 1 TzBfG, wenn der Arbeitnehmer nach dem Vertragsinhalt und der Vertragsdauer eine Altersversorgung in der gesetzlichen Rentenversicherung erwerben kann oder bei Vertragsschluss bereits die für den Bezug einer Altersrente erforderliche rentenrechtliche Wartezeit erfüllt ist.[271] Betriebsvereinbarungen, nach denen das Arbeitsverhältnis mit der Vollendung des 65. Lebensjahres endet, sind nach der Anhebung des Regelrenteneintrittsalters regelmäßig dahingehend auszulegen, dass die Beendigung des Arbeitsverhältnisses erst mit Vollendung des für den Bezug einer Regelaltersgrenze maßgeblichen Lebensalters erfolgen soll.[272] Tarifliche Bestimmungen sehen in einigen Fällen (z.B. Piloten) das Ende des Arbeitsverhältnisses beim Erreichen einer bestimmten Altersgrenze vor, die deutlich vor dem gesetzlichen Renteneintrittsalter liegt. Die Rechtsprechung hat z.B. die für das Kabinenpersonal normierte Altersgrenze von 55 Jahren wegen des Fehlens eines rechtfertigenden Sachgrundes für unwirksam erachtet.[273] Das BAG hat in Fortführung dieser Rechtsprechung auch die Altersgrenze von 60 Jahren für unwirksam erachtet.[274] Nach Auffassung der Richter sind keine Anhaltspunkte dafür ersichtlich, dass das altersbedingte Nachlassen der Leistungsfähigkeit von Mitgliedern des Kabinenpersonals zu einer Gefährdung für Leben und Gesundheit der Flugzeuginsassen oder Personen in den überflogenen Gebieten führen könnte.

§ 41 Satz 3 SGB VI ist zum 1.7.2014 geändert worden. Die neue Regelung sieht nun vor, dass eine Vereinbarung über eine befristet fortgesetzte Tätigkeit nach Erreichen der Regelaltersgrenze geschlossen werden kann. Mit § 41 Satz 3 SGB VI ist es möglich, das Arbeitsverhältnis aus unterschiedlichen Gründen über die vereinbarte Grenze hinaus fortzuführen. Nach der aktuellen Fassung des § 41 Satz 3 SGB VI können die Arbeitsvertragsparteien nunmehr während des Arbeitsverhältnisses den Beendigungszeitpunkt durch eine Vereinbarung hinausschieben, wenn der bisherige Arbeitsvertrag die Beendigung des Arbeitsverhältnisses mit dem Erreichen der Regelalters-

---

270 BAG 17.4.2002 – 7 AZR 40/01.

271 BAG 18.6.2008 – 7 AZR 116/07; s. allg. zur Befristungskontrolle bei Altersgrenzen BAG 27.7.2005 – 7 AZR 443/04; BAG 19.11.2003 – 7 AZR 296/03; BAG 20.11.1987 – 2 AZR 284/86.

272 BAG 13.10.2015 – 1 AZR 853/13.

273 BAG 31.7.2002 – 7 AZR 140/01; BVerfG 25.11.2004 – 1 BvR 2459/04; s. dazu Bahnsen, NJW 2008, 407; Herrmann/Kast, BB 2007, 1841.

274 BAG 23.6.2010 – 7 AZR 1021/08; BAG 16.10.2008 – 7 AZR 253/07; ebenso LAG Düsseldorf 5.11.2008 – 12 Sa 860/08; LAG Berlin-Brandenburg 4.9.2007 – 19 Sa 906/07; LAG Hessen 15.1.2007 – 17 Sa 1322/06; ArbG Düsseldorf 29.4.2008 – 7 Ca 7849/07.

grenze vorsieht. Die Altersbefristung nach § 41 Satz 3 SGB VI unterliegt dem Schriftformerfordernis nach § 14 Abs. 4.

Die Altersbefristung nach § 41 Satz 3 SGB VI kann nur dann getroffen werden, wenn die bisherige Vereinbarung mit dem Arbeitnehmer vorsah, dass das Arbeitsverhältnis mit Erreichen der Regelaltersgrenze endet. Eine solche Vereinbarung kann auch in einem Arbeitsvertrag, einem Tarifvertrag oder in einer Betriebsvereinbarung geregelt sein.

Für das Hinausschieben des bereits vereinbarten Beendigungszeitpunkts ist wie bei § 14 Abs. 2 eine ununterbrochene Weiterbeschäftigung erforderlich. Wird das Arbeitsverhältnis dagegen unterbrochen und nach Renteneintritt des Arbeitnehmers befristet fortgesetzt, entsteht nach § 15 Abs. 5 ein unbefristetes Arbeitsverhältnis.

Weitere Voraussetzung ist, dass die Verlängerungsvereinbarung noch vor Ablauf des verlängernden Vertrags, d. h. vor Erreichen der Regelaltersgrenze getroffen werden muss. Anderenfalls liegt begrifflich keine Verlängerung, sondern ein Neuabschluss eines Vertrags vor, der von § 41 Satz 3 SGB VI neuer Fassung nicht erfasst wird.

§ 41 Satz 3 SGB VI enthält keine Begrenzung der Dauer der Verlängerung des Arbeitsverhältnisses nach Erreichen der Regelaltersgrenze. Auch die Zahl der Verlängerungen ist nicht beschränkt, die der Arbeitgeber nach Erreichen der Regelaltersgrenze des Arbeitnehmers einvernehmlich mit diesem vereinbaren kann.

Die Vereinbarung einer auf die Altersgrenze der Sozialversicherung gerichteten Befristung ist auch in Individualverträgen zulässig.[275] Nach Auffassung des BAG kommt dem Interesse des Arbeitgebers an einer kalkulierbaren Personalplanung ein Vorrang vor dem Bestandsschutzinteresse des Arbeitnehmers jedenfalls dann zu, wenn der Arbeitnehmer durch Bezug einer gesetzlichen Altersrente wegen Vollendung des 65. Lebensjahres wirtschaftlich abgesichert sei. Auch mit der Begründung, der Arbeitnehmer übe bereits eine Hauptbeschäftigung aus, über die er abgesichert sei, lässt sich der Tatbestand von Abs. 1 Satz 2 Nr. 6 nicht erfüllen.[276]

81

Sachlich gerechtfertigt ist eine befristete Einstellung auch dann, wenn zunächst das Vorliegen einer Einstellungsvoraussetzung (ärztliches Attest, Sicherheitsüberprüfung) geklärt werden muss. Voraussetzung hierfür ist allerdings, dass in absehbarer Zeit die noch fehlenden Unterlagen vorliegen werden. Die zeitliche Beschränkung einer Aufenthaltserlaubnis rechtfertigt eine Befristung nur dann, wenn mit hinreichender Sicherheit prognostiziert werden kann, dass keine Verlängerung der Aufenthaltserlaubnis erfolgt.[277]

82

---

275 BAG 11. 6. 1997 – 7 AZR 186/96, NZA 1997, 1290; a. A. Stahlhacke, DB 1989, 2329.

276 BAG 10. 8. 1994 – 7 AZR 695/93, DB 1994, 2504.

277 BAG 12. 1. 2000 – 7 AZR 863/98, NZA 2000, 722.

83   Sachlich gerechtfertigt kann auch eine befristete (Weiter-)Beschäftigung
zum Zwecke der Bewerbung sein. Dies ist u. a. dann der Fall, wenn dem Arbeitnehmer die Gelegenheit gegeben werden soll, sich aus einem bestehenden Arbeitsverhältnis heraus bewerben zu können. Dabei muss aufgrund
plausibler Annahmen die Erwartung bestehen, dass eine Bewerbung Erfolg
haben kann. Der Sachgrund entfällt jedoch nicht, wenn diese Prognose sich
später nicht realisiert.[278]

84   Bloße Betriebsinteressen schließen dagegen den Tatbestand des Abs. 1 Satz 2
Nr. 6 regelmäßig aus. In jedem Fall müssen die »in der Person des Arbeitnehmers liegenden Gründe« das überwiegende Motiv des Arbeitgebers für die
Befristung sein.[279] Die befristete Einstellung nach Nr. 6 kann gerechtfertigt
sein, wenn sie vom Arbeitgeber aus sozialen Erwägungen heraus erfolgt.
Dies ist dann der Fall, wenn es ohne den in der Person des Arbeitnehmers
begründeten sozialen Zweck überhaupt nicht zum Abschluss eines Arbeitsvertrags, auch nicht eines befristeten Arbeitsvertrags gekommen wäre.[280]
Die Darlegungs- und Beweislast dafür, dass die befristete Einstellung des Arbeitnehmers vorwiegend aus sozialen Gründen erfolgt ist, trägt der Arbeitgeber.[281] An einem sozialen Beweggrund fehlt es, wenn die Interessen des Betriebs oder der Dienststelle überwiegen und nicht die Berücksichtigung der
sozialen Belange des Arbeitnehmers für den Abschluss des Arbeitsvertrags
ausschlaggebend waren.[282]

85   Das BAG hat als sachlichen Grund für eine Befristung auch einen entsprechenden Wunsch des Arbeitnehmers anerkannt.[283] Nicht ausreichend ist jedoch das bloße Einverständnis des Arbeitnehmers mit der Befristung des Arbeitsvertrags.[284] Voraussetzung ist vielmehr, dass der Arbeitnehmer von sich
aus eine Befristung des Arbeitsvertrags anstrebt und objektive Anhaltspunkte für diesen Wunsch vorliegen. Der entsprechende Wunsch des Arbeitnehmers ist individuell festzustellen. Entscheidend ist, ob der Arbeitnehmer
auch bei einem Angebot auf Abschluss eines unbefristeten Vertrags nur ein
befristetes Arbeitsverhältnis vereinbart hätte.[285] Nicht ausreichend ist die

---

278 BAG 12. 12. 1985 – 2 AZR 9/85, DB 1986, 1926 = BB 1988, 1390.
279 Ring, § 14 TzBfG Rn. 83.
280 BAG 24. 8. 2011 – 7 AZR 368/10.
281 BAG 24. 8. 2011 – 7 AZR 368/10; BAG 21. 1. 2009 – 7 AZR 630/07.
282 LAG Rheinland-Pfalz 16. 1. 2014 – 5 Sa 273/13.
283 BAG 22. 3. 1973 – 2 AZR 274/72, AP Nr. 38 zu § 620 BGB – Befristeter Arbeitsver-
     trag; ebenso LAG Baden-Württemberg 4. 3. 2015 – 2 Sa 31/14; LAG Hamm
     11. 2. 2005 – 10 Sa 1658/04; Däubler/Deinert/Zwanziger, KSchR, § 14 TzBfG
     Rn. 98.
284 BAG 6. 11. 1996 – 7 AZR 909/95, AP Nr. 188 zu § 620 BGB – Befristeter Arbeits-
     vertrag; LAG Baden-Württemberg 4. 3. 2015 – 2 Sa 31/14.
285 BAG 18. 1. 2017 – 7 AZR 236/15; LAG Köln 30. 6. 2017 – 4 Sa 939/16,
     NZA-RR 2017, 586.

Begründung, Studenten nähmen allgemein gern neben dem Studium eine befristete Tätigkeit auf.[286] Auch das bloße Einverständnis mit dem nur befristeten Vertragsschluss, das durch eine Unterschrift dokumentiert ist, reicht nicht aus, um auf das Vorhandensein eines entsprechenden Wunsches des Arbeitnehmers zu schließen.[287] Von einem Wunsch des Arbeitnehmers ist die Rechtsprechung ausgegangen, wenn der Arbeitnehmer nach langer Überlegungsfrist das Angebot seines Arbeitgebers an seine leitenden Führungskräfte annimmt, das unbefristete Arbeitsverhältnis in ein zum 60. Lebensjahr befristetes Arbeitsverhältnis mit attraktiven finanziellen Anreizen umzuwandeln.[288]

Grundsätzlich ist nach Auffassung des BAG eine Befristung des Arbeitsvertrags mit Studenten nach § 14 Abs. 1 Satz 2 Nr. 6 gerechtfertigt, weil die Befristung den Studenten jeweils die Möglichkeit gibt, die Erfordernisse des Studiums mit denen des Arbeitsverhältnisses zu verbinden.[289] Wird jedoch dem Interesse des Studenten derart Rechnung tragen, dass er Studium und flexible Ausgestaltung des Arbeitsverhältnisses in Einklang bringen kann, liegt kein Sachgrund vor.[290] Zulässig ist auch die Befristung des Arbeitsvertrags bei Rentnern. Eine bei oder nach Erreichen des Rentenintrittsalters getroffene Vereinbarung über die befristete Fortsetzung des Arbeitsverhältnisses kann nach § 14 Abs. 1 Satz 2 Nr. 6 sachlich gerechtfertigt sein. Dies setzt aber voraus, dass der Arbeitnehmer Altersrente aus der gesetzlichen Rentenversicherung beanspruchen kann und dass die befristete Fortsetzung des Arbeitsverhältnisses einer konkreten, im Zeitpunkt der Vereinbarung der Befristung bestehenden Personalplanung des Arbeitgebers dient.[291] **86**

Ein Wunsch des Arbeitnehmers an der Befristung seines Arbeitsverhältnisses liegt nicht schon dann vor, wenn er nach reiflicher Überlegung und ausführlicher Beratungsmöglichkeit das Angebot zum Abschluss eines befristeten Arbeitsvertrages annimmt.[292] Die Befristung entspricht auch nicht deshalb dem Wunsch des Arbeitnehmers, weil der Arbeitgeber ein zeitlich befristetes Änderungsangebot mit finanziellen Vergünstigungen verbindet.[293] Eine »Wunschbefristung« liegt nicht vor, wenn der Arbeitgeber zu erkennen gegeben hat, zu einer unbefristeten Fortsetzung des Arbeitsverhältnisses nicht bereit zu sein, und der Arbeitnehmer befürchten muss, ohne den Abschluss des befristeten Arbeitsvertrags seinen Arbeitsplatz früher zu verlie- **87**

---

286 BAG 10. 8. 1994 – 7 AZR 695/93, NZA 1995, 30.
287 LAG Rheinland-Pfalz 16. 1. 2014 – 5 Sa 273/13.
288 LAG Baden-Württemberg 4. 3. 2015 – 2 Sa 31/14.
289 BAG 4. 4. 1990 – 7 AZR 259/89, NZA 1991, 18.
290 BAG 29. 10. 1998 – 7 AZR 561/97, AP Nr. 206 zu § 620 BGB Befristeter Arbeitsvertrag.
291 BAG 11. 2. 2015 – 7 AZR 17/13.
292 BAG 18. 1. 2017 – 7 AZR 236/15; NZA 2017, 849.
293 BAG 18. 1. 2017 – 7 AZR 236/15; NZA 2017, 849.

ren.[294] Der Arbeitgeber ist dahingehend darlegungs- und beweispflichtig, dass die Befristung des Arbeitsvertrags auf Wunsch des Arbeitnehmers zustande gekommen ist.[295]

Sachgrund »haushaltsrechtliche Erwägungen«

88   **Abs. 1 Satz 2 Nr. 7** enthält einen Sachgrund aus haushaltsrechtlichen Erwägungen. Danach können haushaltsrechtliche Gründe die Befristung eines Arbeitsvertrags rechtfertigen, wenn der öffentliche Arbeitgeber zum Zeitpunkt des Vertragsschlusses aufgrund konkreter Tatsachen die Prognose erstellen kann, dass für die Beschäftigung des Arbeitnehmers Haushaltsmittel nur vorübergehend zur Verfügung stehen.[296] Der Arbeitgeber muss eine hinreichend sichere Prognoseentscheidung hinsichtlich des künftigen Wegfalls der Haushaltsmittel treffen. Er ist darlegungs- und beweispflichtig, dass im Zeitpunkt des Vertragsabschlusses nur von einer vorübergehenden Mittelbewilligung ausgegangen werden kann.[297] Dies setzt voraus, dass die haushaltsrechtliche Zweckbestimmung objektive und nachprüfbare Vorgaben enthält, die gewährleisten, dass die Mittel zur Deckung eines nur vorübergehenden Beschäftigungsbedarfs genutzt werden.[298]

§ 14 Abs. 1 Satz 2 Nr. 7 ist nicht anwendbar, wenn das den Haushaltsplan aufstellende Organ und der Arbeitgeber identisch sind und es an einer unmittelbaren demokratischen Legitimation des Haushaltsplangebers fehlt. Deshalb kann sich die Bundesagentur für Arbeit als rechtsfähige bundesunmittelbare Körperschaft des öffentlichen Rechts nicht auf den Sachgrund der sog. Haushaltsbefristung berufen.[299] Offen ist nach der bisherigen Rechtsprechung des BAG, ob ein Haushaltsplan einer Gebietskörperschaft den Anforderungen von Nr. 7 entspricht.[300]

Erforderlich ist der überwiegende Einsatz des befristet beschäftigten Arbeitnehmers entsprechend der Zwecksetzung der ausgebrachten Haushaltsmittel.[301] Diese Voraussetzungen liegen nicht vor, wenn die Haushaltsmittel lediglich allgemein für die Beschäftigung von Arbeitnehmern im Rahmen von befristeten Arbeitsverhältnissen bereitgestellt werden und dem befristet beschäftigten Arbeitnehmer überwiegend Daueraufgaben übertragen wer-

---

294 BAG 24. 1. 1996 – 7 AZR 496/95, NZA 1996, 1089.
295 Däubler/Deinert/Zwanziger, KSchR, § 14 TzBfG Rn. 101.
296 BAG 24. 1. 1996 – 7 AZR 496/95, BAGE 82, 101; BAG 7. 7. 1999 – 7 AZR 609/97, NZA 2000, 591; Lakies, NZA 1997, 745.
297 BAG 7. 7. 1999 – 7 AZR 609/97, NZA 2000, 591.
298 BAG 17. 3. 2010 – 7 AZR 843/08.
299 BAG 9. 3. 2011 – 7 AZR 47/10.
300 BAG 9. 3. 2011 – 7 AZR 47/10.
301 BAG 18. 10. 2006 – 7 AZR 419/01; BAG 7. 5. 2008 – 7 AZR 198/07.

den.[302] Die Vergütung des Arbeitnehmers muss aus Haushaltmitteln erfolgen, die mit einer konkreten Sachregelung auf der Grundlage einer nachvollziehbaren Zwecksetzung für eine nur vorübergehende Beschäftigung versehen sind.[303] Daher kann die Befristung nicht auf einen Haushaltstitel gestützt werden, der mit »Nicht aufteilbare Personalkosten« bezeichnet ist und der in den Erläuterungen lediglich den weiteren Hinweis enthält »Veranschlagt für befristete Beschäftigungen im Rahmen des Hochschulpakts 2020«, denn der Haushaltsgesetzgeber hat hier keine Entscheidung darüber getroffen, welche Aufgaben von vorübergehender Dauer durch die Bindung welchen Personals gefördert werden sollen.[304]

Die nachvollziehbare Zwecksetzung der Mittel für eine Aufgabe von nur vorübergehender Dauer ist beispielsweise gegeben, wenn die Beschäftigung zur Abdeckung eines lediglich vorübergehenden Mehrbedarfs erfolgt. Ein derartiger Mehrbedarf liegt u. a. vor, wenn die Arbeitsmenge so angestiegen ist, dass sie nicht oder nicht in angemessener Zeit mit dem nach dem Stellenplan verfügbaren Stammpersonal erledigt werden kann. Es genügt, dass der Mehrbedarf voraussichtlich während der Dauer des befristeten Arbeitsvertrags bestehen wird.[305] Anders als beim Sachgrund nach § 14 Abs. 1 Satz 2 Nr. 1 TzBfG muss sich also die Prognose des Arbeitgebers nicht darauf beziehen, dass die Arbeitsmenge nach Ablauf des befristeten Arbeitsverhältnisses wieder mit dem nach dem Stellenplan verfügbaren Stammpersonal bewältigt werden kann. Wird die Befristung des Arbeitsverhältnisses also auf einen vorübergehenden Mehrbedarf gestützt, muss die Prognose für diesen Mehrbedarf zumindest beinhalten, dass ein solcher Mehrbedarf während der gesamten Dauer des befristeten Arbeitsverhältnisses besteht.[306] Ein Mehrbedarf liegt nicht mehr vor, wenn der Arbeitgeber von einem dauerhaften Anstieg der Arbeitsmenge ausgeht und er auf organisatorische Maßnahmen zur Anpassung der Stellenausstattung an den Bedarf, wie z. B. das Einwerben neuer Stellen, verzichtet.[307]

88a

Abs. 1 Satz 2 Nr. 7 ist nach Auffassung des BAG auch dann gegeben, wenn zusätzlicher Arbeitsbedarf durch befristete Arbeitsverhältnisse abgedeckt wurde, soweit die Mittel dafür ausschließlich aus unbesetzten Stellen kamen.[308] Eine Befristung ist bereits dann nicht mehr aus Haushaltsgründen

89

---

302 BAG 16. 4. 2008 – 7 AZR 85/07 (hier: ein aus Taiwan stammender Lektor, der Kenntnisse der chinesischen Sprache vermittelt); BAG 15. 3. 1995 – 7 AZR 737/94.
303 BAG 28. 9. 2016 – 7 AZR 549/17; LAG Mecklenburg-Vorpommern 30. 5. 2017 – 2 Sa 244/16.
304 LAG Mecklenburg-Vorpommern 30. 5. 2017 – 2 Sa 244/16.
305 BAG 7. 5. 2008 – 7 AZR 198/07.
306 LAG Berlin-Brandenburg 12. 11. 2008 – 15 Sa 1320/08.
307 BAG 7. 5. 2008 – 7 AZR 198/07.
308 BAG 14. 1. 2004 – 7 AZR 342/03, AP Nr. 8 zu § 14 TzBfG.

nach § 14 Abs. 1 Satz 2 Nr. 7 gerechtfertigt, wenn der Arbeitnehmer auch nur teilweise zu Tätigkeiten herangezogen wird, die aus dem mit Haushaltsmittel geförderten Projekt herausfallen.[309]

90 Abs. 1 Satz 2 Nr. 7 ist nur auf öffentliche Arbeitgeber, nicht aber auf die Privatwirtschaft anzuwenden.[310] Haushaltsgründe privater Arbeitgeber rechtfertigen daher nicht die Befristung von Arbeitsverträgen.[311] Dies gilt selbst dann, wenn der private Arbeitgeber sozialstaatliche Aufgaben in Abhängigkeit von öffentlichen Haushalten übertragen bekommen hat. Die Beschränkung von § 14 Abs. 1 Satz 2 Nr. 7 auf öffentliche Arbeitgeber hat das BAG kritisch gesehen. Es hatte dem EuGH die Frage vorgelegt, ob die Beschränkung auf öffentliche Arbeitgeber unter Berücksichtigung des allgemeinen Gleichheitssatzes nach der Rahmenvereinbarung zulässig ist.[312] Nach Auffassung des BAG kann Nr. 7 nicht ohne Vorabentscheid des EuGH unionskonform dahin ausgelegt werden, dass eine Befristung gerechtfertigt ist, wenn der Haushaltsplan auf einem förmlichen Gesetz beruht und die vom BAG entwickelten Grundsätze zu den Voraussetzungen der Haushaltsmittelbefristung beachtet werden.[313]

91 Wenn die Vergütung eines befristet eingestellten Arbeitnehmers aus einer konkreten Haushaltsstelle erfolgt, die nur für eine bestimmte Zeitdauer bewilligt worden ist und diese anschließend fortfallen soll, rechtfertigt dies grundsätzlich die Prognose des öffentlichen Arbeitgebers, dass für die Beschäftigung des Arbeitnehmers nur ein vorübergehender Bedarf besteht. Dies gilt auch für den Fall, dass der Haushaltsgesetzgeber eine Beamtenplanstelle nur vorübergehend für eine Besetzung mit einem Angestellten freigegeben hat.[314] Die haushaltsrechtliche Befristung ist aber nicht allein schon dann gerechtfertigt, wenn der Mitarbeiter aus Haushaltsmitteln vergütet wird, die haushaltsrechtlich für eine befristete Beschäftigung bestimmt sind.[315] Erforderlich ist für eine haushaltsrechtliche Befristung vielmehr, dass der öffentliche Arbeitgeber zum Zeitpunkt des Vertragsabschlusses aufgrund konkreter Tatsachen die Prognose erstellen kann, dass für die Beschäftigung des Arbeitnehmers Haushaltsmittel nur vorübergehend zur Verfügung stehen. Die haushaltsrechtlichen Vorschriften müssen, um eine befristete Beschäftigung aus Haushaltsmitteln sachlich rechtfertigen zu können, hinreichend konkret die erkennbare Widmung für eine zeitlich be-

---

309 ArbG Celle 3. 3. 2004 – 2 Ca 759/03, AuR 2004, 273.
310 Kritisch zu dieser Privilegierung öffentlicher Arbeitgeber MünchArbR/Wank, § 116 Rn. 157; Preis/Hausch, NJW 2002, 931; ErfKo/Müller-Glöge, TzBfG, § 14 Rn. 92; Meyer, AuR 2006, 86.
311 Ring, § 14 TzBfG Rn. 88.
312 BAG 27. 10. 2010 – 7 AZR 485/09 (A).
313 BAG 23. 5. 2018 – 7 AZR 16/17.
314 BAG 7. 7. 1999 – 7 AZR 609/97, NZA 2000, 591.
315 ArbG Köln 2. 3. 2006 – 1 Ca 11149/05.

grenzte Aufgabe enthalten. Allein die Formulierung in einem Haushaltsplan, »mit der zeitlichen Befristung werde die Erwartung verbunden, dass der Bedarf für Aufgaben nach dem SGB II infolge der Arbeitsmarktentwicklung zurückgehen wird«, stellt keinen tätigkeitsbezogenen Sachgrund im Sinne von § 14 Abs. 1 Satz 2 Nr. 7 TzBfG zur Erledigung von nur vorübergehenden Aufgaben dar.[316]

Allein die Abhängigkeit von Zahlungen anderer öffentlicher Träger und von Haushaltstiteln rechtfertigt keine Befristung nach Abs. 1 Satz 2 Nr. 7.[317] Auch die Ungewissheit über die künftige haushaltsrechtliche Entwicklung genügt hierfür nicht.[318] Das BAG hat aber die Frage ausdrücklich offengelassen, ob allein die Erwartung des öffentlichen Arbeitgebers, der Haushaltsgesetzgeber werde zeitlich befristete Stellen schaffen, eine Befristung nach Nr. 7 rechtfertigen kann.[319] **92**

Ein sachlicher Grund liegt nach Auffassung des BAG aber vor, wenn die Vergütung des Arbeitnehmers aus einer bestimmten Haushaltsstelle erfolgt und deren Streichung zum Ablauf der vereinbarten Frist mit einiger Sicherheit zu erwarten ist.[320] Die betragsmäßige Ausweisung der für die befristete Beschäftigung zur Verfügung stehenden Haushaltsmittel ist dagegen für eine Befristung nach § 14 Abs. 1 Satz 2 TzBfG nicht erforderlich.[321] Erforderlich ist aber, dass in den Rechtsvorschriften, mit denen die Haushaltsmittel ausgebracht werden, selbst die inhaltlichen Anforderungen für die im Rahmen der befristeten Arbeitsverträge auszuübenden Tätigkeiten oder die Bedingungen, unter denen sie auszuführen sind, enthalten sind.[322] **93**

Eine bloße pauschale Bestimmung von Mitteln ohne konkrete und nachvollziehbare Zweckbindung reicht als sachlicher Grund für eine befristete Beschäftigung nicht aus.[323] Die Zweckbindung muss vielmehr im Haushaltsplan oder seinen Anmerkungen erläutert sein. Auch ein »kw-Vermerk« rechtfertigt allein keine Befristung nach Abs. 1 Satz 2 Nr. 7.[324] Eine Befristung wegen zeitlich begrenzt zur Verfügung stehender Haushaltsmittel nach **94**

---

316 LAG Schleswig-Holstein 15. 10. 2008 – 3 Sa 104/08.
317 BAG 8. 4. 1992 – 7 AZR 135/91, NZA 1993, 694; MünchArbR/Wank, § 116 Rn. 155.
318 BAG 27. 1. 1988 – 7 AZR 292/87, AP Nr. 116 zu § 620 BGB Befristeter Arbeitsvertrag; BAG 24. 1. 2001 – 7 AZR 208/99 unveröffentlicht.
319 BAG 24. 10. 2001 – 7 AZR 542/00, NZA 2002, 443; gegen sachlichen Grund MünchArbR/Wank, § 116 Rn. 155.
320 BAG 24. 1. 1996 – 7 AZR 496/95, AP Nr. 179 zu § 620 BGB – Befristeter Arbeitsvertrag.
321 LAG Niedersachsen 17. 10. 2008 – 10 Sa 1231/07; BAG 18. 4. 2007 – 7 AZR 316/06.
322 LAG Niedersachsen 17. 10. 2008 – 10 Sa 1231/07; BAG 18. 10. 2006 – 7 AZR 419/05, AP Nr. 1 zu § 14 TzBfG Haushalt.
323 BVerfG 24. 4. 1996 – 1 BvR 712/86, BVerfGE 94, 268.
324 BAG 16. 1. 1987 – 7 AZR 487/85, NZA 1988, 279.

§ 14 Abs. 1 Satz 2 Nr. 7 TzBfG kann nicht allein damit begründet werden, dass die Stelle im Haushaltsplan mit einem für einen Zeitraum von mehreren Jahren datierten »kw-Vermerk« versehen ist. Denn die Festlegungen in einem Haushaltsplan gelten nur für das Haushaltsjahr, für das er aufgestellt ist. Eine Bindung an den »kw-Vermerk« besteht bei der Beschlussfassung über die folgenden Haushaltspläne nicht.[325]

95 In vielen Fällen ist die Stellenbesetzung von der Gewährung von Drittmitteln abhängig. Sind die Drittmittel von vornherein zeitlich befristet und die mit den finanziellen Hilfen umschriebenen Aufgabenbereiche hinreichend konkret bestimmt, kommt eine Sachgrundbefristung in Betracht. Jedoch reicht die alleinige Unsicherheit über das Weiterlaufen von Drittmitteln zur Begründung der Befristungsabrede nicht aus.[326] Die Unsicherheit über die Weitergewährung von Drittmitteln gehört vielmehr zum unternehmerischen Risiko und kann nicht durch den Abschluss befristeter Arbeitsverträge auf die Arbeitnehmer abgewälzt werden.[327] Dies gilt auch bei der Übertragung einer sozialstaatlichen Daueraufgabe, z. B. als Schulhelfer.[328] Will der Arbeitgeber ein längerfristiges Forschungsprojekt nur bei einer gesicherten Drittmittelfinanzierung realisieren, muss sich seine Prognose, dass für den Arbeitnehmer künftig kein Bedarf mehr besteht, nur auf die drittmittelfinanzierten Teile des Forschungsprojekts beziehen.[329]

96 Bei der Drittmittelfinanzierung müssen Vertragsdauer und Laufzeit der Mittelgewährung nicht identisch sein, solange der nachvollziehbar durch die vereinbarte Befristungsdauer erstrebte Zweck erreicht werden kann.[330] Die Befristungsdauer kann aber Indiz dafür sein, ob sachliche Gründe tatsächlich vorliegen oder nur vorgeschoben sind.[331] Gegen das Vorliegen eines sachlichen Grundes spricht es aber, wenn eine Befristungsdauer deutlich länger als dem angeführten Sachgrund nach erforderlich oder derart kurz ist, dass eine sinnvolle, dem Sachgrund der Befristung entsprechende Mitarbeit nicht mehr möglich erscheint. Dies bedeutet, dass ein Mitarbeiter, der in einem Drittmittelprojekt beschäftigt wird, nicht für die gesamte Bewilligungsdauer beschäftigt sein muss.[332]

---

325 LAG Berlin-Brandenburg 16. 4. 2008 – 23 Sa 2356/07; BAG 16. 1. 1987 – 7 AZR 487/85.

326 BAG 8. 4. 1992 – 7 AZR 135/91, NZA 1993, 694; Preis/Hausch, NJW 2002, 932; Boewer, § 14 TzBfG Rn. 210.

327 BAG 22. 3. 2000 – 7 AZR 758/98, NZA 2000, 881; Däubler/Deinert/Zwanziger, KSchR, § 14 TzBfG Rn. 118; Boewer, § 14 TzBfG Rn. 211.

328 BAG 22. 3. 2000 – 7 AZR 758/98, NZA 2000, 881.

329 LAG Berlin 23. 3. 2005 – 17 Sa 2532/04, LAGE § 14 TzBfG Nr. 21.

330 BAG 26. 8. 1988 – 7 AZR 101/88, AP Nr. 124 zu § 620 BGB Befristeter Arbeitsvertrag.

331 BAG 10. 6. 1992 – 7 AZR 346/91, EzA § 620 BGB Nr. 116.

332 Preis/Hausch, NJW 2002, 927, 932.

Erklärt ein unbefristet beschäftigter Arbeitnehmer sein Einverständnis mit **97** einer nachträglichen Befristung, so reicht dies für die Wirksamkeit der Befristungsabrede nicht aus. Ein objektiver, die Befristung sachlich rechtfertigender Grund liegt in diesem Fall nicht vor.[333]

Nach Abs. 1 Satz 2 Nr. 7 ist die Befristung eines Arbeitsvertrags aufgrund **98** zeitlich begrenzter Haushaltsmittel sachlich gerechtfertigt. Ein sachlicher Grund für die Befristung liegt vor, wenn die befristete Einstellung nur aufgrund von Haushaltsmitteln möglich ist, die durch die zeitweise Beurlaubung von anderen Arbeitskräften vorübergehend frei sind.[334]

Befristung im Rahmen eines gerichtlichen Verfahrens

Nach **Abs. 1 Satz 2 Nr. 8** ist die Befristung eines Arbeitsverhältnisses im Rah- **99** men eines gerichtlichen Vergleichs ein sachlicher Grund. Dieser Sachgrund ist ebenfalls der ständigen Rechtsprechung des BAG nachgebildet. Denn nach Auffassung des BAG schließt eine auf einem gerichtlichen Vergleich beruhende Befristung eines Arbeitsverhältnisses regelmäßig eine objektive Umgehung des Kündigungsschutzes aus.[335] Voraussetzung ist allerdings, dass zwischen Arbeitgeber und Arbeitnehmer ein Streit über den Fortbestand des Arbeitsverhältnisses bestand und dieser Streit im Rahmen eines gerichtlichen Vergleichs beigelegt wurde.[336]

Eine auf einem gerichtlichen Vergleich beruhende Befristung eines Arbeits- **100** vertrags ist sachlich gerechtfertigt, wenn zwischen den Parteien ein offener Streit über die Wirksamkeit der Befristung bzw. den Bestand des Arbeitsverhältnisses bestand und eine gerichtliche Mitwirkung vorliegt.[337] Dafür ist erforderlich, dass die Parteien gegensätzliche Rechtsstandpunkte darüber eingenommen haben, ob bzw. wie lange zwischen ihnen ein Arbeitsverhältnis bestanden hat.[338] Der Vergleich muss also zur Beilegung einer Streitigkeit über den Fortbestand oder über die Fortsetzung des Arbeitsverhältnisses geschlossen worden sein. Hierzu gehört auch ein Rechtsstreit, mit dem der Arbeitnehmer die Fortführung seines Arbeitsverhältnisses durch Abschluss eines Folgevertrags erreichen will.[339] Der gerichtliche Vergleich, mit dem die

---

333 LAG Berlin 31. 5. 2002 – 2 Sa 264/02.

334 BAG 15. 8. 2001 – 7 AZR 263/00, NZA 2002, 85.

335 BAG 2. 12. 1998 – 7 AZR 644/97, NZA 1999, 480.

336 BAG 26. 4. 2006 – 7 AZR 366/05, AP Nr. 1 § 14 TzBfG Vergleich; BAG 24. 1. 1996 –
     7 AZR 496/95, DB 1996, 1779; Däubler/Deinert/Zwanziger, KSchR, § 14 TzBfG
     Rn. 120; Boewer, § 14 TzBfG Rn. 218; Löwisch/Neumann, NJW 2002, 951; a. A.
     Meinel/Heyn/Herms, § 14 TzBfG Rn. 61.

337 BAG 14. 1. 2015 – 7 AZR 2/14; BAG 26. 4. 2006 – 7 AZR 366/05, NZA 2006, 1431;
     s. auch Gravenhorst, NZA 2008, 803.

338 BAG 14. 1. 2015 – 7 AZR 2/14.

339 BAG 12. 11. 2014 – 7 AZR 891/12.

Parteien zur Beilegung einer Rechtsstreitigkeit ein befristetes oder auflösend bedingtes Arbeitsverhältnis vereinbaren, unterliegt keiner weiteren Befristungskontrolle. Deren Funktion erfüllt das Arbeitsgericht durch seine ordnungsgemäße Mitwirkung beim Zustandekommen des Vergleichs.[340]

Die Befristung eines Arbeitsverhältnisses in einem gerichtlichen Vergleich ist wirksam, soweit die Parteien darin zur Beendigung eines Kündigungsschutzverfahrens oder eines Feststellungsstreits über den Fortbestand des Arbeitsverhältnisses infolge einer Befristung eine Einigung erzielen.[341] Diese Voraussetzungen werden im Normalfall dadurch belegt, dass gemäß gerichtlichem Protokoll der Vergleich »nach Erörterung der Sach- und Rechtslage« und »unter Aufrechterhaltung der unterschiedlichen Rechtsstandpunkte« geschlossen wurde, ohne dass es dabei einer Wendung wie »auf Vorschlag des Gerichts« bedarf.[342] Das Bestehen eines offenen Streits der Parteien über die Rechtslage ist auch dann zu bejahen, wenn die Parteien mit dem gerichtlichen Vergleich den Streit über die Besetzung eines Dienstpostens beenden und der Kläger ein Eilverfahren zur Sicherung der Teilnahme an einem Bewerberauswahlverfahren führt.[343] Ein nach § 278 Abs. 6 Satz 1 Alt. 1 ZPO festgestellter Vergleich ist dagegen kein gerichtlicher Vergleich im Sinne von § 14 Abs. 1 Satz 2 Nr. 8 TzBfG, bei dem die Parteien dem Gericht einen schriftlichen Vergleichsvorschlag unterbreiten und das Gericht das Zustandekommen und den Inhalt des Vergleichs durch Beschluss feststellt.[344]

Nehmen die Parteien einen schriftlichen Vergleichsvorschlag des Gerichts durch Schriftsatz gegenüber dem Gericht an und stellt das Gericht durch Beschluss das Zustandekommen des Vergleichs fest, steht dies der Protokollierung nach § 127a BGB gleich. Ein so zustande gekommener Vergleich bildet nach § 14 Abs. 1 Satz 2 Nr. 8 einen Sachgrund für eine Befristung.[345] Wird dagegen in einem abgesprochenen Protokollierungstermin die Klageschrift über die Entfristungsklage durch Übergabe an den Richter eingereicht, sodann nach vorgefertigtem Text ein Vergleich formuliert, liegt kein gerichtlicher Vergleich i. S. d. § 14 Abs. 1 Satz 2 Nr. 8 vor.[346]

---

340 BAG 15.2.2012 – 7 AZR 734/10, ArbRB 2012, 329; 23.11.2006 – 6 AZR 394/06.
341 BAG 15.2.2012 – 7 AZR 734/10, DB 2012, 1573; BAG 23.11.2006 – 6 AZR 394/06; LAG Niedersachsen 6.8.2012 – 8 Sa 501/12.
342 ArbG Berlin 15.10.2008 – 56 Ca 14872/08.
343 LAG Niedersachsen 6.8.2012 – 8 Sa 501/12.
344 BAG 21.3.2017 – 7 AZR 369/15, AuR 2017, 303 = EzA § 14 TzBfG Gerichtlicher Vergleich Nr. 1; BAG 14.1.2015 – 7 AZR 2/14; BAG 12.11.2014 – 7 AZR 891/12; BAG 15.2.2012 – 7 AZR 734/10, ArbRB 2012, 329; a. A. LAG Köln 19.12.2007 – 3 Sa 1123/07; LAG Sachsen-Anhalt 26.2.2015 – 3 Sa 318/13; LAG München 25.9.2014 – 3 Sa 340/14; LAG Niedersachsen 5.11.2013 – 1 Sa 489/13.
345 BAG 23.11.2006 – 6 AZR 394/06.
346 LAG Baden-Württemberg 3.5.2005 – 22 Sa 84/04, LAGReport 2005, 303.

Abs. 1 Satz 2 Nr. 8 nennt nur den »gerichtlichen«, nicht aber den »außergerichtlichen« Vergleich. Das BAG erkannte in seiner bisherigen Rechtsprechung vor Inkrafttreten des TzBfG den außergerichtlichen Vergleich als sachlichen Grund für eine Befristungsabrede an. In seiner Entscheidung vom 22. November 2003 hat es das BAG für das TzBfG nun ausdrücklich offen gelassen, ob auch der außergerichtliche Vergleich eine Befristung rechtfertigen kann.[347] Nach Auffassung des LAG Köln liegt Nr. 8 bei einem außergerichtlich vereinbarten Prozessbeschäftigungsverhältnis nicht vor.[348] In Anbetracht des eindeutigen Wortlauts von Abs. 1 Satz 2 Nr. 8 ist der außergerichtliche Vergleich jedoch kein wirksamer Befristungsgrund.[349] Dieses Ergebnis wird auch durch die Gesetzesbegründung unterstützt, in der es heißt, dass die Mitwirkung des Gerichts an dem Vergleich die hinreichende Gewähr dafür bietet, dass die Interessen des Arbeitnehmers gewahrt bleiben.[350] Wank will den außergerichtlichen Vergleich außerhalb der Befristungsgründe in Abs. 1 Satz 2 Nr. 1–8 als sonstigen sachlichen Befristungsgrund anerkennen.[351] Wegen des eindeutig in Abs. 1 Satz 2 Nr. 8 zum Ausdruck gebrachten gesetzgeberischen Willens kommt eine derartige Auslegung aber nicht in Betracht.[352]

101

Der gerichtliche Vergleich, mit dem die Parteien zur Beilegung einer Rechtsstreitigkeit ein befristetes oder auflösend bedingtes Arbeitsverhältnis vereinbaren, unterliegt keiner weiteren Befristungskontrolle. Deren Funktion erfüllt das Arbeitsgericht durch seine ordnungsgemäße Mitwirkung beim Zustandekommen des Vergleichs.[353]

102

Sonstige Befristungsgründe

Nach der Gesetzesbegründung sind die in § 14 Abs. 1 Satz 2 Nr. 1–8 aufgeführten Fallkonstellationen lediglich Beispiele und sollen andere von der Rechtsprechung bisher akzeptierte oder weitere sachliche Gründe nicht aus-

103

---

347 BAG 22.10.2003 – 7 AZR 666/02, AP Nr. 255 zu § 620 BGB Befristeter Arbeitsvertrag.
348 LAG Köln 5.4.2012 – 13 Sa 1360/11, allerdings soll nach dieser Entscheidung, eine auflösend bedingte Prozessbeschäftigung durch einen sonstigen nicht genannten Sachgrund gerechtfertigt sein.
349 Ebenso Däubler, ZIP 2001, 217; Däubler/Deinert/Zwanziger, KSchR, § 14 TzBfG Rn. 123; Hromadka, BB 2001, 621; Preis/Gotthardt, DB 2000, 2065; Meinel/Heyn/Herms, § 14 TzBfG Rn. 61; Boewer, § 14 TzBfG Rn. 216; ErfKo/Müller-Glöge, § 14 TzBfG Rn. 100; LAG Köln 5.4.2012 – 13 Sa 1360/11.
350 BT-Drs. 14/4374, S. 19.
351 MünchArbR/Wank, § 116 Rn. 173; ebenso Boewer, § 14 TzBfG Rn. 217.
352 Hromadka, BB 2001, 625; Däubler/Deinert/Zwanziger, KSchR, § 14 TzBfG Rn. 123.
353 LAG Niedersachsen 6.8.2012 – 8 Sa 501/12.

schließen.[354] Die Aufzählung von Sachgründen für die Befristung von Arbeitsverträgen nach § 14 Abs. 1 Satz 2 Nr. 1–8 ist daher nicht abschließend.[355] Auch sonstige, vor Inkrafttreten des TzBfG von der Rechtsprechung anerkannte Sachgründe können eine Befristung nach § 14 Abs. 1 rechtfertigen.[356] Bei sonstigen sachlichen Gründen muss aber auf die Wertung des Abs. 1 Satz 2 Nr. 1–8 zurückgegriffen werden.[357]

104 Sachlich ist die Befristung auch dann gerechtfertigt, wenn die Beschäftigung im Rahmen von **Sonderprogrammen** (Jump-Programm, Langzeitarbeitslosenprogramm) erfolgt.[358] Dagegen ist die Gewährung eines zeitlich befristeten Eingliederungszuschusses kein sachlicher Befristungsgrund.[359] Die Aus- oder Weiterbildung eines Arbeitnehmers kann nach der Rechtsprechung des BAG die Befristung eines Arbeitsverhältnisses rechtfertigen.[360] Dies setzt aber voraus, dass dem Arbeitnehmer durch die Tätigkeiten zusätzliche Kenntnisse und Erfahrungen vermittelt werden, die durch die übliche Berufstätigkeit nicht erworben werden können. Dies kann auch dann der Fall sein, wenn die Ausbildung nicht nur theoretische Kenntnisse vermittelt, sondern sie hauptsächlich dazu dient, bereits erworbene theoretische Kenntnisse in der Praxis umzusetzen. Erforderlich ist aber, dass ein bestimmtes Ausbildungsziel systematisch verfolgt wird und die dem Arbeitnehmer vermittelten Kenntnisse, Erfahrungen oder Fähigkeiten auch außerhalb der Organisation des Arbeitgebers beruflich verwertbar sind.[361] Ein Trainee-Programm kann eine Befristung rechtfertigen, wenn es auf einem Ausbildungsplan beruht, der darauf abzielt, unter fachkundiger Anleitung für die Ausbildung des Berufs wesentliche Kenntnisse und Fähigkeiten zu erlernen oder diese praktisch anzuwenden.[362]

105 Als sonstiger, nicht ausdrücklich in den § 14 Abs. 1 Satz 2 Nr. 1 bis 8 genannter Grund, wird von der Rechtsprechung auch die Absicht des Arbeitgebers, einen seiner Auszubildenden nach der Ausbildung zu übernehmen, als

354 BT-Drs. 14/4374, S. 18; MünchArbR/Wank, § 116 Rn. 161; a. A. Rolfs, EAS B 3200 Rn. 37, der die Aufzählung in Abs. 1 Satz 2 Nr. 1–8 für abschließend hält.
355 BAG 16.3.2005 – 7 AZR 289/04, PersR 2005, 469; BAG 1.12.2004 – 7 AZR 135/04, BB 2005, 2024.
356 BAG 13.10.2004 – 7 AZR 218/04, NZA 2005, 401; LAG Berlin-Brandenburg 23.8.2011 – 11 Sa 1047/11.
357 LAG Hamm 19.1.2012 – 17 Sa 1208/11; LAG Berlin-Brandenburg 23.8.2011 – 11 Sa 1047/11.
358 BAG 28.5.1986 – 7 AZR 25/85, AP Nr. 102 zu § 620 BGB – Befristeter Arbeitsvertrag.
359 BAG 11.12.1991 – 7 AZR 170/91, EzA § 620 BGB Nr. 111; MünchArbR/Wank, § 116 Rn. 81.
360 BAG 24.8.2011 – 7 AZR 368/10.
361 BAG 24.8.2011 – 7 AZR 368/10.
362 BAG 24.8.2011 – 7 AZR 368/10.

Rechtfertigung für die Befristung des Arbeitsverhältnisses mit einem anderen Arbeitnehmer anerkannt.[363] Der Beschäftigungsbedarf für den befristet Beschäftigten besteht in diesen Fällen nur vorübergehend bis zur geplanten Übernahme des Auszubildenden. Der Arbeitgeber hat nach Auffassung der Gerichte wegen des mit der Ausbildung verbundenen Aufwands ein berechtigtes Interesse an der Übernahme des Auszubildenden in ein Arbeitsverhältnis.[364] Der Befristungsgrund der beabsichtigten Übernahme eines Auszubildenden setzt hiernach nicht voraus, dass bei Vertragsschluss mit dem befristet eingestellten Arbeitnehmer bereits eine verbindliche Zusage des Arbeitgebers an den Auszubildenden vorliegt. Vielmehr genügt es nach der Rechtsprechung, dass der Arbeitgeber im Zeitpunkt des Vertragsschlusses mit dem befristet eingestellten Arbeitnehmer nach seiner Personalplanung die Übernahme des Auszubildenden für den Fall eines normalen Geschehensablaufs beabsichtigt und dass keine greifbaren Umstände entgegenstehen, die gegen die Übernahme des Auszubildenden sprechen.[365]

Von der Rechtsprechung ebenfalls als Sachgrund anerkannt ist die befristete Beschäftigung im Rahmen von Maßnahmen nach § 16 SGB II.[366]

106 Fraglich ist, ob Interessen Dritter eine Befristung sachlich rechtfertigen können. Das BAG musste sich dabei u. a. mit dem Problem auseinandersetzen, ob eine befristete Anstellung von Lehrern mit dem Argument, bei einer unbefristeten Einstellung hätten wegen der sinkenden Schülerzahlen spätere Bewerbungsjahrgänge keine Chance auf Einstellung, gerechtfertigt war. Das BAG hat eine solche, auf Drittinteressen gestützte Befristungsabrede für unzulässig erachtet.[367]

107 Ein sachlicher Grund liegt vor, wenn eine Befristung zum Zweck der übergangsweisen Beschäftigung eines Arbeitnehmers auf einem Arbeitsplatz erfolgt, dessen endgültige Besetzung durch einen anderen Mitarbeiter vorgesehen ist.[368] Die zu einem späteren Zeitpunkt geplante anderweitige Besetzung des Arbeitsplatzes kann insofern die befristete Einstellung eines Arbeitnehmers bis zu diesem Zeitpunkt rechtfertigen (sog. Platzhalterbefristung).[369] Eine derartige Befristung ist jedenfalls dann sachlich gerechtfertigt, wenn der Arbeitgeber mit dem anderen als Dauerbesetzung vorgesehenen

---

363 BAG 2.6.2010 – 7 AZR 136/09; LAG Hessen 20.3.2012 – 19 Sa 1460/11.
364 BAG 2.6.2010 – 7 AZR 136/09; LAG Hessen 20.3.2012 – 19 Sa 1460/11.
365 BAG 21.4.1993 – 7 AZR 388/92; BAG 19.9.2001 – 7 AZR 333/00; LAG Hessen 20.3.2012 – 19 Sa 1460/11.
366 BAG 7.7.1999 – 7 AZR 661/97, NZA 2000, 542; BAG 22.3.2000 – 7 AZR 824/98, AP Nr. 222 zu § 620 BGB – Befristeter Arbeitsvertrag.
367 BAG 25.2.1998 – 7 AZR 31/97, AP Nr. 15 zu § 57b HRG.
368 BAG 1.12.1999 – 7 AZR 449/98, BB 2000, 1525.
369 BAG 16.3.2005 – 7 AZR 289/04; LAG Hamm 19.1.2012 – 17 Sa 1208/11; LAG Berlin-Brandenburg 15.12.2011 – 26 Sa 1817/11.

Arbeitnehmer bereits vertraglich gebunden ist.[370] Will der Arbeitnehmer eine Befristung mit dem Freihalten einer Stelle für einen durch ihn bereits unbefristet beschäftigten Arbeitnehmer rechtfertigen, den er absehbar auf seinem bisherigen Arbeitsplatz nicht weiterbeschäftigen kann, setzt dies voraus, dass der Arbeitsplatz, der befristet besetzt werden soll, für diesen überhaupt in Betracht kommt. Eine Platzhalterbefristung für einen Arbeitnehmer, der nur befristet die Aufgaben eines befristet Eingestellten übernimmt, ist unzulässig. Ansonsten könnte der Arbeitgeber allein durch die Befristung von Arbeitsverhältnissen selbst nach Belieben Befristungsgründe schaffen. Die Anhängigkeit einer Konkurrentenklage um eine dauerhaft zu besetzende Stelle rechtfertigt die Befristung des Arbeitsvertrags mit einem auf dieser Stelle beschäftigten Arbeitnehmer bis zum Abschluss des Rechtsstreits mit dem Konkurrenten.[371] Die geplante Besetzung des Arbeitsplatzes mit einem **Auszubildenden** kann die Befristung nur dann rechtfertigen, wenn der Auszubildende in ein unbefristetes Dauerarbeitsverhältnis übernommen werden soll.[372] Kommt der Arbeitgeber hingegen einer tarifvertraglichen Verpflichtung nach, den Auszubildenden zu übernehmen, kann allein die Prognose, künftig zur Übernahme einer bestimmten Anzahl von Auszubildenden verpflichtet zu sein, die Befristung von Arbeitsverträgen mit anderen Arbeitnehmern bis zu diesem Zeitpunkt nicht rechtfertigen.[373]

108 Bei der Befristung im Hochschulbereich ist § 2 WissZeitVG zu beachten. Danach ist die Befristung eines Arbeitsvertrags mit wissenschaftlichem Personal an Hochschulen und Forschungseinrichtungen sachlich gerechtfertigt. Die Höchstdauer der Befristung von wissenschaftlichem Personal an Hochschulen, das nicht promoviert ist, beträgt sechs Jahre. Nach abgeschlossener Promotion ist eine Befristung bis zu einer Dauer von sechs, im medizinischen Bereich bis zu neun Jahren zulässig.

109 Nach Auffassung des LAG Köln ist eine auflösend bedingte Prozessbeschäftigung als sonstiger, nicht genannter Sachgrund anzuerkennen.[374] Bei der Frage, ob die befristete Prozessbeschäftigung einen sonstigen sachlichen Grund darstellt, hat sich das LAG Köln der in der Literatur vertretenen Ansicht angeschlossen, wonach sich ein rechtlich anerkennenswertes Interesse an der Wahl eines zeitlich limitierten Arbeitsverhältnisses aus der Wertung des § 615 Satz 2 BGB ergeben könne.[375] Danach ist das Interesse des Arbeit-

---

370 BAG 13.10.2004 – 7 AZR 218/04; BAG 16.3.2005 – 7 AZR 289/04; LAG Berlin-Brandenburg 15.12.2011 – 26 Sa 1817/11.
371 BAG 16.3.2005 – 7 AZR 289/04, PersR 2005, 469.
372 BAG 18.3.2015 – 7 AZR 115/13.
373 BAG 18.3.2015 – 7 AZR 115/13.
374 LAG Köln 15.8.2012 – 13 Sa 1360/12 mit ablehnender Stellungnahme Kossens, jurisPK-ArbR 33/2012 Anm. 3.
375 Sittard, RdA 2006, 218; Ricken, NZA 2005, 323.

gebers, das finanzielle Risiko des Annahmeverzugs zu minimieren, anzuerkennen. Die Begründung dieses Ansatzes ist nachvollziehbar und steht auch mit den vom BAG aufgestellten Grundsätzen in Einklang. Danach ist bei den durchaus unterschiedlichen Fallgestaltungen in § 14 Abs. 1 Satz 1–8 TzBfG ein rechtlich anerkennenswertes Interesse – meist des Arbeitgebers – gemeinsam, anstelle eines unbefristeten Arbeitsverhältnisses die rechtliche Gestaltungsmöglichkeit eines befristeten Arbeitsverhältnisses zu wählen. Bei dieser grundsätzlichen – alle Tatbestände des § 14 Abs. 1 Satz 2 berücksichtigende – Wertung darf aber die Zielrichtung der einzelnen sachlicher Befristungsgründe – hier des gerichtlichen Vergleichs nach § 14 Abs. 1 Satz 2 Nr. 8 TzBfG – nicht ausgeblendet werden. Voraussetzung einer Rechtfertigung der Befristung nach § 14 Abs. 1 Satz 2 Nr. 8 TzBfG ist nach der Rechtsprechung, dass der Vergleich unter Mitwirkung des Gerichts zustande gekommen ist. Das Bejahen des Vorliegens eines sonstigen, nicht in § 14 Abs. 1 Satz 2 Nr. 1–8 TzBfG explizit aufgeführten Grundes durch das LAG Köln ist vorliegend wenig überzeugend. Das LAG Köln durchbricht mit seiner Anerkennung eines sonstigen sachlichen Grundes die Wertung des Gesetzgebers in § 14 Abs. 1 Satz 2 Nr. 8 TzBfG, der ausdrücklich von einem »gerichtlichen Vergleich« spricht. Mit einer wie vom LAG Köln vorgenommenen Auslegung wird der gesetzgeberischen Intention, dass das unbefristete Arbeitsverhältnis der Regelfall sein soll, nicht Rechnung getragen und die als Ausnahme normierten Tatbestände des § 14 Abs. 1 Satz 2 Nr. 1–8 TzBfG ausgeweitet.

Nach Auffassung des BAG kann auch eine Wiedereinstellungszusage des Arbeitgebers eine Befristung aus sonstigem Grund rechtfertigen. Voraussetzung hierfür ist, dass nach dem Inhalt der Wiedereinstellungszusage mit der Geltendmachung des Wiedereinstellungsanspruchs in absehbarer Zeit ernsthaft zu rechnen ist und die befristete Einstellung einer Ersatzkraft geeignet ist, eine Beschäftigungsmöglichkeit für den Fall der Wiedereinstellung des ausgeschiedenen Arbeitnehmers freizuhalten.[376]

Nach der Rechtsprechung des BAG hat der Arbeitgeber ein berechtigtes Interesse an der Sicherung der personellen Kontinuität des Betriebsrats. Dieses Interesse kann einen Sachgrund für die Befristung des Arbeitsvertrags mit einem Betriebsratsmitglied darstellen, wenn die Befristung zur Sicherung der personellen Kontinuität des Betriebsrats geeignet und erforderlich ist.[377]

110

Der sachliche Grund für eine Befristung kann nicht allein in einem geplanten Betriebsteilübergang liegen, da dies zu einer Umgehung von § 613a BGB führen würde.[378]

---

376 BAG 2. 6. 2010 – 7 AZR 136/09.
377 BAG 23. 1. 2002 – 7 AZR 611/00, NZA 2002, 986.
378 LAG Hamburg 12. 6. 2008 – 8 Sa 17/08; LAG Niedersachsen 13. 9. 2007 – 4 Sa 1764/06; BAG 2. 12. 1998 – 7 AZR 579/97.

Sachgrundlose Befristung, Abs. 2

111   Wie auch nach dem aufgehobenen BeSchF ist es nach Abs. 2 weiterhin zulässig, einen Arbeitsvertrag ohne Vorliegen eines sachlichen Grundes bis zur Dauer von zwei Jahren zu befristen (sog. erleichterte Befristung). Eine sachgrundlose Befristung ist im Rahmen des § 14 Abs. 2 TzBfG nur dann möglich, wenn es sich um eine Neueinstellung oder um eine Verlängerung eines anlässlich einer Neueinstellung abgeschlossenen befristeten Vertrages handelt. Eine Befristung, mit der die Laufzeit eines nach § 14 Abs. 2 sachgrundlos befristeten Vertrages verkürzt wird, bedarf hingegen eines sachlichen Grundes nach § 14 Abs. 1 TzBfG.[379] Nach der Rechtsprechung kann nicht nur ein sachgrundloser befristeter Arbeitsvertrag nach § 14 Abs. 2 Satz 1 TzBfG, sondern auch ein mit sachlichem Grund nach § 14 Abs. 1 Satz 2 TzBfG befristeter Arbeitsvertrag nach § 14 Abs. 2 Satz 1 TzBfG verlängert werden.[380] Innerhalb des Zwei-Jahres-Zeitraums besteht die Möglichkeit, die Befristung höchstens drei Mal zu verlängern. Das Arbeitsverhältnis kann also bis zur Gesamtdauer von zwei Jahren aus maximal vier aufeinander folgenden befristeten Arbeitsverhältnissen bestehen. Für die Berechnung der Zwei-Jahres-Frist gelten die §§ 186 ff. BGB. Abs. 2 gilt für alle Arbeitnehmer, also auch für schwerbehinderte Arbeitnehmer und Schwangere.[381] Nach Auffassung des LAG Berlin-Brandenburg ist § 14 Abs. 2 nicht europarechtskonform dahingehend einzuschränken, dass er auf befristete Arbeitsverträge von Betriebsräten keine Anwendung findet.[382] Danach kann auch das Arbeitsverhältnis eines gewählten Betriebsratsmitglieds ohne Sachgrund befristet werden. Aus dem Benachteiligungsverbot des § 78 Satz 2 BetrVG kann aber ein Anspruch des Betriebsratsmitglieds auf Abschluss eines unbefristeten Arbeitsvertrags folgen.[383] Die Darlegungs- und Beweislast für eine derartige Benachteiligung wegen der Betriebsratsarbeit trägt der Arbeitnehmer.

112   Grundsätzlich gilt: Überschreitet die sachgrundlose Befristung eines Arbeitsvertrags den Zwei-Jahres-Zeitraum des § 14 Abs. 2 um einen Tag, so besteht das Arbeitsverhältnis unbefristet fort. Der Arbeitgeber kann die Befris-

---

379 BAG 14. 12. 2016 – 7 AZR 49/15.
380 LAG Nürnberg 19. 3. 2008 – 4 Sa 673/07; BAG 4. 12. 2002 – 7 AZR 545/01 zu § 1 BeschFG; ebenfalls Erfk/Müller-Glöge, § 14 TzBfG Rn. 124; KR-Lipke, § 14 Rn. 294a.
381 Däubler/Deinert/Zwanziger, KSchR, § 14 TzBfG Rn. 155.
382 LAG Berlin-Brandenburg 4. 11. 2011 – 13 Sa 1549/11.; a. A. ArbG München 8. 10. 2010 – 24 Ca 861/10, wonach die Befristung des Arbeitsverhältnisses eines gewählten Betriebsratsmitgliedes ohne Sachgrund nicht möglich sei. Dazu s. Tilch/Vennewald, NJW-Spezial 2011, 690; Ulrici, jurisPK-ArbR 31/2011 Anm. 4.
383 LAG Berlin-Brandenburg 4. 11. 2011 – 13 Sa 1549/11.

tung nicht erfolgreich mit der Begründung anfechten, dass er sich beim Datum verschrieben habe. Darin liegt ein unbeachtlicher Kalkulationsirrtum.[384] Es besteht die Möglichkeit, Abs. 2 Satz 1 zugunsten des Arbeitnehmers dergestalt einzelvertraglich abzubedingen, dass – trotz des Vorliegens der Voraussetzungen für eine sachgrundlose Befristung – auf jeden Fall für die Wirksamkeit einer Befristungsabrede ein sachlicher Grund vorliegen muss.[385] Die sachgrundlose Befristung kann ausdrücklich oder konkludent abbedungen werden. Ein konkludenter Ausschluss der in § 14 Abs. 2 Satz 1 vorgesehenen Befristungsmöglichkeit kommt in Betracht, wenn der Arbeitnehmer die Erklärung des Arbeitgebers nach dem Empfängerhorizont so verstehen darf, dass die Befristung ausschließlich auf einen bestimmten Sachgrund gestützt wird und sie davon abhängen soll, dass er besteht.[386] Die Angabe eines Sachgrundes im Arbeitsvertrag kann auf einen solchen Ausschluss hindeuten.[387] Die Benennung eines Sachgrundes im Arbeitsvertrag allein reicht aber nicht aus, um anzunehmen, dass eine entsprechende Vereinbarung vorliegt. Vielmehr müssen im Einzelfall noch zusätzliche Umstände hinzutreten.[388] Ein konkludenter Ausschluss der Anwendbarkeit von § 14 Abs. 2 liegt vor, wenn der Arbeitnehmer die Erklärung des Arbeitgebers so verstehen darf, dass die Befristung ausschließlich auf einen bestimmten Sachgrund gestützt wird.[389]

Die Befristung nach § 14 Abs. 2 Satz 1 kann missbräuchlich sein. Dies gilt etwa dann, wenn mehrere rechtlich und tatsächlich verbundene Arbeitgeber in bewusstem und gewolltem Zusammenwirken aufeinanderfolgende befristete Arbeitsverträge mit einem Arbeitnehmer deshalb schließen, um über die nach § 14 Abs. 2 Satz 1 vorgesehene Befristungsmöglichkeiten hinaus sachgrundlose Befristungen aneinanderreihen zu können.[390]

113 § 14 Abs. 2 Satz 1 umfasst die Verlängerung des sachgrundlos befristeten Arbeitsvertrags. Die nachträgliche Verkürzung der Vertragslaufzeit eines sachgrundlos befristeten Arbeitsverhältnisses bedarf keines Sachgrundes und unterfällt auch nicht dem Anschlussverbot von Abs. 2 Satz 2.[391] Die Verlängerung setzt einen entsprechend darauf gerichteten Willen des Arbeitgebers voraus. Daran fehlt es bei einer Dienstplaneinteilung des be-

---

384 LAG Mecklenburg-Vorpommern 17.4.2013 – 2 Sa 237/12.
385 BAG 29.6.2011 – 7 AZR 774/09, PersR 2012, 4; BAG 5.6.2002 – 7 AZR 241/01, EzA-SD 2002 Nr. 13, 3; LAG Schleswig-Holstein 27.9.2012 – 5 Sa 154/12.
386 BAG 21.9.2011 – 7 AZR 375/10.
387 BAG 21.9.2011 – 7 AZR 375/10.
388 BAG 29.6.2011 – 7 AZR 774/09; LAG Hamm 11.12.2014 – 15 Sa 1014/14; LAG Schleswig-Holstein 27.9.2012 – 5 Sa 154/12.
389 Sächsisches LAG 6.6.2014 – 3 Sa 740/13.
390 BAG 24.6.2015 – 7 AZR 452/13; BAG 19.3.2014 – 7 AZR 527/12; BAG 4.12.2013 – 7 AZR 290/12.
391 Hessisches LAG 10.9.2014 – 6 Sa 1287/13.

troffenen Arbeitnehmers, die nicht mit Wissen des Arbeitgebers oder eines zum Abschluss von Arbeitsverträgen Bevollmächtigten erfolgt ist. Die Dienstplaneinteilung lässt keine Rückschlüsse darauf zu, dass ein bevollmächtigter Vertreter des Arbeitgebers eine verbindliche Verlängerungsentscheidung getroffen hat.[392] Eine Verlängerung i. S. v. Abs. 2 Satz 1 setzt voraus, dass sie vor Ablauf des zu verlängernden Vertrags vereinbart worden ist.[393] Dies gilt auch dann, wenn nur ein Wochenende oder ein Feiertag zwischen dem Ende des vorangegangenen und dem verlängerten befristeten Arbeitsvertrag liegt.[394] Der zum aufgehobenen BeschFG vertretenen Auffassung, eine mehr oder weniger kurzzeitige Unterbrechung sei unschädlich,[395] hat das BAG damit eine deutliche Absage erteilt. Eine Verlängerung eines befristeten Vertrags nach § 14 Abs. 2 Satz 1 ist nur wirksam, wenn sie vor Ablauf des zu verlängernden Vertrags unter Wahrung der Schriftform vereinbart wird.[396]

114   Eine Verlängerung i. S. v. Abs. 2 Satz 1 erfordert zudem, dass die bisherigen Vertragsbedingungen unverändert weiter gelten.[397] Der Begriff der »Verlängerung« betrifft nur die Laufzeit des Vertrags. Werden die übrigen Bestandteile des bisherigen Vertragsverhältnisses geändert, handelt es sich um den Neuabschluss eines Vertrags und nicht mehr um die Verlängerung der Laufzeit des bisherigen Vertrags.[398] Eine Verlängerung eines sachgrundlos befristeten Arbeitsvertrags scheidet daher grundsätzlich bei jeder Änderung des Vertragsinhalts aus. Eine sachgrundlose Befristung, die einen bestehenden, sachgrundlos befristeten Arbeitsvertrag ersetzt und inhaltlich verschlechtert, ist daher unwirksam.[399] Dabei kommt es nicht darauf an, ob materielle

---

392 LAG Rheinland-Pfalz 29. 5. 2008 – 10 Sa 116/08.
393 BAG 26. 7. 2000 – 7 AZR 546/99, NZA 2001, 263; Hessisches LAG 28. 5. 2014 – 19 Sa 1357/13; LAG Mecklenburg-Vorpommern 4. 4. 2017 – 2 Sa 238/16; Meinel/Heyn/Herms, § 14 TzBfG Rn. 66; Boewer, § 14 TzBfG Rn. 244; LAG Nürnberg 31. 8. 2011 – 4 Sa 694/10.
394 So Boewer, § 14 TzBfG Rn. 245.
395 So Wisskirchen, DB 1998, 722; Wohlleben, RdA 1998, 277.
396 LAG Brandenburg 4. 2. 2004 – 6 Sa 560/03, EzA-SD 2004, Nr. 18, 8; BAG 18. 1. 2006 – 7 AZR 178/05, NZA 2006, 605.
397 BAG 9. 9. 2015 – 7 AZR 190/14, AP Nr. 133 zu § 14 TzBfG; BAG 18. 3. 2015 – 7 AZR 272/13, AP Nr. 129 zu § 14 TzBfG; BAG 26. 7. 2000 – 7 AZR 51/99, DB 2001, 100; BAG 25. 10. 2000 – 7 AZR 483/99, NZA 2001, 659; LAG Mecklenburg-Vorpommern 4. 4. 2017 – 2 Sa 238/16; LAG Nürnberg 31. 8. 2011 – 4 Sa 694/11.
398 BAG 26. 7. 2000 – 7 AZR 546/99, NZA 2001, 263; mit Hinweis auf Däubler/Deinert/Zwanziger, KSchR, § 1 BeschFG Rn. 22; ErfKo/Müller-Glöge, § 1 BeschFG Rn. 35; a. A. MünchArbR/Wank, § 116 Rn. 184, der auch bestimmte Veränderungen des Vertrags anlässlich der Verlängerung für unschädlich erachtet.
399 LAG Hessen 8. 6. 2012 – 10 Sa 1556/11.

oder wesentliche Änderungen des Vertragsinhalts erfolgen.[400] Eine Verlängerung im Sinne von § 14 Abs. 2 Satz 1 TzBfG liegt auch dann nicht vor, wenn im Ausgangsvertrag ein ordentliches Kündigungsrecht vereinbart worden ist, das in dem nachfolgend abgeschlossenen befristeten Arbeitsvertrag nicht mehr enthalten ist.[401] Hier liegt also ein Neuabschluss vor, der einer sachlichen Rechtfertigung bedarf. Kein unzulässiger Neuabschluss, sondern eine wirksame Verlängerung nach § 14 Abs. 2 Satz 1 TzBfG liegt dagegen vor, wenn in einem befristeten Anschlussvertrag eine erhöhte Arbeitszeit vereinbart wird, um einen Anspruch des Arbeitnehmers nach § 9 TzBfG (Verlängerung der Arbeitszeit) Rechnung zu tragen.[402] Dazu muss der Arbeitnehmer bereits zuvor oder anlässlich der Vereinbarung der Verlängerung ein Erhöhungsverlangen nach § 9 TzBfG geltend gemacht haben, dem der Arbeitgeber in dem Folgevertrag mit der Veränderung der Arbeitszeit Rechnung trägt.[403] Eine Verlängerung eines befristeten Vertrags liegt ebenfalls dann nicht vor, wenn ein zweiter befristeter Vertrag mehrere neue Vertragsklauseln enthält, die für den Arbeitnehmer günstiger sind als die Regelungen des ersten Vertrags.[404]

Eine Verlängerung i. S. v. Abs. 2 Satz 1 setzt also voraus, dass sich die Vertragslaufzeit des Verlängerungsvertrags unmittelbar an diejenige des vorangegangenen Vertrags anschließt, die Verlängerungsvereinbarung noch vor Ablauf des zu verlängernden Vertrags getroffen wird und die übrigen Vertragsbedingungen unverändert bleiben. Die kurzfristige Unterbrechung des Arbeitsverhältnisses – auch nur für einen Tag – macht die »Verlängerung« einer sachgrundlosen Befristung unwirksam.[405] Wird dagegen der Vertragsinhalt nicht im Zusammenhang mit einer Verlängerungsabrede geändert, sondern davor oder danach, nimmt dies der Befristungsabrede nicht den Charakter einer Verlängerungsvereinbarung nach Abs. 2 Satz 1. Vor oder nach Vereinbarung einer Vertragsverlängerung getroffene Abreden über die Änderung von Arbeitsbedingungen sind nach der Rechtsprechung des BAG daher für die Wirksamkeit der Befristung ohne Bedeutung.[406]

Wird in einem befristeten Arbeitsvertrag eine Probezeit mit Kündigungsmöglichkeit vereinbart, die länger ist als die vorgesehene Vertragsdauer, gilt die Probezeitvereinbarung nach Auffassung des LAG Hamm auch im Ver-

115

---

400 LAG Hamm 5. 2. 2008 – 14 Sa 1447/07 (hier: Änderung der Fälligkeit der Arbeitsvergütung von Monatsende auf den 10. des Folgemonats.
401 BAG 20. 2. 2008 – 7 AZR 786/06.
402 BAG 16. 1. 2008 – 7 AZR 603/06; KR-Lipke, § 14 TzBfG Rn. 291.
403 BAG 16. 1. 2008 – 7 AZR 603/06.
404 LAG Bremen 25. 8. 2005 – 3 Sa 282/04, AuR 2005, 423.
405 BAG 23. 8. 2006, AP TzBfG § 14 Verlängerung Nr. 1; Hessisches LAG 19. 8. 2014 – 13 Sa 434/14.
406 BAG 19. 10. 2005 – 7 AZR 31/05, EzA § 14 TzBfG Nr. 23; BAG 26. 7. 2006 – 7 AZR 514/05.

längerungszeitraum nach § 14 Abs. 2 Satz 1.[407] Allerdings können die Arbeitsvertragsparteien anlässlich der Verlängerung Anpassungen des Vertragstextes an die zum Zeitpunkt der Verlängerung geltende Rechtslage vornehmen.[408] Eine derart zulässige Anpassung liegt in der Umstellung im Arbeitsvertrag von BAT/MTArb auf den TVöD, weil im öffentlichen Dienst Normvollzug gilt.[409] Demgegenüber liegt keine zulässige Vertragsverlängerung vor, wenn der Vertrag völlig neu abgeschlossen wird und dabei in dem Vertragsformular die Bezugnahmeklausel auf das Tarifwerk des öffentlichen Dienstes nunmehr erstmals unter der einschränkenden Bedingung der fortbestehenden Tarifbindung des Arbeitgebers steht.[410]

116 Nach Abs. 2 Satz 2 ist eine Befristung ohne sachlichen Grund nicht zulässig, wenn mit demselben Arbeitgeber bereits zuvor ein befristetes oder unbefristetes Arbeitsverhältnis bestanden hat. Dies gilt für jede neue Befristung, unabhängig von deren Dauer.[411] D.h., die erleichterte Befristung nach Abs. 2 Satz 1 ist nur bei einer Neueinstellung möglich. Durch diese Einschränkung wurde im Unterschied zum bis zum 1. Januar 2001 geltenden Recht die theoretisch unbegrenzte Aufeinanderfolge befristeter Arbeitsverträge (Kettenarbeitsverträge) ausgeschlossen. Nach altem Recht konnte ein Arbeitnehmer abwechselnd »mit sachlichem Grund« und »ohne sachlichen Grund« beschäftigt werden. Die Darlegungs- und Beweislast für den Verstoß gegen das Anschlussverbot nach § 14 Abs. 2 Satz 2 liegt beim Arbeitnehmer, der sich auf diesen Ausnahmetatbestand beruft.[412]

117 Abs. 2 Satz 2 verbietet eine erleichterte Befristung, wenn bereits zuvor ein Arbeitsverhältnis mit dem Arbeitgeber bestanden hat. Das Verbot gilt auch dann, wenn im Anschluss an eine Sachgrundbefristung insgesamt noch nicht die Gesamtdauer von zwei Jahren überschritten wurde. Der klare Wortlaut von Abs. 2 Satz 2 schließt eine derartige Möglichkeit eindeutig aus.[413] Dagegen wird die Wirksamkeit eines befristeten Arbeitsverhältnisses mit Sachgrund gem. Abs. 1 Satz 2 Nr. 1–8 zeitlich nach einem befristeten Arbeitsverhältnis ohne Sachgrund nicht berührt.

118 In der Literatur wurde der Versuch unternommen, den Anwendungsbereich von Abs. 2 Satz 2 einzuschränken. So vertritt Löwisch die Auffassung,

---

407 LAG Hamm 19. 12. 2006 – 19 Sa 1045/05.
408 BAG 16. 1. 2008 – 7 AZR 603/06; BAG 23. 8. 2006 – 7 AZR 12/06; LAG Mecklenburg-Vorpommern 4. 4. 2017 – 2 Sa 238/16; LAG Rheinland-Pfalz 25. 8. 2008 – 5 Sa 424/08.
409 LAG Rheinland-Pfalz 25. 8. 2008 – 5 Sa 424/07; LAG Bremen 25. 8. 2005 – 3 Sa 282/04, LAGReport 2005, 292.
410 LAG Mecklenburg-Vorpommern 4. 4. 2017 – 2 Sa 238/16.
411 BAG 6. 11. 2003 – 2 AZR 690/02; LAG Baden-Württemberg 6. 5. 2003 – 8 Sa 5/03.
412 LAG Niedersachsen 26. 7. 2004 – 5 Sa 234/04, NZA-RR 2005, 410; BAG 8. 6. 2000 – 7 AZR 920/98, AP Nr. 2 zu § 1 BeschFG 1996.
413 Ring, § 14 TzBfG Rn. 128.

dass eine vorherige Beschäftigung dann unschädlich sei, wenn es sich um eine andere Beschäftigungsart handele oder wenn ein gewisser zeitlicher Abstand zu dem früheren Arbeitsverhältnis vorliege.[414] In seinem Urteil aus dem Jahr 2003 hatte das BAG noch geurteilt, dass § 14 Abs. 2 Satz 2 TzBfG keine zeitliche Begrenzung der Vorbeschäftigung enthalte.[415] Nach dieser Rechtsprechung kam es auf den zeitlichen Abstand zwischen dem früheren Arbeitsverhältnis und dem nunmehr ohne Sachgrund befristeten Arbeitsverhältnis nicht an. Diese Rechtsprechung ist vom BAG im Jahr 2009 unter Hinweis auf den eindeutigen Wortlaut von § 14 Abs. 2 Satz 2 TzBfG bestätigt worden.[416] Die überwiegende Mehrheit im Schrifttum vertrat im Anschluss an diese Rechtsprechung ebenfalls die Auffassung, dass in § 14 Abs. 2 Satz 2 TzBfG ein absolutes Vorbeschäftigungsverbot normiert sei, das unabhängig davon vorliegt, wie lange die Vorbeschäftigung beim gleichen Arbeitgeber zurückliegt.[417] Ein anderer Teil der Literatur sieht in § 14 Abs. 2 Satz 2 TzBfG dagegen kein lebenslanges Vorbeschäftigungsverbot.[418]

Auch der Gesetzgeber hat sich seit Inkrafttreten des TzBfG im Jahr 2001 mit mehreren Initiativen zur Änderung von § 14 Abs. 2 Satz 2 TzBfG befasst. Eine Vielzahl aus der Mitte des Bundestages bzw. von Länderseite eingebrachter Gesetzentwürfe sah eine zeitliche Begrenzung des Vorbeschäftigungsverbots vor.[419] Dieser Argumentation hat sich auch das BAG im Jahr 2011 angeschlossen. Nach dessen Auffassung ist eine Vorbeschäftigung im Sinne von § 14 Abs. 2 Satz 2 nicht gegeben, wenn das frühere Arbeitsverhält-

---

414 Löwisch, BB 2001, 254; ebenso ErfKo/Müller-Glöge, § 14 TzBfG Rn. 125.
415 BAG 6. 11. 2003 – 2 AZR 690/02.
416 BAG 29. 7. 2009 – 7 AZN 368/09.
417 APS/Backhaus, 3. Aufl., § 14 TzBfG Rn. 381; Gräfl in: Arnold/Gräfl, TzBfG, 2. Aufl., § 14 Rn. 256; Dörner, Der befristete Arbeitsvertrag, 2. Aufl., Rn. 431; Holwe/Kossens/Pielenz/Räder, TzBfG, 3. Aufl., § 14 Rn. 118; HWK/Schmalenberg, 4. Aufl., § 14 Rn. 109; Kliemt, NZA 2001, 296; Schmalenberg, NZA 2001, 938; Sievers, TzBfG, 3. Aufl., § 14 Rn. 390; Meinel/Heyn/Herms, 3. Aufl., TzBfG, § 14 Rn. 154.
418 Löwisch, BB 2001, 254; Bauer, BB 2001, 2473; Osnabrügge, NZA 2003, 639; Straub, NZA 2001, 919.
419 Z.B. Entwurf eines Fünften Gesetzes zur Änderung des SGB III, Bundesregierung, BR-Drs. 320/05, Karenzzeit zur vorherigen Beschäftigung: zwei Jahre; Entwurf eines Gesetzes zur Lockerung des Verbots wiederholter Befristung, FDP, BT-Drs. 15/5270, Karenzzeit: drei Monate; Entwurf eines Gesetzes zur Änderung des Teilzeit- und Befristungsgesetzes, Thüringen, BR-Drs. 469/04, Karenzzeit: drei Monate; Entwurf eines Gesetzes zur Flexibilisierung des Arbeitsrechts, Bayern, BR-Drs. 863/02, Karenzzeit: drei Monate; Entwurf eines Gesetzes für mehr Wachstum und Beschäftigung durch nachhaltige Reformen am Arbeitsmarkt, BR-Drs. 456/03; Karenzzeit: drei Monate.

nis mehr als drei Jahre zurückliegt.[420] Das BAG hat die dreijährige Vor-
beschäftigungsfrist in Anlehnung an die grundsätzliche dreijährige Verjäh-
rungsfrist (§ 195 BGB) gewählt. Anders als bei der Berechnung der Verjäh-
rungsfrist beginnt der Dreijahreszeitraum aber nicht mit Ablauf des Jahres,
in dem das vorherige Arbeitsverhältnis geendet hat (§ 199 Abs. 1 BGB). Beginn der Dreijahresfrist ist vielmehr das Ende des früheren Arbeitsverhältnisses. Diese Rechtsprechung des BAG ist heftig umstritten. Eine Vielzahl
der Instanzgerichte ist dem BAG nicht gefolgt und hat richtigerweise geurteilt, dass das Vorbeschäftigungsverbot absolut ist und nicht nur für eine
dreijährige Karenzzeit gilt.[421] Wegen der heftigen Kritik in Literatur und
Rechtsprechung konnten die Arbeitgeber auch nicht auf den Fortbestand
der Rechtsprechung des BAG aus dem Jahr 2011 vertrauen. Ein derartiges
Vertrauen ist nicht schutzwürdig.[422]

118a Mit Beschluss vom 6. 6. 2018 hat nunmehr das BVerfG den Streit zwischen
dem BAG und der Mehrzahl der Instanzgerichte entschieden. Nach Auffassung des BVerfG ist die vom BAG vorgenommene Auslegung – wonach eine
wiederholte sachgrundlose Befristung zwischen denselben Vertragspartnern
immer dann gestattet ist, wenn zwischen den Arbeitsverhältnissen ein Zeitraum von mehr als drei Jahren liegt – mit dem Grundgesetz nicht zu vereinbaren.[423] Zur Begründung führt das BVerfG richtigerweise aus, dass richter-
liche Rechtsfortbildung nicht den klar erkennbaren Willen des Gesetzgebers
übergehen und durch ein eigenes Regelungsmodell ersetzen darf. Die Entscheidung des BVerfG hat klargestellt: Nach § 14 Abs. 2 Satz 2 TzBfG sind
sachgrundlose Befristungen zwischen denselben Vertragsparteien auf die
erstmalige Begründung eines Arbeitsverhältnisses beschränkt; damit ist jede
weitere erneute sachgrundlos befristete Beschäftigung bei demselben Ar-

---

420 BAG 6. 4. 2011 – 7 AZR 716/09; bestätigt durch BAG 21. 9. 2011 – 7 AZR 375/10;
    ebenso: LAG Hamm 15. 12. 2016 – 11 Sa 735/16; Sächsisches LAG 24. 3. 2015 – 1 Sa
    639/14; LAG Hamm 22. 1. 2015 – 11 Sa 1228/14; LAG Rheinland-Pfalz
    24. 1. 2014 – 1 Sa 490/13.
421 LAG Düsseldorf 4. 5. 2018 – 6 Sa 64/18; LAG Mecklenburg-Vorpommern
    17. 10. 2017 – 5 Sa 256/16, NJ 2018, 32; LAG Baden-Württemberg 18. 8. 2017 –
    8 Sa 21/17; LAG Schleswig-Holstein 27. 7. 2017 – 4 Sa 221/16; LAG Niedersachsen
    20. 7. 2017 – 6 Sa 1125/16, NZA-RR 2017, 580; LAG Hessen 11. 7. 2017 – 8 Sa
    1578/15, ZTR 2017, 674; LAG Sachsen-Anhalt 29. 5. 2017 – 6 Sa 405/15; LAG Nie-
    dersachsen 23. 5. 2017 – 9 Sa 1154/16; LAG Baden-Württemberg 11. 8. 2016 – 3 Sa
    8/16; LAG Niedersachsen 16. 2. 2016 – 9 Sa 376; LAG Baden-Württemberg
    21. 2. 2014 – 7 Sa 64/14; LAG Baden-Württemberg 26. 9. 2013 – 6 Sa.28/13, s. auch
    Kossens, jurisPR-ArbR 37/2011 Anm. 1; Dörner, ZTR 2001, 485; Höpfner, NZA
    2011, 893; Heidl, RdA 2009, 297.
422 LAG Niedersachsen 20. 7. 2017 – 6 Sa 1125/16, NZA-RR 2017, 580; LAG Sachsen-
    Anhalt 29. 5. 2017 – 6 Sa 405/15.
423 BVerfG 6. 6. 2018 – 1 BvL 7/14, 1 BvL1375/14, Pressemitteilung 47/2018 des
    BVerfG vom 13. 6. 2018.

beitgeber verboten. Die Arbeitgeberverbände hatten im Verfahren vor dem BVerfG vorgetragen, § 14 Abs. 2 Satz 2 TzBfG sei verfassungswidrig. Sie begründeten ihre Auffassung damit, dass ein lebenslanges Verbot der sachgrundlosen Wiederbeschäftigung beim gleichen Arbeitgeber ein Eingriff in die Berufsfreiheit und die Privatautonomie sei. Dieser Argumentation ist das BVerfG nicht gefolgt. Nach Auffassung des BVerfG ist § 14 Abs. 2 Satz 2 TzBfG mit dem Grundgesetz vereinbar, soweit sachgrundlose Befristungen zwischen denselben Vertragsparteien auf die erstmalige Begründung eines Arbeitsverhältnisses beschränkt sind und jede erneute sachgrundlose befristete Beschäftigung bei demselben Arbeitgeber verboten wird. Das BVerfG argumentiert, dass damit der Gefahr von Kettenbefristungen in Ausnutzung der strukturellen Unterlegenheit der Arbeitnehmer ausgeschlossen und die unbefristete Beschäftigung als Regelfall gesichert werden könne.

Nach dem Beschluss des BVerfG vom 6.6.2018 ist das Verbot der sachgrundlosen Befristung bei nochmaliger Einstellung beim selben Arbeitgeber aber unzumutbar, wenn die Gefahr von Kettenbefristungen nicht besteht. Das Verbot der befristeten Wiedereinstellung kann insbesondere dann unzumutbar sein, wenn die Vorbeschäftigung sehr lange zurückliegt, ganz anders geartet oder von nur sehr kurzer Dauer gewesen war. Beispielhaft führt das BVerfG folgende Fälle an: **118b**

- Nebenbeschäftigung während der Schul-, Studien oder Familienzeit
- Werkstudierende, studentische Mitarbeit im Rahmen einer Berufsqualifizierung
- Freiwillige Unterbrechung der Erwerbsbiographie, die mit einer beruflichen Neuorientierung oder einer Aus- und Weiterbildung einhergeht.

Der in § 14 Abs. 2 Satz 2 TzBfG verfolgte Schutzzweck kann in diesen Fällen nach dem Beschluss des BVerfG das Verbot einer sachgrundlosen befristeten Wiedereinstellung nicht rechtfertigen. Für die gerichtliche Praxis verweist das BVerfG auf die Arbeitsgerichte. Diese können und müssen in derartigen Fällen durch verfassungskonforme Auslegung den Anwendungsbereich des § 14 Abs. 2 Satz 2 TzBfG einschränken.

Das Verbot des Abs. 2 Satz 2 gilt nur dann, wenn zuvor mit demselben Arbeitgeber ein Arbeitsverhältnis bestanden hat. Dieses sog. Anschlussverbot ist also arbeitgeberbezogen. Das Anschlussverbot knüpft demnach nicht an den Beschäftigungsbetrieb oder gar den Arbeitsplatz an.[424] Diese Grundsätze gelten z. B. auch dann, wenn zwei Krankenkassen zu einer neuen Krankenkasse fusionieren und der Arbeitnehmer zunächst bei der einen Kasse sachgrundlos beschäftigt war und sodann wenige Tage vor der Fusion ein **119**

---

424 BAG 9.3.2011 – 7 AZR 657/09; LAG Mecklenburg-Vorpommern 17.4.2012 – 5 Sa 205/11.

sich anschließendes sachgrundlos befristetes Arbeitsverhältnis mit der anderen Krankenkasse eingeht.[425]

Arbeitgeber im Sinne von § 14 Abs. 2 ist allein der Vertragsarbeitgeber.[426] Das ist die natürliche oder juristische Person, die mit dem Arbeitnehmer den Arbeitsvertrag abgeschlossen hat. Das Anschlussverbot wird nur verletzt, wenn der neue befristete Arbeitsvertrag mit derselben natürlichen oder juristischen Person abgeschlossen wird, mit der das frühere Arbeitsverhältnis bestand.[427] Das BAG hat unter Bezugnahme auf seine bisherige Rechtsprechung noch einmal klargestellt, dass eine mögliche Anknüpfung an die vorherige Tätigkeit des Arbeitnehmers in dem Betrieb oder für den Betriebsinhaber zu unterbleiben hat.[428] Das Anschlussverbot ist somit nicht mit dem Beschäftigungsbetrieb oder dem Arbeitsplatz verknüpft.[429] Sind mehrere natürliche oder juristische Personen dauerhaft zur Führung eines gemeinsamen Betriebs oder einer gemeinsamen Einrichtung verbunden, so sind sie als derselbe Arbeitgeber anzusehen.[430] Dies gilt auch für Jobcenter, die von der Bundesagentur für Arbeit und einer Stadt als gemeinsame Einrichtung betrieben werden.[431] Ein Arbeitgeber, der im Wege der Verschmelzung seine Rechtsfähigkeit verloren hat, ist nicht derselbe Arbeitgeber wie der Rechtsnachfolger.[432]

Die Sperrwirkung greift nicht, wenn der Arbeitnehmer zuvor im Rahmen eines Werkvertrags oder freien Mitarbeiterverhältnisses bei demselben Arbeitgeber beschäftigt war. Gleiches gilt auch, wenn der Arbeitnehmer zuvor als Leiharbeitnehmer im Betrieb des Arbeitgebers tätig war.[433] Eine Sperrwirkung tritt auch nicht ein bei einem früheren Heimarbeitsverhältnis. Ein Heimarbeitsverhältnis ist kein Arbeitsverhältnis im Sinne von § 14 Abs. 2 TzBfG.[434] Zulässig ist es, einen befristeten Arbeitsvertrag nach Abs. 2 Satz 1 mit einem Arbeitnehmer im Anschluss an eine Berufsausbildung abzuschließen, so die ausdrückliche Gesetzesbegründung.[435] Nach mittlerweile

---

425 LAG Mecklenburg-Vorpommern 17. 4. 2012 – 5 Sa 205/11.

426 BAG 19. 3. 2014 – 7 AZR 527/12.

427 BAG 24. 6. 2015 – 7 AZR 452/13; BAG 16. 7. 2008 – 7 AZR 278/07; BAG 10. 11. 2004 – 7 AZR 101/04; BAG 9. 3. 2011 – 7 AZR 657/09; LAG Mecklenburg-Vorpommern 17. 4. 2012 – 5 Sa 205/11.

428 BAG 16. 7. 2008 – 7 AZR 278/07 unter Hinweis auf BAG 18. 10. 2006 – 7 AZR 145/06.

429 BAG 24. 6. 2015 – 7 AZR 452/13; BAG 19. 3. 2014 – 7 AZR 527/12.

430 LAG Köln 9. 3. 2011 – 4 Sa 1184/11; a. A. BAG 25. 4. 2001 – 7 AZR 376/00, AP BeschFG 1996 § 1 Nr. 10.

431 LAG Köln 9. 3. 2011 – 4 Sa 1184/11.

432 BAG 10. 11. 2004 – 7 AZR 101/04.

433 BAG 8. 12. 1988 – 2 AZR 308/88, NZA 1989, 459; Lembke, NJW 2006, 325.

434 BAG 24. 8. 2016 – 7 AZR 625/15, AP Nr. 145 zu § 14 TzBfG.

435 Ebenso BAG 21. 9. 2011 – 7 AZR 375/10; Kliemt, NZA 2001, 296; Preis/Gotthardt, DB 2000, 2072; Sowka, DB 2000, 2428; MünchArbR/Wank, § 116 Rn. 193; Mei-

gefestigter Rechtsprechung hat ein Berufsausbildungsverhältnis keine Sperrwirkung für ein anschließendes befristetes Arbeitsverhältnis ohne Sachgrund, denn die Berufsausbildung ist kein Arbeitsverhältnis i. S. v. Abs. 2 Satz 2.[436] Dieses Ergebnis leitet das Gericht aus § 10 Abs. 2 BBiG ab, wonach es bei der Frage, ob ein Berufsausbildungsverhältnis als Arbeitsverhältnis anzusehen ist, auf den jeweiligen Gesetzeszweck ankommt. Der Gesetzeszweck des § 14 Abs. 2 TzBfG ist nach Auffassung des BAG, Kettenbefristungen zu verhindern. Dieser Zweck erfordere es gerade nicht, Ausbildungsverhältnisse im Rahmen des § 14 Abs. 2 TzBfG mit Arbeitsverhältnissen gleichzustellen. Auf Grund des Ausbildungszwecks des Berufsausbildungsverhältnisses bestünde die Gefahr des Missbrauchs der sachgrundlosen Befristung zu Kettenbefristungen nicht. Vielmehr betont das Gericht, den Auszubildenden solle über die Möglichkeit einer befristeten Einstellung der Weg in das Arbeitsleben geebnet werden und eine Beschäftigungsbrücke in ein unbefristetes Arbeitsverhältnis geschaffen werden. Gleiches gilt für berufsvorbereitende Vertragsverhältnisse.[437] Das befristete Ausbildungsverhältnis ist auch kein befristetes Arbeitsverhältnis gemäß § 14 Abs. 2 Satz 2 TzBfG.[438]

Ein betriebliches Praktikum ist dann als Vorbeschäftigung nach Abs. 2 Satz 2 anzurechnen, wenn es im Rahmen eines Arbeitsverhältnisses abgeleistet wurde.[439] Gleiches gilt für eine Umschulung.[440]   **120**

Ob das frühere Arbeitsverhältnis befristet oder unbefristet war, ist unerheblich. Ebenso unerheblich ist, ob es sich dabei um eine kurzfristige oder geringfügige Beschäftigung gehandelt hat. Sogar ein »Ein-Tages-Arbeitsverhältnis« schließt eine Befristung nach Abs. 2 Satz 2 aus. Für die Sperrwirkung des Abs. 2 Satz 2 ist es auch unerheblich, wie lange das frühere Arbeitsverhältnis bereits zurückliegt. Deshalb ist es ohne Bedeutung, dass das frühere Arbeitsverhältnis weniger als sechs Monate bzw. in einem Kleinbetrieb i. S. d. § 23 KSchG bestand.[441] Das Anschlussverbot gilt auch dann, wenn das   **121**

---

nel/Heyn/Herms, § 14 TzBfG Rn. 79; a. A. Däubler, ZIP 2001, 217; Däubler/Deinert/Zwanziger, KSchR, § 14 TzBfG Rn. 160, der auf § 3 Abs. 2 BBiG hinweist und der Gesetzesbegründung zu § 14 Abs. 2 Satz 2 keine rechtliche Relevanz zubilligt.

436 BT-Drs. 14/4374, S. 20; Boewer, § 14 TzBfG Rn. 227, BAG 21. 9. 2011 – 7 AZR 375/10; LAG Baden-Württemberg 9. 10. 2008 – 10 Sa 35/08; LAG Niedersachsen 4. 7. 2003 – 16 Sa 103/03, LAGReport 2003, 292; ArbG Marburg 27. 8. 2004 – 2 Ca 572/03, DB 2004, 2375; LAG Niedersachsen 4. 7. 2003 – 16 Sa 103/03, LAGE § 14 TzBfG Nr. 11.

437 ArbG Marburg 27. 8. 2004 – 2 Ca 572/03.

438 BAG 21. 9. 2011 – 7 AZR 375/10; LAG Berlin-Brandenburg 28. 4. 2017 – 2 Sa 2032/16.

439 BAG 18. 11. 1999, NZA 2000, 673.

440 BAG 21. 5. 1997 – 5 AZB 30/96, NZA 1997, 1013.

441 LAG Baden-Württemberg 23. 4. 2002 – 8 Sa 84/01, AuA 2003, Nr. 5, 58.

neue Arbeitsverhältnis nur für die Dauer von maximal sechs Monaten befristet werden soll.[442]

122 Fraglich ist, ob auch eine frühere Tätigkeit in einem anderen Betrieb des Unternehmens eine erleichterte Befristung nach Abs. 2 Satz 2 verbietet. Diese Frage ist zu bejahen, da Anknüpfungspunkt von Abs. 2 Satz 2 der »Arbeitgeber« und nicht der »Betrieb«[443] ist. Eine Vorbeschäftigung in einem anderen Unternehmen des Konzerns löst nach h. M. dagegen die Sperrwirkung von Abs. 2 Satz 2 nicht aus.[444] Ob auch Arbeitsverhältnisse beim Rechtsvorgänger (§ 613a BGB) eine Sperrwirkung nach Abs. 2 Satz 2 bewirken, ist strittig.[445] Die Gewerkschaft ver.di ist nicht derselbe Arbeitgeber i. S. v. § 14 Abs. 2 Satz 2 wie die Gewerkschaft ÖTV oder die anderen an dieser Verschmelzung beteiligten Gewerkschaften.[446]

123 Vor dem Hintergrund der Sperrwirkung hat der Arbeitgeber ein Fragerecht dahingehend, ob der Arbeitnehmer bereits früher einmal in einem Arbeitsverhältnis zum Arbeitgeber bzw. dessen Rechtsvorgänger gestanden hat.[447] Der Arbeitnehmer muss die Frage wahrheitsgemäß beantworten. Eine wahrheitswidrige Beantwortung kann zur Anfechtung des Arbeitsvertrags durch den Arbeitgeber wegen arglistiger Täuschung führen. Soll eine entsprechende Frage in einen Personalfragebogen aufgenommen werden, ist das Mitbestimmungsrecht des Betriebsrats nach § 94 Abs. 1 BetrVG zu beachten.

124 Keine Sperrwirkung entfaltet Abs. 2 Satz 2 bei der erleichterten befristeten Einstellung von Personen, die das 52. Lebensjahr vollendet haben (Abs. 3). Eine Einstellung nach Abs. 3 ist daher auch bei solchen Personen zulässig, die bereits vorher einmal beim Arbeitgeber beschäftigt waren. Abs. 2 Satz 2 erstreckt sich auch nicht auf Verlängerungen eines befristeten Arbeitsvertrags, der noch vor dem 1. Januar 2001 auf der Grundlage des BeSchFG abgeschlossen wurde.[448]

---

442 BAG 13. 5. 2004 – 2 AZR 426/03; BAG 6. 11. 2003 – 2 AZR 690/02, NZA 2005, 218.

443 Wie z. B. bei § 3 Abs. 2 oder § 8; MünchArbR/Wank, § 116 Rn. 195.

444 Preis/Gotthardt, DB 2001, 145; Kliemt, NZA 2001, 296; Hopfner, DB 2001, 200; Meinel/Heyn/Herms, § 14 TzBfG Rn. 83; Boewer, § 14 TzBfG Rn. 235; a. A. Däubler/Deinert/Zwanziger, KSchR, § 14 TzBfG Rn. 162.

445 Dafür: MünchArbR/Wank, § 116 Rn. 197; a. A. ArbG Berlin 24. 6. 2003 – 40 Ca 372/03; Worzalla/Will/Mailänder/Worch/Heise, § 14 TzBfG Rn. 60; Ring, § 14 TzBfG Rn. 111; Boewer, § 14 TzBfG Rn. 235; Meinel/Heyn/Herms, § 14 TzBfG Rn. 84, der danach unterscheiden will, ob das Arbeitsverhältnis zum Betriebsveräußerer im Zeitpunkt des Betriebsübergangs bereits beendet war oder nicht.

446 BAG 22. 6. 2005 – 7 AZR 363/04.

447 BT-Drs. 14/4374, S. 19; MünchArbR, § 116 Rn. 198.

448 LAG Rheinland-Pfalz 12. 4. 2002 – 3 Sa 1469/01, NZA 2002, 1037; BAG 15. 1. 2003 – 7 AZR 346/02.

Abs. 2 Satz 2 betrifft nur die erstmalige Befristung eines Arbeitsvertrags auf **125** Grundlage des TzBfG. Wurde ein Arbeitsvertrag auf Grundlage des BeSchFG wirksam befristet, ist unter der Geltung des TzBfG dessen Verlängerung bis zur Gesamtdauer von zwei Jahren auch dann möglich, wenn mit demselben Arbeitgeber bereits zuvor ein befristetes oder unbefristetes Arbeitsverhältnis bestanden hat. Abs. 2 Satz 2 gilt also nicht für den Verlängerungsvertrag.[449]

Nach Abs. 2 Satz 3 kann von der gesetzlichen Höchstbefristungsdauer und **126** der Höchstzahl der Verlängerungen eines befristeten Arbeitsvertrags ohne sachlichen Grund durch Tarifvertrag abgewichen werden. D.h., durch Tarifvertrag können längere, aber auch kürzere Höchstbefristungszeiten bzw. eine geringere oder höhere Zahl der möglichen Verlängerungen vorgesehen werden. Diese Möglichkeiten stehen nicht alternativ, sondern kumulativ nebeneinander.[450] Die den Tarifvertragsparteien eröffnete Möglichkeit, die Anzahl der Verlängerungen oder die Höchstdauer der Befristung oder beide Umstände abweichend von § 14 Abs. 2 Satz 1 festzulegen, ist aber nicht völlig unbegrenzt. Die Wertungen des § 14 Abs. 1 Satz 1 müssen auch von den Tarifvertragsparteien berücksichtigt werden.[451] Im Geltungsbereich eines solchen Tarifvertrags können nicht tarifgebundene Arbeitgeber und Arbeitnehmer die Anwendung der tariflichen Regelungen vereinbaren, Abs. 2 Satz 4.

Die Tarifvertragsparteien dürfen die von ihnen erweiterte Möglichkeit zur sachgrundlosen Befristung zugunsten des Arbeitnehmers (§ 22 TzBfG) von zusätzlichen Voraussetzungen (z.B. Zustimmung des Betriebsrats) abhängig machen und damit einschränken. Mit dem Erfordernis der Zustimmung des Betriebsrats in einem Tarifvertrag ist keine unzulässige Delegation der den Tarifvertragsparteien durch § 14 Abs. 2 Satz 3 TzBfG eingeräumten Regelungsbefugnis verbunden.[452] Soweit die Tarifvertragsparteien die Verlängerung der Befristungsdauer von einer erforderlichen Zustimmung des Betriebsrats abhängig gemacht haben (z.B. § 11 Abs. 2 Ziffer 3 Unterabsatz 2 Satz 2 MTV Chemische Industrie), muss diese Zustimmung vorliegen, ansonsten ist die Befristungsabrede unwirksam.[453]

---

449 LAG Rheinland-Pfalz 12.4.2002 – 3 Sa 1469/01, NZA 2002, 1037.
450 BT-Drs. 14/4374, S. 20; BAG 21.3.2018 – 7 AZR 428/16; BAG 14.6.017 – 7 AZR 627/15; BAG 18.3.2015 – 7 AZR 272/13; BAG 15.8.2012 – 7 AZR 184/11, AuA 2012, 544.; LAG Düsseldorf 9.12.2014 – 17 Sa 892/14; LAG Berlin-Brandenburg 24.6.2011 – 8 SA 559/11; LAG Frankfurt 3.12.2010 – 10 Sa 659/09.
451 BAG 18.3.2015 – 7 AZR 272/13.
452 BAG 21.3.2018 – 7 AZR 437/16.
453 LAG Nürnberg 17.12.2014 – 4 Sa 368/14.

Beispiele aus der Rechtspraxis:
Die in § 2 Abs. 6 Satz 1 und 2 des MTV für das Wach- und Sicherheitsgewerbe festgelegten Möglichkeiten einer zulässigen Höchstdauer von 42 Monaten für die kalendermäßige Befristung eines Arbeitsvertrags ohne Vorliegen eines sachlichen Grundes und die in diesem Rahmen vorgegebene höchstens viermalige Vertragsverlängerung sind wirksam.[454] Nach Auffassung des BAG soll sogar die tarifvertragliche Vereinbarung einer zulässigen Höchstdauer von fünf Jahren bei fünfmaliger Verlängerungsmöglichkeit von § 14 Abs. 2 Satz 2 umfasst sein.[455] Das BAG hält selbst eine tarifvertragliche Regelung, die die sachgrundlose Befristung eines Arbeitsvertrags bis zur Dauer von sechs Jahren und bis zu dieser Gesamtdauer bis zu neun Verlängerungen vorsieht, für rechtlich zulässig.[456] Hierin sieht das BAG allerdings auch die Grenze von Gesamtdauer und Verlängerungsmöglichkeiten.
Die in § 33 Abs. 3 Satz 1 Halbs. 2 TV-BA vorgeschriebene Vertragsdauer von mindestens sechs Monaten bezieht sich auf den Arbeitsvertrag, nicht aber auf dessen Verlängerungen.[457]

127   Nach § 14 Abs. 2 Satz 4 können im Geltungsbereich eines Tarifvertrags nicht tarifgebundene Arbeitgeber und Arbeitnehmer die Anwendung der tariflichen Regelungen vereinbaren. Dies erfordert nicht die Bezugnahme auf den gesamten Tarifvertrag oder das gesamte Tarifwerk. Es genügt, wenn einzelvertraglich auf die tariflichen Bestimmungen zu der Anzahl der Verlängerungen und der Höchstdauer der Befristung Bezug genommen wird.[458] Ein Rückgriff auf die Befristung nach Abs. 2 kommt allerdings dann nicht mehr in Betracht, wenn die Arbeitsvertragsparteien dessen Anwendung ausdrücklich oder konkludent abbedungen haben. Denn von Abs. 2 kann einzelvertraglich oder tarifvertraglich dergestalt abgewichen werden, dass eine Befristung stets eines Sachgrundes bedarf.[459] Dies ist z. B. dann der Fall, wenn ein Sachgrund für die Befristung des Arbeitsverhältnisses zum Gegenstand des Arbeitsvertrags gemacht wurde.[460]

---

454   BAG 14.6.2017 – 7 AZR 627/15; BAG 15.8.2012 – 7 AZR 184/11, AuA 2012, 544; ebenso: LAG Berlin-Brandenburg 24.6.2011 – 8 Sa 559/11.

455   BAG 26.10.2016 – 7 AZR 140/15, AiB 2017, Nr. 1, 59; LAG Düsseldorf 9.12.2014 – 17 Sa 892/14.

456   BAG 26.10.2016 – 7 AZR 140/15, AiB 2017, Nr. 1, 59.

457   LAG Berlin-Brandenburg 8.12.2011 – 14 Sa 1532/11; LAG Rostock 12.10.2011 – 2 Sa 91/11; LAG Berlin-Brandenburg 10.6.2011 – 13 Sa 366/11; LAG Chemnitz 19.4.2011 – 7 Sa 499/10; LAG Stuttgart 11.1.2006 – 13 Sa 75/05; ebenso: Bauer, NZA 2000, 756; Hanau, NZA 2000, 1045.

458   BAG 21.3.2018 – 7 AZR 428/16.

459   So BAG 21.2.2001 – 7 AZR 200/00, ZTR 2001, 427.

460   BAG 28.6.2000 – 7 AZR 920/98, NZA 2000, 1111; BAG 5.6.2002 – 7 AZR 241/01, EzA-SD 13/2002, 3.

Umstritten ist, ob Abs. 2 mit der Befristungsrichtlinie (Richtlinie **128** 1999/70/EG) in Einklang steht und damit europarechtskonform ist.[461] Die gegen die Europarechtskonformität vorgebrachten Gründe resultieren aus einem möglichen Verstoß gegen § 8 Nr. 3 der Richtlinie.[462] Dort ist niedergelegt, dass die Umsetzung der Richtlinie nicht als Rechtfertigung für die Senkung des allgemeinen Arbeitnehmerschutzes in dem von der Vereinbarung umfassten Bereich dienen darf. Nach der Rechtsprechung verstößt § 14 Abs. 2 weder gegen § 8 Nr. 3 noch gegen § 5 Nr. 1 der Richtlinie 70/99.[463] Zuletzt hatten die Gerichte weder unionsrechtliche noch verfassungsrechtliche Bedenken gegen eine auf § 14 Abs. 2 Satz 3 und 4 beruhende tarifliche Regelung geäußert.[464]

Möglichkeit der Befristung für Arbeitskräfte für Existenzgründer, Abs. 2a

Mit dem Gesetz zu Reformen am Arbeitsmarkt vom 24. Dezember 2003[465] **129** wurde Abs. 2a in das TzBfG eingefügt. Die Vorschrift entspricht im Wesentlichen § 112a Abs. 2 BetrVG und lässt für Existenzgründer den Abschluss befristeter Arbeitsverträge ohne das Vorliegen sachlicher Befristungsgründe bis zur Dauer von vier Jahren zu. Abs. 2a erweitert insoweit die Befristungsmöglichkeit für neu gegründete Unternehmen. Mit ihm verfolgt der Gesetzgeber den Zweck, Existenzgründer zu unterstützen. Ihnen soll gerade in der Aufbauphase, in der der wirtschaftliche Erfolg des Unternehmens noch ungewiss und der Personalbedarf regelmäßig nur schwer abschätzbar ist, die Entscheidung zur Einstellung erleichtert werden. Diese Zielrichtung greift nicht im Fall einer gleichzeitig mit der Neugründung des Unternehmens erfolgten Betriebsübernahme nach § 613a BGB. Mangels neuen unternehmerischen Engagements handelt es sich in diesem Fall vielmehr um eine Umstrukturierung im Sinne von Abs. 2a Satz 2.[466]

Die Vorschrift stellt auf Unternehmen ab. Dabei kommt es auf die Rechts- **130** form der Unternehmen nicht an. Abs. 2a ist auf Unternehmen begrenzt; für den Arbeitgeber »Privathaushalt« findet die Vorschrift keine Anwendung.[467] Das Alter der unternehmensangehörigen Betriebe ist nicht relevant. Umge-

---

461 Dafür APS/Backhaus, § 14 TzBfG Rn. 69; MünchArbR/Wank, § 116 Rn. 201; Boewer, § 14 TzBfG Rn. 225; Löwisch, NZA 2000, 144; dagegen Däubler, ZIP 2001, 1967; Schmalenberg, NZA 2000, 1041.
462 Schmalenberg, NZA 2000, 1043; Däubler, ZIP 2000, 1961.
463 BAG 5.12.2012 – 7 AZR 698/11; LAG Berlin-Brandenburg 8.12.2011 – 14 Sa 1532/11; LAG Berlin-Brandenburg 10.6.2011 – 13 Sa 366/11.
464 Hessisches LAG 5.6.2015 – 14 Sa 802/14.
465 BGBl. I 3002.
466 LAG Köln 25.2.2011 – 3 Sa 680/10.
467 ErfKo/Müller-Glöge, § 14 TzBfG, § 14 Rn. 130b.

kehrt können Unternehmen, die länger als vier Jahre bestehen, nicht über Abs. 2a Befristungen vornehmen, wenn sie einen neuen Betrieb gründen.[468] Nach Abs. 2a Satz 2 gilt die erleichterte Befristungsmöglichkeit nicht für Neugründungen im Zusammenhang mit der rechtlichen Umstrukturierung von Unternehmen und Konzernen.[469] Diese Einschränkung bezweckt ausweislich der Gesetzesbegründung, dass die längere Befristungsmöglichkeit nur bei einem unternehmerischen Neuengagement, nicht jedoch bei Neugründungen im Zusammenhang mit der rechtlichen Umstrukturierung von Unternehmen gelten soll. Eine derartige Neustrukturierung liegt z. B. vor, wenn zwei Unternehmen einzelne Betriebe einem neu gegründeten Unternehmen übertragen, das diese Betriebe mit einer auf den Zusammenschluss beruhenden Zielsetzung fortführt.[470] Gleiches gilt, wenn der Alleingesellschafter und Geschäftsführer der Komplementär-GmbH einer KG eine neue GmbH gründet und diese von der KG einen Betrieb übernimmt.[471]

131 Nach Auffassung des LAG Bremen unterfällt es Abs. 2a, wenn ein innerhalb eines Konzernverbundes neu gegründetes Unternehmen neue unternehmerische Aktivitäten aufnimmt und es damit zu dem gesetzlich bezweckten unternehmerischen Neuengagement kommt.[472] Umstritten ist die Rechtslage, wenn ein neu gegründetes Unternehmen einen Betrieb oder Betriebsteil eines anderen länger als vier Jahre bestehenden Unternehmens übernimmt. Nach wohl überwiegender Auffassung soll in diesem Fall Abs. 2a Anwendung finden.[473]

132 Neu gegründete Unternehmen sind in den ersten vier Jahren seit ihrer Gründung befristungsrechtlich privilegiert. Maßgebend für den Zeitpunkt der Gründung des Unternehmens ist die Aufnahme der Erwerbstätigkeit, die nach § 138 AO der Gemeinde oder dem Finanzamt mitzuteilen ist. Nicht aber die Anzeige nach § 138 AO, sondern die tatsächliche Aufnahme der anzeigepflichtigen Tätigkeit ist der entscheidende Zeitpunkt für den Beginn der Vier-Jahres-Frist.[474] Entscheidend ist die Neugründung. Nicht ausreichend ist, wenn ein bestehendes Unternehmen einen weiteren Betrieb eröffnet.[475]

133 Erfasst wird von Abs. 2a nur die kalendermäßige, nicht aber die zweck- oder auflösend bedingte Befristung des Arbeitsvertrags. Ein befristeter Arbeitsvertrag nach Abs. 2a kann bis zur Dauer von vier Jahren abgeschlossen wer-

---

468 ErfKo/Kania, § 112a BetrVG Rn. 17.
469 LAG Bremen 11. 5. 2017 – 2 Sa 159/16.
470 BAG 22. 2. 1995 – 10 ABR 23/94, AP Nr. 8 zu § 112a BetrVG 1972.
471 BAG 22. 2. 1995 – 10 ABR 21/94, EzA § 112a BetrVG 1972 Nr. 7.
472 LAG 11. 5. 2017 – 2 Sa 159/16.
473 Bader, NZA 2004, 65; Lipinski, BB 2004, 1221; ErfKo/Müller-Glöge, § 14 TzBfG Rn. 130b; kritisch, Preis, DB 2004, 70.
474 Lipinski, BB 2004, 1221.
475 Preis, DB 2004, 70.

den. Bis zu dieser Gesamtdauer ist auch die mehrfache Verlängerung zulässig. Unzulässig ist die Verlängerung des Arbeitsvertrags, wenn der Zeitraum von vier Jahren nach der Gründung des Unternehmens abgelaufen ist.[476] Umstritten ist, ob der Abschluss des befristeten Arbeitsvertrags auch vor Aufnahme der Unternehmenstätigkeit erfolgen kann. In Anbetracht des klaren Wortlauts (»nach der Gründung«) muss der Arbeitsvertrag nach Aufnahme der Erwerbstätigkeit geschlossen worden sein.[477]

Abs. 2a Satz 4 erklärt § 14 Abs. 2 Satz 2–4 für entsprechend anwendbar. Dadurch ist klargestellt, dass eine Befristung nach Abs. 2a dann unzulässig ist, wenn der Arbeitnehmer bereits zuvor bei demselben Arbeitgeber in einem befristeten oder unbefristeten Arbeitsverhältnis gestanden hat. Durch Tarifvertrag kann von der vierjährigen Höchstbefristungsdauer abgewichen werden. **134**

Befristete Verträge mit älteren Arbeitnehmern, Abs. 3

Der EuGH hatte § 14 Abs. 3 Satz 2 TzBfG a. F., wonach die befristete Einstellung von Arbeitnehmern über 52 Jahren uneingeschränkt möglich war, für unwirksam gehalten.[478] Der EuGH begründete dies mit einem Verstoß der Vorschrift gegen das gemeinschaftliche Verbot der Diskriminierung wegen Alters. Das BAG ist dem EuGH gefolgt und hat in seinem Urteil vom 26. 4. 2006[479] eine auf § 14 Abs. 3 gestützte Befristung für unwirksam erklärt.[480] **135**

Im Rahmen des »Gesetzes zur Verbesserung der Beschäftigungschancen älterer Menschen«[481] ist eine Änderung von § 14 Abs. 3 vorgenommen worden. Anliegen des Gesetzgebers war es, wegen der schwierigen Beschäftigungssituation Älterer auch künftig Arbeitgebern die Möglichkeit zu eröffnen, mit über 52-Jährigen befristete Arbeitsverträge unter erleichterten Voraussetzungen abschließen zu können. **136**

Um dies zu gewährleisten, wurde die Altersgrenze für den Abschluss befristeter Arbeitsverträge ohne sachlichen Befristungsgrund dauerhaft auf 52 Jahre festgelegt. Die Befristung setzt voraus, dass der ältere Arbeitnehmer vor Beginn des befristeten Arbeitsverhältnisses mindestens vier Monate beschäftigungslos war oder an bestimmten arbeitsmarktpolitischen Maßnahmen teilgenommen hat. Die Neuregelung in § 14 Abs. 3 ist nach der bishe- **137**

---

476 Haag/Spahn, AuA 2005, 348; ErfKo/Müller-Glöge, § 14 TzBfG Rn. 130c; a. A. Lembke, NJW 2006, 325.
477 Ebenso: ErfKo/Müller-Glöge, § 14 TzBfG Rn. 130d, a. A. Bader, NZA 2004, 65.
478 EuGH 22. 11. 2005 – C-144/04 »Mangold«.
479 BAG 26. 4. 2006 – 7 AZR 500/04.
480 Siehe hierzu Kossens, AiB 2006, 646.
481 Vom 19. 4. 2007, BGBl. I S. 538.

rigen Rechtsprechung europarechtskonform.[482] Sie berücksichtigt die Vorgaben des Europäischen Gerichtshofs aus der sog. Mangold-Entscheidung.[483]

138 Voraussetzung für eine erleichterte Befristung nach § 14 Abs. 3 ist, dass der Arbeitnehmer bei Beginn des Arbeitsverhältnisses das 52. Lebensjahr vollendet hat. Entscheidend ist der rechtliche Beginn des Arbeitsverhältnisses. Nicht entscheidend ist der Zeitpunkt des Abschlusses des Arbeitsvertrags. § 14 Abs. 3 gilt für alle Arbeitnehmer, also auch für schwerbehinderte Arbeitnehmer.

139 Weitere Voraussetzung einer zulässigen Befristung nach § 14 Abs. 3 ist, dass der Arbeitnehmer unmittelbar vor Beginn des befristeten Arbeitsverhältnisses mindestens vier Monate beschäftigungslos i. S. v. § 138 Abs. 1 Nr. 1 SGB III war. Unter vier Monaten sind vier volle Monate zu verstehen. Beschäftigungslos sind Personen, die nach § 138 Abs. 1 Nr. 1 SGB III nicht in einem Arbeitsverhältnis stehen. Erfasst werden auch Personen, die zwar nicht arbeitslos gemeldet sind, aber aus persönlichen Gründen daran gehindert waren, einer Erwerbstätigkeit nachzugehen, z. B. aufgrund der Pflege von Angehörigen, Teilnahme an einer Reha-Maßnahme oder befristeter Erwerbsunfähigkeit. Durch die ausschließliche Bezugnahme auf § 138 Abs. 1 Nr. 1 SGB III ist klargestellt, dass Beschäftigungslosigkeit als Voraussetzung einer Befristung nicht vorliegt in den Fällen des § 138 Abs. 3 SGB III. Eine Befristung nach dem neuen § 14 Abs. 3 ist also nicht zulässig, wenn eine Beschäftigung, selbstständige Tätigkeit oder Tätigkeit als mithelfender Familienangehöriger ausgeübt wurde, auch wenn die Arbeits- und Tätigkeitszeit weniger als 15 Stunden wöchentlich umfasst hat.

140 Die vier Monate Beschäftigungslosigkeit müssen grundsätzlich zusammenhängend sein. Kurzzeitige Beschäftigungen während der viermonatigen Beschäftigungslosigkeit, z. B. Aushilfstätigkeiten, unterbrechen nicht den Vier-Monats-Zeitraum. Nach der Gesetzesbegründung sind kurzfristige Beschäftigungszeiten, die insgesamt vier Wochen nicht überschreiten, unschädlich und ermöglichen dennoch eine Befristung nach § 14 Abs. 3.

141 Der Arbeitgeber hat ein Fragerecht, ob der Arbeitnehmer vor Beginn des Arbeitsverhältnisses vier Monate beschäftigungslos gewesen ist. Der Arbeitnehmer muss wahrheitsgemäß antworten. Antwortet der Arbeitnehmer wahrheitswidrig, kommt eine Anfechtung des Arbeitsverhältnisses in Betracht. Der Beschäftigungslosigkeit steht der Bezug von Transferkurzarbeitergeld oder die Teilnahme an einer öffentlich geförderten Beschäftigungsmaßnahme nach dem SGB II oder SGB III gleich.

---

482 BAG 28. 5. 2014 – 7 AZR 360/12; ErfKo/Müller-Glöge, § 14 TzBfG Rn. 110a; KR-Lipke, § 14 TzBfG Rn. 486; Bader, NZA 2007, 713.

483 LAG Sachsen 23. 2. 2011 – 9 Sa 448; ErfKo/Müller-Glöge, § 14 TzBfG Rn. 110a m. w. N.

Nach § 14 Abs. 3 Satz 2 ist bis zu einer Gesamtdauer von fünf Jahren auch die **142** mehrfache Verlängerung des Arbeitsvertrags zulässig. Der befristete Arbeitsvertrag kann also bis zur Dauer von fünf Jahren abgeschlossen werden. Es ist aber möglich, einen zunächst kürzer befristeten Arbeitsvertrag mehrfach zu verlängern. Für die Berechnung der Fünf-Jahres-Frist gelten die §§ 186 ff. BGB.

Ebenso wie bei § 14 Abs. 2 Satz 2 setzt eine Verlängerung des Arbeitsverhältnisses nach § 14 Abs. 3 Satz 2 voraus, dass sie vor Ablauf des zu verlängernden Vertrags vereinbart worden ist.[484] Eine Verlängerung eines befristeten Vertrags nach § 14 Abs. 3 Satz 2 ist nur wirksam, wenn sie vor Ablauf des zu verlängernden Vertrags unter Wahrung der Schriftform vereinbart wird.[485]

Eine Verlängerung erfordert zudem, dass die bisherigen Vertragsbedingungen unverändert weiter gelten.[486] Der Begriff der Verlängerung betrifft nur die Laufzeit des Vertrags. Werden die übrigen Bestandteile des bisherigen Vertragsverhältnisses geändert, handelt es sich um den Neuabschluss eines Vertrags und nicht mehr um die Verlängerung der Laufzeit des bisherigen Vertrags.[487] Eine Verlängerung eines befristeten Vertrags soll auch dann nicht möglich sein, wenn ein zweiter befristeter Vertrag mehrere neue Vertragsklauseln enthält, die für den Arbeitnehmer günstiger sind als die Regelungen des ersten Vertrags.[488]

Nach § 14 Abs. 3 kann der Arbeitnehmer bei demselben Arbeitgeber erneut **145** befristet beschäftigt werden, wenn zwischenzeitlich eine viermonatige Beschäftigungslosigkeit eingetreten ist. Im Gegensatz zu § 14 Abs. 2 Satz 2 enthält der neue § 14 Abs. 3 also kein absolutes Wiederbeschäftigungsverbot.

Schriftformerfordernis, Abs. 4

Abs. 4 regelt übereinstimmend mit § 623 BGB, dass die Befristung eines Arbeitsvertrags nur wirksam ist, wenn sie schriftlich vereinbart wurde. Der Arbeitnehmer soll auf besondere Weise auf die Befristung aufmerksam gemacht werden (Warnfunktion). Insofern dient das Schriftformerfordernis der Rechtssicherheit und dem Schutz der Selbstbestimmung des Arbeitnehmers.[489] Das Schriftformerfordernis erfüllt zudem eine Beweisfunktion und

---

484 BAG 26.7.2000 – 7 AZR 51/99, NJW 2001, 532; Meinel/Heyn/Herms, § 14 TzBfG Rn. 66; Boewer, § 14 TzBfG Rn. 244.
485 LAG Brandenburg 4.2.2004 – 6 Sa 560/03, EzA-SD 2004, Nr. 18, 8.
486 BAG 26.7.2000 – 7 AZR 51/99, DB 2001, 100; BAG 25.10.2000 – 7 AZR 483/99, NZA 2001, 659.
487 BAG 26.7.2000 – 7 AZR 546/99, NZA 2001, 263.
488 LAG Bremen 25.8.2005 – 3 Sa 282/04, AuR 2005, 423.
489 Riesenhuber, NJW 2005, 2268.

hilft, Streit über die Befristungsvereinbarung zu vermeiden.[490] Wird die Schriftform nicht eingehalten, ist die Befristungsabrede unwirksam, § 125 Satz 1 BGB. Wird also die Befristungsabrede nicht schriftlich vor Arbeitsaufnahme vereinbart, entsteht nach § 16 ein unbefristetes Arbeitsverhältnis.[491]

147 Das Schriftformerfordernis findet über § 21 nicht nur bei kalendermäßigen Befristungen, sondern auch bei zweckbefristeten und auflösend bedingten Arbeitsverträgen Anwendung. Bei einer kalendermäßigen Befristung umfasst die schriftliche Fixierung das Enddatum bzw. die Befristungsdauer. Die Befristung eines Arbeitsvertrags bedarf nach § 14 Abs. 4 zu ihrer Wirksamkeit der Schriftform. Ist eine Befristung rechtsunwirksam, gilt der befristete Arbeitsvertrag nach § 16 Satz 1 als auf unbestimmte Zeit geschlossen. Dies gilt auch für eine arbeitsvertragliche Vereinbarung über die befristete Weiterbeschäftigung des Arbeitnehmers bis zur rechtskräftigen Entscheidung des Kündigungsrechtsstreits.[492] Soll also das Arbeitsverhältnis durch Parteivereinbarung nur bis zum rechtskräftigen Abschluss des Kündigungsschutzrechtsstreits fortgesetzt werden, bedarf eine solche Abrede der Schriftform.[493]

148 Das Schriftformerfordernis nach Abs. 4 gilt auch bei der Vereinbarung über eine Verlängerung der Befristung des Arbeitsvertrags[494] und die nachträgliche Verkürzung der Dauer der Befristung.[495] Abs. 4 gilt auch dann, wenn die Verlängerung vor Ablauf des befristeten Vertrags erfolgen soll.[496] Das Schriftformerfordernis ist auch bei einer Befristung auf Basis einer Rahmenvereinbarung einzuhalten. Dabei muss über jeden einzelnen befristeten Einsatz eine schriftliche Vereinbarung getroffen werden.[497] Nach Auffassung des LAG Niedersachsen ist dem Schriftformerfordernis des § 14 Abs. 4 TzBfG aber bereits dann entsprochen, wenn die Parteien schriftlich vereinbaren, dass der Arbeitnehmer »*jeweils für die Saison von … bis … eines Kalenderjahres eingestellt*« wird. Es ist dann nicht mehr erforderlich, dass die Parteien

---

490 BT-Drs. 14/626, Begründung, S. 11.
491 LAG Rheinland-Pfalz 15.1.2010 – 9 Sa 543/09.
492 BAG 22.10.2003 – 7 AZR 113/03.
493 BAG 22.10.2003 – 7 AZR 113/03, AiB Newsletter 2004, 32; LAG Nürnberg 25.6.2004 – 9 Sa 151/04, LAGE § 14 TzBfG Nr. 17; a.A. LAG Hamm 31.10.2003, LAGReport 2004, 253 für den Fall, dass die Weiterbeschäftigung ohne vertragliche Absprache allein zur Abwendung der Zwangsvollstreckung dient.
494 Preis/Gotthardt, NZA 2000, 348; LAG Rheinland-Pfalz 15.1.2010 – 9 Sa 543/09.
495 Däubler/Deinert/Zwanziger, KSchR, § 14 TzBfG Rn. 182; Meinel/Heyn/Herms, § 14 TzBfG Rn. 106.
496 BAG 26.7.2000 – 3 AZR 39/99, NZA 2001, 546.
497 Däubler/Deinert/Zwanziger, KSchR, § 14 TzBfG Rn. 183; LAG Düsseldorf 31.5.2012 – 5 Sa 496/12.

für jedes Kalenderjahr eine gesonderte Befristungsabrede treffen.[498] Die stillschweigende befristete Verlängerung eines befristeten Arbeitsvertrags auf Grundlage einer Verlängerungsklausel im ursprünglichen schriftlichen Arbeitsvertrag erfüllt insofern nicht das Schriftformerfordernis des § 14 Abs. 4.[499] Umstritten ist des Weiteren, ob auch bei tarifvertraglichen Verlängerungsklauseln das Schriftformerfordernis von Abs. 4 einzuhalten ist. Dies wird von der überwiegenden Auffassung in der Literatur mit der Begründung bejaht, dass der Gesetzgeber in Abs. 4 keinerlei Ausnahmeregelungen vom Schriftformerfordernis vorgesehen hat. Insofern wird gefordert, dass auch bei Vorliegen von tariflichen Befristungsbestimmungen eine schriftliche Vereinbarung, zumindest aber eine eindeutige Übernahme des Tarifvertragstextes in den Arbeitsvertrag notwendig wäre.[500] Nach Auffassung des BAG findet das Schriftformgebot des § 14 Abs. 4 keine Anwendung, wenn ein auf das Arbeitsverhältnis insgesamt anwendbarer einschlägiger Tarifvertrag eine Befristung oder auflösende Bedingung des Arbeitsverhältnisses vorsieht.[501]

Dagegen braucht der Befristungsgrund nicht schriftlich festgehalten zu werden.[502] Wirksamkeitsvoraussetzung für § 14 Abs. 4 TzBfG ist nur die Schriftform der Befristungsabrede an sich. Der sachliche Rechtfertigungsgrund muss also weder im Vertrag stehen noch bei Abschluss des Arbeitsvertrags mitgeteilt werden.[503] Dabei kann der Arbeitgeber bei einer Sachgrundbefristung grundsätzlich auch einen anderen als den im Arbeitsvertrag genannten Sachgrund anführen oder sich hilfsweise auf die sachgrundlose Befristung nach § 14 Abs. 2 TzBfG berufen.[504] Auf die Befristung einzelner Arbeitsbedingungen finden die Vorschriften des TzBfG und damit das in § 14 Abs. 4 TzBfG normierte Schriftformgebot keine Anwendung.[505] Auch die Angabe, ob die Befristungsabrede auf Abs. 1, 2 oder 3 beruht, ist entbehrlich. Ausnahmen bestehen auch nicht in den Fällen, in denen die Angabe des Be-

149

498 LAG Niedersachsen 5.10.2017 – 15 Sa 184/17, ArbR 2018, 130.
499 LAG Baden-Württemberg 30.1.2015 – 12 Sa 70/14.
500 Preis/Gotthardt, NZA 2000, 348; Opolony, NJW 2000, 2172; Meinel/Heyn/Herms, § 14 TzBfG Rn. 110; a.A. BezBüSchG Berlin 12.4.2002 – BSchG 13/01, NZA-RR 2002, 574.
501 BAG 23.7.2014 – 7 AZR 771/12.
502 MünchArbR/Wank, § 116 Rn. 222; Däubler/Deinert/Zwanziger, KSchR, § 14 TzBfG Rn. 190; Meinel/Heyn/Herms, § 14 TzBfG Rn. 113; BAG 23.6.2004 – 7 AZR 636/03, AP Nr. 12 zu § 14 TzBfG; LAG Düsseldorf 18.9.2003 – 15 Sa 103/03; BAG 4.12.2002 – 7 AZR 545/01, NZA 2003, 916.
503 LAG Hamm 26.6.2008 – 17 Sa 488/08; BAG 4.12.2002 – 7 AZR 545/01 (zu § 1 Abs. 1 BeschFG).
504 LAG Hamm 26.6.2008 – 17 Sa 488/08; BAG 5.6.2002 – 7 AZR 241/01; BAG 26.6.2002 – 7 AZR 64/01.
505 BAG 18.6.2008 – 7 AZR 245/07; 3.9.2003 – 7 AZR 106/03.

fristungsgrundes notwendiger Vertragsinhalt ist, wie z. B. bei Abs. 1 Satz 2 Nr. 5.[506] So braucht auch nicht der Erprobungszweck eines befristeten Probearbeitsverhältnisses nach § 14 Abs. 1 Satz 2 Nr. 5 schriftlich fixiert zu werden.[507] Für die schriftliche Niederlegung der vereinbarten übrigen Arbeitsbedingungen gilt das NachwG.

150   Abs. 4 betrifft die Schriftform des gesamten Arbeitsvertrags. Sollen nur einzelne Vertragsbedingungen befristet werden, braucht die Schriftform nicht eingehalten zu werden.[508] Die Dauer der Befristung ist unerheblich. Auch Ein-Tages-Arbeitsverhältnisse unterliegen daher dem Schriftformerfordernis nach Abs. 4.

151   Die Wahrung der in § 14 Abs. 4 TzBfG bestimmten Schriftform erfordert den Zugang der unterzeichneten Befristungsabrede bei dem Erklärungsempfänger vor Vertragsbeginn. Fraglich ist, ob die erforderliche Schriftform der Befristung nachgeholt werden kann. Dies wird nach dem Gesetzeswortlaut zu verneinen sein, mit der Folge, dass ein unbefristetes Arbeitsverhältnis zustande gekommen ist.[509] Eine mündlich und damit nach § 14 Abs. 4 TzBfG i. V. m. § 125 Satz 1 BGB formnichtig vereinbarte Befristung wird durch die nach Vertragsbeginn erfolgte schriftliche Niederlegung daher nicht rückwirkend wirksam.[510] Eine nur mündlich vereinbarte Befristung ist nach § 14 Abs. 4 TzBfG i. V. m. § 125 Satz 1 BGB nichtig, so dass bei Vertragsbeginn nach § 16 Satz 1 TzBfG ein unbefristetes Arbeitsverhältnis entsteht.[511] Die spätere Niederlegung der zunächst nur mündlich vereinbarten Befristung führt nicht dazu, dass die zunächst formnichtige Befristung rückwirkend wirksam wird.[512] Allerdings kann der Arbeitgeber den Abschluss des befristeten Arbeitsvertrags von der Unterzeichnung der Vertragsurkunde durch den Arbeitnehmer abhängig machen. Ein ihm gegenüber bis zur Arbeitsaufnahme abgegebenes schriftliches Vertragsangebot kann der Arbeitnehmer regelmäßig nur durch eine den Anforderungen des § 126 Abs. 2 BGB ge-

---

506 LAG Düsseldorf 16. 10. 2003 – 15 Sa 103/03; a. A. Däubler/Deinert/Zwanziger, KSchR, § 14 TzBfG Rn. 191.

507 BAG 23. 6. 2004 – 7 AZR 636/03, AP Nr. 12 zu § 14 TzBfG.

508 BAG 14. 1. 2004 – 7 AZR 342/03, AiB-Newsletter 2004, 32; Preis/Gotthard, DB 2001, 150; Richardi, NZA 2001, 61; Däubler, ZIP 2001, 217; ErfKo/Müller-Glöge, § 14 TzBfG Rn. 145.

509 Ebenso: BAG 16. 3. 2005 – 7 AZR 289/04, PersR 2005, 469; Straub, NZA 2001, 927; a. A. ErfKo/Müller-Glöge, § 14 TzBfG Rn. 151.

510 BAG 15. 2. 2017 – 7 AZR 223/15, PersR 2017, Nr. 11, 35; BAG 14. 12. 2016 – 7 AZR 717/14; BAG 16. 3. 2005 – 7 AZR 289/04, PersR 2005, 469; Sächsisches LAG 11. 11. 2014 – 5 Sa 729/13; Hessisches LAG 19. 8. 2014 – 13 Sa 434/14.

511 BAG 16. 4. 2008 – 7 AZR 1048/06; BAG 16. 3. 2005 – 7 AZR 289/04, NZA 2005, 923; BAG 1. 12. 2004 – 7 AZR 198/04, NZA 2005, 575; Sächsisches LAG 11. 11. 2014 – 5 Sa 729/13; s. auch Brachmann/Diepold, AuA 2008, 409.

512 BAG 16. 4. 2008 – 7 AZR 1048/06; s. auch LAG Düsseldorf 23. 9. 2015 – 4 Sa 1287/14; Sächsisches LAG 11. 11. 2014 – 5 Sa 729/13.

nügende Annahmeerklärung annehmen. Hat der Arbeitgeber den Abschluss des befristeten Arbeitsvertrags von der Einhaltung des Schriftformerfordernisses abhängig gemacht, kann der Arbeitnehmer ein ihm vorliegendes schriftliches Vertragsangebot nicht durch die Arbeitsaufnahme konkludent annehmen, sondern nur durch Unterzeichnung der Vertragsurkunde.[513] Hat der Arbeitgeber dem Arbeitnehmer in den Vertragsverhandlungen hinreichend deutlich gemacht, dass der befristete Vertrag nur bei Wahrung des Schriftformerfordernisses nach § 14 Abs. 4 zustande kommen soll, kann der Arbeitnehmer die auf den Vertragsschluss gerichtete Erklärung des Arbeitgebers nicht durch die tatsächliche Arbeitsaufnahme, sondern nur durch die Unterzeichnung der Vertragsurkunde annehmen.[514] Gleiches gilt, wenn der Arbeitgeber dem Arbeitnehmer kein bereits von ihm unterzeichnetes Vertragsangebot vorlegt, sondern »nur« ein schriftliches, von ihm erstelltes Vertragsdokument, in welchem zu erkennen gegeben wird, dass eine Unterzeichnung des Vertrags beabsichtigt ist.[515] Der Schriftlichkeitsvorbehalt gilt jedoch dann nicht, wenn der Arbeitgeber – ohne dem Arbeitnehmer ein annahmefähiges Angebot auf Abschluss eines befristeten Arbeitsvertrages unterbreitet zu haben – ausdrücklich erklärt hat, der Arbeitsvertrag solle erst mit der Unterzeichnung der Vertragsurkunde durch ihn zustande gekommen, er dem Arbeitnehmer jedoch bereits zuvor in Widerspruch zu seiner Erklärung einen Arbeitsplatz zur Verfügung stellt und die Arbeitsleistung entgegennimmt.[516]

§ 141 Satz 2 BGB steht der Geltendmachung des Formmangels nicht entgegen. Die Vorschrift ist auf die nach Vertragsbeginn erfolgte schriftliche Niederlegung einer zuvor nur mündlich vereinbarten Befristung nicht anwendbar.[517] Die Berufung des Arbeitnehmers auf die Formnichtigkeit der nachträglichen schriftlichen Niederlegung verstößt auch nicht gegen den Grundsatz von Treu und Glauben. Eine Einschränkung der Formnichtigkeit durch den Grundsatz von Treu und Glauben kommt nur unter engen Voraussetzungen in Betracht. Es reicht nicht, dass die Nichtigkeit den einen Vertrags-

---

513 BAG 16.4.2008 – 7 AZR 1048/06; s. auch LAG Düsseldorf 23.9.2015 – 4 Sa 1287/14.

514 BAG 15.2.2017 – 7 AZR 223/15; LAG Rheinland-Pfalz 14.8.2012 – 3 Sa/12, ArbR 2012, 567.

515 Sächsisches LAG 11.11.2014 – 5 Sa 729/13; ebenso Sächsisches LAG 6.11.2014 – 9 Sa 149/14; Sächsisches LAG 10.7.2014 – 9 Sa 684/13.

516 BAG 15.2.2017 – 7 AZR 223/15, PersR 2017, Nr. 11, 35.

517 BAG 1.12.2004 – 7 AZR 198/04, AiB 2005, 441, ErfKo/Müller-Glöge, § 14 Rn. 151; Riesenhuber, NJW 2005, 2268; a. A. Bauer, BB 2001, 2526; Straub, NZA 2001, 919; Bahnsen, NZA 2005, 676; Nadler/von Medem, NZA 2005, 1214; kritisch zum geltenden Recht Preis, NZA 2005, 714, der vorschlägt, das Schriftformerfordernis durch eine Heilungsvorschrift zu ergänzen.

teil hart trifft, sie muss vielmehr für ihn zu einem schlechthin untragbaren Ergebnis führen.[518]

152   Zur Wahrung des Schriftformerfordernisses ist § 126 BGB zu beachten. Der Befristungsvertrag muss von Arbeitnehmer und Arbeitgeber auf derselben Urkunde unterzeichnet sein. Für die Wahrung der Schriftform genügt die Anfertigung der von beiden Parteien unterschriebenen Urkunde, ohne dass es darauf ankommt, in wessen Besitz diese anschließend verbleibt.[519] Zur Wahrung der nach Abs. 4 erforderlichen Schriftform genügt es, wenn die eine Vertragspartei in einem von ihr unterzeichneten, an die andere Vertragspartei gerichteten Schreiben den Abschluss eines befristeten Arbeitsvertrags anbietet und die andere Vertragspartei das Vertragsangebot annimmt, indem sie das Schriftstück ebenfalls unterzeichnet.[520] Ein gerichtlicher Vergleich wahrt die Schriftform des § 14 Abs. 4 TzBfG.[521] Gleiches gilt für einen nach § 278 Abs. 6 ZPO gerichtlich protokollierten Vergleich.[522] Wird ein Vertrag von einem Vertreter unterzeichnet, muss das Vertretungsverhältnis in der Vertragsurkunde deutlich zum Ausdruck gebracht werden. Die Zusätze »in Vertretung« oder »im Auftrag« werden häufig nur verwendet, um unterschiedliche Hierarchiestufen deutlich zu machen. Der Schriftform steht nicht entgegen, dass ein Mitarbeiter des Arbeitgebers einen befristeten Arbeitsvertrag mit dem Zusatz »Im Auftrag« unterzeichnet hat. Hieraus kann nicht zwingend geschlossen werden, dass der Unterzeichner lediglich als Bote und nicht als Vertreter gehandelt hat.[523] Maßgeblich sind aber die Gesamtumstände. Ergibt sich daraus, dass der Unterzeichner die Erklärung ersichtlich im Namen eines anderen abgegeben hat, ist von einem Handeln als Vertreter auszugehen.[524] Für die Wahrung der Schriftform soll es nach Auffassung des BAG nicht darauf ankommen, ob der Unterzeichner tatsächlich bevollmächtigt war.[525]

153   Eine Übermittlung per Telefax genügt dem Schriftformerfordernis nicht.[526] Entsprechendes gilt auch für eine Übermittlung der Befristungsabrede per

---

518   Riesenhuber, NJW 2005, 2268 m. w. N.
519   LAG Berlin 7. 1. 2005 – 8 Sa 1500/04, NZA-RR 2005, 464.
520   BAG 26. 7. 2006 – 7 AZR 514/05.
521   ArbG Berlin 15. 10. 2008 – 56 Ca 14872/08; Erfk/Müller-Glöge, § 14 TzBfG Rn. 21.
522   BAG 23. 11. 2006 – 6 AZR 394/06; ArbG Berlin 15. 10. 2008 – 56 Ca 14872/08.
523   BAG 4. 5. 2011 – 7 AZR 252/10; LAG Rheinland-Pfalz 9. 4. 2014 – 4 Sa 456/13.
524   BAG 12. 4. 2017 – 7 AZR 446/15, AuR 2017, 462 = AP Nr. 157 zu § 14 TzBfG; BAG 4. 5. 2011 – 7 AZR 252/10; LAG Düsseldorf 30. 6. 2010 – 12 Sa 415/10.
525   BAG 12. 4. 2017 – 7 AZR 446/15, AuR 2017, 462 = AP Nr. 157 zu § 14 TzBfG BAG 4. 5. 2011 – 7 AZR 252/10; BAG 25. 3. 2009 – 7 AZR 59/08; BAG 13. 12. 2007 – 6 AZR 145/07; LAG Düsseldorf 30. 6. 2010 – 12 Sa 415/10; Hessisches LAG 27. 7. 2015 – 16 Sa 61/15.
526   BGH 30. 7. 1997 – VIII ZR 244/96, NJW 1997, 3169.

einfacher E-Mail.[527] Nach § 126 Abs. 3 BGB kann die schriftliche Form durch die elektronische Form ersetzt werden. Denn in Abs. 4 ist ein – wie in § 623 BGB normierter – Ausschluss der elektronischen Form nicht enthalten.[528] § 126a Abs. 1 BGB schreibt aber vor, dass der Aussteller der Erklärung seinen Namen hinzufügen und das elektronische Dokument mit einer qualifizierten elektronischen Signatur nach dem Signaturgesetz versehen muss.

Wird das Schriftformerfordernis nicht beachtet, so ist die Befristung rechts-unwirksam und der befristete Arbeitsvertrag gilt als auf unbestimmte Zeit geschlossen, § 16 Satz 1. Soweit der Arbeitsvertrag nur wegen des Mangels der Schriftform unwirksam ist, kann der Arbeitsvertrag nach § 16 Satz 2 auch vor dem vereinbarten Ende ordentlich gekündigt werden (s. § 16 Rn. 8). Ein Verstoß gegen die in § 14 Abs. 4 TzBfG vorgeschriebene Schriftform der Befristungsabrede ist innerhalb der Klagefrist des § 17 Satz 1 TzBfG geltend zu machen.[529] Auch die Verlängerungsvereinbarung im Sinne von § 14 Abs. 2 Satz 1 TzBfG ist eine Befristungsabrede, die ihrerseits und unabhängig von der vorangegangenen Befristung rechtsunwirksam sein kann. Wenn gemäß § 17 Satz 1 TzBfG die Klagefrist mit dem vereinbarten Ende des Arbeitsvertrags beginnt, so ist hinsichtlich der erstmaligen Befristungsabrede auf das darin vereinbarte Ende und hinsichtlich jeder Verlängerungsvereinbarung auf das mit dieser vereinbartem Ende abzustellen.[530]

154

§ 15   Ende des befristeten Arbeitsvertrags

(1) Ein kalendermäßig befristeter Arbeitsvertrag endet mit Ablauf der vereinbarten Zeit.

(2) Ein zweckbefristeter Arbeitsvertrag endet mit Erreichen des Zwecks, frühestens jedoch zwei Wochen nach Zugang der schriftlichen Unterrichtung des Arbeitnehmers durch den Arbeitgeber über den Zeitpunkt der Zweckerreichung.

(3) Ein befristetes Arbeitsverhältnis unterliegt nur dann der ordentlichen Kündigung, wenn dies einzelvertraglich oder im anwendbaren Tarifvertrag vereinbart ist.

(4) Ist das Arbeitsverhältnis für die Lebenszeit einer Person oder für längere Zeit als fünf Jahre eingegangen, so kann es von dem Arbeitnehmer nach Ablauf von fünf Jahren gekündigt werden. Die Kündigungsfrist beträgt sechs Monate.

---

527 Däubler/Deinert/Zwanziger, KSchR, § 623 BGB Rn. 22.
528 ErfKo/Müller-Glöge, § 14 TzBfG Rn. 149.
529 LAG Berlin-Brandenburg 10. 7. 2008 – 14 Sa 604/08; BAG 1. 12. 2004 – 7 AZR 198/04.
530 LAG Berlin-Brandenburg 10. 7. 2008 – 14 Sa 604/08.

(5) **Wird das Arbeitsverhältnis nach Ablauf der Zeit, für die es eingegangen ist, oder nach Zweckerreichung mit Wissen des Arbeitgebers fortgesetzt, so gilt es als auf unbestimmte Zeit verlängert, wenn der Arbeitgeber nicht unverzüglich widerspricht oder dem Arbeitnehmer die Zweckerreichung nicht unverzüglich mitteilt.**

Allgemeines, Anwendungsbereich

1　§ 15 enthält Regelungen hinsichtlich der Beendigung eines befristeten Arbeitsvertrags. Ein kalendermäßig befristeter Arbeitsvertrag endet mit Ablauf der vereinbarten Zeit, Abs. 1. Der zweckbefristete Arbeitsvertrag findet sein Ende mit dem Erreichen des Zwecks, Abs. 2. Abs. 3 bestimmt, dass ein befristetes Arbeitsverhältnis grundsätzlich nicht ordentlich gekündigt werden kann, es sei denn, dass die ordentliche Kündigung einzelvertraglich oder in einem anwendbaren Tarifvertrag vereinbart worden ist. Abs. 4 betrifft die Kündigungsmöglichkeiten bei befristeten Arbeitsverträgen, die für die Lebenszeit einer Person oder für längere Zeit als fünf Jahre abgeschlossen worden sind. Der Arbeitnehmer kann ein solches Arbeitsverhältnis nach Ablauf von fünf Jahren kündigen. Die Kündigungsfrist beträgt sechs Monate. Nach Abs. 5 gilt ein Arbeitsverhältnis kraft Gesetzes als auf unbestimmte Zeit verlängert, sofern der Arbeitnehmer nach Ablauf der Zeit, für die es eingegangen war, oder nach Erreichen des Zwecks seine Tätigkeit mit Wissen des Arbeitgebers fortsetzt und der Arbeitgeber nicht unverzüglich widerspricht oder dem Arbeitnehmer die Zweckerreichung nicht unverzüglich mitteilt.

2　§ 15 findet auch auf Arbeitsverhältnisse Anwendung, die nach gesetzlichen Vorschriften außerhalb des TzBfG begründet worden sind, denn nach der Begründung zu § 23 finden die Vorschriften des TzBfG auf die spezialgesetzlich geregelten befristeten Arbeitsverhältnisse Anwendung.[1] Zu nennen sind hier etwa die Befristungsvorschriften nach dem Bundeselterngeld- und -el-

---

1 BR-Drs. 14/4374, S. 22; Meinel/Heyn/Herms, § 15 TzBfG Rn. 60.

ternzeitgesetz (§ 21 BEEG), dem Hochschulrahmengesetz (§§ 57a ff. HRG), dem Gesetz über befristete Arbeitsverträge mit Ärzten in der Weiterbildung sowie dem Gesetz über befristete Arbeitsverträge mit dem wissenschaftlichen Personal an Forschungseinrichtungen.

Beendigung durch Zeitablauf

Abs. 1 stellt übereinstimmend mit § 620 Abs. 1 BGB klar, dass ein kalendermäßig befristeter Arbeitsvertrag allein durch Zeitablauf endet. Das Ende der Befristung kann ein Kalendertag, ein Monat, ein Kalenderjahr oder sogar eine Stunde im Laufe eines Tages sein.[2] Eine gesonderte Mitteilung des Arbeitgebers, dass das Arbeitsverhältnis alsbald wegen des nahen Befristungsendes ausläuft, ist nicht erforderlich. Es bedarf keiner Kündigung und keiner Anhörung des Betriebsrats. Dies gilt auch dann, wenn der befristete Arbeitsvertrag mit einem Arbeitnehmer abgeschlossen wurde, dessen Arbeitsverhältnis einem besonderen Kündigungsschutz nach dem Mutterschutzgesetz (§ 9 MuSchG) oder dem SGB IX (§§ 85 ff. SGB IX) unterliegt.[3]   **3**

Da das Arbeitsverhältnis automatisch mit Zeitablauf endet, kommt weder eine Anhörung oder Zustimmung des Betriebs- bzw. Personalrats in Betracht. Auch eine zustimmende Erklärung von öffentlich-rechtlichen Stellen, wie nach dem MuSchG, dem BEEG oder dem SGB IX erforderlich, ist nicht notwendig. Hinzuweisen ist auf § 1 Abs. 4 Arbeitsplatzschutzgesetz, wonach sich wegen der Einberufung zum Grundwehrdienst oder zu einer Wehrübung ein befristetes Arbeitsverhältnis nicht verlängert.   **4**

Die Berufung des Arbeitgebers auf den Ablauf der Befristung kann rechtsmissbräuchlich sein. Dies ist u. a. dann der Fall, wenn der Arbeitnehmer aufgrund des Verhaltens des Arbeitgebers berechtigterweise darauf vertrauen durfte, das Arbeitsverhältnis werde nach Ablauf der Befristung fortgesetzt. Allein die subjektive Erwartung des Arbeitnehmers vermag einen solchen Vertrauenstatbestand aber nicht zu begründen. Vielmehr müssen objektive Gründe vorliegen, die ein Vertrauen des Arbeitnehmers auf die Weiterbeschäftigung hervorgerufen haben.[4]   **5**

Zweckerreichung

Die Vorschrift des § 15 Abs. 2 ist zwingendes Recht. Zuungunsten des Arbeitnehmers darf hiervon auch durch Tarifvertrag nicht abgewichen werden; eine derartige Abweichung ist auch dann nicht zulässig, wenn das Arbeitsverhältnis nur vorübergehend beendet wird, weil der Arbeitnehmer zu ei-   **6**

---

2 ErfKo/Müller-Glöge, § 15 TzBfG Rn. 1.
3 BT-Drs. 14/4374, S. 20.
4 BAG 24. 10. 2001 – 7 AZR 620/00, AP Nr. 9 zu § 57c HRG.

nem späteren Zeitpunkt die Wiedereinstellung verlangen kann.[5] Nach **Abs. 2** endet ein zweckbefristeter Arbeitsvertrag mit dem Erreichen des Zwecks. Abs. 2 findet wegen des Verweises in § 21 auch auf auflösend befristete Arbeitsverträge Anwendung. Das Ende eines zweckbefristeten oder auflösend bedingten Arbeitsvertrags setzt voraus, dass der Zweck oder die Bedingung auch tatsächlich eingetreten ist.[6]

7   Da der Arbeitnehmer den genauen Zeitpunkt der Zweckerreichung vielfach nicht kennt, ist der Arbeitgeber verpflichtet, dem Arbeitnehmer den Zeitpunkt der Zweckerreichung mindestens zwei Wochen vorher mitzuteilen. Diese Auslauffrist soll dem Arbeitnehmer Zeit geben, sich auf das bevorstehende Ende des Arbeitsverhältnisses einzustellen, vor allem um einen anderen Arbeitsplatz zu suchen.[7] Diese zweiwöchige Auslauffrist kann durch Tarifvertrag oder Einzelvertrag verlängert, aber nicht verkürzt werden, § 22 Abs. 1. Dagegen ist die Vereinbarung längerer Fristen zugunsten des Arbeitnehmers zulässig.[8]

8   Versäumt es der Arbeitgeber, den Arbeitnehmer zwei Wochen vor Zweckerreichung darüber zu unterrichten, so hat dies zur Folge, dass das Arbeitsverhältnis erst zwei Wochen nach erfolgtem Zugang der Unterrichtung an den Arbeitnehmer über die Zweckerreichung endet. Solange die Unterrichtung durch den Arbeitgeber unterbleibt, besteht das Arbeitsverhältnis fort.[9]

9   Unterrichtet der Arbeitgeber den Arbeitnehmer später als zwei Wochen vor der Zweckerreichung, so führt dies dazu, dass das Arbeitsverhältnis erst zwei Wochen nach der Unterrichtung endet. Dies gilt auch dann, wenn die Zweckerreichung bereits zu einem früheren Zeitpunkt eingetreten ist. Unterbleibt die Unterrichtung durch den Arbeitgeber gänzlich, so gilt das Arbeitsverhältnis unter den in Abs. 5 genannten Voraussetzungen als auf unbestimmte Zeit verlängert, wenn nicht der Arbeitgeber unverzüglich widerspricht oder dem Arbeitnehmer die Zweckerreichung unverzüglich mitteilt. Ist die Mitteilung des Arbeitgebers hinsichtlich des Zeitpunkts der Zweckerreichung unzutreffend, wird die Zwei-Wochen-Frist nicht in Lauf gesetzt, auch wenn der Zweck objektiv erreicht ist.[10] Behelfen kann sich der Arbeitgeber in einem solchen Falle nur dadurch, dass er die fehlerhafte Angabe über den Zeitpunkt der Zweckerreichung durch eine erneute Unterrichtung korrigiert.[11]

---

5 BAG 12.8.2015 – 592/13.
6 BAG 27.6.2001 – 7 AZR 157/00, NZA 2002, 351.
7 BT-Drs. 14/4374, S. 20.
8 MünchArbR/Wank, § 116 Rn. 258.
9 Meinel/Heyn/Herms, § 15 TzBfG Rn. 5.
10 Sächsisches LAG 25.1.2008 – 3 Sa 458/07; ebenso APS-Backhaus, § 15 TzBfG Rn. 10; a. A. Dörner, Der befristete Arbeitsvertrag, Rn. 904.
11 Sächsisches LAG 25.1.2008 – 3 Sa 458/07; ebenso Meinel/Heyn/Herms, § 15 TzBfG Rn. 24.

Nicht geregelt ist in Abs. 2 die Fallkonstellation, dass der Arbeitgeber den **10** Zeitpunkt der Zweckerreichung nicht kennen konnte. Meinel/Heyn/Herms nehmen eine teleologische Reduktion von Abs. 2 vor und fixieren das Ende des Arbeitsvertrags in den Zeitpunkt der objektiven Zweckerreichung.[12] Für eine derartige Reduktion ist aber in Anbetracht des eindeutigen Wortlauts von Abs. 2, der ausdrücklich eine schriftliche Unterrichtung des Arbeitnehmers über den Zeitpunkt der Zweckerreichung vorschreibt, kaum Raum.

Ebenfalls nicht geregelt ist die Rechtsfolge für den Fall, dass der vereinbarte **11** Zweck vor dessen Erreichen wegfällt. Nach Däubler sollen hier die Grundsätze der Verteilung des Wirtschaftsrisikos herangezogen werden. Danach trägt der Arbeitgeber das Risiko dafür, dass der von ihm verfolgte Zweck auch erreicht wird. Insofern habe der Arbeitgeber auch die Folgen eines Zweckwegfalls zu tragen.[13]

Darlegungs- und Beweislast für Zweckerreichung

Darlegungs- und beweispflichtig für die Zweckerreichung ist der Arbeitge- **12** ber. Dieser muss den Arbeitnehmer schriftlich über die Zweckerreichung unterrichten. Unter Schriftform ist die Form des § 126 BGB zu verstehen. D.h., die Urkunde muss vom Aussteller eigenhändig durch Namensunterschrift oder mittels notariell beglaubigter Handzeichen unterzeichnet werden. Eine Übertragung per Telefax genügt der Schriftform nicht.[14] Unter Schriftform ist auch die Unterrichtung in elektronischer Form nach § 126a BGB zu verstehen.[15] Wird die Schriftform nicht beachtet, beginnt die Zweiwochenfrist nicht zu laufen.[16]

Unterrichtung durch Arbeitgeber

Abs. 2 verlangt ausdrücklich eine Unterrichtung durch den Arbeitgeber. **13** D.h., der Arbeitgeber selbst oder ein von ihm bevollmächtigter Vertreter muss die Unterrichtungserklärung abgeben. Damit ist klargestellt, dass eine Unterrichtung durch Dritte nicht ausreichend ist.[17] Die Unterrichtung ist nach einhelliger Meinung eine Wissenserklärung und keine Willenserklä-

---

12 Meinel/Heyn/Herms, § 15 TzBfG Rn. 6.
13 Däubler/Deinert/Zwanziger, KSchR, § 15 TzBfG Rn. 4; a. A. Meinel/Heyn/Herms, § 15 TzBfG Rn. 8.
14 So Richardi/Annuß, BB 2000, 2205; Ring, § 15 TzBfG Rn. 8 und 10; Meinel/Heyn/ Herms, § 15 Rn. 13; BGH 30. 7. 1997, NJW 1997, 3169.
15 Boewer, § 15 TzBfG Rn. 28.
16 Zu den verfassungsrechtlichen Bedenken gegen die Zweiwochenfrist s. Däubler/ Deinert/Zwanziger, KSchR, § 15 TzBfG Rn. 9.
17 Däubler/Deinert/Zwanziger, KSchR, § 15 TzBfG Rn. 6; Boewer, § 15 TzBfG Rn. 22.

rung,[18] denn die Unterrichtung ist nicht auf unmittelbare Herbeiführung einer Rechtsfolge gerichtet.

Zweiwochenfrist

14 Der Lauf der Zweiwochenfrist beginnt mit dem Zugang der Unterrichtung beim Arbeitnehmer, unabhängig davon, ob der Arbeitnehmer die Unterrichtung tatsächlich zur Kenntnis nimmt. Der Arbeitgeber ist darlegungs- und beweispflichtig für den Zugang der Unterrichtung. Auf die Berechnung der Frist finden die §§ 186 ff. BGB Anwendung.

15 In der Unterrichtung muss der Arbeitgeber den Zeitpunkt der Zweckerreichung mitteilen und dass das Arbeitsverhältnis wegen der Zweckerreichung enden soll. In der Literatur wird hierzu der Standpunkt vertreten, dass die Mitteilung den exakten Zeitpunkt der objektiven Zweckerreichung umfassen müsse.[19] Keinesfalls genügend sind unbestimmte Angaben zum Zeitpunkt der Zweckerreichung (z. B. »wird möglicherweise …« oder »endet in ungefähr … Wochen«). In diesem Fall endet der Arbeitsvertrag nicht gem. Abs. 2. Das Gesagte gilt auch für den Fall der auflösenden Bedingung, § 21.

16 Abs. 2 enthält darüber hinaus keine Angaben, welchen inhaltlichen Anforderungen die Unterrichtung zu entsprechen hat. Zum Teil wird in der Literatur hierzu gefordert, die Unterrichtung müsse den verfolgten Zweck und die Umstände der Zweckerreichung im Einzelnen beschreiben.[20]

17 Das Arbeitsverhältnis endet zwei Wochen nach Unterrichtung durch den Arbeitgeber.[21] Die Zweiwochenfrist ist eine Mindestfrist, d. h., der Arbeitgeber kann bereits vorher den Arbeitnehmer über die Zweckerreichung unterrichten. Durch Tarifvertrag oder Einzelvertrag kann die Frist verlängert werden.

18 Die Berufung des Arbeitgebers auf den Fristlauf unterliegt dem Grundsatz von Treu und Glauben. Der Arbeitgeber kann missbräuchlich handeln, wenn er den Eindruck erweckt, das Arbeitsverhältnis werde über das vereinbarte Befristungsende hinaus verlängert und der Arbeitnehmer aufgrund

---

18 ArbG Berlin 27. 11. 2003 – 79 Ca 22206/03, LAGE § 14 TzBfG Nr. 2, geschäftsähnliche Handlung, Däubler/Deinert/Zwanziger, KSchR, § 15 TzBfG Rn. 6; APS/Backhaus, § 15 TzBfG Rn. 7; Worzalla/Will/Mailänder/Worch/Heise, § 15 TzBfG Rn. 7.

19 MünchArbR/Wank, § 116 Rn. 260, »den genauen Tag und das Datum«; APS/Backhaus, § 15 TzBfG Rn. 8; a. A. Meinel/Heyn/Herms, § 15 TzBfG Rn. 12.

20 Däubler/Deinert/Zwanziger, KSchR, § 15 TzBfG Rn. 6; a. A. Meinel/Heyn/Herms, § 15 TzBfG Rn. 11.

21 Zur Kritik an der Kürze der Frist s. Blanke, AiB 2000, 729; Däubler, ZIP 2000, 1961, der auch verfassungsrechtliche Bedenken erhebt.

des Verhaltens des Arbeitgebers hierauf vertrauen konnte. Erforderlich ist jedoch hierfür die Schaffung eines entsprechenden Vertrauenstatbestands.[22]

Ordentliche Kündigung während Befristung

Nach **Abs. 3** ist während des Laufs einer Befristung der Ausspruch einer ordentlichen Kündigung regelmäßig ausgeschlossen. Etwas anderes gilt, wenn dies einzelvertraglich oder in einem anwendbaren Tarifvertrag vereinbart ist. Anwendbar ist der Tarifvertrag für den Fall der beiderseitigen Tarifbindung, kraft Allgemeinverbindlicherklärung nach § 5 TVG sowie bei Bezugnahme der Arbeitsvertragsparteien auf einen Tarifvertrag.[23] Eine vertragliche Klausel in einem Arbeitsvertrag, die entsprechend § 15 Abs. 3 die Möglichkeit der Kündigung vor Fristablauf aufrechterhält, ist weder überraschend i. S. v. § 305c Abs. 1 BGB, noch stellt sie eine unangemessene Benachteiligung i. S. v. § 307 Abs. 1 Satz 1 BGB dar.[24] Eine entsprechende Festlegung in einer Betriebsvereinbarung ist nicht ausreichend für die Zulässigkeit der ordentlichen Kündigung.[25] Daneben ist im Fall der Insolvenz § 113 Abs. 1 InsO zu beachten, nach dem befristete Arbeitsverhältnisse mit einer Frist von drei Monaten zum Monatsende gekündigt werden können. Dies gilt auch dann, wenn die Möglichkeit der Kündigung vor dem vereinbarten Befristungsende nicht vereinbart wurde.   **19**

Ein Schriftformerfordernis – wie z. B. in Abs. 2 – oder ein sonstiges Formerfordernis ist in Abs. 3 nicht normiert. Insofern bedarf die Vereinbarung einer ordentlichen Kündigungsmöglichkeit nicht der Schriftform, sondern kann auch mündlich getroffen werden.[26] Nach Däubler kann die Kündigung allerdings nicht einseitig nur für den Arbeitgeber vorgesehen werden, denn § 622 Abs. 6 BGB enthält den allgemeinen Rechtsgrundsatz, dass die Bindung des Arbeitnehmers nicht stärker sein darf als die des Arbeitgebers.[27] Diese Rechtsauffassung ist mittlerweile wohl herrschend. Danach kann   **20**

---

22 BAG 24. 10. 2001 – 7 AZR 620/00, AP Nr. 9 zu § 57c HRG.

23 Worzalla/Will/Mailänder/Worch/Heise, § 15 TzBfG Rn. 13, Däubler/Deinert/Zwanziger, KSchR, § 15 TzBfG Rn. 14.

24 LAG Rheinland-Pfalz 24. 10. 2008 – 9 TA 185/08.

25 Hromadka, BB 2001, 674; ErfKo/Müller-Glöge, § 15 TzBfG Rn. 13; Däubler/Deinert/Zwanziger, KSchR, § 15 TzBfG Rn. 14.

26 ErfKo/Müller-Glöge, § 15 TzBfG Rn. 13.

27 Däubler/Deinert/Zwanziger, KSchR, § 15 TzBfG Rn. 13; KR-Lipke, § 15 TzBfG Rn. 20d; APS/Backhaus, § 15 TzBfG Rn. 21; ebenso LAG Köln 29. 1. 2016 – 44 Sa 849/15.

nicht einseitig zu Gunsten des Arbeitgebers die Kündigungsmöglichkeit während des Befristungszeitraums vereinbart werden.[28]

21 Für den Fall, dass die ordentliche Kündigung einzelvertraglich oder durch einen anwendbaren Tarifvertrag für zulässig erklärt ist, muss die Kündigung aber den sonstigen Voraussetzungen (Anhörung des Betriebsrats gem. § 102 BetrVG, Schriftform nach § 623 BGB, besonderer Kündigungsschutz, Kündigungsfristen) entsprechen. Eine vertragliche Klausel in einem befristeten Arbeitsvertrag, die entsprechend § 15 Abs. 3 TzBfG die Möglichkeit einer Kündigung vor Fristablauf aufrecht erhält, ist weder überraschend im Sinne von § 305c BGB noch stellt sie eine unangemessene Benachteiligung im Sinne von § 307 BGB dar.[29] Ist in einem Formulararbeitsvertrag, der vorsieht, dass zutreffende Regelungen angekreuzt und nichtzutreffende Regelungen gestrichen werden, die Regelung angekreuzt »Für die Kündigung des Arbeitsverhältnisses – nach Ablauf der Probezeit – gilt die gesetzliche Kündigungsfrist«, ist grundsätzlich davon auszugehen, dass die Parteien die ordentliche Kündbarkeit des befristeten Arbeitsverhältnisses einzelvertraglich im Sinne von § 15 Abs. 3 vereinbart haben.[30]

22 Eine vorzeitige ordentliche Kündigung müssen die Parteien eines befristeten Arbeitsvertrags ausdrücklich vereinbaren oder ihr entsprechender beiderseitiger Wille muss sich aus den Gesamtumständen hinreichend erkennbar ergeben.[31] Ist in einem befristeten Arbeitsvertrag die ordentliche Kündigungsmöglichkeit vereinbart, gilt diese auch bei einer späteren Vertragsänderung zur Höhe der wöchentlichen Arbeitszeit, ohne dass es einer nochmaligen Wiederholung der ausdrücklichen Vereinbarung der ordentlichen Kündigungsmöglichkeit bedarf.[32]

> **Beispiele:**
> Aus der Vereinbarung einer sechsmonatigen Probezeit – ohne ausdrückliche Kündigungsregelung – in einem schriftlichen Formulararbeitsvertrag lässt sich aufgrund der Besonderheiten einer Probezeit regelmäßig auf den Willen der Arbeitsvertragsparteien schließen, das Arbeitsverhältnis während der Probezeit ordentlich kündigen zu können.[33]
> Die ordentliche Kündbarkeit ist bei folgender Formulierung wirksam vereinbart: »Für die Kündigung des Arbeitsverhältnisses – nach Ablauf der Probezeit – gilt

---

28 LAG Köln 29. 1. 2016 – 4 Sa 849/15, LAGE § 15 TzBfG Nr. 12; KR-Lipke, § 15 TzBfG Rn. 20; MünchKomm/Hesse, § 15 TzBfG Rn. 28; APS/Backhaus, § 15 TzBfG Rn. 21.
29 LAG Rheinland-Pfalz 24. 10. 2008 – 9 Ta 185/08.
30 BAG 4. 8. 2011 – 6 AZR 436/10, NZA 2012, 112.
31 BAG 4. 7. 2001 – 2 AZR 88/00, NZA 2002, 288.
32 LAG Mecklenburg-Vorpommern 11. 3. 2015 – 3 Sa 237/14.
33 BAG 4. 7. 2001 – 2 AZR 88/00, NZA 2002, 288.

die gesetzliche Kündigungsfrist.[34] Gleiches gilt für die Formulierung: »Das Arbeitsverhältnis ist gemäß den gesetzlichen Regelungen kündbar«.[35]

Durch Abs. 3 ist nur die ordentliche Kündigung, nicht aber die außerordentliche Kündigung nach § 626 Abs. 1 BGB ausgeschlossen.[36] Ebenfalls unberührt von Abs. 3 bleibt die Beendigung des Arbeitsverhältnisses durch einen Aufhebungsvertrag.[37] Die Unwirksamkeit der Kündigung muss nach Auffassung des LAG Rheinland-Pfalz innerhalb der Drei-Wochen-Frist des § 4 Satz 1 KSchG geltend gemacht werden.[38] Die Klagefrist des § 4 KSchG ist also vom Arbeitnehmer auch dann einzuhalten, wenn ein Kündigungsrecht weder einzelvertraglich noch tarifvertraglich vereinbart wurde.[39] **23**

Ist die Befristung des Arbeitsverhältnisses rechtsunwirksam und hat der Arbeitgeber von der Möglichkeit des § 15 Abs. 3 TzBfG, sich für die Laufzeit des befristet vereinbarten Arbeitsverhältnisses eine ordentliche Kündigungsmöglichkeit vorzubehalten, keinen Gebrauch gemacht, so kann nur der Arbeitnehmer zu einem Zeitpunkt vor dem vereinbarten Befristungsende kündigen. Der Arbeitgeber kann dagegen eine ordentliche Kündigung nur mit Wirkung zum Zeitpunkt des ursprünglich geplanten Fristablaufs erklären. Für ihn gilt damit eine Mindestbefristungsdauer (§ 16 Satz 1 TzBfG). Ist die Befristung allein wegen fehlender Schriftform gemäß § 14 Abs. 4 TzBfG unwirksam, können beide Vertragsparteien, also auch der Arbeitgeber, unabhängig von einer Vereinbarung nach § 15 Abs. 3 TzBfG zu einem Zeitpunkt vor dem vereinbarten Ende des befristeten Arbeitsvertrags ordentlich kündigen.[40] Von den Bestimmungen des Teilzeit- und Befristungsgesetzes darf nach § 22 Abs. 1 TzBfG grundsätzlich zugunsten des Arbeitnehmers abgewichen werden. Hat sich der Arbeitgeber gemäß § 15 Abs. 3 TzBfG das Recht zur ordentlichen Kündigung vorbehalten, so gilt dieses Kündigungsrecht nach § 16 Satz 1 TzBfG auch bei Unwirksamkeit der Befristungsabrede weiter.[41]

Besonderes Kündigungsrecht nach fünf Jahren

Abs. 4 regelt die Möglichkeit des Arbeitnehmers, einen Arbeitsvertrag, der für die Lebenszeit des Arbeitnehmers, des Arbeitgebers oder eines Dritten **24**

---

34 BAG 4.8.2011 – 6 AZR 436/10.
35 LAG Mainz 22.3.2013 – 6 Sa 426/12.
36 Allg. Meinung Däubler/Deinert/Zwanziger, KSchR, § 15 TzBfG Rn. 11; Worzalla/Will/Mailänder/Worch/Heise, § 15 TzBfG Rn. 13.
37 Meinel/Heyn/Herms, § 15 TzBfG Rn. 30.
38 LAG Rheinland-Pfalz 22.1.2009 – 11 Sa 616/08.
39 BAG 22.7.2010 – 6 AZR 480/09.
40 BAG 23.4.2009 – 6 AZR 533/08.
41 BAG 23.4.2009 – 6 AZR 533/08.

oder für längere Zeit als fünf Jahre eingegangen ist, nach dem Ablauf von fünf Jahren zu kündigen. Das besondere Kündigungsrecht steht nur dem Arbeitnehmer zu, nicht aber dem Arbeitgeber.[42] Der Arbeitgeber hat nur die Möglichkeit, das Arbeitsverhältnis aus wichtigem Grund nach § 626 BGB außerordentlich zu kündigen.[43]

25 Die Vorschrift dient dem Schutz des Arbeitnehmers.[44] Eine – über fünf Jahre hinausgehende – Bindung würde ihn übermäßig in seiner persönlichen Freiheit einschränken.[45] Abs. 4 entspricht im Wesentlichen dem § 624 BGB. Für Dienstverhältnisse, die nicht Arbeitsverhältnisse sind, gilt weiterhin der § 624 BGB.[46]

26 Abs. 4 gilt nur bei Arbeitsverhältnissen, die für die Lebenszeit einer Person oder für längere Zeit als fünf Jahre eingegangen sind. Dies gilt auch dann, wenn die Arbeitsleistung im Haushalt erbracht wird.[47] Bei einer Befristung auf die Lebenszeit einer Person kommt sowohl eine Befristung auf die Person des Arbeitnehmers als auch auf die Person des Arbeitgebers sowie auf die Person eines Dritten (z.B. für die Dauer der Pflege eines Kranken) in Betracht.[48] »Fünf-Jahres-Verträge« fallen nicht unter Abs. 4 Satz 1, da diese eine »längere« Zeit als fünf Jahre voraussetzen.[49] Abs. 4 Satz 1 findet auch auf »Fünf-Jahres-Verträge« Anwendung, die mit der Option verbunden sind, dass sich ein weiterer »Fünf-Jahres-Vertrag« anschließt, wenn der laufende Vertrag nicht ein Jahr vor Ablauf gekündigt wird.[50]

27 Abs. 4 findet auch dann keine Anwendung, wenn ein auf fünf Jahre befristetes Arbeitsverhältnis kurz vor Fristende um weitere fünf Jahre verlängert wird.[51] Wird hingegen ein auf fünf Jahre befristetes Arbeitsverhältnis bereits frühzeitig vor Ablauf der Vertragszeit um weitere fünf Jahre verlängert, kommt eine Umgehung von Abs. 4 in Betracht.[52] Bei zweckbefristeten Arbeitsverträgen kommt Abs. 4 dann zur Anwendung, wenn der beabsichtigte Zweck binnen fünf Jahren noch nicht erreicht wurde.[53]

---

42 Ring, § 15 TzBfG Rn. 24.
43 BAG 25.3.2004 – 2 AZR 153/03.
44 ErfKo/Müller-Glöge, § 15 TzBfG Rn. 17.
45 BAG 19.12.1991 – 2 AZR 363/91, NZA 1992, 543; BAG 24.10.1996 – 2 AZR 845/95, NZA 1997, 597.
46 Z.B. für arbeitnehmerähnliche Personen, s. Däubler/Deinert/Zwanziger, KSchR, § 15 TzBfG Rn. 17; ErfKo/Müller-Glöge, § 15 TzBfG Rn. 16; Ihlenfeld/Klies, Rn. 299.
47 ErfKo/Müller-Glöge, § 15 TzBfG Rn. 20.
48 APS/Backhaus, § 15 TzBfG Rn. 17; ErfKo/Müller-Glöge, § 15 TzBfG Rn. 21.
49 ErfKo/Müller-Glöge, § 15 TzBfG Rn. 26.
50 LAG Köln 20.11.1998 – 11 Sa 125/98, LAGE Nr. 11 zu § 611 BGB – Berufssport.
51 KR-Fischmeier, § 624 BGB Rn. 24a; a.A. MüKo/Schwerdtner, § 624 Rn. 13.
52 ErfKo/Müller-Glöge, § 15 TzBfG Rn. 26 m.w.N.
53 Worzalla/Will/Mailänder/Worch/Heise, § 15 TzBfG Rn. 35; Meinel/Heyn/Herms, § 15 TzBfG Rn. 35.

Liegen die Voraussetzungen nach Abs. 4 Satz 1 vor, besteht ein außerordent- **28** liches Kündigungsrecht des Arbeitnehmers. Dem Arbeitgeber steht ein entsprechendes Kündigungsrecht nicht zu. Die Kündigungsfrist beträgt sechs Monate, Abs. 4 Satz 2. Diese besondere Kündigungsfrist geht der des § 622 BGB vor und verdrängt diese. Insofern kann der Arbeitnehmer zu jedem Termin und nicht nur zum Monatsende die Kündigung aussprechen.[54] Die Kündigungsfrist von sechs Monaten kann nicht zuungunsten des Arbeitnehmers abbedungen werden, § 22 Abs. 1. Bei der Kündigungserklärung ist die Schriftform des § 623 BGB zu beachten. Eine außerordentliche Kündigung nach § 626 BGB wird durch Abs. 4 nicht berührt.

Nach dem Wortlaut von Satz 1 kann das Arbeitsverhältnis erst nach Ablauf **29** von fünf Jahren gekündigt werden. Eine vor Ablauf von fünf Jahren ausgesprochene Kündigung ist in eine Kündigung zum frühestmöglichen Zeitpunkt umzudeuten.[55] Das Kündigungsrecht des Arbeitnehmers unterliegt nicht der Verwirkung, da ansonsten der Arbeitnehmer entgegen dem Schutzzweck von Abs. 4 auf Lebenszeit oder länger als fünf Jahre an den Arbeitsvertrag gebunden wäre.[56] Ein Verzicht auf das bereits entstandene Kündigungsrecht wird für zulässig erachtet; allerdings nur mit einer Bindungswirkung von fünf Jahren.[57]

Fortsetzung des Arbeitsverhältnisses auf unbestimmte Zeit

Abs. 5 regelt übereinstimmend mit § 625 BGB, dass ein Arbeitsverhältnis als **30** auf unbestimmte Zeit verlängert gilt, wenn es der Arbeitnehmer nach seinem Ablauf mit Wissen des Arbeitgebers und ohne dessen ausdrücklichen Widerspruch fortsetzt. Diese Rechtsfolge tritt nach der Gesetzesbegründung auch dann ein, wenn der Arbeitgeber im Fall eines zweckbefristeten Arbeitsverhältnisses die unverzügliche Mitteilung über das Erreichen des Zwecks unterlässt.[58] Insofern erweitert Abs. 5 die Vorschrift des § 625 BGB, da diese nur für kalendermäßig befristete Arbeitsverhältnisse gilt.

Der Anwendungsbereich von Abs. 5 ist auf die Fälle beschränkt, in denen **31** es keine (neue) Vereinbarung zwischen Arbeitnehmer und Arbeitgeber über die Fortsetzung des Arbeitsverhältnisses gibt. Im Gegensatz zu § 625 BGB, der nach **h. M.** dispositives Recht darstellt,[59] ist Abs. 5 zwingendes Recht.[60]

---

54 BAG 24. 10. 1996 – 2 AZR 845/95, AP Nr. 37 zu § 256 ZPO 1977.
55 Allg. Meinung s. Däubler/Deinert/Zwanziger, KSchR, § 624 BGB Rn. 6; ErfKo/Müller-Glöge, § 15 TzBfG Rn. 27.
56 ErfKo/Müller-Glöge, § 15 TzBfG Rn. 28.
57 KR-Fischmeier, § 624 BGB Rn. 28.
58 BT-Drs. 14/4374, S. 21.
59 Kliemt, NZA 2001, 296.
60 Ring, § 15 TzBfG Rn. 39; Meinel/Heyn/Herms, § 15 TzBfG Rn. 58; MünchArbR/Wank, § 116 Rn. 272; a. A. APS/Backhaus, § 15 TzBfG Rn. 33.

Abs. 5 kann weder durch Tarifvertrag oder Betriebsvereinbarung noch durch eine einzelvertragliche Abmachung abbedungen werden.[61]

32 Abs. 5 findet keine Anwendung bei Berufsausbildungsverhältnissen. Nach § 17 BBiG gilt ein Arbeitsverhältnis auf unbestimmte Zeit begründet, wenn der Auszubildende im Anschluss an das Berufsausbildungsverhältnis weiterbeschäftigt wird und die Parteien hierüber nicht ausdrücklich etwas vereinbart haben.[62] Bei einer Kombination von auflösender Bedingung und zeitlicher Höchstbefristung ist Rechtsfolge der widerspruchslosen Weiterarbeit über den Bedingungseintritt hinaus nicht die unbefristete Fortdauer des Arbeitsverhältnisses. Die Fiktionswirkung ist nach Auffassung des BAG auf den nur befristeten Fortbestand des Arbeitsverhältnisses beschränkt.[63]

33 Voraussetzung für die Tatbestandserfüllung nach Abs. 5 ist, dass das Arbeitsverhältnis mit Willen des Arbeitgebers fortgesetzt wird. Der Arbeitnehmer setzt das Arbeitsverhältnis fort, wenn er im Bewusstsein und in der Bereitschaft tatsächlich weitergearbeitet hat, seine Pflichten aus dem Arbeitsverhältnis zu erfüllen.[64] Unerheblich ist dabei, ob der Arbeitnehmer das tatsächliche Ende des befristeten Arbeitsverhältnisses kennt.[65] Der Arbeitnehmer muss die vertragsgemäßen Dienste nach Ablauf der Vertragslaufzeit tatsächlich ausführen.[66] Nicht ausreichend ist, wenn der Arbeitnehmer lediglich in einen Dienstplan nach dem Ablauf des befristeten Arbeitsverhältnisses eingeteilt wurde.[67]

34 Entscheidend ist die tatsächliche Fortsetzung in unmittelbarem Anschluss an das Ende des befristeten Arbeitsverhältnisses.[68] Bei einer nur 5-wöchigen oder gar nur 10-tägigen Unterbrechung des Arbeitsverhältnisses gilt das Arbeitsverhältnis nicht als auf unbestimmte Zeit verlängert.[69]

35 Nicht als Fortsetzung des Arbeitsverhältnisses ist es anzusehen, wenn der Arbeitgeber dem zuvor arbeitsunfähig erkrankten Arbeitnehmer für Zeiten über das vereinbarte Vertragsende hinaus versehentlich die Vergütung fortzahlt.[70] Erhält der Arbeitnehmer nach Ablauf eines befristeten Arbeitsverhältnisses Freizeit als Überstundenausgleich sowie Urlaub und nimmt er da-

---

61 Ring, § 15 TzBfG Rn. 39.
62 Boewer, § 15 TzBfG Rn. 58.
63 BAG 29.6.2011 – 7 AZR 6/10.
64 Worzalla/Will/Mailänder/Worch/Heise, § 15 TzBfG Rn. 19.
65 Däubler/Deinert/Zwanziger, KSchR, § 625 BGB Rn. 10.
66 ArbG Düsseldorf 15.12.2008 – 2 Ca 4104/08; BAG 11.7.2007 – 7 AZR 501/06; BAG 18.10.2006 – 7 AZR 749/05.
67 LAG Berlin-Brandenburg 15.12.2015 – 7 Sa 1586/15.
68 LAG Rheinland-Pfalz 28.1.2016 – 5 Sa 303/15.
69 BAG 19.9.2001, AP Nr. 7 zu § 1 BeschFG 1985; BAG 2.12.1998 – 7 AZR 508/97, AP Nr. 8 zu § 625 BGB.
70 BAG 2.12.1998 – 7 AZR 508/97, NZA 1999, 482; Däubler/Deinert/Zwanziger, KSchR, § 625 BGB Rn. 12.

nach die Arbeit wieder auf, ist Abs. 5 nicht gegeben.[71] Die Tatsachen können aber auf eine ausdrückliche oder konkludente Vereinbarung über die Fortsetzung des Arbeitsverhältnisses hindeuten.[72]

Nicht unbedingt erforderlich für die Anwendbarkeit von Abs. 5 ist, dass der **36** Arbeitnehmer seine Tätigkeit am gleichen Arbeitsplatz fortsetzt. Auch eine Tätigkeit an einem anderen Arbeitsplatz fällt unter Abs. 5.[73]

Das Arbeitsverhältnis muss mit Wissen des Arbeitgebers fortgesetzt werden. **37** D.h., ihm muss bekannt sein, dass das Arbeitsverhältnis durch Ablauf der vereinbarten Zeit beendet war und der Arbeitnehmer seine Arbeitsleistung weiterhin erbringt. Dem Arbeitgeber ist dabei auch das Wissen derjenigen Mitarbeiter zuzurechnen, die in seiner Vertretung zum Abschluss eines Arbeitsvertrags berechtigt sind.[74] Nicht ausreichend ist es, wenn lediglich der Betriebsrat[75] oder Kollegen bzw. Fachvorgesetzte[76] Kenntnis über die Fortsetzung der Tätigkeit haben. Für den Schulbereich ist die zum Abschluss von Arbeitsverträgen befugte Stelle die Schulverwaltung, nicht aber ein nicht zur Einstellung berechtigter Schulleiter.[77] Daran ändert sich auch nichts dadurch, dass der Schulleiter bei Vorliegen der Voraussetzungen berechtigt ist, mit Vertretungskräften sog. PSE-Verträge (Personalmanagement im Rahmen Erweiterter Selbstständigkeit von Schulen) abzuschließen.[78]

Widerspruch gegen Vertragsverlängerung

Abs. 5 beruht auf der Erwägung, die Fortsetzung der Arbeitsleistung durch **38** den Arbeitnehmer mit Wissen des Arbeitgebers sei im Regelfall der Ausdruck des stillschweigenden Willens der Parteien zur Verlängerung des Arbeitsverhältnisses.[79] Der Arbeitgeber muss unverzüglich widersprechen, um die Rechtsfolgen des Abs. 5 auszuschließen. Unverzüglich bedeutet ohne schuldhaftes Zögern. Der Widerspruch ist nicht schuldhaft verzögert, wenn der Arbeitgeber zunächst den Versuch einer Einigung mit dem Betriebsrat

71 BAG 20. 2. 2002, EzA § 620 BGB – Altersgrenze Nr. 10.
72 BAG 2. 12. 1998 – 7 AZR 508/97, NZA 1999, 482 zu § 625 BGB.
73 Däubler/Deinert/Zwanziger, KSchR, § 625 BGB Rn. 10; Meinel/Heyn/Herms, § 15 TzBfG Rn. 45.
74 BAG 24. 10. 2001 – 7 AZR 620/00, AP Nr. 9 zu § 57c HRG; BAG 20. 2. 2002 – 7 AZR 662/00, NZA 2002, 1000; Meinel/Heyn/Herms, § 15 TzBfG Rn. 46; ErfKo/Müller-Glöge, § 15 TzBfG Rn. 37.
75 LAG Köln 27. 6. 2001 – 3 Sa 220/01.
76 BAG 4. 5. 2011 – 7 AZR 252/10; BAG 21. 1. 2001 – 7 AZR 98/00, AP Nr. 9 zu § 1 BeschFG 1996; LAG Rheinland-Pfalz 9. 4. 2014 – 4 Sa 456.
77 BAG 20. 2. 2002 – 7 AZR 662/00; LAG Düsseldorf 26. 10. 2010 – 12 Sa 868/10; ArbG Düsseldorf 15. 12. 2008 – 2 Ca 4104/08.
78 LAG Rheinland-Pfalz 28. 1. 2016 – 5 Sa 303/15.
79 BAG 11. 7. 2007 – 7 AZR 501/06.

über die Art und Dauer der Weiterbeschäftigung unternimmt oder wenn er den Einwand des Betriebsrats überprüft, der Arbeitnehmer befinde sich bereits in einem unbefristeten Arbeitsverhältnis.[80] Der Widerspruch ist eine empfangsbedürftige Willenserklärung.[81] Dabei geht die wohl überwiegende Auffassung davon aus, dass dem Arbeitgeber nach Kenntnis der Fortsetzung der Tätigkeit durch den Arbeitnehmer eine Woche verbleibt, um den Widerspruch zu erklären.[82] Der Arbeitgeber muss dem Arbeitnehmer unmissverständlich deutlich machen, dass für ihn das befristete Arbeitsverhältnis beendet ist und er nicht bereit ist, eine weitere Arbeitsleistung des Arbeitnehmers entgegenzunehmen. Der Widerspruch kann nicht auf Vorrat ohne Bezug zu einem bestimmten Beendigungsdatum erklärt werden, weil dadurch die zwingende Wirkung von § 15 Abs. 5 TzBfG umgangen würde.[83] Als zulässig wird es jedoch erachtet, dass der Widerspruch des Arbeitgebers vor Ablauf der vereinbarten Befristung erklärt wird.[84]

39   Der Widerspruch muss nach dem eindeutigen Wortlaut von Abs. 5 nach dem Befristungsende erklärt werden. Nach überwiegender Auffassung in der Literatur und der Rechtsprechung kann der Widerspruch aber auch kurz vor Ablauf des befristeten Arbeitsverhältnisses erklärt werden.[85] Der Widerspruch kann ausdrücklich oder konkludent erklärt werden.[86] Ein konkludenter Widerspruch des Arbeitgebers liegt z. B. in der Aushändigung der Arbeitspapiere, verbunden mit einem Angebot, das Arbeitsverhältnis nur bis zu einem bestimmten Zeitpunkt fortsetzen zu wollen.[87] Ein vor Ablauf der Befristung des Arbeitsvertrags und vor Beginn der Weiterarbeit unterbreitetes Angebot des Arbeitgebers auf Abschluss eines befristeten Arbeitsvertrags enthält einen konkludenten Widerspruch im Sinne von § 15 Abs. 5.[88] Soweit der Arbeitgeber die Weiterarbeit verbunden mit dem Hinweis annimmt »*bis die Frage einer Weiterbeschäftigung geklärt ist*«, ist dies unschädlich.[89] Denn in diesem

80 BAG 13. 8. 1987 – 2 AZR 122/87.

81 LAG Mecklenburg-Vorpommern 22. 1. 2016 – 2 Sa 114/15.

82 Staudinger/Preis, § 625 BGB Rn. 23; Meinel/Heyn/Herms, § 15 TzBfG Rn. 49 m. w. N.

83 BAG 22. 7. 2014 – 9 AZR 1066/12; LAG Mecklenburg-Vorpommern 22. 1. 2016 – 2 Sa 114/15.

84 BAG 11. 7. 2007 – 7 AZR 501/06; LAG Berlin-Brandenburg 15. 12. 2015 – 7 Sa 1586/15.

85 BAG 3. 12. 1997 – 7 AZR 651/96, NZA 1998, 1000; BAG 26. 7. 2001 – 7 AZR 256/99, NZA 2001, 261; Meinel/Heyn/Herms, § 15 TzBfG Rn. 51; ErfKo/Müller-Glöge, § 15 TzBfG Rn. 43.

86 LAG Köln 26. 10. 2010 – 12 Sa 868/10; LAG Mecklenburg-Vorpommern 22. 1. 2016 – 2 Sa 114/15.

87 BAG 26. 7. 2000 – 7 AZR 51/99, NJW 2001, 532.

88 ArbG Stuttgart 10. 1. 2012 – 7 Ca 6458/11; LAG Köln 26. 10. 2010 – 12 Sa 868/10; BAG 18. 9. 2006 – 14 Sa 295//06.

89 LAG Düsseldorf 25. 8. 2016 – 5 Sa 384/16.

Fall hat der Arbeitgeber eindeutig zu erkennen gegeben, ohne eine solche Klärung mit der Weiterbeschäftigung des Arbeitnehmers nicht einverstanden zu sein. Eine besondere Form für den Widerspruch ist in Abs. 5 nicht vorgeschrieben. Er ist auch nicht formbedürftig i. S. v. § 623 BGB.[90] Für den Zugang des Widerspruchs ist der Arbeitgeber darlegungs- und beweispflichtig.

Beispiel 1:
Der befristete Arbeitsvertrag läuft am 31.1.2019 aus. Der Arbeitnehmer arbeitet weiter. Am 15.2.2019 vereinbaren Arbeitgeber und Arbeitnehmer entsprechend der mündlichen Verabredung vom 28.12.2018 eine weitere Befristung bis zum 30.6.2019.
Lösung:
Zu spät. Es entsteht ein unbefristeter Vertrag.

Beispiel 2:
Der befristete Arbeitsvertrag läuft am 31.1.2019 aus. Der Arbeitnehmer arbeitet weiter. Am 25.1.2019 hat der Arbeitgeber ein Angebot für eine weitere Befristung bis zum 30.6.2019 vorgelegt, dass der Arbeitnehmer nicht unterzeichnet.
Lösung:
In dem Angebot des Abschlusses des befristeten Arbeitsvertrags liegt zugleich der Widerspruch im Sinne von § 15 Abs. 5 TzBfG. Der Widerspruch des Arbeitgebers nach § 15 Abs. 5 TzBfG kann bereits vor dem Ende der Vertragslaufzeit eines befristeten Arbeitsverhältnisses erklärt werden. Eine solche Erklärung liegt vor, wenn der Arbeitgeber dem Arbeitnehmer kurz vor Ablauf der Vertragslaufzeit einen befristeten Anschlussvertrag anbietet. Mit diesem Angebot bringt der Arbeitgeber unmissverständlich zum Ausdruck, dass er mit einer unbefristeten Fortsetzung des Arbeitsverhältnisses nicht einverstanden ist. Trotz der Weiterarbeit des Arbeitnehmers bleibt der Widerspruch erhalten.[91] Es entsteht kein unbefristetes Arbeitsverhältnis.

Beispiel 3:
Der befristete Arbeitsvertrag läuft am 31.1.2019 aus. Der Arbeitnehmer arbeitet weiter. Am 25.1.2019 vereinbarten Arbeitgeber und Arbeitnehmer mündlich eine weitere Befristung bis zum 30.6.2019. Am 10.2.2019 vereinbaren die Arbeitsvertragsparteien schriftlich entsprechend der zuvor getroffenen mündlichen Verabredung die Befristung des Arbeitsvertrags bis zum 30.6.2019.
Lösung:
Es entsteht ein unbefristetes Arbeitsverhältnis. Die nachträgliche Befristung zum 30.6.2019 ist unwirksam, weil keine eigenständige rechtsgestaltende Regelung getroffen wurde, sondern lediglich die mündliche Vereinbarung vom 25.1.2019 schriftlich fixiert wurde.[92]

---

90 Richardi/Annuß, NJW 2000, 1231; Preis/Gotthardt, NZA 2000, 348.
91 BAG 5.5.2004 – 7 AZR 629/03.
92 BAG 16.4.2008 – 7 AZR 1048/06; BAG 13.6.2007 – 7 AZR 700/06.

Beispiel 4:
Der befristete Arbeitsvertrag läuft am 31.1.2019 aus. Der Arbeitnehmer arbeitet weiter. Am 10.2.2019 vereinbaren die Arbeitsvertragsparteien schriftlich die Befristung des Arbeitsvertrags bis zum 30.6.2019, weil sich erst am 9.2.2019 herausgestellt hat, dass der vertretene Arbeitnehmer B dann wieder in den Betrieb zurückkehrt.
Lösung:
Die Befristung bis zum 30.6.2019 ist wirksam. Die Arbeitsvertragsparteien haben eine eigenständige Regelung getroffen und das unbefristete Arbeitsverhältnis ist in ein befristetes umgestaltet worden.[93]

Zweckbefristete Arbeitsvertragsverlängerung

40 Bei zweckbefristeten Arbeitsverträgen muss der Arbeitgeber dem Arbeitnehmer unverzüglich nach Fortsetzung des Arbeitsverhältnisses Mitteilung über die Zweckerreichung machen. Diese unverzügliche Nachholung ist für den Arbeitgeber immer dann notwendig, wenn er den Arbeitnehmer vor Zweckerreichung nicht oder nicht formgerecht unterrichtet hat. Im Gegensatz zum Widerspruch unterliegt die nachträgliche Mitteilung der Zweckerreichung der Schriftform.[94] Das Schriftformerfordernis resultiert daraus, dass bereits die eigentliche Unterrichtung nach Abs. 2 schriftlich erfolgen muss.

41 Wird das Arbeitsverhältnis nach Befristungsende mit Wissen des Arbeitgebers und ohne dessen Widerspruch bzw. ohne die nachgeholte Mitteilung der Zweckerreichung fortgesetzt, entsteht nach Abs. 5 eine gesetzliche Fiktion. Das Arbeitsverhältnis gilt als auf unbestimmte Zeit verlängert. D.h., die arbeitsvertraglichen Vereinbarungen gelten weiter. Der Arbeitnehmer ist zur Arbeitsleistung verpflichtet; der Arbeitgeber zur Entgeltzahlung und zur Gewährung der sonstigen Arbeitsbedingungen. Im Fall des Ablaufs eines zweckbefristeten Arbeitsvertrags muss der Arbeitgeber dem Arbeitnehmer eine vergleichbare Tätigkeit zuweisen.

42 Sind die Voraussetzungen von Abs. 5 erfüllt, gilt das Arbeitsverhältnis als auf unbestimmte Zeit verlängert. Der bisherige Vertragsinhalt bleibt bestehen. Das bedeutet, dass die Vergütungsregelungen und die sonstigen Vertragsbedingungen, wie z.B. ein Vertragsstrafenversprechen, weiter Geltung haben.[95] Das Recht des Arbeitnehmers, sich auf die Verlängerung des Arbeitsverhältnisses zu berufen, kann verwirken.[96] Ein Irrtum über das Fortbestehen des

---

93 BAG 16.4.2008 – 7 AZR 1048/06.
94 Däubler/Deinert/Zwanziger, KSchR, § 15 TzBfG Rn. 19; APS/Backhaus, § 15 TzBfG Rn. 31; Meinel/Heyn/Herms, § 15 TzBfG Rn. 56; Richardi/Annuß, DB 2001, 2201; a.A. Kliemt, NZA 2001, 296.
95 LAG Hamm 15.9.1997 – 19 Sa 979/97, NZA 1999, 1050.
96 LAG Köln 27.6.2001 – 3 Sa 220/01, DB 2001, 2256; ErfKo/Müller-Glöge, § 15 TzBfG Rn. 48.

Arbeitsverhältnisses schließt die Rechtsfolgen des Abs. 5 nicht aus, denn das Verhalten des Arbeitgebers ist von dem Empfängerhorizont aus zu beurteilen, also wie der Arbeitnehmer das Verhalten des Arbeitgebers beurteilen durfte.[97]

§ 16   Folgen unwirksamer Befristung

Ist die Befristung rechtsunwirksam, so gilt der befristete Arbeitsvertrag als auf unbestimmte Zeit geschlossen; er kann vom Arbeitgeber frühestens zum vereinbarten Ende ordentlich gekündigt werden, sofern nicht nach § 15 Abs. 3 die ordentliche Kündigung zu einem früheren Zeitpunkt möglich ist. Ist die Befristung nur wegen des Mangels der Schriftform unwirksam, kann der Arbeitsvertrag auch vor dem vereinbarten Ende ordentlich gekündigt werden.

Allgemeines, Anwendungsbereich

§ 16 regelt die Rechtsfolgen einer unzulässigen Befristungsabrede. Danach **1** führt die Rechtsunwirksamkeit einer Befristung nicht insgesamt zur Nichtigkeit des befristeten Arbeitsvertrags, sondern dazu, dass an die Stelle des befristeten Arbeitsverhältnisses ein unbefristetes Arbeitsverhältnis tritt. Durch die Fiktion des § 16 Satz 1 wird die den Arbeitsvertrag beendende Wirkung der nicht wirksam vereinbarten Befristung ersetzt. Mit Ablauf der Vertragslaufzeit tritt kraft Gesetzes an die Stelle des befristeten ein unbefristeter Arbeitsvertrag.[1] Der Arbeitsvertrag kann vom Arbeitgeber grundsätzlich frühestens zum vorgesehenen Ende der Befristung ordentlich gekündigt werden. § 16 entspricht im Wesentlichen der Rechtsprechung des BAG zur Frage der Rechtsfolgen bei unwirksamen Befristungsabreden.[2]
Die Vorschrift fingiert einen unbefristeten Arbeitsvertrag für den Fall einer **2** unzulässigen Befristungsabrede. Zweck der Vorschrift ist es, zu vermeiden, dass im Fall einer unzulässigen Befristungsabrede der gesamte Vertrag un-

---

97 LAG Düsseldorf 26.9.2002 – 5 Sa 748/02, DB 2003, 668; Meinel/Heyn/Herms, § 15 TzBfG Rn. 46; Palandt/Putzo, § 625 BGB Rn. 3; a.A. ErfKo/Müller-Glöge, § 15 TzBfG Rn. 13.

1 ArbG Magdeburg 26.1.2012 – 6 Ca 2045/11.
2 Vgl. BAG 20.12.1995 – 7 AZR 194/95, NZA 1996, 642; BAG 26.7.2000 – 7 AZR 43/99, NZA 2001, 264.

wirksam wäre. Dies wäre aus Gründen des Arbeitnehmerschutzes nicht zu rechtfertigen.[3] § 16 gilt auch für Arbeitsverhältnisse nach dem Wissenschaftszeitvertragsgesetz, weil das WissZeitVG die Folgen einer unwirksamen Befristung nicht regelt.[4]

3   § 16 ist auch auf die Kündigung von leitenden Angestellten anwendbar.[5] Ein befristet eingestellter leitender Angestellter ist demnach bessergestellt als ein leitender Angestellter mit unbefristetem Arbeitsvertrag, denn bei diesem besteht die Möglichkeit des Auflösungsantrags nach §§ 14 Abs. 2, 9 Abs. 1 KSchG.

Unwirksame Befristungsabrede

4   § 16 regelt nicht, in welchen Fällen eine Befristung rechtsunwirksam ist. Die Rechtsunwirksamkeit der Befristungsabrede ergibt sich aus dem Fehlen der in § 14 Abs. 1 bis 4 genannten Voraussetzungen.[6] Danach ist die Befristungsabrede in folgenden Fällen unwirksam:

- Die Befristung ist nicht durch einen sachlichen Grund i. S. v. § 14 Abs. 1 gerechtfertigt.
- Die Voraussetzungen für eine Befristung ohne Sachgrund nach § 14 Abs. 2 Satz 1 liegen nicht vor.
- Die Voraussetzungen für eine erleichterte Befristung wegen des Alters nach § 14 Abs. 3 liegen nicht vor.
- Die Schriftform des § 14 Abs. 4 ist nicht eingehalten.[7]

5   Daneben ist § 16 Satz 1 aber auch auf die Fälle einer Unwirksamkeit einer Befristungsabrede nach anderen gesetzlichen Vorschriften anwendbar. Denn nach der Begründung zu § 23 finden die Vorschriften des TzBfG auf die spezialgesetzlich geregelten befristeten Arbeitsverhältnisse Anwendung.[8] Zu nennen sind hier etwa die Befristungsvorschriften nach dem Bundeselterngeld- und -elternzeitgesetz (§ 21 BEEG), dem Hochschulrahmengesetz (§§ 57a ff. HRG), dem Gesetz über befristete Arbeitsverträge mit Ärzten in der Weiterbildung sowie dem Gesetz über befristete Arbeitsverträge mit dem wissenschaftlichen Personal an Forschungseinrichtungen. § 16 Satz 1 ist

---

3 Däubler/Deinert/Zwanziger, KSchR, § 16 TzBfG Rn. 1; Meinel/Heyn/Herms, § 16 TzBfG Rn. 3.

4 LAG Mecklenburg-Vorpommern 4. 7. 2017 – 5 Sa 219/16 m. w. N.; Erfk/Müller-Glöge, § 2 WissZeitVG Rn. 2.

5 Vogel, NZA 2002, 318.

6 BT-Drs. 14/4374, S. 21.

7 LAG Rheinland-Pfalz 15. 1. 2010 – 9 Sa 543/09.

8 BR-Drs. 14/4374, S. 22; Meinel/Heyn/Herms, § 16 TzBfG Rn. 7; a. A. APS/Backhaus, § 16 TzBfG Rn. 1.

analog anwendbar, wenn bei der Vereinbarung der Befristungsabrede Mitbestimmungsrechte des Betriebsrats nicht beachtet wurden.[9]

Ist der befristet abgeschlossene Arbeitsvertrag mit einem derartigen Mangel **6** behaftet, so ordnet Satz 1 an, dass der befristet abgeschlossene Arbeitsvertrag von Anfang an auf unbestimmte Zeit geschlossen gilt. Der so gesetzlich auf unbestimmte Zeit fingierte Arbeitsvertrag kann vom Arbeitgeber frühestens zum vereinbarten Ende ordentlich gekündigt werden, sofern nicht nach § 15 Abs. 3 die ordentliche Kündigung zu einem früheren Zeitpunkt möglich ist. Dies betrifft die Fälle, in denen der befristete Arbeitsvertrag gegen § 14 Abs. 1 bis 3 verstößt. Dabei darf das Ende des Arbeitsverhältnisses durch Kündigung nicht vor dem Ende der unwirksam vereinbarten Befristung liegen. Der Arbeitgeber kann zwar vor dem vereinbarten Beendigungszeitpunkt kündigen, das Arbeitsverhältnis besteht aber bis zum vereinbarten Ende der Befristung fort. Der Arbeitgeber hat im Fall der Kündigung die geltenden Kündigungsfristen einzuhalten.

§ 16 Satz 1 schränkt nur die Kündigungsmöglichkeiten des Arbeitgebers, **7** nicht aber die des Arbeitnehmers ein.[10] Der Arbeitnehmer kann das Arbeitsverhältnis jederzeit ordentlich kündigen.[11] Dies gilt auch für den Fall, dass eine entsprechend § 15 Abs. 3 getroffene Vereinbarung nicht vorliegt. Das Kündigungsrecht des Arbeitnehmers wird in der Literatur vehement kritisiert, da sich der Arbeitnehmer bei unwirksamem Arbeitsverhältnis hinsichtlich seiner Kündigungsmöglichkeiten besser stehe als bei wirksamer Befristungsabrede. In Anbetracht des eindeutigen Gesetzeswortlauts ist aber eine andere Auslegung der Vorschrift nicht möglich.[12] Der Verweis auf § 15 Abs. 3 hat zur Folge, dass eine arbeitgeberseitige ordentliche Kündigung bereits zu einem früheren Zeitpunkt möglich ist. Voraussetzung hierfür ist aber, dass dies arbeits- oder tarifvertraglich vereinbart wurde.

Ist die Befristung wegen Verstoßes gegen § 14 Abs. 4 unwirksam, so kann der **8** Arbeitgeber das Arbeitsverhältnis frühzeitiger beenden. Ist die Befristung nur wegen des Mangels der Schriftform unwirksam, kann der Arbeitsvertrag nach Satz 2 auch vor dem vereinbarten Ende ordentlich gekündigt werden. Daneben ist § 15 Abs. 4 zu beachten, wonach bei lang dauernden Befristungen ein sechsmonatiges Kündigungsrecht für den Arbeitnehmer, nicht aber für den Arbeitgeber normiert ist.

9 MünchArbR/Wank, § 116 Rn. 277; ebenso APS/Backhaus, § 16 TzBfG Rn. 2.

10 Meinel/Heyn/Herms, § 16 TzBfG Rn. 6; MünchArbR/Wank, § 116 Rn. 278; ErfKo/Müller-Glöge, § 16 TzBfG Rn. 4; Däubler, ZIP 2001, 217; a. A. Richardi, NZA 2001, 57.

11 BAG 23. 4. 2009 – 6 AZR 533/08, NZA 2009, 1260; Däubler/Deinert/Zwanziger, KSchR § 16 TzBfG Rn. 3; Preis/Gotthardt, DB 2001, 151.

12 Däubler/Deinert/Zwanziger, KSchR, § 16 TzBfG, Rn. 3; Meinel/Heyn/Herms, § 16 TzBfG Rn. 6.

Rechtsfolge bei unwirksamer Befristungsabrede

9 Nicht geregelt ist die Rechtsfolge, wenn die Befristungsabrede sowohl aus einem der Gründe des § 14 Abs. 1 bis 3 als auch wegen des Mangels der Schriftform unwirksam ist. Hierzu wird richtigerweise die Auffassung vertreten, dass das Arbeitsverhältnis vom Arbeitgeber nur unter den Voraussetzungen des § 15 Abs. 3 vorzeitig beendet werden kann. Denn Satz 2 lässt die vorzeitige Kündigung durch den Arbeitgeber lediglich für den Fall zu, dass die Befristung »nur« wegen des Mangels der Schriftform unwirksam ist. Kommen andere Unwirksamkeitsgründe – vor allem solche nach § 14 Abs. 1 bis 3 – hinzu, ist für den Anwendungsbereich von Satz 2 kein Raum mehr.[13] § 16 Satz 2 TzBfG schließt es nicht aus, zugunsten des Arbeitnehmers von der dem Arbeitgeber durch diese Bestimmung eröffneten Möglichkeit abzuweichen, den Arbeitsvertrag bei Formnichtigkeit vor dem vereinbarten Ende ordentlich, d. h. unter Einhaltung der gesetzlichen oder vereinbarten Kündigungsfrist und der sonstigen Kündigungsvorschriften, vor allem des Kündigungsschutzgesetzes, zu kündigen. Den Arbeitsvertragsparteien steht es deshalb frei, dem Arbeitnehmer durch eine vertragliche Vereinbarung den vom Gesetz als Normalfall bei Unwirksamkeit einer Befristung vorgesehenen Bestandsschutz für die Dauer der ursprünglich beabsichtigten Befristung auch bei Formnichtigkeit der Befristung zu verschaffen.[14]

10 Die arbeitgeberseitige Kündigung ist an die sonstigen Voraussetzungen gebunden. D.h., der allgemeine Kündigungsschutz nach dem Kündigungsschutzgesetz sowie der besondere Kündigungsschutz nach dem Mutterschutzgesetz und dem SGB IX ist zu beachten. Der Betriebsrat ist nach § 102 BetrVG anzuhören. Das Recht, das Arbeitsverhältnis außerordentlich nach § 626 BGB zu kündigen, bleibt unbenommen. Die Tatsache, dass die Befristungsabrede unwirksam ist, begründet keinen wichtigen Grund i. S. v. § 626 BGB.[15]

11 § 16 gibt keine Antwort darauf, ob sich der Arbeitnehmer bei unwirksamer Befristungsabrede auf den Ablauf der Befristung berufen kann oder ob eine Kündigung durch ihn erforderlich ist, wenn er aus dem Arbeitsverhältnis ausscheiden möchte. Richtigerweise wird man eine Kündigung des Arbeitnehmers für entbehrlich halten müssen.[16] Der Arbeitnehmer ist also so zu stellen, als ob die Befristungsabrede wirksam sei. Es erscheint treuwidrig, wenn der Arbeitgeber bei unwirksamer Befristungsabrede den Arbeitneh-

---

13 Ebenso Meinel/Heyn/Herms, § 16 TzBfG Rn. 9.
14 BAG 23. 4. 2009 – 6 AZR 533/08.
15 Ring, § 16 TzBfG Rn. 15.
16 Däubler/Deinert/Zwanziger, KSchR, § 16 TzBfG Rn. 7; Meinel/Heyn/Herms, § 16 TzBfG Rn. 13; APS/Backhaus, § 16 TzBfG Rn. 10; a. A. KR-Lipke/Bader, § 16 TzBfG Rn. 3.

mer am Arbeitsverhältnis festhält.[17] Von Bedeutung sind darüber hinaus die Ausführungen des BAG zur Frage, welche Rechtsfolgen eintreten, wenn die Befristung wegen eines unklaren Befristungsablaufs nicht hinreichend bestimmt ist. Nach Auffassung des BAG und der überwiegenden Literatur kann der Arbeitgeber das nicht hinreichend bestimmbar befristete Arbeitsverhältnis jederzeit (und nicht nur zu Befristungsende) ordentlich kündigen. Das BAG begründet dies damit, dass in diesem Fall die Rechtsfolge des § 16 Satz 1 TzBfG mangels Feststellbarkeit des Vertragsendes nicht greifen könne. Daher sei die Unwirksamkeit der Befristung wegen mangelnder Bestimmtheit des Befristungsendes wie ein unbefristetes Arbeitsverhältnis zu behandeln.[18]

§ 17   Anrufung des Arbeitsgerichts

Will der Arbeitnehmer geltend machen, dass die Befristung eines Arbeitsvertrags rechtsunwirksam ist, so muss er innerhalb von drei Wochen nach dem vereinbarten Ende des befristeten Arbeitsvertrags Klage beim Arbeitsgericht auf Feststellung erheben, dass das Arbeitsverhältnis aufgrund der Befristung nicht beendet ist. Die §§ 5 bis 7 des Kündigungsschutzgesetzes gelten entsprechend. Wird das Arbeitsverhältnis nach dem vereinbarten Ende fortgesetzt, so beginnt die Frist nach Satz 1 mit dem Zugang der schriftlichen Erklärung des Arbeitgebers, dass das Arbeitsverhältnis aufgrund der Befristung beendet sei.

---

17 So Kania/Gilberg, Rn. 54.
18 BAG 23. 4. 2009 – 6 AZR 533/08, NZA 2009, 1260–1264; so auch APS/Backhaus, 3. Aufl., § 16 TzBfG Rn. 2; Meinel/Heyn/Herms, 3. Aufl., § 16 TzBfG Rn. 10, a. A. KR/Lipke, 9. Aufl., § 16 TzBfG Rn. 11 m. w. N.

Vorbemerkung zu § 17

1 § 17 ist, anknüpfend an die Vorgängerregelung in § 1 Abs. 5 BeschFG,[1] die zentrale prozessuale Bestimmung im TzBfG mit Präklusionsfrist und Verweis auf das KSchG. Im Unterschied zur Vorgängerregelung gilt § 17 über die Verweisung in § 21 auch für auflösend bedingte Arbeitsverhältnisse.

Satz 1: Entfristungsklage/Dreiwochenfrist

2 Die dreiwöchige Klagefrist des **§ 17 Satz 1** ist eine **materielle Ausschlussfrist** für sämtliche Formen einer bereits bei Vertragsschluss vereinbarten Beendigung des Arbeitsverhältnisses. Sie gilt für alle befristeten Arbeitsverträge, bei denen das Befristungsende nach dem 31. 12. 2000 liegt. Für eine Entfristungsklage gem. § 17 Satz 1 reicht es nach der Rechtsprechung aus, dass ein Antrag auf Feststellung der Unwirksamkeit der Befristung des Arbeitsverhältnisses gestellt wird.[2]

3 Die Unwirksamkeit einer Befristungsabrede muss innerhalb von drei Wochen durch Klage beim Arbeitsgericht geltend gemacht werden. Die gleichlautende Regelung fand sich in § 1 Abs. 5 BeschFG, nach dem – wie nunmehr in Satz 2 geregelt – die §§ 5 bis 7 KSchG entsprechend anzuwenden waren. Im BeschFG fand sich hingegen keine dem Satz 3 entsprechende Vorschrift. Er regelt den Beginn der Klagefrist für den Fall, dass das Arbeitsverhältnis nach dem vereinbarten Ende fortgesetzt wird. Die Frist beginnt dann erst mit dem Zugang einer schriftlichen Erklärung des Arbeitgebers über das Ende des Arbeitsverhältnisses aufgrund der Befristung zu laufen.

4 Die Vorschrift gilt für sämtliche Arten von Kalenderbefristungen und Zweckbefristungen sowie gem. § 21 auch für auflösende Bedingungen mit und ohne Sachgrund, unabhängig von der Anwendbarkeit des KSchG.[3] Die Anwendung der Klagefrist des § 17 auch auf die Vereinbarung von auflösenden Bedingungen geht über die frühere Rechtslage hinaus.
Die Vorschrift findet auch Anwendung auf befristete oder auflösend bedingte Arbeitsverhältnisse aufgrund von spezialgesetzlichen Regelungen wie

---

1 In der Fassung des Arbeitsrechtlichen Gesetzes zur Förderung von Wachstum und Beschäftigung (Arbeitsrechtliches Beschäftigungsförderungsgesetz) vom 25. 9. 1996, BGBl. I S. 1476.

2 BAG 14. 8. 2002 – 7 AZR 266/01, AuR 2002, 475.

3 KR-Etzel/Bader/Weigand-Bader, § 17 TzBfG Rn. 4.

z. B. dem WissZeitVG oder dem BEEG. Auch die Nichteinhaltung tariflicher Befristungsvorgaben ist nach § 17 geltend zu machen.

Die Frist des § 17 gilt für sämtliche Unwirksamkeitsgründe.[4] Erfasst sind bei- **5** spielhaft Fälle in denen ein Sachgrund für die Befristung fehlt

- die Voraussetzungen für die Zulässigkeit einer sachgrundlosen Befristung nicht vorliegen
- eine personalvertretungsrechtlich erforderliche Zustimmung des Personalrats zur Befristung nicht abgegeben wurde
- die erforderliche Zustimmung des Integrationsamtes über die Beendigung eines Arbeitsverhältnisses durch Eintritt einer auflösenden Bedingung[5] oder die Fiktion des späteren Ausscheidens aus dem Arbeitsverhältnis nach § 41 Satz 2 SGB VI eingetreten ist.[6]

Innerhalb der Dreiwochenfrist müssen auch Befristungen angegriffen werden, die auf dem Fehlen eines sie rechtfertigenden Sachgrunds im Sinne von § 14 Abs. 1 oder einem Verstoß gegen das Schriftformerfordernis nach § 14 Abs. 4 beruhen.[7]

Soll zunächst festgestellt werden, dass zwischen den Parteien ein Arbeitsverhältnis besteht, welches sodann durch die vereinbarte Befristung nicht geendet hat, hat die Feststellung des Bestehens des Arbeitsverhältnisses keine eigenständige Bedeutung im Sinne einer allgemeinen Feststellungsklage nach § 256 Abs. 1 ZPO. Streitgegenstand einer Befristungskontrollklage nach § 17 Satz 1 TzBfG ist die Beendigung des Arbeitsverhältnisses aufgrund einer zu einem bestimmten Zeitpunkt vereinbarten Befristung zu dem in der Vereinbarung vorgesehenen Termin.[8] Dabei ist das Bestehen eines Arbeitsverhältnisses zum Zeitpunkt des streitbefangenen Beendigungstermins grundsätzlich Voraussetzung für den Erfolg einer Befristungskontrollklage.[9] Denn der in § 17 Satz 1 vorgesehene Klageantrag richtet sich auf die Feststellung, dass das Arbeitsverhältnis durch die Befristung nicht beendet ist.[10] Streitgegenstand der allgemeinen Feststellungsklage ist demgegenüber der Fortbestand

---

4 KR-Etzel/Bader/Fischermeier-Bader, § 17 TzBfG Rn. 5; s. auch Begründung zum Regierungsentwurf, BT-Drs. 14/4374, S. 21.

5 BAG 9.2.2011 – 7 AZR 221/10, in Analogie zu § 4 Satz 4 KSchG, NZA 2011, 854–857.

6 Offengelassen: BAG 17.4.2002 – 7 AZR 40/01, DB 2002, 1941–1942; BAG 4.11.2015 – 7 AZR 851/13, NZA 2016, 634–641.

7 BAG 20.6.2018 – 7 AZR 689/16; LAG Düsseldorf 26.9.2002 – 5 Sa 748/02, NZA-RR, 175–177; LAG Berlin 26.3.2010 – 6 Sa 2345/09.

8 BAG 15.2.2017 – 7 AZR 153/15, Rn. 11; BAG 16.4.2003 – 7 AZR 119/02, zu I 1a der Gründe.

9 BAG 21.11.2017 – 9 AZR 117/17, NZA 2018, 448–453.

10 BAG 23.7.2014 – 7 AZR 853/12, Rn. 25, NZA 2015, 46–50.

des Arbeitsverhältnisses bis zum Zeitpunkt der letzten mündlichen Verhandlung in der Tatsacheninstanz.[11]
Die Vorschrift erfasst auch die Fälle, in denen strittig ist, ob das befristete Rechtsverhältnis der Parteien überhaupt als Arbeitsverhältnis zu qualifizieren ist.[12] Die Vorschrift gilt schon nach ihrem Wortlaut nur für die Befristung des gesamten Arbeitsvertrags, nicht dagegen für die Befristung einzelner Vertragsbedingungen.[13]

Kettenbefristungen

6   § 17 unterwirft nach seinem Wortlaut die Befristung selbst und nicht den Arbeitsvertrag der Wirksamkeitskontrolle. Für die Wirksamkeit einer vereinbarten Befristung kommt es demzufolge ausschließlich auf die Verhältnisse im Zeitpunkt des Vertragsabschlusses und damit auch nur darauf an, ob zu diesem Zeitpunkt ein sachlicher Befristungsgrund vorlag. Dies entspricht der ständigen Rechtsprechung des BAG seit dem Beschluss des Großen Senats vom 12. Oktober 1960.[14] Der spätere Wegfall des Sachgrunds führt weder zu einem Wiedereinstellungsanspruch noch zur Umwandlung des befristeten Arbeitsverhältnisses in ein unbefristetes.[15]
Bei mehrfach aneinander anschließenden Befristungen muss jedoch zunächst festgestellt werden, was genau **Gegenstand dieser Befristungskontrolle** ist. Nach langjähriger Rechtsprechung des BAG ist bei mehreren aufeinanderfolgenden befristeten Arbeitsverträgen grundsätzlich nur die Befristung des letzten Arbeitsvertrags auf ihre Rechtfertigung zu prüfen.[16] Grund dafür ist, dass die Parteien mit Abschluss des neuen Vertrags ihr Rechtsverhältnis auf eine neue Grundlage stellen und die vorhergehende Befristung nach der Fiktion § 17 wirksam ist, wenn sie nicht einer Befristungskontrollklage unterzogen wurde. Denn die Drei-Wochen-Frist wird bei mehreren aufeinanderfolgenden Befristungsabreden für jeden Einzelvertrag mit dem Ablauf der darin vereinbarten Befristung und nicht erst mit dem Ablauf der letzten Befristung in Gang gesetzt.[17]
Diese Rechtsprechung, nach der grundsätzlich nur der letzte Arbeitsvertrag entscheidend ist, wurde durch das BAG im Jahr 2012 modifiziert.[18] Nach

---

11 BAG 8. 4. 2014 – 9 AZR 856/11, Rn. 17.
12 BAG 20. 8. 2003 – 5 AZR 610/02, NZA 2004, 39–40.
13 BAG 23. 1. 2002 – 7 AZR 563/00, NZA 2003, 104 f.; BAG 4. 6. 2003 – 7 AZR 406/02, ZTR 2003, 579–580.
14 GS 1/59, BAGE 10, 65, 74 = AP BGB § 620 Befristeter Arbeitsvertrag Nr. 16.
15 BAG 15. 8. 2001 – 7 AZR 144/00, NZA 2002, 696.
16 BAG 14. 2. 2007 – 7 AZR 95/06, Rn. 15 m. w. N., NZA 2007, 803–807; BAG 10. 3. 2004 – 7 AZR 402/03, NZA 2004, 925–927.
17 BAG 14. 7. 2005 – 8 AZR 393/04, NZA 2005, 1411, 1414; vgl. Rn. 17.
18 S. § 14 Rn. 21 f.

Auffassung des BAG dürfen die Gerichte sich bei der Befristungskontrolle nach § 14 Abs. 1 Satz 2 Nr. 3 nicht auf die Prüfung des geltend gemachten Sachgrundes der Vertretung beschränken. Sie sind vielmehr aus unionsrechtlichen Gründen verpflichtet, alle Umstände des Einzelfalles und dabei namentlich die Gesamtdauer und die Zahl der mit derselben Person zur Verrichtung der gleichen Arbeit geschlossenen aufeinanderfolgenden befristeten Verträge zur berücksichtigen.[19]

Eine weitere Ausnahme hiervon gilt, wenn in dem neuen befristeten Arbeitsvertrag auf die Verhältnisse des vorherigen Arbeitsverhältnisses abgestellt wird und der neue Vertrag lediglich Annex des vorherigen Vertrags ist. Dies ist der Fall, wenn der letzte Arbeitsvertrag lediglich eine verhältnismäßig geringfügige Korrektur des im früheren Vertrag vereinbarten Endzeitpunkts darstellt, diese Korrektur sich am Sachgrund für die Befristung des früheren Vertrags orientiert und allein in der Anpassung der ursprünglich vereinbarten Vertragslaufzeit an später eintretende, zum Zeitpunkt des vorangegangenen Vertragsabschlusses nicht vorhersehbare Umstände besteht.[20] Es muss anzunehmen sein, dass beide Parteien dem letzten Vertrag keine eigenständige Bedeutung beigemessen haben, sondern durch ihn den bisherigen Vertrag nur hinsichtlich seines Beendigungszeitpunkts modifizieren wollten.[21]

Für die Einhaltung der Dreiwochenfrist kommt es jedoch unabhängig vom Prüfungsumfang in den zuvor genannten Fällen nur auf den letzten befristeten Arbeitsvertrag an.

Anwendungsfälle der allgemeinen Feststellungsklage/keine Geltung der Klagefrist des § 17 Satz 1

Ist eine Befristung oder auflösende Bedingung wegen **mangelnder Bestimmtheit** nicht wirksam vereinbart worden, kann der Lauf der Klagefrist wegen der mangelnden Bestimmtheit nicht durch objektive Zweckerreichung oder den Eintritt einer Bedingung ausgelöst werden. Daher steht zunächst die allgemeine Feststellungsklage gemäß § 256 Abs. 1 ZPO zur Verfügung. Stellt der Arbeitgeber dem Arbeitnehmer gleichwohl eine Unterrichtung gem. § 15 Abs. 2 zu, hat sich der Arbeitnehmer hingegen innerhalb der dreiwöchigen Klagefrist des § 17 Satz 1 dagegen zur Wehr zu setzen.[22] Da Satz 1 für die Klagefrist von drei Wochen auf das vereinbarte Ende des Arbeitsverhältnisses abstellt, ein solches mangels ausreichender Bestimmbarkeit jedoch nicht auszumachen ist, kann die Vorschrift keine Anwendung finden.[23]

7

---

19 BAG 18.7.2012 – 7 AZR 443/09, AuA 2012, 545.
20 BAG 15.8.2001 – 7 AZR 144/00; LAG Thüringen 18.10.2017 – 6 Sa 287/16.
21 LAG Nürnberg 15.12.2004 – 4 Sa 200/04.
22 Meinel/Heyn/Herms, § 17 TzBfG Rn. 12.
23 So auch Boewer, § 17 TzBfG Rn. 9 m. N. zur a. A.

Soll die Unwirksamkeit einer Befristung wegen Verstoßes auf eine **über-raschende und intransparente arbeitsvertragliche Bezugnahmeklausel** in einem Tarifvertrag festgestellt werden, ist dies nicht Gegenstand einer Bedingungskontrollklage, sondern einer allgemeinen Feststellungsklage.[24]

8 Die Klagefrist nach §§ 21, 17 Satz 2 i. V. m. § 7 Halbs. 1 KSchG gilt nicht, wenn der Arbeitnehmer bei einer Zweckbefristung nicht die Wirksamkeit der Befristung angreift, sondern lediglich geltend macht, das **Arbeitsver-hältnis sei wegen fehlender Mitteilung nach § 15 Abs. 2 nicht beendet**.[25] § 15 Abs. 2 regelt keinen Unwirksamkeitsgrund für die auflösende Bedingung, vielmehr wird das vereinbarte Vertragsende durch die gesetzliche Anordnung modifiziert.

Die Klagefrist gilt auch nicht, wenn Gegenstand des Streits die Frage ist, ob überhaupt eine **Befristungsabrede getroffen** wurde.[26] Die Klagefrist gilt ferner nicht für die Geltendmachung des **Bestands** eines gem. § 15 Abs. 5 fingierten unbefristeten Arbeitsverhältnisses.[27] Auf die **Kontrolle einzelner Vertragsbedingungen** ist § 17 ebenfalls nicht anwendbar.[28]

Abgrenzung Zeitbefristung, Zweckbefristung und auflösend bedingte Befristung

9 Wegen Besonderheiten des Beginns der Klagefrist bei der Zweckbefristung und der auflösend bedingten Befristung müssen diese Befristungsarten auseinandergehalten und von der Zeitbefristung abgegrenzt werden. Eine **Zeitbefristung** ist (nur) vereinbart, wenn die Dauer des Arbeitsverhältnisses kalendermäßig bestimmt ist. Eine **Zweckbefristung** liegt demgegenüber vor, wenn das Arbeitsverhältnis nicht zu einem kalendermäßig bestimmten Zeitpunkt, sondern bei Eintritt eines künftigen Ereignisses enden soll. Bei einer **auflösenden Bedingung** hängt die Beendigung des Arbeitsverhältnisses wiederum ebenfalls vom Eintritt eines künftigen Ereignisses ab. Zweckbefristung und auflösende Bedingung unterscheiden sich in der Frage der Gewissheit des Eintritts des künftigen Ereignisses. Im Fall einer Zweckbefristung betrachten die Vertragsparteien den Eintritt des künftigen Ereignisses als feststehend und nur den Zeitpunkt des Eintritts als ungewiss. Bei einer auflösenden Bedingung ist demgegenüber schon ungewiss, ob das künftige

---

24 BAG 20. 6. 2018 – 7 AZR 689/16, Rn. 25; BAG 25. 10. 2017 – 7 AZR 632/15, Rn. 19, NZA 2018, 507–515; BAG 16. 4. 2008 – 7 AZR 132/07, Rn. 10.
25 BAG 19. 1. 2005 – 7 AZR 113/04; BAG 12. 8. 2015 – 7 AZR 592/13, NZA 2016, 173–176.
26 KR-Lipke/Bader, Anhang II zu § 620 BGB § 17 TzBfG Rn. 5; APS/Backhaus, § 17 TzBfG Rn. 10; auch BAG 20. 2. 2002 – 7 AZR 622/00, NZA 2002, 1304; a. A. Hessisches LAG 18. 1. 2000 – 9 Sa 964/99, NZA 2000, 1071 f.
27 Meinel/Heyn/Herms, § 17 TzBfG Rn. 14.
28 Zur befristeten Änderung der Arbeitszeit: BAG 4. 6. 2003 – 7 AZR 406/02.

Ereignis, das zur Beendigung des Arbeitsverhältnisses führen soll, überhaupt eintreten wird. Worauf sich die Vertragsparteien geeinigt haben, ist durch Auslegung der getroffenen Vereinbarungen zu ermitteln.[29] Das Ende des befristeten Arbeitsverhältnisses ist bei Zweckbefristung und auflösender Bedingung häufig schwer zu bestimmen.[30]

Bestimmung der Klagefrist bei auflösender Bedingung und Zweckbefristung

Die dreiwöchige Klagefrist nach §§ 21, 17 Satz 1 beginnt bei **Bedingungs-kontrollklagen** grundsätzlich mit dem Tag, an dem die auflösende Bedingung eingetreten ist. Allerdings endet der auflösend bedingte Arbeitsvertrag nach §§ 21, 15 Abs. 2 TzBfG frühestens zwei Wochen nach Zugang der schriftlichen Unterrichtung des Arbeitnehmers durch den Arbeitgeber über den Eintritt der Bedingung. Deshalb wird gemäß §§ 21, 17 Satz 1 und Satz 3, § 15 Abs. 2 die **Klagefrist erst mit dem Zugang der schriftlichen Erklärung des Arbeitgebers**, das Arbeitsverhältnis sei aufgrund des Eintritts der Bedingung beendet, **in Lauf gesetzt**, wenn die Bedingung bereits vor Ablauf der Zweiwochenfrist eingetreten ist.[31] Tritt die Bedingung oder der Zweck vor dem Ende dieses Zweiwochenzeitraums ein, endet das Arbeitsverhältnis daher trotzdem erst mit Ablauf der zweiwöchigen Erklärungsfrist.

Auch wenn sich das Ende des Arbeitsverhältnisses nicht zweifelsfrei erkennen lässt und der Arbeitgeber dem Arbeitnehmer eine Unterrichtung nach § 15 Abs. 2 zustellt, hat sich der Arbeitnehmer hiergegen innerhalb der dreiwöchigen Klagefrist des § 17 Satz 1 zur Wehr zu setzen.[32] Die Klagefrist beginnt ebenfalls frühestens mit dem Zugang der schriftlichen Unterrichtung.[33] Wenn der Arbeitnehmer nach Zweckerreichung, aber vor Ablauf der Zweiwochenfrist des § 15 Abs. 2 nicht mehr beim Arbeitgeber arbeitet, ist für den Beginn der Klagefrist ebenso der Zeitpunkt der Unterrichtung durch den Arbeitgeber gem. § 15 Abs. 2 maßgeblich.

Die dreiwöchige Klagefrist der §§ 21, 17 Satz 1 gilt nicht nur für die Geltendmachung der **Rechtsunwirksamkeit der Bedingungsabrede**, sondern auch

10

---

29 BAG 29.6.2011 – 7 AZR 6/10, NZA 2011, 1346.

30 S. § 21 Rn. 3ff.

31 Ständige Rechtsprechung seit BAG 6.4.2011 – 7 AZR 704/09, Rn. 22, NJW 2011, 2748–2750; vgl. BAG 20.6.2018 – 7 AZR 689/16; BAG 16.1.2018 – 7 AZR 622/15, Rn. 14, NZA 2018, 925–928; BAG 30.8.2017 – 7 AZR 204/16, Rn. 17; BAG 23.3.2016 – 7 AZR 827/13, Rn. 15, ZTR 2016, 520–525; BAG 23.7.2014 – 7 AZR 771/12, Rn. 19, NZA 2014, 1341–1349.

32 Meinel/Heyn/Herms, § 17 TzBfG Rn. 16; a. A. APS/Backhaus, § 17 TzBfG Rn. 9.

33 BAG 6.4.2011 – 7 AZR 704/09.

für den Streit über den **Eintritt der auflösenden Bedingung bzw. Zweckerreichung.**[34]

Arbeitet der Arbeitnehmer über das vereinbarte Vertragsende hinaus, so entsteht nach § 15 Abs. 5 ein unbefristetes Arbeitsverhältnis, wenn der Arbeitgeber nicht unverzüglich widerspricht oder die Mitteilung über die Zweckerreichung nicht unverzüglich schriftlich nachholt.[35] Vertritt der Arbeitgeber später den Standpunkt, in Wirklichkeit sei das Arbeitsverhältnis beendet, so muss sich der Arbeitnehmer dagegen innerhalb der Dreiwochenfrist des Satzes 1 wenden. Andernfalls gilt das Arbeitsverhältnis als beendet. Dies rechtfertigt sich damit, dass die Erklärung des Arbeitgebers ein Äquivalent zur Kündigung ist.[36]

Die Vorschrift des § 15 Abs. 2 ist zwingend. Zuungunsten des Arbeitnehmers darf von dieser auch durch Tarifvertrag nicht abgewichen werden.[37]

Bedingungskontrollklage/ allgemeine Feststellungsklage

11   Die Klagefrist nach § 17 Satz 1 ist auch dann einzuhalten, wenn nicht die Wirksamkeit der Bedingung, sondern deren tatsächlicher Eintritt im Streit steht.[38] Da die Wirksamkeit und der Eintritt der auflösenden Bedingung fast untrennbar zusammengehören, sind beide Fragen Gegenstand der Bedingungskontrollklage.[39]

Wird jedoch zusätzlich geltend gemacht, die auflösende Bedingung sei nicht Vertragsbestandteil geworden, handelt es sich nicht ausschließlich um einen Bedingungskontrollantrag nach §§ 21, 17 Satz 1, sondern auch um einen allgemeinen Feststellungsantrag nach § 256 Abs. 1 ZPO.[40]

Beginn der Klagefrist

12   **Kalendermäßige Befristung:** Nach dem Wortlaut in Satz 1 beginnt die dreiwöchige Klagefrist mit dem vereinbarten Ende des Arbeitsverhältnisses.

---

34 BAG 6. 4. 2011 – 7 AZR 704/09.

35 Siehe im Übrigen § 15 Rn. 30 ff.

36 Däubler/Deinert/Zwanziger-Däubler/Wroblewski, KSchR Teil 2, § 17 TzBfG Rn. 6; Preis/Gotthardt, DB 2001, 145, 151 zu den ungenügend aufeinander abgestimmten Vorschriften.

37 BAG 12. 8. 2015 – 7 AZR 592/13.

38 BAG 4. 11. 2015 – 7 AZR 851/13, NZA 2016, 634–641.

39 Ständige Rechtsprechung des BAG seit BAG 6. 4. 2011 7 AZR 704/09; BAG 14. 1. 2015 – 7 AZR 880/13; 23. 7. 2014 – 7 AZR 771/12, Rn. 18, NZA 2014, 1341–1349.; BAG 10. 10. 2012 – 7 AZR 602/11, ZTR 2013, 131–135; BAG 27. 7. 2011 – 7 AZR 402/10, ZTR 2012, 162–166.

40 BAG 16. 4. 2008 – 7 AZR 132/07, NZA 2008, 876–878; vertiefend: Meinel/Heyn/ Herms, § 17 TzBfG Rn. 11.

Schließen die Arbeitsvertragsparteien für die Zeit nach der Beendigung der Laufzeit eines befristeten Arbeitsvertrags einen weiteren befristeten Arbeitsvertrag, unterliegt die in dem ersten Vertrag vereinbarte Befristung nach dem Ende der ersten Befristung nicht mehr der gerichtlichen Befristungskontrolle, soweit nicht innerhalb der Dreiwochenfrist Klage gegen die erste Befristung erhoben wurde. Durch den Abschluss eines weiteren befristeten Arbeitsvertrags stellen die Parteien ihr Arbeitsverhältnis auf eine neue Rechtsgrundlage, die künftig für ihre Rechtsbeziehungen allein maßgebend ist. Damit wird zugleich ein etwaiges unbefristetes Arbeitsverhältnis aufgehoben. Etwas Anderes gilt nur dann, wenn die Parteien in einem nachfolgenden befristeten Arbeitsvertrag dem Arbeitnehmer ausdrücklich oder konkludent das Recht vorbehalten haben, die Wirksamkeit des vorangegangenen Vertrags gerichtlich überprüfen zu lassen. In diesem Fall ist die arbeitsgerichtliche Befristungskontrolle auch für den davor liegenden Vertrag eröffnet.[41] Davon zu unterscheiden ist die Einbeziehung vorheriger Arbeitsverhältnisse für die Überprüfung des Befristungsgrundes.[42]

Eine Klage ist nach § 17 Satz 1 nur dann rechtzeitig erhoben, wenn aus dem Klageantrag, der Klagebegründung oder sonstigen Umständen bei Klageerhebung zu erkennen ist, dass der Kläger geltend machen will, sein Arbeitsverhältnis habe nicht durch die zu einem bestimmten Zeitpunkt vereinbarte Befristung zu dem in dieser Vereinbarung vorgesehenen Termin geendet.[43] Entspricht das Klagebegehren nicht dem Wortlaut des § 17 Satz 1, muss durch Auslegung ermittelt werden, ob der Antrag als Befristungskontrollantrag zu verstehen ist.[44]

Bei einer **Zweckbefristung** oder **auflösenden Bedingung** kann die Ermittlung des Beginns der Klagefrist problematisch sein.[45]

Berechnung der Klagefrist

Die Berechnung der Klagefrist bestimmt sich nach § 222 ZPO, der auf die Vorschriften der §§ 186 ff. BGB verweist. Die Frist endet nach drei Wochen mit dem Ablauf desjenigen Wochentages, der durch seine Benennung dem Tag, der den Fristbeginn auslöst, entspricht (§ 188 Abs. 2 BGB). Im Anwendungsbereich des Satzes 3 beginnt die Klagefrist mit dem Zugang der schriftlichen Erklärung des Arbeitgebers, dass das Arbeitsverhältnis aufgrund der **13**

---

41 BAG 14.2.2007 – 7 AZR 95/06; BAG 10.3.2004 – 7 AZR 402/03.
42 Siehe Ausführungen zu Rn. 6.
43 BAG 16.4.2003 – 7 AZR 119/02, NZA 2004, 283–285.
44 BAG 4.11.2015 – 7 AZR 851/13, Rn. 15 ff., NZA 2016, 634–641.
45 Siehe dazu auch Rn. 10.

Befristung beendet ist. Die Nichteinhaltung ist vom Arbeitsgericht auch dann zu beachten, wenn sich die beklagte Partei nicht darauf beruft.[46]

14   Der Arbeitnehmer kann eine Klage bereits vor dem vereinbarten Vertragsende und damit vor dem Lauf der gesetzlichen Klagefrist erheben.[47]

Folgen des Fristablaufs

15   Wird die Dreiwochenfrist versäumt, sind mit Fristablauf alle Mängel der Befristung geheilt, auch der Schriftformmangel.[48] § 17 Satz 1 enthält eine materielle Ausschlussfrist, auf deren Einhaltung das Arbeitsgericht von Amts wegen zu achten hat, ohne dass sich der Arbeitgeber auf die Versäumung berufen muss.[49] Wird die Dreiwochenfrist versäumt, so **gilt die Befristung oder die auflösende Bedingung** aufgrund der Verweisung auf § 7 KSchG **als von Anfang an rechtswirksam.**[50] Mit Fristablauf sind alle Mängel der Befristung geheilt. Vertreten wird jedoch die Auffassung, dass trotz der Frist des § 17 bei besonders schwerwiegenden Rechtsverstößen auch eine spätere Geltendmachung noch möglich sein muss.[51] Auch bei einem auflösend bedingten Arbeitsvertrag muss der Arbeitnehmer innerhalb von drei Wochen nach dem Ende des Arbeitsverhältnisses Klage beim Arbeitsgericht auf Feststellung erheben, dass die auflösende Beendigung eines Arbeitsverhältnisses unwirksam ist und das Arbeitsverhältnis aufgrund der auflösenden Bedingung nicht beendet ist. Ansonsten gilt das Arbeitsverhältnis nach § 7 KSchG aufgrund seiner auflösenden Bedingung als rechtswirksam beendet.[52]

Kein Klageverzicht bei Vertragsschluss

16   Auf die Möglichkeit der gerichtlichen Überprüfung der Befristung kann nicht von Anfang an verzichtet werden. Ein späterer Klageverzicht muss eindeutig und zweifelsfrei erklärt werden.[53]

---

46 Zu § 4 Satz 1 KSchG BAG 26.6.1986 – 2 AZR 358/85, NZA 1986, 761–763.
47 Zu § 1 Abs. 5 BeschFG BAG 28.6.2000 – 7 AZR 920/98, NZA 2000, 1110–1113.
48 BAG 4.5.2011 – 7 AZR 252/10, AuR 2011, 456; kritisch dazu: Däubler/Deinert/ Zwanziger-Däubler/Wroblewski, KSchR Teil 2, § 17 TzBfG Rn. 3a.
49 Annuß/Thüsing-Maschmann, § 17 TzBfG Rn. 1.
50 BAG 9.2.2000 – 7 AZR 730/98, NZA 2000, 721 f.
51 Däubler/Deinert/Zwanziger-Däubler/Wroblewski, KSchR Teil 2, § 17 TzBfG Rn. 3a.
52 Annuß/Thüsing-Annuß, § 21, Rn. 14; Rn. 15.
53 BAG 13.6.2007 – 7 AZR 287/06, ZTR 2007, 694–697.

Satz 2: Anwendung der §§ 5–7 KSchG

Nach **Satz 2** sind die Vorschriften der §§ 5 bis 7 KSchG entsprechend an- **17**
zuwenden. Dadurch wird das Verfahren nach dem Ende einer Befristung in
weiten Teilen dem nach einer Kündigung im Kündigungsschutzverfahren
nach dem KSchG angeglichen.

§ 5 KSchG regelt die Zulassung verspäteter Klagen vor dem Arbeitsgericht. **18**
Versäumt ein Arbeitnehmer die Dreiwochenfrist zur Geltendmachung der
Unwirksamkeit der Befristung, so ist auf seinen Antrag die Klage nachträglich zuzulassen, wenn er trotz Anwendung aller ihm nach Lage der Umstände zuzumutenden Sorgfalt an der fristgerechten Klageerhebung gehindert war. Die nachträgliche Klageerhebung wird bei Kalenderbefristungen
kaum gerechtfertigt sein, da das Ende des Arbeitsverhältnisses feststeht. Nur
in wenigen Fällen, etwa bei einer schweren Erkrankung, ist die Zulässigkeit
einer nachträglichen Klageerhebung denkbar.[54] Bei Zweckbefristung und
auflösender Bedingung ist der Anwendungsbereich des § 5 KSchG ebenfalls
eingeschränkt. Für die Frage, wann ein Hindernis im Sinne von § 17 Satz 2
i. V. m. § 5 Abs. 3 Satz 1 KSchG behoben ist, sind die zur Wiedereinsetzung
in den vorigen Stand nach § 234 Abs. 2 ZPO entwickelten Grundsätze heranzuziehen.[55]

Eine entsprechende Anwendung des **§ 6 KSchG** kommt in Betracht, wenn **19**
der Arbeitnehmer mit einer Leistungsklage Lohnansprüche, die aus der Unwirksamkeit einer Kündigung folgen, oder seine Weiterbeschäftigung für einen Zeitraum nach Zugang der Kündigung innerhalb von drei Wochen gerichtlich geltend gemacht hat. Hat ein Arbeitnehmer innerhalb der Dreiwochenfrist statt mit einer Klage auf Feststellung der Unwirksamkeit der Befristung z. B. mit einer Klage auf Entgeltzahlung die Unwirksamkeit der Befristung geltend gemacht, so kann gem. § 6 Satz 1 KSchG der Klageantrag bis
zum Schluss der mündlichen Verhandlung in erster Instanz auf einen Antrag
auf Feststellung nach § 17 umgestellt werden. Für die Wahrung der Klagefrist gem. § 17 Satz 2 i. V. m. § 6 Satz 1 KSchG ist in jedem Fall erforderlich,
dass der Wille, sich gegen die Wirksamkeit einer Befristung wehren zu wollen, gerichtlich geltend gemacht wird.[56] Nach der Rechtsprechung des BAG
muss der Arbeitnehmer auch im Befristungskontrollrecht im ersten Rechts-
zug alle Unwirksamkeitsgründe benennen.[57] Bis zum Schluss der mündlichen Verhandlung erster Instanz müssen daher alle in Betracht kommenden
Abläufe von Befristungen und die Geltendmachung deren Unwirksamkeit in

---

54 Einzelfälle bei Däubler/Deinert/Zwanziger-Zwanziger, KSchR Teil 2, § 5 KSchG
    Rn. 4 ff.
55 BAG 6. 10. 2010 – 7 AZR 569/09, NZA 2011, 477, 478.
56 BAG 24. 6. 2015 – 7 AZR 541/13, NZA 2015, 1511–1517.
57 BAG 4. 5. 2011 – 7 AZR 252/10.

das Verfahren mit eingeführt werden. Die entsprechende Anwendung des § 6 Satz 1 KSchG hat zur Folge, dass die Rechtsunwirksamkeit einer konkreten Befristung nicht nur durch eine den Anforderungen des § 17 Satz 1 entsprechende Klage innerhalb von drei Wochen nach dem vereinbarten Ende des befristeten Arbeitsvertrags geltend gemacht werden kann. Die Klagefrist kann auch dadurch gewahrt sein, dass der Arbeitnehmer bis zum Schluss der mündlichen Verhandlung erster Instanz einen Befristungskontrollantrag stellt und er innerhalb der Dreiwochenfrist auf anderem Weg gerichtlich geltend gemacht hat, dass die nach diesem Antrag streitgegenständliche Befristung rechtsunwirksam ist.[58]

20   Wird die Unwirksamkeit einer Befristung nicht rechtzeitig geltend gemacht, gilt die Befristung in entsprechender Anwendung des **§ 7 KSchG** als von Anfang an rechtswirksam. Die Klagefrist und die Fiktion nach §§ 21, 17 Satz 2 TzBfG i. V. m § 7 Halbs. 1 KSchG gelten jedoch nicht für die Einhaltung der Auslauffrist des § 15 Abs. 2 TzBfG. § 15 Abs. 2 TzBfG regelt keinen Unwirksamkeitsgrund für die auflösende Bedingung, vielmehr wird das vereinbarte Vertragsende durch die gesetzliche Anordnung modifiziert.[59]

Die Klagefrist für die Bedingungskontrollklage nach §§ 21, 17 Satz 1 beginnt nach der Rechtsprechung des BAG nicht, wenn der Arbeitgeber weiß, dass der Arbeitnehmer schwerbehindert ist und das Integrationsamt der erstrebten Beendigung durch auflösende Bedingung nicht zugestimmt hat. Das folgt aus einer Analogie zu § 4 Satz 4 KSchG.[60]

Satz 3: Fristbeginn nach schriftlicher Erklärung des Arbeitgebers

Problematische Auslegung und Anwendung

21   § 17 Satz 3, der auf die Beschlussempfehlung des Ausschusses für Arbeit- und Sozialordnung[61] zurückgeht, wirft in der Praxis Probleme auf. Einigkeit besteht darüber, dass die Regelung unklar und schwer in die Systematik des § 17 einzugliedern ist, vor allem deshalb, weil sie **ungenügend auf die Regelung in § 15 Abs. 5 abgestimmt** ist. Danach gilt nämlich ein Arbeitsverhältnis, das nach dem vereinbarten Ende oder der Zweckerreichung mit Wissen des Arbeitgebers fortgesetzt wird, ohnehin als auf unbestimmte Zeit verlängert, wenn der Arbeitgeber nicht unverzüglich widerspricht oder die Zweckerreichung nicht unverzüglich mitteilt. Würde man Satz 3 strikt anwenden, ergäbe sich als Folge, dass ein Arbeitsverhältnis aufgrund der widerspruchslosen Fortsetzung zunächst zu einem unbefristeten Arbeitsverhält-

---

58 BAG 15. 2. 2012 – 10 AZR 111/11, NZA 2012, 403–404.
59 BAG 12. 8. 2015 – 7 AZR 592/13.
60 BAG 9. 2. 2011 – 7 AZR 221/10, NZA 2011, 854–857.
61 BT-Drs. 14/4625, S. 12.

nis werden würde, was durch die spätere Mitteilung des Arbeitgebers, dass das Arbeitsverhältnis doch beendet sei, wieder in einen Schwebezustand versetzt werden würde. In der Literatur wird daher die Meinung vertreten, Satz 3 werde nur durch eine einschränkende Auslegung verständlich und sei auf zweckbefristete oder auflösend bedingte Arbeitsverträge zu beschränken.[62] Eine dem Wortlaut entsprechende und systematisch stimmige Auslegung des Satzes 3 ergibt sich jedenfalls nur dann, wenn diese Regelung im Zusammenhang mit § 15 Abs. 5 gesehen wird.[63]

Der Geltungsbereich des § 17 Satz 3 ist damit auf den Fall beschränkt, dass das Arbeitsverhältnis ohne die Vereinbarung einer neuen Rechtsgrundlage über den vereinbarten Endzeitpunkt hinaus fortgesetzt wird.[64] Nach § 17 Satz 3 beginnt die Klagefrist in Fällen, in denen das Arbeitsverhältnis nach dem vereinbarten Ende fortgesetzt wird, mit dem Zugang einer schriftlichen Erklärung des Arbeitgebers, dass das Arbeitsverhältnis aufgrund der Befristung – Entsprechendes gilt für die auflösende Bedingung – beendet sei. Im Einzelnen bedeutet dies:

Anwendbarkeit von § 17 Satz 3

Satz 3 kommt nicht zur Anwendung, soweit es sich um eine **kalendermäßige Befristung** handelt und es nach Fristende nicht zu einer Fortsetzung des Arbeitsverhältnisses über das vereinbarte Ende hinausgekommen ist. Satz 3 findet auch dann keine Anwendung, wenn das Arbeitsverhältnis über das Ende der Befristung hinaus fortgesetzt wird, ohne dass der Arbeitgeber nach § 15 Abs. 5 widerspricht, wenn – wie bei kalendermäßig befristeten Arbeitsverträgen – die Beendigung des Arbeitsverhältnisses hinreichend klar und bestimmt ist.[65] Will der Arbeitnehmer geltend machen, dass wegen der Fortsetzung der Tätigkeit ein unbefristetes Arbeitsverhältnis gem. § 15 Abs. 5 entstanden ist, hat er dies – ggf. ergänzend – durch eine allgemeine Feststellungsklage zu tun.[66]

Satz 3 kommt weiterhin nicht zur Anwendung, wenn es sich um eine **Zweckbefristung** handelt und der Arbeitgeber rechtzeitig vorab die schriftliche Unterrichtung gem. § 15 Abs. 2 hat zugehen lassen und es zu keiner Fort-

22

---

62 Preis/Gotthardt, DB 2001, 145, 151.

63 Etzel/Bader/Fischermeier-Bader, § 17 TzBfG Rn. 29.

64 LAG Rheinland-Pfalz 24. 2. 2005 – 1 Sa 777/04; LAG Rheinland-Pfalz 28. 1. 2016 – 5 Sa 303/15; APS/Backhaus § 17, Rn. 29.

65 LAG Düsseldorf 26. 9. 2002 – 5 Sa 748/02; zur Anwendung nach einem Widerspruch des Arbeitgebers gem. § 15 Abs. 5s. Rn. 11.

66 Meinel/Heyn/Herms, § 17 TzBfG Rn. 26.

setzung des Arbeitsverhältnisses nach dem Zeitpunkt der Zweckerreichung[67] gekommen ist.

Arbeitet der Arbeitnehmer nicht über das Fristende hinaus und bringt der Arbeitgeber durch sein Verhalten zum Ausdruck, dass das Arbeitsverhältnis nach einer Unterbrechung fortgesetzt wird, kann sich der Arbeitnehmer ebenfalls nicht auf § 17 Satz 3 berufen.[68] Satz 3 kommt nach seinem Wortlaut nur zur Anwendung, wenn es zu einer Fortsetzung des Arbeitsverhältnisses über das vereinbarte Ende hinaus gekommen ist.[69]

23   Satz 3 ist nicht anwendbar, wenn das Arbeitsverhältnis auf der Grundlage einer **neuen vertraglichen Vereinbarung**, sei es eines neuen befristeten Vertrags oder eines unbefristeten Arbeitsverhältnisses, fortgesetzt wird. Die Regelung betrifft nur Fälle, in denen das Arbeitsverhältnis über das vereinbarte Vertragsende hinaus ohne Vereinbarung einer neuen Rechtsgrundlage fortgesetzt wird.[70] Schließen die Parteien nach Einreichung, aber vor Zustellung einer Befristungskontrollklage nach § 17 Satz 1, einen weiteren befristeten Arbeitsvertrag, ist dieser jedoch nicht ohne weiteres unter dem Vorbehalt vereinbart, dass er nur gelten soll, wenn nicht bereits aufgrund der vorangegangenen unwirksamen Befristung ein unbefristetes Arbeitsverhältnis besteht.[71]

24   **Widerspricht der Arbeitgeber nach § 15 Abs. 5**, stellt eine Klage auf Feststellung, das Arbeitsverhältnis bestehe über den im Widerspruch genannten Zeitpunkt unbefristet weiter, nach der Rechtsprechung des BAG keine Befristungskontrollklage, sondern eine allgemeine **Feststellungsklage gem. § 256 Abs. 1 ZPO** dar.[72] Wird jedoch eine Klage mit dem Antrag auf Feststellung erhoben, die **Befristung sei unwirksam**, handelt es sich um eine Befristungskontrollklage mit der Folge, dass die **Frist des § 17 Satz 1 zu beachten** ist. In diesem Fall verhindert nach § 17 Satz 3 nur eine schriftliche Erklärung des Arbeitgebers, dass das Arbeitsverhältnis aufgrund der Befristung beendet sei, das Entstehen eines unbefristeten Arbeitsverhältnisses. Mit dieser Erklärung wird der Lauf der Klagefrist nach Satz 1 in Gang gesetzt.[73]

Mitteilung über die Zweckerreichung nach § 15 Abs. 2

25   Unterrichtet der Arbeitgeber den Arbeitnehmer gem. § 15 Abs. 2 über den Eintritt der objektiven Zweckerreichung, endet das Arbeitsverhältnis mit

---

67 Siehe dazu § 21 Rn. 3 ff.

68 LAG Rheinland-Pfalz 28. 1. 2016 – 5 Sa 303/15.

69 KR-Etzel/Bader/Fischermeier-Bader § 17 TzBfG Rn. 30; ErfK/Müller-Glöge § 17 TzBfG Rn. 10.

70 Meinel/Heyn/Herms, § 17 TzBfG Rn. 24.

71 BAG 13. 10. 2004 – 7 AZR 218/04, AuR 2005, 162.

72 BAG 18. 10. 2006 – 7 AZR 749/05.

73 Meinel/Heyn/Herms, § 17 TzBfG Rn. 23.

dem mitgeteilten Zeitpunkt der objektiven Zweckerreichung, frühestens jedoch zwei Wochen nach dem Zugang der schriftlichen Unterrichtung durch den Arbeitgeber. Die Klagefrist des Satzes 1 beginnt zu diesem Zeitpunkt zu laufen. Die Klagefrist gilt nicht, wenn der Arbeitnehmer nicht die Wirksamkeit der Befristung angreift, sondern lediglich geltend macht, das Arbeitsverhältnis sei bei der Zweckbefristung wegen fehlender Mitteilung nach § 15 Abs. 2 nicht beendet.[74]

Eine besondere Konstellation ergibt sich jedoch, wenn der Arbeitgeber die schriftliche Unterrichtung gem. § 15 Abs. 2 über die Zweckerreichung zwar formgerecht vorgenommen hat, jedoch nicht zwei Wochen vor Zweckerreichung, sondern erst danach. In diesem Fall tritt die die gesetzlich vorgeschriebene Verlängerungsphase ein. Kommt es in dieser Verlängerungsphase zu einer Fortsetzung des Arbeitsverhältnisses nach dem vereinbarten Ende (dem Zeitpunkt der objektiven Zweckerreichung), greift an sich seinem Wortlaut nach Satz 3 ein. Die Klagefrist beginnt mit dem Zugang der als Mitteilung nach § 15 Abs. 5 **nachgeholten Unterrichtung gem. § 15 Abs. 2** zu laufen. In dieser besonderen Situation kann jedoch kein unbefristetes Arbeitsverhältnis nach § 15 Abs. 5 entstehen, da der Widerspruch des Arbeitgebers mit der Unterrichtung gem. § 15 Abs. 2 bereits vorliegt. Nach Literaturmeinung[75] bedarf es in diesem Fall keiner gesonderten Erklärung nach § 17 Satz 3. Hat der Arbeitgeber die Zweckerreichung vor deren Eintritt mitgeteilt, dabei aber die Zwei-Wochen-Frist nicht gewahrt, so beginnt Klagefrist des Satzes 1 frühestens mit dem durch die Unterrichtung des Arbeitnehmers durch den Arbeitgeber gem. § 15 Abs. 2 konkretisierten Zeitpunkt der objektiven Zweckerreichung zu laufen.[76] Für die auflösende Bedingung gilt dies gem. § 21 entsprechend.

Setzt der Arbeitnehmer seine Tätigkeit nach dem gem. § 15 Abs. 2 mitgeteilten Zeitpunkt der objektiven Zweckerreichung fort, greift jedoch wiederum Satz 3. Der Lauf der Dreiwochenfrist wird nur in Gang gesetzt, wenn dem Arbeitnehmer unabhängig von der bereits erfolgten Unterrichtung nach § 15 Abs. 2 eine gesonderte schriftliche Erklärung über die erfolgte Beendigung des Arbeitsverhältnisses zugeht.[77]

Erfolgt die schriftliche Unterrichtung über die Zweckerreichung erst nach der objektiven Zweckerreichung und wird das Arbeitsverhältnis über diesen Zeitpunkt hinaus fortgesetzt, so beginnt die Klagefrist mit dem Zugang der Unterrichtung nach § 15 Abs. 2.

Wird der Zweck des Arbeitsverhältnisses erreicht oder tritt die Bedingung, die für das Ende des Arbeitsverhältnisses gesetzt wurde, ein und leistet der

26

---

74 Vgl. Rn. 8.
75 Meinel/Heyn/Herms, § 17 TzBfG Rn. 29 m. w. N.
76 Meinel/Heyn/Herms, § 17 TzBfG Rn. 30.
77 KR-Etzel/Bader/Fischermeier-Bader, § 17 TzBfG Rn. 31.

Arbeitnehmer über diesen Zeitpunkt hinaus mit Wissen des Arbeitgebers Arbeit, so entsteht gem. § 15 Abs. 5 ein unbefristetes Arbeitsverhältnis, wenn nicht der Arbeitgeber unverzüglich widerspricht.

27 Die Erklärung nach Satz 3 hat schriftlich zu erfolgen (§§ 126, 126a BGB). Der Inhalt der Erklärung sollte sich am Wortlaut des Satzes 3 orientieren. Es muss darin jedenfalls hinreichend zum Ausdruck kommen, dass der Arbeitgeber das Arbeitsverhältnis durch Fristablauf oder Zweckerreichung für beendet hält. Die Angabe des Beendigungszeitpunkts fordert Satz 3 nicht. Liegt keine schriftliche Erklärung des Arbeitgebers nach Satz 3 vor, wird zwar keine Frist in Gang gesetzt, im Falle einer formlosen Erklärung des Arbeitgebers sollte jedoch vorsorglich Klage erhoben werden.

Aufgrund der vielen durch die Rechtsprechung nicht geklärten Fragen hinsichtlich des Fristablaufs wird dem Arbeitnehmer empfohlen, bei jeder Kenntnisnahme von der objektiven Zweckerreichung, dem Eintritt einer auflösenden Bedingung oder einer Mitteilung über die Zweckerreichung oder die Beendigung des Arbeitsverhältnisses zur Fristwahrung Klage zu erheben, ggf. schon vor der vereinbarten Beendigung.[78]

Rechtsfolgen

28 Steht der Endzeitpunkt des Arbeitsverhältnisses fest und leistet der Arbeitnehmer über diesen Zeitpunkt hinaus mit Wissen des Arbeitgebers Arbeit, so entsteht gem. § 15 Abs. 5 ein unbefristetes Arbeitsverhältnis, wenn nicht der Arbeitgeber unverzüglich widerspricht. Nach h. M. muss der Arbeitnehmer in diesem Fall keine Befristungskontrollklage erheben, sondern kann ohne Risiko die Reaktion des Arbeitgebers abwarten.[79]

Im Fall einer auflösenden Bedingung gem. § 21 bewirkt die in § 17 Satz 2 i. V. m. § 7 Halbsatz 1 KSchG angeordnete Fiktion bei Versäumung der Klagefrist allein, dass der Arbeitsvertrag als wirksam befristet oder wirksam auflösend bedingt gilt. Es wird nicht fingiert, dass und ggf. zu welchem Zeitpunkt die Beendigung des Arbeitsverhältnisses aufgrund der wirksamen Zweckbefristung oder des Eintritts der wirksamen auflösenden Bedingung eingetreten ist.[80]

§ 18   Information über unbefristete Arbeitsplätze

Der Arbeitgeber hat die befristet beschäftigten Arbeitnehmer über entsprechende unbefristete Arbeitsplätze zu informieren, die besetzt werden sollen. Die Information kann durch allgemeine Bekanntgabe an geeigne-

---

78 Meinel/Heyn/Herms, § 17 TzBfG Rn. 34.
79 ErfKo/Müller-Glöge, § 17 Rn. 10.
80 BAG 19. 1. 2005 – 7 AZR 113/04.

ter, den Arbeitnehmern zugänglicher Stelle im Betrieb und Unternehmen erfolgen.

Allgemeines

Die Vorschrift will durch die Pflicht des Arbeitgebers, befristet beschäftigte **1** Arbeitnehmer über zu besetzende unbefristete Arbeitsplätze zu informieren, die Chancen von befristet Beschäftigten auf einen unbefristeten Arbeitsplatz erhöhen. Sie übernimmt die Regelung in § 6 Ziffer 1 der Rahmenvereinbarung im Anhang der Richtlinie des Rates über befristete Arbeitsverträge,[1] die durch die Befristungsrichtlinie[2] umgesetzt wurde. Eine vergleichbare Regelung für Teilzeitbeschäftigte enthält § 7 Abs. 2. Einbezogen werden nicht nur diejenigen befristet Beschäftigten, die einen Wunsch nach einem Dauerarbeitsverhältnis geäußert haben. Ob es aber gem. der Intention des Gesetzgebers durch diese Informationspflicht tatsächlich gelingt, bessere Möglichkeiten zum Übergang in ein unbefristetes Arbeitsverhältnis zu schaffen,[3] ist fraglich, da sie bei Verstößen keine unmittelbaren Sanktionsmöglichkeiten vorsieht. In der Rechtsprechung spielt die Norm daher kaum eine Rolle.

Besondere Regelungen im öffentlichen Dienst

Eine weitergehende Regelung enthalten § 30 Abs. 2 Satz 2 TVöD/TV-L, in **2** denen befristet Beschäftigten ein Anspruch auf bevorzugte Berücksichtigung bei der Besetzung von Dauerarbeitsplätzen eingeräumt wird. Die Regelung stellt eine Beschränkung des Auswahlermessens des Arbeitgebers im Anwendungsbereich der genannten Tarifverträge dar, die ihre Wirkung im Konkurrenzverhältnis mit externen Bewerbern und anderen befristet Beschäftigten entfaltet.[4] Es besteht ein Anspruch auf ermessensfehlerfreie Entscheidung des Arbeitgebers bei der Besetzung von Dauerarbeitsplätzen. Die Tarifnorm stellt jedoch keine eigenständige Rechtsgrundlage für eine Weiterbeschäftigung bzw. Einstellung dar. Das BAG hat die tarifliche Vorgängerregelung in der Protokollnotiz Nr. 4 zu Nr. 1 SR 2y zum BAT dergestalt aus-

---

1 Abl. L 175/43.
2 1999/70/EG.
3 BT-Drs. 14/4374, S. 21.
4 Braun, ZTR 2009, 517 ff., 520.

gelegt, dass sie lediglich das Ermessen des öffentlichen Arbeitgebers bei der Einstellungsentscheidung einschränkt.[5]

Umfang der Informationspflicht

3 Dem Arbeitgeber ist ausdrücklich die Pflicht auferlegt, die berufliche Entwicklung befristet beschäftigter Arbeitnehmer zu fördern. Diese Pflichtenstellung lässt nur unter sachlichen Gründe Ausnahmen zu.[6]

4 **Satz 1** der Vorschrift regelt die Pflicht des Arbeitgebers zur Information von befristet beschäftigten Arbeitnehmern über zu besetzende unbefristete Arbeitsplätze im Unternehmen. Damit wird eine arbeitsvertragliche Nebenpflicht gesetzlich konkretisiert.[7] Dem einzelnen Arbeitnehmer steht ein durchsetzbarer Anspruch auf Informationserteilung zu.[8] Die Vorschrift bewirkt nicht, dass befristet beschäftigte Arbeitnehmer anderen Bewerbern gegenüber vorgezogen werden müssen. **Satz 2** regelt die Art und Weise der Information über zu besetzende Arbeitsplätze.

5 Indirekt spielt § 18 im Zusammenhang mit den **Mitbestimmungsrechten** des Betriebsrats eine Rolle. Der Betriebsrat kann mit dem ihm nach § 93 BetrVG zustehenden Recht, die Ausschreibung von zu besetzenden Arbeitsplätzen innerhalb des Betriebs zu verlangen, dafür Sorge tragen, dass die Beschäftigten des Betriebs und vor allem die befristet Beschäftigten über entsprechende Stellen informiert sind. Er kann zudem gem. § 99 Abs. 2 Nr. 1, 3 und 5 BetrVG die Zustimmung zu einer Einstellung oder Versetzung im Hinblick auf die Benachteiligung von befristet Beschäftigten verweigern.[9]

6 Die Informationspflicht bezieht sich nur auf **entsprechende Arbeitsplätze**, also auf solche, die für den jeweiligen befristet beschäftigten Arbeitnehmer aufgrund seiner Ausbildung und Berufserfahrung infrage kommen, d. h. für ihn geeignet sind.[10]

Nach Ansicht einiger Autoren liegt ein entsprechender Arbeitsplatz nur vor, wenn das Anforderungsprofil der zu besetzenden Stelle der **Tätigkeit** des befristet beschäftigten Arbeitnehmers entspricht.[11] Diese Auffassung ist schon

---

5 BAG 2. 7. 2003 – 7 AZR 529/02, NZA 2004, 1055; BAG 6. 12. 2011 – 11 Sa 797/11.

6 BAG 12. 10. 2010 – 9 AZR 518/09 unter Bezugnahme auf: BT-Drs. 14/4374, S. 13, 21.

7 Däubler/Deinert/Zwanziger-Däubler/Wroblewski, KSchR Teil 2, § 18 TzBfG Rn. 3.

8 Meinel/Heyn/Herms, § 18 TzBfG Rn. 5.

9 Boewer, § 18 TzBfG Rn. 4; Strathmann, PersF 12/2003, 62; zurückhaltend Kliemt, NZA 2001, 296, 304; für §§ 68, 75 BPersVG: Kröll, PersR 2001, 179.

10 Däubler/Deinert/Zwanziger-Däubler/Wroblewski, KSchR Teil 2, § 18 TzBfG Rn. 2; ErfKo/Müller-Glöge, § 18 TzBfG Rn. 3.

11 Dörner, Rn. 11; Meinel/Heyn/Herms, § 18 TzBfG Rn. 2.

unter Verweis auf die Gesetzesbegründung abzulehnen.[12] Keinesfalls darf die Chancengleichheit der befristet Beschäftigten durch die selektive Reduzierung des Bewerberfeldes beeinträchtigt werden.[13]

Satz 2 trifft Regelungen zur Bekanntgabe von zu besetzenden Stellen. Die **Information** kann durch persönliche Mitteilung oder E-Mail, aber auch durch allgemeine Bekanntgabe an geeigneter, den Arbeitnehmern zugänglicher Stelle im Betrieb oder Unternehmen,[14] etwa am Schwarzen Brett oder in der Werkszeitung, erfolgen. Auch die Bekanntgabe im Intranet reicht aus, wenn die betreffenden Arbeitnehmer Zugriff darauf haben. Soweit der Arbeitgeber befristet beschäftigte Arbeitnehmer individuell über die beabsichtigte Besetzung einer unbefristeten Stelle informieren will, hat er sämtliche Arbeitnehmer anzusprechen, die in persönlicher und fachlicher Hinsicht zur Besetzung des fraglichen Arbeitsplatzes in Betracht kommen.[15]   7

Die Informationspflicht bezieht sich auf das gesamte Unternehmen.[16] Auch über die in anderen Betrieben desselben Unternehmens freien Dauerarbeitsplätze muss daher informiert werden.

Aus der Ausschreibung muss sich mindestens ergeben, um welchen Arbeitsplatz es sich handelt und welche Anforderungen Bewerber erfüllen müssen. Die Angabe, ob eine Stelle befristet oder unbefristet besetzt werden soll, ist nicht notwendiger Bestandteil einer Ausschreibung.[17]

Rechtsfolge bei Verstoß

§ 18 Satz 1 verpflichtet den Arbeitgeber, befristet beschäftigte Arbeitnehmer über entsprechende unbefristete Arbeitsplätze zu informieren. Bei einer Pflichtverletzung kommen nach allgemeinem Schuldrecht **Schadensersatzansprüche** in Betracht.[18]   8

Bei einem Verstoß des öffentlichen Arbeitgebers gegen seine Verpflichtung nach § 30 Abs. 2 Satz 2 TV-L kommt ein Anspruch auf Abschluss eines unbefristeten Arbeitsvertrags oder auf Schadensersatz in Betracht (vgl. Rn. 1).

Nach der Rechtsprechung richtet sich der Schadensersatzanspruch nach dem allgemeinen Schuldrecht, etwa nach § 280 BGB wegen einer Vertrags-   9

---

12 Abschlussbericht BT-Drs. 14/4625, S. 24; ausführlich dazu: Annuß/Thüsing-Annuß, § 18 Rn. 3.

13 Laux/Schlachter, § 18 TzBfG Rn. 4.

14 Meinel/Heyn/Herms, § 18 TzBfG Rn. 3.

15 Sächsisches Oberverwaltungsgericht 10. 9. 2015 – 9 A 479/14.PL.

16 Rolfs, § 18 TzBfG Rn. 2; Däubler/Deinert/Zwanziger, KSchR, § 18 TzBfG Rn. 4.

17 LAG Schleswig-Holstein 6. 3. 2012 – 2 TaBV 37/11; Anmerkung: Stück, AuA 2013, 123.

18 BAG 6. 4. 2011 – 7 AZR 716/09, NZA 2011, 905.

pflichtverletzung.[19] Ein Schadensersatzanspruch aufgrund einer Schutzgesetzverletzung gem. § 823 Abs. 2 BGB wird in der Literatur abgelehnt.[20] Die Rechtsprechung versteht unter einem Schutzgesetz jede Rechtsnorm, die nach Zweck und Inhalt jedenfalls auch dem Individualschutz dient.[21] Die Begründung eines individuellen Schadensersatzanspruchs war vom Gesetzgeber jedoch erkennbar nicht gewollt, sodass § 18 kein Schutzgesetz in diesem Sinne ist.

10   Ein Personalrat oder Betriebsrat hat jedoch einen Anspruch auf die Feststellung, dass bei der Besetzung von unbefristeten Stellen mit befristet angestellten Mitarbeitern sein **Mitbestimmungsrecht** (Verstoß einer personellen Maßnahme gegen ein Gesetz) verletzt ist, wenn die jeweils unter Bezugnahme auf § 18 verweigerte Zustimmung als unbeachtlich angesehen und kein Einigungsstellenverfahren durchgeführt wird.[22] Der Betriebsrat oder Personalrat kann seine Zustimmung zu einer beabsichtigten unbefristeten Einstellung verweigern, wenn der Arbeitgeber bei ihm bereits befristete beschäftigte Arbeitnehmer nicht über den zu besetzenden Arbeitsplatz informiert hat.[23]

11   **Handlungsmöglichkeiten von Tarif- und Betriebsparteien**
Neben einer gleichstellungs- und familienfreundlichen Personalplanung nach § 92 BetrVG kann die Norm[24] – ebenso wie die sonstigen Informations- sowie Aus- und Weiterbildungspflichten sowohl zugunsten von befristet Beschäftigten als auch von Teilzeitbeschäftigten im TzBfG (§§ 7 Abs. 2, 9, 10 sowie § 19) – aktiv als Instrument für eine betriebliche Gleichstellungspolitik genutzt werden.

§ 19   Aus- und Weiterbildung

Der Arbeitgeber hat Sorge zu tragen, dass auch befristet beschäftigte Arbeitnehmer an angemessenen Aus- und Weiterbildungsmaßnahmen zur Förderung der beruflichen Entwicklung und Mobilität teilnehmen können, es sei denn, dass dringende betriebliche Gründe oder Aus- und Weiterbildungswünsche anderer Arbeitnehmer entgegenstehen.

---

19 BAG 6.4.2011 – 7 AZR 716/09, NZA 2011, 905.
20 Rolfs, § 18 TzBfG Rn. 1; ErfKo/Müller-Glöge, § 18 TzBfG Rn. 5; Kliemt NZA 2001, 296, 304.
21 BAG 25.4.2001 – 5 AZR 368/99, NZA 2002, 1211.
22 Sächsisches Oberverwaltungsgericht 10.9.2015 – 9 A 479/14.PL.
23 Boecken/Joussen-Boecken, § 18 Rn. 10.
24 Nebe, Arbeitsgerichtsbarkeit und Wissenschaft 2012, 439, 453.

Allgemeines

Entsprechend der Regelung in § 10 für Teilzeitbeschäftigte gibt § 19 befristet **1** beschäftigten Arbeitnehmern einen grundsätzlichen Anspruch auf die Teilhabe an Aus- und Weiterbildungsmaßnahmen. Die Vorschrift übernimmt die Regelung in § 6 Ziffer 2 der Rahmenvereinbarung im Anhang der Richtlinie des Rates über befristete Arbeitsverträge,[1] die durch die Befristungsrichtlinie[2] umgesetzt wurde, in deutsches Recht. § 19 verlangt keine Besserstellung der befristet beschäftigten Arbeitnehmer, sondern strebt ihre Gleichbehandlung an. Damit konkretisiert § 19 auf dem Gebiet der Aus- und Weiterbildung die allgemeine Regelung des § 4 Abs. 2.[3]

Durch die Teilhabe von befristet beschäftigten Arbeitnehmern an Aus- und **2** Weiterbildungsmaßnahmen, die für die Beschäftigten des Unternehmens vorgesehen sind, sollen nach der Intention des Gesetzgebers deren Chancen auf einen Dauerarbeitsplatz verbessert werden. Die Teilnahme an der Aus- und Weiterbildungsmaßnahme soll die berufliche Entwicklung und Mobilität des befristet Beschäftigten fördern.[4]

Grundsätzlich obliegt dem Arbeitgeber die Pflicht, die berufliche Entwick- **3** lung befristet beschäftigter Arbeitnehmer zu fördern. Diese Pflichtenstellung lässt nur unter sachlichen Gründe Ausnahmen zu.[5] Die Regelung verpflichtet den Arbeitgeber, dafür Sorge zu tragen, dass auch befristet beschäftigte Arbeitnehmer an angemessenen Aus- und Weiterbildungsmaßnahmen zur Förderung der beruflichen Entwicklung und Mobilität teilnehmen können. Vor allem hat der Arbeitgeber bei der Einladung zu Aus- und Weiterbildungsmaßnahmen auf die Gleichbehandlung von befristet beschäftigten Arbeitnehmern zu achten.

---

1 Abl. L 175/43.
2 1999/70/EG.
3 ErfKo/Müller-Glöge, § 19 TzBfG Rn. 1; Däubler/Deinert/Zwanziger-Däubler/ Wroblewski, KSchR Teil 2, § 19 TzBfG Rn. 2.
4 BT-Drs. 14/4374, S. 21.
5 BAG 12. 10. 2010 – 9 AZR 518/09 unter Bezugnahme auf: BT-Drs. 14/4374, S. 13, 21.

4   Die Aus- und Weiterbildungsverpflichtung des Arbeitgebers bezieht sich nicht nur auf die aktuelle Tätigkeit des befristet Beschäftigten, sondern auch auf die **Verbesserung der beruflichen Qualifikation** als Voraussetzung für die Übernahme einer höher qualifizierten Tätigkeit.[6]

5   § 19 gibt keinen Anspruch auf die Einführung oder Durchführung von Aus- und Weiterbildungsmaßnahmen. Befristet beschäftigte Arbeitnehmer haben lediglich einen Anspruch auf Teilnahme an tatsächlich laufenden Maßnahmen, wenn die weiteren Voraussetzungen dafür erfüllt sind. Führt der Arbeitgeber derartige Maßnahmen nicht durch, geht die ihm obliegende Verpflichtung aus § 19 ins Leere.

6   Ergänzend haben **schwerbehinderte Menschen** gegenüber ihrem Arbeitgeber auch gemäß § 164 Abs. 4 Satz 1 SGB IX einen Anspruch auf die bevorzugte Berücksichtigung bei innerbetrieblichen Maßnahmen der beruflichen Bildung zur Förderung ihres beruflichen Fortkommens sowie Anspruch auf Erleichterung der Teilnahme an außerbetrieblichen Maßnahmen der beruflichen Bildung nach § 164 Abs. 4 Satz 1 Nr. 3 SGB IX, soweit die Erfüllung für den Arbeitgeber zumutbar und nicht mit unverhältnismäßig hohen Aufwendungen verbunden ist (§ 164 Abs. 4 Satz 3 SGB IX).[7]

Begriff der Aus- und Weiterbildung

7   Umfasst vom **Begriff der Aus- und Weiterbildung** ist jede Form der beruflichen Weiterbildung.[8] Maßnahmen haben Bildungscharakter, wenn sie systematisch (methodisch) Kenntnisse und Fähigkeiten vermitteln.[9] Aus- und Weiterbildungsmaßnahmen i. S. v. § 19 bedürfen einer didaktischen Ausgestaltung und müssen auf die Förderung der beruflichen Entwicklung und Mobilität ausgerichtet sein. Im Einklang mit dem betriebsverfassungsrechtlichen Berufsbildungsbegriff, wie er für § 96 BetrVG maßgeblich ist, gehören deshalb vor allem Maßnahmen zur Qualifikation für neue berufliche Anforderungen und Maßnahmen für den Erhalt vorhandener Qualifikationen zur Erhöhung der Arbeitsplatzsicherheit und der Verhinderung von Arbeitslosigkeit zu den Aus- und Weiterbildungsmaßnahmen.[10] Auf die Verwertung und Verwertbarkeit kommt es nicht an. Allerdings ist die Verbesserung der Allgemeinbildung nicht erfasst.[11]

---

6   BT-Drs. 14/4374, S. 21.

7   Dazu: Boecken/Joussen-Joussen, § 19 Rn. 24.

8   Meinel/Heyn/Herms, § 19 TzBfG Rn. 1.

9   Ständige Rechtsprechung des BAG, zuletzt BAG 28. 1. 1992 – 1 ABR 41/91, NZA 1992, 707–709.

10   Ausführlich zum Begriff der Aus- und Weiterbildungsmaßnahmen: Boecken/ Joussen-Boecken, § 19 Rn. 11 f.

11   ErfKo/Müller-Glöge, § 19 TzBfG Rn. 1.

Angemessenheit der Aus- und Weiterbildungsmaßnahmen

Der Aufwand des Arbeitgebers und der für die befristet beschäftigten Arbeit-   **8**
nehmer zu erwartende Bildungserfolg muss **im Verhältnis** zueinanderste-
hen. Allein die kurze Dauer eines befristeten Arbeitsverhältnisses spricht jedoch nicht gegen die Verhältnismäßigkeit einer Bildungsmaßnahme. Dabei
sind für die Beurteilung der Angemessenheit die Art der Tätigkeit des Arbeitnehmers, die Dauer der Aus- und Weiterbildungsmaßnahme, die für
den Arbeitgeber entstehenden Kosten ebenso wie die Dauer der befristeten
Beschäftigung zu berücksichtigen.[12] Entsprechend der Intention des Gesetzgebers ist der dem Arbeitgeber durch die Aus- und Weiterbildungsmaßnahme entstehende Aufwand mit dem Nutzen der Maßnahme für den befristet beschäftigten Arbeitnehmer hinsichtlich der Verbesserung seiner beruflichen Chancen abzuwägen. Wörtlich heißt es in der EU-Richtlinie: »Die
Arbeitgeber erleichtern den befristet beschäftigten Arbeitnehmern, soweit
dies möglich ist, den Zugang zu angemessenen Aus- und Weiterbildungs-
möglichkeiten, die die Verbesserung ihrer Fertigkeiten, ihr berufliches Fortkommen und ihre berufliche Mobilität fördern.«[13]

Der Arbeitgeber kann gegenüber dem Qualifizierungswunsch eines befristet   **9**
beschäftigten Arbeitnehmers geltend machen, dass dringende betriebliche
Gründe entgegenstehen. In Anlehnung an § 7 Abs. 1 Satz 1 BUrlG sind solche dringenden betrieblichen Belange nicht erst dann anzunehmen, wenn
dem Betrieb durch die Teilnahme befristet beschäftigter Arbeitnehmer an
Aus- und Weiterbildungsmaßnahmen ein erheblicher Schaden droht. Andererseits hat der Arbeitgeber durch eine sachgerechte Organisation des Betriebsablaufs die Teilnahme der befristet beschäftigten Arbeitnehmer an den
Maßnahmen zu ermöglichen.[14]

Der Arbeitgeber kann den Qualifizierungswunsch eines befristet beschäftig-   **10**
ten Arbeitnehmers ablehnen, wenn **Aus- und Weiterbildungswünsche anderer Arbeitnehmer**, die unter beruflichen und sozialen Gesichtspunkten
vorrangig sind, entgegenstehen.[15] Bei einem Bewerberüberhang hat der Arbeitgeber nach billigem Ermessen gem. § 315 BGB zu entscheiden, wer an
der Aus- oder Weiterbildungsmaßnahme teilnimmt.[16]

---

12 Meinel/Heyn/Herms, § 19 TzBfG Rn. 3.
13 Art. 6 Nr. 6.
14 Leinemann/Link, § 7 BUrlG Rn. 38.
15 BT-Drs. 14/4374, S. 21.
16 BT-Drs. 14/4625, S. 25; Hromadka BB 2001, 674, 675.

Mitbestimmung des Betriebsrats

11 Der Betriebsrat kann nach § 80 Abs. 1 Nr. 1 BetrVG darauf dringen, dass § 19 eingehalten wird.[17] Im Zusammenhang mit § 19 gewinnt auch das Vorschlagsrecht nach § 98 Abs. 3 BetrVG Bedeutung.[18] Bei Meinungsverschiedenheiten kann der Betriebsrat nach § 98 Abs. 4 BetrVG die Einigungsstelle anrufen.

Darlegungs- und Beweislast

12 Die **Darlegungs- und Beweislast** für das Vorliegen eines Ausschlussgrundes trägt der Arbeitgeber.

Rechtsfolgen bei Verstoß/Schadensersatzanspruch

13 Verstößt der Arbeitgeber gegen die Gleichbehandlungspflicht nach § 19, so hat der betroffene Arbeitnehmer in erster Linie einen **Anspruch auf Gleichbehandlung**, der auf die Gleichstellung mit den begünstigten, unbefristet beschäftigten Arbeitnehmern gerichtet ist.[19]

14 Für den Fall, dass der befristet beschäftigte Arbeitnehmer infolge eines schuldhaften Verstoßes des Arbeitgebers gegen § 19 einen Schaden erleidet, ist ein **Schadensersatzanspruch** gegen den Arbeitgeber gem. §§ 280, 241 Abs. 2, 242 BGB denkbar. Ein Schadensersatzanspruch aufgrund einer Schutzgesetzverletzung gem. § 823 Abs. 2 BGB wird aus den gleichen Gründen wie bei § 18 abgelehnt.[20]

Handlungsmöglichkeiten von Tarif- und Betriebsparteien

15 Neben einer gleichstellungs- und familienfreundlichen Personalplanung nach § 92 BetrVG kann die Norm aktiv als Instrument für eine betriebliche Gleichstellungspolitik genutzt werden[21] – ebenso wie die sonstigen Informations- sowie Aus- und Weiterbildungspflichten sowohl zugunsten von befristet Beschäftigten als auch von Teilzeitbeschäftigten im TzBfG (§§ 7 Abs. 2, 9, 10 sowie § 18).

Nach § 96 Abs. 2 Satz 1 BetrVG haben Arbeitgeber und Betriebsrat darauf zu achten, dass unter Berücksichtigung der betrieblichen Notwendigkeiten den Arbeitnehmern die Teilnahme an betrieblichen oder außerbetrieblichen

---

17 Däubler/Deinert/Zwanziger-Däubler, KSchR, § 19 TzBfG Rn. 3.
18 Siehe § 10 Rn. 9f.
19 Zur »Anpassung nach oben« bezogen auf § 4 Abs. 2 Satz 2 siehe: BAG 11.12.2002 – 6 AZR 64/03, NZA 2004, 723.
20 Siehe § 18 Rn. 9; Rolfs, § 19 TzBfG Rn. 1; ErfKo/Müller-Glöge, § 19 TzBfG Rn. 8.
21 Nebe, Arbeitsgerichtsbarkeit und Wissenschaft 2012, 439, 453.

Maßnahmen der Berufsbildung ermöglicht wird. Zwar werden in Satz 2 der Regelung befristet Beschäftigte – im Gegensatz zu z. B. Teilzeitbeschäftigten – nicht ausdrücklich genannt. Dennoch sind deren Belange im Kontext des § 19 ebenso zu berücksichtigen.[22]

§ 20 Information der Arbeitnehmervertretung

Der Arbeitgeber hat die Arbeitnehmervertretung über die Anzahl der befristet beschäftigten Arbeitnehmer und ihren Anteil an der Gesamtbelegschaft des Betriebes und des Unternehmens zu informieren.

Die Vorschrift setzt die Regelung in § 7 Ziffer 3 der Rahmenvereinbarung im **1** Anhang der Richtlinie des Rates vom 28. Juni 1999 über befristete Arbeitsverträge,[1] aufgenommen in die Befristungsrichtlinie,[2] in deutsches Recht um. Sie soll es den Arbeitnehmervertretungen ermöglichen, Einfluss auf die betriebliche Einstellungspraxis zu nehmen und die Einhaltung der gesetzlichen Vorschriften über befristete Arbeitsverhältnisse zu überwachen.[3] Eine vergleichbare Vorschrift für Teilzeitbeschäftigte findet sich in § 7 Abs. 3. Die Regelung spielt in der Rechtsprechung bisher keine Rolle, bietet sie doch der betrieblichen Interessenvertretung schon vom Wortlaut her einen inhaltlich sehr eingeschränkten Informationsanspruch, den diese allenfalls als Ausgangsbasis dienen kann, um sich einen Überblick über die betriebliche Situation im Bezug auf befristete Arbeitsverhältnisse zu verschaffen.[4]

Der Begriff der **Arbeitnehmervertretung** ist umfassend und beschränkt **2** sich daher nicht auf Betriebs- und Personalräte. Gemeint sind die auf den verschiedenen Stufen bestehenden Vertretungen, somit Betriebsrat und Gesamtbetriebsrat sowie Personalrat, Gesamtpersonalrat und Hauptpersonalrat, ferner Sprecherausschuss, kirchliche Mitarbeitervertretungen und Betriebsvertretungen im Bereich der alliierten Streitkräfte.[5] Vertreten wird, dass darunter auch die zusätzlichen betriebsverfassungsrechtlichen Gremien gem. § 3 Abs. 1 Nr. 4 und 5 BetrVG (Arbeitsgemeinschaften und zusätzliche betriebsverfassungsrechtliche Vertretungen) fallen.[6] Ebenso vertretbar ist die Geltung der Norm für Schwerbehindertenvertretungen und Jugend- und Auszubildendenvertretungen, weil es sich dabei auch um Arbeitnehmerver-

---

22 Dazu: Boecken/Joussen-Joussen, § 19 Rn. 25.

1 Abl. L 175/43.
2 1999/70/EG.
3 BT-Drs. 14/4374, S. 21.
4 Czuratis,/Schubert,/Ulbrich, Betriebsrat und Befristungen, AiB 2015, 48–51.
5 Vgl. auch § 7 Rn. 17.
6 ErfKo/Müller-Glöge, § 20 TzBfG Rn. 1; a. A. Annuß/Thüsing-Annuß, § 20 Rn. 2.

tretungen handelt. Diese sind zwar nur für einen bestimmten Teil der Belegschaft zuständig, der aber gleichzeitig auch im Hinblick auf befristete Beschäftigung auch besonders schutzwürdig ist. Keine Informationspflicht besteht gegenüber Konzernbetriebsräten, da mit »Arbeitgeber« immer nur eine natürliche oder juristische Person gemeint sein kann, zu der ein Arbeitsverhältnis besteht.[7] Somit haben auch Europäische Betriebsräte keinen Anspruch auf Information nach § 20.[8]

Schon nach dem Wortlaut der Regelung ist der **Arbeitgeber** nicht allein auf der Betriebsebene zur Information der bestehenden Arbeitnehmervertretung verpflichtet. Die vorgeschriebenen Informationen hat vielmehr jede natürliche oder juristische Person durch ihre Vertreter zu erteilen, die den Betrieb oder das Unternehmen betreibt und bei der die befristet beschäftigten Arbeitnehmer eingesetzt sind.[9]

3   **Umfang der Unterrichtung:** § 20 verpflichtet den Arbeitgeber, die Arbeitnehmervertretung über die Anzahl befristet beschäftigter Arbeitnehmer und ihren Anteil befristet beschäftigter Arbeitnehmer an der Gesamtbelegschaft des Betriebs und des Unternehmens zu informieren.[10] Die Vorschrift konkretisiert im Bereich der Betriebsverfassung die allgemeine Informationspflicht nach § 80 Abs. 2 Satz 1 BetrVG.[11] Es handelt sich um eine rein formlose Unterrichtung durch den Arbeitgeber, die sich auf die **Zahl der befristet beschäftigten Arbeitnehmer** und ihren **Anteil an der Gesamtbelegschaft** des Betriebs und des Unternehmens beschränkt. Der Betriebsrat kann vom Arbeitgeber hingegen nicht verlangen, dass dieser dem Gremium vor der Einstellung befristet beschäftigter Arbeitnehmer mitteilt, ob die Befristung ohne Sachgrund oder mit sachlichem Grund erfolgt und worin (ggf.) der sachliche Grund besteht.[12] Nicht umfasst werden der Anspruch auf Nennung der Namen der befristet Beschäftigten und die Information über die Dauer der Befristung. Auch ein Anspruch auf Vorlage von Unterlagen steht dem Betriebsrat aus § 20 nicht zu.[13]

4   Der Arbeitgeber hat die **Information** der Arbeitnehmervertretung **in turnusmäßigen Abständen zu wiederholen**, wobei die Literaturmeinungen über die Häufigkeit weit auseinandergehen.[14] Soweit aber die betriebliche Interessenvertretung die Daten zur Wahrnehmung einer konkreten Aufgabe wie z. B. der Beratung über die Personalplanung nach § 92 BetrVG benötigt,

---

7 Meinel/Heyn/Herms, § 20 TzBfG Rn. 2; Däubler/Deinert/Zwanziger-Däubler/ Wroblewski, KSchR Teil 2, § 20 TzBfG Rn. 2.

8 Annuß/Thüsing-Annuß, § 20 Rn. 2.

9 Annuß/Thüsing-Thüsing § 20 Rn. 2; Etzel/Bader-Bader, § 20 TzBfG Rn. 2.

10 Dazu: Körner, NZA 2006, 573, 574.

11 Dazu ausführlich: Wirlitsch/Hablitzel, ArbR 2009, 228, 230.

12 BAG 27. 10. 2010 – 7 ABR 86/09, NZA 2011, 418.

13 Czuratis/Schubert/Ulbrich, Betriebsrat und Befristungen, AiB 2015, 48–51.

14 Meinel/Heyn/Herms, § 20 TzBfG Rn. 5 m. w. N.

kann sie den jeweils aktuellsten Stand abfragen.[15] Im Übrigen hat der Arbeitgeber seiner Informationspflicht der Arbeitnehmervertretung gegenüber unaufgefordert nachzukommen. Die Information sollte in übersichtlicher Form schriftlich erfolgen.[16]

Im Fall der Nichterfüllung des Informationsanspruchs kann dieser von der **5** Arbeitnehmervertretung im Beschlussverfahren geltend gemacht werden. Im Bereich der Betriebsverfassung handelt es sich insoweit um eine »Angelegenheit aus dem Betriebsverfassungsgesetz« i. S. v. § 2a Abs. 1 Nr. 1 ArbGG.

§ 21 Auflösend bedingte Arbeitsverträge

Wird der Arbeitsvertrag unter einer auflösenden Bedingung geschlossen, gelten § 4 Abs. 2, § 5, § 14 Abs. 1 und 4, § 15 Abs. 2, 3 und 5 sowie die §§ 16 bis 20 entsprechend.

Inhaltsübersicht

Allgemeines

Die Vorschrift regelt die entsprechende Anwendung der aufgeführten, für **1** befristete Arbeitsverträge geltenden Regelungen auf auflösend bedingte Arbeitsverträge. Eine Erstreckung des TzBfG auf auflösend bedingte Arbeitsverträge war aufgrund des weiten Wortlautes des § 3 Ziffer 1 der EGB-UNICE-CEEP-Rahmenvereinbarung vom 18. März 1999 über befristete Arbeitsverträge,[1] die durch die Befristungsrichtlinie[2] umgesetzt wurde, erforderlich.

---

15 Däubler/Deinert/Zwanziger-Däubler/Wroblewski, KSchR Teil 2, § 20 TzBfG Rn. 3.
16 Meinel/Heyn/Herms, § 20 TzBfG Rn. 5.

1 Abl. L 175/43.
2 1999/70/EG.

2 Im Gegensatz zur früheren kritischen Beurteilung von auflösend bedingten Arbeitsverträgen[3] stellt das TzBfG diese mit zeit- und zweckbefristeten Arbeitsverträgen gleich. Die Wirksamkeit aller Formen bestimmt sich nach den Regelungen dieses Gesetzes unter Einbeziehung der Wertungen des Kündigungsschutzrechts.[4] Mit der Regelung wird im Wesentlichen die Rechtsprechung des BAG zu auflösend bedingten Arbeitsverträgen kodifiziert, nach der die Grundsätze der Wirksamkeitskontrolle von befristeten Arbeitsverträgen auf auflösend bedingte Arbeitsverträge übertragen wurden.[5]

Auflösende Bedingung und Zweckbefristung

3 Nur wenn der Eintritt eines bestimmten Ereignisses, das zur Beendigung des Arbeitsverhältnisses führen soll, ungewiss ist, liegt die Vereinbarung einer auflösenden Bedingung vor.[6] Der **Begriff der auflösenden Bedingung** entspricht somit dem in § 158 Abs. 2 BGB, wonach eine Bedingung die durch den Parteiwillen in ein Rechtsgeschäft eingefügte Bestimmung ist, bei der das Fortbestehen der Rechtswirkungen von dem künftigen ungewissen Ereignis abhängt.[7] Der Unterschied zwischen einem auflösend bedingten und einem **zweckbefristeten Arbeitsverhältnis** liegt darin, dass bei Letzterem nur der exakte Zeitpunkt der Zweckerreichung und damit der Endzeitpunkt des Arbeitsverhältnisses ungewiss ist, nicht aber der Umstand, dass dieses Ereignis eintritt.[8] Bei einer auflösenden Bedingung hingegen ist der Eintritt des künftigen Ereignisses selbst ungewiss.[9] Praktische Auswirkungen resultieren aus der Unterscheidung zwischen auflösender Bedingung und Zweckbefristung jedoch regelmäßig nicht, da die wesentlichen Vorschriften zu zweckbefristeten Arbeitsverhältnissen über § 21 auch bei auflösend bedingten Arbeitsverhältnissen zur Anwendung kommen.[10] Im Einzelfall ist aber die Abgrenzung erforderlich, um beispielsweise die Anwendung von § 15 Abs. 5 zu bestimmen.

4 Ob der Eintritt eines Ereignisses als gewiss oder ungewiss angesehen werden kann, richtet sich danach, ob die Parteien sicher vom Eintritt eines bestimmten Ereignisses ausgegangen sind oder nicht. Dies muss durch Auslegung

---

3 Dazu ErfKo/Müller-Glöge, § 21 TzBfG Rn. 1.
4 Däubler, ZIP 2001, 217, 225.
5 BAG 25. 8. 1999 – 7 AZR 75/98, NZA 2000, 656–658; BAG 24. 9. 1997 – 7 AZR 654/96; BAG 26. 6. 1996 – 7 AZR 674/95, NZA 1997, 200–201.
6 Zur Abgrenzung Zeitbefristung, Zweckbefristung und auflösend bedingte Befristung vgl. § 17 Rn. 9.
7 Palandt/Heinrichs, Einf. vor § 158 Rn. 2.
8 BAG 29. 6. 2011 – 7 AZR 6/10, NZA 2011, 1346–1350.
9 Ausführlich: KR Etzel/Bader/Fischermeier-Lipke, § 21 TzBfG, Rn. 1.
10 Siehe aber Rn. 35 zur Rechtsfolge bei Ausbleiben der auflösenden Bedingung.

des Vertragstextes sowie durch Beurteilung der gesamten Umstände bei Vertragsschluss ermittelt werden. Nach **überwiegender Auffassung** kommt es dabei auf die **subjektive Einschätzung der Parteien zum Zeitpunkt des Vertragsschlusses**, nicht aber darauf an, ob die Ungewissheit objektiv vorlag.[11] Entscheidend für die Qualifizierung als die eine oder die andere Beendigungsform ist infolgedessen der Wille der Parteien, der aus der Auslegung des Vertragstextes sowie durch die Beurteilung der gesamten Umstände bei Vertragsschluss zu ermitteln ist.[12]

Abgrenzung Befristung – Auflösende Bedingung[13]

Die **Abgrenzung zwischen Befristung und auflösender Bedingung** kann 5
im Einzelfall schwierig sein. Der Arbeitnehmer weiß bei einer Befristung von vornherein, dass das Arbeitsverhältnis einen festen Endzeitpunkt hat. Er kann sich daher nicht auf einen dauerhaften Bestand des Arbeitsverhältnisses einrichten, sondern müsse sich rechtzeitig um einen neuen Arbeitsplatz bemühen. Dagegen ist bei einem auflösend bedingten Arbeitsvertrag ungewiss, ob das Arbeitsverhältnis in absehbarer Zeit endet.

Beispiel:
Die Beendigungsregelung »mit Ablauf des Semesters, in dem ein Hochschulabschluss erreicht wird« stellt keine Zeitbefristung dar, sondern eine auflösende Bedingung. Denn zunächst bedarf es eines künftigen Ereignisses, nämlich des Hochschulabschlusses, um überhaupt in den Anwendungsbereich dieser Vereinbarung zu kommen. Ob dieses Ereignis, das zur Beendigung des Arbeitsverhältnisses führen soll, tatsächlich eintritt, ist dabei für die Parteien bei Abschluss des Arbeitsverhältnisses mehr oder weniger ungewiss. Denn ein erfolgreicher Hochschulabschluss hängt davon ab, ob die Prüfungsvoraussetzungen tatsächlich erfüllt werden und die Prüfung erfolgreich absolviert wird.[14]

Abgesehen vom Fall der Potestativbedingung, bei der der Eintritt einer bestimmten Rechtsfolge allein vom Erklärungsempfänger abhängt, hat der Arbeitnehmer auch regelmäßig keinen alleinigen Einfluss darauf, ob und ggf. wann die Bedingung eintritt, so dass ihm eine hinreichend sichere Erwartungsgrundlage für Dispositionen fehlt.

---

11 Worzalla/Will/Mailänder/Worch/Heise § 21 Rn. 2; KR Etzel/Bader/Fischermeier-Lipke, § 21 TzBfG, Rn. 3 m. w. N.
12 Boecken/Joussen-Joussen § 21 Rn. 5.
13 Siehe auch Verweis in Rn. 6.
14 LAG Berlin-Brandenburg 5. 6. 2018 – 7 Sa 143/18.

> **Beispiel:**
> Das Arbeitsverhältnis endet aufgrund des Eintritts der auflösenden Bedingung
> des Wiederauflebens des Beamtenverhältnisses durch Wegfall des entsprechen-
> den Arbeitsplatzes entsprechend einer tarifvertraglichen Regelung.[15]

Bei einer **Altersgrenze** ist jedoch – ebenso wie bei der Befristung – der Beendigungszeitpunkt für den Arbeitnehmer voraussehbar und vom Willen
des Arbeitgebers unabhängig. Gleichwohl sieht die Rechtsprechung in Regelungen zu Altersgrenzen auflösende Bedingungen.[16] Das BAG hat dem gegenüber entschieden, dass es sich bei einer Regelung, wonach das **Altersteil-
zeitarbeitsverhältnis** mit Ablauf des Kalendermonats vor dem Kalendermonat endet, für den der Arbeitnehmer eine Rente wegen Alters in Anspruch nehmen kann, um eine Zweckbefristung gem. §§ 21, 15 Abs. 2 handelt, wenn die Bewilligung einer Altersrente ein künftiges gewisses Ereignis
sei, bei dem nur der Zeitpunkt des Eintritts wegen der Möglichkeit der Inanspruchnahme verschiedener Rentenarten nicht feststehe.[17]

6 Das BAG hat schon 1984 die Anwendung der für Befristungen aufgestell-
ten Grundsätze auf auflösende Bedingungen als gerechtfertigt angesehen.[18]
Dennoch sind an die Vereinbarung einer auflösenden Bedingung strengere
Voraussetzungen zu stellen als an die Vereinbarung einer Zeitbefristung.[19]
Um sicherzustellen, dass auflösende Bedingungen nicht zu einer objektiven
Umgehung zwingender kündigungsschutzrechtlicher Vorschriften führen,
unterzieht die Rechtsprechung auflösend bedingte Arbeitsverträge anders
als befristete Arbeitsverträge in jedem Einzelfall der Überprüfung, ob der
Einsatz dieser Gestaltungsform Wertungen des Kündigungsschutzrechts,
vor allem des kündigungsschutzrechtlichen Verhältnismäßigkeitsprinzips
außer Acht lässt.[20] Da die Beendigung eines Arbeitsverhältnisses infolge eines künftigen ungewissen Ereignisses besondere Risiken für den Arbeitnehmer birgt, ist eine solche Prüfung auch notwendig.

---

15 BAG 20.6.2018 – 7 AZR 690/16.
16 BAG 4.11.2015 – 7 AZR 851/13; BAG 12.2.1992 – 7 AZR 100/91, NZA 1993,
    998–1002 mit Nachweisen zur Gegenansicht; BAG 20.12.1984 – 2 AZR 3/84,
    NZA 1986, 325–329.
17 BAG 27.4.2004 – 9 AZR 18/03, NZA 2005, 821–826; BAG 8.8.2007 – 7 AZR
    605/06.
18 BAG 20.12.1984 – 2 AZR 3/84; an dieser Ansicht hat das BAG in folgenden Ur-
    teilen festgehalten: BAG 20.11.1987 – 2 AZR 284/86, BAG 6.3.1986 – 2 AZR
    262/85 und BAG 12.2.1992 – 7 AZR 100/91.
19 APS/Backhaus, § 21 TzBfG Rn. 5; Staudinger/Preis § 620 BGB Rn. 254; a. A. ErfK/
    Müller-Glöge, § 21 TzBfG Rn. 3.
20 So BAG 11.10.1995 – 7 AZR 119/95, NZA 1996, 1212–1214; auch BAG
    31.7.2002 – 7 AZR 118/01, NZA 2003, 620–622; BAG 6.12.2000 – 7 AZR 302/99,
    NZA 2001, 792–796; Meinel/Heyn/Herms, § 21 TzBfG Rn. 9; Däubler/Deinert/
    Zwanziger, KSchR Teil 2, § 21 TzBfG Rn. 4.

Die Kombination einer auflösenden Bedingung oder einer Zweckbefristung mit einer zeitlichen Höchstbefristung ist zwar zulässig. Die Wirksamkeit der auflösenden Bedingung und der zeitlichen Höchstbefristung sind in diesem Fall jedoch rechtlich getrennt zu beurteilen.

Beispiel:
Eine befristete Einstellung erfolgt mit sachlichem Grund der Vertretung. Das Arbeitsverhältnis endet an dem Tag, an dem der Vertretene seine Arbeit wieder aufnimmt oder aus dem Arbeitsverhältnis ausscheidet.[21]

Voraussetzungen für die Vereinbarung einer auflösenden Bedingung

Eine Vereinbarung über eine auflösende Bedingung muss ausdrücklich und unmissverständlich getroffen werden. Die Ermittlung der Bedingung im Wege ergänzender Vertragsauslegung ist nicht zulässig.[22] Die Bedingung muss hinreichend bestimmt sein, so dass das auflösende Ereignis, das die Beendigung des Arbeitsverhältnisses bewirkt, bestimmbar wird, wobei jedoch nicht allein auf objektive Umstände abzustellen ist.[23] **7**

Gem. § 21 finden auf auflösend bedingte Arbeitsverhältnisse § 4 Abs. 2 (Diskriminierungsverbot), § 5 (Benachteiligungsverbot), § 14 Abs. 1 (Zulässigkeit der Befristung) und Abs. 4 (Schriftformerfordernis), § 15 Abs. 2 (Auslauffrist), Abs. 3 (Möglichkeit des Vorbehalts der ordentlichen Kündigung) und Abs. 5 (Fortsetzung des Arbeitsverhältnisses nach Zeitablauf oder Zweckerreichung), § 16 (Folgen unwirksamer Befristung), § 17 (Anrufung des Arbeitsgerichts), § 18 (Information über zu besetzende unbefristete Arbeitsplätze), § 19 (Teilnahme an Maßnahmen der Aus- und Weiterbildung) und § 20 (Information der Arbeitnehmervertretung) entsprechende Anwendung. **8**

Eine auflösende Bedingung bedarf nach der Rechtsprechung des BAG zu ihrer Wirksamkeit eines **Sachgrunds** nach § 14 Abs. 1.[24] § 14 Abs. 1 gilt entsprechend, § 14 Abs. 2 und 3 hingegen nicht. Dies entspricht der Rechtsprechung des BAG zur vorherigen Rechtslage, nach der aufgrund der drohenden Umgehung des Kündigungsschutzes zur Rechtswirksamkeit der auflösenden Bedingung ein sachlicher Grund vorliegen musste.[25] Nunmehr ist anhand der gesetzlich zugelassenen Gründe in § 14 Abs. 1 zu bestimmen, ob **9**

21 LArbG Rheinland-Pfalz 8.7.2016 – 2 Sa 505/16.
22 Meinel/Heyn/Herms, § 21 TzBfG Rn. 5.
23 KR-Etzel/Bader/Fischermeier-Lipke, § 21 TzBfG Rn. 2.
24 BAG 20.6.2018 – 7 AZR 690/16, Rn. 32; BAG 15.2.2017 – 7 AZR 82/15, Rn. 20; BAG 27.7.2016 – 7 AZR 276/14, Rn. 26, ZTR 2017, 32; BAG 23.3.2016 – 7 AZR 827/13, Rn. 20, ZTR 2016, 520; BAG 23.2.2000 – 7 AZR 891/98, zu B II 1b bb der Gründe.
25 BAG 25.8.1999 – 7 AZR 75/98, NZA 2000, 656–658.

und welche künftigen ungewissen Ereignisse zulässigerweise über die Auflösung des Arbeitsverhältnisses entscheiden dürfen. Auch für auflösende Bedingungen gilt zudem, dass die Aufzählung in § 14 Abs. 1 Satz 2 nicht abschließend ist.[26]

10 **§ 4 Abs. 2 und § 5:** Ein Arbeitnehmer mit einem auflösend bedingten Arbeitsvertrag darf gleichfalls nicht schlechter behandelt werden als ein vergleichbarer unbefristeter Beschäftigter. Im Übrigen ergeben sich hinsichtlich dieser Regelungen für auflösend bedingte Arbeitsverhältnisse keine Besonderheiten, so dass auf die dortige Kommentierung verwiesen wird.

11 **§ 14 Abs. 1 Satz 2 Nr. 1:** Ein vorübergehender Bedarf an der Arbeitsleistung kommt vor dem Hintergrund, dass das Unternehmerrisiko nicht auf den Arbeitnehmer abgewälzt werden darf, kaum für die sachliche Rechtfertigung einer auflösenden Bedingung infrage.[27] Das BAG hat jedoch keine Bedenken gegen eine tarifvertragliche Beendigungsfiktion bei witterungsbedingter Unmöglichkeit.[28]

12 **§ 14 Abs. 1 Satz 2 Nr. 2:** Eine auflösende Bedingung im Anschluss an eine Ausbildung oder ein Studium kommt in Betracht, wenn z. B. eine Folgebeschäftigung zur auflösenden Bedingung gemacht wird.[29] Ob dies jedoch mit der Überbrückungsfunktion der Regelung zu vereinbaren ist, wenn die auflösende Bedingung nicht mit einer Höchstbefristung gekoppelt wird, ist fraglich.[30]

13 **§ 14 Abs. 1 Satz 2 Nr. 3:** Vereinbart der Arbeitgeber mit einem zur Vertretung eingestellten Arbeitnehmer, dass das Arbeitsverhältnis mit der Wiederaufnahme der Arbeit durch den vertretenen Mitarbeiter enden soll, so stellt dies nach der Rechtsprechung keine auflösende Bedingung, sondern eine Zweckbefristung dar.[31] Eine auflösende Bedingung könnte aber vorliegen, wenn die Parteien bei Vertragsschluss nicht sicher sind, ob der Vertretene auf seinen Arbeitsplatz zurückkehrt, und für den Fall seines endgültigen Ausscheidens einen Vertragsfortsetzungswillen für eine unbestimmte Zeit haben. Eine Zeitbefristung, die zur Vertretung eines erkrankten Arbeitnehmers geschlossen wird, wird nicht deshalb unwirksam, weil der vertretene Arbeitnehmer während dieser Zeit stirbt.[32]

---

26 BAG 20. 6. 2018 – 7 AZR 690/16, Rn. 35; vgl. § 14 Rn. 23.

27 Ausführlich dazu Meinel/Heyn/Herms, § 21 TzBfG Rn. 11; BAG 9. 7. 1981 – 2 AZR 788/78, NJW 1982, 788–790; s. im Übrigen § 14 Rn. 23 ff.

28 BAG 28. 8. 1987 – 7 AZR 249/86, ZTR 1988, 101 f.

29 Meinel/Heyn/Herms, § 21 TzBfG Rn. 12; weiter dazu APS/Backhaus, § 21 TzBfG Rn. 11; s. im Übrigen § 14 Rn. 32 ff.

30 KR-Etzel/Bader/Fischermeier-Lipke, § 21 TzBfG Rn. 31.

31 BAG 26. 6. 1996 – 7 AZR 674/95, NZA 1997, 200 f.

32 BAG 29. 6. 2011 – 7 AZR 6/10.

§ 14 Abs. 1 Satz 2 Nr. 4: Die Regelung bezieht sich vor allem auf den Rund- **14** funkbereich,[33] kann aber auch den übrigen Medien- und Kunstbereich betreffen.[34] Im Übrigen kommt die Eigenart der Arbeitsleistung zur Rechtfertigung einer auflösenden Bedingung aus den zu § 14 Abs. 1 Satz 2 Nr. 1 ausgeführten Gründen kaum in Betracht.[35]

§ 14 Abs. 1 Satz 2 Nr. 5: Dieser Sachgrund für eine auflösende Bedingung **15** wurde vom BAG anerkannt.[36]

§ 14 Abs. 1 Satz 2 Nr. 6: Typische Gründe in der Person des Arbeitnehmers **16** sind beispielsweise die Erwerbsminderung eines Arbeitnehmers oder die Bewilligung einer Rente.[37] Der Bestand des Arbeitsverhältnisses kann weiterhin vom Ergebnis einer durchzuführenden Einstellungsuntersuchung abhängen.[38] Bei schwerbehinderten Menschen ist § 92 SGB IX zu beachten.[39] Ebenso kann die festgestellte Fluguntauglichkeit als auflösende Bedingung zur Beendigung des Arbeitsverhältnisses von Bordpersonal führen.[40] Bei einer im Arbeitsvertrag vereinbarten Regelung über die Beendigung des Arbeitsverhältnisses bei Entzug einer Einsatzgenehmigung durch die US-Streitkräfte handelt es sich ebenfalls um eine auflösende Bedingung, die nach § 21 TzBfG nur bei Vorliegen eines sachlichen Grundes im Sinne des § 14 Abs. 1 TzBfG zulässig ist.[41] Dabei stellt der Widerruf der Einsatzgenehmigung allein keinen ausreichenden Sachgrund für die auflösende Bedingung dar. Erst die sich aus dem Entzug der Einsatzgenehmigung des Arbeitnehmers ergebende fehlende Beschäftigungsmöglichkeit des Arbeitgebers rechtfertigt die Beendigung des Arbeitsverhältnisses ohne Kündigung. Der Arbeitgeber muss daher dem Arbeitnehmer einen anderen freien Arbeitsplatz anbieten, bevor er sich auf die auflösende Bedingung berufen darf.[42] Ein weiteres Beispiel ist der Entzug der einem Wachmann erteilten Bewachungserlaubnis.[43] In Betracht kommt auch, das Fortbestehen des Arbeits-

---

33 BT-Drs. 14/4374 S. 19.
34 KR-Etzel/Bader/Fischermeier-Lipke, § 21 Rn. 34; BAG 2. 7. 2003 – 7 AZR 612/02, NZA 2004, 311.
35 Vgl. § 14 Rn. 62 ff.; aber APS/Backhaus, § 21 TzBfG Rn. 12.
36 BAG 7. 5. 1980 – 5 AZR 593/78, AP zu § 611 BGB Abhängigkeit; s. im Übrigen § 14 Rn. 60 ff.
37 BAG 6. 12. 2000 – 7 AZR 302/99, NZA 2001, 792–796; BAG 26. 9. 2001 – 4 AZR 497/00, NZA 2002, 584; s. Rn. 21.
38 LAG Berlin 16. 7. 1990 – 9 Sa 43/90, DB 1990, 2223–2224; Hessisches LAG 8. 12. 1994 – 12 Sa 1103/94, ZTR 1995, 373–374; ablehnend APS/Backhaus, § 21 TzBfG Rn. 15.
39 BAG 16. 1. 2018 – 7 AZR 622/15, NZA 2018, 925–928.
40 BAG 11. 10. 1995 – 7 AZR 119/95, NZA 1996, 1212–1214.
41 LAG Rheinland-Pfalz 27. 6. 2008 – 6 Sa 81/08.
42 BAG 19. 3. 2008 – 7 AZR 1033/06, NZA-RR 2008, 570 f.; LAG Rheinland-Pfalz 11. 4. 2013 – 10 Sa 528/12.
43 BAG 25. 8. 1999 – 7 AZR 75/98, NZA 2000, 656–658.

verhältnisses vom Erwerb bestimmter Ausbildungszertifikate durch den Arbeitnehmer – wie z. B. eines Führerscheins – abhängig zu machen.

17 **§ 14 Abs. 1 Satz 2 Nr. 7:** Die Begründung einer auflösenden Bedingung aus haushaltsrechtlichen Gründen scheidet grundsätzlich aus. Die bloße Ungewissheit über die fortlaufende Zahlung von Haushaltsmitteln rechtfertigt gerade keine automatische Beendigung des Arbeitsverhältnisses.[44]

18 **§ 14 Abs. 1 Satz 2 Nr. 8:** Ein sachlicher Grund für eine auflösende Begründung kann in einem gerichtlichen Vergleich liegen.[45]

Weitere Sachgründe

19 Die Aufzählung ist nur beispielhaft und soll weder andere von der Rechtsprechung bisher anerkannte noch weitere Gründe für Befristungen oder auflösende Bedingungen ausschließen.[46] So ist der Sachgrund »Bezug einer Rente« wegen verminderter Erwerbsfähigkeit in dem Sachgrundkatalog des § 14 Abs. 1 Satz 2 nicht genannt. Eine auflösende Bedingung ist weiterhin gerechtfertigt, wenn sie auf den ausdrücklichen Wunsch des Arbeitnehmers vereinbart wird.[47] Eine solche auflösende Bedingung kann etwa sein, dass der Arbeitnehmer einen anderen Arbeitsplatz findet. Ein sachlicher Grund für eine auflösende Bedingung kann auch darin liegen, dass ein Konkurrentenstreit um die fragliche Stelle anhängig ist.[48] Auch die Vereinbarung zwischen Arbeitgeber und Arbeitnehmer über eine befristete Weiterbeschäftigung nach Ausspruch einer Kündigung nach Ablauf der Kündigungsfrist bis zum rechtskräftigen Abschluss des Kündigungsschutzprozesses stellt eine auflösende Bedingung dar,[49] denn sowohl der Fortbestand des gekündigten Arbeitsverhältnisses als auch der Ausgang des Kündigungsrechtsstreits werden i. d. R. aus Sicht der Parteien ungewiss sein. Im Zweifel liegt daher eine Weiterbeschäftigung unter der auflösenden Bedingung des für den Arbeitgeber erfolgreichen rechtskräftigen Abschlusses des Prozesses vor.[50] Eine dahingehende Vereinbarung bedarf jedoch der Schriftform nach § 14 Abs. 4 i. V. m. § 21.[51]

20 Weiterhin kann auch die Verweigerung der Zustimmung des Betriebsrats oder Personalrats zur Einstellung eine auflösende Bedingung für das Arbeitsverhältnis sein.[52]

---

44 Meinel/Heyn/Herms, § 21 TzBfG Rn. 16, § 14 Rn. 57; s. im Übrigen § 14 Rn. 77 ff.
45 APS/Backhaus, § 21 TzBfG Rn. 17.
46 BAG 15. 3. 2006 – 7 AZR 332/05, AuR 2006, 332.
47 Meinel/Heyn/Herms, § 21 TzBfG Rn. 22; Staudinger/Preis, § 620 BGB Rn. 24; Däubler/Deinert/Zwanziger-Däubler/Wroblewski, KSchR Teil 2, § 21 TzBfG Rn. 13.
48 OVG Mecklenburg-Vorpommern 31. 7. 2002 – 1 B 785/01, DÖD 2003, 115–116.
49 Vgl. § 14 Rn. 125.
50 BAG 4. 9. 1986 – 8 AZR 636/84, NZA 1987, 376 f.
51 BAG 22. 10. 2003 – 7 AZR 113/03.
52 BAG 17. 2. 1983 – 2 AZR 208/81, NJW 1983, 1752.

Die Vereinbarung von Altersgrenzen ist ebenfalls grundsätzlich wirksam **21** (zur Einordnung als auflösende Bedingung s. Rn. 5). Die automatische Beendigung eines Arbeitsverhältnisses mit Erreichen der Regelaltersgrenze in der gesetzlichen Rentenversicherung ist anerkannt.[53] Entsprechende Tarifvertragsklauseln wurden vom EuGH als rechtmäßig anerkannt.[54] Die Auflösung durch das Erreichen einer unter dem Renteneintrittsalter liegenden Altersgrenze ist zulässig, wenn die Tätigkeit typischerweise eine besondere körperliche und geistige Leistungsfähigkeit voraussetzt und mit besonderer Schwierigkeit und Verantwortung verbunden ist.[55] Wirksam ist grundsätzlich die auflösende Bedingung, dass das Arbeitsverhältnis mit dem Eintritt der Erwerbsunfähigkeit endet.[56] Eine Erwerbsminderungsrente auf Zeit rechtfertigt allerdings nur das Ruhen des Arbeitsverhältnisses.[57]

Der Verlust der Flugtauglichkeit stellt für sich allein genommen allerdings keinen ausreichenden Sachgrund für die auflösende Bedingung dar. Erst die sich aus dem Verlust der Flugtauglichkeit ergebende fehlende Beschäftigungsmöglichkeit rechtfertigt die Beendigung des Arbeitsverhältnisses ohne Kündigung.[58]

Verhaltens- und personenbedingte Gründe dürfen nicht zum Anlass einer **22** auflösenden Bedingung genommen werden, wenn dadurch der gesetzliche Kündigungsschutz oder die Regeln über außerordentliche Kündigungen umgangen werden.[59]

Besondere Regelungen für den öffentlichen Dienst

Für den **öffentlichen Dienst** wurden die **SR 2y** im Anwendungsbereich des **23** **BAT** durch die Abs. 2 bis 5 des **§ 30 TVöD**[60] (zum 1. Oktober 2005 in Kraft getreten) für den Bund und die Gemeinden und entsprechend durch die Abs. 2 bis 5 des **§ 30 TV-L**[61] (zum 1. November 2006 in Kraft getreten) für die Länder neu gefasst. Grundsätzlich sind gem. § 30 Abs. 1 Satz 1 TVöD be-

---

53 Meinel/Heyn/Herms, § 14 TzBfG Rn. 157 ff. m. w. N.
54 EuGH 12. 10. 2010 – C-45/09; s. auch Rn. 26.
55 Aber: BAG 27. 1. 2016 – 5 AZR 263/15 – Vorlagebeschluss zum EuGH wegen der Altersgrenze von 65 Jahren für Berufspiloten.
56 BAG 24. 6. 1987 – 8 AZR 635/84, AP Nr. 5 zu § 59 BAT; s. aber BAG 27. 10. 1988 – 2 AZR 109/88, NZA 1989, 643–646; zum BAT s. Rn. 23 ff.; vgl. Rn. 23 ff.
57 Meinel/Heyn/Herms, § 21 TzBfG Rn. 21.
58 BAG 16. 10. 2008 – 7 AZR 185/07, AP Nr. 53 zu § 14 TzBfG.
59 BAG 25. 6. 1987 – 2 AZR 541/86, NZA 1988, 391 f.; LAG Baden-Württemberg 15. 10. 1990 – 15 Sa 92/90, LAGE § 611 BGB Aufhebungsvertrag Nr. 3.
60 TVöD v. 13. 9. 2005, in der Fassung des Änderungstarifvertrags Nr. 8 vom 30. 9. 2015.
61 TV-L v. 12. 10. 2006, in der Fassung des Änderungstarifvertrags Nr. 8 vom 28. 3. 2015.

fristete Arbeitsverträge nach Maßgabe des TzBfG sowie anderer gesetzlicher Vorschriften über die Befristung von Arbeitsverträgen uneingeschränkt zulässig.[62] Nach § 30 Abs. 1 Satz 2 1. Halbsatz TVöD gelten die Abs. 2 bis 5 für Beschäftigte, auf die die Regelungen des Tarifgebietes West Anwendung finden und deren Tätigkeit vor dem 1. Januar 2005 der Rentenversicherung der Angestellten unterlegen hätte. Auf diesen Kompromiss haben sich die Tarifvertragsparteien nach einem Streit über die Zulässigkeit sachgrundloser Befristungen nach § 14 Abs. 2 geeinigt. Gemeint sind die Beschäftigten, die nach altem Recht in den Geltungsbereich der SR 2y BAT fielen, also die »ehemaligen Angestellten« im Tarifgebiet West. Die Tarifvertragsparteien mussten auf die Bestimmungen der Rentenversicherung vor dem 1. Januar 2005 zurückgreifen, da ab diesem Zeitpunkt auch das Recht der Rentenversicherung keine Unterscheidung mehr zwischen Angestellten und Arbeitern traf. Die Angabe eines Befristungsgrundes im Arbeitsvertrag ist auch für diesen Personenkreis nicht mehr erforderlich.

Nach § 30 Abs. 1 Satz 2 2. Halbsatz TVöD gilt der 1. Halbsatz nicht für Arbeitsverhältnisse, für die §§ 57a ff. HRG unmittelbar oder entsprechend gelten, während § 30 Abs. 1 Satz 2 2. Halbsatz TV-L auch die »gesetzlichen Nachfolgeregelungen« umfasst.[63] Für nach **§ 30 TVöD/§ 30 TV-L** abgeschlossene Verträge über auflösend bedingte Arbeitsverhältnisse gelten damit bei der Anwendung des TzBfG keine Besonderheiten mehr.

24 **§ 33 TVöD/§ 33 TV-L** treffen als Nachfolgeregelungen des § 59 Abs. 1 BAT/ BAT-O Regelungen zur auflösenden Bedingung wegen Erreichens der Altersgrenze bzw. im Fall der Erwerbsminderung:

§ 33 TVöD/§ 33 TV-L
Beendigung des Arbeitsverhältnisses ohne Kündigung

(1) Das Arbeitsverhältnis endet, ohne dass es einer Kündigung bedarf/ohne Kündigung,

a)   *mit Ablauf des Monats, in dem die/der Beschäftigte das gesetzlich festgelegte Alter zum Erreichen einer abschlagsfreien Regelaltersrente vollendet hat,*

b)   *jederzeit im gegenseitigen Einvernehmen (Auflösungsvertrag).*

(2) Das Arbeitsverhältnis endet ferner mit Ablauf des Monats, in dem der Bescheid eines Rentenversicherungsträgers (Rentenbescheid) zugestellt wird, wonach die/der Beschäftigte voll oder teilweise erwerbsgemindert ist. Die/Der Beschäftigte hat den Arbeitgeber von der Zustellung des Rentenbescheids unverzüglich zu unterrichten. Beginnt die Rente erst nach der Zustellung des Rentenbescheids, endet das Arbeitsverhältnis mit Ablauf des dem Rentenbeginn voran-

---

62 Dazu: Hamer, § 30 Rn. 7 ff.
63 Siehe dazu § 23 Rn. 12 f.

gehenden Tages. Liegt im Zeitpunkt der Beendigung des Arbeitsverhältnisses eine nach § 92 SGB IX erforderliche Zustimmung des Integrationsamtes noch nicht vor, endet das Arbeitsverhältnis mit Ablauf des Tages der Zustellung des Zustimmungsbescheids des Integrationsamtes. Das Arbeitsverhältnis endet nicht, wenn nach dem Bescheid des Rentenversicherungsträgers eine Rente auf Zeit gewährt wird. In diesem Fall ruht das Arbeitsverhältnis für den Zeitraum, für den eine Rente auf Zeit gewährt wird; beginnt die Rente rückwirkend, ruht das Arbeitsverhältnis ab dem ersten Tag des Monats, der auf den Monat der Zustellung des Rentenbescheids folgt.

(3) Im Falle teilweiser Erwerbsminderung endet bzw. ruht das Arbeitsverhältnis nicht, wenn der Beschäftigte nach seinem vom Rentenversicherungsträger festgestellten Leistungsvermögen auf seinem bisherigen oder einem anderen geeigneten und freien Arbeitsplatz weiterbeschäftigt werden könnte, soweit dringende dienstliche bzw. betriebliche Gründe nicht entgegenstehen, und der Beschäftigte innerhalb von zwei Wochen nach Zugang des Rentenbescheids seine Weiterbeschäftigung schriftlich beantragt.

(4) Verzögert die/der Beschäftigte schuldhaft den Rentenantrag oder bezieht sie/er Altersrente nach § 236 oder § 236a SGB VI oder ist sie/er nicht in der gesetzlichen Rentenversicherung versichert, so tritt an die Stelle des Rentenbescheids das Gutachten einer Amtsärztin/eines Amtsarztes oder einer/eines nach § 3 Abs. 4 Satz 2 bestimmten Ärztin/Arztes. Das Arbeitsverhältnis endet in diesem Fall mit Ablauf des Monats, in dem der/dem Beschäftigten das Gutachten bekannt gegeben worden ist.

(5) Soll die/der Beschäftigte, deren/dessen Arbeitsverhältnis nach Absatz 1 Buchst. a geendet hat, weiterbeschäftigt werden, ist ein neuer schriftlicher Arbeitsvertrag abzuschließen. Das Arbeitsverhältnis kann jederzeit mit einer Frist von vier Wochen zum Monatsende gekündigt werden, wenn im Arbeitsvertrag nichts anderes vereinbart ist.

§ 33 Abs. 2 TVöD/TV-L behandelt den Bescheid über die Zubilligung einer Erwerbsminderungsrente als auflösende Bedingung im Sinne des § 158 BGB, bei deren Eintritt das Arbeitsverhältnis ohne Kündigung entweder endet oder ruht. Nach den tariflichen Bestimmungen endet das Arbeitsverhältnis mit Ablauf des Monats, in dem der Bescheid eines Rentenversicherungsträgers zugestellt wird, wonach der Beschäftigte voll oder teilweise erwerbsgemindert ist. Das Arbeitsverhältnis endet (oder ruht) jedoch nicht bereits aufgrund der Bekanntgabe/Zustellung des Rentenbescheids, sondern erst nach einer entsprechenden schriftlichen Unterrichtung des Arbeitnehmers durch den Arbeitgeber über den Eintritt der auflösenden Bedingung.[64]

25

---

64 BAG 23.7.2014 – 7 AZR 771/12.

Nach der Rechtsprechung des BAG wird das Arbeitsverhältnis trotz Zustellung eines Rentenbescheids nicht beendet, wenn der Arbeitnehmer von seiner sozialrechtlichen Dispositionsbefugnis Gebrauch macht und seinen Rentenantrag nach Zustellung, jedoch vor Ablauf der Widerspruchsfrist des § 84 Abs. 1 SGG zurücknimmt oder einschränkt und der Arbeitgeber alsbald davon unterrichtet wird. Die Tarifvertragsparteien wollten die Beendigung grundsätzlich nicht nur an das Vorliegen der objektiven Voraussetzungen für den Bezug von Rente am Ende des Arbeitsverhältnisses geknüpft haben, sondern auch daran, dass der seinen Arbeitsplatz verlierende Arbeitnehmer tatsächlich und dauerhaft Rentenversicherungsleistungen erhält.[65] Lässt der Arbeitnehmer die Widerspruchsfrist ungenutzt verstreichen, ist der Rentenbescheid jedoch nichtig und die angeordnete Rechtsfolge daher nicht eingetreten, so kann das Arbeitsverhältnis auch nicht durch den Rentenbescheid nach § 33 Abs. 2 TVöD/TV-L enden.[66]

Das Arbeitsverhältnis endet nach **§ 33 Abs. 2 Satz 5 und Satz 6 Halbs. 1 TVöD/TV-L** nicht, wenn nach dem Bescheid des Rentenversicherungsträgers eine Rente auf Zeit gewährt wird. Gemäß § 33 Abs. 2 Satz 6 Halbs. 1 ruht das Arbeitsverhältnis in diesem Fall für den Zeitraum der Rentengewährung.

§ 33 Abs. 2 Satz 4 TVöD/TV-L: § 175 (bis 31. 12. 2017)[67] SGB IX findet aufgrund des eindeutigen Wortlauts nur im Falle der Beendigung des Arbeitsverhältnisses aufgrund einer teilweisen Erwerbsminderung, der Erwerbsminderung auf Zeit, der Berufsunfähigkeit oder der Erwerbsunfähigkeit auf Zeit Anwendung. Für den Fall der Beendigung des Arbeitsverhältnisses aufgrund unbefristeter Erwerbsminderung sieht § 92 SGB IX kein Zustimmungserfordernis vor.[68]

§ 33 Abs. 3 im TVöD/TV-L legen im Falle einer teilweisen Erwerbsminderung fest, dass das Arbeitsverhältnis nur dann fortgesetzt wird, wenn der Beschäftigte dies innerhalb von zwei Wochen nach Zugang des Rentenbe-

65 BAG 10.10.2012 – 7 AZR 602/11, ZTR 2013, 131–135; BAG 15.3.2006 – 7 AZR 332/05; BAG 1.12.2004 – 7 AZR 135/04, NZA 2006, 211–215; LAG Baden-Württemberg 16.7.2012 – 10 Sa 8/12; LAG Baden-Württemberg 16.7.2012 – 10 Sa 8/12.

66 Vgl. zu inhaltsgleichen Tarifbestimmungen: BAG 16.1.2018 – 7 AZR 622/15; BAG 27.7.2016 – 7 AZR 276/14, Rn. 34; BAG 23.7.2014 – 7 AZR 771/12, Rn. 65 f.; BAG 10.10.2012 – 7 AZR 602/11 zum wortgleichen § 36 Abs. 2 TV-BA, Rn. 14; BAG 6.4.2011 – 7 AZR 704/09, Rn. 22, NJW 2011, 2748; BAG 15.3.2006 – 7 AZR 332/05, Rn. 36.

67 Geändert durch das Gesetz zur Stärkung der Teilhabe und Selbstbestimmung von Menschen mit Behinderungen (Bundesteilhabegesetz – BTHG) vom 23.12.2016, BGBl. I, S. 3234.

68 LAG Berlin-Brandenburg 26.10.2011 – 4 Sa 1720/11; LAG Chemnitz 21.7.2006 – 2 Sa 818/05; LAG Nürnberg 26.9.2012 – 2 Sa 75/12.

scheids beantragt und dringende dienstliche Gründe nicht entgegenstehen. Liegt nur eine teilweise Erwerbsminderung vor, d. h. ist der Beschäftigte unter den üblichen Bedingungen des allgemeinen Arbeitsmarkts noch in der Lage, zwischen drei und sechs Stunden täglich erwerbstätig zu sein, kann der Beschäftigte nach § 33 Abs. 3 TVöD zur Vermeidung des Ruhens des Arbeitsverhältnisses seine Weiterbeschäftigung beantragen. Dies muss schriftlich und innerhalb von zwei Wochen nach Zugang des Rentenbescheids erfolgen. Der Arbeitgeber kann den Antrag ablehnen, wenn dringende betriebliche Gründe der Weiterbeschäftigung entgegenstehen. Eine Weiterbeschäftigung kommt als schwerbehinderter Mensch bzw. nach § 241 Abs. 2 BGB infrage. Nach der Rechtsprechung des BAG könne § 33 TVöD aber die gesetzlich garantierten Rechte schwerbehinderter Menschen nicht verkürzen. Dieser Personenkreis könne darum unabhängig von der in § 33 TVöD angeordneten Form und Frist gem. § 81 Abs. 4, Abs. 5 Satz 3 SGB IX eine behinderungsgerechte Beschäftigung verlangen. Darüber hinaus könne jeder Beschäftigte auch während des Ruhens des Arbeitsverhältnisses nach § 241 Abs. 2 BGB vom Arbeitgeber verlangen, dass die Möglichkeit einer Beschäftigung unter Berücksichtigung seines verbliebenen Leistungsvermögens geprüft wird. Damit schränkt § 33 TVöD die Möglichkeit des Beschäftigten, der eine Rente wegen teilweiser Erwerbsminderung bezieht, durch die Fortsetzung des aktiven Arbeitsverhältnisses sein Einkommen zu sichern, nicht so stark ein, dass die durch Art. 12 Abs. 1 GG gewährleistete Berufsfreiheit verletzt ist.[69] Ist der Beschäftigte nach dem Bescheid eines Rentenversicherungsträgers teilweise erwerbsgemindert, wird eine Rente jedoch wegen der Höhe des zu berücksichtigenden Einkommens nicht gezahlt, endet das Arbeitsverhältnis nicht nach § 33 Abs. 2 Satz 1 TVöD/TV-L mit Ablauf des Monats, in dem der Rentenbescheid zugestellt wird.[70]

Tarifliche Regelungen über auflösende Bedingungen sind grundsätzlich möglich. Sie dürfen aber nicht zu einer objektiven Umgehung zwingender kündigungsschutzrechtlicher Normen führen. Sofern zwingender Kündigungsschutz objektiv umgangen wird, bedürfen auflösende Bedingungen eines sie rechtfertigenden Sachgrundes.[71] **26**

Für die im Wesentlichen kongruente Regelung in § 59 Abs. 1 BAT sieht das BAG die auflösende Bedingung als sachlich gerechtfertigt an. Sie beruhe auf der Annahme der Tarifvertragsparteien, der Arbeitnehmer werde im Fall der Erwerbsminderung künftig die arbeitsvertraglich geschuldeten Leistungen

---

69 BAG 17. 3. 2016 – 6 AZR 221/15.
70 LAG Düsseldorf 8. 8. 2008 – 9 Sa 572/08, nachgehend BAG 29. 4. 2010 – 7 AZR 913/08.
71 Ständige Rechtsprechung des BAG, vgl. etwa BAG 28. 6. 1995 – 7 AZR 555/94, NZA 1996, 374–376; BAG 25. 8. 1998 – 7 AZR 75/98, NZA 2000, 656–658; BAG 23. 2. 2000 – 7 AZR 891/98, NZA 2000, 894–897.

nicht mehr erbringen können.[72] § 59 Abs. 1 BAT diene einerseits dem Schutz des Arbeitnehmers, der aus gesundheitlichen Gründen nicht mehr in der Lage ist, seine bisherige Tätigkeit zu verrichten, und bei dem bei einer Fortsetzung der Tätigkeit die Gefahr einer weiteren Verschlimmerung seines Gesundheitszustandes besteht. Andererseits wolle die Tarifvorschrift dem berechtigten Interesse des Arbeitgebers Rechnung tragen, sich von einem Arbeitnehmer trennen zu können, der gesundheitsbedingt nicht mehr in der Lage ist, seine nach dem Arbeitsvertrag geschuldete Leistung zu erbringen. Diese berechtigten Interessen beider Arbeitsvertragsparteien seien grundsätzlich geeignet, einen sachlichen Grund für die Beendigung des Arbeitsverhältnisses ohne Kündigung abzugeben.[73] Auch liegt darin nach Auffassung des BAG keine Benachteiligung wegen einer Behinderung des Arbeitnehmers i. S. d. § 7 Abs. 2 AGG.[74] Die verminderte Erwerbsfähigkeit allein stellt nach Ansicht des BAG allerdings keinen ausreichenden Sachgrund für die auflösende Bedingung dar. Erst die Einbindung der Interessen des Arbeitnehmers durch die Anknüpfung an die rentenrechtliche Versorgung rechtfertige die Beendigung des Arbeitsverhältnisses ohne Kündigung. Die Regelung setzt deshalb voraus, dass das Arbeitsverhältnis nur bei einem voraussichtlich dauerhaften Rentenbezug ab dem Rentenbeginn enden soll.[75]

27   Das in der ab 1. Januar 2002 geltenden Fassung des § 59 Abs. 3 BAT, dem der § 33 Abs. 3 TVöD entspricht, erstmals normierte Frist- und Formerfordernis für den Weiterbeschäftigungsantrag des Angestellten trägt der ständigen Rechtsprechung des BAG zur Rechtslage vor Inkrafttreten der Regelung Rechnung.[76] Ein nur mündliches Weiterbeschäftigungsverlangen wahrt die Schriftform nicht. Denn die Vorschrift enthält ein konstitutives Schriftformerfordernis i. S. v. § 125 Satz 1 BGB.[77]

27a   Die Beendigung eines Arbeitsverhältnisses wegen Bewilligung einer Rente tritt nicht ein, wenn der Arbeitnehmer auf seinem bisherigen oder einem anderen freien Arbeitsplatz weiterbeschäftigt werden kann und der Arbeitnehmer noch vor Zustellung des Rentenbescheids vom Arbeitgeber die Weiterbeschäftigung verlangt.[78] Der Beendigung des Arbeitsverhältnisses steht jedoch nicht entgegen, dass dem Arbeitnehmer neben der unbefristeten Rente wegen teilweiser Erwerbsminderung eine befristete Rente wegen vol-

---

72 BAG 3. 9. 2003 – 7 AZR 661/02.
73 BAG 6. 12. 2000 – 7 AZR 302/99, NZA 2001, 792–796; BAG 31. 7. 2002 – 7 AZR 118/01, NZA 2003, 620–622.
74 BAG 14. 1. 2015 – 7 AZR 880/13; BAG 10. 12. 2014 – 7 AZR 1002/12.
75 BAG 23. 6. 2004 – 7 AZR 440/03, NZA 2005, 520–523.
76 Vgl. etwa BAG 9. 8. 2000 – 7 AZR 214/99, NZA 2001, 737–739.
77 BAG 1. 12. 2004 – 7 AZR 198/04, NZA 2005, 575–578.
78 BAG 9. 8. 2000 – 7 AZR 214/99; NZA 2001, 737–739; BAG 31. 7. 2002 – 7 AZR 118/01, NZA 2003, 620–622.

ler Erwerbsminderung bewilligt wurde, soweit der Arbeitnehmer nicht innerhalb von zwei Wochen nach Zugang des Rentenbescheids schriftlich seine Weiterbeschäftigung beim Arbeitgeber beantragt hat.[79]

Die Regelung stößt auf große Bedenken, da sie auch ermöglicht, dass Beschäftigte aufgrund von »Arbeitsplatzmangel« nicht weiter beschäftigt werden. Der Arbeitgeber ist lediglich zur Weiterbeschäftigung auf einem geeigneten und freien, also bereits vorhandenen, unbesetzten Arbeitsplatz verpflichtet.[80] Ist dieser nicht vorhanden, endet nach § 33 Abs. 3 TVöD/TVL das Arbeitsverhältnis bei teilweiser Erwerbsminderung automatisch. Zudem sind die Feststellungen eines Rentenversicherungsträgers abstrakt und beziehen sich gerade nicht auf den konkreten Arbeitsplatz. Es bereitet große Schwierigkeiten herauszufinden, ob und ggf. mit welchen Einschränkungen nach diesen abstrakten Feststellungen der Arbeitnehmer seine konkrete Tätigkeit noch ausüben kann. Falls er dies nur mit Einschränkungen vermag, kann kaum überprüft werden, ob der Arbeitgeber sich überhaupt ernsthaft bemüht, einen solchen geeigneten Arbeitsplatz zu finden. Hier ist die betriebliche Interessenvertretung gefragt, die in der Regel einen größeren Einblick in die Arbeitsplatzstruktur und Personalplanung des Arbeitgebers besitzt als der einzelne Beschäftigte.

Anders ist die Rechtslage nur zu beurteilen sein, wenn der Arbeitnehmer schwerbehindert ist und sich auf § 164 Abs. 4 Satz 1 Nr. 1 SGB IX beruft.[81] Ob die auflösende Bedingung nach § 33 Abs. 2 TVöD/TV-L eingetreten ist, unterliegt der arbeitsgerichtlichen Nachprüfung im Rahmen des Bedingungskontrollverfahrens.[82]

Anwendung des § 14 Abs. 4

Die Vereinbarung einer auflösenden Bedingung, und zwar nur diese, bedarf der Schriftform gem. § 126 BGB.[83] Das Schriftformgebot des § 14 Abs. 4 findet keine Anwendung, wenn ein auf das Arbeitsverhältnis insgesamt anwendbarer einschlägiger Tarifvertrag eine Befristung oder eine auflösende Bedingung des Arbeitsverhältnisses vorsieht.[84]

28

---

79 BAG 15.3.2006 – 7 AZR 332/05, ZTR 2006, 548–551.
80 Bestätigt durch BAG 21.1.2009 – 7 AZR 843/07, NZA-RR 2010, 38; dazu Lorenz-Schmidt/Schmidt, ZTR 2018, 564–577, 571ff.
81 BAG 14.3.2006 – 9 AZR 411/05, Rn. 18 und 19 m.w.N., NZA 2006, 1214–1217; BAG 16.1.2018 – 7 AZR 622/15, ZTR 2018, 473; dazu: Lorenz-Schmidt/Schmidt, ZTR 2018, 564–577, 574ff.
82 Zum Ganzen Lorenz-Schmidt/Schmidt, ZTR 2018, 564–577.
83 Siehe auch Rn. 20; im Übrigen § 14 Rn. 121ff.
84 BAG 23.7.2014 – 7 AZR 771/12, NZA 2014, 1341.

Anwendung des § 15 Abs. 2

29 Aufgrund der entsprechenden Anwendung des § 15 Abs. 2 auf auflösend bedingte Arbeitsverhältnisse über § 21 endet das Arbeitsverhältnis frühestens zwei Wochen nach einer Mitteilung des Arbeitgebers vom Zeitpunkt des Eintritts der auflösenden Bedingung. Auch hier ist Sinn und Zweck der Regelung, den Arbeitnehmer auf das Ende des Arbeitsverhältnisses vorzubereiten und ihm die Möglichkeit zu geben, sich einen neuen Arbeitsplatz zu suchen.[85]

Anwendung des § 15 Abs. 3

30 Um eine Zweckbefristung handelt es sich z. B. bei § 9 Abs. 2 des Tarifvertrags zur Regelung der Altersteilzeitarbeit im öffentlichen Dienst (TV ATZ) v. 5. Mai 1998 in der Fassung des Änderungstarifvertrags Nr. 2 v. 30. Juni 2000, nach der ein Arbeitsverhältnis mit Ablauf des Kalendermonats vor dem Kalendermonat endet, für den der Arbeitnehmer eine Rente wegen Alters oder, wenn er von der Versicherungspflicht in der gesetzlichen Rentenversicherung befreit ist, eine vergleichbare Leistung einer Versicherungs- oder Versorgungseinrichtung oder eines Versicherungsunternehmens beanspruchen kann; dies gilt nicht für Renten, die vor dem für den Versicherten maßgebenden Rentenalter in Anspruch genommen werden können.[86]
Ein auflösend bedingtes Arbeitsverhältnis unterliegt gem. § 15 Abs. 3 nur dann der ordentlichen Kündigung, wenn dies einzelvertraglich oder im anzuwendenden Tarifvertrag vereinbart ist.[87] Da auflösende Bedingungen häufig so gefasst sind, dass sie erst nach einem langen Zeitraum mit der Folge der Beendigung des Arbeitsverhältnisses eintreten können, kann der Ausschluss der Möglichkeit einer ordentlichen Kündigung eine unerwünschte Tragweite haben. Allerdings sind zusätzlich zum Schriftformerfordernis nach § 14 Abs. 4 hinsichtlich der Befristungsabrede[88] gem. § 2 Abs. 1 Satz 1 NachwG in einem Arbeitsverhältnis die wesentlichen Vertragsbedingungen ohnehin schriftlich niederzulegen, zu denen nach § 2 Abs. 1 Satz 2 Nr. 9 NachwG auch die Fristen für die Beendigung des Arbeitsverhältnisses zählen. Dem Arbeitgeber ist in jedem Fall die Vereinbarung einer ordentlichen Kündigungsmöglichkeit anzuraten. Demgegenüber kann der Arbeitnehmer bei Unwirksamkeit der auflösenden Bedingung das Arbeitsverhältnis jederzeit ordentlich kündigen.

---

85 Siehe im Übrigen § 15 Rn. 6 ff.
86 Zulässig nach: BAG 27. 4. 2004 – 9 AZR 18/03, NZA 2005, 821–826.
87 Siehe § 15 Rn. 18.
88 Siehe § 14 Rn. 121.

Anwendung des § 15 Abs. 5

§ 15 Abs. 5: Sofern der Arbeitnehmer nach dem Eintritt der auflösenden Be- **31** dingung seine Tätigkeit mit Wissen des Arbeitgebers oder einer vertretungs- berechtigten Person fortsetzt und der Arbeitgeber die ordnungsgemäße Mit- teilung des Eintritts der auflösenden Bedingung nicht unverzüglich nach- holt, entsteht gem. § 15 Abs. 5 ein unbefristetes Arbeitsverhältnis. Ebenso wie bei der Zweckbefristung kann ein unbefristetes Arbeitsverhältnis bei ei- ner auflösenden Bedingung auch dann entstehen, wenn der Arbeitnehmer nach dem Eintritt der Bedingung über den Ablauf der Auslauffrist hinaus seine Tätigkeit fortsetzt und der Arbeitgeber nicht unverzüglich wider- spricht.[89]

Folgen unwirksamer Vereinbarung einer auflösenden Bedingung, § 16

Ist die Vereinbarung einer auflösenden Bedingung unwirksam, gilt in ent- **32** sprechender Anwendung von § 16 Satz 1 Halbs. 1 der Arbeitsvertrag als auf unbestimmte Zeit geschlossen. Bei der Anwendung des § 16 auf unwirksame Befristungen aufgrund auflösender Bedingungen sind Besonderheiten zu beachten. Während § 16 im Fall von Befristungen die Unwirksamkeit wegen eines Verstoßes gegen § 14 Abs. 1–4 umfasst, werden bei der auflösenden Be- dingung nach § 21 nur die Fälle eines Verstoßes gegen § 14 Abs. 1 und Abs. 4 erfasst. Der Rückgriff auf die Möglichkeit einer sachgrundlosen Befristung scheidet damit aus. Ist die auflösende Bedingung unwirksam, entsteht ein unbedingtes Arbeitsverhältnis.[90]

Anwendung des § 17

Die Klagefrist nach §§ 21, 17 Satz 1 ist nicht nur dann einzuhalten, wenn die **33** Wirksamkeit der Bedingung streitig ist, sondern auch dann, wenn deren tat- sächlicher Eintritt im Streit steht.[91] Der Arbeitnehmer muss gem. § 17 Satz 1 innerhalb von drei Wochen nach der durch den Eintritt der auflösenden Be- dingung erfolgten Beendigung des Arbeitsverhältnisses Klage auf Feststel- lung erheben, dass das Arbeitsverhältnis nicht aufgrund der auflösenden Be- dingung beendet worden ist.

Die dreiwöchige Klagefrist nach §§ 21, 17 Satz 1 beginnt bei Bedingungs- **34** kontrollklagen grundsätzlich mit dem Tag, an dem die auflösende Bedin-

---

89 Siehe im Übrigen § 15 Rn. 30 ff.
90 Meinel/Heyn/Herms, § 21 TzBfG Rn. 30.
91 Ständige Rechtsprechung seit BAG 6. 4. 2011 – 7 AZR 704/09; BAG 27. 7. 2011 – 7 AZR 402/10; BAG 10. 10. 2012 – 7 AZR 602/11; BAG 23. 7. 2014 – 7 AZR 771/12; BAG 14. 1. 2015 – 7 AZR 880/13; BAG 4. 11. 2015 – 7 AZR 851/13.

gung eingetreten ist. Allerdings endet der auflösend bedingte Arbeitsvertrag nach §§ 21, 15 Abs. 2 frühestens zwei Wochen nach Zugang der schriftlichen Unterrichtung des Arbeitnehmers durch den Arbeitgeber über den Eintritt der Bedingung. Streiten die Parteien über den Eintritt der auflösenden Bedingung bzw. über den Zeitpunkt des Eintritts der auflösenden Bedingung, beginnt die Dreiwochenfrist grundsätzlich mit dem vom Arbeitgeber in der schriftlichen Erklärung angegebenen Zeitpunkt des Eintritts der auflösenden Bedingung zu laufen. Geht dem Arbeitnehmer die schriftliche Erklärung des Arbeitgebers nach diesem Zeitpunkt zu, beginnt die Dreiwochenfrist mit dem Zugang der schriftlichen Erklärung beim Arbeitnehmer.[92]

Anwendung des § 20

35   Der Arbeitgeber hat eine getrennte Aufstellung der befristet beschäftigten Arbeitnehmer und auflösend bedingt beschäftigten Arbeitnehmer vorzunehmen.[93] Dies ergibt sich schon daraus, dass die Rechtslage für befristet beschäftigte Arbeitnehmer und auflösend bedingt beschäftigte Arbeitnehmer nicht vollkommen identisch ist, die Informationspflicht jedoch u. a. der Kontrolle der Einhaltung der gesetzlichen Vorschriften des TzBfG dient.[94]

36   Das Arbeitsverhältnis besteht unbedingt fort, wenn objektiv feststeht, dass die Bedingung nicht mehr eintreten kann bzw. der Zeitraum, für den der Bedingungseintritt erwartet worden war, verstrichen ist.[95] Ist im Einzelfall jedoch nicht sicher, ob ein auflösend bedingtes oder zweckbefristetes Arbeitsverhältnis vorliegt,[96] muss der Arbeitgeber den Arbeitnehmer ggf. gem. § 15 Abs. 2 unverzüglich schriftlich über den Zeitpunkt der Zweckerreichung informieren bzw. der Fortsetzung des Arbeitsverhältnisses unverzüglich widersprechen oder dem Arbeitnehmer die Zweckerreichung unverzüglich mitteilen, um im Fall einer Zweckbefristung die Rechtsfolge des § 15 Abs. 5 zu vermeiden.

---

92 BAG 4. 11. 2015 – 7 AZR 851/13.
93 Meinel/Heyn/Herms, § 21 TzBfG Rn. 34; Däubler/Deinert/Zwanziger-Däubler/ Wroblewski, KSchR Teil 2, § 21 TzBfG Rn. 28.
94 BT-Drs. 14/4374, S. 21.
95 Palandt/Heinrichs, § 158 BGB Rn. 3.
96 Siehe Rn. 3 f.

Vierter Abschnitt
Gemeinsame Vorschriften

§ 22   Abweichende Vereinbarungen

(1) Außer in den Fällen des § 9a Abs. 6, § 12 Abs. 6, § 13 Abs. 4 und § 14 Abs. 2 Satz 3 und 4 kann von den Vorschriften dieses Gesetzes nicht zuungunsten des Arbeitnehmers abgewichen werden.

(2) Enthält ein Tarifvertrag für den öffentlichen Dienst Bestimmungen im Sinne des § 8 Abs. 4 Satz 3 und 4, auch in Verbindung mit § 9a Abs. 2, des § 9a Abs. 6, § 12 Abs. 6, § 13 Abs. 4, § 14 Abs. 2 Satz 3 und 4 oder § 15 Abs. 3, so gelten diese Bestimmungen auch zwischen nicht tarifgebundenen Arbeitgebern und Arbeitnehmern außerhalb des öffentlichen Dienstes, wenn die Anwendung der für den öffentlichen Dienst geltenden tarifvertraglichen Bestimmungen zwischen ihnen vereinbart ist und die Arbeitgeber die Kosten des Betriebes überwiegend mit Zuwendungen im Sinne des Haushaltsrechts decken.

Abweichungen zulasten der Beschäftigten

Abs. 1 stellt klar, dass es sich bei den Bestimmungen des TzBfG um einseitig zwingende Arbeitnehmerschutzvorschriften handelt. Diese Vorschrift erfasst alle Regelungen, die zum Nachteil des Arbeitnehmers von den Bestimmungen des TzBfG abweichen.[1] Die zulasten des Arbeitnehmers abweichende Regelung ist unwirksam – unabhängig davon, ob die dem Gesetz widersprechende Regelung Bestandteil des Arbeitsvertrags, eines Tarifvertrags, einer Betriebs-, Dienst- oder Sprecherausschussvereinbarung oder einer betrieblichen Übung ist.[2]   **1**

Allerdings lässt § 22 Abs. 1 Abweichungen von den Bestimmungen des TzBfG **zulasten** des Arbeitnehmers ausdrücklich in vier Fällen zu, nämlich   **1a**

• vom Rahmen für die Zeitdauer (Mindest- und/oder Höchstdauer) der Brückenteilzeit (§ 9a Abs. 6 i. V. m. § 9a Abs. 1 Satz 2),
• von der Pflicht, bei Arbeit auf Abruf eine bestimmte Dauer der wöchentlichen und täglichen Arbeitszeit zu vereinbaren (§ 12 Abs. 6 i. V. m. § 12

---

1 Vgl. BAG 20. 1. 2015 – 9 AZR 735/13, NZA 2015, 816.
2 Vgl. BAG 10. 12. 2014 – 7 AZR 1009/12, NZA 2015, 811.

Abs. 1 Satz 2) und von den gesetzlichen Rechtsfolgen bei Fehlen einer solchen Vereinbarung (§ 12 Abs. 6 i. V. m. § 12 Abs. 1 Satz 3 bzw. Satz 4),

- vom Nichtbestehen der Pflicht, bei Arbeitsplatzteilung den verhinderten Arbeitsplatzpartner zu vertreten (§ 13 Abs. 4 i. V. m. § 13 Abs. 1 Satz 2), und

- von der Höchstdauer und der Höchstzahl der Verlängerungen einer sachgrundlosen Befristung (§ 14 Abs. 2 Satz 3 i. V. m. § 14 Abs. 2 Satz 1).

In all diesen Fällen muss die Abweichung »durch Tarifvertrag« vorgesehen sein, also im Tarifvertrag selbst festgehalten sein. Tarifliche Öffnungsklauseln zuungunsten der Arbeitnehmer – also Abweichungen nicht »durch«, sondern »aufgrund« eines Tarifvertrags, die der Gesetzgeber in anderen Zusammenhängen zulässt[3] – sind im Rahmen des TzBfG nicht zulässig. Wenn die Tarifvertragsparteien Abweichungen von den oben genannten Regelungen zulasten der Beschäftigten zulassen wollen, müssen sie den Umfang der Abweichung im Tarifvertrag selbst regeln und dürfen die Regelung der konkreten Reichweite der Abweichung nicht den Betriebsparteien[4] oder gar den Arbeitsvertragsparteien überlassen.

1b In § 22 Abs. 1 werden § 8 Abs. 4 Sätze 3 und 4 und § 9a Abs. 2 Satz 1 zweiter Halbsatz, die es den Tarifvertragsparteien erlauben, die betrieblichen Gründe festzulegen, die den Arbeitgeber berechtigen, dem Verlangen des Arbeitnehmers auf unbefristete Teilzeit (nach § 8 Abs. 1) bzw. auf Brückenteilzeit (nach § 9a Abs. 1) seine Zustimmung zu verweigern, nicht genannt. Deshalb dürfen die Tarifvertragsparteien zwar die betrieblichen Gründe i. S. v. § 8 Abs. 4 Sätze 1 und 2 bzw. § 9a Abs. 2 Satz 1 zweiter Halbsatz – auch unter Berücksichtigung der Erfordernisse des betreffenden Wirtschaftszweigs – konkretisieren,[5] aber nicht den vom Gesetz für die Ablehnungsgründe gezogenen Rahmen zulasten der Arbeitnehmer noch einmal zu deren Lasten erweitern.[6]

---

3   Vgl. z. B. § 7 Abs. 1 ArbZG: »In einem Tarifvertrag oder aufgrund eines Tarifvertrags in einer Betriebs- oder Dienstvereinbarung kann zugelassen werden, … abweichend von § 3 … die Arbeitszeit über zehn Stunden werktäglich zu verlängern, wenn in die Arbeitszeit regelmäßig und in erheblichem Umfang Arbeitsbereitschaft oder Bereitschaftsdienst fällt …«.

4   A.A. insoweit Däubler/Deinert/Zwanziger, KSchR, § 22 TzBfG Rn. 24, der einen Tarifvertrag, der die Betriebsparteien zur Regelung von Einzelfragen ermächtigt, für »denkbar« hält.

5   Arnold/Gräfl-Hemke, § 8 TzBfG Rn. 101; Zwanziger/Winkelmann, Teilzeitarbeit, Rn. 77. Dies gilt erst recht für eine Betriebsvereinbarung, die den Teilzeitanspruch der Beschäftigten einschränkt; vgl. BAG 10. 12. 2014 – 7 AZR 1009/12, NZA 2015, 811.

6   Vgl. § 8 Rn. 52; Arnold/Gräfl-Hemke, a. a. O. Rn. 102, sieht auch eine pauschale Einschränkung der Ablehnungsgründe ohne Berücksichtigung des Einzelfalls zu Lasten des Arbeitgebers im Hinblick auf dessen verfassungsrechtlich garantierte Freiheiten als problematisch an.

Eine Abweichung von den gesetzlichen Vorschriften zuungunsten des Arbeitnehmers durch den Arbeitsvertrag, durch eine Betriebs-, Dienst- oder Sprecherausschussvereinbarung oder gar durch eine dem Gesetz widersprechende betriebliche Übung ist in jedem Fall ausgeschlossen und unwirksam.[7] **2**

In den oben genannten Fällen, in denen das Gesetz tarifvertragliche Abweichungen zulasten der Beschäftigten zulässt, gelten diese Abweichungen automatisch nur für solche Arbeitsverhältnisse, bei denen sowohl der Arbeitgeber als auch der Arbeitnehmer tarifgebunden sind. Beiderseitige Tarifgebundenheit setzt voraus, dass der Arbeitgeber entweder selbst Tarifvertragspartei oder Mitglied des tarifvertragschließenden Arbeitgeberverbandes und der Arbeitnehmer Mitglied der tarifvertragschließenden Gewerkschaft ist (Tarifgebundenheit aufgrund Mitgliedschaft in der jeweiligen Tarifvertragspartei nach § 3 Abs. 1 TVG) oder der Tarifvertrag für allgemeinverbindlich erklärt worden ist (Tarifgebundenheit aufgrund Allgemeinverbindlichkeitserklärung nach § 5 Abs. 5 TVG). Ist nur eine der beiden Arbeitsvertragsparteien nicht tarifgebunden, so gelten die tarifvertraglichen Regelungen nicht automatisch. **3**

Bei der Arbeit auf Abruf, der Arbeitsplatzteilung und der sachgrundlosen Befristung sieht das Gesetz in § 12 Abs. 6 Satz 2, § 13 Abs. 4 Satz 2 und § 14 Abs. 2 Satz 3 allerdings ausdrücklich vor, dass nicht tarifgebundene Arbeitsvertragsparteien die Anwendung der für die Beschäftigten ungünstigeren tariflichen Regelungen vereinbaren können. **3a**

Bei der zum 1.1.2019 eingeführten **Brückenteilzeit** hat der Gesetzgeber dagegen keine solche Möglichkeit für nicht tarifgebundene Arbeitsvertragsparteien vorgesehen,[8] obwohl im Gesetzgebungsverfahren deren Fehlen thematisiert wurde.[9] Das könnte im Umkehrschluss dafür sprechen, dass nicht tarifgebundene Arbeitsvertragsparteien die Anwendung einer tariflichen Regelung i. S. v. § 9a Abs. 6 nicht wirksam vereinbaren können.[10] **3b**

---

7 Meinel/Heyn/Herms, § 22 TzBfG Rn. 5; Sievers, § 22 TzBfG Rn. 3.

8 Siehe hierzu auch die Kommentierung zu § 9a Rn. 50 ff.

9 Ausschuss-Drs. 19(11)149, S. 26 und 42.

10 Dies könnte im Ergebnis Beschäftigte, die Mitglied der tarifvertragschließenden Gewerkschaft sind, gegenüber nicht gewerkschaftsangehörigen Beschäftigten benachteiligen. Sieht nämlich ein tarifgebundener Arbeitgeber in seinen Arbeitsverträgen mit allen seinen Beschäftigten vor, dass auf das Arbeitsverhältnis die einschlägigen Tarifverträge Anwendung finden, und enthalten diese Tarifverträge eine für die Beschäftigten ungünstigere Regelung, die nach § 9a Abs. 6 zulässig ist, so müssen Mitglieder der tarifvertragschließenden Gesellschaft diese für sie ungünstigere Regelung wegen der beiderseitigen Tarifbindung unabhängig von der Inbezugnahmeklausel im Arbeitsvertrag in jedem Fall gegen sich gelten lassen. Nicht-Gewerkschaftsmitglieder hingegen könnten einwenden, dass die für sie ungünstigere tarifvertragliche Regelung, obwohl ihre Geltung im Arbeitsvertrag ver-

3c   Soweit das Gesetz in § 12 Abs. 6 Satz 2, § 13 Abs. 4 Satz 2 und § 14 Abs. 2
Satz 3 zulässt, dass nicht tarifgebundene Arbeitsvertragsparteien die Anwendung der für die Beschäftigten ungünstigeren tariflichen Regelungen vereinbaren, ist allerdings Voraussetzung für eine wirksame Vereinbarung, dass
sich die Arbeitsvertragsparteien im Geltungsbereich des betreffenden Tarifvertrags befinden. Geltungsbereich meint nicht Tarifgebundenheit, sondern
den sachlichen, persönlichen, zeitlichen und ggf. auch regionalen Anwendungsbereich des Tarifvertrags, den der Tarifvertrag selbst definiert.

> **Beispiel:**
> Arbeitsvertragsparteien aus der Metallindustrie können daher nicht wirksam
> vereinbaren, dass tarifvertragliche Bestimmungen für den Bereich des Einzel-
> handels, die zulasten der Beschäftigten vom TzBfG abweichen, auf ihr Arbeits-
> verhältnis Anwendung findet.

3d   Soweit nach dem TzBfG eine arbeitsvertragliche Vereinbarung, wonach die
für die Beschäftigten ungünstigere tarifvertragliche Regelung auf das Arbeitsverhältnis Anwendung findet, zulässig ist, kann eine solche arbeitsvertragliche Vereinbarung in Form einer (allgemeinen) Inbezugnahme-Klausel
im Arbeitsvertrag erfolgen.[11]

> **Beispiel:**
> Eine solche arbeitsvertragliche Inbezugnahme-Klausel kann beispielsweise lau-
> ten: »Auf das Arbeitsverhältnis finden die Tarifverträge für die chemische Indus-
> trie Anwendung.« oder »Die Arbeitszeit richtet sich nach den Bestimmungen der
> Tarifverträge für die chemische Industrie.«

3e   Denkbar ist aber auch, dass im Arbeitsvertrag allein die Geltung der Tarif-
vertragsregelung vereinbart wird, die zulasten der Beschäftigten vom TzBfG
abweicht (bei gleichzeitigem – stillschweigenden – Ausschluss der übrigen Tarifvertragsregelungen, insbesondere der für die Beschäftigten günstigen).[12] Dies ist nach dem TzBfG zulässig, aber problematisch, weil in Tarifverträgen meist eine für die Beschäftigten ungünstige Regelung durch eine
für sie günstige Regelung an anderer Stelle ausgeglichen wird und dieses

---

einbart wurde, für sie nicht gelte, da das Gesetz eine solche Vereinbarung nicht
zulasse, könnten sich aber gleichzeitig auf die für Beschäftigte günstigen Tarifvertragsvorschriften berufen, weil ihre Geltung ja im Arbeitsvertrag vereinbart
wurde.

11 Vgl. BAG 18. 3. 2015 – 7 AZR 272/13, wo die Parteien im Arbeitsvertrag vereinbart
hatten, dass auf ihr Arbeitsverhältnis ein Tarifvertrag Anwendung finden solle,
der die nach § 14 Abs. 2 Satz 1 zulässige Höchstdauer einer sachgrundlosen Befristung gem. § 14 Abs. 2 Satz 2 wirksam verlängert hatte.

12 Ausnahme: Tarifverträge für den öffentlichen Dienst i. S. v. Abs. 2. Hier muss kraft
arbeitsvertraglicher Verweisung der **gesamte Tarifvertrag** übernommen werden;
siehe hierzu unten Rn. 7.

Gleichgewicht gestört wird, wenn nach dem Arbeitsvertrag allein die ungünstige Regelung gelten soll. [13]

Abweichungen zugunsten der Beschäftigten

Da das TzBfG ein Arbeitnehmerschutzgesetz ist, unterliegen Abweichungen **4** von seinen Bestimmungen zugunsten der Beschäftigten grundsätzlich keinen gesetzlichen Beschränkungen. Nach **h. M.**[14] soll dieser Grundsatz jedoch nicht für die in § 17 geregelte Klagefrist gelten, die der betroffene Arbeitnehmer daher in jedem Fall beachten sollte, wenn er die Unwirksamkeit einer Befristung seines Arbeitsvertrags geltend machen will.[15] Von dieser Ausnahme abgesehen können aus Sicht der Beschäftigten günstigere Bestimmungen sowohl in Tarifverträgen als auch in Betriebs-, Dienst- oder Sprecherausschussvereinbarungen und im jeweiligen Arbeitsvertrag vereinbart werden. Auch eine von den Vorschriften des TzBfG zugunsten der Arbeitnehmer abweichende betriebliche Übung[16] ist wirksam. Die betroffenen Arbeitnehmer können aus dieser betrieblichen Übung Rechtsansprüche gegenüber ihrem Arbeitgeber herleiten.

Besonderheiten bei Tarifverträgen für den öffentlichen Dienst

Abs. 2: Die Regelung erleichtert die Möglichkeit, auf Tarifverträge für den **5** öffentlichen Dienst auch dann wirksam einzelvertraglich zu verweisen, wenn sie für den Arbeitnehmer ungünstige Abweichungen vom TzBfG enthalten. Grundsätzlich stellen die gesetzlichen Öffnungsklauseln für Tarifverträge darauf ab, dass die entsprechenden Tarifverträge entweder kraft beiderseitiger **Tarifbindung** gem. §§ 3, 4 TVG oder kraft Allgemeinverbindlicherklärung gem. § 5 TVG Anwendung finden. Dies sichert die notwendige Legitimation zuungunsten der Arbeitnehmer vom Gesetz abweichender Vorschriften in Tarifverträgen. Eine Erstreckung der tariflichen Regelungen auf sonstige Arbeitsverhältnisse soll nur innerhalb des im Übrigen gegebe-

---

13 Vgl. die Stellungnahme des DGB zum Entwurf eines Gesetzes zur Weiterentwicklung des Teilzeitrechts – Einführung einer Brückenteilzeit –, Ausschuss-Drs. 19(11)149, S. 35, der aus diesem Grund anregt, § 12 Abs. 6, zumindest aber die Möglichkeit der arbeitsvertraglichen Inbezugnahme durch nicht tarifgebundene Arbeitgeber zu streichen.
14 Vgl. Arnold/Gräfl-Rambach, § 22 TzBfG Rn. 4 m. w. N.; Annuß/Thüsing-Thüsing, § 22 TzBfG Rn. 22.
15 Siehe § 17 Rn. 20.
16 Zu den Voraussetzungen für das Vorliegen einer betrieblichen Übung s. Grobys, NJW-Spezial 2006, 321.

nen fachlichen und räumlichen Geltungsbereichs des Tarifvertrags im **Wege einzelvertraglicher Vereinbarung** zulässig sein.[17]

6   Dies spiegeln die Tariföffnungsklauseln des TzBfG wider, die lediglich im Geltungsbereich des jeweiligen Tarifvertrags Anwendung finden. Abs. 2 – wie zuvor § 6 Abs. 2 BeschFG 1985 – eröffnet abweichend davon die Möglichkeit, dass die für den öffentlichen Dienst geltenden Tarifregelungen auch zwischen nicht tarifgebundenen Arbeitgebern und Arbeitnehmern außerhalb des Tarifgeltungsbereichs des öffentlichen Dienstes gelten, wenn deren Anwendung einzelvertraglich vereinbart worden ist und die Arbeitgeber die Kosten des Betriebs überwiegend mit Zuwendungen i. S. d. Haushaltsrechts decken. Gemeint sind privatrechtlich organisierte **Zuwendungsempfänger wie die Max-Planck-Gesellschaft und die Fraunhofer-Gesellschaft**, beide in Form einer GmbH organisiert,[18] soweit sie Bezug auf den BAT oder die für Arbeiter im öffentlichen Dienst geltenden Tarifverträge[19] bzw. auf den zum 1. Oktober 2005 in Kraft getretenen TVöD oder den zum 1. November 2006 in Kraft getretenen TV-L nehmen. Die Möglichkeit zur einzelvertraglichen Übernahme von vom TzBfG abweichenden Bestimmungen von für den öffentlichen Dienst geltenden Tarifverträgen soll dem Umstand Rechnung tragen, dass solche Unternehmen häufig schon aufgrund der mit der Vergabe öffentlicher Mittel verbundenen Auflagen die für den öffentlichen Dienst geltenden Tarifverträge anwenden, obwohl diese vom Geltungsbereich her nicht einschlägig sind.[20]

7   Die Ausdehnung des Anwendungsbereichs der Tarifverträge für den öffentlichen Dienst i. S. v. Abs. 2 ist nur dann zulässig, wenn kraft arbeitsvertraglicher Verweisung der **gesamte Tarifvertrag** übernommen wird. Es reicht nicht aus, wenn lediglich auf einzelne Regelungen eines Tarifvertrags verwiesen wird.[21] Vielmehr ist erforderlich, dass kraft arbeitsvertraglicher Vereinbarung das Arbeitsverhältnis so gestaltet ist, als wäre der Arbeitnehmer im öffentlichen Dienst beschäftigt und der einschlägige Tarifvertrag auf ihn anzuwenden,[22] ohne dass nur die einschlägigen vom Gesetz zuungunsten der Arbeitnehmer abweichenden Regelungen übernommen werden.[23] Dies folgt aus der Intention der Regelung, dass der Arbeitnehmer insgesamt wie ein

---

17   Meinel/Heyn/Herms, § 22 TzBfG Rn. 13; Boewer, § 22 Rn. 43 m. w. N.

18   BT-Drs. 14/4374, S. 22.

19   Manteltarifvertrag für die Arbeiter des Bundes – MTArb; Bundesmanteltarifvertrag für die Arbeiter gemeindlicher Verwaltungen und Betriebe – BMT-G.

20   Däubler/Deinert/Zwanziger-Däubler/Wroblewski, KSchR Teil 2, § 22 TzBfG Rn. 26 f.; Boewer, § 22 TzBfG Rn. 42.

21   Meinel/Heyn/Herms, § 22 TzBfG Rn. 16.

22   Däubler/Deinert/Zwanziger-Däubler/Wroblewski, KSchR Teil 2, § 22 TzBfG Rn. 27.

23   Boewer, § 22 TzBfG Rn. 45.

vergleichbarer tarifgebundener Arbeitnehmer des öffentlichen Dienstes gestellt werden soll.[24]

Die Regelung gilt nur für einen Arbeitgeber, der die Kosten seines Betriebs **8** überwiegend durch Zuwendungen im Sinne des Haushaltsrechts deckt. Nach der Legaldefinition des § 14 des Gesetzes über die Grundsätze des Haushaltsrechts des Bundes und der Länder[25] sind Zuwendungen Ausgaben und Verpflichtungsermächtigungen an Stellen außerhalb der Verwaltung des Bundes oder des Landes zur Erfüllung bestimmter Zwecke. Eine überwiegende Deckung ist nur dann anzunehmen, wenn der Arbeitgeber als Zuwendungsempfänger **mehr als die Hälfte seiner gesamten Kosten** erstattet erhält. Darunter fallen Zuwendungsempfänger wie die Fraunhofer-Gesellschaft und die Max-Planck-Gesellschaft sowie einige privatisierte Einrichtungen.

Abs. 2 verweist auf die **Geltung von Tariföffnungsklauseln** für von § 22 **9** Abs. 2 erfasste Arbeitsverhältnisse in den folgenden Fällen:

- bei betrieblichen Gründen für die Ablehnung der Verringerung der Arbeitszeit (§ 8 Abs. 4 Satz 3 und 4) und von Brückenteilzeit (§ 9a Abs. 2),
- beim Zeitraum der Verringerung der Arbeitszeit bei Brückenteilzeit (§ 9a Abs. 6),
- bei Arbeit auf Abruf (§ 12 Abs. 6),
- bei Arbeitsplatzteilung (§ 13 Abs. 4),
- bei der Anzahl der Verlängerungen eines sachgrundlos befristeten Arbeitsvertrags oder Höchstdauer der Befristung ohne Sachgrund (§ 14 Abs. 2 Satz 3 und 4) sowie
- bei ordentlicher Kündigung eines befristeten Arbeitsverhältnisses (§ 15 Abs. 3).

Die Tarifvertragsparteien des öffentlichen Dienstes haben bisher von den Öffnungsklauseln fast keinen Gebrauch gemacht.

Teilzeit: § 11 TVöD/§ 11 TV-L haben § 15b BAT/BAT-O abgelöst, ohne dass **10** gem. **§ 8 Abs. 4 Satz 3 und 4** und gem. **§ 9a Abs. 2** Ablehnungsgründe tarifvertraglich geregelt wurden. Im Übrigen ist in § 8 Abs. 4 Satz 3 und 4 eine Abweichung zuungunsten der Arbeitnehmer nicht vorgesehen, sodass der Verweis auf diese Vorschriften an sich überflüssig ist.[26]

§ 9a Abs. 6 ermöglicht es den Tarifvertragsparteien, einen anderen Rahmen für den Zeitraum der Arbeitszeitverringerung zu vereinbaren. Sie können die Mindestzeit der Brückenteilzeit auf mehr oder weniger als ein Jahr, die Höchstdauer auf mehr oder weniger als fünf Jahre festlegen.

§ 12 Abs. 6 sieht für die sog. Arbeit auf Abruf vor, dass der Tarifvertrag Regelungen auch zuungunsten des Arbeitnehmers beinhalten kann. Die tarif-

---

24 APS/Backhaus, § 22 TzBfG Rn. 9.

25 Haushaltsgrundsätzegesetz – HGrG v. 18. 8. 1969 – BGBl. I 1273.

26 Meinel/Heyn/Herms, § 22 TzBfG Rn. 14.

lichen Regelungen zur Rufbereitschaft und zum Bereitschaftsdienst stellen keine Arbeit auf Abruf i. S. d. § 12 Abs. 6 dar.[27] Ein Beispiel für Abrufarbeit ist die Regelung in § 6 Abs. 1 Satz 1 i. V. m. Satz 5 Tarifvertrag über die Regelung der Rechtsverhältnisse der amtlichen Tierärzte und Fleischkontrolleure außerhalb öffentlicher Schlachthöfe vom 1. April 1969 in der Fassung vom 15. 9. 2008 (TV Ang aöS), wonach der Arbeitgeber berechtigt ist, bis zu 25 v. H. der Arbeitszeit zusätzlich abzurufen.[28]

11 **Befristung:** Für den **öffentlichen Dienst** wurden die SR 2y BAT im Anwendungsbereich des BAT durch die Abs. 2 bis 5 des § 30 TVöD und entsprechend die Abs. 2 bis 5 des § 30 TV-L neu gefasst. Für die davon nicht erfassten Arbeitsverhältnisse gilt gem. § 30 Abs. 1 TVöD/§ 30 Abs. 1 TV-L das TzBfG ohne Besonderheiten für den öffentlichen Dienst.[29] Während die mit dem TVöD abgelöste SR 2y BAT, die nicht im Geltungsbereich des BAT-O galt, für befristete Arbeitsverhältnisse bestimmte Zulässigkeitsvoraussetzungen regelte, mit denen zugunsten der Arbeitnehmer vom TzBfG bzw. zuvor vom BeschFG abgewichen wurde, gilt nach § 30 TVöD/§ 30 TV-L grundsätzlich das TzBfG. Die SR 2y BAT kann für vor dem Inkrafttreten des TVöD und des TV-L geschlossene befristete Arbeitsverträge im Einzelfall noch relevant sein, wobei sich die Arbeitsverträge im öffentlichen Dienst regelmäßig auch auf die Tarifverträge in der jeweils geltenden Fassung beziehen. Ebenso wie die abgelösten SR 2y BAT sehen auch die Neuregelungen in § 30 TVöD/§ 30 TV-L zu befristeten Arbeitsverträgen keine Regelung vor, die von der Anzahl der Verlängerungen oder der Höchstdauer eines ohne sachlichen Grundes befristeten Arbeitsverhältnisses nach der Tariföffnungsklausel in § 14 Abs. 2 Satz 3 und 4 abweichen.

§ 30 Abs. 5 TVöD/§ 30 Abs. 5 TV-L, für diejenigen, die ehemals dem Geltungsbereich der SR 2y BAT unterfielen, sehen die Möglichkeit der ordentlichen Kündigung befristeter Arbeitsverhältnisse vor, soweit die Vertragsdauer mindestens zwölf Monate beträgt, sodass eine tarifvertragliche Regelung nach § 15 Abs. 3 vorliegt.[30]

§ 23   Besondere gesetzliche Regelungen

Besondere Regelungen über Teilzeitarbeit und über die Befristung von Arbeitsverträgen nach anderen gesetzlichen Vorschriften bleiben unberührt.

---

27 Vgl. § 12 Rn.18.
28 Dazu: Rzadkowski/Renners, PersR 2000, 51 ff., 55.
29 S. dazu § 21 Rn. 23.
30 Boewer, § 22 TzBfG Rn. 48.

Besondere gesetzliche Regelungen § 23

Inhaltsübersicht

Allgemeines

Die Regelung stellt klar, dass andere gesetzliche Vorschriften, die Teilzeitar- **1** beit oder die Befristung von Arbeitsverträgen regeln, durch das vorliegende Gesetz nicht geändert werden. Die allgemeinen Vorschriften des TzBfG finden auf die spezialgesetzlich geregelten befristeten Arbeitsverhältnisse Anwendung, wenn die Spezialgesetze nichts Abweichendes regeln.[1]

Anwendung des TzBfG auf besondere gesetzliche Regelungen

Die Klageerhebungsfrist in § 17 kommt für alle Befristungstatbestände zur **2** Anwendung.[2] Soweit keine besonderen Formvorschriften geregelt sind, gilt für befristete Arbeitsverträge nach anderen Gesetzen ergänzend § 14 Abs. 4. Ferner können die Regelungen des TzBfG bei der Auslegung und Anwendung von Einzelbestimmungen anderer Gesetze zu berücksichtigen sein. Dies wird vor allem für das Diskriminierungsverbot des § 4 gelten. Die gesetzlichen Regelungen zur Teilzeitarbeit und zu befristeten Arbeitsverträgen dürfen nicht den durch die Richtlinie zur Teilzeitarbeit[3] und die Befristungsrichtlinie[4] geregelten Mindestschutz unterschreiten.

Weitere gesetzliche Ansprüche auf Teilzeitarbeit

Weitere gesetzliche Ansprüche auf Teilzeit: Neben dem TzBfG bestehen an- **3** dere gesetzliche Regelungen, die dem Arbeitnehmer einen Anspruch auf Teilzeitarbeit einräumen. Hier sind vor allem § 15 Abs. 6 BEEG (Rn. 4 f.), § 3 PflegeZG (Rn. 5), § 3 FPZG (Rn. 5) und der Teilzeitanspruch von Schwerbehinderten Arbeitnehmern gem. § 164 Abs. 5 **SGB IX** (Rn. 6) zu nennen.[5] Im Bereich der Teilzeitarbeit betrifft die Regelung weiterhin die Vorschriften des ATG (Rn. 8), des **BGleiG** des Bundes und entsprechende landesgesetzliche Spezialregelungen (Rn. 9).

---

1 BT-Drs. 14/4374, S. 22.
2 § 17 Rn. 4.
3 97/81/EG.
4 1999/70/EG.
5 Unterschiede der Regelungen im Überblick: § 8 Rn. 71.

4 Auf der Grundlage des § 15 Abs. 6 BEEG[6] kann der Arbeitnehmer gegenüber dem Arbeitgeber, soweit eine Einigung nach § 15 Abs. 5 BEEG über den Antrag auf die Verringerung der Arbeitszeit und ihre Ausgestaltung während der Elternzeit nicht möglich ist, unter den Voraussetzungen des § 15 Abs. 7 BEEG während der Gesamtdauer der Elternzeit zweimal eine Verringerung seiner Arbeitszeit beanspruchen.

§ 15 Abs. 5 bis 7 BEEG:

(5) Der Arbeitnehmer oder die Arbeitnehmerin kann eine Verringerung der Arbeitszeit und ihre Ausgestaltung beantragen. Über den Antrag sollen sich der Arbeitgeber und der Arbeitnehmer oder die Arbeitnehmerin innerhalb von vier Wochen einigen. Der Antrag kann mit der schriftlichen Mitteilung nach Absatz 7 Satz 1 Nr. 5 verbunden werden. Unberührt bleibt das Recht, sowohl die vor der Elternzeit bestehende Teilzeitarbeit unverändert während der Elternzeit fortzusetzen, soweit Absatz 4 beachtet ist, als auch nach der Elternzeit zu der Arbeitszeit zurückzukehren, die vor Beginn der Elternzeit vereinbart war.

(6) Der Arbeitnehmer oder die Arbeitnehmerin kann gegenüber dem Arbeitgeber, soweit eine Einigung nach Absatz 5 nicht möglich ist, unter den Voraussetzungen des Absatzes 7 während der Gesamtdauer der Elternzeit zweimal eine **Verringerung seiner oder ihrer Arbeitszeit beanspruchen.**

(7) Für den Anspruch auf Verringerung der Arbeitszeit gelten folgende Voraussetzungen:

1. Der Arbeitgeber beschäftigt, unabhängig von der Anzahl der Personen in Berufsbildung, in der Regel mehr als 15 Arbeitnehmer und Arbeitnehmerinnen,

2. das Arbeitsverhältnis in demselben Betrieb oder Unternehmen besteht ohne Unterbrechung länger als sechs Monate,

3. die vertraglich vereinbarte regelmäßige Arbeitszeit soll für mindestens zwei Monate auf einen Umfang zwischen 15 und 30 Wochenstunden verringert werden,

4. dem Anspruch stehen keine dringenden betrieblichen Gründe entgegen und

5. der Anspruch wurde dem Arbeitgeber

a) für den Zeitraum bis zum vollendeten dritten Lebensjahr des Kindes sieben Wochen und

b) für den Zeitraum zwischen dem dritten Geburtstag und dem vollendeten achten Lebensjahr des Kindes 13 Wochen

vor Beginn der Tätigkeit schriftlich mitgeteilt.

---

6 Zum 1. 1. 2007 in Kraft getreten, BGBl. I 2006, 2748, hat § 15 Abs. 6 BErzGG i. F. v. 9. 2. 2004, BGBl. I 2004, 206 abgelöst.

Der Antrag muss den Beginn und den Umfang der verringerten Arbeitszeit enthalten. Die gewünschte Verteilung der verringerten Arbeitszeit soll im Antrag angegeben werden. Falls der Arbeitgeber die beanspruchte Verringerung der Arbeitszeit ablehnen will, muss er dies innerhalb von vier Wochen mit schriftlicher Begründung tun. Hat ein Arbeitgeber die Verringerung der Arbeitszeit

1. *in einer Elternzeit zwischen der Geburt und dem vollendeten dritten Lebensjahr des Kindes nicht spätestens vier Wochen nach Zugang des Antrags oder*

2. *in einer Elternzeit zwischen dem dritten Geburtstag und dem vollendeten achten Lebensjahr des Kindes nicht spätestens acht Wochen nach Zugang des Antrags*

schriftlich abgelehnt, gilt die Zustimmung als erteilt und die Verringerung der Arbeitszeit entsprechend den Wünschen der Arbeitnehmerin oder des Arbeitnehmers als festgelegt. Haben Arbeitgeber und Arbeitnehmerin oder Arbeitnehmer über die Verteilung der Arbeitszeit kein Einvernehmen nach Absatz 5 Satz 2 erzielt und hat der Arbeitgeber nicht innerhalb der in Satz 5 genannten Fristen die gewünschte Verteilung schriftlich abgelehnt, gilt die Verteilung der Arbeitszeit entsprechend den Wünschen der Arbeitnehmerin oder des Arbeitnehmers als festgelegt. Soweit der Arbeitgeber den Antrag auf Verringerung oder Verteilung der Arbeitszeit rechtzeitig ablehnt, kann die Arbeitnehmerin oder der Arbeitnehmer Klage vor dem Gericht für Arbeitssachen erheben.

Dieser Anspruch wurde durch das Dritte Gesetz zur Änderung des BErzGG vom 12. Oktober 2000[7] mit Wirkung zum 1. Januar 2001 neu geschaffen.[8] Während der Arbeitnehmer in der Elternzeit (früher: Erziehungsurlaub) nach dem bis dahin geltenden Recht nur verlangen konnte, ihm die Erwerbstätigkeit bis zur Höchstdauer von 19 Wochenstunden bei einem anderen Arbeitgeber zu gestatten, wenn betriebliche Interessen nicht entgegenstanden, besteht jetzt nach mehr als sechsmonatigem Bestand des Arbeitsverhältnisses in Unternehmen mit mehr als 15 Arbeitnehmern ein Rechtsanspruch auf Teilzeitbeschäftigung beim eigenen Arbeitgeber für mindestens drei Monate im Umfang von zwischen 15 und 30 Wochenstunden, soweit keine dringenden betrieblichen Gründe entgegenstehen.[9] Der Anspruch ist der Arbeitgeberseite acht bzw., wenn die Tätigkeit unmittelbar nach der Geburt bzw. nach der Mutterschutzfrist beginnen soll, sechs Wochen vorher schriftlich mitzuteilen. Die Mitteilung muss Beginn und Umfang der gewünschten Arbeitszeit enthalten. Die gewünschte Verteilung sollte auch mit-

---

7 BGBl. I, S. 1426.
8 Dazu Gaul/Wisskirchen, BB 2000, 2466ff.; Huber, NZA 2000, 1319ff.; Peters-Lange/Rolfs, NZA 2000, 682, 684ff.; Sowka, NZA 2000, 1185ff.
9 Dazu näher Peters-Lange/Rolfs, NZA 2000, 682, 685ff.; Leßmann, DB 2001, 94, 95ff.; Rudolf/Rudolf, NZA 2002, 602, 603f.

geteilt werden. Bei Beantragung der Elternzeit sollte mitgeteilt werden, wann Teilzeitarbeit geplant ist. Der Arbeitnehmer kann die Verringerung der Arbeitszeit aber auch während der Elternzeit beantragen.[10] Dies ist auch dann zulässig, wenn zunächst nur die völlige Freistellung von der vertraglichen Arbeit (Elternzeit) in Anspruch genommen und keine Verringerung der Arbeitszeit (Elternteilzeit) beantragt worden war. Die Verringerung der Arbeitszeit kann während der Gesamtdauer der Elternzeit nach § 15 Abs. 7 BEEG höchstens zweimal von jedem Elternteil beansprucht werden. Der Arbeitnehmer hat keinen Anspruch auf die Verlängerung einer Elternzeit über die ursprünglich beantragte Dauer hinaus (§ 16 Abs. 3 Satz 3 BEEG). Nach der Rechtsprechung des BAG ist der Arbeitgeber jedoch nicht frei in seiner Entscheidung, sondern muss über einen Verlängerungsantrag nach billigem Ermessen entsprechend § 315 Abs. 3 BGB entscheiden.[11] Wird die Anmeldefrist von acht bzw. sechs Wochen bei der Erklärung nicht eingehalten, verschiebt sich der Termin für den Beginn der veränderten Arbeitszeit entsprechend.

5   Die Ansprüche nach § 15 Abs. 6 BEEG und § 8 weisen erhebliche Unterschiede auf. Die Arbeitszeitreduzierung nach dem BEEG muss nach § 15 Abs. 7 Nr. 5 BEEG mindestens sieben bzw. 13 Wochen vor ihrem Beginn schriftlich geltend gemacht werden, diejenige nach dem TzBfG mindestens drei Monate vorher formlos (§ 8 Abs. 2 Satz 1). Der Elternzeitarbeitnehmer muss nach § 15 Abs. 7 Nr. 3 BEEG eine Arbeitszeit von mindestens 15 und höchstens 30 Wochenstunden wählen; der Anspruch nach dem TzBfG unterliegt einer solchen Beschränkung nicht. Während der Anspruch nach § 15 Abs. 6 BEEG nur im Rahmen der Elternzeit besteht, ist die Vereinbarung der Verringerung der Arbeitszeit nach § 8 zeitlich nicht befristet, es sei denn, die Vertragsparteien vereinbaren dies.[12]

Nach dem **PflegeZG** vom 28. Mai 2008,[13] das ab dem 1. Juli 2008 in Kraft getreten ist, sind Beschäftigte ganz oder teilweise von der Arbeit freizustellen, wenn sie pflegebedürftige nahe Angehörige in häuslicher Umgebung pflegen (sog. Pflegezeit). § 3 Abs. 1 PflegeZG gewährt einen eigenständigen Teilzeitanspruch, der neben § 8 besteht. § 3 PflegeZG räumt dem Beschäftigten ein einseitiges Gestaltungsrecht ein. Durch die Erklärung, Pflegezeit in Anspruch zu nehmen, treten unmittelbar die gesetzlichen Rechtsfolgen der

---

10 St. Rspr.: BAG 19. 4. 2005 – 9 AZR 233/04; BAG 9. 5. 2006 – 9 AZR 278/05, NZA 2006, 1413–1417; BAG 5. 6. 2007 – 9 AZR 82/07, NZA 2007, 1352–1357.
11 BAG 18. 10. 2011 – 9 AZR 315/10, NZA 2012, 262–264.
12 Siehe § 8 Rn. 18.
13 BGBl. I S. 874.

Pflegezeit ein, ohne dass es noch eines weiteren Handelns des Arbeitgebers bedürfte.[14]

§ 3 Abs. 1 Satz 1 i. V. m. § 4 Abs. 1 Satz 1 PflegeZG eröffnet dem Arbeitnehmer die Möglichkeit, durch einmalige Erklärung bis zu sechs Monate lang Pflegezeit in Anspruch zu nehmen. Nach § 4 Abs. 1 Sätze 2 und 3 PflegeZG kann die für einen kürzeren Zeitraum in Anspruch genommene Pflegezeit bis zur Höchstdauer verlängert werden. Hat der Arbeitnehmer die Pflegezeit durch Erklärung gegenüber dem Arbeitgeber in Anspruch genommen, ist er nach der Rechtsprechung des BAG gehindert, von seinem Recht erneut Gebrauch zu machen, sofern sich die Pflegezeit auf denselben Angehörigen bezieht (einmaliges Gestaltungsrecht).[15] Das BAG hat die Frage offengelassen, ob es mit § 3 Abs. 1 PflegeZG vereinbar ist, dass der Arbeitnehmer die Pflegezeit im Wege einer einmaligen Erklärung auf mehrere getrennte Zeitabschnitte verteilt.[16]

Durch Gesetz vom 6. Dezember 2011 ist das Gesetz über die Familienpflegezeit (**FPZG**) mit Wirkung ab 1. Januar 2012 in Kraft getreten.[17] Danach sollen die Bedingungen für die Vereinbarung einer Familienpflegezeit durch Teilzeitarbeit im Umfang von mindestens 15 Stunden pro Woche erleichtert werden. Einen Rechtsanspruch auf die Verringerung der Arbeitszeit sieht das Gesetz nicht vor, sondern greift erst ein bei einer freiwilligen Vereinbarung der Vertragsparteien.[18]

Schwerbehinderte Arbeitnehmer und diesen gleichgestellte behinderte Arbeitnehmer nach §§ 68 Abs. 3, 2 Abs. 3 SGB IX haben gem. **§ 164 Abs. 5 Satz 3 i. V. m. Abs. 4 Satz 3 SGB IX**[19] einen Anspruch auf Teilzeitarbeit, wenn die kürzere Arbeitszeit wegen der Schwere oder Art der Behinderung notwendig ist und soweit die Arbeitszeitreduzierung für den Arbeitgeber nicht unzumutbar oder mit unverhältnismäßigen Aufwendungen verbunden wäre oder staatliche oder berufsgenossenschaftliche Arbeitsschutzvorschriften oder beamtenrechtliche Vorschriften entgegenstehen.

6

§ 164 Abs. 4 und 5 SGB IX:

(4) Die schwerbehinderten Menschen haben gegenüber ihren Arbeitgebern Anspruch auf

---

14 Ausführlich zu den Anspruchsvoraussetzungen: Meinel/Heyn/Herms, § 23 TzBfG Rn. 19 f.
15 BAG 15. 11. 2011 – 9 AZR 348/10, NZA 2012, 323–326.
16 So LAG Baden-Württemberg 31. 3. 2010 – 20 Sa 87/09.
17 BGBl. I S. 2564.
18 Meinel/Heyn/Herms, § 23 TzBfG Rn. 21 ff.
19 Fassung ab dem 1. 1. 2018, s. § 21 FN 66.

1. *Beschäftigung, bei der sie ihre Fähigkeiten und Kenntnisse möglichst voll verwerten und weiterentwickeln können,*

2. *bevorzugte Berücksichtigung bei innerbetrieblichen Maßnahmen der beruflichen Bildung zur Förderung ihres beruflichen Fortkommens,*

3. *Erleichterungen im zumutbaren Umfang zur Teilnahme an außerbetrieblichen Maßnahmen der beruflichen Bildung,*

4. *behinderungsgerechte Einrichtung und Unterhaltung der Arbeitsstätten einschließlich der Betriebsanlagen, Maschinen und Geräte sowie der Gestaltung der Arbeitsplätze, des Arbeitsumfeldes, der Arbeitsorganisation und der Arbeitszeit, unter besonderer Berücksichtigung der Unfallgefahr,*

5. *Ausstattung ihres Arbeitsplatzes mit den erforderlichen technischen Arbeitshilfen*

unter Berücksichtigung der Behinderung und ihrer Auswirkungen auf die Beschäftigung. Bei der Durchführung der Maßnahmen nach den Nummern 1, 4 und 5 unterstützt die Bundesagentur für Arbeit und die Integrationsämter die Arbeitgeber unter Berücksichtigung der für die Beschäftigung wesentlichen Eigenschaften der schwerbehinderten Menschen. Ein Anspruch nach Satz 1 besteht nicht, soweit seine Erfüllung für den Arbeitgeber nicht zumutbar oder mit unverhältnismäßigen Aufwendungen verbunden wäre oder soweit die staatlichen oder berufsgenossenschaftlichen Arbeitsschutzvorschriften oder beamtenrechtliche Vorschriften entgegenstehen.

*(5) Die Arbeitgeber fördern die Einrichtung von Teilzeitarbeitsplätzen. Sie werden dabei von den Integrationsämtern unterstützt. Schwerbehinderte Menschen haben einen **Anspruch auf Teilzeitbeschäftigung**, wenn die kürzere Arbeitszeit wegen Art oder Schwere der Behinderung notwendig ist; Absatz 4 Satz 3 gilt entsprechend.*

Dieser Anspruch besteht seit dem 1. Oktober 2000[20] und wurde 2001 in das SGB IX[21] übernommen. Das Verlangen des schwerbehinderten Menschen nach § 81 Abs. 5 Satz 3 BetrVG bewirkt unmittelbar eine Verringerung der geschuldeten Arbeitszeit, ohne dass es einer Zustimmung des Arbeitgebers zur Änderung der vertraglichen Pflichten bedarf. Der Anspruch besteht nur, soweit Art und Schwere der Behinderung des Arbeitnehmers eine Verringerung der Arbeitszeit tatsächlich notwendig machen.[22]

7   Der Schwerbehinderte kann sich nach **h. M.** gleichzeitig oder hintereinander auf § 164 Abs. 5 Satz 3 i. V. m. Abs. 4 Satz 3 SGB IX und § 8 stützen oder eine

---

20 Als § 14 Abs. 4 SchwbG eingeführt, BGBl. I, S. 1394.
21 BGBl. I, S. 1046.
22 St. Rspr. des BAG: BAG 10.7.1991 – 5 AZR 383/90, NZA 1992, 27–31; BAG 3.12.2002 – 9 AZR 481/01, NZA 2003, 1215–1219; BAG 14.10.2003 – 9 AZR 100/03, ZA 2004, 614–617; dazu Rolfs, RdA 2001, 129, 138.

der Anspruchsgrundlagen wählen.[23] § 81 Abs. 5 Satz 3 i. V. m. Abs. 4 Satz 3 SGB IX hat vor diesem Hintergrund durch die Schaffung des Anspruchs auf Teilzeitarbeit durch das TzBfG weitgehend an Bedeutung verloren.[24]

Das **ATG** vom 23. Juli 1996[25] i. d. F. v. 31. Oktober 2006[26] sieht **keinen** **8** Rechtsanspruch auf Altersteilzeit vor. Dieser kann sich allenfalls aus einem Tarifvertrag ergeben. Im öffentlichen Dienst wurde die Neuregelung der Altersteilzeit am 21. 4. 2010 beschlossen.[27] Der Geltungsbereich erstreckt sich dabei rückwirkend zum 1. 1. 2010. Insgesamt ist der Tarifvertrag der flexiblen Arbeitszeitregelungen (TV FlexAZ) für ältere Beschäftigte bis zum 31. 12. 2016 gültig. Unter den Voraussetzungen der §§ 4 und 5 TV FlexAz besteht danach ein Anspruch auf die Vereinbarung eines Altersteilzeitarbeitsverhältnisses. Arbeitnehmer ab dem vollendeten 60. Lebensjahr können nur noch dann einen Anspruch auf Altersteilzeit geltend machen, wenn weniger als 2,5 v. H. der Beschäftigten einer Kommune oder eines Betriebs in Altersteilzeit sind. Maßgeblich ist dabei immer der letzte zurückliegende 31. Mai. Abweichende Regelungen können nur durch einvernehmliche Dienstvereinbarung getroffen werden. Zum Personalabbau kann die Altersteilzeit von Bund und Kommunen weiterhin relativ uneingeschränkt genutzt werden.

Die Verteilung der Teilzeittätigkeit richtet sich ausschließlich nach dem Altersteilzeitvertrag zwischen dem Arbeitgeber und dem Arbeitnehmer. Für eine weitere Verkürzung der Arbeitszeit nach § 8 oder eine Verlängerung nach § 9 ist kein Raum.[28] Vor allem hat der Arbeitnehmer keinen Anspruch auf eine bestimmte Verteilung der Arbeitszeit während des Altersteilzeitarbeitsverhältnisses, sondern der Arbeitgeber entscheidet hierüber nach billigem Ermessen gem. § 106 Abs. 1 GewO, § 315 BGB.[29]

§ 16 Abs. 1 Satz 1 des Gesetzes zur Gleichstellung von Frauen und Männern **9** in der Bundesverwaltung und den Gerichten des Bundes (**Bundesgleichstellungsgesetz** – BGleiG)[30] räumt Arbeitnehmern im öffentlichen Dienst zur Verbesserung der Vereinbarkeit von Familie und Beruf einen Teilzeitanspruch ein. Anträgen von Beschäftigten mit Familienpflichten auf Teilzeitbeschäftigung oder Beurlaubung ist auch bei Stellen mit Vorgesetzten- und Leitungsaufgaben zu entsprechen, soweit nicht zwingende dienstliche Belange entgegenstehen. Ansprüche nach diesem Gesetz sowie nach landesge-

---

23 Meinel/Heyn/Herms, § 23 TzBfG Rn. 17 m. w. N.; a. A. Rolfs, § 23 TzBfG Rn. 6.
24 So auch Annuß/Thüsing-Lambrich, § 23 TzBfG Rn. 31.
25 BGBl. I, S. 1078.
26 BGBl. I, S. 2407.
27 TV FlexAz in der Fassung des Änderungstarifvertrags Nr. 4 vom 1. 4. 2014.
28 Ausführlich dazu: Meinel/Heyn/Herms, § 23 TzBfG Rn. 6.
29 BAG 12. 4. 2011 – 9 AZR 19/10, NZA 2011, 1044; BAG 17. 8. 2010 – 9 AZR 414/09.
30 Vom 30. 11. 2001 (BGBl. I S. 3234) i. d. F. v. 5. 2. 2009 (BGBl. I S. 160).

setzlichen Spezialregelungen[31] können neben denen des TzBfG geltend gemacht werden.

§ 16 BGleiG:

(1) Die Dienststellen haben Anträgen von Beschäftigten mit Familien- oder Pflegeaufgaben auf familien- oder pflegebedingte Teilzeitbeschäftigung oder Beurlaubung zu entsprechen, soweit zwingende dienstliche Belange nicht entgegenstehen; dies gilt auch bei Arbeitsplätzen mit Vorgesetzten- oder Leitungsaufgaben ungeachtet der Hierarchieebene. Im Rahmen der dienstlichen Möglichkeiten haben die Dienststellen den Beschäftigten mit Familien- oder Pflegeaufgaben auch Telearbeitsplätze, mobile Arbeitsplätze oder familien- oder pflegefreundliche Arbeits- und Präsenzzeitmodelle anzubieten. Die Ablehnung von Anträgen muss im Einzelnen schriftlich begründet werden.

(2) Die Dienststellen müssen Beschäftigte, die einen Antrag auf Teilzeitbeschäftigung, familien- oder pflegefreundliche Arbeitszeitmodelle oder Beurlaubung zur Wahrnehmung von Familien- oder Pflegeaufgaben stellen, frühzeitig in Textform hinweisen auf:

1. die Folgen einer Bewilligung, insbesondere in beamten-, arbeits-, versorgungs- und rentenrechtlicher Hinsicht, sowie

2. die Möglichkeit einer Befristung mit Verlängerungsoption und deren Folgen.

(3) Die Dienststellen haben darauf zu achten, dass

1. Beschäftigte, deren Antrag auf Teilzeitbeschäftigung, familien- oder pflegefreundliche Arbeitszeitmodelle oder Beurlaubung zur Wahrnehmung von Familien- oder Pflegeaufgaben positiv entschieden wurde, eine ihrer ermäßigten Arbeitszeit entsprechende Entlastung von ihren dienstlichen Aufgaben erhalten und

2. sich aus der ermäßigten Arbeitszeit keine dienstlichen Mehrbelastungen für andere Beschäftigte der Dienststelle ergeben.

(4) Die Vorschriften des Teilzeit- und Befristungsgesetzes zur Teilzeitbeschäftigung sowie sonstige gesetzliche Regelungen zur Teilzeitbeschäftigung oder zur Beurlaubung bleiben von den Absätzen 1 bis 3 unberührt.

Weitere gesetzliche Befristungsregelungen

10 **Weitere gesetzliche Befristungsregelungen:** Hinsichtlich der Befristung von Arbeitsverträgen betrifft die Regelung die §§ 57a ff. **HRG bzw. das diese Regelungen ablösende WissZeitVG**, § 1 Abs. 1 ÄArbVtrG (Rn. 10 ff.) sowie

---

31 Aufzählung s. Meinel/Heyn/Herms, § 23 TzBfG Rn. 14.

§ 21 **BErzGG bzw. BEEG** (Rn. 16); bis zum 21. Dezember 2003 betraf sie auch § 9 Nr. 2 **AÜG** (Rn. 17 f.).

Für **befristete Arbeitsverträge mit wissenschaftlichem Personal an Hoch-** **11**
schulen und Forschungseinrichtungen gelten seit 1985 besondere Bestimmungen. Am 18. Januar 2007 hat der Deutsche Bundestag im Zuge der Föderalismusreform in 2./3. Beratung das Gesetz zur Änderung arbeitsrechtlicher Vorschriften in der Wissenschaft, darin Art. 1 **WissZeitVG**, beschlossen, dem der Bundesrat am 16. Februar 2007 zugestimmt hat. Das Wiss-
ZeitVG trat mit seiner Verkündung am 18. April 2007 in Kraft.[32] Die §§ 57a
bis 57 f. HRG wurden gem. Art. 2 Ziffer 3 Gesetz zur Änderung arbeitsrechtlicher Vorschriften in der Wissenschaft aufgehoben. Der Beschlussfassung
im Deutschen Bundestag lagen Bericht und Empfehlung des Bundestagsausschusses für Bildung, Forschung und Technikfolgenabschätzung (BfBFT)
zugrunde.[33]

Rechtslage nach HRG bis 17. April 2007: Bis dahin waren die besonderen **12**
Vorschriften über die Befristung von Arbeitsverträgen mit wissenschaftlichen und künstlerischen Mitarbeitern sowie bestimmtem anderen Personal
in den §§ 57a ff. HRG geregelt. Diese Regelungen wurden durch Art. 1 des
Gesetzes über befristete Arbeitsverträge mit wissenschaftlichem Personal
an Hochschulen und Forschungseinrichtungen[34] als unmittelbar geltendes
Bundesrecht in das HRG eingefügt[35] und seither vielfach geändert.

Durch das 5. Gesetz zur Änderung des HRG und anderer Vorschriften[36] **13**
wurden die §§ 57a ff. HRG mit Wirkung vom 23. Februar 2002 völlig neu
gefasst.[37] Hierbei wurde die bisherige Aufzählung der einzelnen Befristungsgründe in § 57b HRG a. F. abgeschafft. Die Neufassung erklärte in § 57b
Abs. 1 Satz 1 HRG befristete Arbeitsverträge mit noch nicht promovierten
wissenschaftlichen oder künstlerischen Mitarbeitern ohne Sachgrund generell für zulässig. Allerdings ist dies nach § 57b Abs. 1 HRG nur für die Dauer
von insgesamt sechs Jahren möglich. Nach abgeschlossener Promotion war
eine weitere befristete Tätigkeit von wiederum sechs Jahren, im Bereich der
Medizin von neun Jahren, möglich (§ 57b Abs. 1 Satz 2 HRG). Die letztere
Befristungsdauer verlängerte sich gem. § 57b Abs. 1 Satz 2 Halbsatz 2 HRG
in dem Umfang, in dem die Zeit bis zur Fertigstellung der Promotion weniger als sechs Jahre gedauert hat. Nach Ausschöpfung dieser Befristungs-

---

32 BGBl. I S. 506.
33 BT-Drs. 16/4043.
34 HFVG vom 14. Juni 1985 – BGBl. I S. 1065.
35 Siehe dazu grundlegend: BVerfG 24.4.1996 – 1 BvR 712/86, NZA 1996, 1157–1161.
36 5. Hochschulrahmenänderungsgesetz vom 16. Februar 2002, BGBl. I, S. 693.
37 Dazu Lakies, ZTR 2002, 250 ff.; Preis/Hausch, NJW 2002, 927 ff.; vgl. auch das Rechtsgutachten von Dieterich/Preis.

höchstgrenzen konnte ein Arbeitnehmer nach dem TzBfG weiter befristet beschäftigt werden.

14   In seiner **Entscheidung zur Juniorprofessur** hat das **BVerfG** das 5. Gesetz zur Änderung des Hochschulrahmengesetzes und anderer Vorschriften (5. HRGÄndG) vom 16. Februar 2002[38] für mit Art. 70, Art. 75 i. V. m. Art. 72 Abs. 2 GG unvereinbar und nichtig erklärt.[39] Das BVerfG hat die Entscheidung damit begründet, dass die Neuordnung befristeter Beschäftigungsverhältnisse in den §§ 57a ff. HRG in engem Zusammenhang mit der Einführung der Juniorprofessur stehe. Sie bilde eine »teleologische Sinneinheit« mit der neuen Personalkategorie des Juniorprofessors.[40]

15   Damit galten zunächst die Vorschriften der §§ 57a bis 57f HRG in ihrer Fassung vor der Änderung durch das 5. HRG weiter. Das gilt sowohl für die Zeit vor dem Urteil des BVerfG als auch für die Zeit danach. Übergangsregelungen hat das BVerfG nicht getroffen.[41]

16   Mit dem **am 31. Dezember 2004** in Kraft getretenen **Gesetz zur Änderung dienst- und arbeitsrechtlicher Vorschriften im Hochschulbereich**[42] sind die §§ 57a bis 57e HRG i. d. F. des 5. HRG wieder in Kraft gesetzt worden. Ausgenommen wurden nach § 57f Abs. 1 Satz 3i. V. m. Satz 2 HRG jedoch die Verträge, die **zwischen dem 27. Juli 2004**, dem Tag der Verkündung des Urteils des BVerfG, **und dem 31. Dezember 2004** abgeschlossen worden sind. Für sie gilt ebenso wie für die **vor dem 23. März 2002** abgeschlossenen Verträge die a. F. der §§ 57a ff. HRG.[43] Eine Sonderregelung für Arbeitnehmer, die bereits vor dem 23. Februar 2002 in einem befristeten Arbeitsverhältnis im Wissenschaftsbereich standen, enthält § 57f Abs. 2 HRG.

Diese Rechtslage gilt für bis zum 17. April 2007 abgeschlossene befristete Arbeitsverträge mit wissenschaftlichem Personal weiter (§ 7 WissZeitVG – Rechtsgrundlage für bereits abgeschlossene Verträge und Übergangsregelung).

Am 17. 3. 2016 ist eine neue Fassung des WissZeitVG in Kraft getreten, mit dem die Befristungsmöglichkeiten im Wissenschaftsbereich eingeschränkt worden sind.[44] So ist eine Befristung bis zu einer Dauer von sechs Jahren nach § 2 Abs. Satz 1 WissZeitVG nunmehr nur zulässig, wenn »die befristete Beschäftigung zur Förderung der eigenen wissenschaftlichen oder künstlerischen Qualifizierung erfolgt«.

---

38 BGBl. I S. 693; dazu: Dörner, NZA 2007, S. 57, 59 f.; Dieterich/Preis, NZA 2004, 1241–1246; Löwisch, NZA 2004, 1065–1071; Kortstock, ZTR 2004, S. 558–563.

39 BVerfG 27. 7. 2004 – 2 BvF 2/02.

40 Vgl. auch BT-Drs. 14/6853, S. 33; Preis/Hausch, NJW 2002, S. 927, 930.

41 Zur Rechtslage nach dem Urteil des BVerfG Löwisch, NZA 2004, 1065–1071, NZA 2005, 321–323, sowie Dieterich/Preis, NZA 2004, 1241–1246.

42 BGBl. I 2004, S. 3835.

43 Fassung v. 19. 1. 1999 – BGBl. I S. 18; vgl. auch Löwisch, NZA 2005, 321–323.

44 BGBl. I 442.

Vom **Geltungsbereich des WissZeitVG**[45] erfasst wird das »wissenschaftliche **17** und künstlerische Personal mit Ausnahme der Hochschullehrerinnen und Hochschullehrer an Einrichtungen des Bildungswesens, die nach Landes- recht staatliche Hochschulen sind«, sowie das wissenschaftliche Personal an staatlichen Forschungseinrichtungen (§§ 1 Abs. 1 Satz 1, 5 Satz 1 Wiss- ZeitVG wie zuvor §§ 57a Satz 1, 57d HRG). Diese Regelung weicht von § 57a Satz 1 HRG ab, da mit der Föderalismusreform die Gesetzgebungskompe- tenz für das Hochschulrecht auf die Länder übergegangen ist, so dass der Bundesgesetzgeber die Personalkategorien der Hochschulen nicht mehr festlegen kann. Das gilt auch für Privatdienstverträge mit Mitgliedern einer Hochschule (§ 3 Satz 1 WissZeitVG). Unter den Klammerbegriff des wissen- schaftlichen und künstlerischen Personals fallen Lehrkräfte für besondere Aufgaben und damit vor allem Lektoren auch dann nicht, wenn sie nach Landesrecht so zu qualifizieren wären.[46] Die Geltung des WissZeitVG seit 2007 nach § 5 Satz 2 WissZeitVG a. F. für nicht-wissenschaftliches und nicht- künstlerisches Personal an Universitäten und Forschungseinrichtungen wurde mit der Reform 2016 wieder abgeschafft.

Die **Höchstgrenzen der Befristung** von Arbeitsverträgen mit wissenschaft- **18** lichen und künstlerischen Mitarbeitern sowie mit wissenschaftlichen und künstlerischen Hilfskräften haben sich nicht verändert (§ 57b Abs. 2 Sätze 1 und 2 HRG/§ 2 Abs. 2 Sätze 1 und 2 WissZeitVG). Wie auch nach den §§ 57a bis 57e HRG i. d. F. des 5. HRG sind Befristungen weiterhin ohne Vorlie- gen eines sachlichen Grundes zulässig, und zwar im Rahmen festgelegter Höchstgrenzen. So ist eine Befristung für nicht promovierte wissenschaftli- che Beschäftigte weiterhin bis zu einer Dauer von sechs Jahren zulässig, so- weit die Voraussetzungen des § 2 Satz 1 WissZeitVG n. F. erfüllt sind (vgl. Rn. 16). Nach abgeschlossener Promotion ist eine Befristung bis zu einer Dauer von sechs Jahren, im Bereich der Medizin bis zu einer Dauer von neun Jahren zulässig. Die zulässige Befristungsdauer verlängert sich in dem Um- fang, in dem Zeiten einer befristeten Beschäftigung ohne Promotion und Promotionszeiten ohne Beschäftigung zusammen weniger als sechs Jahre betragen haben. Nach § 6 WissZeitVG in der Fassung nach der Reform 2016 sind befristete Arbeitsverträge zur Erbringung wissenschaftlicher oder künstlerischer Hilfstätigkeiten mit Studierenden, die an einer deutschen Hochschule für ein Studium eingeschrieben sind, das zu einem ersten oder einem weiteren berufsqualifizierenden Abschluss führt, bis zur Dauer von insgesamt sechs Jahren zulässig. Innerhalb der zulässigen Befristungsdauer sind auch Verlängerungen eines befristeten Arbeitsvertrags möglich.

Für die Befristungshöchstgrenzen werden alle Zeiten einer befristeten Be- **19** schäftigung zusammengerechnet, unabhängig davon, an welcher Hoch-

---

45 Dazu: Räder/Steinheimer, Der Personalrat 8/2007, S. 328 ff.
46 BAG 1. 6. 2011 – 7 AZR 827/09, NZA 2011, 1280.

schule oder Forschungseinrichtung sie zurückgelegt wurden oder auf welcher Rechtsgrundlage sie basieren. Bei einem Wechsel der Hochschule oder Forschungseinrichtung laufen die Fristen demnach nicht erneut. Auch Befristungen nach den Sachgründen des § 14 Abs. 1 werden gem. § 57b Abs. 2 Satz 2 HRG/§ 2 Abs. 3 WissZeitVG auf die Höchstgrenzen angerechnet. Allerdings war nach Ausschöpfung der Befristungshöchstdauer (§ 57b Abs. 2 Satz 3 HRG) und ist nunmehr grundsätzlich die weitere befristete Beschäftigung nach dem TzBfG möglich (§ 1 Abs. 2 Alt. 2 WissZeitVG).

20   Nach § 2 Abs. 1 Satz 4 WissZeitVG verlängert sich die nach den Sätzen 1 und 2 insgesamt zulässige Befristungsdauer bei Betreuung eines oder mehrerer Kinder unter 18 Jahren um zwei Jahre je Kind. Dies gilt neben der bereits im HRG vorgesehenen Regelung, nach der sich die Befristung durch Zeiten einer Inanspruchnahme von Elternzeit nach dem BEEG bzw. BErzGG und Zeiten eines Beschäftigungsverbots nach den §§ 3, 4, 6 und 8 des MuSchG in dem Umfang, in dem eine Erwerbstätigkeit nicht erfolgt ist, oder Zeiten der Beurlaubung wegen Betreuung oder Pflege eines Kindes unter 18 Jahren oder eines pflegebedürftigen sonstigen Angehörigen mit Einverständnis der Arbeitnehmerin/des Arbeitnehmers verlängert (§ 57b Abs. 4 Satz 1 Ziffer 1 und 3 HRG/§ 2 Abs. 5 Satz 1 Ziffer 1 und 3). Mit der Reform 2016 gilt zudem eine Verlängerung um zwei Jahre bei Vorliegen einer Behinderung nach § 2 Absatz 1 SGB IX oder einer schwerwiegenden chronischen Erkrankung.

21   § 2 Abs. 2 WissZeitVG regelt den **Sachgrund der Drittmittelfinanzierung**. Die Drittmittelbefristung findet sich zwar auch schon in § 57b Abs. 2 Ziffer 4 HRG in der Fassung, die für vor dem 23.2.2002 und zwischen dem 27.7.2004 und dem 31.12.2004 abgeschlossene befristete Arbeitsverträge gilt (s. o.), wurde aber den Vorgaben der Rechtsprechung des BAG zu Drittmittelverträgen angepasst.[47] Danach ist die Befristung von Arbeitsverträgen mit wissenschaftlichen und künstlerischen Mitarbeitern sowie mit wissenschaftlichen und künstlerischen Hilfskräften auch zulässig, wenn die Beschäftigung überwiegend aus Mitteln Dritter finanziert wird, die Finanzierung für eine bestimmte Aufgabe und Zeitdauer bewilligt ist und die Mitarbeiterin oder der Mitarbeiter überwiegend der Zweckbestimmung dieser Mittel entsprechend beschäftigt wird.[48] Das BAG hat jedoch entschieden, dass Beschäftigungszeiten im Hochschulbereich, die der wissenschaftlichen Qualifikation des Mitarbeiters dienen, gegen eine missbräuchliche Ausnutzung der Befristungsmöglichkeit nach WissZeitVG sprechen.[49]

22   **Anwendbarkeit des TzBfG:** Gem. § 1 Abs. 1 Satz 5 WissZeitVG sind die allgemeinen arbeitsrechtlichen Vorschriften und Grundsätze über befristete Arbeitsverträge und deren Kündigung anwendbar, soweit sie nicht den

---

47 Zuletzt: BAG 7.4.2004 – 7 AZR 441/03, ZTR 2005, 100–102; Dörner, S. 82f.
48 Dazu auch BAG 15.2.2006 – 7 AZR 241/05, m.w.N.
49 BAG 8.6.2016 – 7 AZR 259/14.

§§ 2–6 WissZeitVG widersprechen. Sowohl die Schriftform für Befristungen nach § 14 Abs. 4 als auch die Klagefrist des § 17 sind also zu beachten. Umgekehrt können auch mit dem unter den Anwendungsbereich der §§ 1 ff. WissZeitVG fallenden Personal befristete Verträge nach dem TzBfG abgeschlossen werden, wie nun § 1 Abs. 2 WissZeitVG ausdrücklich regelt. Nach Ausschöpfung der Befristungshöchstdauer des § 2 WissZeitVG können Hochschulen und Forschungseinrichtungen prinzipiell auf die allgemeinen Befristungstatbestände des § 14 zurückgreifen.[50]

Eine Vertragsverlängerung i. S. v. § 2 Abs. 1 Satz 4 WissZeitVG setzt – anders als eine Vertragsverlängerung nach § 14 Abs. 2 Satz 1 TzBfG – nicht voraus, dass die Verlängerungsvereinbarung noch während der Laufzeit des zu verlängernden Vertrags getroffen wird. Es ist auch nicht erforderlich, dass sich die Laufzeit des neuen Vertrags unmittelbar an den vorherigen Vertrag anschließt. Vielmehr ist innerhalb der jeweiligen Höchstbefristungsdauer nach § 2 Abs. 1 WissZeitVG auch der mehrfache Neuabschluss befristeter Arbeitsverträge zulässig.[51]

Die unbefristete Beschäftigung des »wissenschaftlichen und künstlerischen Personals mit Ausnahme der Hochschullehrerinnen und Hochschullehrer an Einrichtungen des Bildungswesens, die nach Landesrecht staatliche Hochschulen sind«, ist ausdrücklich möglich (§ 1 Abs. 2 WissZeitVG).

Mit Inkrafttreten der neuen Tarifverträge für den öffentlichen Dienst – **TVöD** seit 1. 10. 2005 für Bund und Kommunen und **TV-L** seit 1. 11. 2006 für die Tarifgemeinschaft deutscher Länder – gelten der § 30 TVöD/§ 30 TV-L sowie die Sonderregelung für Beschäftigte an Hochschulen und Forschungseinrichtungen der Länder in § 40 Nr. 8 zu § 30 TV-L.[52] Nach § 30 Abs. 1 TVöD/§ 30 Abs. 1 TV-L sind »befristete Arbeitsverträge auf der Grundlage des TzBfG sowie anderer gesetzlicher Vorschriften über die Befristung von Arbeitsverträgen« zulässig. **23**

Für wissenschaftliches und künstlerisches Personal sind, wie schon durch das HRG, vom Gesetz abweichende tarifliche Regelungen ausgeschlossen (sog. Tarifsperre in § 1 Abs. 1 Satz 2 WissZeitVG). Abweichende tarifliche Vereinbarungen sind nur im Hinblick auf die Fristen in der Qualifizierungsphase und die Anzahl der zulässigen Verlängerungen befristeter Arbeitsverträge im Allgemeinen (Rn. 19) zulässig. Die Tarifvertragsparteien können auch die Rahmenbedingungen der befristeten Beschäftigung festlegen (z. B. durch die Vereinbarung von Überbrückungsleistungen bzw. Risikozuschlägen).

Die Regelung über befristete Arbeitsverträge im Wissenschaftsbereich ist, obwohl es sich dabei um eine Materie handelt, die herkömmlicherweise in Tarifverträgen geregelt wird, nach der **Entscheidung des BVerfG zu den Be**- **24**

---

50 Grundlegend dazu Preis/Hausch, NJW 2002, 927, 930 ff.
51 BAG 9. 12. 2015 – 7 AZR 117/14, NZA 2016, 552 ff.
52 Dazu: § 21 Rn. 23 ff., § 22 Rn. 10.

fristungsregelungen im HRG[53] mit Art. 9 Abs. 3 GG vereinbar. Das Ziel der Erhaltung und Verbesserung der Leistungs- und Funktionsfähigkeit der Hochschulen und Forschungseinrichtungen ist prinzipiell geeignet, auch eine Regelung im Bereich der Koalitionsfreiheit zu rechtfertigen. Der Gesetzgeber kann sich dabei auf die Freiheit der Wissenschaft und Forschung nach Art. 5 Abs. 3 GG stützen. Der Kritik der Gewerkschaften, dass die Befristungen von nicht-wissenschaftlichem und nicht-künstlerischem Personal nach dem WissZeitVG von dieser Rechtsprechung nicht gedeckt sind, da diese Personen keine Träger der Wissenschaftsfreiheit sind,[54] trägt die Reform 2016 mit der Korrektur des Anwendungsbereichs des WissZeitVG Rechnung.

25   Es bleibt jedoch dabei, dass das WissZeitVG der Intention der EGB-UNICE-CEEP-Rahmenvereinbarung im Anhang der Richtlinie 1999/70/EG des Rates vom 28. Juni 1999 sowie der »Empfehlung der EU-Kommission über die Europäische Charta für Forscher und einen Verhaltenskodex für die Einstellung von Forschern« zuwiderläuft, die beide die Stabilität von Beschäftigungsbedingungen, letztere vor allem der Wissenschaftlerinnen und Wissenschaftler, forcieren.

26   Die Regelung zur Drittmittelbefristung verstärkt insgesamt den Einsatz von befristet beschäftigten Arbeitnehmern bei der Bewältigung von Daueraufgaben. Die ausnahmslos mögliche befristete Beschäftigung über Drittmittelfinanzierung wird gerade für Forschungseinrichtungen nicht auf tatsächlich zusätzliche Drittmittelprojekte beschränkt. Wenn die Aufgabe einer Forschungseinrichtung per Satzung oder Mission in Auftragsforschung besteht, ist die Bearbeitung von »Drittmittelaufträgen« mit entsprechender Finanzierungsquelle mittlerweile der Normalfall. Die noch weitergehende Verlagerung von Beschäftigungsrisiken auf Arbeitnehmer wegen des möglichen Wegfalls von Drittmitteln ist jedoch nicht vertretbar.

27   Für die Arbeitnehmer in der Wissenschaft und Forschung bedeuten die Regelungen im WissZeitVG, sich auch weiterhin über lange Zeiträume hinweg auf prekäre Arbeitsverhältnisse verweisen lassen zu müssen. Durch die sog. familienpolitische Komponente des WissZeitVG entsteht keineswegs ein gesetzlicher Anspruch auf eine Vertragsverlängerung. Eltern wird lediglich eine Vertragsverlängerungsoption zugesprochen, die jeweils gegenüber dem Arbeitgeber durchgesetzt werden muss.

28   Die Bestimmungen in Landeshochschulgesetzen über Befristungen sind besondere Regelungen über die Befristung von Arbeitsverträgen i. S. v. § 23. Das hat das BAG klargestellt.[55] Die Länder können danach die erkennbar gewollte Nichtausschöpfung der Bundesgesetzgebungskompetenz zur Rege-

---

53 BVerfG 24.4.1996 – 1 BvR 712/86.
54 Räder/Steinheimer, Der Personalrat 8/2007, S. 328 ff.
55 BAG 11.9.2013 – 7 AZR 843/11, NZA 2013, 1352–1358.

lung der Befristung von Professoren an staatlichen Hochschulen selbst nutzen und abweichende Regelungen treffen.[56]

Das Gesetz über befristete Arbeitsverträge mit Ärzten in der Weiterbildung **29** (**ÄArbVtrG**) vom 15. Mai 1986[57] i. F. d. Gesetzes zur Änderung arbeitsrechtlicher Vorschriften in der Wissenschaft in der ab 1.1.2018 geltenden Fassung[58] enthält in § 1 Abs. 1 einen gesetzlich normierten Befristungstatbestand. Das Gesetz enthält damit eine gesetzliche Sonderregelung, weshalb § 14 Abs. 2 TzBfG im Rahmen von befristeten Weiterbildungsverträgen nicht anwendbar ist.[59] Ein die Befristung rechtfertigender sachlicher Grund liegt hiernach vor, wenn die Beschäftigung des Arztes seiner zeitlich und inhaltlich strukturierten Weiterbildung zum Facharzt oder dem Erwerb einer Anerkennung für einen Schwerpunkt oder dem Erwerb einer Zusatzbezeichnung, eines Fachkundenachweises oder einer Bescheinigung über eine fakultative Weiterbildung dient. Zahnärzte und Tierärzte in der Weiterbildung werden von dieser Regelung nicht erfasst. Der Befristungsgrund setzt nicht voraus, dass der Arzt ausschließlich zu seiner Weiterbildung beschäftigt wird. Es genügt, dass die Beschäftigung diesen Zweck fördert.[60] Die auf § 1 Abs. 1 ÄArbVtrG gestützte Befristung eines Arbeitsvertrags mit einem Arzt in der Weiterbildung ist nach § 1 Abs. 2 Halbsatz 2 ÄArbVtrG nicht in Form einer Zweckbefristung oder einer auflösend bedingten Befristung zulässig.[61] Die Dauer der Befristung muss kalendermäßig bestimmt oder bestimmbar sein (§ 1 Abs. 2 2. Halbsatz ÄArbVtrG). Ein Verstoß hiergegen führt zur Unwirksamkeit der Befristung.[62]

Liegen die Tatbestandsvoraussetzungen des Sachgrundes nach § 1 Abs. 1 **30** ÄArbVtrG vor, so ist nach § 1 Abs. 5 ÄArbVtrG entgegenstehendes Recht ausgeschlossen, liegen sie nicht vor, so kann die Befristung aus sonstigen Gründen gerechtfertigt sein.[63] Mit dem ÄArbVtrG sollten die Möglichkeiten zum Abschluss befristeter Arbeitsverträge allein beim Vorliegen eines Weiterbildungszwecks erweitert und neben § 14 Abs. 1 TzBfG einen weiteren Sachgrund geschaffen werden.[64] § 1 ÄArbVtrG regelt, wann ein sachlicher Grund für die befristete Beschäftigung von Ärzten vorliegt, sperrt aber nicht die ergänzende Sachgrundbefristung nach § 14 Abs. 1 TzBfG, soweit es dabei

---

56 ArbG Cottbus 20.8.2014 – 2 Ca 186/14.
57 BGBl. I S. 742.
58 BGBl. I S. 1228.
59 LAG Hamm 2.10.2008 – 17 Sa 816/08.
60 BAG 24.4.1996 – 7 AZR 428/95, AuR 1996, 455.
61 BAG 14.8.2000 – 7 AZR 266/01, AuR 2002, 349; zur Abgrenzung von Zweckbefristung und auflösender Bedingung s. § 21 Rn. 3f.
62 BAG 14.8.2000 – 7 AZR 266/01, ZTR 2003, 151f.
63 Vgl. LAG Köln 2.11.2000 – 5 Sa 770/00.
64 ErfKo/Müller-Glöge, ÄArbVtrG Rn. 1.

nicht um ärztliche Weiterbildung geht.[65] Die arbeitsrechtlichen Vorschriften und damit auch das TzBfG sind jedoch nur anzuwenden, soweit sie den Vorschriften dieses Gesetzes nicht widersprechen. Da § 1 Abs. 3 Sätze 5 und 6 ÄArbVtrG Mindestbefristungszeiten vorschreiben, darf bei Einstellung eines Arztes zur Weiterbildung keine Befristung nach § 14 Abs. 2 vereinbart werden.[66]

31 Nach § 1 Abs. 3 Satz 4 ÄArbVtrG kann die Weiterbildung im Rahmen mehrerer befristeter Arbeitsverträge erfolgen, lediglich mehrere Befristungen für denselben Weiterbildungszweck sind unzulässig. Erforderlich für eine nach § 1 Abs. 1 ÄArbVtrG wirksame Befristung ist jedoch, dass es sich um eine Befristung zur Weiterbildung handelt, d. h., dass die Beschäftigung eine inhaltlich und zeitlich strukturierte Weiterbildung zum Inhalt haben muss.[67] Nach § 1 Abs. 3 Satz 5 ÄArbVtrG darf die nach § 1 Abs. 1 ÄArbVtrG vereinbarte Befristung eines Arbeitsvertrags mit einem Arzt in der Weiterbildung die Dauer der Weiterbildungsbefugnis des weiterbildenden Arztes nicht unterschreiten. Die Vorschrift lässt nach dem Ende eines dieser Bestimmung entsprechenden befristeten Arbeitsvertrags im Rahmen der Höchstbefristungsdauer des § 1 Abs. 3 Satz 1 ÄArbVtrG den Abschluss eines weiteren befristeten Arbeitsvertrags nach § 1 Abs. 1 ÄArbVtrG mit demselben Weiterbildungsziel und demselben weiterbildenden Arzt zu. Die Laufzeit des folgenden befristeten Arbeitsvertrags kann in diesem Fall kürzer bemessen sein als die Dauer der Weiterbildungsbefugnis des weiterbildenden Arztes, wenn bei Vertragsschluss absehbar ist, dass der weiterzubildende Arzt das Weiterbildungsziel innerhalb der in Aussicht genommenen Vertragslaufzeit erreichen wird.[68]

32 § 21 BEEG (zuvor wortgleich § 21 BErzGG, s. Rn. 4) regelt die Befristung von Arbeitsverträgen wegen Vertretung anderer Arbeitnehmer für die Dauer der Beschäftigungsverbote nach dem MuSchG, die Dauer der Elternzeit nach §§ 15 ff. BEEG sowie Zeiten einer Arbeitsfreistellung zur Betreuung eines Kindes. Ein sachlicher Grund für die Befristung eines Arbeitsverhältnisses liegt vor, wenn Beschäftigte zur Vertretung eines anderen Beschäftigten für die Dauer eines Beschäftigungsverbots nach dem MuSchG, der Elternzeit oder der Arbeitsfreistellung zur Betreuung eines Kindes eingestellt werden. Die Dauer der befristeten Beschäftigung muss gem. § 21 Abs. 3 BEEG kalendermäßig bestimmt oder bestimmbar oder den in § 21 Abs. 1 und 2 BEEG genannten Zwecken zu entnehmen sein. Möglich ist also eine Zeitbefristung oder eine Zweckbefristung. Damit ist die frühere Rechtsprechung des BAG,

---

65 Vgl. KR-Lipke, ÄArbVtrG, Rn. 8 m. w. N.
66 ErfKo/Müller-Glöge, § 23 TzBfG Rn. 9 m. w. N. auch zur Gegenansicht.
67 Dazu: LAG Berlin 10.10.2006 – 12 Sa 806/06, nachgehend BAG 20.2.2008 – 7 AZR 1035/06.
68 BAG 13.6.2007 – 7 AZR 700/06, NZA 2008, 108–112.

nach der eine Zweckbefristung, bei der sich die Befristung des Arbeitsverhältnisses ausschließlich aus der Dauer der Beurlaubung des vertretenen Arbeitnehmers herleiten lässt, nicht zulässig war,[69] überholt. Nicht erforderlich ist, dass die Dauer des befristeten Arbeitsverhältnisses mit der Dauer der Beurlaubung übereinstimmt. Die Befristung kann auch kürzer sein.

Keine Sonderregelung mehr im Bereich der Arbeitnehmerüberlassung

Durch das 1. Gesetz für moderne Dienstleistungen am Arbeitsmarkt **33** (ArbMDienstLG) vom 23. Dezember 2002[70] sind mit Wirkung zum 1. Januar 2004 die speziellen Befristungsvorschriften im AÜG entfallen. Bis zum 31. Dezember 2003 galt als weitere Sondervorschrift über befristete Arbeitsverträge § 9 Nr. 2 AÜG, wonach wiederholte Befristungen des Arbeitsverhältnisses zwischen Verleiher und Leiharbeitnehmer unwirksam waren, es sei denn, dass sich für die Befristung aus der Person des Leiharbeitnehmers ein sachlicher Grund ergibt oder die Befristung für einen Arbeitsvertrag vorgesehen ist, der unmittelbar an einen mit demselben Verleiher geschlossenen Arbeitsvertrag anschließt. Während bis zum 1. April 1997 der Abschluss eines befristeten Leiharbeitsverhältnisses rechtlich nicht möglich war, wurde das grundsätzliche Befristungsverbot durch das Gesetz zur Reform der Arbeitsförderung (AFRG) vom 24. März 1997[71] dahingehend gelockert, dass nur noch eine wiederholte Befristung mit Unterbrechungszeiten unzulässig ist.[72]

Für den Fall, dass das Leiharbeitsverhältnis unter den Anwendungsbereich **34** eines nach dem 15. November 2002 in Kraft getretenen Tarifvertrags fiel, der die wesentlichen Arbeitsbedingungen einschließlich des Arbeitsentgelts i. S. d. § 1 Abs. 1 Nr. 3 AÜG regelt, kamen die gesetzlichen Neuregelungen bereits vor dem 1. Januar 2004 zur Anwendung.[73] Mit der Neuregelung richtet sich die Zulässigkeit befristeter Arbeitsverträge zwischen Leiharbeitnehmer und Verleiher ausschließlich nach den §§ 14 ff.

§ 6 PflegeZG bestimmt im Zusammenhang mit dem Anspruch auf Pflegezeit, dass zur Vertretung des Arbeitnehmers, der kurzzeitig arbeitsverhindert ist oder Pflegezeit in Anspruch nimmt, eine Ersatzkraft befristet eingestellt werden darf.

---

69 BAG 9.11.1994 – 7 AZR 243/94, NZA 1995, 575–577.
70 BGBl. I S. 4607.
71 BGBl. I S. 594.
72 Dazu Meinel/Heyn/Herms, § 23 TzBfG Rn. 37.
73 § 19 AÜG n. F.; s. ausführlich Meinel/Heyn/Herms, § 23 TzBfG Rn. 36 m. w. N.

Nach § 9 Abs. 6 FPZG gilt § 6 PflegeZG entsprechend für die Vertretung des Arbeitnehmers, der zur Überbrückung einer Abwesenheit nach dem Familienpflegezeitgesetz eingestellt wird.[74]

---

74 Im Weiteren dazu Meinel/Heyn/Herms, § 23 TzBfG Rn. 64 ff.

Stichwortverzeichnis

Die **halbfett** gedruckten Zahlen verweisen auf die jeweiligen Paragrafen des TzBfG, die mager gedruckten Zahlen auf die jeweiligen Randnummern.

Stichwortverzeichnis

Stichwortverzeichnis

Kompetenz verbindet

Bettina Graue / Ariane Mandalka

Bundeselterngeld- und Elternzeitgesetz

Basiskommentar zum BEEG
6., überarbeitete und aktualisierte Auflage
2018. 280 Seiten, kartoniert
€ 29,90
ISBN 978-3-7663-6721-1

Kompakt und verständlich erläutert der Basiskommentar alle Regelungen des Bundeselterngeld-
und Elternzeitgesetzes. Er informiert ausführlich über
aktuelle Änderungen aufgrund der Neuregelungen des
Mutterschutzrechts und dokumentiert die neueste
Rechtsprechung.

Aus dem Inhalt:
- Welche Voraussetzungen müssen für den Anspruch
  auf Elternzeit erfüllt sein?
- Warum ist die Entscheidung für die Inanspruchnahme
  von Elternzeit bindend?
- Was gilt für die Befristung von Urlaubsansprüchen?
- Wer hat Anspruch auf das bisherige Elterngeld
  (Basiselterngeld)?
- Wie unterscheiden sich Basiselterngeld und
  Elterngeld Plus?
- Welche Kombinationsmöglichkeiten von
  Basiselterngeld und Elterngeld Plus gibt es?
- Wie berechnet sich die Höhe des Basiselterngeldes
  und des Elterngeld Plus?
- Welche Beteiligungsrechte haben Betriebs- und
  Personalräte?

Bund-Verlag

Kompetenz verbindet

Bertram Zwanziger / Silke Altmann
Heike Schneppendahl

Kündigungsschutzgesetz

Basiskommentar zu KSchG,
§§ 622,623 und 626 BGB,
§§ 102, 103 BetrVG
5., aktualisierte Auflage
2018. 430 Seiten, kartoniert
€ 39,90
ISBN 978-3-7663-6617-7

Kompakt und leicht verständlich erläutert der
Basiskommentar das Kündigungsschutzgesetz.
Ergänzend beleuchten die Autoren weitere
wesentliche Vorschriften zum Kündigungsschutz,
wie die §§ 622, 623 und 626 BGB, ferner die §§ 102
und 103 BetrVG über die Beteiligung des Betriebsrats
bei Kündigungen.

Aus dem Inhalt:
- Kündigungsgründe nach dem
  Kündigungsschutzgesetz und bei
  außerordentlichen/fristlosen Kündigungen
- Kündigungsschutzprozess
- Mitwirkungsmöglichkeiten des Betriebsrats im
  Rahmen des Anhörungsverfahrens
- Regeln der Massenentlassung
- Besonderer Kündigungsschutz im Rahmen der
  Betriebsverfassung

Bund-Verlag

Kompetenz verbindet

Peter Wedde (Hrsg.)

Arbeitsrecht

Kompaktkommentar
zum Individualarbeitsrecht mit
kollektivrechtlichen Bezügen
6., neubearbeitete und aktualisierte Auflage
2018. 1.805 Seiten, gebunden
€ 89,90
ISBN 978-3-7663-6507-1

Klar, prägnant und gut verständlich erläutert der nun
in der 6. Auflage vorliegende Kompaktkommentar die
wichtigsten Regelungen des Individualarbeitsrechts –
konzentriert aufbereitet in einem Band. Die
Kommentierungen haben stets die Arbeitnehmer-
position im Blick, verzichten auf wissenschaftlichen
Ballast und orientieren sich an der Rechtsprechung.
Die neue EU-Datenschutzgrundverordnung (EU-
DSGVO), das neue Bundesdatenschutzgesetz (BDSG-
neu) und das Entgelttransparenzgesetz (EntgTranspG)
sind berücksichtigt.

Hinweise und Beispiele für die Interessenvertreter sind
optisch hervorgehoben. Diese machen das Werk
besonders für Betriebs- und Personalräte und deren
Berater zu einem zuverlässigen Hilfsmittel für die
tägliche Arbeit.

Bund-Verlag